資治通鑑

图文注释本

七

周国林　主编

岳麓書社·长沙

第七册目录

资治通鉴卷第二百二十

唐纪三十六　起强圉作噩九月，尽著雍阉茂，凡一年有奇。

肃宗文明武德大圣大宣孝皇帝中之下

至德二载　九月，丁丑，希德以轻骑至城下挑战，千里帅百骑开门突出，欲擒之；会救至，收骑退还，桥坏，坠堑中，反为希德所擒。仰谓从骑曰："吾不幸至此，天也！归语诸将，善为守备，宁失帅，不可失城。"希德攻城，竟不克，送千里于洛阳，安庆绪以为特进，囚之客省。

郭子仪以回纥兵精，劝上益征其兵以击贼。怀仁可汗遣其子叶护及将军帝德等将精兵四千余人来至凤翔；上引见叶护，宴劳赐赉，惟其所欲。丁亥，元帅广平王俶将朔方等军及回纥、西域之众十五万，号二十万，发凤翔。俶见叶护，约为兄弟，叶护大喜，谓俶为兄。回纥至扶风，郭子仪留宴三日。叶护曰："国家有急，远来相助，何以食为！"宴毕，即行。日给其军羊二百口，牛二十头，米四十斛。

庚子，诸军俱发；壬寅，至长安西，陈于香积寺北沣水之东[①]。李嗣业为前军，郭子仪为中军，王思礼为后军。贼众十万陈于其北，李归仁出挑战，官军逐之，逼于其陈；贼军齐进，官军却，为贼所乘，军中惊乱，贼争趣辎重。李嗣业曰："今日不以身饵贼，军无孑遗矣[②]。"乃肉袒，执长刀，立于阵前，大呼奋击，当其刀者，人马俱碎，杀数十人，阵乃稍定。于是嗣业帅前军各执长刀，如墙而进，身先士卒，所向摧靡。都知兵马使王难得救其裨将，贼射之中眉，皮垂鄣目。难得自拔箭，掣去其皮，血流被面，前战不已。贼伏精骑于阵东，欲袭官军之后，侦者知之，朔方左厢兵马使仆固怀恩引回纥就击之，剪灭殆尽，贼由是气索。李嗣业又与回纥出贼阵后，与大军夹击，自午及酉，斩首六万级，填沟堑死者甚众，贼遂大溃。余众走入城，迨夜，嚣声不止。

仆固怀恩言于广平王俶曰："贼弃城走矣，请以二百骑追之，缚取安守忠、李归仁等。"俶曰："将军战亦疲矣，且休息，俟明日图之。"怀恩曰："归仁、守忠，贼之骁将，骤胜而败，此天赐我也，奈何纵之！使复得众，还为我患，悔之无及！战尚神速，何明旦也！"俶固止之，使还营。怀恩固请，往而复反，一夕四五起。迟明，谍至，守忠、归仁与张通儒、田乾真等皆已遁矣。癸卯，大军入西京。

初，上欲速得京师，与回纥约曰："克城之日，土地、士庶归唐，金帛、子女皆归回纥。"至是，叶护欲如约。广平王俶拜于叶护马前曰："今始得西京，若遽俘掠，则东京之人皆为贼固守，不可复取矣，愿至东京乃如约。"叶护惊跃下马答拜，跪捧王足，曰："当为殿下径往东京。"即与仆固怀恩引回纥、西域之兵自城南过，营于浐水之东③。百姓、军士、胡虏见俶拜，皆泣曰："广平王真华、夷之主！"上闻之，喜曰："朕不及也！"俶整众入城，百姓老幼夹道欢呼悲泣。俶留长安，镇抚三日，引大军东出。以太子少傅虢王巨为西京留守。

【注释】

①沣水：水名。一作丰水。源出陕西西安市长安区西南秦岭山中，北流至西安市西北入渭水。　②孑（jié 洁）遗：遗留，余剩。　③浐水：水名。源出陕西蓝田西南秦岭山中，北流会库峪、石门峪、荆峪诸水，至西安市东入灞水。

甲辰，捷书至凤翔，百寮入贺。上涕泗交颐，即日，遣中使啖庭瑶入蜀奏上皇，命左仆射裴冕入京师，告郊庙及宣慰百姓。

上以骏马召李泌于长安。既至，上曰："朕已表请上皇东归，朕当还东宫复修臣子之职。"泌曰："表可追乎？"上曰："已远矣。"

泌曰:“上皇不来矣。”上惊,问故。泌曰:“理势自然。”上曰:“为之奈何?”泌曰:“今请更为群臣贺表,言自马嵬请留,灵武劝进,及今成功,圣上思恋晨昏,请速还京以就孝养之意,则可矣。”上即使泌草表。上读之,泣曰:“朕始以至诚愿归万机①。今闻先生之言,乃寤其失。”立命中使奉表入蜀,因就泌饮酒,同榻而寝。而李辅国请取契钥付泌,泌请使辅国掌之;上许之。

泌曰:“臣今报德足矣,复为闲人②,何乐如之!”上曰:“朕与先生累年同忧患,今方相同娱乐,奈何遽欲去乎!”泌曰:“臣有五不可留,愿陛下听臣去,免臣于死。”上曰:“何谓也?”对曰:“臣遇陛下太早,陛下任臣太重,宠臣太深,臣功太高,迹太奇,此其所以不可留也。”上曰:“且眠矣,异日议之。”对曰:“陛下今就臣榻卧,犹不得请,况异日香案之前乎③!陛下不听臣去,是杀臣也。”上曰:“不意卿疑朕如此,岂有如朕而办杀卿邪!是直以朕为句践也④!”对曰:“陛下不办杀臣,故臣求归;若其既办,臣安敢复言!且杀臣者,非陛下也,乃‘五不可’也。陛下向日待臣如此,臣于事犹有不敢言者,况天下既安,臣敢言乎!”

上良久曰:“卿以朕不从卿北伐之谋乎!”对曰:“非也,所不敢言者,乃建宁耳。”上曰:“建宁,朕之爱子,性英果,艰难时有功,朕岂不知之!但因此为小人所教,欲害其兄,图继嗣,朕以社稷大计,不得已而除之,卿不细知其故邪?”对曰:“若有此心,广平当怨之。广平每与臣言其冤,辄流涕呜咽。臣今必辞陛下去,始敢言之耳。”上曰:“渠尝夜扪广平,意欲加害。”对曰:“此皆出谗人之口,岂有建宁之孝友聪明,肯为此乎!且陛下昔欲用建宁为元帅,臣请用广平。建宁若有此心,当深憾于臣;而以臣为忠,益相亲善,陛下以此可察其心矣。”上乃泣下曰:“先生言是也。既往不咎,朕不欲闻之。”

泌曰:“臣所以言之者,非咎既往,乃欲使陛下慎将来耳。昔天后有四子,长曰太子弘,天后方图称制,恶其聪明,鸩杀之,立次子雍王贤。贤内忧惧,作《黄台瓜辞》,冀以感悟天后。天后不听,贤卒死于黔中。其辞曰:‘种瓜黄台下,瓜熟子离离:一摘使瓜好,再摘使瓜稀,三摘犹为可,四摘抱蔓归!’今陛下已一摘矣,慎无再摘！”上愕然曰：“安有是哉！卿录是辞，朕当书绅[5]。”对曰：“陛下但识之于心，何必形于外也！”是时广平王有大功，良娣忌之，潜构流言，故泌言及之。

【注释】

①万机：本指皇帝日常处理的纷繁政务，此处代指帝位。 ②闲人：闲散之人，意为隐士。 ③香案：置香炉的几案。唐朝制度，皇帝上朝时，殿上要摆设熏炉、香案等物，宰相应当在香案前上奏事情。 ④勾践：春秋时越王。谋臣范蠡帮助越王勾践灭吴雪耻后，便隐居五湖之中，并留给大夫文种一封信，信中认为勾践只可同患难，不能共安乐。后来勾践果然让文种自杀。唐肃宗以为李泌把他看做是勾践这样的帝王。 ⑤书绅：把要牢记的话写在绅带上。后称记住别人的话为书绅。绅，本义为束腰的带子。

郭子仪引蕃、汉兵追贼至潼关，斩首五千级，克华阴、弘农二郡。关东献俘百余人，敕皆斩之；监察御史李勉言于上曰：“今元恶未除，为贼所污者半天下，闻陛下龙兴，咸思洗心以承圣化，今悉诛之，是驱之使从贼也。”上遽使赦之。

冬，十月，丁未，谈庭瑶至蜀[1]。

壬子，兴平军奏：破贼于武关，克上洛郡。

吐蕃陷西平。

尹子奇久围睢阳，城中食尽，议弃城东走，张巡、许远谋，以为：“睢阳，江、淮之保障，若弃之去，贼必乘胜长驱，是无江、淮也。且我众饥羸，走必不达。古者战国诸侯，尚相救恤，况密迩群帅乎[2]！不如坚守以待之。”茶纸既尽，遂食马；马尽，罗雀掘鼠；雀鼠又尽，巡出爱妾，杀以食士，远亦杀其奴；然后括城中妇人食之；继以男子老弱。人知必死，莫有叛者，所余才四百人。

癸丑，贼登城，将士病，不能战。巡西向再拜曰：“臣力竭矣，不能全城，生既无以报陛下，死当为厉鬼以杀贼[3]！”城遂陷，巡、远俱被执。尹子奇问巡曰：“闻君每战皆裂齿碎，何也？”巡曰：“吾志吞逆贼，但力不能耳。”子奇以刀抉其口视之[4]，所余才三四。子奇义其所为，欲活之。其徒曰：“彼守节者也，终不为用。且得士心，存之，将为后患。”乃并南霁云、雷万春等三十六人皆斩之。巡且死，颜色不乱，扬扬如常。生致许远于洛阳。

巡初守睢阳时，卒仅万人，城中居人亦且数万，巡一见问姓名，其后无不识者。前后大小战凡四百余，杀贼卒十二万人。巡行兵不依古法教战陈，令本将各以其意教之。人或问其故，巡曰：“今与胡虏战，云合鸟散，变态不恒，数步之间，势有同异。临机应猝，在于呼吸之间，而动询大将，事不相及，非知兵之变者也。故吾使兵识将意，将识士情，投之而往，如手之使指。兵将相习，人自为战，不亦可乎！”自兴兵，器械、甲仗皆取之于敌，未尝自修。每战，将士或退散，巡立于战所，谓将士曰：“我不离此，汝为我还决之。”将士莫敢不还，死战，卒破敌。又推诚待人，无所疑隐；临敌应变，出奇无穷；号令明，赏罚信，与众共甘苦寒暑，故下争致死力。

张镐闻睢阳围急，倍道亟进，檄浙东、浙西、淮南、北海诸节度及谯郡太守闾丘晓，使共救之。晓素傲很，不受镐命。比镐至，睢阳城已陷三日。镐召晓，杖杀之。

张巡墓

张通儒等收余众走保陕，安庆绪悉发洛阳兵，使其御史大夫严庄将之，就通儒以拒官军，并旧兵步骑犹十五万。己未，广平王至曲沃[5]。回纥叶护使其将军鼻施吐拨裴罗等引军旁南山搜伏，因驻军岭北。郭子仪等与贼遇于新店，贼依山而陈，子仪等初与之战，不利，贼逐之下山。回纥自南山袭其背，于黄埃中发十余矢。贼惊顾曰："回纥至矣！"遂溃。官军与回纥夹击之，贼大败，僵尸蔽野。严庄、张通儒等弃陕东走，广平王俶、郭子仪入陕城，仆固怀恩等分道追之。

严庄先入洛阳告安庆绪。庚申夜，庆绪帅其党自苑门出，走河北；杀所获唐将哥舒翰、程千里等三十余人而去。许远死于偃师[6]。

壬戌，广平王俶入东京。回纥意犹未厌，俶患之。父老请率罗锦万匹以赂回纥，回纥乃止。

【注释】

①谈庭瑶：据章钰校勘和上文，"谈"当作"啖"。 ②密迩群帅：密迩，贴近，靠近；群帅，指张镐、尚衡、许叔冀等人。 ③厉鬼：古代称恶鬼为厉鬼，又称没有归宿的鬼为厉鬼。 ④抉（jué 决）：挑出，打开，撬开。 ⑤曲沃：古邑名。在今河南灵宝市东北。 ⑥偃师：县名，汉置。治今河南偃师市东。

成都使还，上皇诰曰："当与我剑南一道自奉，不复来矣。"上忧惧，不知所为。后使者至，言："上皇初得上请归东宫表，彷徨不能食，欲不归；及群臣表至，乃大喜，命食作乐，下诰定行日。"上召李泌告之曰："皆卿力也！"

泌求归山不已，上固留之，不能得，乃听归衡山。敕郡县为之筑室于山中，给三品料。

癸亥，上发凤翔，遣太子太师韦见素入蜀，奉迎上皇。

乙丑，郭子仪遣左兵马使张用济、右武锋使浑释之将兵取河阳及河内；严庄来降。陈留人杀尹子奇，举郡降。田承嗣围来瑱于颍川，亦遣使来降；郭子仪应之缓，承嗣复叛，与武令珣皆走河北。制以瑱为河南节度使。

丙寅，上至望贤宫[1]，得东京捷奏。丁卯，上入西京。百姓出国门奉迎，二十里不绝，舞跃呼万岁，有泣者。上入居大明宫[2]。御史中丞崔器令百官受贼官爵者皆脱巾徒跣立于含元殿前，搏膺顿首请罪，环之以兵，使百官临视之。太庙为贼所焚，上素服向庙哭三日。是日，上皇发蜀郡。

安庆绪走保邺郡，改邺郡为安成府，改元天成；从骑不过三百，步卒不过千人，诸将阿史那承庆等散投常山、赵郡、范阳。旬日间，蔡希德自上党，田承嗣自颍川，武令珣自南阳，各帅所部兵归之。又召募河北诸郡人，众至六万，军声复振。

广平王俶之入东京也，百官受安禄山父子官者陈希烈等三百余人，皆素服悲泣请罪。俶以上旨释之，寻勒赴西京。己巳，崔器令诣朝堂请罪，如西京百官之仪，然后收系大理、京兆狱。其府县所由、祗承人等受贼驱使追捕者，皆收系之[3]。

初，汲郡甄济，有操行，隐居青岩山，安禄山为采访使，奏掌书记。济察禄山有异志，诈得风疾，舁归家。禄山反，使蔡希德引行刑者二人，封刀召之，济引首待刀，希德以实病白禄山。后安庆绪亦使人强舁至东京，月余，会广平王俶平东京，济起，诣军门上谒。俶遣诣京师，上命馆之于三司，令受贼官爵者列拜以愧其心，以济为秘书郎。国子司业苏源明称病不受禄山官，上擢为考功郎中、知制诰。壬申，上御丹凤门，下制："士庶受贼官禄，为贼用者，令三司条件闻奏；其因战被虏，或所居密近，因与贼往来者，皆听自首除罪；其子女为贼所污者，勿问。"

癸酉，回纥叶护自东京还，上命百官迎之于长乐驿，上与宴于宣政殿。叶护奏以"军中马少，请留其兵于沙苑[4]，自归取马，还为陛下扫除范阳余孽。"上赐而遣之。

十一月，广平王俶、郭子仪来自东京，上劳子仪曰："吾之家国，由卿再造。"

张镐帅鲁炅、来瑱、吴王祗、李嗣业、李奂五节度徇河南、河东郡县，皆下之；惟能元皓据北海[5]，高秀岩据大同未下。

己丑，以回纥叶护为司空、忠义王；岁遗回纥绢二万匹，使就朔方军受之。

以严庄为司农卿。

上之在彭原也，更以栗为九庙主；庚寅，朝享于长乐殿。

【注释】

①望贤宫：唐宫名。在咸阳市东数里。 ②大明宫：唐宫名。唐贞观八年(634)建永安宫，九年(635)改名大明宫。高宗龙朔二年(662)增建，改名蓬莱宫，长安元年(701)，复称为大明宫。也叫做东内。内有含元、宣政、紫宸三殿。宣政殿左右为中书省、门下省、弘文馆、史馆。自高宗后，皇帝常居东内。故址在今陕西西安市长安区东。 ③所由、衹(zhī 知)承人：所由，即所由人，所由官，有所职掌的官吏，唐以来多指地方小吏。衹承人，官府里办杂务的衙役。 ④沙苑：地名。又名沙阜、沙海、沙窝。在陕西大荔南洛、渭之间，东西八十里，南北三十里，地多沙草，宜畜牧。唐置牧监于此，唐末废。 ⑤能(nài 耐)：姓。

丙申，上皇至凤翔，从兵六百余人，上皇命悉以甲兵输郡库。上发精骑三千奉迎。十二月，丙午，上皇至咸阳，上备法驾迎于望贤宫。上皇在宫南楼，上释黄袍，著紫袍，望楼下马，趋进，拜舞于楼下。上皇降楼，抚上而泣，上捧上皇足，呜咽不自胜。上皇索黄袍，自为上著之，上伏地顿首固辞。上皇曰："天数、人心皆归于汝，使朕得保养余齿，汝之孝也！"上不得已，受之。父老在仗外，欢呼且拜。上令开仗，纵千余人入谒上皇，曰："臣等今日复睹二圣相见，死无恨矣！"上皇不肯居正殿[①]，曰："此天子之位也。"上固请，自扶上皇登殿。尚食进食，上品尝而荐之。丁未，将发行宫，上亲为上皇习马而进之上皇。上皇上马，上亲执鞚。行数步，上皇止之。上乘马前引，不敢当驰道。上皇谓左右曰："吾为天子五十年，未为贵；今为天子父，乃贵耳！"左右皆呼万岁。上皇自开远门入大明宫，御含元殿，慰抚百官；乃诣长乐殿谢九庙主，恸哭久之；即日，幸兴庆宫，遂居之。上累表请避位还东宫，上皇不许。

辛亥，以礼部尚书李岘、兵部侍郎吕諲为详理使，与御史大夫崔器共按陈希烈等狱。岘以殿中侍御史李栖筠为详理判官，栖筠多务平恕，故人皆怨諲、器之刻深，而岘独得美誉。

戊午，上御丹凤楼，赦天下，惟与安禄山同反及李林甫、王鉷、杨国忠子孙不在免例。立广平王俶为楚王，加郭子仪司徒，李光弼司空，自余蜀郡、灵武扈从立功之臣，皆进阶，赐爵，加食邑有差。李憕、卢奕、颜杲卿、袁履谦、许远、张巡、张介然、蒋清、庞坚等皆加追赠，官其子孙。战亡之家，给复二载[②]。郡县来载租、庸三分蠲一[③]。近所改郡名、官名，一依故事[④]。以蜀郡为南京，凤翔为西京，西京为中京。以张良娣为淑妃，立皇子南阳王係为赵王，新城王僅为彭王，颍川王僩为兖王，东阳王侹为泾王，僙为襄王，倕为杞王，偲为召王，佋为兴王，侗为定王。

议者或罪张巡以守睢阳不去，与其食人，曷若全人。其友人李翰为之作传，表上之，以为："巡以寡击众，以弱制强，保江、淮以待陛下之师，师至而巡死，巡之功大矣。而议者或罪巡以食人，愚巡以守死，善遏恶扬，录瑕弃用，臣窃痛之。巡所以固守者，以待诸军之救，救不至而食尽，食既尽而及人，乖其素志。设使巡守城之初已有食人之心，损数百之众以全天下，臣犹曰功过相掩，况非其素志乎！今巡死大难，不睹休明，唯有令名是其荣禄。若不时纪录，恐远而不传，使巡生死不遇，诚可悲焉。臣敢撰传一卷献上，乞编列史官。"众议由是始息。是后赦令无不及李憕等，而程千里独以生执贼庭，不沾褒赠。

甲子，上皇御宣政殿，以传国宝授上，上始涕泣而受之。

【注释】

①正殿：此指咸阳的行宫正殿。　②给复：免除徭役。　③蠲（juān 捐）：除去，减免。　④近所改郡名、官名：指天宝元年（742）改侍中为左相，中书令为右相，改州为郡、刺史为太守；天宝十一载（752），改吏部为文部，兵部为武部，刑部为宪部等等。现在又把这些名称改回去，恢复原来的名称。

安庆绪之北走也，其大将北平王李归仁及精兵曳落河、同罗、六州胡数万人皆溃归范阳，所过俘掠，人物无遗。史思明厚为之备，且遣使逆招之范阳境，曳落河、六州胡皆降。同罗不从，思明纵兵击之，同罗大败，悉夺其所掠，余众走归其国。

庆绪忌思明之强，遣阿史那承庆、安守忠往征兵，因密图之。

判官耿仁智说思明曰："大夫崇重，人莫敢言，仁智愿一言而死。"思明曰："何也？"仁智曰："大夫所以尽力于安氏者，迫于凶威耳，今唐室中兴，天子仁圣，大夫诚帅所部归之，此转祸为福之计也。"裨将乌承玼亦说思明曰："今唐室再造，庆绪叶上露耳。大夫奈何与之俱亡！若归款朝廷，以自湔洗[①]，易于反掌耳。"思明以为然。

承庆、守忠以五千劲骑自随，至范阳，思明悉众数万逆之，相距一里所，使人谓承庆等曰："相公及王远至，将士不胜其喜，然边兵怯懦，惧相公之众，不敢进，愿弛弓以安之。"承庆等从之。思明引承庆等入内厅乐饮，别遣人收其甲兵，诸郡兵皆给粮纵遣之，愿留者厚赐，分隶诸营。明日，囚承庆等，遣其将窦子昂奉表以所部十三郡及兵八万来降[②]，并帅其河东节度使高秀岩亦以所部来降。乙丑，子昂至京师。上大喜，以思明为归义王、范阳节度使，子七人皆除显官。遣内侍李思敬与乌承恩往宣慰，使将所部兵讨庆绪。

先是，庆绪以张忠志为常山太守，思明召忠志还范阳，以其将薛萼摄恒州刺史，开井陉路，招赵郡太守陆济，降之；命其子朝义将兵五千人摄冀州刺史，以其将令狐彰为博州刺史。乌承恩所至宣布诏旨，沧、瀛、安、深、德、棣等州皆降[③]，虽相州未下，河北率为唐有矣。

上皇加上尊号曰光天文武大圣孝感皇帝。

郭子仪还东都，经营河北。

崔器、吕諲上言："诸陷贼官，背国从伪，准律皆应处死。"上欲从之。李岘以为："贼陷两京，天子南巡，人自逃生。此属皆陛下亲戚或勋旧子孙，今一概以叛法处死，恐乖仁恕之道。且河北未平，群臣陷贼者尚多，若宽之，足开自新之路；若尽诛，是坚其附贼之心也。《书》曰：'歼厥渠魁，胁从罔理[④]。'諲、器守文，不达大体。惟陛下图之。"争之累日，上从岘议，以六等定罪，重者刑之于市，次赐自尽，次重杖一百，次三等流、贬。壬申，斩达奚珣等十八人于城西南独柳树下，陈希烈等七人赐自尽于大理寺；应受杖者于京兆府门。

上欲免张均、张垍死，上皇曰："均、垍事贼，皆任权要。均仍为贼毁吾家事,罪不可赦。”上叩头再拜曰:“臣非张说父子,无有今日。臣不能活均、垍,使死者有知,何面目见说于九泉!”因俯伏流涕。上皇命左右扶上起,曰:“张垍为汝长流岭表,张均必不可活,汝更勿救。”上泣而从命。

安禄山所署河南尹张万顷独以在贼中能保庇百姓不坐。顷之,有自贼中来者,言“唐群臣从安庆绪在邺者,闻广平王赦陈希烈等,皆自悼,恨失身贼庭;及闻希烈等诛,乃止。”上甚悔之。

【注释】

①湔(jiān 煎)洗:洗涤,洗刷污秽,比喻改过自新。 ②十三郡:指范阳、北平、妫川、密云、渔阳、柳城、文安、河间、上谷、博陵、渤海、饶阳及常山。 ③安:唐代河北没有安州,胡注推测:“或者安、史以莫州文安郡为安州欤?” ④《书》曰:“歼厥渠魁,胁从罔理。”语出《尚书·胤征》。“理”,原文作“治”,避唐讳而改。歼,歼灭,杀死;渠魁,大首领,首恶;罔治,不惩办。

臣光曰:为人臣者,策名委质,有死无贰。希烈等或贵为卿相,或亲连肺腑,于承平之日,无一言以规人主之失,救社稷之危,迎合苟容以窃富贵;及四海横溃,乘舆播越,偷生苟免,顾恋妻子,媚贼称臣,为之陈力,此乃屠酤之所羞,犬马之不如。傥各全其首领,复其官爵,是谄谀之臣无往而不得计也。彼颜杲卿、张巡之徒,世治则摈斥外方,沈抑下僚;世乱则委弃孤城,齑粉寇手[①]。何为善者之不幸而为恶者之幸,朝廷待忠义之薄而保奸邪之厚邪!至于微贱之臣,巡徼之隶,谋议不预,号令不及,朝闻亲征之诏,夕失警跸之所,乃复责其不能扈从,不亦难哉!六等议刑,斯亦可矣,又何悔焉!

故妃韦氏既废为尼,居禁中,是岁卒。

置左、右神武军,取元从子弟充[②],其制皆如四军,总谓之北牙六军。又择善骑射者千人为殿前射生手,分左、右厢,号曰英武军。

升河中防御使为节度[③],领蒲、绛等七州;分剑南为东、西川节度,东川领梓、遂等十二州;又置荆澧节度,领荆、澧等五州;夔峡节度，领夔、峡等五州；更安西曰镇西。

乾元元年 春，正月，戊寅，上皇御宣政殿，授册，加上尊号。上固辞“大圣”之号，上皇不许。上尊上皇曰太上至道圣皇天帝。

先是，官军既克京城，宗庙之器及府库资财多散在民间，遣使检括，颇有烦扰；乙酉，敕尽停之，乃命京兆尹李岘安抚坊市。

二月，癸卯朔，以殿中监李辅国兼太仆卿。辅国依附张淑妃，判元帅府行军司马，势倾朝野。

安庆绪所署北海节度使能元皓举所部来降，以为鸿胪卿，充河北招讨使。

丁未，上御明凤门，赦天下，改元。尽免百姓今载租、庸。复以载为年。

庚午，以安东副大都护王玄志为营州刺史，充平卢节度使。

三月，甲戌，徙楚王俶为成王。

戊寅，立张淑妃为皇后。

镇西、北庭行营节度使李嗣业屯河内。癸巳，北庭兵马使王惟良谋作乱，嗣业与裨将荔非元礼讨诛之。

安庆绪之北走也，其平原太守王暕、清河太守宇文宽皆杀其使者来降；庆绪使其将蔡希德、安太清攻拔之，生擒以归，冎于邺市。凡有谋归者，诛及种、族，乃至部曲、州县、官属，连坐死者甚众。又与其群臣歃血盟于邺南，而人心益离。庆绪闻李嗣业在河内，夏，四月，与蔡希德、崔乾祐将步骑二万，涉沁水攻之，不胜而还。

癸卯，以太子少师虢王巨为河南尹，充东京留守。

辛卯[4]，新主入太庙。甲寅，上享太庙，遂祀昊天上帝；乙卯，御明凤门，赦天下。

五月，壬午，制停采访使，改黜陟使为观察使[5]。

张镐性简澹，不事中要[6]，闻史思明请降，上言：“思明凶险，因乱窃位，力强则众附，势夺则人离，彼虽人面，心如野兽，难以德怀，愿勿假以威权。”又言：“滑州防御使许叔冀，狡猾多诈，临难必变，请征入宿卫。”时上以宠纳思明，会中使自范阳及白马来，皆言思明、叔冀忠恳可信，上以镐为不切事机，戊子，罢为荆州防御使；

以礼部尚书崔光远为河南节度使。

张后生兴王佋，才数岁，欲以为嗣，上疑未决，从容谓考功郎中、知制诰李揆曰："成王长，且有功，朕欲立为太子，卿意何如？"揆再拜贺曰："此社稷之福，臣不胜大庆。"上喜曰："朕意决矣。"庚寅，立成王俶为皇太子。揆，玄道之玄孙也。

【注释】

①齑（jī 机）粉：细粉，碎屑，喻为粉身碎骨。 ②元从子弟：指那些跟随唐肃宗从马嵬北上，后来又从灵武回到京师的青年军人。他们是肃宗的亲信。 ③升河中防御使为节度：河中节度，唐方镇名，至德二载（757）置，治所在蒲州（不久升为河中府，今山西永济市西蒲州镇）。④辛卯：胡注云："'辛卯'当作'辛亥'，传写误也。" ⑤观察使：官名。唐于诸道置观察使，位次于节度使。唐中叶以后，多以节度使兼领其职。无节度使的州，也特设观察使，管辖一道或数州，并兼领刺史之职。开元二年（714）称为按察采访处置使，天宝末年又改称为观察处置使。⑥中要：指中人（宦官）身居要职。

乙未，以崔圆为太子少师，李麟为少傅，皆罢政事。上颇好鬼神，太常少卿王玙专依鬼神以求媚，每议礼仪，多杂以巫祝俚俗。上悦之，以玙为中书侍郎、同平章事。

赠故常山太守颜杲卿太子太保，谥曰忠节，以其子威明为太仆丞。杲卿之死也，杨国忠用张通幽之谮，竟无褒赠。上在凤翔，颜真卿为御史大夫，泣诉于上，上乃出通幽为普安太守[①]，具奏其状于上皇，上皇杖杀通幽。杲卿子泉明为王承业所留，因寓居寿阳[②]，为史思明所虏，裹以牛革，送于范阳，会安庆绪初立，有赦，得免。思明降，乃得归，求其父尸于东京，得之，遂并袁履谦尸棺敛以归。杲卿姊妹女及泉明之子皆流落河北；真卿时为蒲州刺史，使泉明往求之，泉明号泣求访，哀感路人，久乃得之。泉明诣亲故乞索，随所得多少赎之，先姑姊妹而后其子。姑女为贼所掠，泉明有钱二百缗，欲赎己女，闵其姑愁悴，先赎姑女；比更得钱，求其女，已失所在。遇群从姊妹及父时将吏袁履谦等妻子流落者，皆与之归，凡五十余家，三百余口，均减资粮，一如亲戚。至蒲州，真卿悉加赡给，久之，随其所适而资送之。袁履谦妻疑履谦衣衾俭薄，发棺视之，与杲卿无异，乃始惭服。

六月，己酉，立太一坛于南郊之东[③]，从王玙之请也。上尝不豫，卜云山川为祟，玙请遣中使与女巫乘驿分祷天下名山、大川。巫恃势，所过烦扰州县，干求受赃。黄州有巫，盛年美色，从无赖少年数十，为蠹尤甚，至黄州，宿于驿舍。刺史左震晨至驿，门扃锁[④]，不可启，震怒，破锁而入，曳巫于阶下斩之，所从少年悉毙之。籍其赃，数十万，具以状闻，且请以其赃代贫民租，遣中使还京师，上无以罪也。

以开府仪同三司李嗣业为怀州刺史，充镇西、北庭行营节度使。

山人韩颖改造新历，丁巳，初行颖历。

戊午，敕两京陷贼官，三司推究未毕者皆释之；贬、降者续处分。

太子少师房琯既失职，颇怏怏，多称疾不朝，而宾客朝夕盈门，其党为之扬言于朝云："琯有文武才，宜大用。"上闻而恶之，下制数琯罪，贬豳州刺史。前祭酒刘秩贬阆州刺史，京兆尹严武贬巴州刺史，皆琯党也。

【注释】

①普安：郡名。西魏以南安郡改名，治所在今四川剑阁县。隋开皇初废，大业初改始州为普安郡。唐武德元年(618)复为始州，天宝初又改剑州为普安郡，乾元初复为剑州。　②寿阳：县名。隋开皇十年(590)置，治所即今山西寿阳县。唐初改名受阳县，贞观十一年(637)复名为寿阳。　③太一：传说中的天神。也作"泰一"。古人认为是天神中最尊贵的神。　④扃(jiōng)：门窗上的插销。

初，史思明以列将事平卢军使乌知义，知义善待之。知义子承恩为信都太守，以郡降思明，思明思旧恩而全之。及安庆绪败，承恩说思明降唐。李光弼以思明终当叛乱，而承恩为思明所亲信，阴使图之；又劝上以承恩为范阳节度副使，赐阿史那承庆铁券，令共图思明，上从之。

承恩多以私财募部曲，又数衣妇人服诣诸将营说诱之，诸将以白思明，思明疑未察。会承恩入京师，上使内侍李思敬与之俱至范阳宣慰。承恩既宣旨，思明留承恩馆于府中，帷其床，伏二人于床下。承恩少子在范阳，思明使省其父。夜中，承恩密谓其子曰："吾受命除此逆胡，当以吾为节度使。"二人于床下大呼而出。思明乃执承恩，索其装囊[①]，得铁券及光弼牒，牒云："承庆事成则付铁券；不然，不可付也。"又得簿书数百纸，皆先从思明反者将士名。思明责之曰："我何负于汝而为此！"承恩谢曰："死罪，此皆李光弼之谋也。"思明乃集将佐吏民，西向大哭曰："臣以十三万众降朝廷，何负陛下，而欲杀臣！"遂榜杀承恩父子，连坐死者二百余人。承恩弟承玼走免。思明囚思敬，表上其状。上遣中使慰谕思明曰："此非朝廷与光弼之意，皆承恩所为，杀之甚善。"

会三司议陷贼官罪状至范阳，思明谓诸将曰："陈希烈辈皆朝廷大臣，上皇自弃之幸蜀，今犹不免于死，况吾属本从安禄山反乎！"诸将请思明表求诛光弼，思明从之，命判官耿仁智与其僚张不矜为表云："陛下不为臣诛光弼，臣当自引兵就太原诛之。"不矜草表以示思明，及将入函，仁智悉削去之。写表者以白思明，思明命执二人斩之。仁智事思明久，思明怜，欲活之，复召入，谓曰："我任使汝垂三十年，今日非我负汝。"仁智大呼曰："人生会有一死，得尽忠义，死之善者也。今从大夫反，不过延岁月，岂若速死之愈乎！"思明怒，乱捶之，脑流于地。

乌承玼奔太原，李光弼表为昌化郡王，充石岭军使[②]。

秋，七月，丙戌，初铸当十大钱，文曰"乾元重宝"，从御史中丞第五琦之谋也。

丁亥，册命回纥可汗曰英武威远毗伽阙可汗，以上幼女宁国公主妻之。以殿中监汉中王瑀为册礼使，右司郎中李巽副之；命左仆射裴冕送公主至境上。戊子，又以司勋员外郎鲜于叔明为瑀副。叔明，仲通之弟也。甲子[③]，上送宁国公主至咸阳，公主辞诀曰："国家事重，死且无恨。"上流涕而还。

瑀等至回纥牙帐，可汗衣赭袍胡帽，坐帐中榻上，仪卫甚严，引瑀等立于帐外。瑀不拜而立，可汗曰："我与天可汗两国之君，君臣有礼，何得不拜？”瑀与叔明对曰：“向者唐与诸国为婚，皆以宗室女为公主。今天子以可汗有功，自以所生女妻可汗。恩礼至重，可汗奈何以子婿傲妇翁，坐榻上受册命邪！”可汗改容，起受册命。明日，立公主为可敦，举国皆喜。

乙未，郭子仪入朝。

八月，壬寅，以青、登等五州节度使许叔冀为滑、濮等六州节度使。

庚戌，李光弼入朝。丙辰，以郭子仪为中书令，光弼为侍中。丁巳，子仪诣行营。

【注释】

①装囊：出行时的行李袋。古人行装，装在袋子中，袋有底的叫囊，无底的叫橐。 ②石岭军：在秀容县（治今山西忻州市西北）。 ③甲子：七月无甲子日。疑当作“甲午”。

回纥遣其臣骨啜特勒及帝德将骁骑三千助讨安庆绪，上命朔方左武锋使仆固怀恩领之。

九月，庚午朔，以右羽林大将军赵泚为蒲、同、虢三州节度使。

丙子，招讨党项使王仲升斩党项酋长拓跋戎德，传首。

安庆绪之初至邺也，虽枝党离析，犹据七郡六十余城[①]，甲兵资粮丰备。庆绪不亲政事，专以缮台沼楼船、酣饮为事。其大臣高尚、张通儒等争权不叶，无复纲纪。蔡希德有才略，部兵精锐，而性刚，好直言，通儒谮而杀之；麾下数千人皆逃散，诸将怨怒不为用。以崔乾祐为天下兵马使，总中外兵。乾祐愎戾好杀，士卒不附。

庚寅，命朔方郭子仪、淮西鲁炅、兴平李奂、滑濮许叔冀、镇西、北庭李嗣业、郑蔡季广琛、河南崔光远七节度使及平卢兵马使董秦将步骑二十万讨庆绪；又命河东李光弼、关内·泽潞王思礼二节度使将所部兵助之[②]。上以子仪、光弼皆元勋，难相统属，故不置元帅，但以宦官开府仪同三司鱼朝恩为观军容宣慰处置使。观军容之名自此始。

癸巳，广州奏：大食、波斯围州城，刺史韦利见逾城走，二国兵掠仓库,焚庐舍,浮海而去。

冬,十月,甲辰,册太子,更名曰豫。自中兴以来,群下无复赐物,至是,始有新铸大钱,百官、六军沾赉有差。

郭子仪引兵自杏园济河[③],东至获嘉,破安太清,斩首四千级,捕虏五百人。太清走保卫州,子仪进围之;丙午,遣使告捷。鲁炅自阳武济[④],季广琛、崔光远自酸枣济[⑤],与李嗣业兵皆会子仪于卫州。庆绪悉举邺中之众七万救卫州,分三军,以崔乾祐将上军,田承嗣将下军,庆绪自将中军。子仪使善射者三千人伏于垒垣之内,令曰:“我退,贼必逐我,汝乃登垒,鼓噪而射之。”既而与庆绪战,伪退,贼逐之,至垒下,伏兵起射之,矢如雨注,贼还走,子仪复引兵逐之,庆绪大败。获其弟庆和,杀之。遂拔卫州。庆绪走,子仪等追之至邺,许叔冀、董秦、王思礼及河东兵马使薛兼训皆引兵继至。庆绪收余兵拒战于愁思冈[⑥],又败。前后斩首三万级,捕虏千人。庆绪乃入城固守,子仪等围之。庆绪窘急,遣薛嵩求救于史思明,且请以位让之。思明发范阳兵十三万欲救邺,观望未敢进,先遣李归仁将步骑兵一万军于滏阳[⑦],遥为庆绪声势。

甲寅,上皇幸华清宫;十一月,丁丑,还京师。

崔光远拔魏州;丙戌,以前兵部侍郎萧华为魏州防御使。会史思明分军为三,一出邢、洺,一出冀、贝,一自洹水趣魏州[⑧]。郭子仪奏以崔光远代华,十二月,癸卯,敕以光远领魏州刺史。

甲辰,置浙江西道节度使,领苏、润等十州,以升州刺史韦黄裳为之。庚戌,置浙江东道节度使,领越、睦等八州,以户部尚书李峘为之,兼淮南节度使。

己未,群臣请上尊号曰乾元大圣光天文武孝感皇帝,许之。

【注释】

①七郡:指汲、邺、赵、魏、平原、清河及博平等七郡。 ②关内、泽潞:指关内节度使和泽潞节度使。王思礼先做了关内节度使,此时又兼任泽潞节度使。泽潞治所在今山西长治市。 ③杏园:镇名。在今河南卫辉市东南,旧为黄河渡口。 ④阳武:县名。秦置。治今河南原阳县。 ⑤酸枣:县名。秦置。治今河南延津县。 ⑥愁思冈:地名。在今河南安阳市西南。 ⑦滏(fǔ 抚)阳:县名。北周置。治今河北磁

县。 ⑧洹(huán 环)水:县名。北周置。治今河北魏县西南旧魏县。

史思明乘崔光远初至,引兵大下,光远使将军李处崟拒之[①]。贼势盛,处崟连战不利,还趣城。贼追至城下,扬言曰:"处崟召我来,何为不出!"光远信之,腰斩处崟。处崟,骁将,众所恃,既死,众无斗志,光远脱身走还汴州。丁卯,思明陷魏州,所杀三万人。

平卢节度使王玄志薨,上遣中使往抚将士,且就察军中所欲立者,授以旌节。高丽人李怀玉为裨将,杀玄志之子,推侯希逸为平卢军使。希逸之母,怀玉姑也,故怀玉立之。朝廷因以希逸为节度副使。节度使由军士废立自此始。

臣光曰:夫民生有欲,无主则乱[②]。是故圣人制礼以治之。自天子、诸侯至于卿、大夫、士、庶人,尊卑有分,大小有伦,若纲条之相维,臂指之相使,是以民服事其上,而下无觊觎。其在《周易》,"上天、下泽,履。"《象》曰:"君子以辨上下,定民志。"此之谓也[③]。凡人君所以能有其臣民者,以八柄存乎己也[④]。苟或舍之,则彼此之势均,何以使其下哉!

肃宗遭唐中衰,幸而复国,是宜正上下之礼以纲纪四方;而偷取一时之安,不思永久之患。彼命将帅,统藩维,国之大事也,乃委一介之使,徇行伍之情,无问贤不肖,惟其所欲与者则授之。自是之后,积习为常,君臣循守,以为得策,谓之姑息。乃至偏裨士卒,杀逐主帅,亦不治其罪,因以其位任授之。然则爵禄、废置、杀生、予夺皆不出于上而出于下,乱之生也,庸有极乎!

且夫有国家者,赏善而诛恶,故为善者劝,为恶者惩。彼为人下而杀逐其上,恶孰大焉!乃使之拥旄秉钺,师长一方,是赏之也。赏以劝恶,恶其何所不至乎!《书》云:"远乃猷[⑤]。"《诗》云:"猷之未远,是用大谏[⑥]。"孔子曰:"人无远虑,必有近忧[⑦]。"为天下之政而专事姑息,其忧患可胜校乎!由是为下者常眄眄焉伺其上[⑧],苟得间则攻而族之;为上者常惴惴焉畏其下,苟得间则掩而屠之;争务先发以逞其志,非有相保养为俱利久存之计也。如是而求天下之安,其可得乎!迹其厉阶，肇于此矣。

盖古者治军必本于礼，故晋文公城濮之战，见其师少长有礼，知其可用。今唐治军而不顾礼，使士卒得以陵偏裨，偏裨得以陵将帅，则将帅之陵天子，自然之势也。

由是祸乱继起，兵革不息，民坠涂炭，无所控诉，凡二百余年，然后大宋受命。太祖始治军法，使以阶级相承，小有违犯，咸伏斧质。是以上下有叙，令行禁止，四征不庭，无思不服，宇内乂安，兆民允殖，以迄于今，皆由治军以礼故也。岂非诒谋之远哉！

是岁，置振武节度使，领镇北大都护府、麟·胜二州；又置陕虢华及豫许汝二节度使。安南经略使为节度使，领交、陆等十一州。

吐蕃陷河源军。

【注释】

①崟（yín 银）：此处为人名用字。 ②“夫民生”二句：出自《尚书·仲虺（huǐ 悔）之诰》原文作：“惟天生民有欲，无主乃乱。” ③“其在”数句：出自《周易·履卦》中的《象传》。《履》的上卦为乾（☰），下卦为兑（☱），乾为天，兑为泽。《象传》以天比君，以泽比民，用上天下泽比喻君处于上而民处于下，只有上下等级分别清楚，才能安定老百姓的志愿。这正符合司马光这篇史论中需要阐发的意思。 ④八柄：国君驾驭臣民的八种权柄，其说出自《周礼·大宰》：“以八柄诏王驭群臣。一曰爵（爵位），以驭其贵；二曰禄（俸禄），以驭其富；三曰予（赐予），以驭其幸；四曰置（安排位置），以驭其行；五曰生（养），以驭其福；六曰夺（剥夺财产），以驭其贫；七曰废（流放），以驭其罪；八曰诛（责备），以驭其过。”下文所谓“爵禄、废置、杀生、予夺”，就是《周礼·大宰》中所说的王驭群臣的“八柄”。 ⑤“《书》云”二句：出自《尚书·康诰》。猷，谋划。⑥“《诗》云”二句：出自《诗经·大雅·板》。 ⑦“孔子曰”三句：出自《论语·卫灵公》。 ⑧眄（miǎn 勉）眄：斜视的样子。

资治通鉴卷第二百二十一

唐纪三十七　起屠维大渊献，尽上章困敦，凡二年。

肃宗文明武德大圣大宣孝皇帝下之上

乾元二年　春，正月，己巳朔，史思明筑坛于魏州城北，自称大圣燕王；以周挚为行军司马。李光弼曰："思明得魏州而按兵不进，此欲使我懈惰，而以精锐掩吾不备也。请与朔方军同逼魏城，求与之战，彼惩嘉山之败，必不敢轻出。得旷日引久，则邺城必拔矣。庆绪已死，彼则无辞以用其众也。"鱼朝恩以为不可，乃止。

戊寅，上祀九宫贵神，用王玙之言也[①]。乙卯，耕藉田[②]。

镇西节度使李嗣业攻邺城，为流矢所中，丙申，薨；兵马使荔非元礼代将其众。初，嗣业表段秀实为怀州长史，知留后事。时诸军屯戍日久，财竭粮尽，秀实独运刍粟，募兵市马以奉镇西行营，相继于道。

二月，壬子，月食，既[③]。先是百官请加皇后尊号曰"辅圣"，上以问中书舍人李揆，对曰："自古皇后无尊号，惟韦后有之，岂足为法！"上惊曰："庸人几误我！"会月食，事遂寝。后与李辅国相表里，横于禁中，干豫政事，请托无穷，上颇不悦，而无如之何。

郭子仪等九节度使围邺城，筑垒再重，穿堑三重，壅漳水灌之。城中井泉皆溢，构栈而居，自冬涉春，安庆绪坚守以待史思明，食尽，一鼠直钱四千，淘墙䵚及马矢以食马[④]。人皆以为克在朝夕，而诸军既无统帅，进退无所禀；城中人欲降者，碍水深，不得出。城久不下，上下解体。

思明乃自魏州引兵趣邺，使诸将去城各五十里为营，每营击鼓三百面，遥胁之。又每营选精骑五百，日于城下抄掠，官军出，辄散归其营；诸军人马牛车日有所失，樵采甚艰，昼备之则夜至，夜备之则昼至。时天下饥馑，转饷者南自江、淮，西自并、汾，舟车相继。思明多遣壮士窃官军装号，督趣运者，责其稽缓，妄杀戮人，运者骇惧；舟车所聚，则密纵火焚之；往复聚散，自相辩识，而官军逻捕不能察也。由是诸军乏食，人思自溃。思明乃引大军直抵城下，官军与之刻日决战。

三月，壬申，官军步骑六十万陈于安阳河北⑤，思明自将精兵五万敌之，诸军望之，以为游军，未介意。思明直前奋击，李光弼、王思礼、许叔冀、鲁炅先与之战，杀伤相半；鲁炅中流矢。郭子仪承其后，未及布陈，大风忽起，吹沙拔木，天地昼晦，咫尺不相辨，两军大惊，官军溃而南，贼溃而北，弃甲仗辎重委积于路。子仪以朔方军断河阳桥保东京。战马万匹，惟存三千；甲仗十万，遗弃殆尽，东京士民惊骇，散奔山谷；留守崔圆、河南尹苏震等官吏南奔襄、邓；诸节度各溃归本镇。士卒所过剽掠，吏不能止，旬日方定。惟李光弼、王思礼整勒部伍，全军以归。

【注释】

①戊寅：《新唐书》《旧唐书》中的《肃宗本纪》上祀九宫贵神一事在“丁丑”日，即“初九”。 ②乙卯：正月无此日。胡注云：“‘乙卯’当作‘乙酉’”。《新唐书》《旧唐书》中的《肃宗本纪》作“戊寅”即“初十”。 ③月食：胡注指出，根据《春秋》笔法，史书一般只写“日食”，不写“月食”。日，代表君象。这里记载“月食”，是因为肃宗的张后专横干政。 ④㱦(yì 义)：破碎的麦壳。 ⑤安阳河：即今河南北部卫河支流安阳河。

子仪至河阳，将谋城守，师人相惊，又奔缺门①。诸将继至，众及数万，议捐东京，退保蒲、陕。都虞候张用济曰：“蒲、陕荐饥，不如守河阳，贼至，并力拒之。”子仪从之。使都游弈使灵武韩游瑰将五百骑前趣河阳，用济以步卒五千继之。周挚引兵争河阳，后至，不得入而去。用济役所部兵筑南、北两城而守之。段秀实帅将士妻子及公私辎重自野戍渡河[2]，待命于河清之南岸[3]，荔非元礼至而军焉。诸将各上表谢罪，上皆不问，惟削崔圆阶封，贬苏震为济王府长史，削银青阶。

史思明审知官军溃去，自沙河收整士众[4]，还屯邺城南。安庆绪收子仪营中粮，得六七万石，与孙孝哲、崔乾祐谋闭门更拒思明。诸将曰："今日岂可复背史王乎！"思明不与庆绪相闻，又不南追官军，但日于军中飨士。张通儒、高尚等言于庆绪曰："史王远来，臣等皆应迎谢。"庆绪曰："任公暂往。"思明见之涕泣，厚礼而归之。经三日，庆绪不至。思明密召安太清令诱之，庆绪窘蹙，不知所为，乃遣太清上表称臣于思明，请待解甲入城，奉上玺绶。思明省表，曰："何至如此！"因出表遍示将士，咸称万岁。乃手疏唁庆绪而不称臣，且曰："愿为兄弟之国，更作藩篱之援。鼎足而立，犹或庶几；北面之礼，固不敢受。"并封表还之。庆绪大悦，因请歃血同盟，思明许之。庆绪以三百骑诣思明营，思明令军士擐甲执兵以待之[5]，引庆绪及诸弟入至庭下。庆绪再拜稽首曰："臣不克荷负，弃失两都，久陷重围，不意大王以太上皇之故[6]，远垂救援，使臣应死复生，摩顶至踵，无以报德。"思明忽震怒曰："弃失两都，亦何足言。尔为人子，杀父夺其位，天地所不容。吾为太上皇讨贼，岂受尔佞媚乎！"即命左右牵出，并其四弟及高尚、孙孝哲、崔乾祐皆杀之；张通儒、李庭望等悉授以官。思明勒兵入邺城，收其士马，以府库赏将士，庆绪先所有州、县及兵皆归于思明。遣安太清将兵五千取怀州，因留镇之。思明欲遂西略，虑根本未固，乃留其子朝义守相州，引兵还范阳。

甲申，回纥骨啜特勒、帝德等十五人自相州奔还西京，上宴之于紫宸殿，赏赐有差。庚寅，骨啜特勒等辞还行营。

辛卯，以荔非元礼为怀州刺史，权知镇西、北庭行营节度使。元礼复以段秀实为节度判官。

甲午，以兵部侍郎吕諲同平章事，乙未。以中书侍郎、同平章事苗晋卿为太子太傅，王玙为刑部尚书，皆罢政事。以京兆尹李岘行吏部尚书，中书舍人兼礼部侍郎李揆为中书侍郎，及户部侍郎第五琦并同平章事。上于岘恩意尤厚,岘亦以经济为己任,军国大事多独决于岘。于是京师多盗,李辅国请选羽林骑士五百以备巡逻。李揆上疏曰:“昔西汉以南北军相制,故周勃因南军入北军,遂安刘氏。皇朝置南、北牙,文武区分,以相伺察。今以羽林代金吾警夜,忽有非常之变,将何以制之!”乃止。

丙申,以郭子仪为东畿、山东、河东诸道元帅,权知东京留守。以河西节度使来瑱行陕州刺史,充陕、虢、华州节度使。

夏,四月,庚子,泽潞节度使王思礼破史思明将杨旻于潞城东[7]。

【注释】

①缺门:城名。在今河南新安县西缺门山。 ②野戍:一名野水渡。在今河南济源市和孟津区之间的黄河上。 ③河清:县名。唐先天二年(713)改大基县置,治今河南孟州市西南。 ④沙河:县名。隋开皇十六年(596)置,治今河北沙河市(褡裢镇)北沙河东。 ⑤擐(huàn 患):套,穿。 ⑥太上皇:指安禄山。安庆绪尊称安禄山为太上皇。 ⑦潞城:县名。隋开皇十六年(596)置,治所即今山西潞城市。

太子詹事李辅国,自上在灵武,判元帅行军司马事,侍直帷幄,宣传诏命,四方文奏,宝印符契,晨夕军号,一以委之。及还京师,专掌禁兵,常居内宅,制敕必经辅国押署,然后施行,宰相百司非时奏事,皆因辅国关白、承旨[1]。常于银台门决天下事[2],事无大小,辅国口为制敕,写付外施行,事毕闻奏。又置察事数十人,潜令于人间听察细事,即行推按;有所追索,诸司无敢拒者。御史台、大理寺重囚,或推断未毕,辅国追诣银台,一时纵之。三司、府、县鞫狱,皆先诣辅国咨禀,轻重随意,称制敕行之,莫敢违者。宦官不敢斥其官,皆谓之五郎[3]。李揆山东甲族,见辅国执子弟礼,谓之五父。

及李岘为相,于上前叩头,论制敕皆应由中书出,具陈辅国专权乱政之状,上感寤,赏其正直;辅国行事,多所变更,罢其察事。辅国由是让行军司马,请归本官,上不许。制:“比缘军国务殷,或宣口敕处分。诸色取索及杖配囚徒,自今一切并停。如非正宣[4],

并不得行。中外诸务，各归有司。英武军虞候及六军诸使、诸司等，比来或因论竞，悬自追摄，自今须一切经台、府。如所由处断不平，听具状奏闻。诸律令除十恶、杀人、奸、盗、造伪外，余烦冗一切删除，仍委中书、门下与法官详定闻奏。”辅国由是忌岘。

甲辰，置陈、郑、亳节度使，以邓州刺史鲁炅为之；以徐州刺史尚衡为青、密等七州节度使；以兴平军节度使李奂兼豫、许、汝三州节度使；仍各于境上守捉防御。

九节度之溃于相州也，鲁炅所部兵剽掠尤甚，闻郭子仪退屯河上，李光弼还太原，炅惭惧，饮药而死。

史思明自称大燕皇帝，改元顺天，立其妻辛氏为皇后，子朝义为怀王，以周挚为相，李归仁为将，改范阳为燕京，诸州为郡。

戊申，以鸿胪卿李抱玉为郑、陈、颍、亳节度使。抱玉，安兴贵之后也，为李光弼裨将，屡有战功，自陈耻与安禄山同姓，故赐姓李氏。

回纥毗伽阙可汗卒，长子叶护先遇杀，国人立其少子，是为登里可汗。回纥欲以宁国公主为殉。公主曰：“回纥慕中国之俗，故娶中国女为妇。若欲从其本俗，何必结婚万里之外邪！”然亦为之剺面而哭。

凤翔马坊押官为劫⑤，天兴尉谢夷甫捕杀之。其妻讼冤。李辅国素出飞龙厩，敕监察御史孙蓥鞫之，无冤。又使御史中丞崔伯阳、刑部侍郎李晔、大理卿权献鞫之，与蓥同。犹不服。又使侍御史太平毛若虚鞫之。若虚倾巧士，希辅国意，归罪夷甫。伯阳怒，召若虚诘责，欲劾奏之。若虚先自归于上，上匿若虚于帘下。伯阳寻至，言若虚附会中人，鞫狱不直。上怒，叱出之。伯阳贬高要尉，献贬桂阳尉，晔与凤翔尹严向皆贬岭下尉，蓥除名，长流播州。吏部尚书、同平章事李岘奏伯阳等无罪，责之太重；上以为朋党，五月，辛巳，贬岘蜀州刺史。右散骑常侍韩择木入对，上谓之曰：“李岘欲专权，今贬蜀州，朕自觉用法太宽。”对曰：“李岘言直，非专权。陛下宽之，只益圣德耳。”若虚寻除御史中丞，威振朝廷。

【注释】

①关白：禀报；通知，通告。　②银台门：据胡注考证，唐大明宫内有

左、右银台门。左银台门位于紫宸殿东面,右银台门位于紫宸殿西面。 ③五郎:李辅国排行第五,因此称为“五郎”。 ④正宣:唐朝制度,诏令由中书省拟定,门下省进画,尚书省奉行,完备此项手续者为正宣,以别于皇帝口谕、亲书或直接由宫中发出而不通过外廷的敕书。又据胡注解释,正宣是指有底子在中书省可以复查的宣命。 ⑤押官:管押马坊的官。

壬午,以滑、濮节度使许叔冀为汴州刺史,充滑、汴等七州节度使;以试汝州刺史刘展为滑州刺史,充副使。

六月,丁巳,分朔方置邠、宁等九州节度使。

观军容使鱼朝恩恶郭子仪,因其败,短之于上。秋,七月,上召子仪还京师,以李光弼代为朔方节度使、兵马元帅。士卒涕泣,遮中使请留子仪。子仪绐之曰:“我饯中使耳,未行也。”因跃马而去。

光弼愿得亲王为之副,辛巳,以赵王係为天下兵马元帅,光弼副之,仍以光弼知诸节度行营。光弼以河东骑五百驰赴东都,夜,入其军。光弼治军严整,始至,号令一施,士卒、壁垒、旌旗、精采皆变。是时朔方将士乐子仪之宽,惮光弼之严。

左厢兵马使张用济屯河阳,光弼以檄召之。用济曰:“朔方,非叛军也,乘夜而入,何见疑之甚邪!”与诸将谋以精锐突入东京,逐光弼,请子仪;命其士皆被甲上马,衔枚以待。都知兵马使仆固怀恩曰:“邺城之溃,郭公先去,朝廷责帅,故罢其兵柄。今逐李公而强请之,是反也,其可乎!”右武锋使康元宝曰:“君以兵请郭公,朝廷必疑郭公讽君为之,是破其家也。郭公百口何负于君乎!”用济乃止。光弼以数千骑东出汜水,用济单骑来谒。光弼责用济召不时至,斩之,命部将辛京杲代领其众。

仆固怀恩继至,光弼引坐,与语。须臾,阍者白①:“蕃、浑五百骑至矣。”光弼变色。怀恩走出,召麾下将,阳责之曰:“语汝勿来,何得固违!”光弼曰:“士卒随将,亦复何罪!”命给牛酒。

以潞沁节度使王思礼兼太原尹②,充北京留守、河东节度使。

初,潼关之败,思礼马中矢而毙,有骑卒盩厔张光晟下马授之，问其姓名，不告而去。思礼阴识其状貌，求之不获。及至河东，或谮代州刺史河西辛云京，思礼怒之，云京惧，不知所出。光晟时在云京麾下，曰："光晟尝有德于王公，从来不敢言者，耻以此取赏耳。今使君有急，光晟请往见王公，必为使君解之。"云京喜而遣之。光晟谒思礼，未及言，思礼识之曰："噫！子非吾故人乎？何相见之晚邪！"光晟以实告。思礼大喜，执其手，流涕曰："吾之有今日，皆子力也。吾求子久矣。"引与同榻坐，约为兄弟。光晟因从容言云京之冤。思礼曰："云京过亦不细，今日特为故人舍之。"即日擢光晟为兵马使，赠金帛田宅甚厚。

辛卯，以朔方节度副使、殿中监仆固怀恩兼太常卿，进爵大宁郡王。怀恩从郭子仪为前锋，勇冠三军，前后战功居多，故赏之。

八月，乙巳，襄州将康楚元、张嘉延据州作乱，刺史王政奔荆州。楚元自称南楚霸王。

回纥以宁国公主无子，听归；丙辰，至京师。

戊午，上使将军曹日升往襄州慰谕康楚元，贬王政为饶州长史，以司农少卿张光奇为襄州刺史；楚元不从。

壬戌，以李光弼为幽州长史、河北节度等使。

【注释】

①阍（hūn 昏）者：守门者。　②潞沁节度使：王思礼为泽州、潞州、沁州三州节度使，史书有时简称为泽潞节度使，有时简称为潞沁节度使。

九月，甲午[①]，张嘉延袭破荆州，荆南节度使杜鸿渐弃城走，澧、朗、郢、峡、归等州官吏闻之，争潜窜山谷。

戊辰，更令绛州铸乾元重宝大钱[②]，加以重轮，一当五十；在京百官，先以军旅皆无俸禄，宜以新钱给其冬料[③]。

丁亥，以太子少保崔光远为荆、襄招讨使，充山南东道处置兵马都使；以陈、颍、亳、申节度使王仲升为申、沔等五州节度使，知淮南西道行营兵马。

史思明使其子朝清守范阳，命诸郡太守各将兵三千从己向河南，分为四道，使其将令狐彰将兵五千自黎阳济河取滑州，思明自濮阳，史朝义自白皋，周挚自胡良济河，会于汴州。

李光弼方巡河上诸营，闻之，还入汴州，谓汴滑节度使许叔冀曰："大夫能守汴州十五日，我则将兵来救。"叔冀许诺。光弼还东京。思明至汴州，叔冀与战，不胜，遂与濮州刺史董秦及其将梁浦、刘从谏、田神功等降之。思明以叔冀为中书令，与其将李详守汴州；厚待董秦，收其妻子，置长芦为质④；使其将南德信与梁浦、刘从谏、田神功等数十人徇江、淮。神功，南宫人也⑤，思明以为平卢兵马使。顷之，神功袭德信，斩之。从谏脱身走。神功将其众来降。

思明乘胜西攻郑州，光弼整众徐行，至洛阳，谓留守韦陟曰："贼乘胜而来；利在按兵，不利速战。洛城不可守，于公计何如？"陟请留兵于陕，退守潼关，据险以挫其锐。光弼曰："两敌相当，贵进忌退，今无故弃五百里地，则贼势益张矣。不若移军河阳，北连泽潞，利则进取，不利则退守，表里相应，使贼不敢西侵，此猿臂之势也。夫辨朝廷之礼，光弼不如公；论军旅之事，公不如光弼。"陟无以应。判官韦损曰："东京帝宅，侍中奈何不守？"光弼曰："守之，则汜水、崿岭、龙门皆应置兵⑥，子为兵马判官，能守之乎？"遂移牒留守韦陟使帅东京官属西入关，牒河南尹李若幽使帅吏民出城避贼，空其城。光弼帅军士运油、铁诸物诣河阳为守备，光弼以五百骑殿。时思明游兵已至石桥⑦，诸将请曰："今自洛城而北乎，当石桥而进乎？"光弼曰："当石桥而进。"及日暮，光弼秉炬徐行，部曲坚重，贼引兵蹑之，不敢逼。光弼夜至河阳，有兵二万，粮才支十日。光弼按阅守备，部分士卒，无不严办。庚寅，思明入洛阳，城空，无所得，畏光弼掎其后，不敢入宫，退屯白马寺南，筑月城于河阳南以拒光弼⑧。于是郑、滑等州相继陷没，韦陟、李若幽皆寓治于陕。

冬，十月，丁酉，下制亲征史思明；群臣上表谏，乃止。

【注释】

①甲午：九月没有"甲午"这一天。据《新唐书·肃宗本纪》"甲午"当作"甲子"。　②绛州：州名。北周武成二年（560）以东雍州改名，治今山西闻喜县东北。隋大业初改为绛郡。唐武德元年（618）复改为绛州，治今山西新绛县。绛州是唐代铸钱的主要地方。　③冬料：官员在

冬季所应得到的俸禄钱。 ④长芦:县名。北周大象二年(580)置,治今河北沧州市西。唐开元十六年(728)移治所至今沧州市。 ⑤南宫:县名。西汉置,治今河北南宫市西北。 ⑥崿(è 鄂)岭:地名。一称崿阪。在河南登封市东南。 ⑦石桥:地名。在今河南洛阳市东北。 ⑧月城:大城外用以障蔽城门的半圆形小城,即瓮城。

史思明引兵攻河阳,使骁将刘龙仙诣城下挑战。龙仙恃勇,举右足加马鬣上①,慢骂光弼。光弼顾诸将曰:"谁能取彼者?"仆固怀恩请行。光弼曰:"此非大将所为。"左右言:"裨将白孝德可往。"光弼召问之。孝德请行。光弼问:"须几何兵?"对曰:"请挺身取之。"光弼壮其志,然固问所须。对曰:"愿选五十骑出垒门为后继,兼请大军助鼓噪以增气。"光弼抚其背而遣之。孝德挟二矛,策马乱流而进②。半涉,怀恩贺曰:"克矣。"光弼曰:"锋未交,何以知之?"怀恩曰:"观其揽辔安闲,知其万全。"龙仙见其独来,甚易之;稍近,将动,孝德摇手示之,若非来为敌者,龙仙不测而止。去之十步,乃与之言,龙仙慢骂如初。孝德息马良久,因瞋目谓曰:"贼识我乎?"龙仙曰:"谁也?"曰:"我,白孝德也。"龙仙曰:"是何狗彘!"孝德大呼,运矛跃马搏之。城上鼓噪,五十骑继进。龙仙矢不及发,环走堤上。孝德追及,斩首,携之以归。贼众大骇。孝德,本安西胡人也。

思明有良马千余匹,每日出于河南渚浴之,循环不休以示多。光弼命索军中牝马,得五百匹,絷其驹于城内。俟思明马至水际,尽出之,马嘶不已,思明马悉浮渡河,一时驱之入城。思明怒,列战船数百艘,泛火船于前而随之,欲乘流烧浮桥。光弼先贮百尺长竿数百枚,以巨木承其根,毡裹铁叉置其首,以迎火船而叉之。船不得进,须臾自焚尽。又以叉拒战船,于桥上发炮石击之,中者皆沉没,贼不胜而去。

思明见兵于河清,欲绝光弼粮道,光弼军于野水渡以备之。既夕,还河阳,留兵千人,使部将雍希颢守其栅,曰:"贼将高庭晖、李日越、喻文景,皆万人敌也,思明必使一人来劫我。我且去之,汝待于此。若贼至,勿与之战。降,则与之俱来。"诸将莫谕其意,皆窃笑之。既而思明果谓李日越曰："李光弼长于凭城，今出在野，此成擒矣。汝以铁骑宵济，为我取之，不得，则勿返。"日越将五百骑晨至栅下，希颢阻壕休卒，吟啸相视。日越怪之，问曰："司空在乎[3]？"曰："夜去矣。""兵几何？"曰："千人。""将谁？"曰："雍希颢。"日越默计久之，谓其下曰："今失李光弼，得希颢而归，吾死必矣，不如降也。"遂请降。希颢与之俱见光弼，光弼厚待之，任以心腹。高庭晖闻之，亦降。或问光弼："降二将何易也？"光弼曰："此人情耳。思明常恨不得野战，闻我在外，以为必可取。日越不获我，势不敢归。庭晖才勇过于日越，闻日越被宠任，必思夺之矣。"庭晖时为五台府果毅[4]，己亥，以庭晖为右武卫大将军。

思明复攻河阳，光弼谓郑陈节度使李抱玉曰[5]："将军能为我守南城二日乎？"抱玉曰："过期何如？"光弼曰："过期救不至，任弃之。"抱玉许诺，勒兵拒守。城且陷，抱玉绐之曰："吾粮尽，明旦当降。"贼喜，敛军以待之。抱玉缮完城备，明日，复请战。贼怒，急攻之。抱玉出奇兵，表里夹击，杀伤甚众。

【注释】

①鬣（liè 列）：兽类颈领上的毛。 ②乱流：横渡河流。 ③司空：指李光弼。李光弼曾加任司空、侍中，所以这样称呼。 ④五台府：在代州。唐代州治所在今山西代县。唐各府果毅，官阶品秩很低，而各卫大将军，则位列三品。因此，高庭晖从五台府果毅提升为右武卫大将军，是越级提拔。这里表现了李光弼对高庭晖的赏识。 ⑤郑陈节度使：乾元二年（759）新设立，管辖郑州、陈州、亳州、颍州四州。但此时郑州已在史思明的控制之下。

董秦从思明寇河阳，夜，帅其众五百[1]，拔栅突围，降于光弼。时光弼自将屯中潬[2]，城外置栅，栅外穿堑，深广二丈。乙巳，贼将周挚舍南城，并力攻中潬。光弼命荔非元礼出劲卒于羊马城以拒贼。光弼自于城东北隅建小朱旗以望贼。贼恃其众，直进逼城，以车载攻具自随，督众填堑，三面各八道以过兵，又开栅为门。光弼望贼逼城，使问元礼曰："中丞视贼填堑开栅过兵，晏然不动，何也？"元礼曰："司空欲守乎，战乎？"光弼曰："欲战。"元礼曰："欲战，则贼为吾填堑，何为禁之？”光弼曰：“善，吾所不及，勉之！”元礼俟栅开，帅敢死士突出击贼，却走数百步。元礼度贼陈坚，未易摧陷，乃复引退，须其怠而击之。光弼望见元礼退，怒，遣左右召，欲斩之。元礼曰：“战正急，召何为？”乃退入栅中。贼亦不敢逼。良久，鼓噪出栅门，奋击，破之。

周挚复收兵趣北城。光弼遽帅众入北城，登城望贼曰：“贼兵虽多，嚣而不整，不足畏也。不过日中，保为诸君破之。”乃命诸将出战。及期，不决，召诸将问曰：“向来贼陈，何方最坚？”曰：“西北隅。”光弼命其将郝廷玉当之。廷玉请骑兵五百，与之三百。又问其次坚者。曰：“东南隅。”光弼命其将论惟贞当之。惟贞请铁骑三百，与之二百。光弼令诸将曰：“尔曹望吾旗而战，吾飐旗缓[3]，任尔择利而战；吾急飐旗三至地，则万众齐入，死生以之，少退者斩！”又以短刀置靴中，曰：“战，危事，吾国之三公，不可死贼手，万一战不利，诸君前死于敌，我自刭于此，不令诸君独死也。”诸将出战，顷之，廷玉奔还。光弼望之，惊曰：“廷玉退，吾事危矣。”命左右取廷玉首。廷玉曰：“马中箭，非敢退也。”使者驰报。光弼令易马，遣之。仆固怀恩及其子开府仪同三司玚战小却，光弼又命取其首。怀恩父子顾见使者提刀驰来，更前决战。光弼连飐其旗，诸将齐进致死，呼声动天地，贼众大溃，斩首千余级，捕虏五百人，溺死者千余人，周挚以数骑遁去，擒其大将徐璜玉、李秦授。其河南节度使安太清走保怀州。思明不知挚败，尚攻南城，光弼驱俘囚临河示之，乃遁。

丁巳，以李日越为右金吾大将军。

邛、简、嘉、眉、泸、戎等州蛮反[4]。

十一月，甲子，以殿中监董秦为陕西、神策两军兵马使，赐姓李，名忠臣。

康楚元等众至万余人，商州刺史、充荆襄等道租庸使韦伦发兵讨之，驻于邓之境，招谕降者，厚抚之；伺其稍怠，进军击之，生擒楚元，其众遂溃；得其所掠租庸二百万缗，荆、襄皆平。伦，见素之从弟也。

发安西、北庭兵屯陕，以备史思明。

第五琦作乾元钱、重轮钱，与开元钱三品并行，民争盗铸，货轻物重，谷价腾踊，饿殍相望。上言者皆归咎于琦，庚午，贬琦忠州长史[5]。御史大夫贺兰进明贬溱州员外司马，坐琦党也。

十二月，甲午，吕諲领度支使。

乙巳，韦伦送康楚元诣阙，斩之。

史思明遣其将李归仁将铁骑五千寇陕州，神策兵马使卫伯玉以数百骑击破之于礓子阪[6]，得马六百匹，归仁走。以伯玉为镇西、四镇行营节度使。李忠臣与归仁等战于永宁、莎栅之间，屡破之[7]。

【注释】

①夜帅其众五百："夜"字后中华书局校点本有逗号，吕叔湘先生认为，"夜"字连下读，不应点断。参看其《资治通鉴标点斠例》，见《吕叔湘语文论集》第214页。这里从吕氏说。　②中潬（tān 滩）：城名。东魏元象元年（538）筑，为河阳三城之一，在今河南孟州市西南黄河沙洲上。唐代视为军事重地。　③飐（zhǎn 展）：风吹物动。此处意为挥动。④简：州名。隋仁寿三年（603）置，治所在今四川简阳市西北。大业初废。唐武德三年（620）复置，天宝初改为阳安郡，乾元元年（758）复为简州。　⑤忠州：州名。唐贞观八年（634）以临州改名，治所在今重庆忠县，天宝初改为南宾郡，乾元初复改为忠州。　⑥礓（jiāng 姜）子阪：地名。在河南永宁县西。永宁县，隋置，治今河南宜阳县西北。　⑦莎栅：地名。在今河南洛宁县西南洛河北岸。

上元元年[1]　春，正月，辛巳，以李光弼为太尉兼中书令，余如故。

丙戌，以于阗王胜之弟曜同四镇节度副使，权知本国事。

党项等羌吞噬边鄙，将逼京畿，乃分邠宁等州节度为鄜坊丹延节度，亦谓之渭北节度。以邠州刺史桑如珪领邠宁，鄜州刺史杜冕领鄜坊节度副使[2]，分道招讨。戊子，以郭子仪领两道节度使，留京师，假其威名以镇之。

上祀九宫贵神。

二月，李光弼攻怀州，史思明救之。癸卯，光弼逆战于沁水之上，破之，斩首三千余级。

忠州长史第五琦既行，或告琦受人金二百两，遣御史刘期光追按之。琦曰："琦备位宰相，二百两金不可手挈；若付受有凭，请准律科罪。"期光即奏琦已服罪。庚戌，琦坐除名，长流夷州[3]。

三月，甲申，改蒲州为河中府。

庚寅，李光弼破安太清于怀州城下；夏，四月，壬辰，破史思明于河阳西渚，斩首千五百余级。

襄州将张维瑾、曹玠杀节度使史翙，据州反。制以陇州刺史韦伦为山南东道节度使。时李辅国用事，节度使皆出其门。伦既朝廷所除，又不谒辅国，寻改秦州防御使。己未，以陕西节度使来瑱为山南东道节度使。瑱至襄州，张维瑾等皆降。

闰月，丁卯，加河东节度使王思礼为司空。自武德以来，思礼始不为宰相而拜三公。

甲戌，徙赵王系为越王。

己卯，赦天下，改元。

追谥太公望为武成王，选历代名将为亚圣、十哲[4]。其中祀、下祀并杂祀一切并停[5]。

是日，史思明入东京。

五月，丙午，以太子太傅苗晋卿行侍中。晋卿练达吏事，而谨身固位，时人比之胡广。

宦者马上言受赂，为人求官于兵部侍郎、同中书门下三品吕諲，諲为之补官。事觉，上言杖死。壬子，諲罢为太子宾客。

癸丑，以京兆尹南华刘晏为户部侍郎，充度支、铸钱、盐铁等使。晏善治财利，故用之。

六月，甲子，桂州经略使邢济奏：破西原蛮二十万众，斩其帅黄乾曜等。

乙丑，凤翔节度使崔光远奏破泾、陇羌、浑十余万众。

三品钱行浸久，属岁荒，米斗至七千钱，人相食。京兆尹郑叔清捕私铸钱者，数月间，榜死者八百余人，不能禁。乃敕京畿，开元钱与乾元小钱皆当十，其重轮钱当三十，诸州更俟进止。是时史思明亦铸顺天、得一钱，一当开元钱百。贼中物价尤贵。

甲申，兴王佋薨。佋，张后长子也，幼曰定王侗。张后以故数欲危太子，太子常以恭逊取容。会佋薨，侗尚幼，太子位遂定。

乙酉，凤翔节度使崔光远破党项于普润[6]。

平卢兵马使田神功奏破史思明之兵于郑州。

【注释】

①上元元年(674)：这一年闰四月才开始改年号为上元。 ②鄜(fū夫)州：州名。西魏废帝三年(554)以北华州改名，治所在今陕西黄陵县西南故邑。隋大业三年(607)移治今陕西富县，改为鄜城郡。唐初复为鄜州。天宝元年(742)改置洛交郡，乾元元年(758)又复为鄜州。③夷州：州名。唐置。治所在今贵州凤冈县。 ④亚圣、十哲：亚圣在元代以前，泛指才智、名位次于所谓圣人的人。十哲，指位列于武成王庙中的历代十位名将，列在左边的是：白起、韩信、诸葛亮、李靖、李勣；列在右边的是：张良、田穰苴、孙武、吴起、乐毅。 ⑤中祀、下祀、杂祀：唐王朝祠祭主要分为大祀、中祀、下祀三等，大祀，为祭天地、上帝、神州宗庙等。中祀，为祭日月星辰、岳镇海渎、先代帝王、先蚕、诸太子庙等；下祀，为祭司中、司命、风师、雨师、山林、川泽及州、县社稷等。所谓杂祀，指祭小鬼之神。 ⑥普润：县名。隋大业元年(605)置，治所在今陕西麟游县西北万家城附近。大业十三年(617)移治今万家城。

上皇爱兴庆宫，自蜀归，即居之。上时自夹城往起居，上皇亦间至大明宫。左龙武大将军陈玄礼、内侍监高力士久侍卫上皇；上又命玉真公主、如仙媛、内侍王承恩、魏悦及梨园弟子常娱侍左右[1]。上皇多御长庆楼，父老过者往往瞻拜，呼万岁，上皇常于楼下置酒食赐之；又尝召将军郭英乂等上楼赐宴。有剑南奏事官过楼下拜舞，上皇命玉真公主、如仙媛为之作主人。

李辅国素微贱，虽暴贵用事，上皇左右皆轻之。辅国意恨，且欲立奇功以固其宠，乃言于上曰："上皇居兴庆宫，日与外人交通，陈玄礼、高力士谋不利于陛下。今六军将士尽灵武勋臣，皆反仄不安，臣晓谕不能解，不敢不以闻。"上泣曰："圣皇慈仁，岂容有此！"对曰："上皇固无此意，其如群小何！陛下为天下主，当为社稷大计，消乱于未萌，岂得徇匹夫之孝！且兴庆宫与阎闾相参[2]，垣墉浅露，非至尊所宜居。大内深严，奉迎居之，与彼何殊，又得杜绝小人荧惑圣听。如此，上皇享万岁之安，陛下有三朝之乐，庸何伤乎！”上不听。兴庆宫先有马三百匹，辅国矫敕取之，才留十匹。上皇谓高力士曰：“吾儿为辅国所惑，不得终孝矣。”

辅国又令六军将士，号哭叩头，请迎上皇居西内[3]。上泣不应。辅国惧。会上不豫，秋，七月，丁未，辅国矫称上语，迎上皇游西内，至睿武门，辅国将射生五百骑，露刃遮道奏曰：“皇帝以兴庆宫湫隘[4]，迎上皇迁居大内。”上皇惊，几坠。高力士曰：“李辅国何得无礼！”叱令下马。辅国不得已而下。力士因宣上皇诰曰：“诸将士各好在[5]！”将士皆纳刃，再拜，呼万岁。力士又叱辅国与己共执上皇马鞚，侍卫如西内，居甘露殿。辅国帅众而退。所留侍卫兵，才尪老数十人[6]。陈玄礼、高力士及旧宫人皆不得留左右。上皇曰：“兴庆宫，吾之王地，吾数以让皇帝，皇帝不受。今日之徙，亦吾志也。”是日，辅国与六军大将素服见上，请罪。上又迫于诸将，乃劳之曰：“南宫、西内，亦复何殊！卿等恐小人荧惑，防微杜渐，以安社稷，何所惧也！”刑部尚书颜真卿首率百寮上表，请问上皇起居。辅国恶之，奏贬蓬州长史[7]。

癸丑，敕天下重棱钱皆当三十，如畿内。

丙辰，高力士流巫州，王承恩流播州，魏悦流溱州，陈玄礼勒致仕；置如仙媛于归州，玉真公主出居玉真观。上更选后宫百余人，置西内，备洒扫。令万安、咸宜二公主视服膳[8]；四方所献珍异，先荐上皇。然上皇日以不怿，因不茹荤，辟谷，浸以成疾。上初犹往问安，既而上亦有疾，但遣人起居。其后上稍悔寤，恶辅国，欲诛之，畏其握兵，竟犹豫不能决。

初，哥舒翰破吐蕃于临洮西关磨环川，于其地置神策军。及安禄山反，军使成如璆遣其将卫伯玉将千人赴难。既而军地沦入吐蕃，伯玉留屯于陕，累官至右羽林大将军。八月，庚午，以伯玉为神策军节度使。

丁亥，赠谥兴王佋曰恭懿太子。

九月，甲午，置南都于荆州，以荆州为江陵府，仍置永平军团练兵三千人，以扼吴、蜀之冲，从节度使吕諲之请也。

【注释】

①如仙媛:唐玄宗以前的宫女。 ②阎闾:里巷。 ③西内:指太极宫。唐宫殿以大明宫为东内,太极宫为西内,兴庆宫为南内。 ④湫(jiǎo 剿)隘:低下狭小。 ⑤好在:唐人问候语,即好么,无恙。 ⑥尪(wāng 汪)老:老弱。"尩"又作"尪"。 ⑦蓬州:北周置,治今四川营山县东北。隋大业初废。唐武德元年(618)复置,开元二十九年(741)移治今四川仪陇县南,天宝初改为咸安郡,至德二年(757)又改为蓬池郡,乾元初复为蓬州。 ⑧万安、咸宜二公主:是太上皇唐玄宗的女儿。

或上言:"天下未平,不宜置郭子仪于散地。"乙未,命子仪出镇邠州;党项遁去。戊申,制:"子仪统诸道兵自朔方直取范阳,还定河北,发射生英武等禁军及朔方、鄜坊、邠宁、泾原诸道蕃、汉兵共七万人,皆受子仪节度。"制下旬日,复为鱼朝恩所沮,事竟不行。

冬,十月,丙子,置青、沂等五州节度使。

十一月,壬辰,泾州破党项。

御史中丞李铣、宋州刺史刘展皆领淮西节度副使。铣贪暴不法,展刚强自用,故为其上者多恶之;节度使王仲升先奏铣罪而诛之。时有谣言曰:"手执金刀起东方。"仲升使监军使、内左常侍邢延恩入奏:"展倔强不受命,姓名应谣谶[1],请除之。"

延恩因说上曰:"展与李铣一体之人,今铣诛,展不自安,苟不去之,恐其为乱。然展方握强兵,宜以计去之。请除展江淮都统,代李峘,俟其释兵赴镇,中道执之,此一夫力耳。"上从之,以展为都统淮南东、江南西、浙西三道节度使;密敕旧都统李峘及淮南东道节度使邓景山图之。

延恩以制书授展,展疑之,曰:"展自陈留参军,数年至刺史,可谓暴贵矣。江、淮租赋所出,今之重任,展无勋劳,又非亲贤,一旦恩命宠擢如此,得非有谗人间之乎?"因泣下。延恩惧,曰:"公素有才望,主上以江、淮为忧,故不次用公。公反以为疑,何哉?"展曰:"事苟不欺,印节可先得乎?"延恩曰:"可。"乃驰诣广陵,与峘谋,解峘印节以授展。展得印节,乃上表谢恩,牒追江、淮亲旧,置之心膂[2],三道官属遣使迎贺,申图籍,相望于道,展悉举宋州兵七千趣广陵。

延恩知展已得其情，还奔广陵，与李峘、邓景山发兵拒之，移檄州县，言展反。展亦移檄言峘反，州县莫知所从。峘引兵渡江，与副使润州刺史韦儇、浙西节度使侯令仪屯京口[3]，邓景山将万人屯徐城[4]。展素有威名，御军严整，江、淮人望风畏之。展倍道先期至，使人问景山曰："吾奉诏书赴镇，此何兵也？"景山不应。展使人呼于陈前曰："汝曹皆吾民也，勿干吾旗鼓。"使其将孙待封、张法雷击之，景山众溃，与延恩奔寿州。展引兵入广陵，遣其将屈突孝标将兵三千徇濠、楚，王暅将兵四千略淮西。

李峘辟北固为兵场，插木以塞江口。展军于白沙，设疑兵于瓜洲，多张火、鼓，若将趣北固者，如是累日。峘悉锐兵守京口以待之。展乃自上流济，袭下蜀[5]。峘军闻之，自溃，峘奔宣城。

甲午，展陷润州[6]。升州军士万五千人谋应展，攻金陵城，不克而遁。侯令仪惧，以后事授兵马使姜昌群，弃城走。昌群遣其将宗犀诣展降。丙申，展陷升州，以宗犀为润州司马、丹杨军使；使昌群领升州，以从子伯瑛佐之。

李光弼攻怀州，百余日，乃拔之，生擒安太清。

史思明遣其将田承嗣将兵五千徇淮西，王同芝将兵三千人徇陈，许敬江将二千人徇兖郓，薛鄂将五千人徇曹州。

十二月，丙子，党项寇美原、同官，大掠而去。

【注释】

①姓名应谣谶：指谣言中的"金刀"与刘展的姓相符。繁写体的"劉"常常被古人分解而说成"卯金刀"，或"金刀"。 ②心膂（lǚ 旅）：犹言股肱。膂，脊骨。心膂都是人体重要的部分，比喻亲信得力的人。 ③儇（xuān 喧）：此处为人名用字。 ④徐城：县名。隋开皇八年（588）以高平县改名，治今江苏盱眙县西北。 ⑤下蜀：城名，即今江苏镇江市西长江南岸下蜀镇。 ⑥润州：州名。隋开皇十五年（595）置，治今江苏镇江市。唐天宝元年（742）改为丹阳郡，乾元元年（758）复名润州。

贼帅郭愔等引诸羌、胡败秦陇防御使韦伦，杀监军使。

兖郓节度使能元皓击史思明兵，破之。

李峘之去润州也，副使李藏用谓峘曰：“处人尊位，食人重禄，临难而逃之，非忠也；以数十州之兵食，三江、五湖之险固[①]，不发一矢而弃之，非勇也。失忠与勇，何以事君！藏用请收余兵，竭力以拒之。”峘乃悉以后事授藏用。藏用收散卒，得七百人，东至苏州募壮士，得二千人，立栅以拒刘展。

展遣其将傅子昂、宗犀攻宣州，宣歙节度使郑炅之弃城走，李峘奔淇州[②]。

李藏用与展将张景超、孙待封战于郁墅[③]，兵败，奔杭州。景超遂据苏州，待封进陷湖州。展以其将许峄为润州刺史，李可封为常州刺史，杨持璧苏州刺史，待封领湖州事。景超进逼杭州，藏用使其将温晁屯余杭。展以李晃为泗州刺史，宗犀为宣州刺史。

傅子昂屯南陵，将下江州，徇江西。于是屈突孝摽陷濠、楚州，王晅陷舒、和、滁、庐等州，所向无不摧靡，聚兵万人，骑三千，横行江、淮间。寿州刺史崔昭发兵拒之，由是晅不得西，止屯庐州。

初，上命平卢兵马使田神功将所部精兵五千屯任城；邓景山既败，与邢延恩奏乞敕神功救淮南，未报。景山遣人趣之，且许以淮南金帛子女为赂，神功及所部皆喜，悉众南下，及彭城，敕神功讨展。展闻之，始有惧色，自广陵将兵八千拒之，选精兵二千渡淮，击神功于都梁山，展败，走至天长[④]，以五百骑据桥拒战，又败，展独与一骑亡渡江。神功入广陵及楚州，大掠，杀商胡以千数，城中地穿掘略遍。

是岁，吐蕃陷廓州。

【注释】

①三江：说法不一。胡注引韦昭语说：“三江，谓吴松（淞）江、钱唐（塘）江、浦阳江。”又引《吴地记》的说法，以今吴淞江及与吴淞江分流而今已堙塞的东江、娄江为三江。 ②淇州：据章钰校，“淇”一本作“洪”。案：从地理沿革和地理位置看，作“洪”是。唐代无淇州，淇州系元初改卫县置，治所在今河南淇县。洪州，隋开皇中由豫章郡改置，治今江西南昌市。从宣州、歙州逃往洪州，顺理成章，因为这几个州方位相近。 ③郁墅：地名。在今江苏苏州市西北。 ④天长：县名。唐天宝七年（748）改千秋县置，治所即今安徽天长市。

资治通鉴卷第二百二十二

唐纪三十八　起重光赤奋若，尽昭阳单阏六月，凡二年有奇。

肃宗文明武德大圣大宣孝皇帝下之下

上元二年　春，正月，癸卯，史思明改元应天。

张景超引兵攻杭州，败李藏用将李强于石夷门[①]。孙待封自武康南出[②]，将会景超攻杭州，温晁据险击败之；待封脱身奔乌程，李可封以常州降。丁未，田神功使特进杨惠元等将千五百人西击王晅。辛亥夜，神功先遣特进范知新等将四千人自白沙济，西趣下蜀；邓景山等将千人自海陵济，东趣常州；神功与邢延恩将三千人军于瓜洲，壬子，济江。展将步骑万余陈于蒜山[③]；神功以舟载兵趣金山，会大风，五舟飘抵金山下，展屠其二舟，沉其三舟，神功不得渡，还军瓜洲。而范知新等兵已至下蜀，展击之，不胜。弟殷劝展引兵逃入海，可延岁月，展曰："若事不济，何用多杀人父子乎！死，早晚等耳！"遂更率众力战。将军贾隐林射展，中目而仆，遂斩之。刘殷、许峄等皆死。隐林，滑州人也。杨惠元等击破王晅于淮南，晅引兵东走，至常熟，乃降。孙待封诣李藏用降。张景超聚兵至七千余人，闻展死，悉以兵授张法雷，使攻杭州，景超逃入海。法雷至杭州，李藏用击破之，余党皆平。平卢军大掠十余日。安、史之乱，乱兵不及江、淮，至是，其民始罹荼毒矣。

荆南节度使吕諲奏，请以江南之潭、岳、郴、邵、永、道、连，黔中之涪州[④]，皆隶荆南；从之。

二月，奴剌、党项寇宝鸡，烧大散关，南侵凤州，杀刺史萧忯[5]，大掠而西；凤翔节度使李鼎追击，破之。

戊辰，新罗王金嶷入朝，因请宿卫。

或言："洛中将士皆燕人，久戍思归，上下离心，击之，可破也。"陕州观军容使鱼朝恩以为信然，屡言于上，上敕李光弼等进取东京。光弼奏称："贼锋尚锐，未可轻进。"朔方节度使仆固怀恩，勇而愎，麾下皆蕃、汉劲卒，恃功，多不法，郭子仪宽厚曲容之，每用兵临敌，倚以集事；李光弼性严，一裁之以法，无所假贷。怀恩惮光弼而心恶之，乃附朝恩，言东都可取。由是中使相继，督光弼使出师，光弼不得已，使郑陈节度使李抱玉守河阳，与怀恩将兵会朝恩及神策节度使卫伯玉攻洛阳。

戊寅，陈于邙山[6]。光弼命依险而陈，怀恩陈于平原，光弼曰："依险则可以进，可以退；若平原，战而不利则尽矣。思明不可忽也。"命移于险，怀恩复止之。史思明乘其陈未定，进兵薄之，官军大败，死者数千人，军资器械尽弃之。光弼、怀恩渡河走保闻喜，朝恩、伯玉奔还陕，抱玉亦弃河阳走，河阳、怀州皆没于贼。朝廷闻之，大惧，益兵屯陕。

李揆与吕諲同为相，不相悦。諲在荆南，以善政闻，揆恐其复入相，奏言置军湖南非便，又阴使人如荆、湖求諲过失。諲上疏讼揆罪，癸未，贬揆袁州长史，以河中节度使萧华为中书侍郎、同平章事。

【注释】

①石夷门：地名。在今浙江杭州市北。　②武康：县名。西晋以永康县改名，治所即今浙江德清县西千秋镇。隋开皇时废，仁寿二年（602）复置，迁治今德清县千秋镇西余英溪南。唐广德元年（763）复迁治余英溪北，即今德清县西千秋镇。　③蒜山：地名。在今江苏镇江市西北。　④邵：即邵州，州名。唐贞观十年（636）改南梁州置，治所在今湖南邵阳市。天宝初改为邵阳郡，乾元初复为邵州。　⑤忯（yì 义）：此处为人名用字。　⑥邙山：山名。在今河南省西部。东西走向。西起三门峡市，东止伊洛河岸。

史思明猜忍好杀，群下小不如意，动至族诛，人不自保。朝义，其长子也，常从思明将兵，颇谦谨，爱士卒，将士多附之，无宠于思明。思明爱少子朝清，使守范阳，常欲杀朝义，立朝清为太子，左右颇泄其谋。思明既破李光弼，欲乘胜西入关，使朝义将兵为前锋，自北道袭陕城，思明自南道将大军继之。三月，甲午，朝义兵至礓子岭[①]，卫伯玉逆击，破之。朝义数进兵，皆为陕兵所败。思明退屯永宁，以朝义为怯，曰："终不足成吾事！"欲按军法斩朝义及诸将。戊戌，命朝义筑三隅城，欲贮军粮，期一日毕。朝义筑毕，未泥，思明至，诟怒之，令左右立马监泥，斯须而毕。思明又曰："俟克陕州，终斩此贼。"朝义忧惧，不知所为。

思明在鹿桥驿[②]，令腹心曹将军将兵宿卫；朝义宿于逆旅，其部将骆悦、蔡文景说朝义曰："悦等与王，死无日矣！自古有废立，请召曹将军谋之。"朝义俯首不应。悦等曰："王苟不许，悦等今归李氏，王亦不全矣。"朝义泣曰："诸君善为之，勿惊圣人[③]！"悦等乃令许叔冀之子季常召曹将军，至，则以其谋告之；曹将军知诸将尽怨，恐祸及己，不敢违。是夕，悦等以朝义部兵三百被甲诣驿，宿卫兵怪之，畏曹将军，不敢动。悦等引兵入至思明寝所，值思明如厕，问左右，未及对，已杀数人，左右指示之。思明闻有变，逾垣至厩中，自鞴马乘之[④]，悦傔人周子俊射之，中臂，坠马，遂擒之。思明问："乱者为谁？"悦曰："奉怀王命[⑤]。"思明曰："我朝来语失，宜其及此。然杀我太早，何不待我克长安！今事不成矣。"悦等送思明于柳泉驿[⑥]，囚之，还，报朝义曰："事成矣。"朝义曰："不惊圣人乎？"悦曰："无。"时周挚、许叔冀将后军在福昌，悦等使许季常往告之，挚惊倒于地；朝义引军还，挚、叔冀来迎，悦等劝朝义执挚，杀之。军至柳泉，悦等恐众心未壹，遂缢杀思明，以毡裹其尸，橐驼负归洛阳。

朝义即皇帝位，改元显圣。密使人至范阳，敕散骑常侍张通儒等杀朝清及朝清母辛氏并不附己者数十人。其党自相攻击，战城中数月，死者数千人，范阳乃定。朝义以其将柳城李怀仙为范阳尹、燕京留守。时洛阳四面数百里，州、县皆为丘墟，而朝义所部节度使皆安禄山旧将，与思明等夷，朝义召之，多不至，略相羁縻而已，不能得其用。

李光弼上表，固求自贬；制以开府仪同三司、侍中，领河中节度使。

术士长塞镇将朱融与左武卫将军窦如玢等谋奉嗣岐王珍作乱，金吾将军邢济告之。夏，四月，乙卯朔，废珍为庶人，溱州安置，其党皆伏诛。珍，业之子也[7]。丙辰，左散骑常侍张镐贬辰州司户[8]。镐尝买珍宅故也。

己未，以吏部侍郎裴遵庆为黄门侍郎、同平章事。

乙亥，青密节度使尚衡破史朝义兵，斩首五千余级。

丁丑，兖郓节度使能元皓破朝义兵。

【注释】

①礓子岭：地名。即上卷所注"礓子阪"。 ②鹿桥驿：唐驿站名，在今河南洛宁县。 ③圣人：当时臣子称君父为圣人。此指史思明。④中：原文缺此字，据章校补。 ⑤怀王：指史朝义。史思明曾封史朝义为怀王。 ⑥柳泉驿：唐驿站名。在今河南宜阳县西洛河北岸。⑦业：即岐王李业，唐玄宗的弟弟。 ⑧辰州：隋改武州置，治所在今湖南黔阳县西南黔城镇。大业初改为沅陵郡。唐武德三年（620）复为辰州，天宝初又改为泸溪郡，乾元初复为辰州。

壬午，梓州刺史段子璋反。子璋骁勇，从上皇在蜀有功，东川节度使李奂奏替之，子璋举兵，袭奂于绵州[1]。道过遂州[2]，刺史虢王巨苍黄修属郡礼迎之，子璋杀之。李奂战败，奔成都，子璋自称梁王，改元黄龙，以绵州为龙安府，置百官，又陷剑州。

五月，己丑，李光弼自河中入朝。

初，李辅国与张后同谋迁上皇于西内。是日端午，山人李唐见上，上方抱幼女，谓唐曰："朕念之，卿勿怪也。"对曰："太上皇思见陛下，计亦如陛下之念公主也。"上泫然泣下，然畏张后，尚不敢诣西内。

癸巳，党项寇宝鸡。

初，史思明以其博州刺史令狐彰为滑郑汴节度使，将数千兵戍滑台[3]。彰密因中使杨万定通表请降，徙屯杏园度[4]。思明疑之，遣其将薛岌围之。彰与岌战，大破之，因随万定入朝。甲午，以彰为滑、卫等六州节度使。

戊戌，平卢节度使侯希逸击史朝义范阳兵，破之。

乙未，西川节度使崔光远与东川节度使李奂共攻绵州，庚子，拔之，斩段子璋。

复以李光弼为河南副元帅、太尉兼侍中，都统河南、淮南东西、山南东、荆南、江南西、浙江东西八道行营节度，出镇临淮。

六月，甲寅，青密节度使能元皓败史朝义将李元遇[⑤]。

江淮都统李峘畏失守之罪，归咎于浙西节度使侯令仪，丙子，令仪坐除名，长流康州；加田神功开府仪同三司，徙徐州刺史；征李峘、邓景山还京师。

戊寅，党项寇好畤[⑥]。

秋，七月，癸未朔，日有食之，既，大星皆见。

以试少府监李藏用为浙西节度副使。

八月，癸丑朔，加开府仪同三司李辅国兵部尚书。乙未[⑦]，辅国赴上[⑧]，宰相朝臣皆送之，御厨具馔，太常设乐。辅国骄纵日甚，求为宰相，上曰："以卿之功，何官不可为，其如朝望未允何！"辅国乃讽仆射裴冕等使荐己。上密谓萧华曰："辅国求为宰相，若公卿表来，不得不与。"华出，问冕，曰："初无此事，吾臂可断，宰相不可得！"华入言之，上大悦；辅国衔之。

己巳，李光弼赴河南行营。

辛巳，以殿中监李若幽为镇西、北庭、兴平、陈郑等节度行营及河中节度使，镇绛州，赐名国贞。

九月，甲申，天成地平节[⑨]，上于三殿置道扬，以宫人为佛菩萨，武士为金刚神王，召大臣膜拜围绕。

壬寅，制去尊号，但称皇帝；去年号，但称元年；以建子月为岁首[⑩]，月皆以所建为数；因赦天下。停京兆、河南、太原、凤翔四京及江陵南都之号。自今每除五品以上清望京官及郎官、御史、刺史，令举一人自代[⑪]，观其所举，以行殿最[⑫]。

江、淮大饥，人相食。

【注释】

①绵州:州名。隋开皇五年(585)置,治今四川绵阳市东。大业初改为金山郡。唐武德元年(618)复改为绵州,天宝元年(742)改为巴西郡,乾元元年(758)仍改为绵州。 ②遂州:州名。北周置,治今四川遂宁市。隋大业初改为遂宁郡。唐武德元年(618)复为遂州。天宝初改为遂宁郡。乾元初又改为遂州。 ③滑台:城名。在今河南滑县东旧滑县。北临古黄河,为古代军事要地。 ④杏园度:地名。在今河南卫辉市东南古黄河上。 ⑤青密:胡注据史实考证,“青密”当作“兖郓”。 ⑥好畤:县名。秦置,治所在今陕西乾县东五里好畤村。隋开皇十八年(598)改莫西县为好畤县,治所在今陕西永寿县西南莫西水西岸,大业三年(607)废。唐武德二年(619)复置,移治故址东南,贞观二十一年(647)移治今永寿县西南好畤河村。 ⑦乙未:据《二十史朔闰表》推算,八月无“乙未”日。《旧唐书·肃宗本纪》此事记在“八月癸丑朔”下。疑《通鉴》有误。 ⑧赴上:唐人用语。仆射、尚书赴省供职,称作“赴上”。 ⑨天成地平节:唐肃宗生于景云二年(711)九月三日,因此以九月三日为“天成地平节”。 ⑩建子月:周代以子月即农历十一月为岁首,称建子。所谓建子月是代指十一月。 ⑪清望官:唐代指台省侍御等官,以得参侍从有名望而称。 ⑫殿最:古代考核军功或政绩时,以上等为最,下等为殿。

冬,十月,江淮都统崔圆署李藏用为楚州刺史。会支度租庸使以刘展之乱,诸州用仓库物无准,奏请征验。时仓猝募兵,物多散亡,征之不足,诸将往往卖产以偿之。藏用恐其及己,尝与人言,颇有悔恨。其牙将高干挟故怨,使人诣广陵告藏用反,先以兵袭之,藏用走,干追斩之。崔圆遂簿责藏用将吏以验之,将吏畏,皆附成其状。独孙待封坚言不反,圆命引出斩之。或谓曰:“子何不从众以求生!”待封曰:“吾始从刘大夫[①],奉诏书来赴镇,人谓吾反;李公起兵灭刘大夫,今又以李公为反。如此,谁则非反者,庸有极乎!吾宁就死,不能诬人以非罪。”遂斩之。

建子月,壬午朔,上受朝贺,如正旦仪。

或告鸿胪卿康谦与史朝义通,事连司农卿严庄,俱下狱。京兆尹刘晏遣吏防守庄家。上寻敕出庄,引见。庄怨晏,因言晏与臣言，常道禁中语，矜功怨上。丁亥，贬晏通州刺史[2]，庄难江尉[3]，谦伏诛。戊子，御史中丞元载为户部侍郎，充句当度支[4]、铸钱、盐铁兼江淮转运等使。载初为度支郎中，敏悟善奏对，上爱其才，委以江淮漕运，数月，遂代刘晏，专掌财利。

戊戌，冬至；己亥，上朝上皇于西内。

神策节度使卫伯玉攻史朝义，拔永宁，破渑池、福昌、长水等县。

己酉，上朝献太清宫；庚戌，享太庙、元献庙。建丑月，辛亥朔，祀圜丘、太一坛[5]。

平卢节度使侯希逸与范阳相攻连年，救援既绝，又为奚所侵，乃悉举其军二万余人袭李怀仙，破之，因引兵而南。

宝应元年[6]　建寅月[7]，甲申，追尊靖德太子琮为奉天皇帝，妃窦氏为恭应皇后，丁酉，葬于齐陵。

甲辰，吐蕃遣使请和。

李光弼拔许州，擒史朝义所署颍川太守李春；朝义将史参救之，丙午，战于城下，又破之。

戊申，平卢节度使侯希逸于青州北渡河而会田神功、能元皓于兖州。

租庸使元载以江、淮虽经兵荒，其民比诸道犹有资产，乃按籍举八年租调之违负及逋逃者，计其大数而征之；择豪吏为县令而督之，不问负之有无，资之高下，察民有粟帛者发徒围之，籍其所有而中分之，甚者什取八九，谓之白著[8]。有不服者，严刑以威之。民有蓄谷十斛者，则重足以待命[9]，或相聚山泽为群盗，州县不能制。

建卯月，辛亥朔，赦天下；复以京兆为上都，河南为东都，凤翔为西都，江陵为南都，太原为北都。

奴剌寇成固。

初，王思礼为河东节度使，资储丰衍，赡军之外，积米百万斛，奏请输五十万斛于京师。思礼薨，管崇嗣代之，为政宽弛，信任左右，数月间，耗散殆尽，惟陈腐米万余斛在。上闻之，以邓景山代之。景山至，则钩校所出入，将士辈多有隐没，皆惧。有裨将抵罪当死，诸将请之，不许；其弟请代兄死，亦不许；请入一马以赎死，乃许之。诸将怒曰："我辈曾不及一马乎！"遂作乱，癸丑，杀景山。上以景山抚御失所以致乱，不复推究乱者，遣使慰谕以安之。诸将请以都知兵马使、代州刺史辛云京为节度使。云京奏张光晟为代州刺史。

【注释】

①刘大夫：指刘展。其赴镇事见《通鉴》上一卷上元元年(674)十一月。 ②通州：州名。西魏废帝二年(553)以万州改名，治今四川达州市。隋大业初改为通川郡。唐武德初复改为通州，天宝初又改为通川郡，乾元初仍改为通州。 ③难江：县名。南朝梁普通六年(525)置，治今四川南江县西南。 ④句(gòu)当度支：官名。句当，是主管的意思。唐代常用于职衔名。又如句当租庸使等。 ⑤圜(yuán 园)丘：古时祭天的坛。 ⑥宝应元年(762)：这一年改年号是在四月。 ⑦建寅月：即正月。唐肃宗在上一年九月敕令以建子月(十一月)为岁首，而《通鉴》在这里仍然以建寅月为岁首，胡注认为，这是因为这一年四月肃宗又下制书恢复以前的纪月方法，以正月为岁首。 ⑧白著：意为官府无故而强制性搜刮人民。 ⑨重(chóng 虫)足：叠足而立，形容非常恐惧，不敢移动的样子。

绛州素无储蓄，民间饥，不可赋敛，将士粮赐不充，朔方等诸道行营都统李国贞屡以状闻；朝廷未报，军中咨怨。突将王元振将作乱，矫令于众曰："来日修都统宅，各具畚锸[1]，待命于门。"士卒皆怒，曰："朔方健儿岂修宅夫邪！"乙丑，元振帅其徒作乱，烧牙城门[2]。国贞逃于狱，元振执之，置卒食于前，曰："食此而役其力，可乎！"国贞曰："修宅则无之，军食则屡奏而未报，诸君所知也。"众欲退。元振曰："今日之事，何必更问！都统不死，则我辈死矣。"遂拔刃杀之。镇西、北庭行营兵屯于翼城[3]，亦杀节度使荔非元礼，推裨将白孝德为节度使，朝廷因而授之。

戊辰，淮西节度使王仲升与史朝义将谢钦让战于申州城下，为贼所虏，淮西震骇。会侯希逸、田神功、能元皓攻汴州，朝义召钦让兵救之。

绛州诸军剽掠不已，朝廷忧其与太原乱军合从连贼，非新进诸将所能镇服，辛未，以郭子仪为汾阳王，知朔方、河中、北庭、潞泽节度行营兼兴平、定国等军副元帅，发京师绢四万匹、布五万端、米六万石以给绛军。

建辰月[④]，庚寅，子仪将行，时上不豫，群臣莫得进见。子仪请曰："老臣受命，将死于外，不见陛下，目不瞑矣。"上召入卧内，谓曰："河东之事，一以委卿。"

史朝义遣兵围李抱玉于泽州，子仪发定国军救之，乃去。

上召山南东道节度使来瑱赴京师；瑱乐在襄阳，其将士亦爱之，乃讽所部将吏上表留之；行及邓州，复令还镇。荆南节度使吕諲、淮西节度使王仲升及中使往来者言"瑱曲收众心，恐久难制。"上乃割商、金、均、房别置观察使，令瑱止领六州。会谢钦让围王仲升于申州数月，瑱怨之，按兵不救，仲升竟败没。行军司马裴茙谋夺瑱位[⑤]，密表瑱倔强难制，请以兵袭取之，上以为然。癸巳，以瑱为淮西、河南十六州节度使，外示宠任，实欲图之。密敕以茙代瑱为襄、邓等州防御使。

甲午，奴剌寇梁州，观察使李勉弃城走。以邠州刺史河西臧希让为山南西道节度使。

丙申，党项寇奉天。

李辅国以求宰相不得怨萧华。庚午，以户部侍郎元载为京兆尹[⑥]。载诣辅国固辞，辅国识其意；壬寅，以司农卿陶锐为京兆尹。辅国言萧华专权，请罢其相，上不许。辅国固请不已，乃从之，仍引元载代华。戊申，华罢为礼部尚书，以载同平章事，领度支、转运使如故。

建巳月[⑦]，庚戌朔，泽州刺史李抱玉破史朝义兵于城下。

壬子，楚州刺史崔侁表称，有尼真如，恍惚登天，见上帝，赐以宝玉十三枚，云："中国有灾，以此镇之。"群臣表贺。

甲寅，上皇崩于神龙殿，年七十八。乙卯，迁坐于太极殿。上以寝疾，发哀于内殿，群臣发哀于太极殿。蕃官剺面割耳者四百余人。丙辰，命苗晋卿摄冢宰。上自仲春寝疾，闻上皇登遐，哀慕，疾转剧，乃命太子监国。甲子，制改元；复以建寅为正月，月数皆如其旧;赦天下。

【注释】

①畚锸(běnchā 本差):挖运泥土的工具。畚是用草绳或竹篾编织成的盛物器具。锸即锹。 ②牙城:主将所居的城,建牙旗,故称为牙城。 ③翼城:县名。北魏置北绛县,隋改翼城县。治所即今山西翼城县。 ④建辰月:即三月。 ⑤茙(róng 绒):此处为人名用字。 ⑥庚午:据《二十史朔闰表》推算,三月没有“庚午”这一天。考《旧唐书》卷一百一十八《元载传》有云:“会选京尹,辅国乃以载兼京兆尹。载意属国柄,诣辅国恳辞京尹,辅国识其意,然之。翌日拜载同中书门下平章事,度支转运使如故。”案元载任命为同平章事在“二十九日”(戊申),那么据本传“翌日”往前推一天,元载任命为京兆尹当在“二十八日”。不过,《两唐书·肃宗本纪》都没有元载任京兆尹的确切记载,待详考。 ⑦建巳月:即四月。

初,张后与李辅国相表里,专权用事,晚年,更有隙。内射生使三原程元振党于辅国[①]。上疾笃,后召太子谓曰:“李辅国久典禁兵,制敕皆从之出,擅逼迁圣皇,其罪甚大,所忌者吾与太子。今主上弥留,辅国阴与程元振谋作乱,不可不诛。”太子泣曰:“陛下疾甚危,二人皆陛下勋旧之臣,一日不告而诛之,必致震惊,恐不能堪也。”后曰:“然则太子姑归,吾更徐思之。”太子出,后召越王係谓曰:“太子仁弱,不能诛贼臣,汝能之乎?”对曰:“能。”係乃命内谒者监段恒俊选宦官有勇力者二百余人,授甲于长生殿后。乙丑,后以上命召太子。元振知其谋,密告辅国,伏兵于陵霄门以俟之,太子至,以难告。太子曰:“必无是事,主上疾亟召我,我岂可畏死而不赴乎!”元振曰:“社稷事大,太子必不可入。”乃以兵送太子于飞龙厩,且以甲卒守之。是夜,辅国、元振勒兵三殿,收捕越王係、段恒俊及知内侍省事朱光辉等百余人,系之。以太子之命迁后于别殿。时上在长生殿,使者逼后下殿,并左右数十人幽于后宫,宦官宫人皆惊骇逃散。丁卯,上崩。辅国等杀后并係及兖王僩[②]。是日,辅国始引太子素服于九仙门与宰相相见,叙上皇晏驾,拜哭,始行监国之令。戊辰,发大行皇帝丧于两仪殿[③],宣遗诏。己巳，代宗即位。

高力士遇赦还，至朗州，闻上皇崩，号恸，呕血而卒。

甲戌，以皇子奉节王适为天下兵马元帅。

李辅国恃功益横，明谓上曰："大家但居禁中，外事听老奴处分。"上内不能平，以其方握禁兵，外尊礼之。乙亥，号辅国为尚父而不名，事无大小皆咨之，群臣出入皆先诣，辅国亦晏然处之。以内飞龙厩副使程元振为左监门卫将军。知内侍省事朱光辉及内常侍啖庭瑶、山人李唐等二十余人皆流黔中④。

初，李国贞治军严，朔方将士不乐，皆思郭子仪，故王元振因之作乱。子仪至军，元振自以为功，子仪曰："汝临贼境，辄害主将，若贼乘其衅，无绛州矣。吾为宰相，岂受一卒之私邪！"五月，庚辰，收元振及其同谋四十人，皆杀之。辛云京闻之，亦推按杀邓景山者数十人，诛之。由是河东诸镇率皆奉法。

唐建陵侍臣像

壬午，以李辅国为司空兼中书令。

党项寇同官、华原。

甲申，以平卢节度使侯希逸为平卢、青、淄等六州节度使，由是青州节度有平卢之号。

乙酉，徙奉节王适为鲁王。

追尊上母吴妃为皇太后。

壬辰，贬礼部尚书萧华为峡州司马。元载希李辅国意，以罪诬之也。

敕乾元大小钱皆一当一，民始安之。

【注释】

①内射生使：官名。由宦官掌管射生手，所以称作内射生使。②僩（xiàn 现）：即李僩。　③大行皇帝：汉代以后称皇帝死为大行，皇帝死而未葬者为大行皇帝。大行，是一去不返的意思。臣下因讳言皇帝死亡，所以就用大行来比喻。　④朱光辉句：案朱光辉等二十余人都是唐肃宗的亲信。因此被流放。

史朝义自围宋州数月，城中食尽，将陷，刺史李岑不知所为。遂城果毅开封刘昌曰："仓中犹有麴数千斤，请屑食之；不过二十日，李太尉必救我[①]。城东南隅最危，昌请守之。"李光弼至临淮，诸将以朝义兵尚强，请南保扬州。光弼曰："朝廷倚我以为安危，我复退缩，朝廷何望！且吾出其不意，贼安知吾之众寡！"遂径趣徐州，使兖郓节度使田神功进击朝义，大破之。先是，田神功既克刘展，留连扬州未还，太子宾客尚衡与左羽林大将军殷仲卿相攻于兖、郓，闻光弼至，惮其威名，神功遽还河南，衡、仲卿相继入朝。

光弼在徐州，惟军旅之事自决之，自余众务，悉委判官张傪。傪吏事精敏，区处如流，诸将白事，光弼多令与傪议之，诸将事傪如光弼，由是军中肃然，东夏以宁。先是，田神功起偏裨为节度使，留前使判官刘位等于幕府，神功皆平受其拜；及见光弼与傪抗礼，乃大惊，遍拜位等曰："神功出于行伍，不知礼仪，诸君亦胡为不言，成神功之过乎！"

丁酉，赦天下。

立皇子益昌王邈为郑王，延为庆王，迥为韩王。

来瑱闻徙淮西，大惧，上言："淮西无粮，请俟收麦而行。"又讽将吏留己。上欲姑息无事，壬寅，复以瑱为山南东道节度使。

飞龙副使程元振谋夺李辅国权，密言于上，请稍加裁制。六月，己未，解辅国行军司马及兵部尚书，余如故，以元振代判元帅行军司马，仍迁辅国出居外第[②]。于是道路相贺。辅国始惧，上表逊位。辛酉，罢辅国兼中书令，进爵博陆王。辅国入谢，愤咽而言曰："老奴事郎君不了，请归地下事先帝！"上犹慰谕而遣之。

壬戌，以兵部侍郎严武为西川节度使。

襄邓防御使裴茙屯谷城[3]，既得密敕，即帅麾下二千人沿汉趣襄阳；己巳，陈于谷水北。瑱以兵逆之，问其所以来，对曰："尚书不受朝命，故来。若受代，谨当释兵。"瑱曰："吾已蒙恩，复留镇此，何受代之有！"因取敕及告身示之，茙惊惑。瑱与副使薛南阳纵兵夹击，大破之，追擒茙于申口[4]，送京师；赐死。

乙亥，以通州刺史刘晏为户部侍郎兼京兆尹，充度支、转运、盐铁、铸钱等使。

秋，七月，壬辰，以郭子仪都知朔方、河东、北庭、潞·泽·沁·陈·郑等节度行营及兴平等军副元帅。

癸巳，剑南兵马使徐知道反，以兵守要害，拒严武，武不得进。

八月，桂州刺史邢济讨西原贼帅吴功曹等，平之。

己未，徐知道为其将李忠厚所杀，剑南悉平。

乙丑，山南东道节度使来瑱入朝谢罪，上优待之。

己巳，郭子仪自河东入朝。时程元振用事，忌子仪功高任重，数谮之于上。子仪不自安，表请解副元帅、节度使。上慰抚之，子仪遂留京师。

【注释】

①李太尉：即李光弼。　②迁辅国出居外第：唐肃宗执政期间，李辅国经常住在宫中内宅，到这时才迁出宫外宅第居住。　③谷城：县名。汉置筑阳县，隋开皇年间改为谷城县。治所即今湖北谷城县。　④申口：地名。在今陕西旬阳县境内。

台州贼帅袁晁攻陷浙东诸州，改元宝胜；民疲于赋敛者多归之。李光弼遣兵击晁于衢州[1]，破之。

乙亥，徙鲁王适为雍王。

九月，庚辰，以来瑱为兵部尚书、同平章事、知山南东道节度使。

乙未，加程元振骠骑大将军兼内侍监。

左仆射裴冕为山陵使，议事有与程元振相违者，丙申，贬冕施州刺史[2]。

上遣中使刘清潭使于回纥，修旧好，且征兵讨史朝义。清潭至其庭，回纥登里可汗已为朝义所诱，云："唐室继有大丧，今中原无主，可汗宜速来共收其府库。"可汗信之。清潭致敕书曰："先帝虽弃天下，今上继统，乃昔日广平王，与叶护共收两京者也[③]。"回纥业已起兵至三城，见州、县皆为丘墟，有轻唐之志，乃困辱清潭。清潭遣使言状，且曰："回纥举国十万众至矣！"京师大骇。上遣殿中监药子昂往劳之于忻州南。初，毗伽阙可汗为登里求婚，肃宗以仆固怀恩女妻之，为登里可敦。可汗请与怀恩相见，怀恩时在汾州，上令往见之，怀恩为可汗言唐家恩信不可负，可汗悦，遣使上表，请助国讨朝义。可汗欲自蒲关入，由沙苑出潼关东向，药子昂说之曰："关中数遭兵荒，州县萧条，无以供拟，恐可汗失望；贼兵尽在洛阳，请自土门略邢、洺、怀、卫而南，得其资财以充军装。"可汗不从；又请"自太行南下据河阴，扼贼咽喉"，亦不从；又请"自陕州大阳津渡河[④]，食太原仓粟，与诸道俱进"，乃从之。

袁晁陷信州[⑤]。

冬，十月，袁晁陷温州、明州。

以雍王适为天下兵马元帅。辛酉，辞行，以兼御史中丞药子昂、魏琚为左右厢兵马使，以中书舍人韦少华为判官，给事中李进为行军司马，会诸道节度使及回纥于陕州，进讨史朝义。上欲以郭子仪为适副，程元振、鱼朝恩等沮之而止。加朔方节度使仆固怀恩同平章事兼绛州刺史，领诸军节度行营以副适。

上在东宫，以李辅国专横，心甚不平，及嗣位，以辅国有杀张后之功，不欲显诛之。壬戌夜，盗入其第，窃辅国之首及一臂而去。敕有司捕盗，遣中使存问其家，为刻木首葬之，仍赠太傅。

【注释】

①衢州：州名。唐武德四年(621)置，以境内有三衢山得名。治所在今浙江衢州市。 ②施州：州名。北周武帝置。治所在今湖北恩施。③"乃昔日广平王"二句：代宗做广平王时与回纥叶护一同收复两京事，参看《通鉴》卷二百二十"至德二载"(757)。 ④大阳津：地名。一名陕津，茅津。在今河南三门峡市西北黄河上。 ⑤信州：州名。唐乾元元年(758)分衢、饶、建、抚等州地置。治所在今江西上饶市。

丙寅，上命仆固怀恩与母、妻俱诣行营。

雍王适至陕州，回纥可汗屯于河北[①]，适与僚属从数十骑往见之。可汗责适不拜舞，药子昂对以礼不当然。回纥将军车鼻曰："唐天子与可汗约为兄弟，可汗于雍王，叔父也，何得不拜舞？"子昂曰："雍王，天子长子，今为元帅。安有中国储君向外国可汗拜舞乎！且两宫在殡[②]，不应舞蹈。"力争久之，车鼻遂引子昂、魏琚、韦少华、李进各鞭一百，以适年少未谙事，遣归营。琚、少华一夕而死。

戊辰，诸军发陕州，仆固怀恩与回纥左杀为前锋，陕西节度使郭英乂、神策观军容使鱼朝恩为殿，自渑池入；潞泽节度使李抱玉自河阳入；河南等道副元帅李光弼自陈留入；雍王留陕州。辛未，怀恩等军于同轨[③]。

史朝义闻官军将至，谋于诸将。阿史那承庆曰："唐若独与汉兵来，宜悉众与战；若与回纥俱来，其锋不可当，宜退守河阳以避之。"朝义不从。壬申，官军至洛阳北郊，分兵取怀州；癸酉，拔之。乙亥，官军陈于横水[④]。贼众数万，立栅自固，怀恩陈于西原以当之。遣骁骑及回纥并南山出栅东北，表里合击，大破之。朝义悉其精兵十万救之，陈于昭觉寺，官军骤击之，杀伤甚众，而贼陈不动；鱼朝恩遣射生五百人力战，贼虽多死者，陈亦如初。镇西节度使马璘曰："事急矣！"遂单骑奋击，夺贼两牌，突入万众中。贼左右披靡，大军乘之而入，贼众大败；转战于石榴园、老君庙，贼又败；人马相蹂践，填尚书谷[⑤]，斩首六万级，捕虏二万人，朝义将轻骑数百东走。怀恩进克东京及河阳城，获其中书令许叔冀、王伷等[⑥]，承制释之。怀恩留回纥可汗营于河阳，使其子右厢兵马使玚及朔方兵马使高辅成帅步骑万余乘胜逐朝义，至郑州，再战皆捷。朝义至汴州，其陈留节度使张献诚闭门拒之，朝义奔濮州，献诚开门出降。

回纥入东京，肆行杀略，死者万计，火累旬不灭。朔方、神策军亦以东京、郑、汴、汝州皆为贼境，所过掳掠，三月乃已。比屋荡尽，士民皆衣纸。回纥悉置所掠宝货于河阳，留其将安恪守之。

十一月，丁丑，露布至京师[⑦]。

朝义自濮州北渡河，怀恩进攻滑州，拔之，追败朝义于卫州。朝义睢阳节度使田承嗣等将兵四万余人与朝义合，复来拒战；仆固玚击破之，长驱至昌乐东[8]。朝义帅魏州兵来战，又败走。于是邺郡节度使薛嵩以相、卫、洺、邢四州降于陈郑、泽潞节度使李抱玉，恒阳节度使张忠志以赵、恒、深、定、易五州降于河东节度使辛云京。嵩，楚玉之子也。抱玉等已进军入其营，按其部伍，嵩等皆受代；居无何，仆固怀恩皆令复位。由是抱玉、云京疑怀恩有贰心，各表言之，朝廷密为之备；怀恩亦上疏自理，上慰勉之。辛巳，制："东京及河南、北受伪官者，一切不问。"

己丑，以户部侍郎刘晏兼河南道水陆转运都使。

丁酉，以张忠志为成德军节度使，统恒、赵、深、定、易五州，赐姓李，名宝臣。初，辛云京引兵将出井陉，常山裨将王武俊说宝臣曰："今河东兵精锐，出境远斗，不可敌也。且吾以寡当众，以曲遇直，战则必离，守则必溃，公其图之。"宝臣乃撤守备，举五州来降。及复为节度使，以武俊之策为善，擢为先锋兵马使。武俊，本契丹也，初名没诺干。

郭子仪以仆固怀恩有平河朔功，请以副元帅让之。己亥，以怀恩为河北副元帅，加左仆射兼中书令、单于、镇北大都护、朔方节度使。

史朝义走至贝州，与其大将薛忠义等两节度合，仆固玚追之至临清[9]。朝义自衡水引兵三万还攻之，玚设伏击走之。回纥又至，官军益振，遂逐之；大战于下博东南[10]，贼大败，积尸拥流而下，朝义奔莫州[11]。怀恩都知兵马使薛兼训、兵马使郝庭玉与田神功、辛云京会于下博，进围朝义于莫州，青淄节度使侯希逸继至。

十二月，庚申，初以太祖配天地。

【注释】

①河北：县名。西汉置，治今山西芮城县西。北周天和二年（567）移治至今平陆县西南平陆城。唐天宝初改为平陆县。 ②两宫在殡：两宫，指太上皇玄宗、先帝肃宗，在殡，意为殓而未葬。 ③同轨：城名。在今河南洛宁县东。 ④横水：城名。在今河南孟津县西北。 ⑤尚书谷：地名。在今河南洛阳市西北。 ⑥王伷（zhòu 宙）：人名。伷，同

"胄"。 ⑦露布:本指不缄封的文书。后多指捷报、檄文等。 ⑧昌乐:县名。北魏置,治今河南南乐县西北。隋大业初废。唐武德五年(622)复置,次年移至今河南南乐县。 ⑨临清:县名。北魏置,治今河北临西县西。北齐废,隋复置。 ⑩下博:县名。西汉置,治今河北深州市东南。 ⑪莫州:州名。唐开元十三年(725)改郑州为莫州,治今河北任丘市北鄚州镇。天宝初改为文安郡,乾元元年(758)复为莫州。

代宗睿文孝武皇帝上之上

广德元年 春,正月,己卯,追谥吴太后曰章敬皇后①。

癸未,以国子祭酒刘晏为吏部尚书、同平章事,度支等使如故。

初,来瑱在襄阳,程元振有所请托,不从;及为相,元振谮瑱言涉不顺。王仲升在贼中,以屈服得全,贼平得归,与元振善,奏瑱与贼合谋,致仲升陷贼。壬寅,瑱坐削官爵,流播州,赐死于路,由是藩镇皆切齿于元振。

史朝义屡出战,皆败,田承嗣说朝义,令亲往幽州发兵,还救莫州,承嗣自请留守莫州。朝义从之,选精骑五千自北门犯围而出。朝义既去,承嗣即以城降,送朝义母、妻、子于官军。于是仆固玚、侯希逸、薛兼训等帅众三万追之,及于归义②,与战,朝义败走。

时朝义范阳节度使李怀仙已因中使骆奉仙请降,遣兵马使李抱忠将兵三千镇范阳县③,朝义至范阳,不得入。官军将至,朝义遣人谕抱忠以大军留莫州、轻骑来发兵救援之意,因责以君臣之义,抱忠对曰:"天不祚燕,唐室复兴,今既归唐矣,岂可更为反覆,独不愧三军邪!大丈夫耻以诡计相图,愿早择去就以谋自全。且田承嗣必已叛矣,不然,官军何以得至此!"朝义大惧,曰:"吾朝来未食,独不能以一餐相饷乎!"抱忠乃令人设食于城东。于是范阳人在朝义麾下者,并拜辞而去,朝义涕泣而已,独与胡骑数百既食而去。东奔广阳,广阳不受;欲北入奚、契丹,至温泉栅④,李怀仙遣兵追及之；朝义穷蹙，缢于林中，怀仙取其首以献。仆固怀恩与诸军皆还。

甲辰，朝义首至京师。

闰月，己酉夜，有回纥十五人犯含光门，突入鸿胪寺，门司不敢遏。

癸亥，以史朝义降将薛嵩为相、卫、邢、洺、贝、磁六州节度使[⑤]，田承嗣为魏、博、德、沧、瀛五州都防御使，李怀仙仍故地为幽州、卢龙节度使。时河北诸州皆已降，嵩等迎仆固怀恩，拜于马首，乞行间自效[⑥]；怀恩亦恐贼平宠衰，故奏留嵩等及李宝臣分帅河北，自为党援。朝廷亦厌苦兵革，苟冀无事，因而授之。

【注释】

①吴太后：代宗的生母。 ②归义：县名。唐武德五年（622）置，治所在今河北雄县西北。 ③范阳县：县名。唐武德七年（624）以涿县改置，治所即今河北涿州市。 ④温泉栅：地名。在今河北唐山市丰润区东。 ⑤磁州：州名。隋开皇十年（590）置，治今河北磁县。大业初废。唐武德初复置，贞观初又废，永泰元年（765）复置。 ⑥行（háng 航）间：军中，行伍之间。

回纥登里可汗归国，其部众所过抄掠，廪给小不如意，辄杀人，无所忌惮。陈郑、泽潞节度使李抱玉欲遣官属置顿，人人辞惮，赵城尉马燧独请行[①]。比回纥将至，燧先遣人赂其渠帅，约毋暴掠，帅遗之旗曰："有犯令者，君自戮之。"燧取死囚为左右，小有违令，立斩之。回纥相顾失色，涉其境者皆拱手遵约束。抱玉奇之，燧因说抱玉曰："燧与回纥言，颇得其情。仆固怀恩恃功骄蹇，其子玚好勇而轻，今内树四帅[②]，外交回纥，必有窥河东、泽潞之志，宜深备之。"抱玉然之。

初，长安人梁崇义以羽林射生从来瑱镇襄阳，累迁右兵马使。崇义有勇力，能卷铁舒钩；沉毅寡言，得众心。瑱之入朝也，命诸将分戍诸州，瑱死，戍者皆奔归襄阳。行军司马庞充将兵二千赴河南，至汝州，闻瑱死，引兵还袭襄州；左兵马使李昭拒之，充奔房州。崇义自邓州引戍兵归，与昭及副使薛南阳相让为长，久之不决，众皆曰："兵非梁卿主之不可。"遂推崇义为帅。崇义寻杀昭及南阳，以其状闻，上不能讨。三月甲辰，以崇义为襄州刺史、山南东道节度留后。崇义奏改葬瑱，为之立祠，不居瑱听事及正堂。

辛酉，葬至道大圣大明孝皇帝于泰陵[3]；庙号玄宗。庚午，葬文明武德大圣大宣孝皇帝于建陵[4]；庙号肃宗。

夏，四月，庚辰，李光弼奏擒袁晁，浙东皆平。时晁聚众近二十万，转攻州县，光弼使部将张伯仪将兵讨平之。伯仪，魏州人也。

郭子仪数上言："吐蕃、党项不可忽，宜早为之备。"辛丑，遣兼御史大夫李之芳等使于吐蕃，为虏所留，二年乃得归。

群臣三上表请立太子；五月，癸卯，诏许俟秋成议之。

丁卯，制分河北诸州：以幽、莫、妫、檀、平、蓟为幽州管；恒、定、赵、深、易为成德军管；相、贝、邢、洺为相州管；魏、博、德为魏州管；沧、棣、冀、瀛为青淄管；怀、卫、河阳为泽潞管。

六月，癸酉，礼部侍郎华阴杨绾上疏，以为："古之选士必取行实，近世专尚文辞。自隋炀帝始置进士科，犹试策而已；至高宗时，考功员外郎刘思立始奏进士加杂文，明经加帖，从此积弊，转而成俗。朝之公卿以此待士，家之长老以此训子，其明经则诵帖括以求侥幸[5]。又，举人皆令投牒自应，如此，欲其返淳朴，崇廉让，何可得也！请令县令察孝廉，取行著乡闾，学知经术者荐之于州。刺史考试，升之于省。任各占一经，朝廷择儒学之士，问经义二十条，对策三道，上第即注官，中第得出身，下第罢归。又道举亦非理国，望与明经、进士并停。"上命诸司通议，给事中李栖筠、左丞贾至、京兆尹严武并与绾同。至议以为："今试学者以帖字为精通，考文者以声病为是非[6]，风流颓弊，诚当厘改。然自东晋以来，人多侨寓，士居乡土，百无一二；请兼广学校，保桑梓者乡里举焉[7]，在流寓者庠序推焉。"敕礼部具条目以闻。绾又请置五经秀才科。

庚寅，以魏博都防御使田承嗣为节度使。承嗣举管内户口，壮者皆籍为兵，惟使老弱耕稼，数年间有众十万；又选其骁健者万人自卫，谓之牙兵。

同华节度使李怀让为程元振所谮，恐惧，自杀。

【注释】

①赵城：县名。隋末置，治所在今山西洪洞县北赵城镇东北。唐麟德初移治今赵城镇。 ②四帅：指田承嗣、李宝臣、李怀仙、薛嵩。 ③泰陵：即唐玄宗李隆基墓。在今陕西蒲城县境。 ④建陵：即唐肃宗李亨墓。在今陕西礼泉县境。 ⑤帖括：唐代考试制度，明经科以"帖经"试士。后因应试的人多，考官常选偏僻的章句为题，考生因此择取偏僻隐幽的经文，编为歌谣，熟读记忆，以应付考试，叫做"帖括"。意谓包括"帖经"的门径。 ⑥声病：指不合诗的声律或词赋取士规定标准。 ⑦桑梓：古代家宅旁边经常栽种桑树和梓树，后因此用作故乡的代称。

资治通鉴卷第二百二十三

唐纪三十九 起昭阳单阏七月，尽旃蒙大荒落十月，凡二年有奇。

代宗睿文孝武皇帝上之下

广德元年 秋，七月，壬寅，群臣上尊号曰宝应元圣文武孝皇帝。壬子，赦天下，改元。诸将讨史朝义者进官阶、加爵邑有差。册回纥可汗为颉咄登蜜施合俱录英义建功毗伽可汗，可敦为娑墨光亲丽华毗伽可敦；左、右杀以下，皆加封赏。

戊辰，杨绾上贡举条目：秀才问经义二十条，对策五道；国子监举人，令博士荐于祭酒，祭酒试通者升之于省，如乡贡法[①]。明法，委刑部考试[②]。或以为明经、进士，行之已久，不可遽改。事虽不行，识者是之。

以仆固玚为朔方行营节度使。

吐蕃入大震关，陷兰、廓、河、鄯、洮、岷、秦、成、渭等州[③]，尽取河西、陇右之地。唐自武德以来，开拓边境，地连西域，皆置都督、府、州、县。开元中，置朔方、陇右、河西、安西、北庭诸节度使以统之，岁发山东丁壮为戍卒，缯帛为军资，开屯田，供糗粮，设监牧，畜马牛，军城戍逻，万里相望。及安禄山反，边兵精锐者皆征发入援，谓之行营，所留兵单弱，胡虏稍蚕食之；数年间，西北数十州相继沦没，自凤翔以西，邠州以北，皆为左衽矣。

初，仆固怀恩受诏与回纥可汗相见于太原；河东节度使辛云京以可汗乃怀恩婿，恐其合谋袭军府，闭城自守，亦不犒师。及史朝义既平，诏怀恩送可汗出塞，往来过太原，云京亦闭城不与相闻。怀恩怒，具表其状，不报。怀恩将朔方兵数万屯汾州，使其子御史大夫玚将万人屯榆次，裨将李光逸等屯祈县[④]，李怀光等屯晋州，张维岳等屯沁州。怀光，本勃海靺鞨也，姓茹，为朔方将，以功赐姓。中使骆奉仙至太原，云京厚结之，为言怀恩与回纥连谋，反状已露。奉仙还，过怀恩，怀恩与饮于母前，母数让奉仙曰："汝与吾儿约为兄弟，今又亲云京，何两面也！"酒酣，怀恩起舞，奉仙赠以缠头彩[⑤]。怀恩欲酬之，曰："来日端午，当更乐饮一日。"奉仙固请行，怀恩匿其马，奉仙谓左右曰："朝来责我，又匿我马，将杀我也。"夜，逾垣而走；怀恩惊，遽以其马追还之。八月，癸未，奉仙至长安，奏怀恩谋反；怀恩亦具奏其状，请诛云京、奉仙；上两无所问，优诏和解之。

【注释】

①乡贡法：唐代科举取士，出自学馆的称为"生徒"，出自州县的称为"乡贡"。所谓乡贡法，是指应考明经、进士、秀才等科的地方乡贡，须先经县、州考试合格，再举送朝廷，通过尚书省礼部考试，考中后，还要经过吏部考试，才能正式任官。杨绾在这里所上国子监举人法，大致和乡贡法相似。　②明法：唐代科举制度中的科目之一。试应考者的法令知识。　③兰、廓……等州：兰州，州名，隋改金城郡置，治今甘肃兰州市；廓州，州名，北周取吐谷浑河南地置，治今青海贵德县，隋大业初改置浇河郡，唐武德二年(619)复置，移治今青海尖扎县北，天宝初改为宁塞郡，乾元元年(758)复为廓州，后为吐蕃所据；河州，州名，十六国前凉置，治今甘肃临夏县西南，唐天宝初改为安乡郡，乾元元年(758)复置；鄯州，州名，北魏改鄯善镇置，治今青海海东市乐都区，唐上元二年(761)地入吐番；洮州，州名，北周置，治今甘肃临潭县，隋大业初废，唐初复置，天宝元年(742)改为临洮郡；岷州，州名，西魏置，治今甘肃岷县，隋大业初废，义宁二年(618)复改岷州，上元二年(675)废；秦州，州名，西晋置，治今甘肃甘谷县东，太原康三年(282)废，七年(286)复置，移治今甘肃天水市，唐天宝初改为天水郡，乾元元年(758)复改为秦州；成州，州名，西魏以南秦州改名，治今甘肃西和县西南；渭州，州名，隋置，治今甘肃陇西县东南。　④祈县：县名，"祈"当作"祁"。春秋晋置，治所即今山西祁县东

南祁城。北魏太和中移治今祁县。 ⑤缠头彩:唐代歌舞艺人表演时以绵缠头,演完后,客人以罗绵为赠,称为缠头。唐人宴会时,酒兴上来替人歌舞,观者也应给歌舞者赠送缠头的彩色丝织物,称为缠头彩。后来,缠头或缠头彩也可用来作为送给妓女财物的通称。

怀恩自以兵兴以来,所在力战,一门死王事者四十六人,女嫁绝域,说谕回纥,再收两京,平定河南、北,功无与比,而为人构陷,愤怨殊深,上书自讼,以为:“臣昨奉诏送可汗归国,倾竭家资,俾之上道。行至山北,云京、奉仙闭城不出祗迎[①],仍令潜行窃盗。回纥怨怒,亟欲纵兵,臣力为弥缝,方得出塞。云京、奉仙恐臣先有奏论,遂复妄称设备,与李抱玉共相组织。臣静而思之,其罪有六:昔同罗叛乱,臣为先帝扫清河曲,一也;臣男玢为同罗所虏,得间亡归,臣斩之以令众士,二也;臣有二女,远嫁外夷,为国和亲,荡平寇敌,三也;臣与男玚不顾死亡,为国效命,四也;河北新附,节度使皆握强兵,臣抚绥以安反侧,五也;臣说谕回纥,使赴急难,天下既平,送之归国,六也。臣既负六罪,诚合万诛,惟当吞恨九泉,衔冤千古,复何诉哉!臣受恩深重,夙夜思奉天颜[②],但以来瑱受诛,朝廷不示其罪,诸道节度,谁不疑惧!近闻诏追数人[③],尽皆不至,实畏中官谗口,虚受陛下诛夷;岂惟群臣不忠,正为回邪在侧[④]。且臣前后所奏骆奉仙,词情非不摭实,陛下竟无处置,宠任弥深;皆由同类比周,蒙蔽圣听。窃闻四方遣人奏事,陛下皆云与骠骑议之[⑤],曾不委宰相可否,或稽留数月不还,远近益加疑阻。如臣朔方将士,功效最高,为先帝中兴主人,乃陛下蒙尘故吏[⑥],曾不别加优奖,反信谗嫉之词。子仪先已被猜,臣今又遭诋毁,弓藏鸟尽[⑦],信匪虚言。陛下信其矫诬,何殊指鹿为马!傥不纳愚恳,且贵因循,臣实不敢保家,陛下岂能安国!忠言利行,惟陛下图之。臣欲公然入朝,恐将士留沮。今托巡晋、绛,于彼迁延,乞陛下特遣一介至绛州问臣,臣即与之同发。”

九月,壬戌,上遣裴遵庆诣怀恩谕旨,且察其去就。怀恩见遵庆,抱其足号泣诉冤。遵庆为言圣恩优厚,讽令入朝,怀恩许诺。副将范志诚以为不可,曰:“公信其甘言,入则为来瑱,不复还矣!”

明日，怀恩见遵庆，以惧死为辞，请令一子入朝，志诚又以为不可，遵庆乃还。御史大夫王翊使回纥还，怀恩先与可汗往来，恐翊泄其事，遂留之。

【注释】

①祗（zhī 支）迎：恭敬地欢迎。 ②思奉天颜：意为想回朝事奉皇上。天颜，帝王的容颜，代指皇帝。 ③追：招引，召回。唐人习惯称"召"为"追"。 ④回邪：不正，枉曲。此处指邪恶的人如宦官等。 ⑤骠骑：指骠骑将军程元振。 ⑥蒙尘：蒙被尘土，多用来比喻帝王流亡落难或失位，遭受屈辱。 ⑦弓藏鸟尽：鸟死完了就把弓箭收起来无所作用。比喻功成而功臣被害。语出《史记·越王勾践世家》和《淮阴侯传》。又可写作"鸟尽弓藏"。

吐蕃之入寇也，边将告急，程元振皆不以闻。冬，十月，吐蕃寇泾州，刺史高晖以城降之，遂为之乡导，引吐蕃深入；过邠州，上始闻之。辛未，寇奉天、武功，京师震骇。诏以雍王适为关内元帅，郭子仪为副元帅，出镇咸阳以御之。

子仪闲废日久，部曲离散，至是召募，得二十骑而行，至咸阳，吐蕃帅吐谷浑、党项、氐、羌二十余万众，弥漫数十里，已自司竹园渡渭[①]，循山而东。子仪使判官中书舍人王延昌入奏，请益兵，程元振遏之，竟不召见。癸酉，渭北行营兵马使吕月将将精卒二千破吐蕃于盩厔之西。乙亥，吐蕃寇盩厔，月将复与力战，兵尽，为虏所擒。

上方治兵，而吐蕃已度便桥，仓猝不知所为，丙子，出幸陕州，官吏藏窜，六军逃散。郭子仪闻之，遽自咸阳归长安，比至，车驾已去。上才出苑门，渡浐水，射生将王献忠拥四百骑叛还长安，胁丰王珙等十王西迎吐蕃[②]。遇子仪于开远门内[③]，子仪叱之，献忠下马，谓子仪曰："今主上东迁，社稷无主，令公身为元帅，废立在一言耳。"子仪未应。珙越次言曰："公何不言！"子仪责让之，以兵援送行在。丁丑，车驾至华州，官吏奔散，无复供拟，扈从将士不免冻馁。会观军容使鱼朝恩将神策军自陕来迎，上乃幸朝恩营。丰王珙见上于潼关，上不之责，退至幕中，有不逊语；群臣奏议诛之，乃赐死。

戊寅，吐蕃入长安，高晖与吐蕃大将马重英等立故邠王守礼之孙承宏为帝[④]，改元，置百官，以前翰林学士于可封等为相。吐蕃剽掠府库市里，焚闾舍，长安中萧然一空。苗晋卿病卧家，遣人舆入，迫胁之，晋卿闭口不言，虏不敢杀。于是六军散者所在剽掠，士民避乱，皆入山谷。

辛巳，上至陕，百官稍有至者。郭子仪引三十骑自御宿川循山而东，谓王延昌曰："六军将士逃溃者多在商州，今速往收之，并发武关防兵，数日间，北出蓝田以向长安，吐蕃必遁。"过蓝田，遇元帅都虞候臧希让、凤翔节度使高升，得兵近千人。子仪与延昌谋曰："溃兵至商州，官吏必逃匿而人乱。"使延昌自直径入商州抚谕之。诸将方纵兵暴掠，闻子仪至，皆大喜听命。子仪恐吐蕃逼乘舆，留军七盘[⑤]，三日乃行，比至商州，行收兵，并武关防兵合四千人，军势稍振。子仪乃泣谕将士以共雪国耻，取长安，皆感激受约束。子仪请太子宾客第五琦为粮料使，给军食。上赐子仪诏，恐吐蕃东出潼关，征子仪诣行在。子仪表称："臣不收京城无以见陛下，若出兵蓝田，虏必不敢东向。"上许之。鄜延节度判官段秀实说节度使白孝德引兵赴难，孝德即日大举，南趣京畿，与蒲、陕、商、华合势进击。

吐蕃既立广武王承宏，欲掠城中士、女、百工，整众归国。子仪使左羽林大将军长孙全绪将二百骑出蓝田观虏势，令第五琦摄京兆尹，与之偕行，又令宝应军使张知节将兵继之。全绪至韩公堆[⑥]，昼则击鼓张旗帜，夜则多然火，以疑吐蕃。前光禄卿殷仲卿聚众近千人，保蓝田，与全绪相表里，帅二百余骑直渡浐水。吐蕃惧，百姓又绐之曰："郭令公自商州将大军不知其数至矣！"虏以为然，稍稍引军去。全绪又使射生将王甫入城阴结少年数百，夜击鼓大呼于朱雀街[⑦]，吐蕃惶骇，庚寅，悉众遁去。高晖闻之，帅麾下三百余骑东走，至潼关，守将李日越擒而杀之。

壬辰，诏以元载判元帅行军司马，以第五琦为京兆尹。癸巳，以郭子仪为西京留守。甲午，子仪发商州。己亥，以鱼朝恩部将皇甫温为陕州刺史，周智光为华州刺史。

【注释】

①司竹园:一名芒竹。在今陕西周至县东南,周围百里。地绕竹林。 ②丰王珙:即李珙,唐玄宗的儿子。 ③开远门:唐长安外郭城西面有三个城门,北为开远门,中为金光门,南为延平门。 ④邠王守礼:即李守礼,章怀太子李贤的儿子。李贤是唐高宗的第六个儿子,武则天生。 ⑤七盘:山名。一名七盘岭。在今陕西蓝田县南。 ⑥韩公堆:地名。在今陕西蓝田县东南。 ⑦朱雀街:街道名。一名朱雀门街。唐长安皇城正南面有一个朱雀门,从朱雀门到长安城正南门即明德门有一条南北向的大街,名叫朱雀街。

骠骑大将军、判元帅行军司马程元振专权自恣,人畏之甚于李辅国。诸将有大功者,元振皆忌疾欲害之。吐蕃入寇,元振不以时奏,致上狼狈出幸。上发诏征诸道兵,李光弼等皆忌元振居中,莫有至者,中外咸切齿而莫敢发言。太常博士柳伉上疏,以为:"犬戎犯关度陇,不血刃而入京师,劫宫闱,焚陵寝,武士无一人力战者,此将帅叛陛下也。陛下疏元功,委近习[1],日引月长,以成大祸,群臣在廷,无一人犯颜回虑者,此公卿叛陛下也。陛下始出都,百姓填然,夺府库,相杀戮,此三辅叛陛下也[2]。自十月朔召诸道兵,尽四十日,无只轮入关,此四方叛陛下也。内外离叛,陛下以今日之势为安邪,危邪?若以为危,岂得高枕,不为天下讨罪人乎!臣闻良医疗疾,当病饮药,药不当病,犹无益也。陛下视今日之病,何繇至此乎?必欲存宗庙社稷,独斩元振首,驰告天下,悉出内使隶诸州[3],持神策兵付大臣,然后削尊号,下诏引咎,曰:'天下其许朕自新改过,宜即募士西赴朝廷;若以朕恶不悛,则帝王大器,敢妨圣贤,其听天下所往。'如此,而兵不至,人不感,天下不服,臣请阖门寸斩以谢陛下。"上以元振尝有保护功[4],十一月,辛丑,削元振官爵,放归田里。

王甫自称京兆尹,聚众二千余人,署置官属,暴横长安中。壬寅,郭子仪至浐水西,甫按兵不出。或谓子仪,城不可入。子仪不听,引三十骑徐进,使人传呼召甫;甫失据,出迎拜伏,子仪斩之,其兵尽散。白孝德与邠宁节度使张蕴琦将兵屯畿县[5],子仪召之入城，京畿遂安。

宦官广州市舶使吕太一发兵作乱，节度使张休弃城奔端州。太一纵兵焚掠，官军讨平之。

吐蕃还至凤翔，节度使孙志直闭城拒守，吐蕃围之数日。镇西节度使马璘闻车驾幸陕，将精骑千余自河西入赴难；转斗至凤翔，值吐蕃围城，璘帅众持满外向，突入城中，不解甲，背城出战，单骑先士卒奋击，俘斩千计而归。明日，虏复逼城请战，璘开悬门以待之⑥。虏引退，曰："此将军不惜死，宜避之。"遂去，居于原、会、成、渭之地。

十二月，丁亥，车驾发陕州。左丞颜真卿请上先谒陵庙，然后还宫，元载不从，真卿怒曰："朝廷岂堪相公再坏邪！"载由是衔之。甲午，上至长安，郭子仪帅城中百官及诸军迎于浐水东，伏地待罪。上劳之曰："用卿不早，故及于此。"

以鱼朝恩为天下观军容宣慰处置使，总禁兵，权宠无比，筑城于鄠县及中渭桥⑦，屯兵以备吐蕃。以骆奉仙为鄠县筑城使，遂将其兵。

乙未，以苗晋卿为太保，裴遵庆为太子少傅，并罢政事；以宗正卿李岘为黄门侍郎、同平章事。遵庆既去，元载权益盛，以货结内侍董秀，使主书卓英倩潜与往来，上意所属，载必先知之，承意探微，言无不合；上以是益爱之。英倩，金州人也。

吐蕃既去，广武王承宏逃匿草野；上赦不诛，丙申，放之于华州。

程元振既得罪，归三原，闻上还宫，衣妇人服，私入长安，复规任用，京兆府擒之以闻。

吐蕃陷松、维、保三州及云山新筑二城⑧，西川节度使高适不能救，于是剑南西山诸州亦入于吐蕃矣。

【注释】

①近习：指君主亲幸的人。 ②三辅：地名。即西汉时于京畿之地所设京兆尹、左冯翊、右扶风的合称，相当今陕西关中地区。后世政区划分虽有更改，但习惯仍称这一地区为三辅。 ③内使：唐朝内诸司使都由宦官担任，所以称宦官为内使。 ④保护功：指肃宗宝应元年（762），

程元振协助李辅国杀死张皇后,保护代宗即位有功。 ⑤畿县:唐京兆府管二十个县,万年、长安两县称为赤县,其余的县都称为畿县。 ⑥悬门:古时城门所设的门闸,平时挂起,有警时则放下,以便加卫固守。⑦鄠(hù 户)县:县名,汉置。在今陕西户县北。 ⑧松、维、保三州:松州、州名,唐武德元年(618)置,治今四川松潘县,广德初废。维州,州名,唐武德七年(624)置,治今四川理县东北。后入吐蕃,称无忧城。保州,州名,唐乾元元年(758)以奉州改名,治所在今四川理县北孟屯河中下游。

二年 春,正月,壬寅,敕称程元振变服潜行,将图不轨,长流溱州[①]。上念元振之功,寻复令于江陵安置。

癸卯,合剑南东、西川为一道,以黄门侍郎严武为节度使。

丙午,遣检校刑部尚书颜真卿宣慰朔方行营。上之在陕也,颜真卿请奉诏召仆固怀恩,上不许。至是,上命真卿说谕怀恩入朝。对曰:"陛下在陕,臣往,以忠义责之,使之赴难,彼犹有可来之理;今陛下还宫,彼进不成勤王[②],退不能释众,召之,庸肯至乎!且言怀恩反者,独辛云京、骆奉仙、李抱玉、鱼朝恩四人耳,自余群臣皆言其枉。陛下不若以郭子仪代怀恩,可不战而服也。"时汾州别驾李抱真,抱玉之从父弟也,知怀恩有异志,脱身归京师。上方以怀恩为忧,召见抱真问计,对曰:"此不足忧也。朔方将士思郭子仪,如子弟之思父兄。怀恩欺其众云'郭子仪已为鱼朝恩所杀',众信之,故为其用耳。陛下诚以子仪领朔方,彼皆不召而来耳。"上然之。

甲寅,礼仪使杜鸿渐奏:"自今祀圜丘、方丘请以太祖配,祈谷以高祖配,大雩以太宗配[③],明堂以肃宗配。"从之。

乙卯,立雍王适为皇太子。

吐蕃之入长安也,诸军亡卒及乡曲无赖子弟相聚为盗;吐蕃既去,犹窜伏南山子午等五谷[④],所在为患。丁巳,以太子宾客薛景仙为南山五谷防御使,以讨之。

魏博节度使田承嗣奏名所管曰天雄军,从之。

仆固怀恩既不为朝廷所用,遂与河东都将李竭诚潜谋取太原;辛云京觉之,杀竭诚,乘城设备。怀恩使其子玚将兵攻之,云京出与战,玚大败而还,遂引兵围榆次。上谓郭子仪曰:“怀恩父子负朕实深。闻朔方将士思公如枯旱之望雨,公为朕镇抚河东,汾上之师必不为变。”戊午,以子仪为关内、河东副元帅、河中节度等使。怀恩将士闻之,皆曰:“吾辈从怀恩为不义,何面目见汾阳王!”

癸亥,以刘晏为太子宾客,李岘为詹事,并罢政事。晏坐与程元振交通;元振获罪,岘有功焉,由是为宦官所疾,故与晏皆罢。以右散骑常侍王缙为黄门侍郎,太常卿杜鸿渐为兵部侍郎,并同平章事。

丁卯,以郭子仪为朔方节度大使。二月,子仪至河中。云南子弟万人戍河中,将贪卒暴,为一府患,子仪斩十四人,杖三十人,府中遂安。

癸酉,上朝献太清宫;甲戌,享太庙;乙亥,祀昊天上帝于圜丘。

【注释】

①溱(zhēn 真)州:州名。唐贞观十七年(643)置,治今重庆綦江区东南青羊市。 ②勤王:起兵救援王朝。 ③大雩(yú 于):古代为求雨而举行的雩祀名称。 ④南山子午等五谷:南山,山名,一名终南山,即今陕西秦岭山脉。南山中有五个大山谷,即子午谷、斜谷、骆谷、蓝田谷和衡岭谷。

仆固玚围榆次,旬余不拔;遣使急发祁县兵,李光逸尽与之。士卒未食,行不能前,十将白玉、焦晖以鸣镝射其后者,军士曰:“将军何乃射人?”玉曰:“今从人反,终不免死;死一也,射之何伤!”至榆次,玚责其迟,胡人曰:“我乘马,乃汉卒不行耳。”玚捶汉卒,卒皆怨怒,曰:“节度使党胡人。”其夕,焦晖、白玉帅众攻玚,杀之。仆固怀恩闻之,入告其母。母曰:“吾语汝勿反,国家待汝不薄,今众心既变,祸必及我,将如之何!”怀恩不对,再拜而出。母提刀逐之曰:“吾为国家杀此贼,取其心以谢三军。”怀恩疾走,得免,遂与麾下三百渡河北走。

时朔方将浑释之守灵州[1]，怀恩檄至，云全军归镇，释之曰："不然，此必众溃矣。"将拒之，其甥张韶曰："彼或翻然改图，以众归镇，何可不纳也！"释之疑未决。怀恩行速，先候者而至，释之不得已纳之。张韶以其谋告怀恩，怀恩以韶为间，杀释之而收其军，使韶主之；既而曰："释之，舅也，彼尚负之，安有忠于我哉！"他日，以事杖之，折其胫，置于弥峨城而死[2]。

都虞候张维岳在沁州，闻怀恩去，乘传至汾州，抚定其众，杀焦晖、白玉而窃其功，以告郭子仪。子仪使牙官卢谅至汾州，维岳赂谅，使实其言。子仪奏维岳杀玚，传首诣阙。群臣入贺，上惨然不悦，曰："朕信不及人，致勋臣颠越[3]，深用为愧，又何贺焉！"命辇怀恩母至长安，给待优厚，月余，以寿终；以礼葬之，功臣皆感叹。

戊寅，郭子仪如汾州，怀恩之众悉归之，咸鼓舞涕泣，喜其来而悲其晚也。子仪知卢谅之诈，杖杀之。上以李抱真言有验，迁殿中少监。

上之幸陕也，李光弼竟迁延不至；上恐遂成嫌隙，其母在河中，数遣中使存问之。吐蕃退，除光弼东都留守以察其去就；光弼辞以就江、淮粮运，引兵归徐州。上迎其母至长安，厚加供给，使其弟光进掌禁兵，遇之加厚。

戊子，赦天下。

自丧乱以来，汴水堙废，漕运者自江、汉抵梁、洋[4]，迂险劳费。三月己酉，以太子宾客刘晏为河南、江、淮以来转运使，议开汴水。庚戌，又命晏与诸道节度使均节赋役，听便宜行毕以闻。时兵火之后，中外艰食，关中米斗千钱，百姓挼穗以给禁军[5]，宫厨无兼时之积。晏乃疏浚汴水，遗元载书，具陈漕运利病，令中外相应。自是每岁运米数十万石以给关中，唐世称漕运之能者，推晏为首，后来者皆遵其法度云。

甲子，盛王琦薨[6]。

党项寇同州，郭子仪使开府仪同三司李国臣击之，曰："虏得间则出掠，官军至则逃入山，宜使羸师居前以诱之，劲骑居后以覆之。"国臣与战于澄城北[7]，大破之，斩首捕虏千余人。

夏，五月，癸丑，初行《五纪历》[8]。

庚申，礼部侍郎杨绾奏岁贡孝弟力田无实状[9]，及童子科皆侥幸[10]；悉罢之。

郭子仪以安、史昔据洛阳，故诸道置节度使以制其要冲；今大盗已平，而所在聚兵，耗蠹百姓，表请罢之，仍自河中为始。六月，敕罢河中节度及耀德军。子仪复请罢关内副元帅；不许。

【注释】

①灵州：州名。北魏孝昌中置，治所在今宁夏吴忠市北，后废。唐初复置，天宝初改为灵武都，乾元元年(758)复改为灵州。 ②置于弥峨城而死：张韶之死的记载也见于《新唐书》卷二百一十七下《浑释之传》，但《旧唐书》卷一百二十一《仆固怀恩传》以及《通鉴》本卷永泰元年(765)九月又记载仆固怀恩死后张韶代领其军，疑中间有误，或有两个张韶。案唐代另有一张韶，是唐德宗时的朔方兵马使，与此处张韶无关。 ③颠越：陨坠，衰落。 ④梁、洋：梁州，州名，三国魏置，治今陕西勉县东旧州铺。西晋太康三年(282)移治今陕西汉中市东。其后治所屡有迁徙，先后治今陕西安康市西北汉江北岸，汉中市西北大钟寺、城固县东八里等。洋州，州名，西魏置，治今陕西西乡县西。隋大业年间废，唐武德初复置，治今陕西洋县。天宝初改为洋川郡，乾元元年(758)复为洋州。 ⑤挼："挪"的异体字。揉搓。 ⑥盛王琦：即李琦，唐玄宗的儿子。 ⑦澄城：县名，北魏置，治所在今陕西澄城县。 ⑧《五纪历》：历法名。唐宝应元年(762)，因《至德历》失时，诏司天台官属郭献之等再用麟德纪元，另立岁差，调整迟疾、交会及五星差数，仿照《大衍历》旧法，另撰新历，和《大衍历》小异，题名为《五纪历》。行用二十二年，自宝应元年至建中四年，即762—783年。 ⑨孝弟力田：始于汉代的选举科目名。 ⑩童子科：唐代选举制度的科目之一。按规定，凡十岁以下的儿童，能通一经，以及《孝经》《论语》，每卷诵文十通者，予官。七通者，与出身，叫做童子科。

仆固怀恩至灵武，收合散亡，其众复振。上厚抚其家。癸未，下诏，称其"勋劳著于帝室，及于天下。疑隙之端，起自群小，察其深衷，本无他志；君臣之义，情实如初。但以河北既平，朔方已有所属，宜解河北副元帅、朔方节度等使，其太保兼中书令、大宁郡王如故。但当诣阙，更勿有疑。"怀恩竟不从。

秋，七月，庚子，税天下青苗钱以给百官俸[1]。

太尉兼侍中、河南副元帅、临淮武穆王李光弼，治军严整，指顾号令，诸将莫敢仰视，谋定而后战，能以少制众，与郭子仪齐名。及在徐州，拥兵不朝，诸将田神功等不复禀畏，光弼愧恨成疾，己酉，薨。八月，丙寅，以王缙代光弼都统河南、淮西、山南东道诸行营。

郭子仪自河中入朝，会泾原奏仆固怀恩引回纥、吐蕃十万众将入寇，京师震骇，诏子仪帅诸将出镇奉天[2]。上召问方略，对曰："怀恩无能为也。"上曰："何故？"对曰："怀恩勇而少恩，士心不附，所以能入寇者，因思归之士耳。怀恩本臣偏裨，其麾下皆臣部曲，必不忍以锋刃相向，以此知其无能为也。"辛巳，子仪发，赴奉天。

甲午，加王缙东都留守。

河中尹兼节度副使崔寓发镇兵西御吐蕃[3]，为法不一。九月，丙申，镇兵作乱，掠官府及居民，终夕乃定。

丙午，加河东节度使辛云京同平章事。

辛亥，以郭子仪充北道邠宁、泾原、河西以来通和吐蕃使，以陈郑、泽潞节度使李抱玉充南道通和吐蕃使。子仪闻吐蕃逼邠州，甲寅，遣其子朔方兵马使晞将兵万人救之。

己未，剑南节度使严武破吐蕃七万众，拔当狗城[4]。

关中虫蝗、霖雨，米斗千余钱。

仆固怀恩前军至宜禄[5]，郭子仪使右兵马使李国臣将兵为郭晞后继。邠宁节度使白孝德败吐蕃于宜禄。冬，十月，怀恩引回纥、吐蕃至邠州，白孝德、郭晞闭城拒守。

庚午，严武拔吐蕃盐川城[6]。

仆固怀恩与回纥、吐蕃进逼奉天，京师戒严。诸将请战，郭子仪不许，曰："虏深入吾地，利于速战，吾坚壁以待之，彼以吾为怯，必不戒，乃可破也。若遽战而不利，则众心离矣。敢言战者斩！"辛未夜，子仪出陈于乾陵之南，壬申未明，虏众大至。虏始以子仪为无备，欲袭之，忽见大军，惊愕，遂不战而退。子仪使裨将李怀光等将五千骑追虏，至麻亭而还[7]。虏至邠州，丁丑，攻之，不克；

乙酉，虏涉泾而遁。

怀恩之南寇也，河西节度使杨志烈发卒五千，谓监军柏文达曰："河西锐卒，尽于此矣。君将之以攻灵武，则怀恩有返顾之虑，此亦救京师之一奇也！"文达遂将众击摧砂堡、灵武县[8]，皆下之，进攻灵州。怀恩闻之，自永寿遽归，使蕃、浑二千骑夜袭文达，大破之，士卒死者殆半。文达将余众归凉州，哭而入。志烈迎之曰："此行有安京室之功，卒死何伤。"士卒怨其言。未几，吐蕃围凉州，士卒不为用；志烈奔甘州，为沙陀所杀，凉州遂陷。沙陀姓朱耶，世居沙陀碛，因以为名[9]。

【注释】

①青苗钱：唐中叶田赋的附加税。因在所种粮食未成熟以前征收，故名。青苗钱是本年为筹措官俸而开始征收的。　②奉天：县名。唐文明元年(684)置，治所即今陕西乾县。　③寓(yǔ 语)："宇"字的古体。　④当狗城：城名。确址待考，疑在今四川理县一带。　⑤宜禄：县名。西魏废帝三年(554)以东阴盘县改置，治今陕西长武县。北周废，唐贞观二年(628)复置。　⑥盐川城：城名。确址待考，疑在今四川理县一带。　⑦麻亭：地名。在今陕西永寿县西北。　⑧摧砂堡：城堡名。唐置，在今宁夏固原市西北。　⑨沙陀碛(qì 戚)：沙漠名，今名古尔班通古特沙漠。碛，浅水中的沙石，引申为沙漠。案：沙陀，我国古代部族名。西突厥的别部，又号沙陀突厥。本称处月。唐贞观中居金沙山(今尼赤金山)之南，蒲类海(今新疆巴里坤湖)之东，以其地有大碛名沙陀，因以为部族名。

十一月，丁未，郭子仪自行营入朝，郭晞在邠州，纵士卒为暴，节度使白孝德患之，以子仪故，不敢言；泾州刺史段秀实自请补都虞候，孝德从之。既署一月，晞军士十七人入市取酒，以刃刺酒翁，坏酿器，秀实列卒取十七人首注槊上，植市门。晞一营大噪，尽甲，孝德震恐，召秀实曰："奈何？"秀实曰："无伤也，请往解之。"孝德使数十人从行，秀实尽辞去，选老躄者一人持马至晞门下。甲者出，秀实笑且入，曰："杀一老卒，何甲也！吾戴吾头来矣。"甲者愕。因谕曰："常侍负若属邪，副元帅负若属邪？奈何欲以乱败郭氏！”晞出，秀实让之曰：“副元帅勋塞天地，当念始终。今常侍恣卒为暴，行且致乱，乱则罪及副元帅；乱由常侍出，然则郭氏功名，其存者几何！”言未毕，晞再拜曰：“公幸教晞以道，恩甚大，敢不从命！”顾叱左右：“皆解甲，散还火伍中，敢哗者死！”秀实因留宿军中。晞通夕不解衣，戒候卒击柝卫秀实[①]。旦，俱至孝德所，谢不能，请改。邠州由是无患。

五谷防御使薛景仙讨南山群盗，连月不克，上命李抱玉讨之。贼帅高玉最强，抱玉遣兵马使李崇客将四百骑自洋州入，袭之于桃虢川，大破之；玉走成固[②]。庚申，山南西道节度使张献诚擒玉，献之，余盗皆平。

十二月，乙丑，加郭子仪尚书令。子仪以为：“自太宗为此官，累圣不复置，近皇太子亦尝为之，非微臣所宜当。”固辞不受，还镇河中。

是岁，户部奏：户二百九十余万，口一千六百九十余万。

上遣于阗王胜还国，胜固请留宿卫，以国授其弟曜，上许之；加胜开府仪同三司，赐爵武都王。

永泰元年　春，正月，癸卯朔[③]，改元，赦天下。

戊申，加陈郑、泽潞节度使李抱玉凤翔、陇右节度使，以其从弟殿中少监抱真为泽潞节度副使。抱真以山东有变，上党为兵冲，而荒乱之余，土瘠民困，无以赡军，乃籍民，每三丁选一壮者，免其租徭，给弓矢，使农隙习射，岁暮都试[④]，行其赏罚。比三年，得精兵二万，既不费廪给，府库充实，遂雄视山东。由是天下称泽潞步兵为诸道最。

二月，戊寅，党项寇富平[⑤]，焚定陵殿[⑥]。

庚辰，仪王璲薨[⑦]。

三月，壬辰朔，命左仆射裴冕、右仆射郭英乂等文武之臣十三人于集贤殿待制。左拾遗洛阳独孤及上疏曰：“陛下召冕等待制以备询问，此五帝盛德也。顷者陛下虽容其直而不录其言，有容下之名，无听谏之实，遂使谏者稍稍钳口饱食，相招为禄仕，此忠鲠之人所以窃叹，而臣亦耻之。今师兴不息十年矣，人之生产，空于杼轴[⑧]。拥兵者第馆亘街陌，奴婢厌酒肉，而贫人羸饿就役，剥肤及髓。长安城中白昼椎剽，吏不敢诘，官乱职废，将堕卒暴，百揆隳剌[9]，如沸粥纷麻，民不敢诉于有司，有司不敢闻于陛下，茹毒饮痛，穷而无告。陛下不以此时思所以救之之术，臣实惧焉。今天下惟朔方、陇西有吐蕃、仆固之虞，邠、泾、凤翔之兵足以当之矣。自此而往，东洎海，南至番禺，西尽巴、蜀，无鼠窃之盗而兵不为解。倾天下之货，竭天下之谷，以给不用之军，臣不知其故。假令居安思危，自可厄要害之地，俾置屯御，悉休其余，以粮储扉屦之资充疲人贡赋[10]，岁可减国租之半。陛下岂可持疑于改作，使卒士之患日甚一日乎！”上不能用。

【注释】

①柝(tuò 拓)：旧时巡夜者击经报更的木梆。 ②成固：县名。西汉置，治所在今陕西城固县东汉江北岸。 ③癸卯：《新唐书》《旧唐书》中的《代宗本纪》，“卯”作“巳”，《二十史朔闰表》也作“巳”，疑《通鉴》有误。 ④都试：考试。汉制在立秋日总试骑士，演习武备，叫做都试。⑤富平：县名。秦置，治所在今宁夏吴忠市西南黄河东岸。三国魏移治今陕西富平县西南。此后屡有迁治，都不离今富平县境。 ⑥定陵殿：定陵，即唐中宗李显墓。在今陕西富平县境。古代帝王陵都有寝有殿，陵的后面叫寝，前面叫殿。 ⑦璲(suì 碎)：即李璲，人名，唐玄宗之子。 ⑧杼轴(zhù 柱)：织布机上的主要部件，即梭子。亦作“杼柚”。 ⑨百揆：古官名。犹冢宰，即总百官。此处所谓百揆，是指百官的职事。 ⑩扉屦(fèijù 费据)：扉，草鞋，麻鞋；屦，麻、葛等制成的单底鞋。扉屦，在这里指军鞋，引申为军装等军用物资。

丙午，以李抱玉同平章事，镇凤翔如故。

庚戌，吐蕃遣使请和，诏元载、杜鸿渐与盟于兴唐寺[1]。上问郭子仪：“吐蕃请盟，何如？”对曰：“吐蕃利我不虞，若不虞而来，国不可守矣。”乃相继遣河中兵戍奉天，又遣兵巡泾原以觇之[2]。

是春不雨，米斗千钱。

夏，四月，丁丑，命御史大夫王翊充诸道税钱使。河东道租庸、盐铁使裴谞入奏事[3]，上问：“榷酤之利，岁入几何？”谞久之不对。上复问之，对曰：“臣自河东来，所过见菽粟未种，农夫愁怨，臣以为陛下见臣，必先问人之疾苦，乃责臣以营利，臣是以未敢对也。”上谢之，拜左司郎中。谞，宽之子也。

辛卯，剑南节度使严武薨。武三镇剑南，厚赋敛以穷奢侈；梓州刺史章彝小不副意，召而杖杀之；然吐蕃畏之，不敢犯其境。母数戒其骄暴，武不从；及死，母曰：“吾今始免为官婢矣④！”

五月，癸丑，以右仆射郭英乂为剑南节度使。

畿内麦稔，京兆尹第五琦请税百姓田，十亩收其一，曰：“此古什一之法也。”上从之。

平卢节度使侯希逸镇淄青，好游畋⑤，营塔寺，军州苦之。兵马使李怀玉得众心，希逸忌之，因事解其军职。希逸与巫宿于城外，军士闭门不纳，奉怀玉为帅。希逸奔滑州，上表待罪，诏赦之，召还京师。秋，七月，壬辰，以郑王邈为平卢、淄青节度大使，以怀玉知留后，赐名正己。时承德节度使李宝臣，魏博节度使田承嗣，相卫节度使薛嵩，卢龙节度使李怀仙，收安、史余党，各拥劲卒数万，治兵完城，自署文武将吏，不供贡赋，与山南东道节度使梁崇义及正己皆结为婚姻，互相表里。朝廷专事姑息，不能复制，虽名藩臣，羁縻而已。

甲午，以上女升平公主嫁郭子仪之子暧。

太子母沈氏，吴兴人也；安禄山之陷长安也，掠送洛阳宫。上克洛阳，见之，未及迎归长安；会史思明再陷洛阳，遂失所在。上即位，遣使散求之，不获。己亥，寿州崇善寺尼广澄诈称太子母，按验，乃故少阳院乳母也⑥，鞭杀之。

九月，庚寅朔，置百高座于资圣、西明两寺，讲《仁王经》⑦，内出经二宝舆，以人为菩萨、鬼神之状，导以音乐卤簿⑧，百官迎于光顺门外，从至寺。

仆固怀恩诱回纥、吐蕃、吐谷浑、党项、奴剌数十万众俱入寇，令吐蕃大将尚结悉赞摩、马重英等自北道趣奉天，党项帅任敷、郑庭、郝德等自东道趣同州，吐谷浑、奴剌之众自西道趣盩厔，回纥继吐蕃之后，怀恩又以朔方兵继之。

郭子仪使行军司马赵复入奏曰：“虏皆骑兵，其来如飞，不可易也。请使诸道节度使凤翔李抱玉、滑濮李光庭、邠宁白孝德、镇西马璘、河南郝庭玉、淮西李忠臣各出兵以扼其冲要。”上从之。诸道多不时出兵;李忠臣方与诸将击毬,得诏,亟命治行。诸将及监军皆曰:“师行必择日。”忠臣怒曰:“父母有急,岂可择日而后救邪!”即日勒兵就道。

【注释】

①兴唐寺:寺名。唐神龙元年(705),太平公主为武则天后立,名为罔极寺。开元二十年(732)改为兴唐寺,地址在唐代长安城东北方大宁坊的东南隅。 ②觇(chān 搀):看,窥看。 ③谞(xū 虚):此处为人名用字。 ④“免为官婢”句:指严武骄横残暴,将会导致罪过,祸及其母。按古代法制,儿子获罪,母亲、妻子等家属充当官府奴婢。现在严武死了,他母亲认为才免掉沦为官婢的下场。 ⑤畋(tián 田):打猎。⑥少阳院:在唐长安大明宫内,代宗做太子时曾居住在少阳院。 ⑦《仁王经》:佛经名。有两本。旧本为姚秦鸠摩罗什译,题为《佛说仁王般若波罗密经》;新本为唐代宗时高僧不空译,题为《仁王护国般若波罗蜜多经》。均为两卷。是释迦牟尼对当时印度十六大国国王宣讲佛法的经文。 ⑧卤簿:古代帝王驾出时扈从的仪仗队。自汉以后也用于后妃、太子、王公大臣。唐制四品以上者皆给卤簿。

怀恩中途遇暴疾而归;丁酉,死于鸣沙[①]。大将张韶代领其众,别将徐璜玉杀之,范志诚又杀璜玉而领其众。怀恩拒命三年,再引胡寇,为国大患,上犹为之隐,前后敕制未尝言其反;及闻其死,悯然曰:“怀恩不反,为左右所误耳!”

吐蕃至邠州,白孝德婴城自守[②]。甲辰,上命宰相及诸司长官于西明寺行香设素馔,奏乐。是日,吐蕃十万众至奉天,京城震恐。朔方兵马使浑瑊、讨击使白元光先戍奉天,虏始列营,瑊帅骁骑二百冲之,身先士卒,虏众披靡。瑊挟虏将一人跃马而还,从骑无中锋镝者。城上士卒望之,勇气始振。乙巳,吐蕃进攻之,虏死伤甚众,数日,敛众还营;瑊夜引兵袭之,杀千余人,前后与虏战二百余合,斩首五千级。丙午,罢百高座讲;召郭子仪于河中,使屯泾阳。己酉,命李忠臣屯东渭桥,李光进屯云阳,马璘、郝庭玉屯便桥,李抱玉屯凤翔,内侍骆奉仙、将军李日越屯盩厔,同华节度使周智光屯同州，鄜坊节度使杜冕屯坊州，上自将六军屯苑中。

庚戌，下制亲征。辛亥，鱼朝恩请索城中，括士民私马，令城中男子皆衣皂，团结为兵，城门皆塞二开一。士民大骇，逾垣凿窦而逃者甚众[③]，吏不能禁。朝恩欲奉上幸河中以避吐蕃，恐群臣议论不一，一旦，百官入朝，立班久之，阁门不开，朝恩忽从禁军十余人操白刃而出，宣言："吐蕃数犯郊畿，车驾欲幸河中，何如？"公卿皆错愕不知所对。有刘给事者，独出班抗声曰："敕使反邪[④]！今屯军如云，不戮力扞寇，而遽欲胁天子弃宗庙社稷而去，非反而何！"朝恩惊沮而退，事遂寝。

自丙午至甲寅，大雨不止，故虏不能进。吐蕃移兵攻醴泉，党项西掠白水[⑤]，东侵蒲津[⑥]。丁巳，吐蕃大掠男女数万而去，所过焚庐舍，蹂禾稼殆尽。周智光引兵邀击，破之于澄城北，因逐北至鄜州。智光素与杜冕不协，遂杀鄜州刺史张麟，坑冕家属八十一人，焚坊州庐舍三千余家。

冬，十月，己未，复讲经于资圣寺。

吐蕃退至邠州，遇回纥，复相与入寇，辛酉，至奉天。癸亥，党项焚同州官廨、民居而去[⑦]。

【注释】

①鸣沙：县名。隋开皇十九年(599)置，治所即今宁夏中宁县东鸣沙州。唐神龙元年(705)移治今宁夏青铜峡市西南黄河东岸丰安县故城，大中三年(849)仍治旧址。 ②婴城：环城固守。婴，环绕。 ③凿窦：打孔，打洞。窦，孔道。 ④敕使：唐朝人称宦官为敕使。 ⑤白水：县名。北魏太和三年(479)置，治今陕西白水县。 ⑥蒲津：地名。一作蒲坂津。在今山西永济市蒲州镇与陕西大荔县朝邑镇之间黄河上。 ⑦官廨(xiè 械)：官署。廨，是旧时官吏办公处的通称。

丙寅，回纥、吐蕃合兵围泾阳，子仪命诸将严设守备而不战。及暮，二虏退屯北原，丁卯，复至城下。是时，回纥与吐蕃闻仆固怀恩死，已争长，不相睦，分营而居，子仪知之。回纥在城西，子仪使牙将李光瓒等往说之，欲与之共击吐蕃。回纥不信，曰："郭公固在此乎？汝给我耳。若果在此，可得见乎？"光瓒还报，子仪曰：

"今众寡不敌，难以力胜。昔与回纥契约甚厚，不若挺身往说之，可不战而下也。"诸将请选铁骑五百为卫从，子仪曰："此适足为害也。"郭晞扣马谏曰："彼，虎狼也；大人，国之元帅，奈何以身为虏饵！"子仪曰："今战，则父子俱死而国家危；往以至诚与之言，或幸而见从，则四海之福也！不然，则身没而家全。"以鞭击其手曰："去！"遂与数骑开门而出，使人传呼曰："令公来！"回纥大惊。其大帅合胡禄都督药葛罗，可汗之弟也，执弓注矢立于阵前。子仪免胄释甲投枪而进，回纥诸酋长相顾曰："是也！"皆下马罗拜[①]。子仪亦下马，前执药葛罗手，让之曰："汝回纥有大功于唐[②]，唐之报汝亦不薄，奈何负约，深入吾地，侵逼畿县，弃前功，结怨仇，背恩德而助叛臣，何其愚也！且怀恩叛君弃母，于汝国何有！今吾挺身而来，听汝执我杀之，我之将士必致死与汝战矣。"药葛罗曰："怀恩欺我，言天可汗已晏驾，令公亦捐馆[③]，中国无主，我是以敢与之来。今知天可汗在上都[④]，令公复总兵于此，怀恩又为天所杀，我曹岂肯与令公战乎！"子仪因说之曰："吐蕃无道，乘我国有乱，不顾舅甥之亲[⑤]，吞噬我边鄙，焚荡我畿甸，其所掠之财不可胜载，马牛杂畜，长数百里，弥漫在野，此天以赐汝也。全师而继好，破敌以取富，为汝计，孰便于此！不可失也。"药葛罗曰："吾为怀恩所误，负公诚深，今请为公尽力，击吐蕃以谢过。然怀恩之子，可敦兄弟也，愿舍之勿杀。"子仪许之。回纥观者为两翼，稍前，子仪麾下亦进，子仪挥手却之，因取酒与其酋长共饮。药葛罗使子仪先执酒为誓，子仪酹地曰："大唐天子万岁！回纥可汗亦万岁！两国将相亦万岁！有负约者，身殒陈前，家族灭绝[⑥]。"杯至药葛罗，亦酹地曰："如令公誓！"于是诸酋长皆大喜曰："向以二巫师从军，巫言此行甚安稳，不与唐战，见一大人而还，今果然矣。"子仪遗之彩三千匹，酋长分以赏巫。子仪竟与定约而还。吐蕃闻之，夜，引兵遁去。回纥遣其酋长石野那等六人入见天子。

药葛罗帅众追吐蕃，子仪使白元光帅精骑与之俱；癸酉，战于灵台西原[⑦]，大破之，杀吐蕃万计，得所掠士女四千人。丙子，又破之于泾州东。

丁丑，仆固怀恩将张休藏等降。

辛巳，诏罢亲征，京城解严。

初，肃宗以陕西节度使郭英乂领神策军，使内侍鱼朝恩监其军；英乂入为仆射，朝恩专将之。及上幸陕，朝恩举在陕兵与神策军迎扈，悉号神策军，天子幸其营。及京师平，朝恩遂以军归禁中，自将之，然尚未得与北军齿[8]。至是，朝恩以神策军从上屯苑中，其势浸盛，分为左、右厢，居北军之右矣。

郭子仪以仆固名臣、李建忠等皆怀恩骁将，恐逃入外夷，请招之。名臣，怀恩之侄也，时在回纥营。上敕并旧将有功者皆赦其罪，令回纥送之。壬午，名臣以千余骑来降。子仪使开府仪同三司慕容休贞以书谕党项帅郑庭、郝德等，皆诣凤翔降。

甲申，周智光诣阙献捷，再宿归镇。智光负专杀之罪未治，上既遣而悔之。

乙酉，回纥胡禄都督等二百余人入见，前后赠赉缯帛十万匹；府藏空竭，税百官俸以给之。

【注释】

①罗拜：罗列而拜，围绕着下拜。　②回纥有大功于唐：指回纥出兵帮助唐朝平定安、史之乱。　③捐馆：又作“捐馆舍”，舍弃所居的屋舍，为死亡的委婉说法。　④天可汗在上都：天可汗，我国古代西北各少数民族称其君主为可汗，唐贞观四年（630）西北各族君长请唐太宗为可汗，表示拥戴，从此以后，西北各族人民一般都称唐朝天子为天可汗。上都，即京师、首都。　⑤舅甥之亲：吐蕃国王曾娶唐朝公主为妻，因此与唐朝有舅甥的亲戚关系。　⑥灭绝：此二字原文作□□，据章钰校补。　⑦灵台：县名。唐天宝元年（742）为鹑觚县改名，治所即今甘肃灵台县。　⑧北军：唐禁军名，即北门六军，唐禁军在皇宫内北面，故称为北门。

资治通鉴卷第二百二十四

唐纪四十　起旃蒙大荒落闰月，尽昭阳赤奋若，凡八年有奇。

代宗睿文孝武皇帝中之上

永泰元年　闰十月，乙巳，郭子仪入朝。子仪以灵武初复，百姓凋弊，戎落未安，请以朔方军粮使三原路嗣恭镇之；河西节度使杨志烈既死，请遣使巡抚河西及置凉、甘、肃、瓜、沙等州长史。上皆从之。

丁未，百官请纳职田充军粮[①]；许之。

戊申，以户部侍郎路嗣恭为朔方节度使。嗣恭披荆棘，立军府，威令大行。

己酉，郭子仪还河中。

初，剑南节度使严武奏将军崔旰为利州刺史[②]；时蜀中新乱，山贼塞路，旰讨平之。及武再镇剑南，赂山南西道节度使张献诚以求旰，献诚使旰移疾自解，诣武。武以为汉州刺史[③]，使将兵击吐蕃于西山，连拔其数城，攘地数百里；武作七宝舆迎旰入成都以宠之。

武薨，行军司马杜济知军府事。都知兵马使郭英干，英乂之弟也，与都虞候郭嘉琳共请英乂为节度使；旰时为西山都知兵马使，与所部共请大将王崇俊为节度使。会朝廷已除英乂，英乂由是衔之，至成都数日，即诬崇俊以罪而诛之。召旰还成都，旰辞以备吐蕃，未可归，英乂愈怒，绝其馈饷以困之。旰转徙入深山，英义自将兵攻之，声言助旰拒守。会大雪，山谷深数尺，士马冻死者甚众，旰出兵击之，英义大败，收余兵，才及千人而还。

英义为政，严暴骄奢，不恤士卒，众心离怨。玄宗之离蜀也，以所居行宫为道士观，仍铸金为真容。英义爱其竹树茂美，奏为军营，因徙去真容，自居之。旰宣言英义反，不然，何以徙真容自居其处！于是帅所部五千余人袭成都。辛巳④，战于城西，英义大败。旰遂入成都，屠英义家。英义单骑奔简州⑤。普州刺史韩澄杀英义，送首于旰。邛州牙将柏茂琳、泸州牙将杨子琳、剑州牙将李昌嶩各举兵讨旰⑥，蜀中大乱。旰，卫州人也。

华原令顾繇上言，元载子伯和等招权受贿，十二月，戊戌，繇坐流锦州。

自安、史之乱，国子监室堂颓坏，军士多借居之。祭酒萧昕上言："学校不可遂废。"

【注释】

①职田：即"职分田"。北魏至明初按官职品级授给官吏作俸禄的公田。太和九年(485)下诏均田，地方官吏亦按级给公田十五顷至六顷不等，为授职田之始。唐除给内外各级官吏永业田外，所给职分田，京官自一品、外官自二品以下至九品给田十二顷至二顷(外官九品为二顷五十亩)。 ②利州：州名。西魏废帝三年(554)以西益州改名，治今四川广元市。隋大业初又改为义城郡。唐武德初复为利州，天宝初改为益昌郡，乾元初仍改为利州。 ③汉州：州名。唐垂拱二年(686)置，治今四川广汉市。天宝初改为德阴郡，乾元初复改为汉州。 ④辛巳：据推算，闰十月没有"辛巳"日。章钰据另一本校"巳"作"亥"。案：作"亥"是。《新唐书·代宗本纪》正作"辛亥"。 ⑤简州：州名。隋仁寿三年(603)置，治所在今四川简阳市西北。大业初废，唐武德初复置。天宝元年(742)改为阳安郡，乾元元年(758)复为简州。 ⑥嶩(náo 挠)：此处为人名用字。

大历元年 春，正月，乙酉，敕复补国子学生。

丙戌，以户部尚书刘晏为都畿、河南、淮南、江南、湖南、荆南、山南东道转运、常平、铸钱、盐铁等使，侍郎第五琦为京畿、关内、河东、剑南、山南西道转运等使，分理天下财赋。

周智光至华州，益骄横，召之，不至，上命杜冕从张献诚于山南以避之；智光遣兵于商山邀之，不获。智光自知罪重，乃聚亡命、无赖子弟，众至数万，纵其剽掠以悦其心，擅留关中所漕米二万斛，藩镇贡献，往往杀其使者而夺之。

二月，丁亥朔，释奠于国子监[①]。命宰相帅常参官、鱼朝恩帅六军诸将往听讲[②]，子弟皆服朱紫为诸生。朝恩既贵显，乃学讲经为文，仅能执笔辨章句，遽自谓才兼文武，人莫敢与之抗。

辛卯，命有司修国子监。

元载专权，恐奏事者攻讦其私，乃请："百官凡论事，皆先白长官，长官白宰相，然后奏闻。"仍以上旨谕百官曰："比日诸司奏事烦多，所言多谗毁，故委长官、宰相先定其可否。"

刑部尚书颜真卿上疏，以为："郎官、御史，陛下之耳目。今使论事者先白宰相，是自掩其耳目也。陛下患群臣之为谗，何不察其言之虚实！若所言果虚宜诛之，果实宜赏之。不务为此，而使天下谓陛下厌听览之烦，托此为辞以塞谏争之路，臣窃为陛下惜之！太宗著《门司式》云：'其无门籍人[③]，有急奏者，皆令门司与仗家引奏，无得关碍。'所以防壅蔽也。天宝以后，李林甫为相，深疾言者，道路以目。上意不下逮，下情不上达，蒙蔽喑呜[④]，卒成幸蜀之祸。陵夷至于今日，其所从来者渐矣。夫人主大开不讳之路，群臣犹莫敢尽言，况令宰相大臣裁而抑之，则陛下所闻见者不过三数人耳。天下之士从此钳口结舌，陛下见无复言者，以为天下无事可论，是林甫复起于今日也！昔林甫虽擅权，群臣有不谘宰相辄奏事者，则托以他事阴中伤之，犹不敢明令百司奏事皆先白宰相也。陛下倘不早寤，渐成孤立，后虽悔之，亦无及矣！"载闻而恨之，奏真卿诽谤；乙未，贬峡州别驾[⑤]。

己亥，命大理少卿杨济修好于吐蕃。

壬子，以杜鸿渐为山南西道、剑南东、西川副元帅，剑南西川节度使，以平蜀乱。

以四镇、北庭行营节度使马璘兼邠宁节度使。璘以段秀实为三使都虞候。卒有能引弓重二百四十斤者，犯盗当死，璘欲生之，秀实曰："将有爱憎而法不一，虽韩、彭不能为理。"璘善其议，竟杀之。璘处事或不中理，秀实力争之。璘有时怒甚，左右战栗，秀实曰："秀实罪若可杀，何以怒为！无罪杀人，恐涉非道。"璘拂衣起，秀实徐步而出；良久，璘置酒召秀实谢之。自是军州事皆咨秀实而后行。璘由是在邠宁，声称殊美。

癸丑，以山南西道节度使张献诚兼剑南东川节度使，邛州刺史柏茂琳为邛南防御使；以崔旰为茂州刺史，充西山防御使。三月，癸未，献诚与旰战于梓州，献诚军败，仅以身免，旌节皆为旰所夺。

【注释】

①释奠：置爵于神前而祭。这里指祭奠孔子。 ②常参官：唐制，在常朝日参见皇帝的高级文官称常参官。 ③门籍：出入宫门的牒籍，即记有官爵、姓名、年龄等内容的通行证。 ④喑（yīn 阴）呜：吞声悲咽。喑，哑，无声。 ⑤峡州：州名，一作硖州。北周以拓州改置，治今湖北宜昌市西北，唐治今宜昌市。隋大业初改为夷陵郡。唐武德二年（619）复为峡州。天宝初又改为夷陵郡，乾元初复为峡州。

夏，五月，河西节度使杨休明徙镇沙州。

秋，八月，国子监成；丁亥，释奠。鱼朝恩执《易》升高座，讲"鼎覆𫗧"以讥宰相①。王缙怒，元载怡然。朝恩谓人曰："怒者常情，笑者不可测也。"

杜鸿渐至蜀境，闻张献诚败而惧，使人先达意于崔旰，许以万全。旰卑辞重赂以迎之，鸿渐喜；进至成都，见旰，但接以温恭，无一言责其干纪，州府事悉以委旰。又数荐之于朝，因请以节制让旰，以柏茂琳、杨子琳、李昌巎各为本州刺史。上不得已从之。壬寅，以旰为成都尹、西川节度行军司马。

甲辰，以鱼朝恩行内侍监、判国子监事。中书舍人京兆常衮上言："成均之任②，当用名儒，不宜以宦者领之。"丁未，命宰相以下送朝恩上。

京兆尹黎干自南山引涧水穿漕渠入长安，功竟不成。

冬，十月，乙未，上生日③，诸道节度使献金帛、器服、珍玩、骏马为寿,共直缗钱二十四万。常衮上言,以为:“节度使非能男耕女织,必取之于人。敛怨求媚,不可长也。请却之。”上不听。

京兆尹第五琦什一税法,民苦其重,多流亡。十一月,甲子,日南至,赦,改元,悉停什一税法。

十二月,癸卯,周智光杀陕州监军张志斌。智光素与陕州刺史皇甫温不协,志斌入奏事,智光馆之,志斌责其部下不肃,智光怒曰:“仆固怀恩不反,正由汝辈激之。我亦不反,今日为汝反矣!”叱下斩之,脔食其肉④。朝士举选人,畏智光之暴,多自同州窃过,智光遣将将兵邀之于路,死者甚众。戊申,诏加智光检校左仆射,遣中使余元仙持告身授之。智光慢骂曰:“智光有大功于天下国家,不与平章事而与仆射!且同、华地狭,不足展材,若益以陕、虢、商、鄜、坊五州,庶犹可耳。”因历数大臣过失,且曰:“此去长安百八十里,智光夜眠不敢舒足,恐踏破长安城,至于挟天子令诸侯,惟周智光能之。”元仙股栗。郭子仪屡请讨智光,上不许。

郭子仪以河中军食常乏,乃自耕百亩,将校以是为差,于是士卒皆不劝而耕。是岁,河中野无旷土,军有余粮。

以陇右行军司马陈少游为桂管观察使⑤。少游,博州人也,为吏强敏而好贿,善结权贵,以是得进。既得桂州,恶其道远多瘴疠;宦官董秀掌枢密,少游请岁献五万缗,又纳贿于元载子仲武。内外引荐,数日,改宣歙观察使。

【注释】

①鼎覆餗(sù 速):语出《周易·鼎卦》九四:“鼎折足,覆公餗。”意思是鼎足太轻,不能负重,以致折断,倾覆了王公的美味佳肴。餗,鼎中的食品。此语常用来比喻大臣无能,败坏了军国大事。鱼朝恩正是在这层意义上讽刺当时的宰相无能,败坏了天子的军国大事。 ②成均:古代的大学。后为官设学校的泛称。唐垂拱元年(685),改国子监为成均。 ③上生日:代宗生于开元十四年(726)十月十三日,后把这一天定为“天兴圣节”。 ④脔(luán 峦)食:把肉切成一块一块地吃。 ⑤桂管:唐时桂林地区的代称。武德四年(621),平萧铣,置桂州总管府,管桂、象等九州。后改为都督府。贞观后裁并,置岭南西道,在桂州置桂管经略观察使,管桂、蒙等十五州,一说管十七州。

二年 春，正月，丁巳，密诏郭子仪讨周智光。子仪命大将浑瑊、李怀光军于渭上；智光麾下闻之，皆有离心。己未，智光大将李汉惠自同州帅所部降于子仪。壬戌，贬智光澧州刺史[①]。甲子，华州牙将姚怀、李延俊杀智光，以其首来献。

淮西节度使李忠臣入朝，以收华州为名，帅所部兵大掠，自潼关至赤水二百里间[②]，财畜殆尽，官吏有衣纸或数日不食者。己巳，置潼关镇兵二千人。

壬申，分剑南置东川观察使，镇遂州。

二月，丙戌，郭子仪入朝。上命元载、王缙、鱼朝恩等互置酒于其第，一会之费至十万缗。上礼重子仪，常谓之大臣而不名。

郭暧尝与升平公主争言，暧曰："汝倚乃父为天子邪？我父薄天子不为！"公主恚，奔车奏之。上曰："此非汝所知。彼诚如是，使彼欲为天子，天下岂汝家所有邪？"慰谕令归。子仪闻之，囚暧，入待罪。上曰："鄙谚有之：'不痴不聋，不作家翁[③]。'儿女子闺房之言，何足听也！"子仪归，杖暧数十。

夏，四月，庚子，命宰相、鱼朝恩与吐蕃盟于兴唐寺。

杜鸿渐请入朝奏事，以崔旰知西川留后。六月，甲戌[④]，鸿渐来自成都，广为贡献，因盛陈利害，荐旰才堪寄任；上亦务姑息，乃留鸿渐复知政事。秋，七月，丙寅，以旰为西川节度使，杜济为东川节度使。旰厚敛以赂权贵，元载擢旰弟宽至御史中丞，宽兄审至给事中。

丁卯，鱼朝恩奏以先所赐庄为章敬寺，以资章敬太后冥福[⑤]，于是穷壮极丽，尽都市之财不足用[⑥]，奏毁曲江及华清宫馆以给之，费逾万亿。卫州进士高郢上书，略曰："先太后圣德，不必以一寺增辉；国家永图，无宁以百姓为本。舍人就寺，何福之为！"又曰："无寺犹可，无人其可乎！"又曰："陛下当卑宫室，以夏禹为法，而崇塔庙踵梁武之风乎！"又上书，略曰："古之明王积善以致福，不费财以求福；修德以消祸，不劳人以禳祸。今兴造急促，昼夜不息，力不逮者随以榜笞，愁痛之声盈于道路，以此望福，臣恐不然。"又曰："陛下回正道于内心，求微助于外物，徇左右之过计，伤皇王之大猷，臣窃为陛下惜之！"皆寝不报。

始，上好祠祀，未甚重佛。元载、王缙、杜鸿渐为相，三人皆好佛；缙尤甚，不食荤血，与鸿渐造寺无穷。上尝问以："佛言报应，果为有无？"载等奏以："国家运祚灵长，非宿植福业，何以致之！福业已定，虽时有小灾，终不能为害，所以安、史悖逆方炽而皆有子祸⑦；仆固怀恩称兵内侮，出门病死；回纥、吐蕃大举深入，不战而退：此皆非人力所及，岂得言无报应也！"上由是深信之，常于禁中饭僧百余人；有寇至则令僧讲《仁王经》以禳之，寇去则厚加赏赐。胡僧不空，官至卿监，爵为国公，出入禁闼，势移权贵⑧，京畿良田美利多归僧寺。敕天下无得棰曳僧尼。造金阁寺于五台山，铸铜涂金为瓦，所费巨亿；缙给中书符牒，令五台僧数十人散之四方，求利以营之。载等每侍上从容，多谈佛事，由是中外臣民承流相化，皆废人事而奉佛，政刑日紊矣。

【注释】

①澧（lǐ里）州：州名。隋初改松州置，治今湖南澧县东南，唐移治今澧县。　②赤水：水名。即今陕西华县西渭河支流赤水。　③家（gū姑）翁：即阿公、阿婆，谓家长，"家"通"姑"。　④甲戌：据推算，六月没有"甲戌"这一天。考《旧唐书·代宗本纪》作"戊戌"，疑《通鉴》有误。　⑤章敬太后：即代宗的母亲吴后，死后赠谥号为章敬。　⑥都市之财：胡注云："'财'当作'材'。"　⑦皆有子祸：指安禄山、史思明分别被他们的儿子安庆绪、史朝义所杀。　⑧胡僧不空句：不空（705—774），意译"不空金刚"的略称，音译"阿目佉跋折罗"。唐代僧人，为中国佛经四大译师之一，密宗创始人之一。原籍北天竺（印度），一说师子国（今斯里兰卡）。十五岁出家，师事金刚智，随同来洛阳。二十岁在洛阳广福寺受具足戒，参与译场，传五部密法。常随金刚智往返东西两京。代宗永泰元年（765），译《仁王护国般若波罗蜜多经》（简称《仁王经》）及《大乘密严经》；代宗为作经序，并赐号"大广智三藏"。生前曾加封"开府仪同三司""肃国公"。死后谥"大辩正广智不空三藏和尚"。

八月，庚辰，凤翔等道节度使、左仆射、平章事李抱玉入朝，固让仆射，言情确至，上许之；癸丑①，又让凤翔节度使，不许。

丁西，杜鸿渐饭千僧，以使蜀无恙故也。

九月，吐蕃众数万围灵州，游骑至潘原、宜禄[2]；诏郭子仪自河中帅甲士三万镇泾阳，京师戒严。甲子，子仪移镇奉天。

山獠陷桂州，逐刺史李良。

冬，十月，戊寅，朔方节度使路嗣恭破吐蕃于灵州城下，斩首二千余级；吐蕃引去。

十二月，庚辰，盗发郭子仪父冢，捕之，不获。人以为鱼朝恩素恶子仪，疑其使之。子仪自奉天入朝，朝廷忧其为变；子仪见上，上语及之，子仪流涕曰："臣久将兵，不能禁暴，军士多发人冢，今日及此，乃天谴，非人事也。"朝廷乃安。

是岁，复以镇西为安西。

新罗王宪英卒，子乾运立。

三年　春，正月，乙丑，上幸章敬寺，度僧尼千人[3]。

赠建宁王倓为齐王。

二月，癸巳，商州兵马使刘洽杀防御使殷仲卿，寻讨平之。

甲午，郭子仪禁无故军中走马。南阳夫人乳母之子犯禁[4]，都虞候杖杀之。诸子泣诉子仪，且言都虞候之横，子仪叱遣之。明日，以事语僚佐而叹息曰："子仪诸子，皆奴材也。不赏父之都虞候而惜母之乳母子，非奴材而何！"

庚子，以后宫独孤氏为贵妃。

三月，乙巳朔，日有食之。

夏，四月，戊寅，山南西道节度使张献诚，以疾举从父弟右羽林将军献恭自代，上许之。

壬寅，西川节度使崔旰入朝。

初，上遣中使征李泌于衡山，既至，复赐金紫，为之作书院于蓬莱殿侧，上时衣汗衫、蹑屦过之，自给、舍以上及方镇除拜、军国大事，皆与之议[5]。又使鱼朝恩于白花屯为泌作外院，使与亲旧相见。

上欲以泌为门下侍郎、同平章事，泌固辞。上曰："机务之烦，不得晨夕相见，诚不若且居密近，何必署敕然后为宰相邪！"后因端午，王、公、妃、主各献服玩，上谓泌曰："先生何独无所献？"对曰："臣居禁中，自巾至履皆陛下所赐，所余惟一身耳，何以为献！"

上曰："朕所求正在此耳。"泌曰："臣身非陛下有，谁则有之？"上曰："先帝欲以宰相屈卿而不能得，自今既献其身，当惟朕所为，不为卿有矣！"泌曰："陛下欲使臣何为？"上曰："朕欲卿食酒肉，有室家，受禄位，为俗人。"泌泣曰："臣绝粒二十余年，陛下何必使臣隳其志乎！"上曰："泣复何益！卿在九重之中，欲何之？"乃命中使为泌葬二亲，又为泌娶卢氏女为妻，资费皆出县官。赐第于光福坊，令泌数日宿第中，数日宿蓬莱院。

上与泌语及齐王倓，欲厚加褒赠，泌请用岐、薛故事赠太子⑥，上泣曰："吾弟首建灵武之议，成中兴之业，岐、薛岂有此功乎！竭诚忠孝，乃为谗人所害。向使尚存，朕必以为太弟。今当崇以帝号，成吾夙志。"乙卯制，追谥倓曰承天皇帝；庚申，葬顺陵。

【注释】

①癸丑：据推算，八月没有"癸丑"这一天。考《新唐书》《旧唐书》中《代宗本纪》及《李抱玉传》都无此事确切日期的记载，疑《通鉴》有误。　②潘原：县名。唐天宝元年（742）以阴槃县改名，治所在今甘肃平凉市东泾水南岸，后废。贞元十年（794）复置，移治泾水北。　③度僧尼：佛教用语。举行一定的仪式使俗人出家为僧人、尼姑。度是使人"离俗""出入生死"的意思。如剃发出家名剃度。　④南阳夫人：郭子仪的妻子被封为南阳夫人。　⑤给、舍：即给事中，中书舍人，这两个官职在唐代都属正五品官。　⑥岐、薛故事：岐，是岐王李范，薛，是薛王李业，两人与唐玄宗是兄弟。唐玄宗是睿宗的第三个儿子，李范、李业分别是睿宗的第四个儿子和第五个儿子。他俩曾在先天年间跟随玄宗讨伐萧至忠等人。李范死于开元十四年（726），死后册封追赠为惠文太子。李业死于开元二十二年（734），死后册封追赠为惠宣太子。李泌引用岐王、薛王的故事，是想为追赠褒奖代宗的弟弟齐王李倓寻找先例和根据。

崔旰之入朝也，以弟宽为留后，泸州刺史杨子琳帅精骑数千乘虚突入成都；朝廷闻之，加旰检校工部尚书，赐名宁，遣还镇。

六月，壬辰，幽州兵马使朱希彩、经略副使昌平朱泚①、泚弟滔共杀节度使李怀仙，希彩自称留后。闰月，成德军节度使李宝臣遣将将兵讨希彩，为希彩所败；朝廷不得已宥之。庚申，以王缙领卢龙节度使；丁卯，以希彩领幽州留后。

崔宽与杨子琳战，数不利，秋，七月，崔宁妾任氏出家财数十万，募兵得数千人，帅以击子琳，破之；子琳走。

乙亥，王缙如幽州，朱希彩盛兵严备以逆之。缙晏然而行，希彩迎谒甚恭。缙度终不可制，劳军，旬余日而还。

回纥可敦卒，庚辰，以右散骑常侍萧昕为吊祭使。回纥庭诘昕曰："我于唐有大功，唐奈何失信，市我马，不时归其直？"昕曰："回纥之功，唐已报之矣。仆固怀恩之叛，回纥助之，与吐蕃连兵入寇，逼我郊畿。及怀恩死，吐蕃走，然后回纥惧而请和，我唐不忘前功，加惠而纵之。不然，匹马不归矣。乃回纥负约，岂唐失信邪！"回纥惭，厚礼而归之。

丙戌，内出盂兰盆赐章敬寺②。设七庙神座③，书尊号于幡上④，百官迎谒于光顺门。自是岁以为常。

八月，壬戌，吐蕃十万众寇灵武。丁卯，吐蕃尚赞摩二万众寇邠州，京师戒严；邠宁节度使马璘击破之。

庚午，河东节度使、同平章事辛云京薨，以王缙领河东节度使，余如故。

九月，壬申，命郭子仪将兵五万屯奉天以备吐蕃。

丁丑，济王环薨。

壬午，朔方骑将白元光击吐蕃，破之。壬辰，元光又破吐蕃二万众于灵武。凤翔节度使李抱玉使右军都将临洮李晟将兵五千击吐蕃，晟曰："以力则五千不足用；以谋则太多。"乃将千人出大震关；至临洮，屠吐蕃定秦堡⑤，焚其积聚，虏堡帅慕容谷种而还。吐蕃闻之，释灵州之围而去。戊戌，京师解严。

【注释】

①昌平：县名。西汉置，治所在今北京市昌平区东南。 ②盂兰盆：盂兰，梵语为乌蓝婆拏，意译为"救倒悬"。盆为食器。谓置百味瓜果于盂兰盆中，供养众佛僧，仰佛僧的恩光，以解脱饿鬼倒悬之苦。据《盂兰盆经》记载，释迦弟子目连，看到死去的母亲在地狱受苦，如处倒悬，求佛救度。释迦要他在七月十五日即僧众安居终了之日，备百味饮食，供养十方僧众，可使母解脱。佛教据此神话把每年夏历七月十五日定为"盂

兰盆节”或“盂兰盆会”。　③七庙:历代帝王为进行宗法统治,设七庙供奉七代祖先。唐代宗在这里所设置的七庙神座,当是指唐高祖到唐德宗的七代祖先。　④幡(fān 番):长方而下垂的旗帜。也为旌旗的总称。　⑤定秦堡:地名。确址待考,疑在今甘肃临潭县一带。

颍州刺史李岵以事忤滑亳节度使令狐彰,彰使节度判官姚奭按行颍州,因代岵领州事,且曰:“岵不受代,即杀之。”岵知之,因激怒将士,使杀奭,与奭同死者百余人。岵走依河南节度使田神功于汴州。冬,十月,乙巳,彰表言其状。岵亦上表自理。上命给事中贺若察往按之。

丁卯,郭子仪自奉天入朝。

十一月,丁亥,以幽州留后朱希彩为节度使。

郭子仪还河中。元载以吐蕃连岁入寇,马璘以四镇兵屯邠宁,力不能拒,而郭子仪以朔方重兵镇河中,深居腹中无事之地,乃与子仪及诸将议,徙璘镇泾州,而使子仪以朔方兵镇邠州,曰:“若以边土荒残,军费不给,则以内地租税及运金帛以助之。”诸将皆以为然。十二月,己酉,徙马璘为泾原节度使,以邠、宁、庆三州隶朔方。璘先往城泾州,以都虞候段秀实知邠州留后。

初,四镇、北庭兵远赴中原之难,久羁旅,数迁徙,四镇历汴、虢、凤翔,北庭历怀、绛、鄜然后至邠,颇积劳弊。及徙泾州,众皆怨诽。刀斧兵马使王童之谋作乱,期以辛酉旦警严而发[①]。前夕,有告之者;秀实阳召掌漏者,怒之,以其失节,令每更来白,辄延之数刻,遂四更而曙,童之不果发。秀实欲讨之而乱迹未露,恐军中疑其冤。告者又云:“今夕欲焚马坊草,因救火谋作乱。”中夕,火果起,秀实命军中行者皆止,坐者勿起,各整部伍,严守要害。童之白请救火,不许。及旦,捕童之及其党八人,皆斩之。下令曰:“后徙者族,流言者刑!”遂徙于泾。

癸亥,西川破吐蕃万余众。

平卢行军司马许杲将卒三千人驻濠州不去[②],有窥淮南意,淮南节度使崔圆令副使元城张万福摄濠州刺史[③];杲闻,即提卒去,止当涂[④]。是岁,上召万福,以为和州刺史、行营防御使,讨杲。万福至州，杲惧，移军上元[5]，又北至楚州大掠[6]，淮南节度使韦元甫命万福追讨之；未至淮阴，杲为其将康自劝所逐。自劝拥兵继掠，循淮而东，万福倍道追而杀之，免者什二三。元甫将厚赏将士，万福曰："官健常虚费衣粮[7]，无所事。今方立小功，不足过赏，请用三分之一。"

【注释】

①旦警严：天快亮时击报警之鼓以警觉众人。 ②濠州：州名。隋开皇二年(582)改西楚州置，治今安徽凤阳县临淮关西。大业初改为钟离郡。唐武德三年(620)复为濠州，天宝初改为钟离郡，乾元初复为濠州。 ③元城：县名。西汉置。治所在今河北大名县东。 ④当涂：县名。东晋咸康末侨置，后分于湖县地为实土，治所在今安徽南陵县东南。隋开皇九年(589)移治姑熟，即今安徽当涂县。 ⑤上元：县名。唐上元二年(761)以江宁县改名，1912年和江宁县合并置江宁县。治所即今江苏南京市江宁区。 ⑥楚州：州名。隋开皇十二年(592)置，治所在今江苏淮安市。大业初废。唐武德八年(625)又改东楚州为楚州，天宝元年(742)改为淮阴郡，乾元元年(758)复名楚州。 ⑦官健：唐初府兵制，士兵自备武器资粮，后逐渐改为官府供给，故称官健。胡注："官所养健儿。"案：健儿是唐代士兵名目之一。

四年 春，正月，丙子，郭子仪入朝，鱼朝恩邀之游章敬寺。元载恐其相结，密使子仪军吏告子仪曰："朝恩谋不利于公。"子仪不听。吏亦告诸将，将士请衷甲以从者三百人[1]。子仪曰："我，国之大臣，彼无天子之命，安敢害我！若受命而来，汝曹欲何为！"乃从家僮数人而往。朝恩迎之，惊其从者之约。子仪以所闻告，且曰："恐烦公经营耳。"朝恩抚膺捧手流涕曰："非公长者，能无疑乎！"

壬午，流李岵于夷州。

乙酉，郭子仪还河中。

辛卯，赐李岵死。

二月，壬寅，以京兆之好畤、凤翔之麟游、普润隶神策军，从鱼朝恩之请也。

杨子琳既败还泸州，招聚亡命，得数千人，沿江东下，声言入朝；涪州守捉使王守仙伏兵黄草峡[2]，子琳悉擒之，击守仙于忠州，守仙仅以身免。子琳遂杀夔州别驾张忠，据其城。荆南节度使卫伯玉欲结以为援，以夔州许之，为之请于朝。阳曲人刘昌裔说子琳遣使诣阙请罪，子琳从[3]之。乙巳，以子琳为峡州团练使。

初，仆固怀恩死，上怜其有功，置其女宫中，养以为女。回纥请以为可敦，夏，五月，辛卯，册为崇徽公主，嫁回纥可汗。壬辰，遣兵部侍郎李涵送之。涵奏祠部郎中虞乡董晋为判官[4]。六月，丁酉，公主辞行，至回纥牙帐。回纥来言曰："唐约我为市，马既入，而归我贿不足，我于使人乎取之。"涵惧，不敢对，视晋，晋曰："吾非无马而与尔为市，为尔赐不既多乎！尔之马岁至，吾数皮而归资。边吏请致诘也，天子念尔有劳，故下诏禁侵犯。诸戎畏我大国之尔与也，莫敢校焉。尔之父子宁而畜马蕃者，非我谁使之！"于是其众皆环晋拜。既又相帅南面序拜，皆举两手曰："不敢有意大国[5]。"

戊申，王缙表让副元帅、都统、行营使。

辛酉，郭子仪自河中迁于邠州，其精兵皆自随，余兵使裨将将之，分守河中、灵州。军士久家河中，颇不乐徙，往往自邠逃归；行军司马严郢领留府，悉捕得，诛其渠帅，众心乃定。

秋，九月，吐蕃寇灵州；丁丑，朔方留后常谦光击破之。

河东兵马使王无纵、张奉璋等恃功骄蹇，以王缙书生，易之，多违约束。缙受诏发兵诣盐州防秋，遣无纵、奉璋将步骑三千赴之。奉璋逗留不进，无纵托他事擅入太原城；缙悉擒斩之，并其党七人，诸将悍戾者殆尽，军府始安。

冬，十月，常谦光奏吐蕃寇鸣沙，首尾四十里。郭子仪遣兵马使浑瑊将锐兵五千救灵州，子仪自将进至庆州，闻吐蕃退，乃还。

黄门侍郎、同平章事杜鸿渐以疾辞位，壬申，许之；乙亥，薨。鸿渐病甚，令僧削发，遗令为塔以葬。

丙子，以左仆射裴冕同平章事。初，元载为新平尉[6]，冕尝荐之，故载举以为相，亦利其老病易制。受命之际，蹈舞仆地，载趋而扶之，代为谢词。十二月，戊戌，冕薨。

【注释】

①衷甲：内披衣甲。 ②黄草峡：地名。一名黄葛峡。在今重庆市涪陵区西长江岸。 ③阳曲：县名。西汉置。治今山西定襄县东南侍阳。东汉末移治今山西太原市北阳曲县。隋开皇初改为阳直县。唐武德七年(624)又改汾阳县为阳曲县，治所在今阳曲县。 ④虞乡：县名。北周以绥化县改名，治所在今山西永济市东北南故城。隋大业九年(613)移治今山西运城市盐湖区解州镇。唐武德元年(618)改名解县，另置虞乡县于今永济市东虞乡。 ⑤大国：指唐朝。 ⑥新平：县名。隋开皇四年(584)置，治所即今陕西彬县。唐代为邠州治所。

五年 春，正月，己巳，羌酋白对蓬等各帅部落内属。

观军容宣慰处置使、左监门卫大将军兼神策军使、内侍监鱼朝恩，专典禁兵，宠任无比，上常与议军国事，势倾朝野。朝恩好于广座恣谈时政，陵侮宰相，元载虽强辩，亦拱默不敢应。

神策都虞候刘希暹，都知兵马使王驾鹤，皆有宠于朝恩；希暹说朝恩于北军置狱，使坊市恶少年罗告富室，诬以罪恶，捕系地牢，讯掠取服，籍没其家资入军，并分赏告捕者；地在禁密，人莫敢言。朝恩每奏事，以必允为期；朝廷政事有不豫者，辄怒曰："天下事有不由我者邪！"上闻之，由是不怿。

朝恩养子令徽尚幼，为内给使[①]，衣绿[②]，与同列忿争，归告朝恩。朝恩明日见上曰："臣子官卑，为侪辈所陵，乞赐之紫衣[③]。"上未应，有司已执紫衣于前，令徽服之，拜谢。上强笑曰："儿服紫，大宜称。"心愈不平。

元载测知上指，乘间奏朝恩专恣不轨，请除之；上亦知天下共怨怒，遂令载为方略。朝恩每入殿，常使射生将周皓将百人自卫，又使其党陕州节度使皇甫温握兵于外以为援；载皆以重赂结之，故朝恩阴谋密语，上一一闻之，而朝恩不之觉也。

辛卯，载为上谋，徙李抱玉为山南西道节度使，以温为凤翔节度使，外重其权，实内温以自助也。载又请割郿、虢、宝鸡、鄠、盩厔隶抱玉，兴平、武功、天兴、扶风隶神策军[④]，朝恩喜于得地，殊不以载为虞，骄横如故。

壬辰，加河南尹张延赏为东京留守；罢河南等道副元帅，以其兵属留守。延赏，嘉贞之子也。

二月，戊戌，李抱玉徙镇盩厔，军士愤怒，大掠凤翔坊市，数日乃定。

刘希暹颇觉上意异，以告鱼朝恩，朝恩始疑惧。然上每见之，恩礼益隆，朝恩亦以此自安。皇甫温至京师，元载留之未遣，因与温及周皓密谋诛朝恩。既定计，载白上。上曰："善图之，勿反受祸！"

三月，癸酉，寒食[⑤]，上置酒宴贵近于禁中，载守中书省。宴罢，朝恩将还营，上留之议事，因责其异图。朝恩自辩，语颇悖慢，皓与左右擒而缢杀之，外无知者。上下诏，罢朝恩观军容等使，内侍监如故。诈云"朝恩受诏乃自缢"，以尸还其家，赐钱六百万以葬。

丁丑，加刘希暹、王驾鹤御史中丞，以慰安北军之心。丙戌，赦京畿系囚，命尽释朝恩党与，且曰："北军将士，皆朕爪牙，并宜仍旧。朕今亲御禁旅，勿有忧惧。"

己丑，罢度支使及关内等道转运、常平、盐铁使，其度支事委宰相领之。

敕皇甫温还镇于陕。

【注释】

①内给使：官名，属内侍省。没有官品，掌管宫内各门物品的进出。　②衣绿：按照唐贞观年间的规定，六品、七品官员服色为绿色，即"衣绿"或"服绿"。　③紫衣：按照唐代品官章服的规定，三品以上的官员才能服紫衣。　④兴平：县名。唐至德二载（757）以金城县改名，治所即今陕西兴平市。　⑤寒食：节令名。在农历清明前一日或二日。相传春秋时晋国介子推辅佐重耳（晋文公）回国后，隐于山中，重耳烧山逼他出来，介子推抱树而死。晋文公为悼念他，在介子推死日这一天禁止生火煮食，只吃冷食。以后相沿成俗，形成寒食节，在这一天禁火。

元载既诛鱼朝恩，上宠任益厚，载遂志气骄溢；每众中大言，自谓有文武才略，古今莫及，弄权舞智，政以贿成，僭侈无度。吏部侍郎杨绾，典选平允，性介直，不附载；岭南节度使徐浩，贪而佞，倾南方珍货以赂载。载以绾为国子祭酒，引浩代之。浩，越州人也。载有丈人自宣州来[①]，从载求官，载度其人不足任事，但赠河北一书而遣之。丈人不悦，行至幽州，私发书视之，书无一言，惟署名而已。丈人大怒，不得已试谒院僚[②]，判官闻有载书，大惊，立白节度使，遣大校以箱受书，馆之上舍，留宴数日，辞去，赠绢千匹。其威权动人如此。

夏，四月，庚子，湖南兵马使臧玠杀观察使崔灌；澧州刺史杨子琳起兵讨之，取赂而还。

泾原节度使马璘屡诉本镇荒残，无以赡军，上讽李抱玉以郑、颍二州让之；乙巳，以璘兼郑颍节度使。

庚申，王缙自太原入朝。

癸未，以左羽林大将军辛京杲为湖南观察使。

荆南节度使卫伯玉遭母丧，六月，戊戌，以殿中监王昂代之。伯玉讽大将杨钵等拒昂留己；甲寅，诏起复伯玉镇荆南如故。

秋，七月，京畿饥，米斗千钱。

刘希暹内常自疑[③]，有不逊语，王驾鹤以闻。九月，辛未，赐希暹死。

吐蕃寇永寿。

冬，十一月，郭子仪入朝。

上悉知元载所为，以其任政日久，欲全始终，因独见，深戒之；载犹不悛，上由是稍恶之。

载以李泌有宠于上，忌之，言："泌常与亲故宴于北军，与鱼朝恩亲善，宜知其谋。"上曰："北军，泌之故吏也，故朕使之就见亲故。朝恩之诛，泌亦预谋，卿勿以为疑。"载与其党攻之不已；会江西观察使魏少游求参佐，上谓泌曰："元载不容卿，朕今匿卿于魏少游所，俟朕决意除载，当有信报卿，可束装来。"乃以泌为江西判官[④]，且属少游使善待之。

【注释】

①丈人：老人、长辈的通称。　②院僚：指节度使院的僚属。　③刘希暹内常自疑：指刘希暹依附鱼朝恩，成为其党羽，鱼朝恩死后，他内心

里常常感到疑虑不安，担心自己也有危险。 ④江西判官：这里指的是江西观察判官。

六年 春，二月，壬寅，河西、陇右、山南西道副元帅兼泽潞、山南西道节度使李抱玉上言："凡所掌之兵，当自训练。今自河、陇达于扶、文[①]，绵亘二千余里，抚御至难。若吐蕃道岷、陇俱下，臣保固汧、陇则不救梁、岷，进兵扶、文则寇逼关辅[②]，首尾不赡，进退无从。愿更择能臣，委以山南，使臣得专备陇坻[③]。"诏许之。

郭子仪还邠州。

岭南蛮酋梁崇牵自称平南十道大都统，据容州[④]，与西原蛮张侯、夏永等连兵攻陷城邑，前容管经略使元结等皆寄治苍梧。经略使王翃至藤州[⑤]，以私财募兵，不数月，斩贼帅欧阳珪，驰诣广州，见节度使李勉，请兵以复容州；勉以为难，翃曰："大夫如未暇出兵，但乞移牒诸州，扬言出千兵为援，冀藉声势，亦可成功。"勉从之。翃乃与义州刺史陈仁璀、藤州刺史李晓庭等结盟讨贼[⑥]。翃募得三千余人，破贼数万众；攻容州，拔之，擒梁崇牵，前后大小百余战，尽复容州故地。分命诸将袭西原蛮，复郁林等诸州。

先是，番禺贼帅冯崇道，桂州叛将朱济时，皆据险为乱，陷十余州，官军讨之，连年不克；李勉遣其将李观与翃并力攻讨，悉斩之，三月，五岭皆平。

河北旱，米斗千钱。

夏，四月，己未，澧州刺史杨子琳入朝，上优接之，赐名猷。

庚申，以典内董秀为内常侍[⑦]。

吐蕃请和；庚辰，遣兼御史大夫吴损使于吐蕃。

成都司录李少良上书言元载奸赃阴事，上置少良于客省。少良以上语告友人韦颂，殿中侍御史陆珽以告载，载奏之。上怒，下少良、颂、珽御史台狱。御史奏少良、颂、珽凶险比周，离间君臣，五月，戊申，敕付京兆，皆杖死。

秋，七月，丙午，元载奏，凡别敕除文、武六品以下官，乞令吏部、兵部无得检勘，从之。时载所奏拟多不遵法度，恐为有司所驳故也。

八月，丁卯，淮西节度使李忠臣将兵二千屯奉天防秋。

上益厌元载所为，思得士大夫之不阿附者为腹心，渐收载权。丙子，内出制书，以浙西观察使李栖筠为御史大夫，宰相不知，载由是稍绌。

九月，吐蕃下青石岭[8]，军于那城[9]；郭子仪使人谕之，明日，引退。

是岁，以尚书右丞韩滉为户部侍郎、判度支。自兵兴以来，所在赋敛无度，仓库出入无法，国用虚耗。滉为人廉勤，精于簿领，作赋敛出入之法，御下严急，吏不敢欺；亦值连岁丰穰，边境无寇，自是仓库蓄积始充。滉，休之子也[10]。

【注释】

①扶、文：即扶州、文州，州名。扶州，隋开皇七年（587）以邓州改名，治今四川九寨沟县东北。大业初改为同昌郡。唐复改扶州，后废。文州，西魏置，治所在今甘肃文县西白龙江南岸。隋大业初废。唐初复置，天宝初改为阴平郡，乾元元年（758）复改文州，建中三年（782）与曲水县同移治今文县。 ②关辅：即关中与三辅的合称。相当今陕西关中地区。 ③陇坻（dǐ底）：地名。一名陇坂、陇山、陇首。在今陕西陇县、宝鸡市与甘肃清水县、张家川回族自治县之间。北入沙漠，南止渭河，为关中平原西部屏障。 ④容州：州名。唐贞观八年（634）以铜州改名，治今广西北流市。天宝初改为普宁郡，乾元元年（758）复为容州，元和中移治今广西容县。 ⑤藤州：州名。隋开皇中以石州改名，治今广西藤县东北、北流江东岸。 ⑥义州：州名。唐贞观二年（628）以南义州改名，治今广西岑溪市东。天宝初改为连城郡，乾元元年（758）复名义州，治所在今广西岑溪市西南渡。 ⑦内常侍：官名。隋唐设置，属内侍省，为宦官所任之官，掌管宫廷事务。 ⑧青石岭：地名。又名青石岸、青石原。在今甘肃泾川县西北。 ⑨那城：城名。在今宁夏固原市东南。 ⑩休：即韩休，开元年间的宰相，处理政事，有耿直的声望。参看《旧唐书》卷九十八、《新唐书》卷一百二十六“韩休”本传。

七年　春，正月，甲辰，回纥使者擅出鸿胪寺[1]，掠人子女；所司禁之，殴击所司，以三百骑犯金光、朱雀门[2]。是日，宫门皆闭，上遣中使刘清潭谕之，乃止。

三月，郭子仪入朝；丙午，还邠州。

夏，四月，吐蕃五千骑至灵州，寻退。

五月，乙未，赦天下。

秋，七月，癸巳，回纥又擅出鸿胪寺，逐长安令邵说至含光门街，夺其马；说乘他马而去，弗敢争。

卢龙节度使朱希彩既得位，悖慢朝廷，残虐将卒；孔目官李怀瑗因众怒，伺间杀之。众未知所从；经略副使朱泚营于城北，其弟滔将牙内兵，潜使百余人于众中大言曰："节度使非朱副使不可。"众皆从之。泚遂权知留后，遣使言状。冬，十月，辛未，以泚为检校左常侍、幽州、卢龙节度使。

十二月，辛未，置永平军于滑州。

八年 春，正月，昭义节度使、相州刺史薛嵩薨。子平，年十二，将士胁以为帅，平伪许之；既而让其叔父崿，夜奉父丧，逃归乡里。壬午，制以崿知留后。

二月，壬申，永平节度使令狐彰薨。彰承滑、亳离乱之后，治军劝农，府廪充实。时藩镇率皆跋扈，独彰贡赋未尝阙；岁遣兵三千诣京西防秋，自赍粮食，道路供馈皆不受，所过秋豪不犯。疾亟，召掌书记高阳齐映，与谋后事，映劝彰请代人，遣子归私第；彰从之，遗表称："昔鱼朝恩破史朝义，欲掠滑州，臣不听，由是有隙。及朝恩诛，值臣寝疾，以是未得入朝，生死愧负。臣今必不起，仓库畜牧，先已封籍，军中将士，州县官吏，按堵待命[3]。伏见吏部尚书刘晏、工部尚书李勉可委大事，愿速以代臣。臣男建等，今勒归东都私第。"彰薨，将士欲立建，建誓死不从，举家西归。三月，丙子，以李勉为永平节度使。

吏部侍郎徐浩、薛邕，皆元载、王缙之党；浩妾弟侯莫陈忿为美原尉[4]，浩属京兆尹杜济虚以知驿奏优，又属邕拟长安尉。忿参台，御史大夫李栖筠劾奏其状，敕礼部侍郎万年于邵等按之。邵奏邕罪在赦前，应原除[5]，上怒。夏，五月，乙酉，贬浩明州别驾[6]，邕歙州刺史；丙戌，贬济杭州刺史，邵桂州长史，朝廷稍肃。

辛卯，郑王邈薨，赠昭靖太子。

回纥自乾元以来，岁求和市，每一马易四十缣[7]，动至数万匹，马皆驽瘠无用；朝廷苦之，所市多不能尽其数，回纥待遣、继至者常不绝于鸿胪。至是，上欲悦其意，命尽市之。秋，七月，辛丑，回纥辞归，载赐遗及马价，共用车千余乘。

八月，己未，吐蕃六万骑寇灵武，践秋稼而去。

辛未，幽州节度使朱泚遣弟滔将五千精骑诣泾州防秋。自安禄山反，幽州兵未常为用，滔至，上大喜，劳赐甚厚。

壬申，回纥复遣使者赤心以马万匹来求互市。

【注释】

①鸿胪寺：官署名。掌宾客往来及朝贺庆吊等礼仪事务，下属典客、司仪二署。唐鸿胪寺位于长安皇城南面朱雀门之西。 ②金光、朱雀门：唐长安外郭城西面有三个门，其中中门是金光门。唐长安皇城南面有三个门，其中正南门是朱雀门，东门是安上门，西门是含光门。 ③按堵：安居，安定。同“安堵”。 ④怤（fū 敷）。美原：县名。唐咸亨二年（671）置，治今陕西富平县东北美原镇。 ⑤原除：免罪。 ⑥明州：州名。唐贞观二十一年（647）置，辖地约当今贵州贞丰县、册亨县东北部、罗甸县西南部一带。后废。 ⑦缣：双丝织的微带黄色的细绢。汉以后，多用作赏赠酬谢之物，或用作货币。唐制布帛四丈为匹，也谓匹为缣。

九月，壬午，循州刺史哥舒晃杀岭南节度史吕崇贲，据岭南反。

癸未，晋州男子郇模[①]，以麻辫发，持竹筐苇席，哭于东市。人问其故，对曰：“愿献三十字，一字为一事；若言无所取，请以席裹尸，贮筐中，弃于野。”京兆以闻。上召见，赐新衣，馆于客省[②]。其言“团”者，请罢诸州团练使也；“监”者，请罢诸道监军使也。

魏博节度使田承嗣为安、史父子立祠堂，谓之四圣，且求为相；上令内侍孙知古因奉使讽令毁之。冬，十月，甲辰，加承嗣同平章事以褒之。

灵州破吐蕃万余众。吐蕃众十万寇泾、邠，郭子仪遣朔方兵马使浑瑊将步骑五千拒之。庚申，战于宜禄。瑊登黄菼原望虏[③]，命据险布拒马以备其驰突。宿将史抗、温儒雅等意轻瑊，不用其命；瑊召使击虏，则已醉矣；见拒马，曰："野战，乌用此为！"命撤之。叱骑兵冲虏阵，不能入而返；虏蹑而乘之，官军大败，士卒死者什七八，居民为吐蕃所掠千余人。

甲子，马璘与吐蕃战于盐仓[4]，又败。璘为虏所隔，逮暮未还，泾原兵马使焦令谌等与败卒争门而入。或劝行军司马段秀实乘城拒守[5]，秀实曰："大帅未知所在，当前击虏，岂得苟自全乎！"召令谌等让之曰："军法，失大将，麾下皆死。诸君忘其死邪！"令谌等惶惧拜请命。秀实乃发城中兵未战者悉出，陈于东原，且收散兵，为将力战状。吐蕃畏之，稍却。既夜，璘乃得还。

郭子仪召诸将谋曰："败军之罪在我，不在诸将。然朔方兵精闻天下，今为虏败，何策可以雪耻？"莫对。浑瑊曰："败军之将，不当复预议。然愿一言今日之事，惟理瑊罪，不则再见任。"子仪赦其罪，使将兵趣朝那。虏既破官军，欲掠汧、陇。盐州刺史李国臣曰："虏乘胜必犯郊畿，我掎其后，虏必返顾。"乃引兵趣秦原[6]，鸣鼓而西。虏闻之，至百城，返，浑瑊邀之于隘，尽复得其所掠；马璘亦出精兵袭虏辎重于潘原，杀数千人，虏遂遁去。

己丑，以江西观察使路嗣恭讨哥舒晃。

初，元载尝为西州刺史，知河西、陇右山川形势。是时，吐蕃数为寇，载言于上曰："四镇、北庭既治泾州，无险要可守。陇山高峻，南连秦岭，北抵大河。今国家西境尽潘原，而吐蕃戍摧沙堡，原州居其中间[7]，当陇山之口，其西皆监牧故地，草肥水美，平凉在其[8]东，独耕一县，可给军食，故垒尚存，吐蕃弃而不居。每岁盛夏，吐蕃畜牧青海，去塞甚远，若乘间筑之，二旬可毕。移京西军戍原州，移郭子仪军戍泾州，为之根本，分兵守石门、木峡[9]，渐开陇右，进达安西，据吐蕃腹心，则朝廷可高枕矣。"并图地形献之，密遣人出陇山商度功用。会汴宋节度使田神功入朝，上问之，对曰："行军料敌，宿将所难，陛下奈何用一书生语，欲举国从之乎！"载寻得罪，事遂寝。

有司以回纥赤心马多，请市千匹。郭子仪以为如此，逆其意太甚，自请输一岁俸为国市之。上不许。十一月，戊子，命市六千匹。

【注释】

①郇(xún 旬,又读 huán 环):姓氏。　②客省:唐朝廷招待四方上奏论事等候答复的官员、宾客、使者等人员的处所。当时在古银台门设置客省,里面经常住有好几百人。　③黄菩(bèi 倍)原:地名。唐宜禄县地,在今陕西长武县北。　④盐仓:地名。在今甘肃泾川县西北。　⑤乘城:登上城墙。　⑥秦原:地名。在今甘肃清水县东。　⑦原州:州名。北魏正光五年(524)改高平镇置,治今宁夏固原市。隋大业初废为平凉郡。唐初复改为原州。天宝元年(742)改平凉郡,乾元元年(758)改为原州,贞元十九年(803)移治今甘肃平凉市。以后治所又多有改变。　⑧平凉:县名。北周以平凉城置,治所即今甘肃平凉市。隋移治今平凉市西泾河北。唐开元五年(717)移治今平凉市,后废。　⑨石门、木峡:关名。唐原州七关中的两个关。石门关,在今宁夏固原市西北。木峡关,在今宁夏固原市西南。

资治通鉴卷第二百二十五

唐纪四十一　起阏逢摄提格，尽屠维协洽七月，凡五年有奇。

代宗睿文孝武皇帝中之下

大历九年　春，正月，壬寅，田神功薨于京师。

澧朗镇遏使杨猷自澧州沿江而下，擅出境至鄂州，诏听入朝。猷遂溯汉江而上，复州、郢州皆闭城自守[①]，山南东道节度使梁崇义发兵备之。

二月，辛未，徐州军乱，刺史梁乘逾城走。

谏议大夫吴损使吐蕃，留之累年，竟病死虏中。

庚辰，汴宋兵防秋者千五百人，盗库财溃归，田神功薨故也。己丑，以神功弟神玉知汴宋留后。

癸巳，郭子仪入朝，上言："朔方，国之北门，中间战士耗散，什才有一。今吐蕃兼河、陇之地，杂羌、浑之众，势强十倍。愿更于诸道各发精卒，成四、五万人，则制胜之道必矣。"

三月，戊申，以皇女永乐公主许妻魏博节度使田承嗣之子华。上意欲固结其心，而承嗣益骄慢。

以澧朗镇遏使杨猷为洮州刺史、陇右节度兵马使。

夏，四月，甲申，郭子仪辞还邠州，复为上言边事，至涕泗交流。

壬辰，赦天下。

五月，丙午，杨猷自澧州入朝。

泾原节度使马璘入朝，讽将士为己表求平章事。丙寅，以璘为左仆射。

六月，卢龙节度使朱泚遣弟滔奉表请入朝，且请自将步骑五千防秋；上许之，仍为之先筑大第于京师以待之。

癸未，兴善寺胡僧不空卒，赠开府仪同三司、司空，赐爵肃国公，谥曰大辩正广智不空三藏和尚。

京师旱，京兆尹黎干作土龙祈雨，自与巫觋更舞。弥月不雨，又祷于文宣王。上闻之，命撤土龙，减膳节用。秋，七月，戊午，雨。

朱泚入朝，至蔚州[②]，有疾，诸将请还，俟间而行。泚曰："死则舆尸而前！"诸将不敢复言。九月，庚子，至京师，士民观者如堵[③]。辛丑，宴泚及将士于延英殿，犒赏之盛，近时未有。

壬寅，回纥擅出鸿胪寺，白昼杀人，有司擒之；上释不问。

甲辰，命郭子仪、李抱玉、马璘、朱泚分统诸道防秋之兵。

冬，十月，壬申，信王瑝薨。乙亥，梁王璿薨[④]。

魏博节度使田承嗣诱昭义将吏使作乱。

【注释】

①复州、郢州：州名。复州，北周置，治今湖北仙桃市西南旧沔阳城。唐宝应初迁治今湖北天门市。郢州，西魏置，北周改为石城郡，唐复置，治今湖北钟祥市。案，复州、郢州都在汉水之滨。　②蔚州：州名。北魏以怀荒、御夷二镇（分别在今河北张北县与赤城县北）置，后移治今山西平遥县西北。隋大业初废。唐武德六年（623）复置，寄治今山西太原市北阳曲镇，次年移治今山西繁峙县西，以后治所又有变化，到开元初移治今河北蔚县。　③"士民观者如堵"句：自从安、史之乱以后，河北地区的军队主帅，都拥兵不来朝见皇上。这次卢龙节度使朱泚来京城朝见皇上，京城的士人和百姓都认为是国家的一件喜事，所以出现围观的盛况。　④信王、梁王：即李瑝、李璿，两人都是唐玄宗的儿子。

十年　春，正月，丁酉，昭义兵马使裴志清逐留后薛崿，帅其众归承嗣。承嗣声言救援，引兵袭相州，取之。崿奔洺州[①]，上表请入朝，许之。

辛丑，郭子仪入朝。

壬寅，寿王瑁薨[②]。

乙巳，朱泚表请留阙下，以弟滔知幽州、卢龙留后，许之。

昭义裨将薛择为相州刺史，薛雄为卫州刺史，薛坚为洺州刺史，皆薛嵩之族也。戊申，上命内侍魏知古如魏州谕田承嗣，使各守封疆；承嗣不奉诏，癸丑，遣大将卢子期取洺州，杨光朝攻卫州。

乙卯，西川节度使崔宁奏破吐蕃数万于西山，斩首万级，捕虏数千人。

丙辰，诏："诸道兵有逃亡者，非承制敕，无得辄召募。"

二月，乙丑，田承嗣诱卫州刺史薛雄，雄不从，使盗杀之，屠其家，尽据相、卫四州之地，自置长吏，掠其精兵良马，悉归魏州；逼魏知古与共巡磁、相二州，使其将士割耳剺面，请承嗣为帅。

辛未，立皇子述为睦王，逾为郴王，连为恩王，遘为鄘王，迅为随王，造为忻王，暹为韶王，运为嘉王，遇为端王，遹为循王，通为恭王，达为原王，逸为雅王[③]。

丙子，以华州刺史李承昭知昭义留后。

河阳三城使常休明，苛刻少恩。其军士防秋者归，休明出城劳之，防秋兵与城内兵合谋攻之，休明奔东都；军士奉兵马使王惟恭为帅，大掠，数日乃定。上命监军冉庭兰慰抚之。

三月，甲午，陕州军乱，逐兵马使赵令珍。观察使李国清不能禁，卑辞，遍拜将士，乃得脱去。军士大掠库物。会淮西节度使李忠臣入朝，过陕，上命忠臣按之；将士畏忠臣兵威，不敢动。忠臣设棘围，令军士匿名投库物，一日，获万缗，尽以给其从兵为赏。

乙巳，薛崿、常休明皆诣阙请罪，上释不问。

初，成德节度使李宝臣、淄青节度使李正己，皆为田承嗣所轻。宝臣弟宝正娶承嗣女，在魏州，与承嗣子维击球，马惊，误触维死；承嗣怒，囚宝正，以告宝臣。宝臣谢教敕不谨，封杖授承嗣，使挞之；承嗣遂杖杀宝正，由是两镇交恶。及承嗣拒命，宝臣、正己皆上表请讨之，上亦欲因其隙讨承嗣。夏，四月，乙未[④]，敕贬承嗣为永州刺史[⑤]，仍命河东、成德、幽州、淄青、淮西、永平、汴宋、河阳、泽潞诸道发兵前临魏博，若承嗣尚或稽违，即令进讨；罪止承嗣及其侄悦，自余将士弟侄苟能自拔，一切不问。

时朱滔方恭顺，与宝臣及河东节度使薛兼训攻其北，正己与淮西节度使李忠臣等攻其南。五月，乙未，承嗣将霍荣国以磁州降[6]。丁未，李正己攻德州，拔之。李忠臣统永平、河阳、怀、泽步骑四万进攻卫州。六月，辛未，田承嗣遣其将裴志清等攻冀州，志清以其众降李宝臣。甲戌，承嗣自将围冀州，宝臣使高阳军使张孝忠将精骑四千御之，宝臣大军继至；承嗣烧辎重而遁。孝忠，本奚也。

田承嗣以诸道兵四合，部将多叛而惧，秋，八月，遣使奉表，请束身归朝。

【注释】

①洺州：州名。北周置，治今河北邯郸市永年区东南。隋大业初改为武安郡。唐武德初复为洺州，天宝初改为广平郡，乾元初复为州。②寿王：即李瑁，唐玄宗的儿子。 ③立皇子述为睦王等：各位皇子都是用州名来作为所封的王国名。 ④乙未：据推算，四月没有"乙未"这一天。考《旧唐书·代宗本纪》，"乙未"作"乙丑"，可从。 ⑤永州：州名。隋开皇九年(589)置，治所在今湖南永州市零陵区。 ⑥磁州：州名。隋开皇十年(590)置，治今河北磁县。

辛巳，郭子仪还邠州。子仪尝奏除州县官一人，不报，僚佐相谓曰："以令公勋德，奏一属吏而不从，何宰相之不知体！"子仪闻之，谓僚佐曰："自兵兴以来，方镇武臣多跋扈，凡有所求，朝廷常委曲从之；此无他，乃疑之也。今子仪所奏事，人主以其不可行而置之，是不以武臣相待而亲厚之也；诸君可贺矣，又何怪焉！"闻者皆服。

己丑，田承嗣遣其将卢子期寇磁州。

九月，戊申，回纥白昼刺市人肠出，有司执之，系万年狱；其酋长赤心驰入县狱，斫伤狱吏，劫囚而去。上亦不问。

壬子，吐蕃寇临泾[1]，癸丑，寇陇州及普润，大掠人畜而去；百官往往遣家属出城窜匿。丙辰，凤翔节度使李抱玉奏破吐蕃于义宁[2]。

李宝臣、正己会于枣强[3]，进围贝州，田承嗣出兵救之。两军各飨士卒，成德赏厚，平卢赏薄；既罢，平卢士卒有怨言，正己恐其为变，引兵退，宝臣亦退。李忠臣闻之，释卫州，南渡河，屯阳武[4]。宝臣与朱滔攻沧州，承嗣从父弟庭玠守之；宝臣不能克。

吐蕃寇泾州，泾原节度使马璘破之于百里城[5]。戊午，命卢龙节度使朱泚出镇奉天行营。

冬，十月，辛酉朔，日有食之。

卢子期攻磁州，城几陷；李宝臣与昭义留后李承昭共救之，大破子期于清水，擒子期送京师；斩之。河南诸将又大破田悦于陈留；田承嗣惧。

初，李正己遣使至魏州，承嗣囚之，至是，礼而遣之，遣使尽籍境内户口、甲兵、谷帛之数以与之，曰："承嗣今年八十有六[6]，溘死无日，诸子不肖，悦亦孱弱，凡今日所有，为公守耳，岂足以辱公之师旅乎！"立使者于庭，南向，拜而授书；又图正己之像，焚香事之。正己悦，遂按兵不进。于是河南诸道兵皆不敢进。承嗣既无南顾之虞，得专意北方。

上嘉李宝臣之功，遣中使马承倩赍诏劳之；将还，宝臣诣其馆，遗之百缣，承倩诟詈，掷出道中，宝臣惭其左右。兵马使王武俊说宝臣曰："今公在军中新立功，竖子尚尔，况寇平之后，以一幅诏书召归阙下，一匹夫耳，不如释承嗣，以为己资。"宝臣遂有玩寇之志。

承嗣知范阳宝臣乡里，心常欲之，因刻石作谶云："二帝同功势万全，将田为侣入幽燕。"密令瘗宝臣境内，使望气者言彼有王气，宝臣掘而得之。又令客说之曰："公与朱滔共取沧州，得之，则地归国，非公所有。公能舍承嗣之罪，请以沧州归公，仍愿从公取范阳以自效。公以精骑前驱，承嗣以步卒继之，蔑不克矣。"宝臣喜，谓事合符谶，遂与承嗣通谋，密图范阳，承嗣亦陈兵境上。

宝臣谓滔使者曰："闻朱公仪貌如神，愿得画像观之。"滔与之。宝臣置于射堂，与诸将共观之，曰："真神人也！"滔军于瓦桥[7]，宝臣选精骑二千，通夜驰三百里袭之，戒曰："取貌如射堂者。"时两军方睦，滔不虞有变，狼狈出战而败，会衣他服得免。宝臣欲乘胜取范阳，滔使雄武军使昌平刘怦守留府。宝臣知有备，不敢进。

承嗣闻幽、恒兵交，即引军南还，使谓宝臣曰："河内有警，不暇从公，石上谶文，吾戏为之耳！"宝臣惭怒而退。宝臣既与朱滔有隙，以张孝忠为易州刺史，使将精骑七千以备之。

丙寅，贵妃独孤氏薨，丁卯，追谥贞懿皇后。

十一月，丁酉，田承嗣将吴希光以瀛州降。

岭南节度使路嗣恭擢流人孟瑶、敬冕为将，讨哥舒晃。瑶以大军当其冲，冕自间道轻入，丁未，克广州，斩哥舒晃及其党万余人。

嗣恭之讨晃也，容管经略使王翃遣将将兵助之；西原贼帅覃问乘虚袭容州，翃伏兵击擒之。

十二月，回纥千骑寇夏州，州将梁荣宗破之于乌水[8]。郭子仪遣兵三千救夏州，回纥遁去。

元载、王缙奏魏州盐贵，请禁盐入其境以困之。上不许，曰："承嗣负朕，百姓何罪！"

田承嗣请入朝，李正己屡为之上表，乞许其自新。

【注释】

①临泾：县名。隋大业十年(614)改湫谷县置，治今甘肃镇原县。②义宁：军号名。大历八年(773)在陇州华亭县(治今甘肃华亭县)设置义宁军。 ③枣强：县名。西汉置，治所即今河北枣强县东南东故县。隋移治今枣强县东前旧县村。 ④阳武：县名。秦置，治所在今河南原阳县东南。唐武德四年(621)移治今原阳县。 ⑤百里城：地名。即今甘肃灵台县西南百里乡。 ⑥年八十有六：案《通鉴考异》指出，田承嗣死的时候只有七十五岁，这里自称八十六岁，是欺骗李正己。 ⑦瓦桥：关名。唐置，即今河北雄县。 ⑧乌水：水名。即今内蒙古乌审旗南无定河支流纳林河。

十一年 春，正月，壬辰，遣谏议大夫杜亚使魏州宣慰。

辛亥，西川节度使崔宁奏破吐蕃四节度及突厥、吐谷浑、氐、羌群蛮众二十余万，斩首万余级。

二月，庚辰，田承嗣复遣使上表，请入朝。上乃下诏，赦承嗣罪，复其官爵，听与家属入朝，其所部拒朝命者，一切不问。

辛巳，增朔方五城戍兵[①]，以备回纥。

三月，戊子，河阳军乱，逐监军冉庭兰出城，大掠三日。庭兰成备而入，诛乱者数十人，乃定。

五月，汴宋留后田神玉卒。都虞候李灵曜杀兵马使、濮州刺史孟鉴，北结田承嗣为援。癸巳，以永平节度使李勉兼汴、宋等八州留后。乙未，以灵曜为濮州刺史，灵曜不受诏。六月，戊午，以灵曜为汴宋留后，遣使宣慰。

秋，九月[②]，田承嗣遣兵寇滑州，败李勉。

吐蕃寇石门，入长泽川[③]。

八月，丙寅，加卢龙节度使朱泚同平章事。

李灵曜既为留后，益骄慢，悉以其党为管内八州刺史、县令，欲效河北诸镇。甲申，诏淮西节度使李忠臣、永平节度使李勉、河阳三城使马燧讨之。淮南节度使陈少游、淄青节度使李正己皆进兵击灵曜。

汴宋兵马使、摄节度副使李僧惠，灵曜之谋主也。宋州牙门将刘昌遣僧神表潜说僧惠；僧惠召问计，昌为之泣陈逆顺。僧惠乃与汴宋牙将高凭、石隐金遣神表奉表诣京师，请讨灵曜。九月，壬戌，以僧惠为宋州刺史，凭为曹州刺史，隐金为郓州刺史。

乙丑，李忠臣、马燧军于郑州，灵曜引兵逆战；两军不意其至，退军荥泽[④]，淮西军士溃去者什五六。郑州士民皆惊，走入东都。忠臣将归淮西，燧固执不可，曰："以顺讨逆，何忧不克，奈何自弃功名！"坚壁不动。忠臣闻之，稍收散卒，数日皆集，军势复振。

戊辰，李正己奏克郓、濮二州。壬申，李僧惠败灵曜兵于雍丘。冬，十月，李忠臣、马燧进击灵曜，忠臣行汴南，燧行汴北，屡破灵曜兵；壬寅，与陈少游前军合，与灵曜大战于汴州城西，灵曜败，入城固守。癸卯，忠臣等围之。

【注释】

①五城：指丰安、定远、新昌、丰宁、保宁。 ②九月：据章钰校，"九"为"七"之误。考《旧唐书·代宗本纪》，正作"七月"。 ③长泽

川:地名。在今宁夏固原市西。 ④荥泽:县名。隋仁寿元年(601)改广武县置,治所在今河南郑州市西北古荥镇北。

田承嗣遣田悦将兵救灵曜,败永平、淄青兵于匡城[①],乘胜进军汴州,营于城北数里。丙午,忠臣遣裨将李重倩将轻骑数百夜入其营,纵横贯穿,斩数十人而还,营中大骇;忠臣、燧因以大军乘之,鼓噪而入,悦众不战而溃。悦脱身北走,将士死者相枕藉,不可胜数。灵曜闻之,开门夜遁,汴州平。重倩,本奚也。丁未,灵曜至韦城[②],永平将杜如江擒之。

燧知忠臣暴戾,以己功让之,不入汴城,引军西屯板桥。忠臣入城,果专其功;宋州刺史李僧惠与之争功,忠臣因会击杀之;又欲杀刘昌,昌遁逃得免。

甲寅,李勉械送李灵曜至京师;斩之。

十二月,丁亥,李正己、李宝臣并加同平章事。

泾原节度使马璘疾亟,以行军司马段秀实知节度使,付以后事。秀实严兵以备非常,丙申,璘薨,军中奔哭者数千人。喧咽门屏,秀实悉不听入。命押牙马頔治丧事于内[③],李汉惠接宾客于外,妻妾子孙位于堂,宗族位于庭,将佐位于前,牙士卒哭于营伍,百姓各守其家。有离立偶语于衢路,辄执而囚之;非护丧从行者无得远送。致祭拜哭,皆有仪节,送丧近远,皆有定处,违者以军法从事。都虞候史廷干、兵马使崔珍、十将张景华谋因丧作乱,秀实知之,奏廷干入宿卫,徙珍屯灵台[④],补景华外职,不戮一人,军府晏然。

璘家富有无算,治第京师,甲于勋贵,中堂费二十万缗,他室所减无几,其子孙无行,家资寻尽。

戊戌,昭义节度使李承昭表称疾笃;以泽潞行军司马李抱真兼知磁、邢两州留后。

庚戌,加淮西节度使李忠臣同平章事,仍领汴州刺史,治汴州。

【注释】

①匡城:县名。隋开皇十六年(596)置,治所在今河南长垣县西

南。 ②韦城:县名。隋开皇十六年(596)分白马县置,治所在今河南滑县东南。 ③頔(dí 笛):此处为人名用字。 ④灵台:县名。唐天宝元年(742)以鹑觚县改名,治所即今甘肃灵台县。

十二年 春,三月,乙卯,兵部尚书、同平章事、凤翔·怀泽潞·秦陇节度使李抱玉薨,弟抱真仍领怀泽潞留后。

癸亥,以河东行军司马鲍防为河东节度使。防,襄州人也。

田承嗣竟不入朝,又助李灵曜,上复命讨之。承嗣乃复上表谢罪。上亦无如之何,庚午,悉复承嗣官爵,仍令不必入朝。

中书侍郎、同平章事元载专横,黄门侍郎、同平章事王缙附之,二人俱贪。载妻王氏及子伯和、仲武,缙弟、妹及尼出入者[1],争纳贿赂。又以政事委群吏,士之求进者,不结其子弟及主书卓英倩等,无由自达。上含容累年,载、缙不悛。

上欲诛之,恐左右漏泄,无可与言者,独与左金吾大将军吴凑谋之。凑,上之舅也[2]。会有告载、缙夜醮图为不轨者[3],庚辰,上御延英殿,命凑收载、缙于政事堂,又收仲武及卓英倩等系狱。命吏部尚书刘晏与御史大夫李涵等同鞫之,问端皆出禁中[4],仍遣中使诘以阴事,载、缙皆伏罪。是日,先杖杀左卫将军、知内侍省事董秀于禁中,乃赐载自尽于万年县。载请主者:"愿得快死!"主者曰:"相公须受少污辱,勿怪!"乃脱秽袜塞其口而杀之。王缙初亦赐自尽,刘晏谓李涵等曰:"故事,重刑覆奏,况大臣乎!且法有首从,宜更禀进止。"涵等从之。上乃贬缙栝州刺史[5]。载妻王氏,忠嗣之女也,及子伯和、仲武、季能皆伏诛。有司籍载家财,胡椒至八百石,他物称是。

夏,四月,壬午,以太常卿杨绾为中书侍郎,礼部侍郎常衮为门下侍郎,并同平章事。绾性清简简素,制下之日,朝野相贺。郭子仪方宴客,闻之,减坐中声乐五分之四。京兆尹黎干,驺从甚盛,即日省之,止存十骑。中丞崔宽,第舍宏侈,亟毁撤之。

癸未,贬吏部侍郎杨炎、谏议大夫韩洄、包佶、起居舍人韩会等,皆载党也。炎,凤翔人。载常引有文学才望者一人亲厚之,异日欲以代己,故炎及于贬。洄,滉之弟。会,南阳人也。上初欲尽诛炎等，吴凑谏救百端，始贬官。

丁酉，吐蕃寇黎、雅州[⑥]；西川节度使崔宁击破之。

【注释】

①载妻王氏：元载的妻子王氏，是王忠嗣的女儿。 ②凑：吴凑，是章敬皇后的弟弟。 ③醮（jiào 叫）：祭祀，也指道士设坛祈祷。 ④问端：也作“问头”，对罪犯的起诉文书。 ⑤栝（guā 刮，又读 kuò 扩）州：州名，也作“括州”。隋开皇十二年（592）以处州改名，治今浙江丽水市东南七里。大业初改为永嘉郡。唐武德初复为括州，天宝初又改为缙云郡，乾元元年（758）复为括州，大历十四年（779）仍改名处州。 ⑥黎、雅州：州名。黎州，北周天和三年（568）置，治所在今四川汉源县北清溪镇东北。隋废。武周大足元年（701）复置。雅州，隋仁寿四年（604）置，治今四川雅安市西。大业三年（607）改为临邛郡。唐武德初复为雅州，天宝初改为卢山郡，乾元元年（758）仍改为雅州。

元载以仕进者多乐京师，恶其逼己，乃制俸禄，厚外官而薄京官，京官不能自给，常从外官乞贷。杨绾、常衮奏京官俸太薄；己酉，诏加京官俸，岁约十五万六千余缗。

五月，辛亥，诏自都团练使外，悉罢诸州团练守捉使。又令诸使非军事要急，无得擅召刺史及停其职务，差人权摄。又定诸州兵，皆有常数，其召募给家粮、春冬衣者，谓之“官健”；差点土人[①]，春夏归农、秋冬追集、给身粮酱菜者，谓之“团结”。自兵兴以来，州县官俸给不一，重以元载、王缙随情徇私，刺史月给或至千缗、或数十缗，至是，始定节度使以下至主簿、尉俸禄，掊多益寡[②]，上下有叙，法制粗立。

庚午，上遣中使发元载祖父墓，斫棺弃尸，毁其家庙，焚其木主[③]。戊寅，卓英倩等皆杖死。英倩之用事也，弟英璘横于乡里。及英倩下狱，英璘遂据险作乱；上发禁兵讨之，乙巳，金州刺史孙道平击擒之。

上方倚杨绾，使厘革弊政，会绾有疾，秋，七月，己巳，薨。上痛悼之甚，谓群臣曰：“天不欲朕致太平，何夺朕杨绾之速！”

八月，癸未，赐东川节度使鲜于叔明姓李氏。

元载、王缙之为相也，上日赐以内厨御馔，可食十人，遂为故事。癸卯，常衮与朱泚上言："餐钱已多，乞停赐馔。"许之。衮又欲辞堂封[4]，同列不可而止。时人讥衮，以为："朝廷厚禄，所以养贤，不能，当辞位，不当辞禄。"

臣光曰：君子耻食浮于人；衮之辞禄，廉耻存焉，与夫固位贪禄者，不犹愈乎！诗云："彼君子兮，不素餐兮[5]！"如衮者，亦未可以深讥也。

杨绾、常衮荐湖州刺史颜真卿，上即日召还；甲辰，以为刑部尚书。绾、衮又荐淮南判官汲人关播，擢为都官员外郎。

九月，辛酉，以四镇、北庭行营兼泾原、郑颍节度副使段秀实为节度使。秀实军令简约，有威惠，奉身清俭，室无姬妾，非公会，未尝饮酒听乐。

吐蕃八万众军于原州北长泽监[6]，己巳，破方渠[7]，入拔谷；郭子仪使裨将李怀光救之，吐蕃退。庚午，吐蕃寇坊州。

冬，十月，乙酉，西川节度使崔宁奏大破吐蕃于望汉城。

【注释】

①土人：土著人，当地人。　②掊（pǒu 犃）：破，剖，引申为减，减少。　③木主：为死者立的木制牌位。即神主。　④堂封：宰相的封邑。　⑤彼君子兮，不素餐兮：语出《诗经·魏风·伐檀》。意为那些贵族老爷们，光吃饭不干活。"素餐"（白吃饭）后来演变为成语"尸位素餐"，指空占职位不做事。司马光在这里引《诗经》中的这两句诗是讽刺那些"固位贪禄者"，替常衮辩护。　⑥长泽监：唐代曾在长泽川设置马监，故名长泽监。　⑦方渠：县名。唐景龙元年（707）置，治所即今甘肃环县。

先是，秋霖，河中府池盐多败[1]。户部侍郎判度支韩滉恐盐户减税，丁亥，奏雨虽多，不害盐，仍有瑞盐生。上疑其不然，遣谏议大夫义兴蒋镇往视之。

吐蕃寇盐、夏州，又寇长武[2]；郭子仪遣将拒却之。

以永平军押牙匡城刘洽为宋州刺史。仍以宋、泗二州隶永平军。

京兆尹黎干奏秋霖损稼，韩滉奏干不实；上命御史按视，丁未，还奏："所损凡三万余顷。"渭南令刘澡阿附度支[③]，称县境苗独不损；御史赵计奏与澡同。上曰："霖雨溥博，岂得渭南独无！"更命御史朱敖视之，损三千余顷。上叹息久之，曰："县令，字人之官[④]，不损犹应言损，乃不仁如是乎！"贬澡南浦尉[⑤]，计澧州司户，而不问滉。

十一月，壬子，山南西道节度使张献恭奏破吐蕃万余众于岷州。

丙辰，蒋镇还，奏言"瑞盐实如韩滉所言"，仍上表贺，请宣付史臣，锡以嘉名。上从之，赐号宝应灵庆池。时人丑之。

十二月，丙戌，朱泚自泾州还京师。

丁亥，崔宁奏破吐蕃十余万众，斩首八千余级。

庚子，以朱泚兼陇右节度使，知河西、泽潞行营。

平卢节度使李正己先有淄、青、齐、海、登、莱、沂、密、德、棣十州之地，及李灵曜之乱，诸道合兵攻之，所得之地，各为己有，正己又得曹、濮、徐、兖、郓五州，因自青州徙治郓州，使其子前淄州刺史纳守青州。正己用刑严峻，所在不敢偶语；然法令齐一，赋均而轻，拥兵十万，雄据东方，邻藩皆畏之。是时田承嗣据魏、博、相、卫、洺、贝、澶七州[⑥]，李宝臣据恒、易、赵、定、深、冀、沧七州，各拥众五万；梁崇义据襄、邓、均、房、复、郢六州，有众二万；相与根据蟠结，虽奉事朝廷而不用其法令，官爵、甲兵、租赋、刑杀皆自专之，上宽仁，一听其所为。朝廷或完一城，增一兵，辄有怨言，以为猜贰，常为之罢役；而自于境内筑垒、缮兵无虚日。以是虽在中国名藩臣，而实如蛮貊异域焉。

【注释】

①池盐：以池水提炼制成的盐。山西、陕西、甘肃等地都产池盐。其中最著名的产地是山西解县（今属运城市），解县在唐代属河中府管辖。　②长武：城名。隋开皇中筑，在今陕西长武县西北泾河南岸。唐于此置兵戍守。　③渭南：县名。十六国前秦置，治所在今陕西渭南市北。后废。西魏废帝二年（553）另改南新丰县为渭南县，治所在今渭南市东南。隋开皇十四年（594）移治今址。度支：指韩滉。　④字：抚

养。 ⑤南浦:县名。三国蜀汉建兴八年(230)以羊渠县改名,治所即今重庆市万州区。 ⑥澶(chán 馋)州:州名。唐武德四年(621)分黎、魏等州置,因古大泽澶渊得名,治所在今河南清丰县西。

十三年 春,正月,辛酉,敕毁白渠支流碾硙以溉田[①]。升平公主有二硙,入见于上,请存之。上曰:"吾欲以利苍生,汝识吾意,当为众先。"公主即日毁之。

戊辰,回纥寇太原,河东押牙泗水李自良曰:"回纥精锐远来求斗,难与争锋;不如筑二垒于归路,以兵戍之。虏至,坚壁勿与战,彼师老自归,乃出军乘之。二垒抗其前,大军蹙其后,无不捷矣。"留后鲍防不从,遣大将焦伯瑜等逆战;癸酉,遇虏于阳曲,大败而还,死者万余人。回纥纵兵大掠。二月,代州都督张光晟击破之于羊武谷[②],乃引去。上亦不问回纥入寇之故,待之如初。

己亥,吐蕃遣其将马重英帅众四万寇灵州,夺填汉、御史、尚书三渠水口以弊屯田。

三月,甲戌,回纥使还,过河中,朔方军士掠其辎重,因大掠坊市。

夏,四月,甲辰,吐蕃寇灵州,朔方留后常谦光击破之。

六月,戊戌,陇右节度使朱泚献猫鼠同乳不相害者以为瑞;常衮帅百官称贺。中书舍人崔祐甫独不贺,曰:"物反常为妖。猫捕鼠,乃其职也,今同乳,妖也。何乃贺为!宜戒法吏之不察奸、边吏之不御寇者,以承天意。"上嘉之。祐甫,沔之子也[③]。秋,七月,以祐甫知吏部选事。祐甫数以公事与常衮争,由是恶之。

戊午,郭子仪奏以回纥犹在塞上,边人恐惧,请遣邠州刺史浑瑊将兵镇振武军,从之。回纥始去。

辛未,吐蕃将马重英二万众寇盐、庆二州,郭子仪遣朔方都虞候李怀光击却之。

八月,乙亥,成德节度使李宝臣请复姓张,许之[④]。

吐蕃二万众寇银、麟州[⑤],略党项杂畜,郭子仪遣李怀光击破之。

【注释】

①碾硙（wèi 位）：利用水力，使水磨的机械装置自然转动，可以作灌溉及粮食加工之用。硙，本义为磨，石磨。据唐人杜佑在大历年间开始撰写的《通典·食货》二《水利田》记载："往日郑白渠溉田四万余顷，今为富商大贾竞造碾硙，堰遏费水，渠流梗涩。"所以，唐代宗为了有利农田灌溉，敕令毁掉白渠支流的碾硙。 ②羊武谷：地名。在今山西原平市西北。 ③沔：即崔沔，开元年间有名的大臣。 ④李宝臣请复姓张：案，李宝臣原来的姓名为"张忠志"，肃宗宝应元年（762）十一月，赐姓李，名宝臣。参看《通鉴》卷二百二十二。 ⑤银、麟州：州名。银州，北周置，治今陕西榆林市横山区东党岔。麟州，唐开元十二年（724）置，治今陕西神木市北十里。

上悼念贞懿皇后不已[①]，殡于内殿，累年不忍葬；丁酉，始葬于庄陵[②]。

九月，庚午，吐蕃万骑下青石岭[③]，逼泾州；诏郭子仪、朱泚与段秀实共却之。

冬，十二月，丙戌，以吏部尚书、转运、盐铁等使刘晏为左仆射，知三铨及使职如故[④]。

郭子仪入朝，命判官京兆杜黄裳主留务。李怀光阴谋代子仪，矫为诏书，欲诛大将温儒雅等。黄裳察其诈，以诘怀光；怀光流汗服罪。于是诸将之难制者，黄裳矫子仪之命，皆出之于外，军府乃安。

以给事中杜亚为江西观察使。

上召江西判官李泌入见[⑤]，语以元载事，曰："与卿别八年，乃能诛此贼。赖太子发其阴谋，不然，几不见卿。"对曰："臣昔日固尝言之。陛下知群臣有不善，则去之；含容太过，故至于此。"上曰："事亦应十全，不可轻发。"上因言："朕面属卿于路嗣恭，而嗣恭取载意，奏卿为虔州别驾。嗣恭初平岭南，献琉璃盘，径九寸，朕以为至宝。及破载家，得嗣恭所遗载琉璃盘，径尺。俟其至，当与卿议之。"泌曰："嗣恭为人，小心，善事人，畏权势，精勤吏事而不知大体。昔为县令，有能名[⑥]；陛下未暇知之，而为载所用，故为之尽力。陛下诚知而用之，彼亦为陛下尽力矣。虔州别驾，臣自欲之，非其罪也。且嗣恭新立大功[7]，陛下岂得以一琉璃盘罪之邪！”上意乃解，以嗣恭为兵部尚书。

郭子仪以朔方节度副使张昙性刚率，谓其以武人轻己，衔之；孔目官吴曜为子仪所任，因而构之。子仪怒，诬奏昙扇动军众，诛之。掌书记高郢力争之，子仪不听，奏贬郢猗氏丞。既而僚佐多以病求去，子仪悔之，悉荐之于朝，曰：“吴曜误我。”遂逐之。

常衮言于上曰：“陛下久欲用李泌，昔汉宣帝欲用人为公卿，必先试理人，请且以为刺史，使周知人间利病，俟报政而用之。”

【注释】

①贞懿皇后：即贵妃独孤氏，大历十年（775）去世。　②庄陵：在今陕西三原县。　③青石岭：地名。又名青石岸，青石原。在今甘肃泾川县西北。　④三铨：唐代对文武官吏的选拔、授职、考绩，由吏部尚书、兵部尚书、侍郎分掌其事。尚书一人为尚书铨，掌五品至七品选；侍郎二人，分为中铨东铨，掌八品九品选，合为三铨。其后都有侍郎处理，尚书仅在文书上署名而已。　⑤“上召江西判官李泌入见”句：李泌出任江西判官在大历五年（770），参看《通鉴》卷二百二十五。　⑥“昔为县令有能名”句：路嗣恭始名剑客，在唐玄宗时先后做过几个县的县令，朝廷考核，其政绩在全国最好，唐玄宗认为可嗣汉人鲁恭，因此赐名为嗣恭。　⑦“嗣恭新立大功”句：指路嗣恭在大历十年（775）平定岭南哥舒晃的叛乱所立下的大功劳。

十四年　春，正月，壬戌，以李泌为澧州刺史。

二月，癸未，魏博节度使田承嗣薨。有子十一人，以其侄中军兵马使悦为才，使知军事，而诸子佐之。甲申，以悦为魏博留后。

淮西节度使李忠臣，贪残好色，将吏妻女美者，多逼淫之，悉以军政委妹婿节度副使张惠光。惠光挟势暴横，军州苦之。忠臣复以惠光子为牙将，暴横甚于其父。左厢都虞候李希烈，忠臣之族子也，为众所服。希烈因众心怨怒，三月，丁未，与大将丁暠等杀惠光父子而逐忠臣[1]。忠臣单骑奔京师，上以其有功，使以检校司空、同平章事留京师；以希烈为蔡州刺史、淮西留后。以永平节度使李勉兼汴州刺史，增领汴、颍二州，徙镇汴州。

辛酉，以容管经略使王翃为河中少尹、知府事。河东副元帅留后部将凌正暴横，翃抑之。正与其徒乘夜作乱，翃知之，故缩漏水数刻以差其期[②]，贼惊，溃走，擒正，诛之，军府乃安。

成德节度使张宝臣既请复姓，又不自安，更请赐姓；夏，四月，癸未，复赐姓李。

五月，癸卯，上始有疾，辛酉，制皇太子监国。是夕，上崩于紫宸之内殿，遗诏以郭子仪摄冢宰。癸亥，德宗即位，在谅阴中[③]，动遵礼法；尝召韩王迥食，食马齿羹，不设盐、酪。

常衮性刚急，为政苛细，不合众心。时群臣朝夕临，衮哭委顿，从吏或扶之。中书舍人崔祐甫指以示众曰："臣哭君前，有扶礼乎！"衮闻，益恨之。会议群臣丧服，衮以为："礼，臣为君斩衰三年。汉文权制，犹三十六日。高宗以来，皆遵汉制。及玄宗、肃宗之丧，始服二十七日。今遗诏云，'天下吏人，三日释服。'古者卿大夫从君而服，皇帝二十七日而除，在朝群臣亦当如之。"祐甫以为："遗诏，无朝臣、庶人之别。朝野中外，莫非天下，凡百执事，孰非吏人！皆应释服。"相与力争，声色陵厉。衮不能堪，乃奏祐甫率情变礼，请贬潮州刺史；上以为太重，闰月，壬申，贬祐甫为河南少尹。

初，肃宗之世，天下务殷，宰相常有数人，更直决事，或休沐各归私第，诏直事者代署其名而奏之，自是踵为故事。时郭子仪、朱泚虽以军功为宰相，皆不预朝政，衮独居政事堂，代二人署名奏祐甫。祐甫既贬，二人表言其非罪，上问："卿向言可贬，今云非罪，何也？"二人对，初不知。上初即位，以衮为欺罔，大骇。甲辰[④]，百官衰绖，序立于月华门，有制，贬衮为潮州刺史，以祐甫为门下侍郎、同平章事，闻者震悚。祐甫至昭应而还[⑤]。既而群臣丧服竟用衮议。

【注释】

①丁暠（hào 浩）：人名。"暠"是"皓"的异体字。 ②漏水数刻：古代的计时器，即漏壶，简称漏刻。因漏壶有部件，上刻符号表时间，昼夜百刻，故称漏刻。 ③谅阴（liáng ān 凉安）：亦作"谅闇""梁闇""亮

阴”。指帝王居丧。也以指高级官吏居丧。一说“谅阴”是凶庐,即守丧之处。 ④甲辰:按《二十史朔闰表》推算,闰五月没有“甲辰”这一天。考《旧唐书》《新唐书》中《德宗本纪》,“甲辰”作“甲戌”。 ⑤昭应:县名。唐天宝七年(748)以会昌县改名,治所即今陕西西安市临潼区。

上时居谅阴,庶政皆委于祐甫,所言无不允。初,至德以后,天下用兵,诸将竞论功赏,故官爵不能无滥。及永泰以来,天下稍平,而元载、王缙秉政,四方以贿求官者相属于门,大者出于载、缙,小者出于卓英倩等,皆如所欲而去。及常衮为相,思革其弊,杜绝侥幸,四方奏请,一切不与;而无所甄别,贤愚同滞。崔祐甫代之,欲收时望,推荐引拔,常无虚日;作相未二百日,除官八百人,前后相矫,终不得其适。上尝谓祐甫曰:“人或谤卿,所用多涉亲故,何也?”对曰:“臣为陛下选择百官,不敢不详慎。苟平生未之识,何以谙其才行而用之。”上以为然。

臣光曰:臣闻用人者,无亲疏、新故之殊,惟贤、不肖之为察。其人未必贤也,以亲故而取之,固非公也;苟贤矣,以亲故而舍之,亦非公也。夫天下之贤,固非一人所能尽也,若必待素识熟其才行而用之,所遗亦多矣。古之为相者则不然,举之以众,取之以公。众曰贤矣,己虽不知其详,姑用之,待其无功,然后退之,有功则进之;所举得其人则赏之,非其人则罚之。进退赏罚,皆众人所共然也,己不置豪发之私于其间。苟推是心以行之,又何遗贤旷官之足病哉①!

诏罢省四方贡献之不急者,又罢梨园使及乐工三百余人,所留者悉隶太常。

郭子仪以司徒、中书令领河中尹、灵州大都督、单于镇北大都护、关内、河东副元帅、朔方节度、关内支度、盐池、六城水运大使、押蕃部并营田及河阳道观察等使,权任既重,功名复大,性宽大,政令颇不肃,代宗欲分其权而难之,久不决。甲申,诏尊子仪为尚父②,加太尉兼中书令,增实封满二千户,月给千五百人粮、二百马食,子弟、诸婿迁官者十余人,所领副元帅诸使悉罢之;以其裨将河东、朔方都虞候李怀光为河中尹、邠、宁、庆、晋、绛、慈、隰节度使,以朔方留后兼灵州长史常谦光为灵州大都督、西受降城、定远、天德、盐、夏、丰等军州节度使,振武军使浑瑊为单于大都护、东、中二受降城、振武、镇北、绥、银、麟、胜等军州节度使,分领其任。

丙戌,诏曰:"泽州刺史李鷃上《庆云图》[③]。朕以时和年丰为嘉祥,以进贤显忠为良瑞,如卿云、灵芝、珍禽、奇兽、怪草、异木,何益于人!布告天下,自今有此,无得上献。"内庄宅使上言诸州有官租万四千余斛,上令分给所在充军储。先是,诸国屡献驯象,凡四十有二,上曰:"象费豢养而违物性,将安用之!"命纵于荆山之阳[④],及豹、貀、斗鸡、猎犬之类[⑤],悉纵之;又出宫女数百人。于是中外皆悦,淄青军士,至投兵相顾曰:"明主出矣,吾属犹反乎!"

【注释】

①旷官:指旷废职守,才不称其任。也指空缺、悬而待补的官位。②尚父:周武王称吕尚为尚父,意为可尊尚的父辈。后世帝王尊礼大臣,也有加"尚父"尊号。 ③庆云:五色云。也作"景云""卿云"。古代以为祥瑞之气。 ④荆山:地名。在今陕西富平县西南。 ⑤貀(nà 纳):兽名。据《尔雅·释兽》及郭璞注得知,这种兽的特点是没有前足,像狗,身上有豹子般的花纹。

戊子,以淮西留后李希烈为节度使。

辛卯,以河阳镇遏使马燧为河东节度使。河东承百井之败[①],骑士单弱,燧悉召牧马厮役,得数千人,教之数月,皆为精骑。造甲必为长短三等,称其所衣,以便进趋。又造战车,行则载兵甲,止则为营陈,或塞险以遏奔冲;器械无不精利。居一年,得选兵三万。辟兖州人张建封为判官,署李自良代州刺史,委任之。

兵部侍郎黎干,狡险谀佞,与宦官特进刘忠翼相亲善。忠翼本名清潭,恃宠贪纵。二人皆为众所恶。时人或言干、忠翼尝劝代宗立独孤贵妃为皇后,妃子韩王迥为太子。上即位,干密乘舋诣忠翼谋事;事觉,丙申,干、忠翼并除名长流,至蓝田,赐死。

以户部侍郎判度支韩滉为太常卿,以吏部尚书刘晏判度支。先是晏、滉分掌天下财赋,晏掌江南、山南、江淮、岭南,滉掌关内、河东、剑南，至是，晏始兼之。上素闻滉掊克过甚[2]，故罢其利权，寻出为晋州刺史。

至德初，第五琦始榷盐以佐军用，及刘晏代之，法益精密。初岁入钱六十万缗，末年所入逾十倍，而人不厌苦。大历末，计一岁所入总一千二百万缗，而盐利居其太半。以盐为漕佣，自江、淮至渭桥，率万斛佣七千缗，自淮以北，列置巡院，择能吏主之，不烦州县而集事。

六月，己亥朔，赦天下。

西川节度使崔宁、永平节度使李勉并同平章事。

诏："天下冤滞，州府不为理，听诣三司使[3]，以中丞、舍人、给事中各一人，日于朝堂受词。推决尚未尽者，听挝登闻鼓[4]。自今无得复奏置寺观及请度僧尼。"于是挝登闻鼓者甚众。右金吾将军裴谞上疏，以为："讼者所争皆细故，若天子一一亲之，则安用吏理乎！"上乃悉归之有司。

制："应山陵制度，务从优厚，当竭帑藏以供其费。"刑部员外郎令狐峘上疏谏，其略曰："臣伏读遗诏，务从俭约，若制度优厚，岂顾命之意邪！"上答诏，略曰："非唯中朕之病，抑亦成朕之美，敢不闻义而徙！"峘，德棻之玄孙也[5]。

庚子，立皇子诵为宣王，谟为舒王，谌为通王，谅为虔王，详为肃王。乙巳，立皇弟迺为益王，傀为蜀王。

丙午，举先天故事，六品以上清望官，虽非供奉、侍卫之官，日令二人更直待制，以备顾问。

庚戌，以朱泚为凤翔尹。

代宗优宠宦官，奉使四方者，不禁其求取。尝遣中使赐妃族，还，问所得颇少，代宗不悦，以为轻我命；妃惧，遽以私物偿之。由是中使公求赂遗，无所忌惮。宰相尝贮钱于阁中，每赐一物，宣一旨，无徒还者；出使所历州县，移文取货，与赋税同，皆重载而归。上素知其弊。遣中使邵光超赐李希烈旌节；希烈赠之仆、马及缣七百匹，黄茗二百斤。上闻之，怒，杖光超六十而流之。于是中使之未归者，皆潜弃所得于山谷，虽与之，莫敢受。

【注释】

①百井：地名。在今山西阳曲县东北柏井村。“百井之败”，指大历十三年(778)鲍防被回纥人战败。 ②掊(póu)克：聚敛贪狠。也可指聚敛贪狠之人。 ③三司使：理狱之官。唐代以御史大夫、中书、门下为三司，受理刑狱。三司使，即指御史中丞、中书省舍人、门下省给事中。 ④登闻鼓：古代帝王为了表示听取臣下谏议或冤情，悬鼓于朝堂外，准许击鼓上闻，谓之登闻鼓。其事起于晋，唐朝长安、洛阳并置登闻鼓。 ⑤德棻：即令狐德棻，唐太宗时有名的大臣。

甲子，以神策都知兵马使、右领军大将军王驾鹤为东都园苑使，以司农卿白琇珪代之，更名志贞。驾鹤典禁兵十余年，权行中外，上恐其生变；崔祐甫召驾鹤与语，留连久之，琇珪已视事矣。

李正己畏上威名，表献钱三十万缗；上欲受之恐见欺，却之则无辞。崔祐甫请遣使慰劳淄青将士，因以正己所献钱赐之，使将士人人戴上恩；又诸道闻之，知朝廷不重货财。上悦，从之。正己大惭服。天下以为太平之治，庶几可望焉。

秋，七月，戊辰朔，日有食之。

礼仪使、吏部尚书颜真卿上言：“上元中，政在宫壸[1]，始增祖宗之谥；玄宗末，奸臣窃命，累圣之谥，有加至十一字者。按周之文、武，称文不称武，言武不称文，岂盛德所不优乎？盖群臣称其至者故也。故谥多不为褒，少不为贬。今累圣谥号太广，有逾古制，请自中宗以上皆从初谥[2]，睿宗曰圣真皇帝，玄宗曰孝明皇帝，肃宗曰宣皇帝，以省文尚质，正名敦本。”上命百官集议，儒学之士，皆从真卿议；独兵部侍郎袁傪，官以兵进，奏言：“陵庙玉册、木主皆已刊勒，不可轻改。”事遂寝。不知陵中玉册所刻，乃初谥也。

初，代宗之世，事多留滞，四夷使者及四方奏计，或连岁不遣，乃于右银台门置客省以处之；及上书言事、失职未叙，亦置其中，动经十岁。常有数百人，并部曲、畜产动以千计，度支廪给，其费甚广。上悉命疏理，拘者出之，事竟者遣之，当叙者任之，岁省谷万九千二百斛。

壬申，毁元载、马璘、刘忠翼之第。初，天宝中，贵戚第舍虽极奢丽，而垣屋高下，犹存制度，然李靖家庙已为杨氏马厩矣。及安、史乱后，法度隳弛，大臣将帅竞治第舍，各穷其力而后止，时人谓之木妖。上素疾之，故毁其尤者，仍命马氏献其园，隶宫司[③]，谓之奉成园。

癸丑[④]，减常贡宫中服用锦千匹、服玩数千事。

庚辰，诏回纥诸胡在京师者，各服其服，无得效华人。先是回纥留京师者常千人，商胡伪服而杂居者又倍之，县官日给饔饩[⑤]，殖资产，开第舍，市肆美利皆归之，日纵贪横，吏不敢问。或衣华服，诱取妻妾，故禁之。

辛卯，罢天下榷酒收利。

上之在东宫也，国子博士河中张涉为侍读，即位之夕，召涉入禁中，事无大小皆咨之；明日，置于翰林为学士，亲重无比。乙未，以涉为右散骑常侍，仍为学士。

【注释】

①政在宫壸（kǔn 捆）：指武后专权。壸，古时宫中巷舍间。引申为内宫的代称。　②初谥：最初的谥号。唐中宗以前各位皇帝的初谥分别为：高祖称太武皇帝，太宗称文皇帝，高宗称天皇大帝，中宗称孝和皇帝。谥号字数不多。　③宫司：掌管宫禁园苑的部门。　④癸丑：据《二十史朔闰表》推算，七月没有“癸丑”这一天。考《旧唐书・德宗本纪》，“癸丑”作“癸酉”。　⑤饔饩（yōng xì 庸戏）：熟肉称为饔，生牲称为饩。

资治通鉴卷第二百二十六

唐纪四十二　起屠维协洽八月，尽重光作噩五月，凡一年有奇。

代宗睿文孝武皇帝下

大历十四年　八月，甲辰，以道州司马杨炎为门下侍郎[1]，怀州刺史乔琳为御史大夫[2]，并同平章事。上方励精求治，不次用人，卜相于崔祐甫[3]，祐甫荐炎器业，上亦素闻其名，故自迁谪中用之[4]。琳，太原人，性粗率，喜诙谐，无他长，与张涉善，涉称其才可大用，上信涉言而用之；闻者无不骇愕。

代宗之世，吐蕃数遣使求和[5]，而寇盗不息，代宗悉留其使者，前后八辈，有至老死不得归者；俘获其人，皆配江、岭。上欲以德怀之，乙巳，以随州司马韦伦为太常少卿，使于吐蕃，悉集其俘五百人，各赐袭衣而遣之。

协律郎沈既济上选举议[6]，以为："选用之法，三科而已：曰德也、才也、劳也。今选曹皆不及焉；考校之法，皆在书判、簿历、言词、俯仰而已[7]。夫安行徐言，非德也；丽藻芳翰，非才也；累资积考，非劳也。执此以求天下之士，固未尽矣。今人未土著，不可本于乡闾；鉴不独明，不可专于吏部。臣谨详酌古今，谓五品以上及群司长官，宜令宰臣进叙，吏部、兵部得参议焉。其六品以下或僚佐之属，许州、府辟用，其牧守、将帅或选用非公，则吏部、兵部得察而举之，罪其私冒。不慎举者，小加谴黜，大正刑典。责成授任,谁敢不勉!夫如是,则贤者不奖而自进,不肖者不抑而自退,众才咸得而官无不治矣。今选法皆择才于吏部,试职于州郡。若才职不称,紊乱无任,责于刺史,则曰命官出于吏曹,不敢废也;责于侍郎,则曰量书判、资考而授之,不保其往也;责于令史,则曰按由历、出入而行之,不知其他也。黎庶徒弊,谁任其咎!若牧守自用,则罪将焉逃!必州郡之滥,独换一刺史则革矣。如吏部之滥,虽更其侍郎无益也。盖人物浩浩,不可得而知,法使之然,非主司之过。今诸道节度、都团练、观察、租庸等使[8],自判官、副将以下,皆使自择,纵其间或有情故,大举其例,十犹七全。则辟吏之法,已试于今,但未及于州县耳。利害之理,较然可观。向令诸使僚佐尽受于选曹,则安能镇方隅之重,理财赋之殷乎!"既济,吴人也。

初,衡州刺史曹王皋有治行,湖南观察使辛京杲疾之,陷以法,贬潮州刺史。时杨炎在道州,知其直,及入相,复擢为衡州刺史。始,皋之遭诬在治,念太妃老,将惊而戚,出则囚服就辩,入则拥笏垂鱼[9],即贬于潮,以迁入贺;及是,然后跪谢告实。皋,明之玄孙也。

【注释】

①道州:隋开皇十六年(596)设置,唐代多次废而复置,治所亦有变动,乾元后,治所在今湖南道县。 ②怀州:北魏天安二年(467)设置,后有兴废,唐武德二年(619)复置,治所在今河南沁阳市。 ③卜(bǔ补):此处指选择。 ④谪(zhé 折):此处指降职处分。 ⑤吐蕃:唐时在青藏地区建立的藏族地方政权。赞普(王)松赞干布时,建都于逻娑城(今拉萨)。吐蕃是唐人对这一政权的称呼。 ⑥协律郎:汉武帝时设协律都尉,晋改称协律校尉,后魏改称协律郎,至明、清不变。属太常寺,主管音乐技术事宜。 ⑦书判、簿历、言词、俯仰:唐代择官用人通常使用的标准。书判指书法优雅,文词华美,文理通畅;簿历指历年累积的成绩和资格;言词指言语表达和辩论能力;俯仰指当面观察其体貌是否丰伟,言词是否恰当。 ⑧节度、都团练、观察、租庸等使:节度使,唐初沿北周和隋旧制,于重要地区设总管,总揽数州军事,至睿宗景云年间,有节度使之名,玄宗时总各州军、民、财政;都团练使,唐中期以后,于不

设节度使的地区置都团练使，掌本区各州军事，常与观察使、防御使互兼；观察使，唐乾元元年(758)改采访处置使为观察处置使，掌考察州县官吏政绩，后兼理民事；租庸使，唐玄宗开元十一年(723)设置，负责征收赋税事宜，实行两税法后即废。 ⑨拥笏(hù 互)垂鱼：笏，大臣上朝时随身所带用以记事的手板；鱼，唐高宗时，给五品以上官员随身饰银鱼袋，三品以上饰金鱼袋，皇室郡王、嗣王也佩饰金鱼袋，以表明高贵的身份和地位。

朔方、邠宁节度使李怀光既代郭子仪[1]，邠府宿将史抗、温儒雅、庞仙鹤、张献明、李光逸功名素出怀光右，皆怏怏不服。怀光发兵防秋[2]，屯长武城[3]，军期进退，不时应令。监军翟文秀劝怀光奏令宿卫，怀光遣之，既离营，使人追捕，诬以他罪，且曰："黄菑之败[4]，职尔之由！"尽杀之。

九月，甲戌，改淮西曰淮宁。

西川节度使、同平章事崔宁，在蜀十余年，恃地险兵强，恣为淫侈，朝廷患之而不能易；至是，入朝，加司空，兼山陵使。

南诏王阁罗凤卒[5]，子凤迦异前死，孙异牟寻立。冬，十月，丁西朔，吐蕃与南诏合兵十万，三道入寇，一出茂州[6]，一出扶、文[7]，一出黎、雅[8]，曰："吾欲取蜀以为东府。"崔宁在京师，所留诸将不能御，虏连陷州、县，刺史弃城走，士民窜匿山谷。上忧之，趣宁归镇[9]。宁已辞，杨炎言于上曰："蜀地富饶，宁据有之，朝廷失其外府，十四年矣。宁虽入朝，全师尚守其后，贡赋不入，与无蜀同。且宁本与诸将等夷，因乱得位，威令不行。今虽遣之，必恐无功；若其有功，则义不可夺。是蜀地败固失之，胜亦不得也。愿陛下熟察。"上曰："然则奈何？"对曰："请留宁，发朱泚所领范阳兵数千人[10]，杂禁兵往击之，何忧不克！因而得内亲兵于其腹中，蜀将必不敢动，然后更授他帅，使千里沃壤复为国有，是因小害而收大利也。"上曰："善。"遂留宁。

初，马璘忌泾原都知兵马使李晟功名[11]，遣入宿卫，为右神策都将。上发禁兵四千人，使晟将之，发邠、陇、范阳兵五千，使金吾大将军安邑曲环将之，以救蜀。东川出兵，自江油趋白坝，与山南兵合击吐蕃、南诏，破之。范阳兵追及于七盘，又破之，遂克维、茂二州。李晟追击于大渡河外，又破之。吐蕃、南诏饥寒陨于崖谷死者八九万人。吐蕃悔怒，杀诱导使之来者。异牟寻惧，筑苴咩城[12]，延袤十五里，徙居之。吐蕃封之为日东王。

上用法严，百官震悚。以山陵近，禁人屠宰；郭子仪之隶人潜杀羊，载以入城，右金吾将军裴谞奏之[13]。或谓谞曰："郭公有社稷大功，君独不为之地乎？"谞曰："此乃吾所以为之地也。郭公勋高望重，上新即位，以为群臣附之者众，吾故发其小过，以明郭公威权不足畏也。如此，上尊天子，下安大臣，不亦可乎！"

己酉，葬睿文孝武皇帝于元陵；庙号代宗。将发引，上送之，见辒辌车不当驰道[14]，稍指丁未之间，问其故，有司对曰："陛下本命在午，不敢冲也。"上哭曰："安有枉灵驾而谋身利乎！"命改辕直午而行。肃宗、代宗皆喜阴阳鬼神，事无大小，必谋之卜祝，故王屿、黎干以左道得进。上雅不之信，山陵但取七月之期[15]，事集而发，不复择日。

【注释】

①朔方、邠宁：朔方，唐代方镇名称，开元九年(721)设置，治所在灵州(今宁夏灵武市西南)；邠宁，唐代方镇名称，乾元二年(759)设置，治所在邠州(今陕西彬县)。　②防秋：秋天庄稼收获时节，北方游牧民族常南下抢劫，必须驻守军队警戒防备。　③长武城：在今陕西长武县西北泾河南岸，唐代曾在此驻军队戍守。　④黄菼(bèi 倍)之败：唐代宗大历八年(774)，朔方兵马使浑瑊率军在黄菼原抗击吐蕃军队，老将史抗、温儒雅等轻敌，不服从浑瑊指挥，结果大败。　⑤南诏：唐朝时以乌蛮为主体，包括白蛮等族的地方政权。开元时期皮逻阁统一六诏，迁都太和城(今云南大理市境)，全盛时辖有今云南全境和四川南部，贵州西部一带。　⑥茂州：唐代州名，治所在汶山县(今四川茂县)。　⑦扶、文：扶即扶州，唐代州名，治所在同昌县(今四川九寨沟县东北)；文即文州，唐代州名，治所在曲水县(今甘肃文县西白龙江南岸)。　⑧黎、雅：黎即黎州，唐代州名，治所在今四川汉源县北清溪镇东北；雅即雅州，治所在蒙山县(今四川雅安市西)。　⑨趣(cù 促)：催促。　⑩范阳：唐代方镇名称，治所在幽州(今北京市城区西南)。　⑪泾原：唐代方镇名称，治所在泾州(今甘肃泾川县北)。　⑫苴咩城：即羊苴咩城，在今云

南大理市境，先后为南诏、大理国都。 ⑬谞(xū 胥)：此为人名。⑭辒(wēn 温)辌(liáng 凉)：古代送葬用的一种丧车。 ⑮七月之期：古代礼仪规定，皇帝(天子)停丧七月后方能下葬。

十一月，丁丑，以晋州刺史韩滉为苏州刺史、浙江东·西观察使。

乔琳衰老耳聩，上或时访问，应对失次，所谋议复疏阔。壬午，以琳为工部尚书，罢政事。上由是疏张涉。

杨炎既留崔宁，二人由是交恶。炎托以北边须大臣镇抚，癸巳，以京畿观察使崔宁为单于镇北大都护、朔方节度使[1]，镇坊州[2]。以荆南节度使张延赏为西川节度使。又以灵盐节度都虞候醴泉杜希全知灵、盐州留后[3]；代州刺史张光晟知单于、振武等城[4]、绥、银、麟、胜州留后[5]；延州刺史李建徽知鄜、坊、丹州留后[6]。时宁既出镇，不当更置留后，炎欲夺宁权，且窥其所为，令三人皆得特奏事，仍讽之使伺宁过失。

十二月，乙卯，立宣王诵为皇太子。

旧制，天下金帛皆贮于左藏，太府四时上其数，比部覆其出入。及第五琦为度支、盐铁使，时京师多豪将，求取无节，琦不能制，乃奏尽贮于大盈内库，使宦官掌之，天子亦以取给为便，故久不出。由是以天下公赋为人君私藏，有司不复得窥其多少，校其赢缩，殆二十年。宦官领其事者三百余员，皆蚕食其中，蟠结根据，牢不可动。杨炎顿首于上前曰："财赋者，国之大本，生民之命，重轻安危，靡不由之，是以前世皆使重臣掌其事，犹或耗乱不集。今独使中人出入盈虚，大臣皆不得知，政之蠹敝，莫甚于此。请出之以归有司。度宫中岁用几何，量数奉入，不敢有乏。如此，然后可以为政。"上即日下诏："凡财赋皆归左藏，一用旧式，岁于数中择精好者三、五千匹，进入大盈。"炎以片言移人主意，议者称之。

丙寅晦，日有食之。

湖南贼帅王国良阻山为盗，上遣都官员外郎关播招抚之。辞行，上问以为政之要，对曰："为政之本，必求有道贤人与之为理。"

上曰："朕比以下诏求贤，又遣使臣广加搜访，庶几可以为理乎！"对曰："下诏所求及使者所荐，惟得文词干进之士耳，安有有道贤人肯随牒举选乎！"上悦。

崔祐甫有疾，上令肩舆入中书，或休假在第，大事令中使咨决。

【注释】

①单(chán 缠)于镇北大都护：唐代主要负责防卫北部边疆的镇北都护府的长官，其治所在大安军(今内蒙古乌拉特前旗东北)。 ②坊州：唐代州名，治所在中部县(今陕西黄陵县西南)。 ③灵、盐州：即朔方军，唐代方镇名称，治所在灵州(今宁夏灵武市西南)。 ④单于、振武：唐代方镇名称，治所在单于都护府(今内蒙古和林格尔西北)。⑤绥、银、麟、胜州：绥即绥州，唐代州名，治所在上县(今陕西绥德县)；银即银州，唐代州名，治所在今陕西榆林市横山区境；麟即麟州，唐代州名，治所在新秦县(今陕西神木市境)；胜州亦是唐代州名，治所在榆林县(今内蒙古准格尔旗东北)。 ⑥鄜(fū 夫)：即鄜州，唐代州名，治所在洛交县(今陕西富县)。

德宗神武孝文皇帝一

建中元年 春，正月，丁卯朔，改元。群臣上尊号曰圣神文武皇帝；赦天下。始用杨炎议，命黜陟使与观察使、刺史"约百姓丁产[①]，定等级，作两税法[②]。比来新旧征科色目，一切罢之；二税外辄率一钱者，以枉法论"。

唐初，赋敛之法曰租、庸、调[③]，有田则有租，有身则有庸，有户则有调。玄宗之末，版籍浸坏，多非其实。及至德兵起[④]，所在赋敛，迫趣取办，无复常准。赋敛之司增数而莫相统摄，各随意增科，自立色目，新故相仍，不知纪极。民富者丁多，率为官、为僧以免课役，而贫者丁多，无所伏匿，故上户优而下户劳。吏因缘蚕食，民旬输月送，不胜困弊，率皆逃徙为浮户，其土著百无四五。至是，炎建议作两税法，先计州县每岁所应费用及上供之数而赋于人，量出以制入，户无主、客，以见居为簿[5]；人无丁、中[6]，以贫富为差；为行商者，在所州县税三十之一，使与居者均，无侥利。居人之税，秋、夏两征之。其租、庸、调杂徭悉省，皆总统于度支。上用其言，因赦令行之。

初，左仆射刘晏为吏部尚书[7]，杨炎为侍郎，不相悦。元载之死[8]，晏有力焉。及上即位，晏久典利权，众颇疾之，多上言转运使可罢；又有风言晏尝密表劝代宗立独孤妃为皇后者。杨炎为宰相，欲为元载报仇，因为上流涕言："晏与黎干、刘忠翼同谋，臣为宰相不能讨，罪当万死。"崔祐甫言："兹事暧昧，陛下已旷然大赦，不当复究寻虚语。"炎乃建言："尚书省，国政之本，比置诸使，分夺其权，今宜复旧。"上从之。甲子[9]，诏天下钱谷皆归金部、仓部，罢晏转运、租庸、青苗、盐铁等使。

【注释】

①黜陟使：官名。唐太宗贞观八年(634)派李靖等十三人为黜陟使，即此职之初设。黜陟使巡视全国各地，威权颇重。　②两税法：安史之乱后，唐朝政府改革税制，推行两税法。其主要内容为按贫富差别定纳税等级，按亩定税，分春秋两季征税。　③租、庸、调：两税法推行以前的唐代赋税制度。其内容为每丁每年纳"租"粟二石或稻三石；纳"调"绫、绢、𬙊各二丈，或布二丈五尺，麻三斤；服"庸"(服役)二十日。　④至德兵起：至德为唐肃宗年号，时值安史之乱初期，至德兵起即指安史之乱。　⑤见(xiàn 现)：通"现"。　⑥丁、中：唐玄宗天宝三年(744)规定，凡十八岁以上，二十三岁以下男子为中男，二十三岁以上男子为成丁。成丁和中男均须承担赋税徭役，但在量上有所区别。　⑦仆射：官名，唐代尚书省长官，分左、右仆射，均为朝廷宰相。　⑧元载：字公辅，风翔岐山(今属陕西)人，唐肃宗时官至同中书门下平章事，代宗时仍任宰相之职，为政贪横，贿赂公行，奢侈荒淫，大历五年(770)与唐代宗密谋诛杀太监鱼朝恩，后因事获罪被杀。元载之死与刘晏大有关系。　⑨甲子：按建中元年(780)正月无甲子日，恐是丙子或戊子之误。

二月，丙申朔，命黜陟使十一人分巡天下。先是，魏博节度使田悦事朝廷犹恭顺[1]，河北黜陟使洪经纶，不晓时务，闻悦军七万人，符下，罢其四万，令还农。悦阳顺命，如符罢之。既而集应罢者，激怒之曰："汝曹久在军中，有父母妻子，今一旦为黜陟使所罢，将何资以自衣食乎！"众大哭。悦乃出家财以赐之，使各还部伍。于是军士皆德悦而怨朝廷。

崔祐甫以疾，多不视事。杨炎独任大政，专以复恩仇为事，奏用元载遗策城原州，又欲发两京、关内丁夫浚丰州陵阳渠②，以兴屯田。上遣中使诣泾原节度使段秀实，访以利害，秀实以为："今边备尚虚，未宜兴事以召寇。"炎怒，以为沮己，征秀实为司农卿。丁未，邠宁节度使李怀光兼四镇、北庭行营、泾原节度使③，使移军原州，以四镇、北庭留后刘文喜为别驾④。京兆尹严郢奏："案朔方五城，旧屯沃饶之地，自丧乱以来，人功不及，因致荒废，十不耕一。若力可垦辟，不俟浚渠。今发两京、关辅人于丰州浚渠营田，计所得不补所费，而关辅之人不免流散，是虚畿甸而无益军储也。"疏奏，不报。既而陵阳渠竟不成，弃之。

上用杨炎之言，托以奏事不实，已酉，贬刘晏为忠州刺史。

癸丑，以泽潞留后李抱真为节度使⑤。

杨炎欲城原州以复秦、原，命李怀光居前督作，朱泚、崔宁各将万人翼其后⑥。诏下泾州为城具，泾之将士怒曰："吾属为国家西门之屏，十余年矣。始居邠州，甫营耕桑，有地著之安。徙屯泾州，披荆榛，立军府；坐席未暖，又投之塞外。吾属何罪而至此乎！"李怀光始为邠宁帅，即诛温儒雅等，军令严峻。及兼泾原，诸将皆惧，曰："彼五将何罪而为戮？今又来此，吾属能无忧乎！"刘文喜因众心不安，据泾州，不受诏，上疏复求段秀实为帅，不则朱泚。癸亥，以朱泚兼四镇、北庭行营、泾原节度使，代怀光。

【注释】

①魏博：唐代方镇名称。广德元年（763）设置，治所在魏州（今河北大名县东北）。 ②两京、关内：两京，唐代显庆二年（657）以后指京城长安（今陕西西安市）和东都洛阳（今河南洛阳市）。关内，秦、汉、唐等王朝通称古函谷关（今河南灵宝市东北）或今潼关以西王畿附近地区。 ③北庭行营：即北庭都护府，唐代长安二年（702）设置，治所在金满县（今新疆吉木萨尔县北破城子），辖境约相当于今阿尔泰山以西，咸

海以东，天山北路和巴里坤湖周围地区。 ④留后：官名。唐代中后期，节度使的子弟或者亲信将吏代行节度使职权者，称为节度留后。另外，也有观察留后。事后多半由朝廷补行手续，正式任命他们为节度使、观察使等职务。 ⑤泽潞：唐代方镇名称，至德元年（756）设置，治所在潞州（今山西长治市），大历时并入昭义军，建中时复为方镇。 ⑥泚（cǐ此）：此为人名。

三月，翰林学士、左散骑常侍张涉受前湖南观察使辛京杲金，事觉；上怒，欲置于法。李忠臣以检校司空、同平章事、奉朝请，言于上曰："陛下贵为天子，而先生以乏财犯法，以臣愚观之，非先生之过也。"上意解，辛未，放涉归田里。辛京杲以私忿杖杀部曲[①]，有司奏京杲罪当死，上将从之。李忠臣曰："京杲当死久矣！"上问其故。忠臣曰："京杲诸父兄弟皆战死，独京杲至今尚存，臣故以为当死久矣。"上悯然，左迁京杲诸王傅[②]。忠臣乘机救人，多此类。

杨炎罢度支、转运使，命金部、仓部代之。既而省职久废，耳目不相接，莫能振举，天下钱谷无所总领。癸巳，复以谏议大夫韩洄为户部侍郎、判度支，以金部郎中万年杜佑权江、淮水陆转运使，皆如旧制。

刘文喜又不受诏，欲自邀旌节[③]；夏，四月，乙未朔，据泾州叛，遣其子质于吐蕃以求援。上命朱泚、李怀光讨之，又命神策军使张巨济将禁兵二千助之。

吐蕃始闻韦伦归其俘，不之信，及俘入境，各还部落，称："新天子出宫人，放禽兽，英威圣德，洽于中国。"吐蕃大悦，除道迎伦。赞普即发使随伦入贡，且致赙赠[④]。癸卯，至京师，上礼接之。既而蜀将上言："吐蕃豺狼，所获俘不可归。"上曰："戎狄犯塞则击之，服则归之。击以示威，归以示信。威信不立，何以怀远！"悉命归之。

代宗之世，每元日、冬至、端午、生日，州府于常赋之外竞为贡献，贡献多者则悦之。武将、奸吏，缘此侵渔下民。癸丑，上生日，四方贡献皆不受。李正己、田悦各献缣三万匹，上悉归之度支以代租赋。

【注释】

①部曲:原为古代军队的编制名称,后来成为士卒的称呼。魏晋南北朝时,指世家豪族和将领的私人武装。部曲在身份上隶属于主人。这里指家仆。 ②左迁:这里指降职处分。 ③自邀旌节:指自己请求朝廷任命为泾原统帅这件事。 ④赙(fù 讣)赠:指为办代宗丧事送礼。

五月,戊辰,以韦伦为太常卿。乙酉,复遣伦使吐蕃。伦请上自为载书[1],与吐蕃盟。杨炎以为非敌,请与郭子仪辈为载书以闻,令上画可而已,从之。

朱泚等围刘文喜于泾州,杜其出入,而闭壁不与战,久之不拔。天方旱,征发馈运,内外骚然,朝臣上书请赦文喜以苏疲人者,不可胜纪。上皆不听,曰:“微孽不除,何以令天下!”文喜使其将刘海宾入奏,海宾言于上曰:“臣乃陛下藩邸部曲[2],岂肯附叛人,必为陛下枭其首以献。但文喜今所求者节而已,愿陛下姑与之,文喜必怠,则臣计得施矣。”上曰:“名器不可假人,尔能立效固善,我节不可得也。”使海宾归以告文喜,而攻之如初。减御膳以给军士,城中将士当受春服者,赐予如故。于是众知上意不可移。时吐蕃方睦于唐,不为发兵,城中势穷。庚寅,海宾与诸将共杀文喜,传首,而原州竟不果城。

自上即位,李正己内不自安,遣参佐入奏事;会泾州捷奏至,上使观文喜之首而归。正己益惧。

六月,甲午朔,门下侍郎、同平章事崔祐甫薨。

术士桑道茂上言:“陛下不出数年,暂有离宫之厄。臣望奉天有天子气,宜高大其城以备非常。”辛丑,命京兆发丁夫数千,杂六军之士,筑奉天城。

初,回纥风俗朴厚[3],君臣之等不甚异,故众志专一,劲健无敌。及有功于唐,唐赐遗甚厚,登里可汗始自尊大[4],筑宫殿以居,妇人有粉黛文绣之饰。中国为之虚耗,而虏俗亦坏。及代宗崩,上遣中使梁文秀往告哀,登里骄不为礼。九姓胡附回纥者,说登里以中国富饶,今乘丧伐之,可有大利。登里从之,欲举国入寇。

其相顿莫贺达干,登里之从父兄也,谏曰:“唐,大国也,无负于我,吾前年侵太原,获羊马数万,可谓大捷,而道远粮乏,比归,士卒多徒行者。今举国深入,万一不捷,将安归乎!”登里不听。顿莫贺乘人心之不欲南寇也,举兵击杀之,并九姓胡二千人,自立为合骨咄禄毗伽可汗,遣其臣聿达干与梁文秀俱入见,愿为藩臣,垂发不翦,以待册命。乙卯,命京兆少尹临漳源休册顿莫贺为武义成功可汗。

【注释】

①载书:这里指表示双边友好而缔结盟约的文书。　②藩邸部曲:德宗皇帝曾封藩雍王,担任天下兵马元帅,指挥军队讨伐史朝义,凡在雍王属下的士兵,均称雍王的部曲。　③回纥:古代民族名。匈奴后裔。名称颇多,隋时名韦纥,后称回纥,唐代中叶,攻破东突厥,建政权于今鄂尔浑河流域。其辖境东起兴安岭,西至阿尔泰山。最盛时势力曾达中亚费尔干纳盆地。曾助唐平安、史之乱。后为黠戛斯所破,分成三部西迁,其中迁往河西走廊的一部发展成今天的维吾尔族。　④可汗:古代北方一些少数民族最高首领的专称。

秋,七月,丙寅,邵州贼帅王国良降。国良本湖南牙将,观察使辛京杲使戍武冈[①],以扞西原蛮[②]。京杲贪暴,国良家富,京杲以死罪加之。国良惧,据县叛,与西原蛮合,聚众千人,侵掠州县,濒湖千里,咸被其害。诏荆、黔、洪、桂诸道合兵讨之,连年不能克。及曹王皋为湖南观察使,曰:“驱疲甿,诛反仄,非策之得者也。”乃遗国良书,言:“将军非敢为逆,欲救死耳。我与将军俱为辛京杲所构,我已蒙圣朝湔洗,何心复加兵刃于将军乎!将军遇我,不速降,后悔无及。”国良且喜且惧,遣使乞降,犹疑未决。皋乃假为使者,从一骑,越五百里,抵国良壁,鞭其门,大呼曰:“我曹王也,来受降!”举军大惊。国良趋出,迎拜请罪。皋执其手,约为兄弟,尽焚攻守之具,散其众,使还农。诏赦国良罪,赐名惟新。

辛巳,遥尊上母沈氏为皇太后[③]。

荆南节度使庾准希杨炎指,奏忠州刺史刘晏与朱泚书求营救,辞多怨望,又奏召补州兵,欲拒朝命,炎证成之。上密遣中使就忠州缢杀之，己丑，乃下诏赐死。天下冤之。

初，安、史之乱，数年间，天下户口什亡八九，州县多为藩镇所据，贡赋不入，朝廷府库耗竭，中国多故，戎狄每岁犯边，所在宿重兵，仰给县官，所费不赀，皆倚办于晏。晏初为转运使，独领陕东诸道，陕西皆度支领之，末年兼领，未几而罢。

晏有精力，多机智，变通有无，曲尽其妙。常以厚直募善走者，置递相望，觇报四方物价，虽远方，不数日皆达使司，食货轻重之权，悉制在掌握，国家获利而天下无甚贵甚贱之忧。常以为："办集众务，在于得人，故必择通敏、精悍、廉勤之士而用之；至于句检簿书、出纳钱谷，事虽至细，必委之士类；吏惟书符牒，不得轻出一言。"常言："士陷赃贿，则沦弃于时，名重于利，故士多清修；吏虽洁廉，终无显荣，利重于名，故吏多贪污。"然惟晏能行之，他人效者终莫能逮。其属官虽居数千里外，奉教令如在目前，起居语言，无敢欺绐。当时权贵，或以亲故属之者，晏亦应之，使俸给多少，迁次缓速，皆如其志，然无得亲职事。其场院要剧之官，必尽一时之选。故晏没之后，掌财赋有声者，多晏之故吏也。

晏又以为户口滋多，则赋税自广，故其理财常以养民为先。诸道各置知院官，每旬月，具州县雨雪丰歉之状白使司，丰则贵籴④，歉则贱粜⑤，或以谷易杂货供官用，及于丰处卖之。知院官始见不稔之端，先申，至某月须如干蠲免，某月须如干救助，及期，晏不俟州县申请，即奏行之，应民之急，未尝失时，不待其困弊、流亡、饿殍，然后赈之也。由是民得安其居业，户口蕃息。晏始为转运使，时天下见户不过二百万，其季年乃三百余万；在晏所统则增，非晏所统则不增也。其初财赋岁入不过四百万缗，季年乃千余万缗。

唐高昌吉利钱

晏专用榷盐法充军国之用。时自许、

汝、郑、邓之西，皆食河东池盐，度支主之；汴、滑、唐、蔡之东，皆食海盐，晏主之。晏以为官多则民扰，故但于出盐之乡置盐官，收盐户所煮之盐转鬻于商人，任其所之，自余州县不复置官。其江岭间去盐乡远者，转官盐于彼贮之。或商绝盐贵，则减价鬻之，谓之常平盐，官获其利而民不乏盐。其始江、淮盐利不过四十万缗，季年乃六百余万缗，由是国用充足而民不困弊。其河东盐利，不过八十万缗，而价复贵于海盐。

先是，运关东谷入长安者，以河流湍悍，率一斛得八斗至者，则为成劳，受优赏。晏以为江、汴、河、渭，水力不同，各随便宜，造运船，教漕卒，江船达扬州，汴船达河阴⑥，河船达渭口⑦，渭船达太仓，其间缘水置仓，转相受给。自是每岁运谷或至百余万斛，无斗升沉覆者。船十艘为一纲，使军将领之，十运无失，授优劳，官其人。数运之后，无不斑白者。晏于扬子置十场造船，每艘给钱千缗。或言"所用实不及半，虚费太多。"晏曰："不然，论大计者固不可惜小费，凡事必为永久之虑。今始置船场，执事者至多，当先使之私用无窘，则官物坚牢矣。若遽与之屑屑校计锱铢，安能久行乎！异日必有患吾所给多而减之者；减半以下犹可也，过此则不能运矣。"其后五十年，有司果减其半。及咸通中，有司计费而给之，无复羡余，船益脆薄易坏，漕运遂废矣。

晏为人勤力，事无闲剧，必于一日中决之，不使留宿，后来言财利者皆莫能及之。

【注释】

①武冈：即武冈县。三国吴宝鼎元年（266）改都梁县置，治所即今湖南武冈市。南朝梁天监元年（502）改为武强县。唐武德四年（621）复置，移治今湖南城步县。　②西原蛮：唐代西原（湖南新宁西南）地区的壮族。分布在今广西的左、右江一带。从事农耕，兼事渔猎，纺织，冶炼也发达。唐肃宗乾元初至文宗太和末（758—835）间，因不堪唐政府赋税重负，在黄乾曜等人的领导下，多次起兵反抗。　③遥尊上母句：沈氏在开元末选入太子李亨宫中，被赐与广平王李豫，安史之乱爆发，玄宗逃离首都，各位封王的妃妾来不及随玄宗出逃的，都被叛军俘虏，关押在东都洛阳的掖庭。后来李豫攻克东都，找到沈氏，留她在东都宫中。史思明

再次攻下东都时，沈氏不知去向。 ④籴（dí 敌）：买进粮食。 ⑤粜（tiào 跳）：卖出粮食。 ⑥河阴：即河阴县，唐开元二十二年（734）置，治所在河南郑州市西北。 ⑦渭口：渭水入黄河之口。

八月，甲午，振武留后张光晟杀回纥使者董突等九百余人[①]。董突者，武义可汗之叔父也。代宗之世，九姓胡常冒回纥之名，杂居京师，殖货纵暴，与回纥共为公私之患；上即位，命董突尽帅其徒归国，辎重甚盛。至振武，留数月，厚求资给，日食肉千斤，他物称是，纵樵牧者暴践果稼，振武人苦之。光晟欲杀回纥，取其辎重，而畏其众强，未敢发。九姓胡闻其种族为新可汗所诛，多道亡，董突防之甚急。九姓胡不得亡，又不敢归，乃密献策于光晟，请杀回纥。光晟喜其党类自离，许之。上以陕州之辱[②]，心恨回纥。光晟知上旨，乃奏称："回纥本种非多，所辅以强者，群胡耳。今闻其自相鱼肉，顿莫贺新立，移地健有孽子[③]，及国相、梅录各拥兵数千人相攻[④]，国未定。彼无财则不能使其众，陛下不乘此际除之，乃归其人，与之财，正所谓借寇兵赍盗粮者也[⑤]。请杀之。"三奏，上不许。光晟乃使副将过其馆门，故不为礼；董突怒，执而鞭之数十。光晟勒兵掩击，并群胡尽杀之，聚为京观。独留一胡，使归国为证，曰："回纥鞭辱大将，且谋袭据振武，故先事诛之。"上征光晟为右金吾将军，遣中使王嘉祥往致信币。回纥请得专杀者以复仇，上为之贬光晟为睦王傅以慰其意。

唐鎏金仰莲瓣荷叶圈足银碗

加卢龙、陇右、泾原节度使朱泚兼中书令，卢龙、陇右节度如故。以舒王谟为四镇、北庭行军、泾原节度大使，以泾州牙前兵马使河中姚令言为留后。谟，邈之子也，早孤，上子之。

癸丑，诏赠太后父、祖、兄、弟官，及自余宗族男女拜官封邑者告第告身，凡百二十有七通；中使以马负而赐之。

九月，壬午，将作奏宣政殿廊坏[6]，十月魁冈[7]，未可修。上曰："但不妨公害人，则吉矣。安问时日！"即命修之。

大历以前，赋敛出纳俸给皆无法，长吏得专之；重以元、王秉政，货赂公行，天下不按赃吏者殆二十年。惟江西观察使路嗣恭案虔州刺史源敷翰，流之。上以宣歙观察使薛邕，文雅旧臣，征为左丞。邕去宣州，盗隐官物以巨万计，殿中侍御史员寓发之。

冬，十月，己亥，贬连山尉。于是州县始畏朝典，不敢放纵。

上初即位，疏斥宦官，亲任朝士，而张涉以儒学入侍，薛邕以文雅登朝，继以赃败。宦官武将得以借口，曰："南牙文臣赃动至巨万，而谓我曹浊乱天下，岂非欺罔邪！"于是上心始疑，不知所倚仗矣。

中书舍人高参请分遣诸沈访求太后，庚寅[8]，以睦王述为奉迎使，工部尚书乔琳副之，又命诸沈四人为判官，与中使分行诸道求之。

【注释】

①董突：中华书局本校记："张：作'突董'，下同。"本书二百二十七卷建中三年(782)条作"突董"。 ②陕州之辱：唐代宗宝应元年(762)雍王李适(唐德宗)以天下兵马元帅的身份到陕州，率僚属前往见驻扎在河北的回纥可汗，回纥可汗指责李适不行跪拜之礼，并将其重要僚属鞭打致死。陕州之辱即指此。 ③移地健：为登里可汗之名。 ④梅录：回纥将军的称号。 ⑤赍(jī 基)：送给。 ⑥将作：即将作监，负责掌管宫室、宗庙、陵寝和其他建筑事宜。 ⑦魁冈：阴阳术士观天测地的术语，凡是与魁冈相关的月份和地方，对兴建土木工程不利。 ⑧庚寅：按建中元年(780)十月无庚寅日，疑为庚戌之误。

十一月，初令待制官外，更引朝集使二人，访以时政得失，远人疾苦。

先是，公主下嫁者，舅姑拜之，妇不答。上命礼官定公主拜见舅、姑及婿之诸父、兄、姊之仪，舅、姑坐受于中堂，诸父、兄、姊立受于东序，如家人礼。有县主将嫁[1]，择用丁丑，是日，上之从父妹卒,命罢之。有司奏:“供张已备,且殇服不足废事。”上曰:“尔爱其费,我爱其礼。”卒罢之。至德以来,国家多事,公主、郡、县主多不以时嫁,有华发者,虽居禁中,或十年不见天子。上始引见诸宗女,尊者致敬,卑者存慰,悉命嫁之。所赍小大之物,必经心目。己卯、庚辰二日,嫁岳阳等凡十一县主。

吐蕃见韦伦再至,益喜。十二月,辛卯朔,伦还,吐蕃遣其相论钦明思等入贡。

是岁,册太子母王氏为淑妃。

天下税户三百八万五千七十六,籍兵七十六万八千余人,税钱一千八十九万八千余缗,谷二百一十五万七千余斛。

【注释】

①县主:古代诸侯、帝王家族的女性的封号,皇帝之女为公主,诸王之女为郡主,诸王之孙女为县主。

二年 春,正月,戊辰,成德节度使李宝臣薨[①]。宝臣欲以军府传其子行军司马惟岳,以其年少暗弱,豫诛诸将之难制者深州刺史张献诚等,至有十余人同日死者。宝臣召易州刺史张孝忠,孝忠不往,使其弟孝节召之。孝忠使孝节谓宝臣曰:“诸将何罪,连颈受戮!孝忠惧死,不敢往,亦不敢叛,正如公不入朝之意耳。”孝节泣曰:“如此,孝节必死。”孝忠曰:“往则并命,我在此,必不敢杀汝。”遂归,宝臣亦不之罪也。兵马使王武俊,位卑而有勇,故宝臣特亲爱之,以女妻其子士真,士真复厚结其左右。故孝忠、武俊独全。

及薨,孔目官胡震,家僮王他奴劝惟岳匿丧二十余日,诈为宝臣表,求令惟岳继袭,上不许。遣给事中汲人班宏往问宝臣疾,且谕之。惟岳厚赂宏,宏不受,还报。惟岳乃发丧,自为留后,使将佐共奏求旌节,上又不许。

初,宝臣与李正己、田承嗣、梁崇义相结,期以土地传之子孙。故承嗣之死,宝臣力为之请于朝,使以节授田悦;代宗从之。悦初袭位,事朝廷礼甚恭,河东节度使马燧表其必反,请先为备。至是悦屡为惟岳请继袭,上欲革前弊,不许。或谏曰:“惟岳已据父业,不因而命之，必为乱。”上曰：“贼本无资以为乱，皆藉我土地，假我位号，以聚其众耳。向日因其所欲而命之多矣，而乱日益滋。是爵命不足以已乱而适足以长乱也。然则惟岳必为乱，命与不命等耳。”竟不许。悦乃与李正己各遣使诣惟岳，潜谋勒兵拒命。

魏博节度副使田庭玠谓悦曰：“尔藉伯父遗业[2]，但谨事朝廷，坐享富贵，不亦善乎！奈何无故与恒、郓共为叛臣[3]！尔观兵兴以来，逆乱者谁能保其家乎？必欲行尔之志，可先杀我，无使我见田氏之族灭也。”因称病卧家。悦自往谢之，庭玠闭门不内，竟以忧卒。

成德判官邵真闻李惟岳之谋，泣谏曰：“先相公受国厚恩，大夫衰绖之中[4]，遽欲负国，此甚不可。”劝惟岳执李正己使者送京师，且请讨之，曰：“如此，朝廷嘉大夫之忠，则旄节庶几可得。”惟岳然之，使真草奏。长史毕华曰：“先公与二道结好二十余年，奈何一旦弃之！且虽执其使，朝廷未必见信。正己忽来袭我，孤军无援，何以待之！”惟岳又从之。

前定州刺史谷从政，惟岳之舅也，有胆略，颇读书，王武俊等皆敬惮之，为宝臣所忌，从政乃称病杜门。惟岳亦忌之，不与图事，日夜独与胡震、王他奴等计议，多散金帛以悦将士。从政往见惟岳曰：“今海内无事，自上国来者，皆言天子聪明英武，志欲致太平，深不欲诸侯子孙专地。尔今首违诏命，天子必遣诸道致讨。将士受赏之际，皆言为大夫尽死。苟一战不胜，各惜其生，谁不离心！大将有权者，乘危伺便，咸思取尔以自为功矣。且先相公所杀高班大将，殆以百数，挠败之际，其子弟欲复仇者，庸可数乎！又，相公与幽州有隙，朱滔兄弟常切齿于我，今天子必以为将。滔与吾击柝相闻[5]，计其闻命疾驱，若虎狼之得兽也，何以当之！昔田承嗣从安、史父子同反，身经百战，凶悍闻于天下，违诏举兵，自谓无敌。及卢子期就擒，吴希光归国，承嗣指天垂泣，身无所措。赖先相公按兵不进，且为之祈请，先帝宽仁，赦而不诛，不然，田氏岂有种乎！况尔生长富贵，齿发尚少，不更艰危，乃信左右之言，欲效承嗣所为乎！为尔之计，不若辞谢将佐，使惟诚摄领军府，身自入朝，乞留宿卫，因言惟诚且留摄事。恩命决于圣志，上必悦尔忠义，纵无大位，不失荣禄，永无忧矣。不然，大祸将至，悔之何及。吾亦知尔素疏忌我，顾以舅甥之情，事急，不得不言耳！”惟岳及左右见其言切，益恶之。从政乃复归，杜门称病。惟诚者，惟岳之庶兄也，谦厚好书，得众心，其母妹为李正己子妇。是日，惟岳送惟诚于正己，正己使复姓张，遂仕淄青。惟岳遣王他奴诣从政家，察其起居，从政饮药而卒；且死，曰：“吾不惮死，哀张氏今族灭矣[6]！”

刘文喜之死也，李正己、田悦等皆不自安；刘晏死，正己等益惧，相谓曰：“我辈罪恶，岂得与刘晏比乎！”会汴州城隘，广之，东方人讹言：“上欲东封，故城汴州”。正己惧，发兵万人屯曹州。田悦亦完聚为备，与梁崇义、李惟岳遥相应助，河南士民骚然惊骇。

永平旧领汴、宋、滑、亳、陈、颍、泗七州，丙子，分宋、亳、颍别为节度使，以宋州刺史刘洽为之；以泗州隶淮南；又以东都留守路嗣恭为怀·郑·汝·陕四州、河阳三城节度使。旬日，又以永平节度使李勉都统洽、嗣恭二道，仍割郑州隶之，选尝为将者为诸州刺史，以备正己等。

【注释】

①成德：即成德军，另名恒冀、镇冀，唐、五代方镇名称，宝应元年(762)设置，治所在恒州(后改为镇州，今河北正定县)。宋初废。②伯父遗业：田承嗣为田悦之伯父，这里指田悦承袭节度使职权。③恒、郓：即成德节度使和淄青节度使。成德节度使治恒州，淄青节度使治郓州，故以恒、郓代称。 ④衰(cuī 崔)绖(dié 牒)：古代丧服的一种形式，这里代指服丧。 ⑤柝(tuò 拓)：巡夜打更用的梆子。 ⑥张氏：李宝臣原姓张，名忠志，因李宝臣之子准备反叛朝廷，按当时法律，这种罪要诛及宗族，所以李惟岳反叛朝廷要连及张氏。

初，高力士有养女嫠居东京[1]，颇能言宫中事，女官李真一意其为沈太后，诣使者具言其状。上闻之，惊喜。时沈氏故老已尽，无识太后者，上遣宦官、宫人往验视之，年状颇同，宦官、宫人不审识太后，皆言是。高氏辞称实非太后，验视者益疑之，强迎入居上阳宫。上发宫女百余人，赍乘舆御物就上阳宫供奉。左右诱谕百方，高氏心动，乃自言是。验视者走马入奏，上大喜。二月，辛卯，上以偶日御殿[2]，群臣皆入贺。诏有司草仪奉迎。高氏弟承悦在长安,恐不言,久获罪,遽自言本末。上命力士养孙樊景超往覆视,景超见高氏居内殿,以太后自处,左右侍卫甚严。景超谓高氏曰:“姑何自置身于俎上!”左右叱景超使下,景超抗声曰:“有诏,太后诈伪,左右可下。”左右皆下殿。高氏乃曰:“吾为人所强,非己出也。”以牛车载还其家。上恐后人不复敢言太后,皆不之罪,曰:“吾宁受百欺,遮几得之。”自是四方称得太后者数四,皆非是,而真太后竟不知所之。

御史中丞卢杞,奕之子也,貌丑,色如蓝,有口辩。上悦之,丁未,擢为大夫,领京畿观察使。郭子仪每见宾客,姬妾不离侧。杞尝往问疾,子仪悉屏侍妾,独隐几待之。或问其故,子仪曰:“杞貌陋而心险,妇人辈见之必笑,他日杞得志,吾族无类矣!”

杨炎既杀刘晏,朝野侧目,李正己累表请晏罪,讥斥朝廷。炎惧,遣腹心分诣诸道,以宣慰为名,实使之密谕节度使云:“晏昔附奸邪,请立独孤后,上自恶而杀之。”上闻而恶之,由是有诛炎之志,隐而未发。乙巳,迁炎中书侍郎;擢卢杞为门下侍郎,并同平章事,不专任炎矣。杞蕞陋,无文学,炎轻之,多托疾不与会食[3];杞亦恨之。杞阴狡,欲起势立威,小不附者必欲置之死地,引太常博士裴延龄为集贤殿直学士,亲任之。

丙午,更汴宋军曰宣武。

振武节度使彭令芳苛虐,监军刘惠光贪婪。乙卯,军士共杀之。

发京西防秋兵万二千人戍关东[4]。上御望春楼宴劳将士,神策将士独不饮,上使诘之,其将杨惠元对曰:“臣等发奉天,军帅张巨济戒之曰:‘此行大建功名,凯还之日,相与为欢。苟未捷,勿饮酒。’故不敢奉诏。”及行,有司缘道设酒食,独惠元所部瓶罂不发[5]。上深叹美,赐书劳之。惠元,平州人也。

三月,置濠州于郾城[6]。

辛巳,以汾州刺史王翃为振武军使、镇北、绥、银等州留后。

遣殿中少监崔汉衡使于吐蕃。

梁崇义虽与李正己等连结,兵势寡弱,礼数最恭。或劝其入朝,崇义曰:“来公有大功于国[7],上元中为阉宦所谗,迁延稽命,及代宗嗣位，不俟驾入朝，犹不免族诛。吾岁久衅积，何可往也！”淮宁节度使李希烈屡请讨之，崇义惧，益修武备。流人郭昔告崇义为变，崇义闻之，请罪，上为之杖昔，远流之；使金部员外郎李舟诣襄州谕旨以安之。舟尝奉使诣刘文喜，为陈祸福，文喜囚之，会帐下杀文喜以降，诸道跋扈者闻之，谓舟能覆城杀将。至襄州，崇义恶之。舟又劝崇义入朝，言颇切直，崇义益不悦。及遣使宣慰诸道，舟复诣襄州，崇义拒境不内，上言“军中疑惧，请易以他使”。时两河诸镇方猜阻，上欲示恩信以安之，夏，四月，庚寅，加崇义同平章事，妻子悉加封赏，赐以铁券；遣御史张著赍手诏征之，仍以其裨将蔺杲为邓州刺史。

五月，丙寅，以军兴，增商税为什一。

田悦卒与李正己、李惟岳定计，连兵拒命，遣兵马使孟祐将步骑五千北助惟岳。薛嵩之死也，田承嗣盗据洺、相二州，朝廷独得邢、磁二州及临洺县。悦欲阻山为境，曰：“邢、磁如两眼，在吾腹中，不可不取。”乃遣兵马使康愔将八千人围邢州，别将杨朝光将五千人栅于邯郸西北，以断昭义救兵，悦自将兵数万围临洺。邢州刺史李共、临洺将张伾坚壁拒守。

贝州刺史邢曹俊，田承嗣旧将也，老而有谋，悦宠信牙官扈嵈而疏之。及攻临洺，召曹俊问计。曹俊曰：“兵法十围五攻；尚书以逆犯顺，势更不侔。今顿兵坚城之下，粮竭卒尽，自亡之道也。不若置万兵于崞口以遏西师，则河北二十四州皆为尚书有矣。”诸将恶其异己，共毁之，悦不用其策。

【注释】

①嫠（lí 离）：寡妇。　②偶日：唐朝规定，皇帝只在单日里接受群臣的祝贺。偶日即双日，皇帝找到了太后，非常高兴而一反常规。　③会食：唐朝的制度规定，各位宰相每天都要在政事堂一起吃饭。　④戍关东：唐德宗初年，与吐蕃缔结友好盟约，西部相对平安，而河南、河北一带的藩镇却联合起来抗拒朝廷的命令，关东地区反而不太安宁，必须抽调军队去防范他们。　⑤罂：瓶一类的容器，腹大口小。　⑥溵州：唐建中二年(781)设置，治所在郾城县(今河南漯河市郾城区)。长庆元年(821)废。　⑦来公：即来瑱，曾为梁崇义之上司。

资治通鉴卷第二百二十七

唐纪四十三　起重光作噩六月，尽玄黓阉茂，凡一年有奇。

德宗神武圣文皇帝二

建中二年　六月，庚寅，以浙江东、西观察使、苏州刺史韩滉为润州刺史、浙江东、西节度使，名其军曰镇海。

张著至襄阳，梁崇义益惧，陈兵而见之。蔺杲得诏不敢发，驰见崇义，请命。崇义对著号泣，竟不受诏。著复命。

癸巳，进李希烈爵南平郡王，加汉南、汉北兵马招讨使，督诸道兵讨之。杨炎谏曰："希烈为董秦养子[1]，亲任无比，卒逐秦而夺其位。为人狼戾无亲，无功犹倔强不法，使平崇义，何以制之！"上不听。炎固争之，上益不平。

荆南牙门将吴少诚以取梁崇义之策干李希烈，希烈以少诚为前锋。少诚，幽州潞人也。

时内自关中，西暨蜀、汉，南尽江、淮、闽、越，北至太原，所在出兵，而李正己遣兵扼徐州甬桥、涡口，梁崇义阻兵襄阳，运路皆绝，人心震恐。江、淮进奉船千余艘，泊涡口不敢进。上以和州刺史张万福为濠州刺史。万福驰至涡口，立马岸上，发进奉船，淄青将士停岸睥睨不敢动。

辛丑，汾阳忠武王郭子仪薨。子仪为上将，拥强兵，程元振、鱼朝恩谗谤百端；诏书一纸征之，无不即日就道，由是谗谤不行。尝遣使至田承嗣所，承嗣西望拜之曰："此膝不屈于人若干年矣！"

李灵曜据汴州作乱，公私物过汴者皆留之，惟子仪物不敢近，遣兵卫送出境。校中书令考凡二十四，月入俸钱二万缗，私产不在焉；府库珍货山积。家人三千人，八子、七婿皆为朝廷显官；诸孙数十人，每问安，不能尽辩，颔之而已。仆固怀恩、李怀光、浑瑊辈皆出麾下，虽贵为王公，常颐指役使，趋走于前，家人亦以仆隶视之。天下以其身为安危者殆三十年，功盖天下而主不疑，位极人臣而众不疾，穷奢极欲而人不非之，年八十五而终。其将佐至大官、为名臣者甚众。

壬子，以怀、郑、河阳节度副使李艽为河阳、怀州节度使②，割东畿五县隶焉。

北庭、安西自吐蕃陷河、陇③，隔绝不通，伊西、北庭节度使李元忠、四镇留后郭昕帅将士闭境拒守④，数遣使奉表，皆不达，声问绝者十余年。至是，遣使间道历诸胡自回纥中来，上嘉之。秋，七月，戊午朔，加元忠北庭大都护，赐爵宁塞郡王；以昕为安西大都护、四镇节度使，赐爵武威郡王；将士皆迁七资。元忠姓名，朝廷所赐也，本姓曹，名令忠；昕，子仪弟〔之子〕也。

【注释】

①董秦：即李希烈养父，唐王朝赐其姓名为李忠臣，其为人贪残好色，曾在淮西节度使任上，被其养子李希烈和部将丁暠等赶走，后在朝廷任检校司空、同平章事等职。　②艽（qiú 求）：此为人名。　③安西：即安西府，唐贞观十三年（639）设置，治所在今甘肃临潭县东，为唐代一战略要地。　④伊西：唐代西北部边疆军事防御区域，其范围大概在伊吾县（今新疆哈密市）一带。

李希烈以久雨未进军，上怪之，卢杞密言于上曰："希烈迁延，以杨炎故也。陛下何爱炎一日之名而堕大功；不若暂免炎相以悦之，事平复用，无伤也。"上以为然。庚申，以炎为左仆射，罢政事。以前永平节度使张镒为中书侍郎、同平章事。镒，齐丘之子也。以朔方节度使崔宁为右仆射。

丙子，赠故伊州刺史袁光庭工部尚书。光庭天宝末为伊州刺史，吐蕃陷河、陇，光庭坚守累年，吐蕃百方诱之，不下。粮竭兵尽，城且陷，光庭先杀妻子，然后自焚。郭昕使至，朝廷始知之，故赠官。

辛巳，以邠宁节度使李怀光兼朔方节度使。

癸未，河东节度使马燧，昭义节度使李抱真，神策先锋都知兵马使李晟，大破田悦于临洺。

时悦攻临洺，累月不拔，城中食且尽，府库竭，士卒多死伤。张伾饰其爱女，使出拜将士曰："诸君守战甚苦，伾家无他物，请鬻此女为将士一日之费。"众皆哭，曰："愿尽死力，不敢言赏。"李抱真告急于朝，诏马燧将步骑二万与抱真讨悦，又遣李晟将神策兵与之俱；又诏幽州留后朱滔讨惟岳。

燧等军未出险，先遣使持书谕悦，为好语。悦谓燧畏之，不设备。燧与抱真合兵八万，东下壶关[①]，军于邯郸，击悦支军，破之。悦方急攻临洺，分李惟岳兵五千助杨朝光。明日，燧等进攻朝光栅，悦将万余人救之，燧命大将李自良等御之于双冈[②]，令之曰："悦得过，必斩尔！"自良等力战，悦军却。燧推火车焚朝光栅，斩朝光，获首虏五千余级。居五日，燧等进军至临洺，悦悉众力战，凡百余合，悦兵大败，斩首万余级。悦引兵夜遁，邢州围亦解。

时平卢节度使李正己已薨，子纳秘之，擅领军务。悦求救于纳及李惟岳，纳遣大将卫俊将兵万人，惟岳遣兵三千人救之。悦收合散卒，得二万余人，军于洹水；淄青军其东，成德军其西，首尾相应。马燧帅诸军进屯邺，奏求河阳兵自助；诏河阳节度使李艽将兵会之。

八月，李纳始发丧，奏请袭父位，上不许。

梁崇义发兵至江陵，至四望[③]，大败而归，乃收兵襄、邓。李希烈引军循汉而上，与诸道兵会；崇义遣其将翟晖、杜少诚逆战于蛮水，希烈大破之；追至疏口，又破之。二将请降，希烈使将其众先入襄阳慰谕军民。崇义闭城拒守，守者开门争出，不可禁。崇义与妻赴井死，传首京师。

【注释】

①壶关：又名壶口、吾儿关。即今山西黎城县东北东阳关。 ②双冈：又名卢家疃。在邯郸西北、临洺以西一带。 ③四望：即四望山，又

名大府山。以山势最高，可四处瞭望而得名，在今湖北南漳县南。

范阳节度使朱滔将讨李惟岳，军于莫州。张孝忠将精兵八千守易州，滔遣判官蔡雄说孝忠曰："惟岳乳臭儿，敢拒朝命；今昭义、河东军已破田悦，淮宁李仆射克襄阳，计河南诸军，朝夕北向，恒、魏之亡，可伫立而须也。使君诚能首举易州以归朝廷，则破惟岳之功自使君始，此转祸为福之策也。"孝忠然之，遣牙官程华诣滔，遣录事参军董稹奉表诣阙，滔又上表荐之。上悦。九月，辛酉，以孝忠为成德节度使。命惟岳护丧归朝，惟岳不从。孝忠德滔，为子茂和娶滔女，深相结。

壬戌，加李希烈同平章事。

初，李希烈请讨梁崇义，上对朝士亟称其忠。黜陟使李承自淮西还，言于上曰："希烈必立微功；但恐有功之后，偃蹇不臣，更烦朝廷用兵耳！"上不以为然。

希烈既得襄阳，遂据之为己有，上乃思承言。时承为河中尹，甲子，以承为山南东道节度使[1]。上欲以禁兵送上，承请单骑赴镇。至襄阳，希烈置之外馆，迫胁万方，承誓死不屈，希烈乃大掠阖境所有而去。承治之期年，军府稍完。希烈留牙将于襄州，守其所掠财，由是数有使者往来。承亦遣其腹心臧叔雅往来许、蔡[2]，厚结希烈腹心周曾等，与之阴图希烈。

初，萧嵩家庙临曲江，玄宗以娱游之地，非神灵所宅，命徙之。杨炎为相，恶京兆尹严郢，左迁大理卿。卢杞欲陷炎，引郢为御史大夫。先是，炎将营家庙，有宅在东都，凭河南尹赵惠伯卖之，惠伯买以为官廨，郢按之，以为有羡利。杞召大理正田晋议法，晋以为："律，监临官市买有羡利，以乞取论，当夺官。"杞怒，贬晋衡州司马。更召他吏议法，以为："监主自盗，罪当绞。"炎庙正直萧嵩庙地，杞因谮炎，云"兹地有王气，故玄宗令嵩徙之。炎有异志，故于其地建庙"。冬，十月，乙未，炎自左仆射贬崖州司马。遣中使护送，未至崖州百里，缢杀之。惠伯自河中尹贬费州多田尉[3]。寻亦杀之。

辛巳[4]，册太子妃萧氏。

癸卯，祫太庙[⑤]。先是，太祖既正东向之位，献、懿二祖皆藏西夹室[⑥]，不飨。至是，复奉献祖东向而飨之。

徐州刺史李洧，正己之从父兄也。李纳寇宋州，彭城令太原白季庚说洧举州归国。洧从之，遣摄巡官崔程奉表诣阙，且使口奏，并白宰相，以"徐州不能独抗纳，乞领徐、海、沂三州观察使，况海、沂二州，今皆为纳有。洧与刺史王涉、马万通素有约，苟得朝廷诏书，必能成功。"程自外来，以为宰相一也，先白张镒，镒以告卢杞。杞怒其不先白己，不从其请。戊申，加洧御史大夫，充招谕使。

【注释】

①山南东道：唐开元二十一年(733)分山南道东部而设置，治所在襄州(今湖北襄樊市)，辖境相当于今河南伏牛山、桐柏山西南，陕西秦岭以南，湖北随州、京山、仙桃等县市以西，重庆涪陵、万州区和陕西紫阳、石泉等县以东，长江以北地区。 ②许、蔡：即许州、蔡州。李希烈从襄阳撤出后，先移镇蔡州，后移镇许州。 ③费州：唐贞观年间设置，治所在今贵州思南县。 ④辛巳：查建中二年(781)十月无此日，恐为辛卯或癸巳之误。 ⑤祫(xiá 峡)：古代皇帝或诸侯把远近祖先的牌位集合在太祖庙举行大合祭的一种祭祀活动。 ⑥献、懿二祖：献祖李熙为唐太祖李渊之祖，懿祖李赐为李渊之父。

十一月，戊午，以永乐公主适检校比部郎中田华[①]，上不欲违先志故也。

蜀王傀更名遂[②]。

辛酉，宣武节度使刘洽，神策都知兵马使曲环，滑州刺史襄平李澄，朔方大将唐朝臣，大破淄青、魏博之兵于徐州。

先是，李纳遣其将王温会魏博将信都崇庆共攻徐州，李洧遣牙官温人王智兴诣阙告急。智兴善走，不五日而至。上为之发朔方兵五千人，以朝臣将之，与洽、环、澄共救之。时朔方军资装不至，旗服弊恶，宣武人嗤之曰："乞子能破贼乎！"朝臣以其言激怒士卒，且曰："都统有令，先破贼营者，营中物悉与之。"士皆愤怒争奋。

崇庆、温攻彭城，二旬不能下，请益兵于纳。纳遣其将石隐金将万人助之，与刘洽等相拒于七里沟。日向暮，洽引军稍却，朔方马军使杨朝晟言于唐朝臣曰："公以步兵负山而陈，以待两军，我以骑兵伏于山曲，贼见悬军势孤，必搏之。我以伏兵绝其腰，必败之。"朝臣从之。崇庆等果将骑二千逾桥而西，追击官军，伏兵发，横击之。崇庆等兵中断，狼狈而返，阻桥以拒官军。其兵有争桥不得，涉水而渡者。朝晟指之曰："彼可涉，吾何为不涉！"遂涉水击，据桥者皆走，崇庆等兵大溃。洽等乘之，斩首八千级，溺死过半。朔方军士尽得其辎重，旗服鲜华，乃谓宣武人曰："乞子之功，孰与宋多[③]？"宣武人皆惭。官军乘胜逐北，至徐州城下，魏博、淄青军解围走，江、淮漕运始通。

己巳，诏削李惟岳官爵；募所部降者，赦而赏之。

甲申，淮南节度使陈少游遣兵击海州，其刺史王涉以州降。

十二月，李纳密州刺史马万通乞降；丁酉，以为密州刺史。

崔汉衡至吐蕃，赞普以敕书称贡献及赐，全以臣礼见处。又，云州之西[④]，当以贺兰山为境，邀汉衡更请之。丁未，汉衡遣判官与吐蕃使者入奏。上为之改敕书、境土，皆如其请。

加马燧魏博招讨使。

【注释】

①以永乐公主句：唐代宗大历九年（774），为了笼络势力强大的地方割据力量、魏博节度使田承嗣，答应将皇女永乐公主许配给田承嗣的儿子田华。　②傀（guī 归）：此为人名。　③宋：唐德宗初期，以宋州、亳州等地划属宣武军，宋州刺史刘洽担任宣武节度使，故宋指宣武军的兵士。　④云州：应为灵州。

三年　春，正月，河阳节度使李艽〔芃〕引兵逼卫州，田悦守将任履虚诈降，既而复叛。

马燧等诸军屯于漳滨。田悦遣其将王光进筑月城以守长桥，诸军不得渡。燧以铁锁连车数百乘，实以土囊，塞其下流，水浅，诸军涉渡。时军中乏粮，悦等深壁不战。燧命诸军持十日粮，进屯仓口，与悦夹洹水而军[①]。李抱真、李艽问曰："粮少而深入，何也?"燧曰:"粮少则利速战,今三镇连兵不战,欲以老我师。我若分军击其左右,悦必救之,则我腹背受敌,战必不利。故进军逼悦,所谓攻其所必救也。彼苟出战,必为诸君破之。"乃为三桥逾洹水,日往挑战,悦不出。燧令诸军夜半起食,潜师循洹水直趋魏州,令曰:"贼至,则止为陈。"留百骑击鼓鸣角于营中,仍抱薪持火,俟诸军毕发,则止鼓角匿其旁。俟悦军毕渡,焚其桥。军行十里所,悦闻之,帅淄青、成德步骑四万逾桥掩其后,乘风纵火,鼓噪而进。燧按兵不动,先除其前草莽百步为战场,结陈以待之,募勇士五千余人为前列。悦军至,火止,气衰,燧纵兵击之,悦军大败。神策、昭义、河阳军小却,见河东军捷,还斗,又破之。追奔至,三桥已焚,悦军乱,赴水溺死不可胜纪,斩首二万余级,捕虏三千余人,尸相枕藉三十余里。

悦收余兵千余人走魏州。马燧与李抱真不协,顿兵平邑浮图,迁延不进。悦夜至南郭,大将李长春闭关不内,以俟官军,久之,天且明,长春乃开门纳之。悦杀长春,婴城拒守。城中士卒不满数千,死者亲戚,号哭满街。悦忧惧,乃持佩刀,乘马立府门外,悉集军民,流涕言曰:"悦不肖,蒙淄青、成德二丈人保荐,嗣守伯父业,今二丈人即世,其子不得承袭,悦不敢忘二丈人大恩,不量其力,辄拒朝命,丧败至此,使士大夫肝脑涂地,皆悦之罪也。悦有老母,不能自杀,愿诸公以此刀断悦首,提出城降马仆射[②],自取富贵,无为与悦俱死也!"因从马上自投地。将士争前抱持悦曰:"尚书举兵徇义,非私己也。一胜一负,兵家之常。某辈累世受恩,何忍闻此!愿奉尚书一战,不胜则以死继之。"悦曰:"诸公不以悦丧败而弃之,悦虽死,敢忘厚意于地下!"乃与诸将各断发,约为兄弟,誓同生死。悉出府库所有及敛富民之财,得百余万,以赏士卒,众心始定。复召贝州刺史邢曹俊,使之整部伍,缮守备,军势复振。

李纳军于濮阳[③],为河南军所逼,奔还濮州,征援兵于魏州。田悦遣军使符璘将三百骑送之,璘父令奇谓璘曰:"吾老矣,历观安、史辈叛乱者,今皆安在!田氏能久乎!汝因此弃逆从顺,是汝扬父名于后世也。"啮臂而别[④]。璘遂与其副李瑶帅众降于马燧。

悦收族其家,令奇慢骂而死。瑶父再春以博州降,悦从兄昂以洺州降,王光进以长桥降。悦入城旬余日,马燧等诸军始至城下,攻之,不克。

【注释】

①洹水:即今河南北部卫河支流安阳河。 ②马仆射:即河东节度使马燧。 ③濮阳:即濮阳郡,治所在濮阳县(今河南濮阳市西南),西晋末年设置、隋开皇十六年(596)改为濮州,唐天宝初年改为濮阳郡,乾元初又改为濮州。 ④啮(niè 涅):咬。

丙寅,李惟岳遣兵与孟祐守束鹿[①],朱滔、张孝忠攻拔之,进围深州。惟岳忧惧,掌书记邵真复说惟岳,密为表,先遣弟惟简入朝;然后诛诸将之不从命者,身自入朝,使妻父冀州刺史郑诜权知节度事,以待朝命。惟简既行,孟祐知其谋,密遣告田悦。悦大怒,使衙官扈岌往见惟岳,让之曰:"尚书举兵,正为大夫求旌节耳,非为己也。今大夫乃信邵真之言,遣弟奉表,悉以反逆之罪归尚书,自求雪身,尚书何负于大夫而至此邪!若相为斩邵真,则相待如初;不然,当与大夫绝矣。"判官毕华言于惟岳曰:"田尚书以大夫之故陷身重围,大夫一旦负之,不义甚矣。且魏博、淄青兵强食富,足抗天下,事未可知,奈何遽为二三之计乎!"惟岳素怯,不能守前计,乃引邵真,对扈岌斩之。发成德兵万人,与孟祐俱围束鹿。丙寅,朱滔、张孝忠与战于束鹿城下,惟岳大败,烧营而遁。

兵马使王武俊为左右所构,惟岳疑之,惜其才,未忍除也。束鹿之战,使武俊为前锋,私自谋曰:"我破朱滔,则惟岳军势大振,归,杀我必矣。"故战不甚力而败。

朱滔欲乘胜攻恒州,张孝忠引兵西北,军于义丰[②]。滔大惊,孝忠将佐皆怪之,孝忠曰:"恒州宿将尚多,未易可轻。迫之则并力死斗,缓之则自相图。诸君第观之,吾军义丰,坐待惟岳之殄灭耳。且朱司徒言大而识浅,可与共始,难与共终也!"于是滔亦屯束鹿,不敢进。

惟岳将康日知以赵州归国,惟岳益疑王武俊,武俊甚惧。或谓惟岳曰:"先相公委腹心于武俊,使之辅佐大夫,又有骨肉之亲。

武俊勇冠三军，今危难之际，复加猜阻。若无武俊，欲使谁为大夫却敌乎！”惟岳以为然，乃使步军使卫常宁与武俊共击赵州，又使王士真将兵宿府中以自卫。

癸未，蜀王遂更名遡。

淮南节度使陈少游拔海、密二州，李纳复攻陷之。

王武俊既出恒州，谓卫常宁曰：“武俊今幸出虎口，不复归矣！当北归张尚书。”常宁曰：“大夫暗弱，信任左右，观其势终为朱滔所灭。今天子有诏，得大夫首者，以其官爵与之。中丞素为众所服，与其出亡，曷若倒戈以取大夫，转祸为福，特反掌耳。事苟不捷，归张尚书，未晚也。”武俊深以为然。会惟岳使要藉谢遵至赵州城下[3]，武俊引遵同谋取惟岳。遵还，密告王士真。闰月，甲辰，武俊、常宁自赵州引兵还袭惟岳。遵与士真矫惟岳命，启城门内之。黎明，武俊帅数百骑突入府门。士真应之于内，杀十余人。武俊令曰：“大夫叛逆，将士归顺，敢违拒者族！”众莫敢动。遂执惟岳，收郑诜、毕华、王他奴等，皆杀之。武俊以惟岳旧使之子，欲生送之长安。常宁曰：“彼见天子，将复以叛逆之罪归咎于中丞。”乃缢杀之，传首京师。深州刺史杨荣国，惟岳姊夫也，降于朱滔，滔使复其位。

【注释】

①束鹿：即束鹿县。唐至德元年（756）改鹿城县置，治所即今河北辛集市东北旧城。　②义丰：即义丰县。隋开皇六年（586）设置，治所在今河北安国市。唐万岁通天二年（697）改为立节县，神龙元年（705）年复为义丰县。　③要藉：官名，唐代各节度使中的官职，地位比较重要，多半都由节度使的心腹僚佐担任。

复榷天下酒[1]，惟西京不榷。

二月，戊午，李惟岳所署定州刺史杨政义降[2]。时河北略定，惟魏州未下；河南诸军攻李纳于濮州，纳势日蹙。朝廷谓天下不日可平。甲子，以张孝忠为易、定、沧三州节度使，王武俊为恒冀都团练观察使，康日知为深赵都团练观察使，以德、棣二州隶朱滔[3]，令还镇。滔固请深州，不许，由是怨望，留屯深州。王武俊素轻张孝忠，自以手诛李惟岳，功在康日知上，而孝忠为节度使，己与康日知俱为都团练使，又失赵、定二州，亦不悦。又诏以粮三千石给朱滔，马五百匹给马燧。武俊以为朝廷不欲使故人为节度使，魏博既下，必取恒冀，故先分其粮马以弱之，疑，未肯奉诏。

田悦闻之，遣判官王侑、许士则间道至深州，说朱滔曰："司徒奉诏讨李惟岳，旬朔之间，拔束鹿，下深州，惟岳势蹙，故王大夫因司徒胜势，得以枭惟岳之首，此皆司徒之功也。又天子明下诏书，令司徒得惟岳城邑，皆隶本镇。今乃割深州以与日知，是自弃其信也。且今上志欲扫清河朔，不使藩镇承袭，将悉以文臣代武臣。魏亡，则燕、赵为之次矣；若魏存，则燕、赵无患。然则司徒果有意矜魏博之危而救之，非徒得存亡继绝之义，亦子孙万世之利也。"又许以贝州赂滔。滔素有异志，闻之，大喜，即遣王侑归报魏州，使将士知有外援，各自坚。又遣判官王郅与许士则俱诣恒州，说王武俊曰："大夫出万死之计，诛逆首，拔乱根，康日知不出赵州，岂得与大夫同日论功！而朝廷褒赏略同，谁不为大夫愤邑者！今又闻有诏支粮马与邻道，朝廷之意，盖以大夫善战，恐为后患，先欲贫弱军府，俟平魏之日，使马仆射北首，朱司徒南向，共相灭耳。朱司徒亦不敢自保，使郅等效愚计，欲与大夫共救田尚书而存之。大夫自留粮马以供军；朱司徒不欲以深州与康日知，愿以与大夫，请早定刺史以守之。三镇连兵，若耳目手足之相救，则他日永无患矣！"武俊亦喜，许诺，即遣判官王巨源使于滔，且令知深州事，相与刻日举兵南向。滔又遣人说张孝忠，孝忠不从。

【注释】

①榷(què 却)：专营、专卖。　②定州：北魏天兴三年(400)改安州而设置，治所在卢奴县(北齐改为安喜县，即今河北定州市)。隋大业三年(607)改为博陵郡，九年又改为高阳郡，唐武德四年(621)复为定州，天宝初改为博陵郡，乾元初复为定州。　③德、棣：即德州和棣州。德州，隋开皇九年(589)设置，治所在安德县(今山东德州市陵城区)。大业初年改为平原郡。后几经更改，唐乾元元年(758)复为德州。棣州，隋开皇六年(586)设置，治所在阳信县(今山东阳信县西南)。后几经废改，唐贞观十七年(643)复置，移治厌次县(今山东惠民县东南)。

宣武节度使刘洽攻李纳于濮州，克其外城。纳于城上涕泣求自新，李勉又遣人说之。癸卯[1]，纳遣其判官房说以其母弟经及子成务入见。会中使宋凤朝称纳势穷蹙，不可舍，上乃囚说等于禁中，纳遂归郓州，复与田悦等合。朝廷以纳势未衰，三月，乙未，始以徐州刺史李洧兼徐、海、沂都团练观察使，海、沂已为纳所据，洧竟无所得。

李纳之初反也，其所署德州刺史李西华备守甚严，都虞候李士真密毁西华于纳，纳召西华还府，以士真代之。士真又以诈召棣州刺史李长卿，长卿过德州，士真劫之，与同归国。夏，四月，戊午，以士真、长卿为二州刺史。士真求援于朱滔，滔已有异志，遣大将李济时将三千人声言助士真守德州，且召士真诣深州议军事，至则留之，使济时领州事。

庚申，吐蕃归向日所俘掠兵民八百人。

上遣中使发卢龙、恒冀、易定兵万人诣魏州讨田悦[2]。王武俊不受诏，执使者送朱滔。滔言于众曰："将士有功者，吾奏求官勋，皆不遂。今欲与诸君敕装共趋魏州，击破马燧以取温饱，何如？"皆不应。三问，乃曰："幽州之人，自安、史之反，从而南者无一人得还，今其遗人痛入骨髓。况太尉、司徒皆受国宠荣，将士亦各蒙官勋，诚且愿保目前，不敢复有侥冀。"滔默然而罢。乃诛大将数十人，厚抚循其士卒。

康日知闻其谋，以告马燧，燧以闻。上以魏州未下，王武俊复叛，力未能制滔，壬戌，赐滔爵通义郡王，冀以安之。滔反谋益甚，分兵营于赵州以逼康日知，以深州授王巨源，武俊以其子士真为恒、冀、深三州留后，将兵围赵州。

涿州刺史刘怦闻滔欲救田悦[3]，以书谏之曰："今昌平故里，朝廷改为太尉乡[4]、司徒里[5]，此亦丈夫不朽之名也。但以忠顺自持，则事无不济。窃思近日务大乐战，不顾成败而家灭身屠者，安、史是也。怦忝密亲，默而无告，是负重知。惟司徒图之，无贻后悔。"滔虽不用其言，亦嘉其尽忠，卒无疑贰。

滔将起兵，恐张孝忠为后患，复遣牙官蔡雄往说之。孝忠曰：

"昔者司徒发幽州,遣人语孝忠曰:'李惟岳负恩为逆',谓孝忠归国即为忠臣。孝忠性直,用司徒之教。今既为忠臣矣,不复助逆也。且孝忠与武俊皆出夷落[6],深知其心最喜翻覆。司徒勿忘鄙言,他日必相念矣!"雄复欲以巧辞说之,孝忠怒,欲执送京师。雄惧,逃归。滔乃使刘怦将兵屯要害以备之。孝忠完城砺兵,独居强寇之间,莫之能屈。

滔将步骑二万五千发深州,至束鹿。诘旦将行[7],吹角未毕,士卒忽大乱,喧噪曰:"天子令司徒归幽州,奈何违敕南救田悦!"滔大惧,走入驿后堂避匿。蔡雄与兵马使宗项等矫谓士卒曰:"汝辈勿喧,听司徒传令。"众稍止。雄又曰:"司徒将发范阳,恩旨令得李惟岳州县即有之,司徒以幽州少丝纩[8],故与汝曹竭力血战以取深州,冀得其丝纩以宽汝曹赋率,不意国家无信,复以深州与康日知。又,朝廷以汝曹有功,赐绢人十匹,至魏州西境,尽为马仆射所夺。司徒但处范阳,富贵足矣,今兹南行,乃为汝曹,非自为也。汝曹不欲南行,任自归北,何用喧悖,乖失军礼!"众闻言,不知所为,乃曰:"敕使何得不为军士守护赏物!"遂入敕使院[9],擘裂杀之。又呼曰:"虽知司徒此行为士卒,终不如且奉诏归镇。"雄曰:"然则汝曹各还部伍,诘朝复往深州,休息数日,相与归镇耳。"众然后定。滔即引军还深州,密令诸将访察唱率为乱者,得二百余人,悉斩之,余众股栗。乃复举兵而南,众莫敢前却。进,取宁晋,留屯以待王武俊。武俊将步骑万五千取元氏,东趣宁晋。

武俊之始诛李惟岳也,遣判官孟华入见。上问以河朔利害,华性忠直,有才略,应对慷慨;上悦,以为恒冀团练副使。会武俊与朱滔有异谋,上遽遣华归谕旨。华至,武俊已出师,华谏曰:"圣意于大夫甚厚,苟尽忠义,何患官爵之不崇,土地之不广,不日天子必移康中丞于他镇,深、赵终为大夫之有,何苦遽自同于逆乱乎!异日无成,悔之何及!"华向在李宝臣幕府,以直道已为同列所忌,至是为副使,同列尤疾之,言于武俊曰:"华以军中阴事奏天子,请为内应,故得超迁。是将覆大夫之军,大夫宜备之。"武俊以其旧人,不忍杀,夺职,使归私第。

田悦恃援兵将至,遣其将康愔将万余人出城西,与马燧等战于御河上[10]，大败而还。

【注释】

①癸卯：建中三年（782）二月无癸卯日，当为己卯或癸未之误。②易定：即易州和定州。易州，隋开皇元年（581）改南营州设置，治所在今河北易县。 ③涿州：唐大历四年（769）设置，治所在范阳县（今河北涿州市）。 ④太尉：这里指朱滔的哥哥朱泚。 ⑤司徒：这里指朱滔。 ⑥夷落：当时对契丹一带少数民族部落的称谓。 ⑦诘旦：第二天早晨。 ⑧纩（kuàng 矿）：棉絮。 ⑨敕使院：当时军队中一般都有一处专门的居室，由前来传达皇帝命令的朝廷使者居住，这一地方称敕使院。 ⑩御河：今河南、河北两省境内的卫河，是隋炀帝时期开凿的永济渠的一段。

时两河用兵，月费百余万缗，府库不支数月。太常博士韦都宾、陈京建议，以为："货利所聚，皆在富商，请括富商钱，出万缗者，借其余以供军。计天下不过借一二千商，则数年之用足矣。"上从之。甲子，诏借商人钱，令度支条上。判度支杜佑大索长安中商贾所有货，意其不实，辄加搒捶。人不胜苦，有缢死者，长安嚣然如被寇盗。计所得才八十余万缗。又括僦柜质钱[1]，凡蓄积钱帛粟麦者，皆借四分之一，封其柜窖。百姓为之罢市，相帅遮宰相马自诉，以千万数。卢杞始慰谕之，势不可遏，乃疾驱自他道归。计并借商所得，才二百万缗，人已竭矣。京，叔明之五世孙也。

甲戌，以昭义节度副使、磁州刺史卢玄卿为洺州刺史兼魏博招讨副使。

初，李抱真为泽潞节度使，马燧领河阳三城。抱真欲杀怀州刺史杨鉥，鉥奔燧，燧纳之，且奏其无罪，抱真怒。及同讨田悦，数以事相恨望，二人怨隙遂深，不复相见。由是诸军逗桡，久无成功，上数遣中使和解之。及王武俊逼赵州，抱真分麾下二千人戍邢州，燧大怒曰："余贼未除，宜相与戮力，乃分兵自守其地，我宁得独战邪！"欲引兵归。李晟说燧曰："李尚书以邢、赵连壤，分兵守之，诚未有害。今公遽自引去，众谓公何！"燧悦，乃单骑造抱真垒，相与释憾结欢。会洺州刺史田昂请入朝，燧奏以洺州隶抱真，请玄卿为刺史，兼充招讨之副。李晟军先隶抱真，又请兼隶燧，以示协和。上皆从之。

卢龙节度行军司马蔡廷玉恶判官郑云逵，言于朱泚，奏贬莫州参军[②]。云逵妻，朱滔之女也，滔复奏为掌书记。云逵深构廷玉于滔，廷玉又与检校大理少卿朱体微言于泚曰："滔在幽镇，事多专擅，其性非长者，不可以兵权付之。"滔知之，大怒，数与泚书，请杀二人者，泚不从；由是兄弟颇有隙。及滔拒命，上欲归罪于廷玉等以悦滔，甲子，贬廷玉柳州司户，体微万州南浦尉[③]。

宣武节度使刘洽攻李纳之濮阳，降其守将高彦昭。

【注释】

①僦柜：唐宋时期为客商存放钱物的一种设施。唐代城市中，商人们为了钱财物品的安全和避免转运麻烦，多存放在僦柜这种设施中。②莫州：唐开元十三年(725)改鄚州为莫州，治所在莫县(今河北任丘市北)。　③万州南浦：万州，唐贞观八年(634)以浦州改名，治所在南浦县(今重庆万州区)。天宝初年改为南浦郡，乾元初年复为万州。南浦，即南浦县，三国蜀汉建兴八年(230)以羊渠县改名，治所在今重庆万州区，后多有改移，隋开皇十八年(598)改为南浦县。

朱滔遣人以蜡书置髻中遗朱泚，欲与同反。马燧获之，并使者送长安，泚不之知。上驿召泚于凤翔，至，以蜡书并使者示之，泚惶恐顿首请罪。上曰："相去千里，初不同谋，非卿之罪也。"因留之长安私第，赐名园、腴田、锦彩、金银甚厚，以安其意；其幽州、卢龙节度、太尉、中书令并如故。

上以幽州兵在凤翔，思得重臣代之。卢杞忌张镒忠直，为上所重，欲出之于外，己得专总朝政，乃对曰："朱泚名位素崇，凤翔将校班秩已高，非宰相信臣，无以镇抚，臣请自行。"上俯首未言，杞又曰："陛下必以臣貌寝，不为三军所伏，固惟陛下神算。"上乃顾镒曰："才兼文武，望重内外，无以易卿。"镒知为杞所排而无辞以免，因再拜受命。戊寅，以镒兼凤翔尹、陇右节度等使。

初，卢杞与御史大夫严郢共构杨炎、赵惠伯之狱，炎死，杞复忌郢。会蔡廷玉等贬官，殿中侍御史郑詹误递文符至昭应送之，廷玉等行已至蓝田，召还而东，廷玉等以为执己送朱滔，至灵宝西①，赴河死。上闻之，骇异，卢杞因奏："朱泚必疑以为诏旨，请遣三司使案詹②。"又言："御史所为，必禀大夫，请并郢案之。"狱未具，壬午，杞奏杖杀詹于京兆府；贬郢费州刺史，卒于贬所。

上初即位，崔祐甫为相，务崇宽大，故当时政声蔼然，以为有贞观之风。及卢杞为相，知上性多忌，因以疑似离间群臣，始劝上以严刻御下，中外失望。

淮南节度使陈少游奏，本道税钱每千请增二百。五月，丙戌，诏增他道税钱皆如淮南；又盐每斗价皆增百钱。

朱滔、王武俊自宁晋南救魏州，辛卯，诏朔方节度使李怀光将朔方及神策步骑万五千人东讨田悦，且拒滔等。滔行至宗城③，掌书记郑云逵、参谋田景仙弃滔来降。

丁酉，加河东节度使马燧同平章事。

辛亥，置义武军节度于定州，以易、定、沧三州隶之。

张光晟之杀突董也，上欲遂绝回纥，召册可汗使源休还太原。久之，乃复遣休送突董及翳密施、大、小梅录等四丧还其国，可汗遣其宰相颉子斯迦等迎之。颉子斯迦坐大帐，立休等于帐前雪中，诘以杀突董之状，欲杀者数四，供待甚薄，留五十余日，乃得归。可汗使人谓之曰："国人皆欲杀汝以偿怨，我意则不然。汝国已杀突董等，我又杀汝，如以血洗血，污益甚耳！今吾以水洗血，不亦善乎！唐负我马直绢百八十万匹，当速归之。"遣其散支将军康赤心随休入见，休竟不得见可汗而还。六月，己卯，至长安，诏以帛十万匹、金银十万两偿其马直。休有口辩，卢杞恐其见上得幸，乘其未至，先除光禄卿。

【注释】

①灵宝：即灵宝县，汉代为弘农县，唐代开元末年改为灵宝县，治所在今河南灵宝市境内。 ②三司使：即唐代中书省、门下省和御史台三个重要机构的长官。 ③宗城：即宗城县，隋仁寿元年(601)改广宗县设置，治所在今河北威县东。

朱滔、王武俊军至魏州，田悦具牛酒出迎，魏人欢呼动地。滔营于惬山，是日，李怀光军亦至，马燧等盛军容迎之。滔以为袭己，遽出陈。怀光勇而无谋，欲乘其营垒未就击之。燧请且休将士，观衅而动，怀光曰："彼营垒既立，将为后患，此时不可失也。"遂击滔于惬山之西，杀步卒千余人，滔军崩沮。怀光按辔观之，有喜色。士卒争入滔营取宝货，王武俊引二千骑横冲怀光军，军分为二。滔引兵继之，官军大败，蹙入永济渠溺死者不可胜数，人相蹈藉，其积如山，水为之不流，马燧等各收军保垒。是夕，滔等堰永济渠入王莽故河[①]，绝官军粮道及归路，明日，水深三尺余。马燧惧，遣使卑辞谢滔，求与诸节度归本道，奏天子，请以河北事委五郎处之[②]。滔欲许之，王武俊以为不可。滔不从。秋七月，燧与诸军涉水而西，退保魏县以拒滔，滔乃谢武俊，武俊由是恨滔。后数日，滔等亦引兵营魏县东南[③]，与官军隔水相拒。

李纳求救于滔等，滔遣魏博兵马使信都承庆将兵助之。纳攻宋州，不克，遣兵马使李克信、李钦遥戍濮阳、南华以拒刘洽[④]。

甲辰，以淮宁节度使李希烈兼平卢、淄青、兖郓、登莱[⑤]、齐州节度使[⑥]，讨李纳。又以河东节度使马燧兼魏博、澶相节度使。加朔方、邠宁节度使李怀光同平章事。

神策行营招讨使李晟请以所将兵北解赵州之围，与张孝忠分势图范阳，上许之，晟自魏州引兵北趋赵州，王士真解围去。晟留赵州三日，与孝忠合兵北略恒州。

演州司马李孟秋举兵反[⑦]，自称安南节度使。安南都护辅良交讨斩之[⑧]。

八月，丁未[⑨]，置汴东、西水陆运、两税、盐铁使二人，度支总其大要而已。

辛酉，以泾原留后姚令言为节度使。

卢杞恶太子太师颜真卿，欲出之于外。真卿谓杞曰："先中丞传首至平原，真卿以舌舐面血。今相公忍不相容乎！"杞矍然起拜，然恨之益甚。

九月，癸卯，殿中少监崔汉衡自吐蕃归，赞普遣其臣区颊赞随汉衡入见。

冬,十月,辛亥,以湖南观察使曹王皋为江南西道节度使。皋至洪州,悉集将佐,简阅其才,得牙将伊慎、王锷等,擢为大将,引荆襄判官许孟容置幕府。慎,兖州人;孟容,长安人也。

慎常从李希烈讨梁崇义,希烈爱其才,欲留之,慎逃归。希烈闻皋用慎,恐为己患,遗慎七属甲,诈为复书,坠之境上。上闻之,遣中使即军中斩慎,皋为之论雪;未报。会江贼三千余众入寇,皋遣慎击贼自赎;慎击破之,斩首数百级而还,由是得免。

卢杞秉政,知上必更立相,恐其分己权,乘间荐吏部侍郎关播儒厚,可以镇风俗。丙辰,以播为中书侍郎、同平章事。政事皆决于杞,播等敛衽无所可否。上尝从容与宰相论事,播意有所不可,起立欲言,杞目之而止。还至中书,杞谓播曰:"以足下端悫少言,故相引至此,向者奈何发口欲言邪!"播自是不复敢言。

戊辰,遣都官员外郎河中樊泽使于吐蕃,告以结盟之期。

丙子,肃王详薨。

十一月,己卯朔,加淮南节度使陈少游同平章事。

田悦德朱滔之救,与王武俊议奉滔为主,称臣事之,滔不可,曰:"惬山之捷,皆大夫二兄之力,滔何敢独居尊位!"于是幽州判官李子千、恒冀判官郑濡等共议:"请与郓州李大夫为四国,俱称王而不改年号,如昔诸侯奉周家正朔。筑坛同盟,有不如约者,众共伐之。不然,岂得常为叛臣,茫然无主,用兵既无名,有功无官爵为赏,使将吏何所依归乎!"滔等皆以为然。滔乃自称冀王,田悦称魏王,王武俊称赵王,仍请李纳称齐王。是日,滔等筑坛于军中,告天而受之。滔为盟主,称孤;武俊、悦、纳称寡人。所居堂曰殿,处分曰令,群下上书曰笺,妻曰妃,长子曰世子。各以其所治州为府,置留守兼元帅,以军政委之;又置东西曹,视门下、中书省;左右内史,视侍中、中书令;余官皆仿天朝而易其名。

武俊以孟华为司礼尚书,华竟不受,呕血死。以兵马使卫常宁为内史监,委以军事。常宁谋杀武俊,武俊腰斩之。武俊遣其将张终葵寇赵州,康日知击斩之。

李希烈帅所部兵三万徙镇许州,遣所亲诣李纳,与谋共袭汴州。遣使告李勉,云已兼领淄青,欲假道之官。勉为之治桥、具馔以待之,而严为之备。希烈竟不至,又密与朱滔等交通,纳亦数遣游兵渡汴以迎希烈。由是东南转输者皆不敢由汴渠,自蔡水而上。

十二月,丁丑,李希烈自称天下都元帅、太尉、建兴王。时朱滔等与官军相拒累月,官军有度支馈粮,诸道益兵,而滔与王武俊孤军深入,专仰给于田悦,客主日益困弊。闻李希烈军势甚盛,颇怨望,乃相与谋遣使诣许州,劝希烈称帝,希烈由是自称天下都元帅。

司天少监徐承嗣请更造《建中正元历》,从之。

【注释】

①王莽故河:古时黄河水患严重,为害甚大,在龙门一带曾有漯川、北渎两河引黄河水,北渎在王莽时期塞绝,因称王莽故河。 ②五郎:即朱滔。朱滔排行第五,五郎是对他的尊称。 ③魏县:西汉设置,治所在今河北大名县西南。后废,隋开皇六年(586)复置,唐天宝三年(744)移治今大名县西北。 ④南华:即南华县。唐天宝元年(742)以离狐县改名,治所在今山东菏泽市境。 ⑤登莱:即登州和莱州。 ⑥齐州:北魏皇兴三年(469)改冀州设置,治所在历城县(今山东济南市),后反复改名,唐乾元初复为齐州。 ⑦演州:唐贞观元年(627)以驩州改置,治所在安人县(今越南义静省演州西安城),后移治所忠义县(今越南义静省演州)。 ⑧安南都护:安南都护府的军政长官。安南都护府为唐调露元年(679)改交州都督府置,治所在宋平县(今越南河内市),辖境约北边包括今云南红河、文山、广南等县以南,南至越南河静、广平省界,东有广西那坡、靖西、龙州、宁明等县一部分。 ⑨丁未:按《旧唐书·德宗本纪》为建中三年(782)八月丁未,查《二十史朔闰表》八月无丁未日,恐为丁巳日之误。

资治通鉴卷第二百二十八

唐纪四十四　起昭阳大渊献正月，尽十月，不满一年。

德宗神武圣文皇帝三

建中四年　春，正月，丁亥，陇右节度使张镒与吐蕃尚结赞盟于清水[①]。

庚寅，李希烈遣其将李克诚袭陷汝州，执别驾李元平。元平，本湖南判官，薄有才艺，性疏傲，敢大言，好论兵。中书侍郎关播奇之，荐于上，以为将相之器，以汝州距许州最近，擢元平为汝州别驾，知州事。元平至州，即募工徒治城。希烈阴使壮士往应募执役，入数百人，元平不之觉。希烈遣克诚将数百骑突至城下，应募者应之于内，缚元平驰去。元平为人眇小，无须，见希烈恐惧，便液污地。希烈骂之曰："盲宰相以汝当我，何相轻也！"以判官周晃为汝州刺史，又遣别将董待名等四出抄掠，取尉氏，围郑州，官军数为所败。逻骑西至彭婆[②]，东都士民震骇，窜匿山谷。留守郑叔则入保西苑。

上问计于卢杞，对曰："希烈年少骁将，恃功骄慢，将佐莫敢谏止。诚得儒雅重臣，奉宣圣泽，为陈逆顺祸福，希烈必革心悔过，可不劳军旅而服。颜真卿三朝旧臣，忠直刚决，名重海内，人所信服，真其人也！"上以为然。甲午，命真卿诣许州宣慰希烈，诏下，举朝失色。

真卿乘驿至东都，郑叔则曰："往必不免，宜少留，须后命。"真卿曰："君命也，将焉避之！"遂行。李勉表言："失一元老，为国家羞，请留之。"又使人邀真卿于道，不及。真卿与其子书，但敕以"奉家庙，抚诸孤"而已。至许州，欲宣诏旨，希烈使其养子千余人环绕慢骂。拔刃拟之，为将钊啖之势[③]。真卿足不移，色不变。希烈遽以身蔽之，麾众令退，馆真卿而礼之。希烈欲遣真卿还，会李元平在座，真卿责之，元平惭而起，以密启白希烈。希烈意遂变，留真卿不遣。

朱滔、王武俊、田悦、李纳各遣使诣希烈，上表称臣，劝进。使者拜舞于希烈前，说希烈曰："朝廷诛灭功臣，失信天下。都统英武自天，功烈盖世，已为朝廷所猜忌，将有韩、白之祸[④]，愿亟称尊号，使四海臣民知有所归。"希烈召颜真卿示之曰："今四王遣使见推，不谋而同，太师观此事势，岂吾独为朝廷所忌无所自容邪！"真卿曰："此乃四凶，何谓四王！相公不自保功业，为唐忠臣，乃与乱臣贼子相从，求与之同覆灭邪！"希烈不悦，扶真卿出。他日，又与四使同宴，四使曰："久闻太师重望，今都统将称大号而太师适至，是天以宰相赐都统也。"真卿叱之曰："何谓宰相！汝知有骂安禄山而死者颜杲卿乎？乃吾兄也。吾年八十，知守节而死耳，岂受汝曹诱胁乎！"四使不敢复言。希烈乃使甲士十人守真卿于馆舍，掘坎于庭，云欲坑之。真卿怡然，见希烈曰："死生已定，何必多端！亟以一剑相与，岂不快公心事邪！"希烈乃谢之。

【注释】

①清水：即清水县。西汉时期设置，治所在今甘肃清水县西北。后有兴废。五代唐长兴元年（930）移治今甘肃天水市。　②彭婆：即彭婆镇。在今河南伊川县东北。　③钊（tuán 团）：割、截断。　④韩、白之祸：韩即韩信，西汉开国功臣。白即白起，战国时期秦国人。二人均有勇有谋，英勇善战，屡立战功。后均因功大勋高受嫉恨，被陷害致死。韩、白之祸即指此。

戊戌，以左龙武大将军哥舒曜为东都、汝州节度使，将凤翔、邠宁、泾原、奉天、好畤行营兵万余人讨希烈[①]，又诏诸道共讨之。曜行至郏城[②]，遇希烈前锋将陈利贞，击破之。希烈势小沮。曜，翰之子也。

希烈使其将封有麟据邓州，南路遂绝，贡献、商旅皆不通。壬寅，诏治上津山路[3]，置邮驿。

二月，戊申朔，命鸿胪卿崔汉衡送区颊赞还吐蕃。

丙寅，以河阳三城、怀、卫州为河阳军。

丁卯，哥舒曜克汝州，擒周晃。

三月，戊寅，江西节度使曹王皋败李希烈将韩霜露于黄梅[4]，斩之。辛卯，拔黄州[5]。时希烈兵栅蔡山，险不可攻。皋声言西取蕲州[6]，引舟师溯江而上，希烈之将引兵循江随战。去蔡山三百余里，皋乃复放舟顺流而下，急攻蔡山，拔之。希烈兵还救之，不及而败。皋遂进拔蕲州，表伊慎为蕲州刺史，王锷为江州刺史[7]。

淮宁都虞候周曾、镇遏兵马使王玢、押牙姚憺、韦清密输款于李勉。李希烈遣曾与十将康秀琳将兵三万攻哥舒曜，至襄城[8]，曾等密谋还军袭希烈，奉颜真卿为节度使，使玢、憺、清为内应。希烈知之，遣别将李克诚将骡军三千人袭曾等，杀之，并杀玢、憺及其党。甲午，诏赠曾等官。始，韦清与曾等约，事泄不相引，故独得免。清恐终及祸，说希烈请诣朱滔乞师，希烈遣之，行至襄邑[9]，逃奔刘洽。希烈闻周曾等有变，闭壁数日。其党寇尉氏、郑州者闻之，亦遁归。希烈乃上表归咎于周曾等，引兵还蔡州，外示悔过从顺，实待朱滔等之援也。置颜真卿于龙兴寺。

丁酉，荆南节度使张伯仪与淮宁兵战于安州[10]，官军大败，伯仪仅以身免，亡其所持节。希烈使人以其节及俘馘示颜真卿。真卿号恸投地，绝而复苏，自是不复与人言。

夏，四月，上以神策军使白志贞为京城召募使，募禁兵以讨李希烈。志贞请诸尝为节度、观察、都团练使者，不问存没，并勒其子弟帅奴马自备资装从军，授以五品官。贫者甚苦之，人心始摇。

上命宰相、尚书与吐蕃区颊赞盟于丰邑里[11]，区颊赞以清水之盟，疆埸未定，不果盟。己未，命崔汉衡入吐蕃，决于赞普。

【注释】

①好畤：即好畤县。秦代设置，治所在今陕西乾县东五里好畤村。后历有兴废，唐武德二年（619）复置，贞观二十一年（647）移治今永寿县

西南好畤河村。　②郏城：即郏城县。北魏改郏县设置，治所在今河南郏县，后历有兴废。　③上津：即上津县。南朝梁以上洛县改置，治所在今湖北郧西县西北上津镇。后历有兴废。　④黄梅：即黄梅县。隋开皇十八年（598）以新蔡县改置，治所在今湖北黄梅县西北。　⑤黄州：隋开皇五年（585）以衡州改置，治所在南安县（在今湖北武汉市新洲区）。唐中和五年（885）迁治于黄冈县。　⑥蕲州：北周以罗州改置，治所在齐昌县（隋改为蕲春县，在今湖北蕲春县北），后规格历有升降。　⑦江州：西晋元康元年（291）设置，治所在南昌县（今江西南昌市），名称和治所历有改移，唐武德四年（621）复为江州，天宝元年（742）改为浔阳郡，乾元元年（758）复为江州。　⑧襄城：即襄城县。秦代设置，治所在今河南襄城县。历代多有兴废。　⑨襄邑：即襄阳县。秦代设置，治所在今河南睢县。后多有兴废，隋开皇十六年（596）复置。　⑩安州：南朝宋设置。治所在今湖北安陆市。后又有名称改易，隋大业年间和唐天宝年间、至德年间都曾将安州改为安陆郡。　⑪丰邑里：地名，在今陕西西安市长安区西北沣河西岸。

庚申，加永平、宣武、河阳都统李勉淮西招讨使，东都、汝州节度使哥舒曜为之副，以荆南节度使张伯仪为淮西应援招讨使，山南东道节度使贾耽、江西节度使曹王皋为之副。上督哥舒曜进兵，曜至颍桥[①]，遇大雨，还保襄城。李希烈遣其将李光辉攻襄城，曜击却之。

五月，乙酉，颍王璬薨。

乙未，以宣武节度使刘洽兼淄青招讨使。

李晟谋取涿、莫二州，以绝幽、魏往来之路，与张孝忠之子升云围朱滔所署易州刺史郑景济于清苑[②]，累月不下。滔以其司武尚书马寔为留守，将步骑万余守魏营，自将步骑万五千救清苑。李晟军大败，退保易州。滔还军瀛州[③]，张升云奔满城[④]。会晟病甚，引军还保定州。

王武俊以滔既破李晟，留屯瀛州，未还魏桥，遣其给事中宋端趣之。端见滔，言颇不逊，滔怒，使谓武俊曰："滔以热疾，暂未南还，大王二兄遽有云云。滔以救魏博之故，叛君弃兄，如脱屣耳。

二兄必相疑,惟二兄所为!”端还报,武俊自辨于马寔,寔以状白滔,言:“赵王知宋端无礼于大王,深加责让,实无他志。”武俊亦遣承令官郑和随寔使者见滔,谢之。滔乃悦,相待如初。然武俊以是益恨滔矣。

六月,李抱真使参谋贾林诣武俊壁诈降。武俊见之。林曰:“林来奉诏,非降也。”武俊色动,问其故,林曰:“天子知大夫宿著诚效,及登坛之日,抚膺顾左右曰:‘我本徇忠义,天子不察。’诸将亦尝共表大夫之志。天子语使者曰,‘朕前事诚误,悔之无及。朋友失意,尚可谢,况朕为四海之主乎’。”武俊曰:“仆胡人也,为将尚知爱百姓,况天子,岂专以杀人为事乎!今山东连兵,暴骨如莽,就使克捷,与谁守之!仆不惮归国,但已与诸镇结盟。胡人性直,不欲使曲在己,天子诚能下诏赦诸镇之罪,仆当首唱从化。诸镇有不从者,请奉辞伐之。如此,则上不负天子,下不负同列,不过五旬,河朔定矣。”使林还报抱真,阴相约结。

庚戌,初行税间架、除陌钱法。时河东、泽潞、河阳、朔方四军屯魏县,神策、永平、宣武、淮南、浙西、荆南、江泗[5]、沔鄂、湖南、黔中、剑南、岭南诸军环淮宁之境。旧制,诸道军出境,则仰给度支。上优恤士卒,每出境,加给酒肉,本道粮仍给其家,一人兼三人之给,故将士利之。各出军才逾境而止,月费钱百三十余万缗,常赋不能供。判度支赵赞乃奏行二法:所谓税间架者,每屋两架为间,上屋税钱二千,中税千,下税五百,吏执笔握算,入人室庐计其数。或有宅屋多而无他资者,出钱动数百缗。敢匿一间,杖六十,赏告者钱五十缗。所谓除陌钱者,公私给与及卖买,每缗官留五十钱,给他物及相贸易者,约钱为率。敢隐钱百,杖六十,罚钱二千,赏告者钱十缗,其赏钱皆出坐事之家。于是愁怨之声,盈于远近。

【注释】

①颍桥:即颍桥城,在今河南襄城县东北。 ②清苑:即清苑县。北魏太和元年(477)设置,治所在今河北保定市,后历有废置。 ③瀛州:北魏太和十一年(487)分定州、冀州设置,治所在赵都军城(今河北河间市)。隋大业初年改为河间郡。唐武德四年(621)复为瀛州,后名称历有改易。 ④满城:即满城县。唐天宝元年(742)改永乐县置,治所在今

河北保定市满城区北。 ⑤江泗：即江南西道，泗当作西。

丁卯，徙郴王逾为丹王，鄜王遘为简王。

庚午，答蕃判官监察御史于頔与吐蕃使者论刺没藏至自青海[1]，言疆埸已定，请遣区颊赞归国。秋，七月，甲申，以礼部尚书李揆为入蕃会盟使。壬辰，诏诸将相与区颊赞盟于城西。李揆有才望，卢杞恶之，故使之入吐蕃。揆言于上曰："臣不惮远行，恐死于道路，不能达诏命！"上为之恻然，谓杞曰："揆无乃太老！"杞曰："使远夷，非谙练朝廷故事者不可。且揆行，则自今年少于揆者，不敢辞远使矣。"

八月，丁未，李希烈将兵三万围哥舒曜于襄城，诏李勉及神策将刘德信将兵救之。乙卯，希烈将曹季昌以随州降，寻复为其将康叔夜所杀。

初，上在东宫，闻监察御史嘉兴陆贽名[2]，即位，召为翰林学士，数问以得失。时两河用兵久不决，赋役日滋，贽以兵穷民困，恐别生内变，乃上奏，其略曰："克敌之要，在乎将得其人；驭将之方，在乎操得其柄。将非其人者，兵虽众不足恃；操失其柄者，将虽材不为用。"又曰："将不能使兵，国不能驭将，非止费财玩寇之弊，亦有不戢自焚之灾。"又曰："今两河、淮西为叛乱之帅者，独四五凶人而已。尚恐其中或遭诖误[3]，内蓄危疑。苍黄失图，势不得止。况其余众，盖并胁从，苟知全生，岂愿为恶！"又曰："无纾目前之虞，或兴意外之变。人者，邦之本也。财者，人之心也。其心伤则其本伤，其本伤则枝干颠瘁矣。"又曰："人摇不宁，事变难测，是以兵贵拙速，不贵巧迟。若不靖于本而务救于末，则救之所为，乃祸之所起也。"又论关中形势，以为："王者蓄威以昭德，偏废则危；居重以驭轻，倒持则悖。王畿者，四方之本也。太宗列置府兵，分隶禁卫，大凡诸府八百余所，而在关中者殆五百焉。举天下不敌关中之半，则居重驭轻之意明矣。承平渐久，武备浸微，虽府卫具存而卒乘罕习。故禄山窃倒持之柄，乘外重之资，一举滔天，两京不守。尚赖西边有兵，诸牧有马，每州有粮，故肃宗得以中兴。乾元之后[4]，继有外虞，悉师东讨，边备既弛，禁戎亦空，吐蕃乘虚，深入为寇,故先皇帝莫与为御,避之东游。是皆失居重驭轻之权,忘深根固柢之虑。内寇则殽、函失险⑤,外侵则汧、渭为戎⑥。于斯之时,虽有四方之师,宁救一朝之患?陛下追想及此,岂不为之寒心哉!今朔方、太原之众,远在山东;神策六军之兵,继出关外。傥有贼臣啖寇,黠虏觑边,伺隙乘虚,微犯亭障,此愚臣所窃忧也。未审陛下其何以御之!侧闻伐叛之初,议者多易其事,佥谓有征无战,役不逾时,计兵未甚多,度费未甚广,于事为无扰,于人为不劳;曾不料兵连祸拏,变故难测,日引月长,渐乖始图。往岁为天下所患,咸谓除之则可致升平者,李正己、李宝臣、梁崇义、田悦是也。往岁谓国家所信,咸谓任之则可除祸乱者,朱滔、李希烈是也。既而正己死,李纳继之;宝臣死,惟岳继之;崇义平,希烈叛;惟岳戮,朱滔携。然则往岁之所患者,四去其三矣,而患竟不衰;往岁之所信者,今则自叛矣,而余又难保。是知立国之安危在势,任事之济否在人。势苟安,则异类同心也;势苟危,则舟中敌国也。陛下岂可不追鉴往事,惟新令图,修偏废之柄以靖人,复倒持之权以固国!而乃孜孜汲汲,极思劳神,徇无已之求,望难必之效乎!今关辅之间,征发已甚,宫苑之内,备卫不全。万一将帅之中,又如朱滔、希烈,或负固边垒,诱致豺狼,或窃发郊畿,惊犯城阙,此亦愚臣所窃为忧者也,未审陛下复何以备之!陛下傥过听愚计,所遣神策六军李晟等及节将子弟,悉可追还。明敕泾、陇、邠、宁,但令严备封守,仍云更不征发,使知各保安居。又降德音,罢京城及畿县间架等杂税,则冀已输者弭怨,见处者获宁,人心不摇,邦本自固。"上不能用。

唐顺天元宝得一元宝铜钱

【注释】

①答蕃判官：唐代与吐蕃交涉事务异常繁忙，往来使节很多，因而设置答蕃判官，负责与吐蕃进行联络。頔（dí 迪）：此为人名。 ②嘉兴：县名。三国吴赤乌五年（242）以禾兴县改名。治所在今浙江嘉兴市南，后有废置。唐贞观八年（634）又置，乾宁三年（896）移治今嘉兴市。 ③诖（guà 挂）：牵连，连累。 ④乾元：唐肃宗李亨年号，时间为 758—760 年。 ⑤殽、函：即殽关和函谷关的合称，是古代兵家必争的军事重地，相当今陕西潼关以东至河南新安县一带。 ⑥汧、渭：即汧水和渭水的合称。汧水是今陕西西部渭水支流千水，又称汧川。

壬戌，以汴西运使崔纵兼魏州四节度都粮料使。纵，涣之子也。

九月，丙戌，神策将刘德信、宣武将唐汉臣与淮宁将李克诚战，败于沪涧。时李勉遣汉臣将兵万人救襄城，上遣德信帅诸将家应募者三千人助之。勉奏："李希烈精兵皆在襄城，许州空虚，若袭许州，则襄城围自解。"遣二将趣许州，未至数十里，上遣中使责其违诏，二将狼狈而返，无复斥候。克诚伏兵邀之，杀伤太半。汉臣奔大梁[①]，德信奔汝州。希烈游兵剽掠至伊阙[②]。勉复遣其将李坚帅四千人助守东都，希烈以兵绝其后，坚军不得还。汴军由是不振，襄城益危。

上以诸军讨淮宁者不相统壹，庚子，以舒王谟为荆襄等道行营都元帅，更名谊；以户部尚书萧复为长史，右庶子孔巢父为左司马，谏议大夫樊泽为右司马，自余将佐皆选中外之望。未行，会泾师作乱而止。复，嵩之孙也；巢父，孔子三十七世孙也。

上发泾原等诸道兵救襄城。冬，十月，丙午，泾原节度使姚令言将兵五千至京师。军士冒雨，寒甚，多携子弟而来，冀得厚赐遗其家，既至，一无所赐。丁未，发至浐水[③]，诏京兆尹王翃犒师，惟粝食菜饮[④]。众怒，蹴而覆之，因扬言曰："吾辈将死于敌，而食且不饱，安能以微命拒白刃邪！闻琼林、大盈二库，金帛盈溢，不如相与取之。"乃擐甲张旗鼓噪，还趣京城。令言入辞，尚在禁中，闻之，驰至长乐阪[⑤]，遇之。军士射令言，令言抱马鬣突入乱兵[⑥]，呼曰:“诸君失计!东征立功,何患不富贵,乃为族灭之计乎!”军士不听,以兵拥令言而西。上遽命赐帛,人二匹。众益怒,射中使。又命中使宣慰,贼已至通化门外[7],中使出门,贼杀之。又命出金帛二十车赐之。贼已入城,喧声浩浩,不复可遏。百姓狼狈骇走,贼大呼告之曰:“汝曹勿恐,不夺汝商货僦质矣!不税汝间架陌钱矣!”上遣普王谊、翰林学士姜公辅出慰谕之。贼已陈于丹凤门外[8],小民聚观者以万计。

初,神策军使白志贞掌召募禁兵,东征死亡者志贞皆隐不以闻,但受市井富儿赂而补之,名在军籍受给赐,而身居市廛为贩鬻[9]。司农卿段秀实上言:“禁兵不精,其数全少,卒有患难,将何待之!”不听。至是,上召禁兵以御贼,竟无一人至者。贼已斩关而入,上乃与王贵妃、韦淑妃、太子、诸王、唐安公主自苑北门出,王贵妃以传国宝系衣中以从。后宫诸王、公主不及从者什七八。

初,鱼朝恩既诛,宦官不复典兵,有窦文场、霍仙鸣者,尝事上于东宫,至是,帅宦官左右仅百人以从,使普王谊前驱,太子执兵以殿。司农卿郭曙以部曲数十人猎苑中,闻跸,谒道左,遂以其众从。曙,暧之弟也。右龙武军使令狐建方教射于军中,闻之,帅麾下四百人从,乃使建居后为殿。

姜公辅叩马言曰:“朱泚尝为泾帅,坐弟滔之故,废处京师,心尝怏怏。臣尝谓陛下既不能推心待之,则不如杀之,毋贻后患。今乱兵若奉以为主,则难制矣。请召使从行。”上仓猝不暇用其言,曰:“无及矣!”遂行。夜至咸阳,饭数匕而过。时事出非意,群臣皆不知乘舆所之。卢杞、关播逾中书垣而出。白志贞、王翃及御史大夫于颀、中丞刘从一、户部侍郎赵赞、翰林学士陆贽、吴通微等追及上于咸阳。颀,頔之从父兄弟;从一,齐贤之从孙也。

贼入宫,登含元殿[10],大呼曰:“天子已出,宜人自求富!”遂讙噪,争入府库,运金帛,极力而止。小民因之,亦入宫盗库物,通夕不已。其不能入者,剽夺于路。诸坊居民各相帅自守。姚令言与乱兵谋曰:“今众无主,不能持久,朱太尉闲居私第,请相与奉之。”众许诺。乃遣数百骑迎朱泚于晋昌里第。夜半,泚按辔列炬,传呼入宫,居含元殿,设警严,自称权知六军。

戊申旦，泚徙居白华殿，出榜于外，称："泾原将士久处边陲，不闲朝礼，辄入宫阙，致惊乘舆，西出巡幸。太尉已权临六军，应神策军士及文武百官凡有禄食者，悉诣行在。不能往者，即诣本司。若出三日，检勘彼此无名者，皆斩！"于是百官出见泚，或劝迎乘舆；泚不悦，百官稍稍遁去。

源休以使回纥还，赏薄，怨朝廷，入见泚，屏人密语移时，为泚陈成败，引符命，劝之僭逆。泚喜，然犹未决。宿卫诸军举白幡降者，列于阙前甚众。泚夜于苑门出兵，旦自通化门入，骆驿不绝，张弓露刃，欲以威众。

上思桑道茂之言，自咸阳幸奉天。县僚闻车驾猝至，欲逃匿山谷，主簿苏弁止之。弁，良嗣之兄孙也。文武之臣稍稍继至。己酉，左金吾大将军浑瑊至奉天。瑊素有威望，众心恃之稍安。

庚戌，源休劝朱泚禁十城门，毋得出朝士，朝士往往易服为佣仆潜出。休又为泚说诱文武之士，使之附泚。检校司空、同平章事李忠臣久失兵柄，太仆卿张光晟自负其才，皆郁郁不得志，泚悉起而用之。工部侍郎蒋镇出亡，坠马伤足，为泚所得。先是休以才能，光晟以节义，镇以清素，都官员外郎彭偃以文学，太常卿敬钉以勇略，皆为时人所重，至是皆为泚用。

凤翔、泾原将张廷芝、段诚谏将数千人救襄城，未出潼关，闻朱泚据长安，杀其大将陇右兵马使戴兰，溃归于泚。泚于是自谓众心所归，谋反遂定。以源休为京兆尹、判度支，李忠臣为皇城使[11]。百司供亿，六军宿卫，咸拟乘舆。

辛亥，以浑瑊为京畿、渭北节度使，行在都虞候白志贞为都知兵马使，令狐建为中军鼓角使，以神策都虞候侯仲庄为左卫将军兼奉天防城使。

朱泚以司农卿段秀实久失兵柄，意其必怏怏，遣数十骑召之。秀实闭门拒之，骑士逾垣入，劫之以兵。秀实自度不免，乃谓子弟曰："国家有患，吾于何避之，当以死徇社稷；汝曹宜人自求生。"乃往见泚。泚喜曰："段公来，吾事济矣。"延坐问计。秀实说之曰："公本以忠义著闻天下，今泾军以犒赐不丰，遽有披猖，使乘舆播越。夫犒赐不丰，有司之过也，天子安得知之！公宜以此开谕将士，示以祸福，奉迎乘舆，复归宫阙，此莫大之功也！"泚默然不悦，然以秀实与己皆为朝廷所废，遂推心委之。左骁卫将军刘海宾、泾原都虞候何明礼、孔目官岐灵岳，皆秀实素所厚也，秀实密与之谋诛泚，迎乘舆。

上初至奉天，诏征近道兵入援。有上言："朱泚为乱兵所立，且来攻城，宜早修守备。"卢杞切齿言曰："朱泚忠贞，群臣莫及，奈何言其从乱，伤大臣心！臣请以百口保其不反。"上亦以为然。又闻群臣劝泚奉迎，乃诏诸道援兵至者皆营于三十里外。姜公辅谏曰："今宿卫单寡，防虑不可不深，若泚竭忠奉迎，何惮于兵多；如其不然，有备无患。"上乃悉召援兵入城。卢杞及白志贞言于上曰："臣观朱泚心迹，必不至为逆，愿择大臣入京城宣慰以察之。"上以问从臣皆畏惮，莫敢行。金吾将军吴溆独请行⑫，上悦。溆退而告人曰："食其禄而违其难，何以为臣！吾幸托肺附，非不知往必死，但举朝无蹈难之臣，使圣情慊慊耳！"遂奉诏诣泚。泚反谋已决，虽阳为受命，馆溆于客省，寻杀之。溆，凑之兄也。

泚遣泾原兵马使韩旻将锐兵三千，声言迎大驾，实袭奉天。时奉天守备单弱，段秀实谓岐灵岳曰："事急矣！"使灵岳诈为姚令言符，令旻且还，当与大军俱发。窃令言印未至，秀实倒用司农印印符，募善走者追之。旻至骆驿，得符而还。秀实谓同谋曰："旻来，吾属无类矣！我当直搏泚杀之，不克则死，终不能为之臣也！"乃令刘海宾、何明礼阴结军中之士，欲使应之于外。旻兵至，泚、令言大惊。岐灵岳独承其罪而死，不以及秀实等。

是日，泚召李忠臣、源休、姚令言及秀实等议称帝事。秀实勃然起，夺休象笏，前唾泚面，大骂曰："狂贼！吾恨不斩汝万段，岂从汝反邪！"因以笏击泚，泚举手扞之，才中其额，溅血洒地。泚与秀实相搏恟恟，左右猝愕，不知所为。海宾不敢进，乘乱而逸。忠臣前助泚，泚得匍匐脱走。秀实知事不成，谓泚党曰："我不同汝反，何不杀我！"众争前杀之。泚一手承血，一手止其众曰："义士也，勿杀。"秀实已死，泚哭之甚哀，以三品礼葬之，海宾缞服而逃，后二日，捕得，杀之。亦不引何明礼。明礼从泚攻奉天，复谋杀泚，亦死。上闻秀实死，恨委用不至，涕泗久之。

【注释】

①大梁:即大梁城。在今河南开封市西北。隋、唐以后通称今开封市为大梁。 ②伊阙:即伊阙县。隋开皇十八年(598)改新城县置,治所在今河南伊川县西南。 ③浐水:即浐河,水名,在今陕西西安市东北。 ④啖(dàn淡):饼类食物。 ⑤长乐阪:即长乐坡。隋文帝以浐坡改名,在今陕西西安市东北浐河西岸。 ⑥鬣(liè列):兽类颈上的长毛。 ⑦通化门:当时首都长安城东面朝北开的一座城门。 ⑧丹凤门:当时首都长安城北面开的一座城门。 ⑨廛(chán缠):卖东西的店铺。 ⑩含元殿:唐代皇城中大明宫正殿。高宗时建造,在今陕西西安市北郊龙首塬南端的高岗之上。 ⑪皇城使:唐代首都长安城之中有东西长五里,南北宽三里的皇城,皇帝的宫殿和朝廷的办公机构都在皇城之中,是唐代政治的心脏地带,皇城与外面南面有三门,东面有二门,西面有二门相通,各城门的开与关都由城门郎掌管,唐中叶以后,设置专门的皇城使负责管辖。 ⑫溆(xù叙):此为人名。

壬子,以少府监李昌巙为京畿、渭南节度使[1]。

凤翔节度使、同平章事张镒,性儒缓,好修饰边幅,不习军事,闻上在奉天,欲迎大驾,具服用货财,献于行在。后营将李楚琳,为人剽悍,军中畏之,尝事朱泚,为泚所厚。行军司马齐映与同幕齐抗言于镒曰:"不去楚琳,必为乱首。"镒命楚琳出屯陇州。楚琳托事不时发。镒方以迎驾为忧,谓楚琳已去矣。楚琳夜与其党作乱,镒缒城而走,贼追及,杀之,判官王沼等皆死。映自水窦出,抗为佣保负荷而逃,皆免。

始,上以奉天迫隘,欲幸凤翔,户部尚书萧复闻之,遽请见曰:"陛下大误,凤翔将卒皆朱泚故部曲,其中必有与之同恶者。臣尚忧张镒不能久,岂得以銮舆蹈不测之渊乎!"上曰:"吾行计已决,试为卿留一日。"明日,闻凤翔乱,乃止。

齐映、齐抗皆诣奉天,以映为御史中丞,抗为侍御史。楚琳自为节度使,降于朱泚。陇州刺史郝通奔于楚琳。

商州团练兵杀其刺史谢良辅。

朱泚自白华殿入宣政殿,自称大秦皇帝,改元应天。癸丑,泚以姚令言为侍中、关内元帅，李忠臣为司空兼侍中，源休为中书侍郎、同平章事、判度支，蒋镇为吏部侍郎，樊系为礼部侍郎，彭偃为中书舍人，自余张光晟等各拜官有差。立弟滔为皇太弟。姚令言与源休共掌朝政，凡泚之谋画、迁除、军旅、资粮，皆禀于休。休劝泚诛翦宗室在京城者以绝人望，杀郡王、王子、王孙凡七十七人。寻又以蒋镇为门下侍郎，李子平为谏议大夫，并同平章事。镇忧惧，每怀刀欲自杀，又欲亡窜，然性怯，竟不果。源休劝泚诛朝士之窜匿者以胁其余，镇力救之，赖以全者甚众。樊系为泚撰册文，既成，仰药而死。大理卿胶水蒋沇诣行在②，为贼所得，逼以官，沇绝食称病，潜窜得免。

哥舒曜食尽，弃襄城奔洛阳。李希烈陷襄城。

右龙武将军李观将卫兵千余人从上于奉天，上委之召募，数日，得五千余人，列之通衢，旗鼓严整，城人为之增气。

姚令言之东出也，以兵马使京兆冯河清为泾原留后，判官河中姚况知泾州事。河清、况闻上幸奉天，集将士大哭，激以忠义，发甲兵、器械百余车，通夕输行在。城中方苦无甲兵，得之，士气大振。诏以河清为四镇、北庭行营、泾原节度使，况为行军司马。

上至奉天数日，右仆射、同平章事崔宁始至，上喜甚，抚劳有加。宁退，谓所亲曰："主上聪明英武，从善如流，但为卢杞所惑，以至于此！"因潸然出涕③。杞闻之，与王翃谋陷之。翃言于上曰："臣与宁俱出京城，宁数下马便液，久之不至，有顾望意。"会朱泚下诏，以左丞柳浑同平章事，宁为中书令。浑，襄阳人也，时亡在山谷。翃使盩厔尉康湛诈为宁遗朱泚书，献之。杞因谮宁与朱泚结盟，约为内应，故独后至。乙卯，上遣中使引宁就幕下，云宣密旨，二力士自后缢杀之，中外皆称其冤。上闻之，乃赦其家。

【注释】

①嶩（náo 挠）：此为人名。　②胶水：即胶水县。隋仁寿元年（601）以长广县改名，治所在今山东平度市。　③潸（shān 山）然：流泪的样子。

朱泚遣使遗朱滔书，称："三秦之地，指日克平；大河之北，委卿除殄，当与卿会于洛阳。”滔得书，西向舞蹈宣示军府，移牒诸道，以自夸大。

上遣中使告难于魏县行营，诸将相与恸哭。李怀光帅众赴长安，马燧、李芃各引兵归镇，李抱真退屯临洺。

丁巳，以户部尚书萧复为吏部尚书，吏部郎中刘从一为刑部侍郎，翰林学士姜公辅为谏议大夫，并同平章事。

朱泚自将逼奉天，军势甚盛。以姚令言为元帅，张光晟副之，以李忠臣为京兆尹、皇城留守，仇敬忠为同、华等州节度使、拓东王[①]，以扞关东之师，李日月为西道先锋经略使。

邠宁留后韩游瓌[②]，庆州刺史论惟明，监军翟文秀，受诏将兵三千拒泚于便桥，与泚遇于醴泉。游瓌欲还趣奉天，文秀曰：“我向奉天，贼亦随至，是引贼以迫天子也。不若留壁于此，贼必不敢越我向奉天。若不顾而过，则与奉天夹攻之。”游瓌曰：“贼强我弱，若贼分军以缀我，直趣奉天，奉天兵亦弱，何夹攻之有！我今急趣奉天，所以卫天子也。且吾士卒饥寒而贼多财，彼以利诱吾卒，吾不能禁也。”遂引兵入奉天。泚亦随至。官军出战，不利，泚兵争门，欲入。浑瑊与游瓌血战竟日。门内有草车数乘，瑊使虞候高固帅甲士以长刀斫贼，皆一当百，曳车塞门，纵火焚之，众军乘火击贼，贼乃退。会夜，泚营于城东三里，击柝张火，布满原野，使西明寺僧法坚造攻具，毁佛寺以为梯冲。韩游瓌曰：“寺材皆干薪，但具火以待之。”固，侃之玄孙也。泚自是日来攻城，瑊、游瓌等昼夜力战。幽州兵救襄城者闻泚反，突入潼关，归泚于奉天，普润戍卒亦归之[③]，有众数万。

上与陆贽语及乱故，深自克责。贽曰：“致今日之患，皆群臣之罪也。”上曰：“此亦天命，非由人事。”贽退，上疏，以为：“陛下志壹区宇，四征不庭，凶渠稽诛，逆将继乱，兵连祸结，行及三年，征师日滋，赋敛日重，内自京邑，外洎边陲，行者有锋刃之忧，居者有诛求之困。是以叛乱继起，怨讟并兴[④]，非常之虞，亿兆同虑，唯陛下穆然凝邃，独不得闻，至使凶卒鼓行，白昼犯阙，岂不以乘我间隙，因人携离哉！陛下有股肱之臣，有耳目之任，有谏诤之列，有备卫之司，见危不能竭其诚，临难不能效其死；臣所谓致今日之患，群臣之罪者，岂徒言欤！圣旨又以国家兴衰，皆有天命。臣闻天所视听，皆因于人。故祖伊责纣之辞曰：'我生不有命在天！'武王数纣之罪曰[5]：'乃曰吾有命，罔惩其侮。'此又舍人事而推天命必不可之理也！《易》曰[6]：'视履考祥。'又曰：'吉凶者，失得之象。'此乃天命由人，其义明矣。然则圣哲之意，《六经》会通[7]，皆谓祸福由人，不言盛衰有命。盖人事理而天命降乱者，未之有也；人事乱而天命降康者，亦未之有也。自顷征讨颇频，刑网稍密，物力耗竭，人心惊疑，如居风涛，汹汹靡定。上自朝列，下达蒸黎[8]，日夕族党聚谋，咸忧必有变故，旋属泾原叛卒，果如众庶所虞。京师之人，动逾亿计，固非悉知算术，皆晓占书，则明致寇之由，未必尽关天命。臣闻理或生乱[9]，乱或资理，有以无难而失守，有以多难而兴邦。今生乱失守之事，则既往不可复追矣；其资理兴邦之业，在陛下克励而谨修之。何忧乎乱人，何畏乎厄运！勤励不息，足致升平，岂止荡涤妖氛，旋复宫阙而已！"

【注释】

①同、华：即同州和华州。同州，西魏时设，历有改废，治所在陕西大荔县。 ②瓌（guī 圭）：此为人名。 ③普润：即普润县，隋初置，治所在今陕西麟游县西北部。 ④讟（dú 犊）：诽谤，怨言。 ⑤武王：即周武王，周文王之子，曾打败商王朝，建立了西周帝国。 ⑥易：即《易经》。 ⑦六经：中国先秦时期的著名经典，为《尚书》《诗经》《易》《礼》《春秋》和《乐经》。 ⑧蒸黎：即平民百姓。 ⑨理：唐人避高宗李治名讳，把治说成理。

田悦说王武俊，使与马寔共击李抱真于临洺，抱真复遣贾林说武俊曰："临洺兵精而有备，未易轻也。今战胜得地，则利归魏博；不胜，则恒冀大伤。易、定、沧、赵，皆大夫之故地也，不如先取之。"武俊乃辞悦，与马寔北归。壬戌，悦送武俊于馆陶[1]，执手泣别，下至将士，赠遗甚厚。

先是，武俊召回纥兵，使绝李怀光等粮道，怀光等已西去，而回纥达干将回纥千人、杂虏二千人适至幽州北境。朱滔因说之，欲与俱诣河南取东都，应接朱泚，许以河南子女、金帛赂之。滔娶回纥女为侧室，回纥谓之朱郎，且利其俘掠，许之。

贾林复说武俊曰："自古国家有患，未必不因之更兴。况主上九叶天子[2]，聪明英武，天下谁肯舍之共事朱泚乎！滔自为盟主以来，轻蔑同列，河朔古无冀国，冀乃大夫之封域也。今滔称冀王，又西倚其兄，北引回纥，其志欲尽吞河朔而王之，大夫虽欲为之臣，不可得矣。且大夫雄勇善战，非滔之比。又本以忠义手诛叛臣，当时宰相处置失宜，为滔所诳诱，故蹉跌至此，不若与昭义并力取滔，其势必获。滔既亡，则泚自破矣。此不世之功，转祸为福之道也。今诸道辐凑攻泚，不日当平。天下已定，大夫乃悔过而归国，则已晚矣！"时武俊已与滔有隙，因攘袂作色曰："二百年天子吾不能臣，岂能臣此田舍儿乎！"遂密与抱真及马燧相结，约为兄弟。然犹外事滔，礼甚谨，与田悦各遣使见滔于河间，贺朱泚称尊号，且请马寔之兵共攻康日知于赵州。

汝、郑应援使刘德信将子弟军在汝州，闻难，引兵入援，与泚众战于见子陵[3]，破之。以东渭桥有转输积粟，癸亥，进屯东渭桥。

朱泚夜攻奉天东、西、南三面。甲子，浑瑊力战却之。左龙武大将军吕希倩战死。乙丑，泚复攻城，将军高重捷与泚将李日月战于梁山之隅，破之；乘胜逐北，身先士卒，贼伏兵擒之。其麾下十余人奋不顾死，追夺之。贼不能拒，乃斩其首，弃其身而去。麾下收之入城，上亲抚而哭之尽哀，结蒲为首而葬之，赠司空。朱泚见其首，亦哭之曰："忠臣也！"束蒲为身而葬之。李日月，泚之骁将也，战死于奉天城下。泚归其尸于长安，厚葬之。其母竟不哭，骂曰："奚奴！国家何负于汝而反？死已晚矣！"及泚败，贼党皆族诛，独日月之母不坐。

己巳，加浑瑊京畿、渭南、北、金商节度使[4]。

壬申，王武俊与马寔至赵州城下。

初，朱泚镇凤翔，遣其将牛云光将幽州兵五百人戍陇州，以陇右营田判官韦皋领陇右留后。及郝通奔凤翔，牛云光诈疾，欲俟皋至，伏兵执之以应泚，事泄，帅其众奔泚。至汧阳[5]，遇泚遣中使苏玉赍诏书加皋中丞，玉说云光曰："韦皋，书生也。君不如与我俱之陇州，皋幸而受命，乃吾人也。不受命，君以兵诛之，如取孤豚耳!”云光从之。皋从城上问云光曰:“向者不告而行,今而复来,何也?”云光曰:“向者未知公心,今公有新命,故复来,愿托腹心。”皋乃先纳苏玉,受其诏书,谓云光曰:“大使苟无异心,请悉纳甲兵,使城中无疑,众乃可入。”云光以皋书生,易之,乃悉以甲兵输之而入。明日,皋宴玉、云光及其卒于郡舍,伏甲诛之。筑坛,盟将士曰:“李楚琳贼虐本使,既不事上,安能恤下,宜相与讨之!”遣兄平、弇诣奉天,复遣使求援于吐蕃。

【注释】

①馆陶:县名。西汉时设置,治所在今河北馆陶县。 ②九叶天子:指李唐王朝自唐高祖、唐太宗到唐德宗时,已经历了九代。 ③见子陵:又叫思子陵。汉代薄太后陵在霸陵南面,靠近汉文帝陵墓,薄太后声称此陵“南望吾子,北望吾夫”。故俗称见子陵。 ④金商:即金州和商州的合称。金州西魏时设置,后历有废改,唐代中叶复为金州,治所在今陕西安康市境。商州北周时置,治所在今陕西商洛市商州区。 ⑤汧阳:县名,北周时设置,治所在今陕西千阳县境内。

资治通鉴卷第二百二十九

唐纪四十五　起昭阳大渊献十一月，尽阏逢困敦正月，不满一年。

德宗神武圣文皇帝四

建中四年　十一月，丁亥，以陇州为奉义军，擢皋为节度使。泚又使中使刘海广许皋凤翔节度使；皋斩之。

灵武留后杜希全、盐州刺史戴休颜、夏州刺史时常春会渭北节度使李建徽，合兵万人入援，将至奉天，上召将相议道所从出。关播、浑瑊曰："漠谷道险狭[①]，恐为贼所邀。不若自乾陵北过[②]，附柏城而行[③]，营于城东北鸡子堆，与城中掎角相应，且分贼势。"卢杞曰："漠谷路近，若为贼所邀，则城中出兵应接可也。傥出乾陵，恐惊陵寝。"瑊曰："自泚攻城，斩乾陵松柏，以夜继昼，其惊多矣。今城中危急，诸道救兵未至，惟希全等来，所系非轻，若得营据要地，则泚可破也。"杞曰："陛下行师，岂比逆贼！若令希全等过之，是自惊陵寝。"上乃命希全等自漠谷进。丙子，希全等军至漠谷，果为贼所邀，乘高以大弩、巨石击之，死伤甚众。城中出兵应接，为贼所败。是夕，四军溃，退保邠州。泚阅其辎重于城下，从官相视失色。休颜，夏州人也。

泚攻城益急，穿堑环之。泚移帐于乾陵，下视城中，动静皆见之。时遣使环城招诱士民，笑其不识天命。

神策河北行营节度使李晟疾愈，闻上幸奉天，帅众将奔命。

张孝忠迫于朱滔、王武俊，倚晟为援，不欲晟行，数沮止之。晟乃留其子凭，使娶孝忠女为妇，又解玉带赂孝忠亲信，使说之，孝忠乃听晟西归，遣大将杨荣国将锐兵六百与晟俱。晟引兵出飞狐道[④]，昼夜兼行，至代州。丁丑，加晟神策行营节度使。

王武俊、马寔攻赵州不克。辛巳，寔归瀛州，武俊送之五里，犒赠甚厚。武俊亦归恒州。

上之出幸奉天也，陕虢观察使姚明敭以军事委都防御副使张劝[⑤]，去诣行在。劝募兵得数万人。甲申，以劝为陕虢节度使。

【注释】

①漠谷：也称幕谷，在今陕西永寿县西北。 ②乾陵：唐高宗李治与武则天的合葬墓，在今陕西乾县西北梁山。 ③柏城：唐代皇帝陵墓的周围都栽满柏树，遮蔽陵寝，俗称柏城。 ④飞狐道：东汉初年修筑，在今河北蔚县、涞源县界，是华北地区通往晋北高原的交通要道。 ⑤陕虢：即陕州和虢州的合称。陕州为北魏时置，治所在今河南三门峡市。虢州为隋代置，治所在今河南卢氏县。

李晟像

朱泚攻围奉天经月，城中资粮俱尽。上尝遣健步出城觇贼[①]，其人恳以苦寒为辞，跪奏乞一襦袴。上为之寻求不获，竟悯默而遣之。时供御才有粝米二斛，每伺贼之休息，夜，缒人于城外，采芜菁根而进之。上召公卿将吏谓曰："朕以不德，自陷危亡，固其宜也。公辈无罪，宜早降以救室家。”群臣皆顿首流涕，期尽死力，故将士虽困急而锐气不衰。

上之幸奉天也，粮料使崔纵劝李怀光令入援，怀光从之。纵悉敛军资与怀光皆来。怀光昼夜倍道，至河中，力疲，休兵三日。河中尹李齐运倾力犒宴，军士尚欲迁延。崔纵先辇货财渡河，谓众曰：“至河西[2]，悉以分赐。”众利之，西屯蒲城[3]，有众五万。齐运，恽之孙也。

李晟行且收兵，亦自蒲津济[4]，军于东渭桥。其始有卒四千，晟善于抚御，与士卒同甘苦，人乐从之，旬月间至万余人。

神策兵马使尚可孤讨李希烈，将三千人在襄阳，自武关入援[5]，军于七盘[6]，败泚将仇敬，遂取蓝田。可孤，宇文部之别种也[7]。

镇国军副使骆元光，其先安息人[8]，骆奉先养以为子，将兵守潼关近十年，为众所服。朱泚遣其将何望之袭华州，刺史董晋弃州走行在。望之据其城，将聚兵以绝东道。元光引关下兵袭望之，走还长安。元光遂军华州，召募士卒，数日，得万余人。泚数遣兵攻元光，元光皆击却之，贼由是不能东出。上即以元光为镇国军节度使，元光乃将兵二千西屯昭应[9]。

马燧遣其行军司马王权及其子汇将兵五千人入援，屯中渭桥。

于是泚党所据惟长安而已，援军游骑时至望春楼下[10]。李忠臣等屡出兵皆败，求救于泚，泚恐民间乘弊抄之，所遣兵皆昼伏夜行。

泚内以长安为忧，乃急攻奉天，使僧法坚造云梯，高广各数丈，裹以兕革，下施巨轮，上容壮士五百人。城中望之恼惧。上以问群臣，浑瑊、侯仲庄对曰：“臣观云梯势甚重，重则易陷，臣请迎其所来凿地道，积薪蓄火以待之。”神武军使韩澄曰：“云梯小伎，不足上劳圣虑，臣请御之。”乃度梯之所傃[11]，广城东北隅三十步，多储膏油松脂薪苇于其上。丁亥，泚盛兵鼓噪攻南城，韩游瓌曰：“此欲分吾力也。”乃引兵严备东北。戊子，北风甚迅，泚推云梯，上施湿毡，悬水囊，载壮士攻城，翼以辒辒[12]，置人其下，抱薪负土填堑而前，矢石火炬所不能伤。贼并兵攻城东北隅，矢石如雨，城中死伤者不可胜数。贼已有登城者，上与浑瑊对泣，群臣惟仰首祝天。上以无名告身自御史大夫[13]、实食五百户以下千余通授瑊，使募敢死士御之，仍赐御笔，使视其功之大小书名给之，告身不足则书其身，且曰："今便与卿别。"瑊俯伏流涕，上拊其背，歔欷不自胜。时士卒冻馁，又乏甲胄，瑊抚谕，激以忠义，皆鼓噪力战。瑊中流矢，进战不辍，初不言痛。会云梯辗地道，一轮偏陷，不能前却，火从地中出，风势亦回，城上人投苇炬，散松脂，沃以膏油，欢呼震地。须臾，云梯及梯上人皆为灰烬，臭闻数里，贼乃引退。于是三门皆出兵，太子亲督战，贼徒大败，死者数千人。将士伤者，太子亲为裹疮。入夜，泚复来攻城，矢及御前三步而坠；上大惊。

李怀光自蒲城引兵趣泾阳，并北山而西，先遣兵马使张韶微服间行诣行在，藏表于蜡丸。韶至奉天，值贼方攻城，见韶，以为贱人，驱之使与民俱填堑。韶得间，逾堑抵城下呼曰："我朔方军使者也。"城上人下绳引之，比登，身中数十矢，得表于衣中而进之。上大喜，舁韶以徇城[14]，四隅欢声如雷。癸巳，怀光败泚兵于澧泉。泚闻之惧，引兵遁归长安。众以为怀光复三日不至，则城不守矣。

泚既退，从臣皆贺。汴滑行营兵马使贾隐林进言[15]："陛下性太急，不能容物，若此性未改，虽朱泚败亡，忧未艾也！"上不以为忤，甚称之。侍御史万俟著开金[16]、商运路，重围既解，诸道贡赋继至，用度始振。

朱泚至长安，但为城守之计，时遣人自城外来，周走呼曰："奉天破矣！"欲以惑众。泚既据府库之富，不爱金帛以悦将士，公卿家属在城者皆给月俸。神策及六军从车驾及哥舒曜、李晟者，泚皆给其家粮。加以缮完器械，日费甚广。及长安平，府库尚有余蓄，见者皆追怨有司之暴敛焉。

或谓泚曰："陛下既受命，唐之陵庙不宜复存。"泚曰："朕尝北面事唐，岂忍为此！"又曰："百官多缺，请以兵胁士人补之。"泚曰："强授之则人惧。但欲仕者则与之，何必叩户拜官邪！"泚所用者惟范阳、神策团练兵。泾原卒骄，皆不为用，但守其所掠资货，不肯出战。又密谋杀泚,不果而止。

李怀光性粗疏,自山东来赴难,数与人言卢杞、赵赞、白志贞之奸佞,且曰:“天下之乱,皆此曹所为也!吾见上,当请诛之。”既解奉天之围,自矜其功,谓上必接以殊礼。或说王翃、赵赞曰:“怀光缘道愤叹,以为宰相谋议乖方,度支赋敛烦重,京尹犒赐刻薄。致乘舆播迁者,三臣之罪也。今怀光新立大功,上必披襟布诚,询访得失,使其言入,岂不殆哉!”翃、赞以告卢杞。杞惧,从容言于上曰:“怀光勋业,社稷是赖,贼徒破胆,皆无守心,若使之乘胜取长安,则一举可以灭贼,此破竹之势也。今听其入朝,必当赐宴,留连累日,使贼入京城,得从容成备,恐难图矣!”上以为然。诏怀光直引军屯便桥,与李建徽、李晟及神策兵马使杨惠元刻期共取长安。怀光自以数千里竭诚赴难,破朱泚,解重围,而咫尺不得见天子,意殊怏怏,曰:“吾今已为奸臣所排,事可知矣!”遂引兵去,至鲁店⑰,留二日乃行。

【注释】

①觇(chān 搀):偷看,侦察。 ②河西:县名。开元八年(720)将河东县一分为二,蒲津以西为河西县。 ③蒲城:县名。西魏时设置,治所在今陕西蒲城县。 ④蒲津:也称蒲坂津。在今山西永济市蒲州镇与陕西大荔县朝邑镇之间的黄河上。 ⑤武关:战国时秦置,在今陕西商洛市丹江北岸。唐移至今陕西丹凤县东南武关。 ⑥七盘:即七盘山,又名七盘岭。在今陕西蓝田县南,为当时军事交通要地。 ⑦宇文部:属鲜卑族。在魏晋南北朝时期,是鲜卑部落之一。 ⑧安息:即安息州,唐代置,治所在安国阿滥谧城(今乌兹别克斯坦南部布哈拉)。 ⑨昭应:县名。唐天宝七年(748)以会昌县改名,治所在今陕西西安市临潼区。 ⑩望春楼:唐玄宗在长安城近郊所建,靠近长安城。 ⑪傃(sù 素):指向、方向。 ⑫辒辌:古代的一种攻城战车。 ⑬无名告身:告身是古代一种官职功名委任书,无名告身即空白委任书。 ⑭舁(yú 渔):抬。 ⑮汴滑行营:唐代军镇名称。乾元二年(759)设置,后又有废置,治所在滑州(今河南滑县东)。 ⑯万俟(mòqí 莫其):复姓。 ⑰鲁店:地名,在今陕西乾县的东南。

剑南西山兵马使张朏以所部兵作乱[①],入成都,西川节度使张延赏弃城奔汉州[②]。鹿头戍将叱干遂等讨之[③],斩朏及其党,延赏复归成都。

淮南节度使陈少游将兵讨李希烈,屯盱眙[④],闻朱泚作乱,归广陵[⑤],修堑垒,缮甲兵。浙江东、西节度使韩滉闭关梁,禁马牛出境,筑石头城[⑥],穿井近百所,缮馆第数十,修坞壁,起建业[⑦],抵京岘[⑧],楼堞相属,以备车驾渡江,且自固也。少游发兵三千大阅于江北。滉亦发舟师三千曜武于京江以应之[⑨]。

盐铁使包佶有钱帛八百万,将输京师。陈少游以为贼据长安,未期收复,欲强取之。佶不可,少游欲杀之。佶惧,匿妻子于案牍中,急济江。少游悉收其钱帛。佶有守财卒三千,少游亦夺之。佶才与数十人俱至上元[⑩],复为韩滉所夺。

时南方藩镇各闭境自守,惟曹王皋数遣使间道贡献。李希烈攻逼汴、郑,江、淮路绝,朝贡皆自宣、饶、荆、襄趣武关。皋治邮驿,平道路,由是往来之使,通行无阻。

上问陆贽以当今切务。贽以向日致乱,由上下之情不通,劝上接下从谏,乃上疏,其略曰:“臣谓当今急务,在于审察群情,若群情之所甚欲者,陛下先行之;所甚恶者,陛下先去之。欲恶与天下同而天下不归者,自古及今,未之有也。夫理乱之本,系于人心,况乎当变故动摇之时,在危疑向背之际,人之所归则植,人之所去则倾,陛下安可不审察群情,同其欲恶,使亿兆归趣,以靖邦家乎!此诚当今之所急也。”又曰:“顷者窃闻舆议,颇究群情,四方则患于中外意乖,百辟又患于君臣道隔。郡国之志不达于朝廷,朝廷之诚不升于轩陛。上泽阙于下布,下情壅于上闻,实事不必知,知事不必实,上下否隔于其际,真伪杂糅于其间,聚怨嚣嚣,腾谤籍籍,欲无疑阻,其可得乎!”又曰:“总天下之智以助聪明,顺天下之心以施教令,则君臣同志,何有不从!远迩归心,孰与为乱!”又曰:“虑有愚而近道,事有要而似迂。”

疏奏旬日,上无所施行,亦不诘问。贽又上疏,其略曰:“臣闻立国之本,在乎得众,得众之要,在乎见情。故仲尼以谓人情者圣王之田,言理道所生也。”又曰:“《易》,乾下坤上曰泰,坤下乾上曰

陆贽像

否[11]，损上益下曰益，损下益上曰损。夫天在下而地处上，于位乖矣，而反谓之泰者，上下交故也。君在上而臣处下，于义顺矣，而反谓之否者，上下不交故也。上约己而裕于人，人必说而奉上矣[12]，岂不谓之益乎！上蔑人而肆诸己，人必怨而叛上矣，岂不谓之损乎！”又曰：“舟即君道，水即人情。舟顺水之道乃浮，违则没；君得人之情乃固，失则危。是以古先圣王之居人上也，必以其欲从天下之心，而不敢以天下之人从其欲。”又曰：“陛下愤习俗以妨理，任削平而在躬，以明威照临，以严法制断，流弊自久，浚恒太深。远者惊疑而阻命逃死之乱作，近者畏慑而偷容避罪之态生。君臣意乖，上下情隔，君务致理，而下防诛夷，臣将纳忠，又上虑欺诞，故睿诚不布于群物，物情不达于睿聪。臣于往年曾任御史，获奉朝谒，仅欲半年，陛下严邃高居，未尝降旨临问，群臣局蹐趋退，亦不列事奏陈。轩陛之间，且未相谕，宇宙之广，何由自通！虽复例对使臣，别延宰辅，既殊师锡，且异公言。未行者则戒以枢密勿论，已行者又谓之遂事不谏，渐生拘碍，动涉猜嫌，由是人各隐情，以言为讳，至于变乱将起，亿兆同忧，独陛下恬然不知，方谓太平可致。陛下以今日之所睹验往时之所闻，孰真孰虚，何得何失，则事之通塞备详之矣！人之情伪尽知之矣！”

上乃遣中使谕之曰：“朕本性甚好推诚，亦能纳谏。将谓君臣一体，全不堤防，缘推诚不疑，多被奸人卖弄。今所致患害，朕思亦无他，其失反在推诚。又，谏官论事，少能慎密，例自矜衒，归过于朕以自取名。朕从即位以来，见奏对论事者甚多，大抵皆是雷同，道听涂说，试加质问，遽即辞穷。若有奇才异能，在朕岂惜拔擢。朕见从前已来，事只如此，所以近来不多取次对人，亦非倦于接纳。卿宜深悉此意。"贽以人君临下，当以诚信为本。谏者虽辞情鄙拙，亦当优容以开言路，若震之以威，折之以辩，则臣下何敢尽言，乃复上疏，其略曰："天子之道，与天同方，天不以地有恶木而废发生，天子不以时有小人而废听纳。"又曰："唯信与诚，有失无补。一不诚则心莫之保，一不信则言莫之行。陛下所谓失于诚信以致患害者，臣窃以斯言为过矣。"又曰："驭之以智则人诈，示之以疑则人偷。上行之则下从之，上施之则下报之。若诚不尽于己而望尽于人，众必怠而不从矣。不诚于前而曰诚于后，众必疑而不信矣。是知诚信之道，不可斯须而去身。愿陛下慎守而行之有加，恐非所以为悔者也！"又曰："臣闻仲虺赞扬成汤[13]，不称其无过而称其改过；吉甫歌诵周宣[14]，不美其无阙而美其补阙。是则圣贤之意较然著明，惟以改过为能，不以无过为贵。盖为人之行己，必有过差，上智下愚，俱所不免，智者改过而迁善，愚者耻过而遂非；迁善则其德日新，遂非则其恶弥积。"又曰："谏官不密自矜，信非忠厚，其于圣德固亦无亏。陛下若纳谏不违，则传之适足增美；陛下若违谏不纳，又安能禁之勿传！"又曰："侈言无验不必用，质言当理不必违。辞拙而效速者不必愚，言甘而利重者不必智。是皆考之以实，虑之以终，其用无他，唯善所在。"又曰："陛下所谓'比见奏对论事皆是雷同道听涂说者'。臣窃以众多之议，足见人情，必有可行，亦有可畏，恐不宜一概轻侮而莫之省纳也。陛下又谓'试加质问，即便辞穷'，臣但以陛下虽穷其辞而未穷其理，能服其口而未服其心。"又曰："为下者莫不愿忠，为上者莫不求理。然而下每苦上之不理，上每苦下之不忠。若是者何？两情不通故也。下之情莫不愿达于上，上之情莫不求知于下，然而下恒苦上之难达，上恒苦下之难知。若是者何？九弊不去故也。所谓九弊者，上有其六而下有其三：好胜人，耻闻过，骋辩给，眩聪明，厉威严，恣强愎，此六者，君上之弊也；谄谀，顾望，畏懦，此三者，臣下之弊也。上好胜必甘于佞辞，上耻过必忌于直谏，如是则下之谄谀者顺指而忠实之语不闻矣。上骋辩必剿说而折人以言[15]，上眩明必臆度而虞人以诈，如是则下之顾望者自便而切磨之辞不尽矣。上厉威必不能降情以接物，上恣愎必不能引咎以受规，如是则下之畏懦者避辜而情理之说不申矣。夫以区域之广大，生灵之众多，宫阙之重深，高卑之限隔，自黎献而上[16]，获睹至尊之光景者，逾亿兆而无一焉；就获睹之中得接言议者，又千万不一；幸而得接者，犹有九弊居其间，则上下之情所通鲜矣。上情不通于下则人惑，下情不通于上则君疑。疑则不纳其诚，惑则不从其令。诚而不见纳则应之以悖，令而不见从则加之以刑。下悖上刑，不败何待！是使乱多理少，从古以然。"又曰："昔赵武呐呐而为晋贤臣，绛侯木讷而为汉元辅。然则口给者事或非信，辞屈者理或未穷。人之难知，尧、舜所病，胡可以一詶一诘而谓尽其能哉！以此察天下之情，固多失实，以此轻天下之士，必有遗才。"又曰："谏者多，表我之能好；谏者直，示我之能容；谏者之狂诬，明我之能恕；谏者之漏泄，彰我之能从；有一于斯，皆为盛德。是则人君与谏者交相益之道也。谏者有爵赏之利，君亦有理安之利；谏者得献替之名，君亦得采纳之名。然犹谏者有失中而君无不美，唯恐谠言之不切，天下之不闻，如此则纳谏之德光矣。"上颇采用其言。

【注释】

①朏（fěi 匪）：此为人名。　②汉州：州名，唐垂拱二年（686）置，治所在雒县（今四川广汉市），历有废置。　③鹿头：关名。在今四川德阳市东北鹿头山上。　④盱眙：县名。西汉以盱台县改名。历有兴废，治所在今江苏盱眙县东北。　⑤广陵：县名。秦代设置，历代均有兴废，治所在今江苏扬州市。　⑥石头城：地名。在今江苏南京市西清凉山，地势险要。　⑦建业：县名。东汉时设置，初治今南京市。西晋以今秦淮河以北地区为建业县。　⑧京岘：山名。在今江苏镇江市东。　⑨京江：水名。即今江苏镇江市北长江河段。　⑩上元：县名。唐上元二年（761）以江宁县改名，治所在今南京市。　⑪否（pǐ 痞）：闭塞不通畅。　⑫说（yuè 阅）：高兴、喜欢。　⑬仲虺：商朝初年的贤明人士。成汤：即商汤，商王朝的建立者，以圣明贤能著称。　⑭吉甫：周朝的贤人尹吉甫，周宣王的大臣。周宣：即周宣王，是周厉王的儿子。　⑮剿说：

指打断别人的话来谈自己的想法。 ⑯黎献:指众多贤能的人士。

李怀光顿兵不进,数上表暴扬卢杞等罪恶。众论喧腾,亦咎杞等。上不得已,十二月,壬戌,贬杞为新州司马[①],白志贞为恩州司马[②],赵赞为播州司马。宦者翟文秀,上所信任也,怀光又言其罪,上亦为杀之。

乙丑,以翰林学士、祠部员外郎陆贽为考功郎中[③],金部员外郎吴通微为职方郎中。贽上奏,辞以“初到奉天,扈从将吏例加两阶,今翰林独迁官。夫行罚先贵近而后卑远,则令不犯;行赏先卑远而后贵近,则功不遗。望先录大劳,次遍群品,则臣亦不敢独辞。”上不许。

上在奉天,使人说田悦、王武俊、李纳,赦其罪,厚赂以官爵。悦等皆密归款,而犹未敢绝朱滔,各称王如故。滔使其虎牙将军王郅说悦曰:“日者八郎有急,滔与赵王不敢爱其死,竭力赴救,幸而解围。今太尉三兄受命关中,滔欲与回纥共往助之,愿八郎治兵,与滔渡河共取大梁。”悦心不欲行而未忍绝滔,乃许之。滔复遣其内史舍人李琯见悦,审其可否,悦犹豫不决,密召扈崿等议之。司武侍郎许士则曰:“朱滔昔事李怀仙为牙将,与兄泚及朱希彩共杀怀仙而立希彩。希彩所以宠信其兄弟至矣,滔又与判官李子瑗谋杀希彩而立泚。泚既为帅,滔乃劝泚入朝而自为留后,虽劝以忠义,实夺之权也。平生与之同谋共功如李子瑗之徒,负而杀之者二十余人。今又与泚东西相应,使滔得志,泚亦不为所容,况同盟乎!滔为人如此。大王何从得其肺腑而信之邪!彼引幽陵[④]、回纥十万之兵屯于郊坰[⑤],大王出迎,则成擒矣。彼囚大王,兼魏国之兵,南向渡河,与关中相应,天下其孰能当之!大王于时悔之无及。为大王计,不若阳许偕行而阴为之备,厚加迎劳,至则托以他故,遣将分兵而随之,如此,大王外不失报德之名而内无仓猝之忧矣。”扈崿等皆以为然。王武俊闻李琯适魏,遣其司刑员外郎田秀驰见悦曰:“武俊向以宰相处事失宜,恐祸及身,又八郎困于重围,故与滔合兵救之。今天子方在隐忧,以德绥我,我曹何得不悔过而归之邪!舍九叶天子不事而事泚及滔乎!且泚未称帝之时，滔与我曹比肩为王，固已轻我曹矣。况使之南平汴、洛，与泚连衡，吾属皆为虏矣！八郎慎勿与之俱南，但闭城拒守。武俊请伺其隙，连昭义之兵，击而灭之，与八郎再清河朔，复为节度使，共事天子，不亦善乎！”悦意遂决，给滔云：“从行，必如前约。”

丁卯，滔将范阳步骑五万人，私从者复万余人，回纥三千人，发河间而南，辎重首尾四十里。

【注释】

①新州：州名。南朝梁设置，后历有兴废，治所在今广东新兴县。②恩州：州名。唐贞观二十三年(649)设置，历有兴废，治所在今广东恩平市北。③祠部：唐代礼部的下属机构，掌管祠祀事宜。考功郎中：唐代吏部官职，掌管文武官吏的功过考核。④幽陵：即幽州。⑤坰(jiōng 扃)：远郊。

李希烈攻李勉于汴州，驱民运土木，筑垒道，以攻城。忿其未就，并人填之，谓之湿薪。勉城守累月，外救不至，将其众万余人奔宋州。庚午，希烈陷大梁。滑州刺史李澄以城降希烈，希烈以澄为尚书令兼永平节度使。勉上表请罪，上谓其使者曰：“朕犹失守宗庙，勉宜自安。”待之如初。

刘洽遣其将高翼将精兵五千保襄邑，希烈攻拔之，翼赴水死。希烈乘胜攻宁陵[1]，江、淮大震。陈少游遣参谋温述送款于希烈曰：“濠、寿、舒、庐[2]，已令弛备，韬戈卷甲，伏俟指麾。”又遣巡官赵诜结李纳于郓州。

中书侍郎、同平章事关播罢为刑部尚书。

以给事中孔巢父为淄青宣慰使，国子祭酒董晋为河北宣慰使。

陆贽言于上曰：“今盗遍天下，舆驾播迁，陛下宜痛自引过以感人心。昔成汤以罪己勃兴，楚昭以善言复国[3]。陛下诚能不吝改过，以言谢天下，使书诏无所避忌，臣虽愚陋，可以仰副圣情，庶令反侧之徒革心向化。”上然之，故奉天所下书诏，虽骄将悍卒闻之，无不感激挥涕。

术者上言：“国家厄运，宜有变更以应时数。”群臣请更加尊号一二字。上以问陆贽，贽上奏，以为不可，其略曰："尊号之兴，本非古制。行于安泰之日，已累谦冲，袭乎丧乱之时，尤伤事体。"又曰："嬴秦德衰，兼皇与帝，始总称之。流及后代，昏僻之君，乃有圣刘、天元之号④。是知人主轻重，不在名称。损之有谦光稽古之善，崇之获矜能纳谄之讥。"又曰："必也俯稽术数，须有变更，与其增美称而失人心，不若黜旧号以祗天戒。"上纳其言，但改年号而已。

上又以中书所撰赦文示贽，贽上言，以为："动人以言，所感已浅，言又不切，人谁肯怀！今兹德音，悔过之意不得不深，引咎之辞不得不尽，洗刷疵垢，宣畅郁堙，使人人各得所欲，则何有不从者乎！应须改革事务，谨具别状同进。舍此之外，尚有所虞。窃以知过非难，改过为难；言善非难，行善为难。假使赦文至精，止于知过言善，犹愿圣虑更思所难。"上然之。

【注释】

①宁陵：县名，西汉设置，治所在今河南宁陵县。　②濠、寿、舒、庐：即濠州、寿州、舒州、庐州，主要辖地在今安徽境内。　③楚昭以善言复国：春秋时，楚昭王被吴国国王阖闾打败，出逃国外，国人为他送行，他劝人们回去说你们用不着担心没有国王，国人深受这句话的感动，全力设法帮助他恢复了楚国国土。　④圣刘：汉哀帝昏庸，为了挽救江河日下的形势，改年号为"圣刘"。天元：南朝陈宣帝为了避免亡国，改年号为"天元"。二者均企图以最吉祥的年号以救厄运。

兴元元年　春，正月，癸酉朔，赦天下，改元，制曰："致理兴化，必在推诚；忘己济人，不吝改过。朕嗣服丕构，君临万邦，失守宗祧，越在草莽。不念率德，诚莫追于既往；永言思咎，期有复于将来。明征其义，以示天下。

"小子惧德不嗣，罔敢怠荒，然以长于深宫之中，暗于经国之务，积习易溺，居安忘危，不知稼穑之艰难，不恤征戍之劳苦，泽靡下究，情未上通，事既拥隔，人怀疑阻。犹昧省己，遂用兴戎，征师四方，转饷千里，赋车籍马，远近骚然，行赍居送，众庶劳止，或一日屡交锋刃，或连年不解甲胄。祀奠乏主，室家靡依，死生流离，怨气凝结，力役不息，田莱多荒。暴令峻于诛求，疲甿空于杼轴，转死沟壑，离去乡闾，邑里丘墟，人烟断绝。天谴于上而朕不寤，人怨于下而朕不知，驯致乱阶，变兴都邑，万品失序，九庙震惊，上累于祖宗，下负于蒸庶，痛心靦貌[①]，罪实在予，永言愧悼，若坠泉谷。自今中外所上书奏，不得更言'圣神文武'之号。

"李希烈、田悦、王武俊、李纳等，咸以勋旧，各守藩维，朕抚御乖方，致其疑惧；皆由上失其道而下罹其灾，朕实不君，人则何罪！宜并所管将吏等一切待之如初。

"朱滔虽缘朱泚连坐，路远必不同谋，念其旧勋，务在弘贷，如能效顺，亦与惟新。

"朱泚反易天常，盗窃名器，暴犯陵寝，所不忍言，获罪祖宗，朕不敢赦。其胁从将吏百姓等，但官军未到京城以前，去逆效顺并散归本道、本军者，并从赦例。

"诸军、诸道应赴奉天及进收京城将士，并赐名奉天定难功臣。其所加垫陌钱、税间架、竹、木、茶、漆、榷铁之类，悉宜停罢。"

赦下，四方人心大悦。及上还长安明年，李抱真入朝为上言："山东宣布赦书，士卒皆感泣，臣见人情如此，知贼不足平也！"

命兵部员外郎李充为恒冀宣慰使。

朱泚更国号曰汉，自称汉元天皇，改元天皇。

王武俊、田悦、李纳见赦令，皆去王号，上表谢罪。惟李希烈自恃兵强财富，遂谋称帝，遣人问仪于颜真卿，真卿曰："老夫尝为礼官，所记惟诸侯朝天子礼耳！"希烈遂即皇帝位，国号大楚，改元武成。置百官，以其党郑贲为侍中，孙广为中书令，李缓、李元平同平章事。以汴州为大梁府，分其境内为四节度。希烈遣其将辛景臻谓颜真卿曰："不能屈节，当自焚！"积薪灌油于其庭。真卿趋赴火，景臻遽止之。

希烈又遣其将杨峰赍赦赐陈少游及寿州刺史张建封。建封执峰徇于军，腰斩于市，少游闻之骇惧。建封具以少游与希烈交通之状闻，上悦，以建封为濠、寿、庐三州都团练使。希烈乃以其将杜少诚为淮南节度使，使将步骑万余人先取寿州，后之江都，建封遣其将贺兰元均、邵怡守霍丘秋栅[②]。少诚竟不能过，遂南寇蕲、黄,欲断江路。时上命包佶自督江、淮财赋,溯江诣行在。至蕲口[3],遇少诚入寇。曹王皋遣蕲州刺史伊慎将兵七千拒之,战于永安戍[4],大破之,少诚脱身走,斩首万级,包佶乃得前。后佶入朝,具奏陈少游夺财赋事。少游惧,厚敛所部以偿之。李希烈以夏口上流要地[5],使其骁将董侍募死士七千人袭鄂州,刺史李兼偃旗卧鼓闭门以待之。侍撤屋材以焚门,兼帅士卒出战,大破之。上以兼为鄂、岳、沔都团练使。于是希烈东畏曹王皋,西畏李兼,不敢复有窥江、淮之志矣。

【注释】

①靦(tiǎn 忝):形容惭愧的神态。 ②霍丘:县名。隋时设置,治所在今安徽霍邱县。 ③蕲口:地名。即今湖北蕲春县长江北岸蕲州镇。 ④永安戍:在今湖北黄冈市内,为一军事要地。 ⑤夏口:地名,三国时吴国修筑,在今湖北武汉市长江与汉水交汇处,为战略要地。

朱滔引兵入赵境,王武俊大具犒享。入魏境,田悦供承倍丰,使者迎候,相望于道。丁丑,滔至永济[1],遣王郅见悦,约会馆陶,偕行渡河。悦见郅曰:"悦固愿从五兄南行,昨日将出军,将士勒兵不听悦出,曰:'国兵新破,战守逾年,资储竭矣。今将士不免冻馁,何以全军远征!大王日自抚循,犹不能安,若舍城邑而去,朝出,暮必有变!'悦之志非敢有贰也,如将士何!已令孟祐备步骑五千,从五兄供刍牧之役。"因遣其司礼侍郎裴抗等往谢滔。滔闻之,大怒曰:"田悦逆贼,向在重围,命如丝发,使我叛君弃兄,发兵昼夜赴之,幸而得存。许我贝州,我辞不取;尊我为天子,我辞不受。今乃负恩,误我远来,饰辞不出!"即日,遣马寔攻宗城、经城[2],杨荣国攻冠氏[3],皆拔之。又纵回纥掠馆陶顿幄帟[4]、器皿、车、牛以去。悦闭城自守。壬午,滔遣裴抗等还,分兵置吏守平恩、永济[5]。

丙戌,以吏部侍郎卢翰为兵部侍郎、同平章事。翰,义僖之七世孙也。

朱滔引兵北围贝州,引水环之,刺史邢曹俊婴城拒守;纵范阳及回纥兵大掠诸县,又拔武城[6],通德、棣二州,使给军食。遣马寔将步骑五千屯冠氏以逼魏州。

以给事中杜黄裳为江淮宣慰副使。

上于行宫庑下贮诸道贡献之物，榜曰“琼林大盈库”⑦。陆贽以为战守之功，赏赍未行而遽私别库，则士卒怨望，无复斗志，上疏谏，其略曰：“天子与天同德，以四海为家，何必挠废公方，崇聚私货！降至尊而代有司之守，辱万乘以效匹夫之藏，亏法失人，诱奸聚慝，以斯制事，岂不过哉！”又曰：“顷者六师初降，百物无储，外扞凶徒，内防危堞，昼夜不息。迨将五旬，冻馁交侵，死伤相枕，毕命同力，竟夷大艰。良以陛下不厚其身，不私其欲，绝甘以同卒伍，辍食以啖功劳。无猛制而人不携，怀所感也；无厚赏而人不怨，悉所无也。今者攻围已解，衣食已丰，而谣讟方兴，军情稍阻，岂不以勇夫恒性，嗜利矜功，其患难既与之同忧而好乐不与之同利，苟异恬默，能无怨咨！”又曰：“陛下诚能近想重围之殷忧，追戒平居之专欲，凡在二库货贿，尽令出赐有功，每获珍华，先给军赏，如此，则乱必靖，贼必平，徐驾六龙，旋复都邑，天子之贵，岂当忧贫！是乃散其小储而成其大储，损其小宝而固其大宝也。”上即命去其榜。

萧复尝言于上曰：“宦官自艰难以来，多为监军，恃恩纵横。此属但应掌宫掖之事，不宜委以兵权国政。”上不悦。又尝言：“陛下践阼之初，圣德光被，自用杨炎、卢杞黩乱朝政，以致今日。陛下诚能变更睿志，臣敢不竭力。傥使臣依阿苟免，臣实不能！”又尝与卢杞同奏事，杞顺上旨，复正色曰：“卢杞言不正！”上愕然，退，谓左右曰：“萧复轻朕！”戊子，命复充山南东·西、荆湖、淮南、江西、鄂岳、浙江东·西、福建、岭南等道宣慰、安抚使，实疏之也。既而刘从一及朝士往往奏留复，上谓陆贽曰：“朕思迁幸以来，江、淮远方，或传闻过实，欲遣重臣宣慰，谋于宰相及朝士，佥谓宜然。今乃反覆如是，朕为之怅恨累日。意复悔行，使之论奏邪？卿知萧复如何人？其不欲行，意趣安在？”贽上奏，以为：“复痛自修励，慕为清贞，用虽不周，行则可保。至于轻诈如此，复必不为。借使复欲逗留，从一安肯附会！今所言矛楯，愿陛下明加辩诘。若萧复有所请求，则从一何容为隐！若从一自有回互，则萧复不当受疑。陛下何惮而不辩明，乃直为此怅恨也！夫明则罔惑，辩则罔冤。惑莫甚于逆诈而不与明，冤莫痛于见疑而不与辩。是使情伪相糅，忠邪靡分。兹实居上御下之要枢，惟陛下留意。”上亦竟不复辩也。

辛卯，以王武俊为恒、冀、深、赵节度使。壬辰，加李抱真、张孝忠并同平章事。丙申，加田悦检校右仆射。以山南东道行军司马樊泽为本道节度使，前深、赵观察使康日知为同州刺史、奉诚军节度使，曹州刺史李纳为郓州刺史、平卢节度使。

戊戌，加刘洽汴、滑、宋、亳都统副使，知都统事，李勉悉以其众授之。

辛丑，六军各置统军，秩从三品，以宠勋臣。

吐蕃尚结赞请出兵助唐收京城。庚子，遣秘书监崔汉衡使吐蕃，发其兵。

【注释】

①永济：县名。唐大历七年（772）分临清县置，治所在今山东冠县北。　②宗城：县名。隋代设置，治所在今河北威县东。经城：县名。隋代设置，治所在今河北威县北经镇。　③冠氏：县名。隋代设置，治所在今山东冠县。　④顿幄帟（yì 亦）：古代的一种招待宾客的幄帐。　⑤平恩：县名。东汉时改平恩侯国设置，治所在今河北曲周县境内。　⑥武城：县名。西晋时改东武城县为武城县，治所在今山东武城县西北，后历有改移和兴废。　⑦榜：这里指牌匾的意思。

资治通鉴卷第二百三十

唐纪四十六　起阏逢困敦二月，尽四月，不满一年。

德宗神武圣文皇帝五

兴元元年　二月，戊申，诏赠段秀实太尉，谥曰“忠烈”，厚恤其家。时贾隐林已卒，赠左仆射，赏其能直言也。

李希烈将兵五万围宁陵，引水灌之；濮州刺史刘昌以三千人守之。

滑州刺史李澄密遣使请降，上许以澄为汴滑节度使。澄犹外事希烈；希烈疑之，遣养子六百人戍白马[①]，召澄共攻宁陵。澄至石柱[②]，使其众阳惊，烧营而遁。又讽养子令剽掠，澄悉收斩之，以白希烈，希烈无以罪也。

刘昌守宁陵，凡四十五日不释甲。韩滉遣其将王栖曜将兵助刘洽拒希烈，栖曜以强弩数千游汴水，夜，入宁陵城。明日，从城上射希烈，及其坐幄，希烈惊曰：“宣、润弩手至矣！”遂解围去。

朱泚既自奉天败归，李晟谋取长安。刘德信与晟俱屯东渭桥，不受晟节制。晟因德信至营中，数以沪涧之败及所过剽掠之罪，斩之。因以数骑驰入德信军，劳其众，无敢动者，遂并将之，军势益振。

李怀光既胁朝廷逐卢杞等，内不自安，遂有异志。又恶李晟独当一面，恐其成功，奏请与晟合军。诏许之。晟与怀光会于咸阳西陈涛斜，筑垒未毕，泚众大至。晟谓怀光曰：“贼若固守宫苑，或旷日持久，未易攻取。今去其巢穴，敢出求战，此天以贼赐明公，不可失也！”怀光曰：“军适至，马未秣，士未饭，岂可遽战邪！”晟不得已乃就壁。晟每与怀光同出军。怀光军士多掠人牛马，晟军秋豪不犯。怀光军士恶其异己，分所获与之，晟军终不敢受。

怀光屯咸阳累月，逗留不进。上屡遣中使趣之，辞以士卒疲弊，且当休息观衅。诸将数劝之攻长安，怀光不从，密与朱泚通谋，事迹颇露。李晟屡奏，恐其有变，为所并，请移军东渭桥。上犹冀怀光革心，收其力用，寝晟奏不下。

怀光欲缓战期，且激怒诸军，奏言：“诸军粮赐薄，神策独厚。厚薄不均，难以进战。”上以财用方窘，若粮赐皆比神策，则无以给之，不然，又逆怀光意，恐诸军觖望[3]。乃遣陆贽诣怀光营宣慰，因召李晟参议其事。怀光意欲晟自乞减损，使失士心，沮败其功，乃曰：“将士战斗同而粮赐异，何以使之协力！”贽未有言，数顾晟。晟曰：“公为元帅，得专号令；晟将一军，受指踪而已。至于增减衣食，公当裁之。”怀光默然，又不欲自减之，遂止。

时上遣崔汉衡诣吐蕃发兵，吐蕃相尚结赞言：“蕃法发兵，以主兵大臣为信。今制书无怀光署名，故不敢进。”上命陆贽谕怀光，怀光固执以为不可，曰：“若克京城，吐蕃必纵兵焚掠，谁能遏之！此一害也。前有敕旨，募士卒克城者人赏百缗，彼发兵五万，若援敕求赏，五百万缗何从可得！此二害也。虏骑虽来，必不先进，勒兵自固，观我兵势，胜则从而分功，败则从而图变，谲诈多端，不可亲信，此三害也。”竟不肯署敕，尚结赞亦不进兵。

陆贽自咸阳还，上言：“贼泚稽诛，保聚宫苑，势穷援绝，引日偷生。怀光总仗顺之师，乘制胜之气，鼓行芟翦，易若摧枯，而乃寇奔不追，师老不用，诸帅每欲进取，怀光辄沮其谋，据兹事情，殊不可解。陛下意在全护，委曲听从，观其所为，亦未知感。若不别务规略，渐思制持，惟以姑息求安，终恐变故难测。此诚事机危迫之秋也，固不可以寻常容易处之。今李晟奏请移军，适遇臣衔命宣慰，怀光偶论此事，臣遂泛问所宜。怀光乃云：‘李晟既欲别行，某亦都不要藉。’臣犹虑有翻覆，因美其军盛强。怀光大自矜夸，转有轻晟之意。臣又从容问云：‘回日，或圣旨顾问事之可否，决定何如?’怀光已肆轻言,不可中变,遂云:‘恩命许去,事亦无妨。’要约再三,非不详审,虽欲追悔,固难为辞。伏望即以李晟表出付中书,敕下依奏,别赐怀光手诏,示以移军事由。其手诏大意云:‘昨得李晟奏,请移军城东以分贼势。朕本欲委卿商量,适会陆贽回奏云,见卿语及于此,仍言许去事亦无妨,遂敕本军允其所请。’如此,则词婉而直,理顺而明,虽蓄异端,何由起怨!”上从之。

晟自咸阳结陈而行,归东渭桥。时鄜坊节度使李建徽、神策行营节度使杨惠元犹与怀光联营,陆贽复上奏曰:“怀光当管师徒,足以独制凶寇,逗留未进,抑有他由。所患太强,不资傍助。比者又遣李晟、李建徽、杨惠元三节度之众附丽其营,无益成功,只足生事。何则?四军接垒,群帅异心,论势力则悬绝高卑,据职名则不相统属。怀光轻晟等兵微位下而忿其制不从心,晟等疑怀光养寇蓄奸而怨其事多陵己。端居则互防飞谤,欲战则递恐分功,龃龉不和,嫌衅遂构,俾之同处,必不两全。强者恶积而后亡,弱者势危而先覆,覆亡之祸,翘足可期!旧寇未平,新患方起,忧叹所切,实堪疚心!太上消慝于未萌,其次救失于始兆,况乎事情已露,祸难垂成,委而不谋,何以宁乱!李晟见机虑变,先请移军就东,建徽、惠元势转孤弱,为其吞噬,理在必然,他日虽有良图,亦恐不能自拔。拯其危急,唯在此时。今因李晟愿行,便遣合军同往,托言晟兵素少,虑为贼泚所邀,借此两军迭为掎角,仍先谕旨,密使促装,诏书至营,即日进路,怀光意虽不欲,然亦计无所施。是谓先人有夺人之心[4],疾雷不及掩耳者也。解斗不可以不离,救焚不可以不疾,理尽于此,惟陛下图之。”上曰:“卿所料极善。然李晟移军,怀光不免怅望,若更遣建徽、惠元就东,恐因此生辞,转难调息,且更俟旬时。”

【注释】

①白马:即白马津,在今河南滑县东北,在古黄河南岸,与北岸黎阳津相对。 ②石柱:地名,在今河北易县东南部。 ③觖(jué 决)望:失望,怨恨。 ④先人有夺人之心:这是《左传》中赵宣子的话,意为先行动就会使敌人丧失斗志。

辛酉，加王武俊同平章事兼幽州、卢龙节度使。

李晟以为："怀光反状已明，缓急宜有备，蜀、汉之路不可壅，请以裨将赵光铣等为洋、利、剑三州刺史[①]，各将兵五百以防未然。"上疑未决，欲亲总禁兵幸咸阳，以慰抚为名，趣诸将进讨。或谓怀光曰："此汉祖游云梦之策也[②]！"怀光大惧，反谋益甚。

上垂欲行，怀光辞益不逊，上犹疑谗人间之，甲子，加怀光太尉，增实食，赐铁券，遣神策右兵马使李卞等往谕旨。怀光对使者投铁券于地曰："圣人疑怀光邪[③]？人臣反，赐铁券；怀光不反，今赐铁券，是使之反也！"辞气甚悖。朔方左兵马使张名振当军门大呼曰："太尉视贼不许击，待天使不敬，果欲反邪！功高太山，一旦弃之，自取族灭，富贵他人，何益哉！我今日必以死争之。"怀光闻之，谓曰："我不反，以贼方强，故须蓄锐俟时耳。"怀光又言："天子所居必有城隍。"乃发卒城咸阳，未几，移军据之。张名振曰："乃者言不反，今日拔军此来，何也？何不攻长安，杀朱泚，取富贵，引军还邠邪！"怀光曰："名振病心矣！"命左右引去，拉杀之。

右武锋兵马使石演芬，本西域胡人，怀光养以为子。怀光潜与朱泚通谋，演芬遣其客部成义诣行在告之，请罢其都统之权。成义至奉天，告怀光子璀。璀密白其父。怀光召演芬责之曰："我以尔为子，奈何欲破我家！今日负我，死甘心乎？"演芬曰："天子以太尉为股肱，太尉以演芬为心腹；太尉既负天子，演芬安得不负太尉乎！演芬胡人，不能异心，惟知事一人。苟免贼名而死，死甘心矣！"怀光使左右脔食之[④]，皆曰："义士也！可令快死。"以刀断其喉而去。

李卞等还，言怀光骄慢之状，于是行在始严门禁，从臣皆密装以待。

乙丑，加李晟河中、同绛节度使[⑤]。上犹以为薄，丙寅，又加同平章事。

上将幸梁州[⑥]，山南节度使盐亭严震闻之[⑦]，遣使诣奉天奉迎，又遣大将张用诚将兵五千至盩厔以来迎卫。用诚为怀光所诱，阴与之通谋，上闻而患之。会震继遣牙将马勋奉表，上语之故；勋请"亟诣梁州取严震符召用诚还府，若不受召，臣请杀之"。上喜曰：

"卿何时复至此?"勋刻日时而去。既得震符,请壮士五人与之俱出骆谷。用诚不知事泄,以数百骑迎之,勋与之俱入驿。时天寒,勋多然藁火于驿外,军士皆往附火。勋乃从容出怀中符,以示用诚曰:"大夫召君。"用诚错愕起走,壮士自后执其手擒之。用诚子在勋后,斫伤勋首。壮士格杀其子,仆用诚于地,跨其腹,以刀拟其喉曰:"出声则死!"勋入其营,士卒已擐甲执兵矣。勋大言曰:"汝曹父母妻子皆在汉中,一朝弃之,与张用诚同反,于汝曹何利乎!大夫令我取用诚,不问汝曹,无自取族灭!"众皆詟服[8]。勋送用诚诣梁州,震杖杀之,命副将领其众。勋裹其首,复命于行在,愆期半日。

李怀光夜遣人袭夺李建徽、杨惠元军,建徽走免,惠元将奔奉天,怀光遣兵追杀之。怀光又宣言曰:"吾今与朱泚连和,车驾且当远避!"

怀光以韩游瓌朔方将也,掌兵在奉天,与游瓌书,约使为变,游瓌密奏之;明日,又以书趣之,游瓌又奏之。上称其忠义,因问:"策安出?"对曰:"怀光总诸道兵,故敢恃众为乱。今邠宁有张昕,灵武有宁景璿,河中有吕鸣岳,振武有杜从政,潼关有唐朝臣,渭北有窦觎,皆守将也。陛下各以其众及地授之,尊怀光之官,罢其权,则行营诸将各受本府指麾矣。怀光独立,安能为乱!"上曰:"罢怀光兵权,若朱泚何?"对曰:"陛下既许将士以克城殊赏,将士奉天子之命以讨贼取富贵,谁不愿之!邠府兵以万数,借使臣得而将之,足以诛泚;况诸道必有杖义之臣,泚不足忧也!"上然之。

丁卯,怀光遣其将赵升鸾入奉天,约其夕使别将达奚小俊烧乾陵,令升鸾为内应以惊胁乘舆。升鸾诣浑瑊自言,瑊遽以闻,且请决幸梁州。上命瑊戒严,瑊出,部勒未毕,上已出城西,命戴休颜守奉天,朝臣将士狼狈扈从。戴休颜徇于军中曰:"怀光已反!"遂乘城拒守。

朱泚之称帝也,兵部侍郎刘迺卧病在家,泚召之,不起。使蒋镇自往说之,凡再往,知不可诱胁,乃叹曰:"镇亦忝列曹,不能舍生,以至于此,岂可复以己之腥臊污漫贤者乎!"歔欷而返。迺闻上幸山南,搏膺大呼,自投于床,不食数日而卒。

太子少师乔琳从上至盩厔，称老疾不堪山险，削发为僧，匿于仙游寺。泚闻之，召至长安，以为吏部尚书。于是朝士之窜匿者多出仕泚矣！

怀光遣其将孟保、惠静寿、孙福达将精骑趣南山邀车驾，遇诸军粮料使张增于盩厔。三将曰："彼使我为不臣，我以追不及报之，不过不使我将耳。"因目增曰："军士未朝食，如何？"增给其众曰："此东数里有佛祠，吾贮粮焉。"三将帅众而东，纵之剽掠，由是百官从行者皆得入骆谷，以追不及还报，怀光皆黜之。

【注释】

①洋、利、剑：即洋州、利州、剑州。洋州，西魏时设，历有兴废。治所在今陕西洋县。利州，西魏以西益州改置，历有兴废，治所在今四川广元市。剑州，唐先天二年(713)以始州改名，治所在今四川剑阁县。 ②汉祖游云梦之策：汉祖即汉高祖刘邦，建立汉王朝后，以巡游云梦为名，消灭了韩信等割据势力。 ③圣人：唐代的大臣和儿子称君父为圣人。 ④脔(luán 峦)：切成小块肉。 ⑤同绛：即同州和绛州，均在今山西境内。 ⑥梁州：三国时魏置，历代治所屡迁，唐时治所在今陕西汉中市东。 ⑦盐亭：县名。西魏以北宕渠县改名，治所在今四川盐亭县。 ⑧詟(zhé 折)：恐惧。

河东将王权、马汇引兵归太原。

李晟得除官制，拜哭受命，谓将佐曰："长安，宗庙所在，天下根本，若诸将皆从行，谁当灭贼者！"乃治城隍，缮甲兵，为复京城之计。先是东渭桥有粟十余万斛，度支给李怀光军，几尽。是时怀光、朱泚连兵，声势甚盛，车驾南幸，人情扰扰。晟以孤军处二强寇之间，内无资粮，外无救援，徒以忠义感激将士，故其众虽单弱而锐气不衰。又以书遗怀光，辞礼卑逊，虽示尊崇而谕以祸福，劝之立功补过。故怀光惭恧[1]，未忍击之。晟曰："畿内虽兵荒之余，犹可赋敛。宿兵养寇，患莫大焉！"乃以判官张彧假京兆尹，择四十余人，假官以督渭北诸县刍粟，不旬日，皆充羡。乃流涕誓众，决志平贼。

田悦用兵数败，士卒死者什六七，其下皆厌苦之。上以给事中孔巢父为魏博宣慰使。巢父性辩博[②]，至魏州，对其众为陈逆顺祸福，悦及将士皆喜。兵马使田绪，承嗣之子也，凶险，多过失，悦不忍杀，杖而拘之。悦既归国，内外撤警备。三月，壬申朔，悦与孔巢父宴饮，绪对弟侄有怨言，其侄止之，绪怒，杀侄，既而悔之，曰："仆射必杀我！"既夕，悦醉，归寝，绪与左右密穿后垣入，杀悦及其母、妻等十余人，即帅左右执刀立于中门之内夹道。将旦，以悦命召行军司马扈崿、判官许士则、都虞候蒋济议事。府署深邃，外不知有变，士则、济先至，召入，乱斫杀之。绪恐既明事泄，乃出门，遇悦亲将刘忠信方排牙[③]，绪疾呼谓众曰："刘忠信与扈崿谋反，昨夜刺杀仆射。"众大惊，喧哗。忠信未及自辩，众分裂杀之。扈崿来，及戟门遇乱[④]，招谕将士，将士从之者三分之一。绪惧，登城而立，大呼谓众曰："绪，先相公之子，诸君受先相公恩，若能立绪，兵马使赏缗钱二千，大将半之，下至士卒，人赏百缗，竭公私之货，五日取办。"于是将士回首杀扈崿，皆归绪，军府乃定。因请命于孔巢父，巢父命绪权知军府。后数日，众乃知绪杀其兄，虽悔怒，而绪已立，无如之何。绪又杀悦亲将薛有伦等二十余人。

李抱真、王武俊引兵将救贝州，闻乱，不敢进。朱滔闻悦死，喜曰："悦负恩，天假手于绪也！"即遣其执宪大夫郑景济等将步骑五千助马寔，合兵万二千攻魏州。寔军王莽河，纵骑兵及回纥四出剽掠。滔别遣人入城说绪，许以本道节度使。绪方危迫，遣随军侯臧诣贝州送款于滔，滔喜，遣臧还报，使亟定盟约。时绪部署城内已定，李抱真、王武俊又遣使诣绪，许以赴援，如悦存日之约。绪召将佐议之，幕僚曾穆、卢南史曰："用兵虽尚威武，亦本仁义，然后有功。今幽陵之兵恣行杀掠，白骨蔽野，虽先仆射背德，其民何罪！今虽盛强，其亡可跂立而待也。况昭义、恒冀方相与攻之，奈何以目前之急欲从人为反逆乎！不若归命朝廷，天子方蒙尘于外，闻魏博使至必喜，官爵旋踵而至矣。"绪从之，遣使奉表诣行在，城守以俟命。

【注释】

①恧（nǜ 衄）：惭愧。 ②辩博：善辩、雄辩。 ③排牙：牙将将士各执其物站立在庭下，等待参谒节度使。 ④戟门：节镇外门排列着戟，故

称戟门。

上之发奉天也，韩游瓌帅其麾下八百余人还邠州。李怀光以李晟军浸盛，恶之，欲引军自咸阳袭东渭桥。三令其众，众不应，窃相谓曰："若与我曹击朱泚，惟力是视；若欲反，我曹有死，不能从也！"怀光知众不可强，问计于宾佐，节度巡官良乡李景略曰[①]："取长安，杀朱泚，散军还诸道，单骑诣行在，如此，臣节亦未亏，功名犹可保也。"顿首恳请，至于流涕，怀光许之。都虞候阎晏等劝怀光东保河中，徐图去就，怀光乃说其众曰："今且屯泾阳，召妻孥于邠，俟至，与之俱往河中。春装既办，还攻长安，未晚也。东方诸县皆富实，军发之日，听尔曹俘掠。"众许之。怀光乃谓景略曰："向者之议，军众不从，子宜速去，不且见害！"遣数骑送之。景略出军门，恸哭曰："不意此军一旦陷于不义！"

怀光遣使诣邠州，令留后张昕悉发所留兵万余人及行营将士家属会泾阳，仍遣其将刘礼等将三千余骑胁迁之。韩游瓌说昕曰："李太尉功高自弃，已蹈祸机。中丞今日可以自求富贵，游瓌请帅麾下以从。"昕曰："昕微贱，赖李太尉得至此，不忍负也！"游瓌乃谢病不出，阴与诸将高固、杨怀宾等相结。时崔汉衡以吐蕃兵营于邠南，高固曰："昕以众去，则邠城空矣。"乃诈为浑瑊书，召吐蕃使稍逼邠城。昕等惧，竟不敢出。昕等谋杀诸将之不从者，游瓌知之，先与高固等举兵杀昕，遣杨怀宾奉表以闻，且遣人告崔汉衡。汉衡矫诏以游瓌知军府事，军中大喜。怀光子旻在邠，游瓌遣之，或曰："不杀旻，何以自明？"游瓌曰："杀旻，怀光怒，其众必至，不如释旻以走之。"时杨怀宾子朝晟在怀光军中为右厢兵马使，闻之，泣白怀光曰："父立功于国，子当诛夷，不可典兵。"怀光囚之。于是游瓌屯邠宁，戴休颜屯奉天，骆元光屯昭应，尚可孤屯蓝田，皆受李晟节度，晟军声大振。

始，怀光方强，朱泚畏之，与怀光书，以兄事之，约分帝关中，永为邻国。及怀光决反，逼乘舆南幸，其下多叛之，势益弱。泚乃赐怀光诏书，以臣礼待之，且征其兵。怀光惭怒，内忧麾下为变，外恐李晟袭之，遂烧营东走，掠泾阳等十二县，鸡犬无遗。及富平[②]，大将孟涉、段威勇将数千人奔于李晟，将士在道散亡相继。至河中，或劝河中守将吕鸣岳焚桥拒之，鸣岳以兵少恐不能支，遂纳之，河中尹李齐运弃城走。怀光遣其将赵贵先筑垒于同州，刺史李纾惧，奔行在。幕僚裴向摄州事，诣贵先，责以逆顺之理，贵先感寤，遂请降，同州由是获全。向，遵庆之子也。怀光使其将符峤袭坊州，据之，渭北守将窦觎帅猎团七百围之。峤请降。诏以觎为渭北行军司马。

【注释】

①良乡：县名。西汉时设，历有兴废，治所在今北京市房山区。②富平：县名。秦代设置，治所历代屡有迁移，唐代治所在今陕西富平县西南。

丁亥，以李晟兼京畿、渭北、鄜、坊、丹、延节度使。

庚寅，车驾至城固[①]。唐安公主薨，上长女也。

上在道，民有献瓜果者，上欲以散试官授之，访于陆贽，贽上奏，以为："爵位恒宜慎惜，不可轻用。起端虽微，流弊必大。献瓜果者，止可赐之钱帛，不当酬以官。"上曰："试官虚名，无损于事。"贽又上奏，其略曰："自兵兴以来，财赋不足以供赐，而职官之赏兴焉。青朱杂沓于胥徒[②]，金紫普施于舆皂[③]。当今所病，方在爵轻，设法贵之，犹恐不重，若又自弃，将何劝人！夫诱人之方，惟名与利，名近虚而于教为重，利近实而于德为轻。专实利而不济之以虚，则耗匮而物力不给；专虚名而不副之以实，则诞谩而人情不趋。故国家命秩之制，有职事官，有散官，有勋官，有爵号，然掌务而授俸者，唯系职事之一官也，此所谓施实利而寓虚名者也。其勋、散、爵号三者所系，大抵止于服色、资荫而已，此所谓假虚名而佐实利者也。今之员外、试官，颇同勋、散、爵号，虽则授无费禄，受不占员，然而突铦锋、排患难者则以是赏之，竭筋力、展劳效者又以是酬之。若献瓜果者亦授试官，则彼必相谓曰：'吾以忘躯命而获官，此以进瓜果而获官，是乃国家以吾之躯命同于瓜果矣。'视人如草木，谁复为用哉！今陛下既未有实利以敦劝，又不重虚名而滥施，人无藉焉。则后之立功者，将曷用为赏哉！"

贽在翰林，为上所亲信，居艰难中，虽有宰相，大小之事，上必与贽谋之，故当时谓之内相，上行止必与之俱。梁、洋道险，尝与贽相失，经夕不至，上惊忧涕泣，募得贽者赏千金。久之，乃至，上喜甚，太子以下皆贺。然贽数直谏，迕上意，卢杞虽贬官，上心庇之。贽极言杞奸邪致乱，上虽貌从，心颇不悦，故刘从一、姜公辅皆自下陈登用，贽恩遇虽隆，未得为相。

壬辰，车驾至梁州。山南地薄民贫，自安、史以来，盗贼攻剽，户口减耗太半，虽节制十五州[④]，租赋不及中原数县。及大驾驻跸，粮用颇窘。上欲西幸成都，严震言于上曰："山南地接京畿，李晟方图收复，借六军以为声援。若幸西川，则晟未有收复之期也。"众议未决，会李晟表至，言："陛下驻跸汉中，所以系亿兆之心，成灭贼之势。若规小舍大，迁都岷、峨，则士庶失望，虽有猛将谋臣，无所施矣！"上乃止。严震百方以聚财赋，民不至困穷而供亿无乏。牙将严砺，震之从祖弟也，震使掌转饷，事甚修办。

初，奉天围既解，李楚琳遣使入贡，上不得已除凤翔节度使，而心恶之。议者言楚琳凶逆反覆，若不堤防，恐生窥伺；由是楚琳使者数辈至，上皆不引见，留之不遣。甫至汉中，欲以浑瑊代楚琳镇凤翔，陆贽上奏，以为："楚琳杀帅助贼，其罪固大，但以乘舆未复，大憝犹存，勤王之师悉在畿内，急宣速告，晷刻是争。商岭则道迂且遥[⑤]，骆谷复为盗所扼，仅通王命，唯在褒斜[⑥]，此路若又阻艰，南北遂将夐绝[⑦]。以诸镇危疑之势，居二逆诱胁之中，汹汹群情，各怀向背。傥或楚琳发憾，公肆猖狂，南塞要冲，东延巨猾，则我咽喉梗而心膂分矣。今楚琳能两端顾望，乃是天诱其衷，故通归涂，将济大业。陛下诚宜深以为念，厚加抚循，得其持疑，便足集事。必欲精求素行，追抉宿疵，则是改过不足以补愆，自新不足以赎罪。凡今将吏，岂得尽无疵瑕，人皆省思，孰免疑畏！又况阻命之辈，胁从之流，自知负恩，安敢归化！斯衅非小，所宜速图。伏愿陛下思英主大略，勿以小不忍亏挠兴复之业也。"上释然开悟，善待楚琳使者，优诏存慰之。

【注释】

①城固：县名。南朝宋改成固县设置，治所有迁移。唐代治所在今

陕西城固县。 ②青朱:代表官吏品级的服装颜色。唐代八品九品官服为青色,四品五品官服为朱色。 ③金紫:官服的颜色。唐代三品以上的大官穿紫色官服,上饰金色。 ④十五州:山南节度使下辖梁、洋、兴、凤、开、通、渠、集、蓬、利、壁、巴、阆、果、金十五个州。 ⑤商岭:即商山,又名商洛山,在今陕西商洛市商州区东南部,地势险要。 ⑥褒斜:指斜谷,在今陕西眉县西南,为军事要道。 ⑦敻(xiòng 诇)绝:敻,遥远。这里指两地被远远地隔断了。

丁酉,加宣武节度使刘洽同平章事。

己亥,以行在都知兵马使浑瑊同平章事兼朔方节度使,朔方、邠宁、振武、永平、奉天行营兵马副元帅。

庚子,诏数李怀光罪恶,叙朔方将士忠顺功名,犹以怀光旧勋,曲加容贷,其副元帅、太尉、中书令、河中尹并朔方诸道节度、观察等使,宜并罢免,授太子太保;其所管兵马,委本军自举一人功高望重者便宜统领,速具奏闻,当授旌旄,以从人欲。

夏,四月,壬寅,以邠宁兵马使韩游瓌为邠宁节度使。癸卯,以奉天行营兵马使戴休颜为奉天行营节度使。

灵武守将宁景璿为李怀光治第,别将李如暹曰:"李太尉逐天子,而景璿为之治第,是亦反也!"攻而杀之。

甲辰,加李晟鄜坊、京畿、渭北、商华副元帅。晟家百口及神策军士家属皆在长安,朱泚善遇之。军中有言及家者,晟泣曰:"天子何在,敢言家乎!"泚使晟亲近以家书遗晟曰:"公家无恙。"晟怒曰:"尔敢为贼为间!"立斩之。军士未授春衣,盛夏犹衣裘褐,终无叛志。

乙巳,以陕虢防遏使唐朝臣为河中、同绛节度使。前河中尹李齐运为京兆尹,供晟军粮役。

庚戌,以魏博兵马使田绪为魏博节度使。

浑瑊帅诸军出斜谷,崔汉衡劝吐蕃出兵助之,尚结赞曰:"邠军不出,将袭我后。"韩游瓌闻之,遣其将曹子达将兵三千往会瑊军,吐蕃遣其将论莽罗依将兵二万从之。李楚琳遣其将石锽将卒七百从瑊拔武功。庚戌,朱泚遣其将韩旻等攻武功,锽以其众迎降。瑊战不利，收兵登西原[1]。会曹子达以吐蕃至，击旻，大破之于武亭川[2]，斩首万余级，旻仅以身免。瑊遂引兵屯奉天，与李晟东西相应，以逼长安。

上欲为唐安公主造塔，厚葬之，谏议大夫、同平章事姜公辅表谏，以为"山南非久安之地，公主之葬，会归上都[3]，此宜俭薄，以副军须之急"。上使谓陆贽曰："唐安造塔，其费甚微，非宰相所宜论。公辅正欲指朕过失，自求名耳。相负如此，当如何处之？"贽上奏，以为公辅任居宰相，遇事论谏，不当罪之，其略曰："公辅顷与臣同在翰林，臣今据理辩直则涉于私党之嫌，希旨顺成则违于匡辅之义；涉嫌止贻于身患，违义实玷于君恩。徇身忘君，臣之耻也！"又曰："唯暗惑之主，则怨讟溢于下国而耳不欲闻，腥德达于上天而心不求寤，迨乎颠覆，犹未知非。"又曰："当问理之是非，岂论事之大小！《虞书》曰[4]：'兢兢业业，一日二日万机。'唐、虞之际，主圣臣贤，虑事之微，日至万数。然则微之不可不重也，陛下又安可忽而不念乎！"又曰："若以谏争为指过，则剖心之主不宜见罪于哲王；以谏争为取名，则匪躬之臣不应垂训于圣典。"又曰："假有意将指过，谏以取名，但能闻善而迁，见谏不逆，则所指者适足以彰陛下莫大之善，所取者适足以资陛下无疆之休。因而利焉，所获多矣。傥或怒其指过而不改，则陛下招恶直之讥；黜其取名而不容，则陛下被违谏之谤。是乃掩己过而过弥著，损彼名而名益彰。果而行之，所失大矣。"上意犹怒，甲寅，罢公辅为左庶子。

【注释】

①西原：地名，在今陕西武功县西，地势很高，上面平坦。 ②武亭川：水名。又名杜水。即今陕西武功县和麟游县境内的漆水河。 ③上都：当时的人们都将京城长安称为上都。 ④《虞书》：《尚书》中四部分之一，记载唐虞时期的事情，是后人据传说整理的。

加西川节度使张延赏同平章事，赏其供亿无乏故也。

朱泚、姚令言数遣人诱泾原节度使冯河清，河清皆斩其使者。大将田希鉴密与泚通，杀河清，以军府附于泚；泚以希鉴为泾原节度使。

上问陆贽："近有卑官自山北来者，率非良士。有邢建者，论说贼势，语最张皇，察其事情，颇似窥觇，今已于一所安置。如此之类，更有数人，若不追寻，恐成奸计。卿试思之，如何为便？"贽上奏，以为今盗据宫阙，有冒涉险远来赴行在者，当量加恩赏，岂得复猜虑拘囚！其略曰："以一人之听览而欲穷宇宙之变态，以一人之防虑而求胜亿兆之奸欺，役智弥精，失道弥远。项籍纳秦降卒二十万[1]，虑其怀诈复叛，一举而尽坑之，其于防虞，亦已甚矣。汉高豁达大度，天下之士至者，纳用不疑，其于备虑，可谓疏矣。然而项氏以灭，刘氏以昌，蓄疑之与推诚，其效固不同也。秦皇严肃雄猜，而荆轲奋其阴计[2]；光武宽容博厚[3]，而马援输其款诚[4]。岂不以虚怀待人，人亦思附；任数御物，物终不亲！情思附则感而悦之，虽寇仇化为心膂矣；意不亲则惧而阻之，虽骨肉结为仇慝矣。"又曰："陛下智出庶物，有轻待人臣之心；思周万机，有独驭区寓之意；谋吞众略，有过慎之防；明照群情，有先事之察；严束百辟，有任刑致理之规；威制四方，有以力胜残之志。由是才能者怨于不任，忠荩者忧于见疑[5]，著勋业者惧于不容，怀反侧者迫于及讨，驯致离叛，构成祸灾。天子所作，天下式瞻，小犹慎之，矧又非小！愿陛下以覆车之辙为戒，实宗社无疆之休。"

丁巳，以前山南东道节度使南皮贾耽为工部尚书[6]。先是，耽使行军司马樊泽奏事行在，泽既复命，方大宴，有急牒至，以泽代耽为节度使。耽内牒怀中，宴饮如故，颜色不改。宴罢，召泽告之，且命将吏谒泽。牙将张献甫怒曰："行军为尚书问天子起居，乃敢自图节钺，夺尚书土地，事人不忠，众心不服，请杀之。"耽曰："是何言也！天子所命，即为节度使矣！"即日离镇，以献甫自随，军府遂安。

左仆射李揆自吐蕃还，甲子，薨于凤州。

韩游瓌引兵会浑瑊于奉天。

丙寅，加平卢节度使李纳同平章事。

丁卯，义王玼薨。

【注释】

①项籍：秦末农民起义军领袖，字羽，下相（今江苏宿迁西）人。秦朝灭亡后，自称西楚霸王，与刘邦争夺对全国的统治，后败，于前202年在乌江自杀。 ②荆轲：战国末的著名刺客，卫国人。前227年为燕国去刺杀秦王政，未成功而死。 ③光武：即东汉政权建立者刘秀，25—57年在位，政绩颇著。 ④马援：东汉初著名将领，字文渊，扶风（今陕西兴平）人，曾被封新息侯。 ⑤忠荩（jìn 尽）：忠臣。 ⑥南皮：县名。秦置，治所在今河北南皮县。

朱滔攻贝州百余日，马寔攻魏州亦逾四旬，皆不能下。贾林复为李抱真说王武俊曰："朱滔志吞贝、魏，复值田悦被害，傥旬日不救，则魏博皆为滔有矣。魏博既下，则张孝忠必为之臣。滔连三道之兵，益以回纥，进临常山[①]，明公欲保其宗族，得乎！常山不守，则昭义退保西山，河朔尽入于滔矣。不若乘贝、魏未下，与昭义合兵救之。滔既破亡，则关中丧气，朱泚不日枭夷，銮舆反正，诸将之功，孰有居明公之右者哉！"武俊悦，从之。

戊辰，武俊军于南宫东南[②]，抱真自临洺引兵会之，与武俊营相距十里。两军尚相疑，明日，抱真以数骑诣武俊营；宾客共谏止之，抱真命行军司马卢玄卿勒兵以俟，曰："吾之此举，系天下安危，若其不还，领军事以听朝命亦惟子，励将士以雪仇耻亦惟子。"言终，遂行。武俊严备以待之，抱真见武俊，叙国家祸难，天子播迁，持武俊哭，流涕纵横。武俊亦悲不自胜，左右莫能仰视。遂与武俊约为兄弟，誓同灭贼。武俊曰："相公十兄名高四海[③]，向蒙开谕，得弃逆从顺，免菹醢之罪[④]，享王公之荣。今又不间胡虏，辱为兄弟，武俊当何以为报乎！滔所恃者回纥耳，不足畏也。战日，愿十兄按辔临视，武俊决为十兄破之。"抱真退入武俊帐中，酣寝久之；武俊感激，待之益恭，指心仰天曰："此身已许十兄死矣！"遂连营而进。

山南地热，上以军士未有春服，亦自御夹衣。

【注释】

①常山：即常山郡，西汉初改恒山郡置，治所历有变更，唐代治所在

今河北正定县。 ②南宫:县名,西汉时设,历有废兴,治所在今河北南宫市。 ③十兄:李抱真在家内排行第十,故称十兄。 ④菹醢(zū hǎi 租海):古代一种把人剁成肉酱的酷刑。

资治通鉴卷第二百三十一

唐纪四十七　起阏逢困敦五月，尽旃蒙赤奋若七月，凡一年有奇。

德宗神武圣文皇帝六

兴元元年　五月，盐铁判官万年王绍以江、淮缯帛来至，上命先给将士，然后御衫。韩滉欲遣使献绫罗四十担诣行在，幕僚何士干请行；滉喜曰："君能相为行，请今日过江。"士干许诺，归别家，则家之薪米储偫已罗门庭矣[①]；登舟，则资装器用已充舟中矣。下至厕筹，滉皆手笔记列，无不周备。每担夫，与白金一版置腰间。又运米百艘以饷李晟，自负囊米至舟中，将佐争举之，须臾而毕。艘置五弩手以为防援，有寇则叩舷相警，五百弩已彀矣。比至渭桥，盗不敢近。时关中兵荒，米斗直钱五百，及滉米至，减五之四。滉为人强力严毅，自奉俭素，夫人常衣绢裙，破，然后易。

吐蕃既破韩旻等，大掠而去。朱泚使田希鉴厚以金帛赂之，吐蕃受之。韩游瓌以闻。浑瑊又奏："尚结赞屡遣人约刻日共取长安，既而不至。闻其众今春大疫，近已引兵去。"上以李晟、浑瑊兵少，欲倚吐蕃以复京城，闻其去，甚忧之，以问陆贽。贽以为吐蕃贪狡，有害无益，得其引去，实可欣贺；乃上奏，其略曰："吐蕃迁延观望，反覆多端，深入郊畿，阴受贼使，致令群帅进退忧虞：欲舍之独前，则虑其怀怨乘蹑；欲待之合势，则苦其失信稽延。戎若未归，寇终不灭。"又曰："将帅意陛下不见信任，且患蕃戎之夺其功；

士卒恐陛下不恤旧劳，而畏蕃戎之专其利；贼党惧蕃戎之胜，不死则悉遗人禽；百姓畏蕃戎之来，有财必尽为所掠。是以顺于王化者其心不得不怠，陷于寇境者其势不得不坚。”又曰：“今怀光别保蒲、绛，吐蕃远避封疆，形势既分，腹背无患，瑊、晟诸帅，才力得伸。”又曰：“但愿陛下慎于抚接，勤于砥砺，中兴大业，旬月可期，不宜尚眷眷于犬羊之群，以失将士之情也。”

上复使谓贽曰：“卿言吐蕃形势甚善，然瑊、晟诸军当议规画，令其进取。朕欲遣使宣慰，卿宜审细条疏以闻。”贽以为：“贤君选将，委任责成，故能有功。况今秦、梁千里，兵势无常，遥为规画，未必合宜。彼违命则失君威，从命则害军事，进退羁碍，难以成功。不若假以便宜之权，待以殊常之赏，则将帅感悦，智勇得伸。”乃上奏，其略曰：“锋镝交于原野而决策于九重之中，机会变于斯须而定计于千里之外，用舍相碍，否臧皆凶[2]。上有掣肘之讥[3]，下无死馁之志。”又曰：“传闻与指实不同，悬算与临事有异。”又曰：“设使其中或有肆情干命者，陛下能于此时戮其违诏之罪乎？是则违命者既不果行罚，从命者又未必合宜，徒费空言，只劳睿虑，匪惟无益，其损实多。”又曰：“君上之权，特异臣下，惟不自用，乃能用人。”

唐黑釉三彩马

【注释】

①偫（zhì 致）：完备，储备。 ②否（pǐ 圮）臧：否，恶，否定；臧，善，赞扬。 ③掣肘：制约。

癸酉，泾王侹薨。

徐、海、沂、密观察使高承宗卒，甲戌，使其子明应知军事。

乙亥，李抱真、王武俊距贝州三十里而军。朱滔闻两军将至，急召马寔，寔昼夜兼行赴之。或谓滔曰："武俊善野战，不可当其锋，宜徙营稍前逼之，使回纥绝其粮道。我坐食德、棣之馁[1]，依营而陈，利则进攻，否则入保，待其饥疲，然后可制也。"滔疑未决。会马寔军至，滔命明日出战。寔言："军士冒暑困惫，请休息数日乃战。"

常侍杨布、将军蔡雄引回纥达干见滔，达干曰："回纥在国与邻国战，常以五百骑破邻国数千骑，如扫叶耳。今受大王金帛、牛酒前后无算，思为大王立效，此其时矣。明日，愿大王驻马高丘，观回纥为大王翦武俊之骑，使匹马不返。"布、雄曰："大王英略盖世，举燕、蓟全军，将扫河南，清关中，今见小敌冘豫不击[2]，失远近之望，将何以成霸业乎！达干请战是也。"滔喜，遂决意出战。

丙子旦，武俊遣其兵马使赵琳将五百骑伏于桑林，抱真列方陈于后，武俊引骑兵居前，自当回纥。回纥纵兵冲之，武俊命其骑控马避之。回纥突出其后，将还，武俊乃纵兵击之，赵琳自林中出横击之，回纥败走。武俊急追之，滔骑兵亦走，自践其步陈，步骑皆东奔，滔不能制，遂走趣其营，抱真、武俊合兵追击之。时滔引三万人出战，死者万余人，逃溃者亦万余人，滔才与数千人入营坚守。会日暮，昏雾，两军不能进，抱真军其营之西北，武俊军其东北。滔夜焚营，引兵出南门，趣德州遁去，委弃所掠资货山积；两军以雾，不能追也。

滔杀杨布、蔡雄而归幽州，心既内惭，又恐范阳留守刘怦因败图己。怦悉发留守兵夹道二十里，具仪仗，迎之入府，相对悲喜，时人多之。

初，张孝忠以易州归国，诏以孝忠为义武节度使，以易、定、沧三州隶之。沧州刺史李固烈，李惟岳之妻兄也，请归恒州，孝忠遣押牙安喜程华交其州事[3]。固烈悉取军府绫、缣、珍货数十车，将行，军士大噪曰："刺史扫府库之实以行，将士于后饥寒，奈何！"遂杀固烈，屠其家。程华闻乱，自窦逃出，乱兵求得之，请知州事。华不得已，从之。孝忠闻之，即版华摄沧州刺史。华素宽厚，推心以待将士，将士安之。

会朱滔、王武俊叛，更遣人招华，华皆不从。时孝忠在定州，自沧如定，必过瀛州，瀛隶朱滔，道路阻涩。沧州录事参军李宇说华，表陈利害，请别为一军，华从之，遣宇奉表诣行在。上即以华为沧州刺史、横海军副大使、知节度事，赐名日华，令日华岁供义武租钱十二万缗。

王武俊又使人说诱之，时军中乏马，日华给使者曰："王大夫必欲相属，当以二百骑相助。"武俊给之，日华悉留其马，遣其士归。武俊怒，而方与马燧等相拒，不能攻取，日华由是获全。及武俊归国，日华乃遣人谢过，偿其马价，且赂之。武俊喜，复与交好。

【注释】

①馈（yùn 郓）：运粮赠送。　②冘豫：即犹豫，冘通"犹"。　③安喜：县名。三国时魏国改安熹县设置，后治所有迁移，名称有更改，唐代治所在今河北定州市。

庚寅，李晟大陈兵，谕以收复京城。先是，姚令言等屡遣谍人觇晟进军之期，皆为逻骑所获。晟引示以所陈兵，谓曰："归语诸贼，努力固守，勿不忠于贼也！"皆饮之酒，给钱而纵之。遂引兵至通化门外，曜武而还，贼不敢出。晟召诸将，问兵所从入，皆请"先取外城，据坊市，然后北攻宫阙"。晟曰："坊市狭隘，贼若伏兵格斗，居人惊乱，非官军之利也。今贼重兵皆聚苑中，不若自苑北攻之，溃其腹心，贼必奔亡。如此，则宫阙不残，坊市无扰，策之上者也！"诸将皆曰："善！"乃牒浑瑊及镇国节度使骆元光、商州节度使尚可孤，刻期集于城下。

壬辰，尚可孤败泚将仇敬忠于蓝田西，斩之。乙未，李晟移军于光泰门外米仓村。丙申，晟方自临筑垒，泚骁将张庭芝、李希倩引兵大至，晟谓诸将曰："始吾忧贼潜匿不出，今来送死，此天赞我，不可失也！"命副元帅兵马使吴诜等纵兵击之。时华州营在北，兵少，贼并力攻之，晟命牙前将李演等帅精兵救之。演等力战，贼败走；演等追之，乘胜入光泰门，再战，又破之。会夜，晟敛兵还。贼余众走入白华门，夜，闻恸哭。希倩，希烈之弟也。

丁酉，晟复出兵，诸将请待西师至夹攻之。晟曰："贼数败，已破胆，不乘胜取之，使其成备，非计也。"贼又出战，官军屡捷。骆元光败泚众于浐西。戊戌，晟陈兵于光泰门外，使李演及牙前兵马使王佖将骑兵[1]，牙前将史万顷将步兵，直抵苑墙神麚村[2]。晟先使人夜开苑墙二百余步，比演等至，贼已树栅塞之，自栅中刺射官军，官军不得进。晟怒，叱诸将曰："纵贼如此，吾先斩公辈矣！"万顷惧，帅众先进，拔栅而入，佖、演引骑兵继之，贼众大溃，诸军分道并入。姚令言等犹力战，晟命决胜军使唐良臣等步骑蹙之，且战且前，凡十余合，贼不能支。至白华门，有贼数千骑出官军之背，晟帅百余骑回御之，左右呼曰："相公来！"贼皆惊溃。

先是，泚遣张光晟将兵五千屯九曲[3]，去东渭桥十余里，光晟密输款于晟。及泚败，光晟劝泚出亡，泚乃与姚令言帅余众西走，犹近万人。光晟送泚出城，还，降于晟。晟遣兵马使田子奇以骑兵追泚。晟屯含元殿前，舍于右金吾仗，令诸军曰："晟赖将士之力，克清宫禁。长安士庶，久陷贼庭，若小有震惊，非吊民伐罪之意。晟与公等室家相见非晚，五日内无得通家信。"命京兆尹李齐运等安慰居人。晟大将高明曜取贼妓，尚可孤军士擅取贼马，晟皆斩之，军中股栗。公私安堵，秋毫无犯，远坊有经宿乃知官军入城者。

是日，浑瑊、戴休颜、韩游瓌亦克咸阳，败贼三千余众，闻泚西走，分兵邀之。

己亥，晟使京西兵马使孟涉屯白华门，尚可孤屯望仙门，骆元光屯章敬寺，晟以牙前三千人屯安国寺，以镇京城。斩泚党李希倩、敬钎、彭偃等八人于市。

【注释】

①佖（bì 必）：此为人名。 ②麚（jiā 加）：一种牡鹿。 ③九曲：即九曲寨，在今陕西西安市东北。

王武俊既破朱滔，还恒州，表让幽州、卢龙节度使，上许之。

六月，癸卯，李晟遣掌书记吴人于公异作露布上行在曰："臣已肃清宫禁，祗谒寝园，钟簴不移[1]，庙貌如故。"上泣下曰："天生李晟，以为社稷，非为朕也。"

晟在渭桥，荧惑守岁[2]，久之乃退，宾佐皆贺，曰："荧惑退舍，皇家之福也！宜速进兵。”晟曰：“天子野次，臣下知死敌而已；天象高远，谁得知之！”既克长安，乃谓之曰：“向非相拒也，吾闻五星赢、缩无常，万一复来守岁，吾军不战自溃矣！”皆谢曰：“非所及也！”

朱泚将奔吐蕃，其众随道散亡，比至泾州，才百余骑。田希鉴闭门拒之。泚谓之曰：“汝之节，吾所授也。奈何临危相负！”使焚其门；希鉴取节投火中曰：“还汝节！”泚众皆哭。泾卒遂杀姚令言，诣希鉴降。泚独与范阳亲兵及宗族、宾客北趣驿马关[3]；宁州刺史夏侯英拒之。至彭原西城屯[4]，其将梁庭芬射泚坠坑中，韩旻等斩之，诣泾州降。源休、李子平奔凤翔，李楚琳斩之，皆传首行在。

上命陆贽草诏赐浑瑊，使访求奉天所失裹头内人。贽上奏，以为：“巨盗始平，疲瘵之民，疮痍之卒，尚未循拊，而首访妇人，非所以副惟新之望也。谋始尽善，克终已稀；始而不谋，终则何有！所赐瑊诏，未敢承旨。”上遂不降诏，竟遣中使求之。

乙巳，诏吏部侍郎班宏充宣慰使，劳问将士，抚慰蒸黎。

丙午，李晟斩文武官受朱泚宠任者崔宣、洪经纶等十余人，又表守节不屈者刘迺、蒋沇等。

己酉，以李晟为司徒、中书令，骆元光、尚可孤各迁官有差，以检校御史中丞田希鉴为泾原节度使。

诏改梁州为兴元府。

甲寅，以浑瑊为侍中，韩游瓌、戴休颜各迁官有差。

朱泚之败也，李忠臣奔樊川[5]，擒获，丙辰，斩之。

上问陆贽：“今至凤翔有迎驾诸军，形势甚盛，欲因此遣人代李楚琳，何如？”贽上奏，以为：“如此则事同胁执，以言乎除乱则不武，以言乎务理则不诚，用是时巡，后将安入！议者或谓之权，臣窃未谕其理。夫权之为义，取类权衡，今辇路所经，首行胁夺，易一帅而亏万乘之义，得一方而结四海之疑，乃是重其所轻而轻其所重，谓之权也，不亦反乎！以反道为权，以任数为智，君上行之必失众，臣下用之必陷身，历代之所以多丧乱而长奸邪，由此误也。不如俟奠枕京邑，征授一官，彼喜于恩宥，将奔走不暇，安敢辄有旅拒，复劳诛锄哉！”

戊午，车驾发汉中。

【注释】

①簴(jù 巨)：悬挂钟磬的柱子。 ②荧惑守岁：荧惑即火星，岁即岁星，又叫木星。古代星象家认为岁星出现，国家就有福分。而荧惑出现在岁星之旁，就表明上天对人有所惩罚。 ③驿马关：关名，在今甘肃庆阳市西南，为军事要地。 ④彭原：县名。隋代以彭阳县改名，治所在今甘肃镇原县东。 ⑤樊川：地名。在唐代京城长安城南边的杜县内，今属西安市长安区。

李晟综理长安以备百司，自请至凤翔迎扈，上不许。内常侍尹元贞奉使同华[①]，辄诣河中招谕李怀光。晟奏："元贞矫制擅赦元恶，请理其罪！"

秋，七月，丙子，车驾至凤翔，斩乔琳、蒋镇、张光晟等。李晟以光晟虽臣贼，而灭贼亦颇有力，欲全之，上不许。

副元帅判官高郢数劝李怀光归款，怀光遣其子璀诣行在谢罪，请束身归朝。庚辰，诏遣给事中孔巢父赍先除怀光太子太保敕诣河中宣慰，朔方将士悉复官爵如故。

壬午，车驾至长安，浑瑊、韩游瓌、戴休颜以其众扈从，李晟、骆元光、尚可孤以其众奉迎，步骑十余万，旌旗数十里，晟谒见上于三桥，先贺平贼，后谢收复之晚，伏路左请罪。上驻马慰抚，为之掩涕，命左右扶上马，至宫，每闲日，辄宴勋臣，赏赐丰渥，李晟为之首，浑瑊次之，诸将相又次之。

曹王皋遣其将伊慎、王锷围安州，李希烈遣其甥刘戒虚将步骑八千救之。皋遣别将李伯潜逆击之于应山[②]，斩首千余级。生擒戒虚，徇于城下，安州遂降。以伊慎为安州刺史，又击希烈将康叔夜于厉乡[③]，走之。

丁亥，孔巢父至河中，李怀光素服待罪，巢父不之止。怀光左右多胡人，皆叹曰："太尉无官矣！"巢父又宣言于众曰："军中谁可代太尉领军者？"于是怀光左右发怒喧噪。宣诏未毕，众杀巢父及中使啖守盈，怀光亦不之止，复治兵为拒守之备。

辛卯，赦天下。

初，肃宗在灵武，上为奉节王，学文于李泌。代宗之世，泌居蓬莱书院，上为太子，亦与之游。及上在兴元[4]，泌为杭州刺史，上急诏征之，与睦州刺史杜亚俱诣行在[5]。乙未，以泌为左散骑常侍，亚为刑部侍郎，命泌日直西省以候对[6]，朝野皆属目附之。上问泌："河中密迩京城，朔方兵素称精锐，如达奚小俊等皆万人敌，朕昼夕忧之，奈何？"对曰："天下事甚有可忧者，若惟河中，不足忧也。夫料敌者，料将不料兵。今怀光，将也；小俊之徒乃兵耳，何足为意！怀光既解奉天之围，视朱泚垂亡之虏不能取，乃与之连和，使李晟得取以为功。今陛下已还宫阙，怀光不束身归罪，乃虐杀使臣，鼠伏河中，如梦魇之人耳！但恐不日为帐下所枭，使诸将无以藉手也。"

初，上发吐蕃以讨朱泚。许成功以伊西[7]、北庭之地与之。及泚诛，吐蕃来求地，上欲召两镇节度使郭昕、李元忠还朝，以其地与之。李泌曰："安西、北庭，人性骁悍，控制西域五十七国及十姓突厥[8]，又分吐蕃之势，使不得并兵东侵，奈何拱手与之！且两镇之人，势孤地远，尽忠竭力，为国家固守近二十年，诚可哀怜。一旦弃之以与戎狄，彼其心必深怨中国，他日从吐蕃入寇，如报私仇矣。况日者吐蕃观望不进，阴持两端，大掠武功，受赂而去，何功之有！"众议亦以为然，上遂不与。

【注释】

①同华：即同州和华州，均在今陕西境内。 ②应山：县名。隋代设置，治所在今湖北广水市。 ③厉乡：地名，在今湖北随州市东北。 ④兴元：府名。唐兴元元年(784)改梁州置，治所在今陕西汉中市东。 ⑤睦州：隋代置，名称历有改废，唐代治所在今浙江建德市东北梅城镇。 ⑥西省：唐代宰相办公的门下省称为东省，中书省称为西省。 ⑦伊西：地名，唐代控制的少数民族地区，其范围为今新疆境内一部分和中亚地区。 ⑧十姓突厥：突厥为世居今阿尔泰山一带的古老民族，因为他们城市的形状如古代战士的头盔，俗称突厥。隋代初分为东西二突厥。西突厥共有五个弩失毕部和五个咄陆部，故称十姓。

李希烈闻李希倩伏诛，忿怒，八月，壬寅，遣中使至蔡州杀颜真卿。中使曰："有敕。"真卿再拜。中使曰："今赐卿死。"真卿曰："老臣无状，罪当死，不知使者几日发长安？"使者曰："自大梁来，非长安也。"真卿曰："然则贼耳，何谓敕邪！"遂缢杀之。

李晟以泾州倚边，屡害军帅，常为乱根，奏请往理不用命者，力田积粟以攘吐蕃。癸卯，以晟兼凤翔、陇右节度等使及四镇、北庭、泾原行营副元帅，进爵西平王。时李楚琳入朝，晟请与俱至凤翔而斩之，以惩逆乱。上以新复京师，务安反仄，不许。

先是，上命浑瑊、骆元光讨李怀光军于同州，怀光遣其将徐庭光以精卒六千军于长春宫以拒之[1]，瑊等数为所败，不能进。时度支用度不给，议者多请赦怀光，上不许。李怀光遣其妹婿要廷珍守晋州[2]，牙将毛朝敭守隰州[3]，郑抗守慈州[4]，马燧皆遣人说下之。上乃加浑瑊河中、绛州节度使，充河中、同华、陕虢行营副元帅，加马燧奉诚军、晋·慈·隰节度使，充管内诸军行营副元帅，与镇国节度使骆元光、鄜坊节度使唐朝臣合兵讨怀光。

初，王武俊急攻康日知于赵州，马燧奏请诏武俊与李抱真同击朱滔，以深、赵隶武俊，改日知为晋、慈、隰节度使，上从之。日知未至而三州降燧，故上使燧兼领之。燧表让三州于日知，且言因降而授，恐后有功者，踵以为常，上嘉而许之。燧遣使迎日知。既至，籍府库而归之。

甲辰，以凤翔节度使李楚琳为左金吾大将军。

丙午，加浑瑊朔方行营元帅。

李晟至凤翔，治杀张镒之罪，斩裨将王斌等十余人。

朱滔为王武俊所攻，殆不能军，上表待罪。

癸未[5]，马燧将步骑三万攻绛州。

度支以李怀光所部将士数万与怀光同反，不给冬衣，上曰："朔方军累代忠义，今为怀光所制耳，将士何罪！"冬，十月，己亥，诏："朔方及诸军在怀光所者，冬衣及赏钱皆当别贮，俟道路稍通，即时给之。"

李勉累表乞自贬，辛丑，罢勉都统、节度使，其检校司徒、同平章事如故。

丙辰，李怀光将阎晏寇同州，官军败于沙苑[6]。诏征邠州之军，韩游瓌将甲士六千赴之。

乙丑，马燧拔绛州，分兵取闻喜、万泉、虞乡、永乐、猗氏[7]。

初，鱼朝恩既诛，代宗不复使宦官典兵。上即位，悉以禁兵委白志贞，志贞得罪，上复以宦官窦文场代之，从幸山南，两军稍集。上还长安，颇忌宿将握兵多者，稍稍罢之。戊辰，以文场监神策军左厢兵马使，王希迁监右厢兵马使，始令宦官分典禁旅。

【注释】

①长春宫：地名，北周武帝时设置，在今陕西大荔县朝邑镇西北，为一军事堡垒。 ②晋州：北魏时设置、后废。唐武德元年(618)又以平阳郡改置，治所在今山西临汾市西南。 ③隰州：隋代开皇五年(585)以西汾州改置，后历有兴废。唐代建中时治所在长寿县(今山西隰县)。④慈州：唐贞观八年(634)以南汾州改名，后有兴废。唐代建中时治所在吉昌县(今山西吉县)。 ⑤癸未：唐兴元元年九月没有癸未这一天，疑误。 ⑥沙苑：地名，又名沙阜、沙海、沙窝。在今陕西大荔县南洛河和渭河之间，东西八十里，南北三十里，唐代曾在此设监牧。 ⑦闻喜：县名。汉武帝元鼎六年(前111)设，治所有迁移，唐代治今山西闻喜县。万泉：县名，唐武德时设置，治所在今山西万荣县西南古城南。虞乡：县名。北周保定元年(561)以绥化县改名，治所在今山西永济市。永乐：县名，唐初置，治所在今山西芮城县。猗氏：县名，西汉置，治所在今山西临猗县。

闰月，丙子，以泾原节度使田希鉴为卫尉卿。

李晟初至凤翔，希鉴遣使参候，晟谓使者曰："泾州逼近吐蕃，万一入寇，州兵能独御之乎？欲遣兵防援，又未知田尚书意。"使者归，以告希鉴，希鉴果请援兵，晟遣腹心将彭令英等戍泾州。晟寻托巡边诣泾州，希鉴出迎，晟与之并辔而入，道旧结欢。希鉴妻李氏，以叔父事晟，晟谓之田郎。晟命具三日食，曰："巡抚毕，即还凤翔。"希鉴不复疑。晟置宴，希鉴与将佐俱诣晟营。晟伏甲于外庑，既食而饮，彭令英引泾州诸将下堂，晟曰："我与汝曹久别，各宜自言姓名。"于是得为乱者石奇等三十余人，让之曰："汝曹屡为逆乱，残害忠良，固天地所不容！”悉引出，斩之。希鉴尚在座，晟顾曰：“田郎亦不得无过，以亲知之故，当使身首得完。”希鉴曰：“唯。”遂引出，缢杀之，并其子萼。晟入其营，谕以诛希鉴之意，众股栗，无敢动者。

李希烈遣其将翟崇晖悉众围陈州，久之，不克。李澄知大梁兵少，不能制滑州，遂焚希烈所授旌节，誓众归国。甲午，以澄为汴滑节度使。

宋亳节度使刘洽遣马步都虞候刘昌与陇右、幽州行营节度使曲环等将兵三万救陈州，十一月，癸卯，败翟崇晖于州西，斩首三万五千级，擒崇晖以献。乘胜进攻汴州，李希烈惧，奔归蔡州。李澄引兵趣汴州，至城北，恇怯不敢进。刘洽兵至城东。戊午，李希烈守将田怀珍开门纳之。明日，澄入，舍于浚仪[1]。两军之士，日有忿阋。会希烈郑州守将孙液降于澄，澄引兵屯郑州。诏以都统司马宝鼎薛珏为汴州刺史[2]。

李勉至长安，素服待罪。议者多以“勉失守大梁，不应尚为相。”李泌言于上曰：“李勉公忠雅正，而用兵非其所长。及大梁不守，将士弃妻子而从之者殆二万人，足以见其得众心矣。且刘洽出勉麾下，勉至睢阳，悉举其众以授之，卒平大梁，亦勉之功也。”上乃命勉复其位。议者又言：“韩滉闻銮舆在外，聚兵修石头城，阴蓄异志。”上疑之，以问李泌，对曰：“滉公忠清俭，自车驾在外，滉贡献不绝。且镇抚江东十五州[3]，盗贼不起，皆滉之力也。所以修石头城者，滉见中原板荡，谓陛下将有永嘉之行[4]，为迎扈之备耳。此乃人臣忠笃之虑，奈何更以为罪乎！滉性刚严，不附权贵，故多谤毁，愿陛下察之，臣敢保其无他。”上曰：“外议汹汹，章奏如麻，卿弗闻乎？”对曰：“臣固闻之。其子皋为考功员外郎，今不敢归省其亲，正以谤语沸腾故也。”上曰：“其子犹惧如此，卿奈何保之？”对曰：“滉之用心，臣知之至熟。愿上章明其无他，乞宣示中书，使朝众皆知之。”上曰：“朕方欲用卿，人亦何易可保！慎勿违众，恐并为卿累也。”泌退，遂上章，请以百口保滉。他日，上谓泌曰：“卿竟上章，已为卿留中。虽知卿与滉亲旧，岂得不自爱其身乎！”对曰：“臣岂肯私于亲旧以负陛下！顾滉实无异心，臣之上章，以为朝廷，非为身也。”上曰：“如何其为朝廷？”对曰：“今天下旱、蝗，关中米斗千钱，仓廪耗竭，而江东丰稔。愿陛下早下臣章以解朝众之惑，面谕韩皋使之归觐，令滉感激无自疑之心，速运粮储，岂非为朝廷邪？”上曰：“善！朕深谕之矣。”即下泌章，令韩皋谒告归觐，面赐绯衣，谕以“卿父比有谤言，朕今知其所以，释然不复信矣”。因言：“关中乏粮，归语卿父，宜速致之。”皋至润州，滉感悦流涕，即日，自临水滨发米百万斛，听皋留五日即还朝。皋别其母，啼声闻于外；滉怒，召出，挞之，自送至江上，冒风涛而遣之。既而陈少游闻滉贡米，亦贡二十万斛。上谓李泌曰：“韩滉乃能化陈少游贡米矣！”对曰：“岂惟少游，诸道将争入贡矣！”

【注释】

①浚仪：县名，西汉时设置，治所在今河南开封市。 ②宝鼎：县名。唐开元十年（722）以汾阴县改置，治所在今山西万荣县西南部的宝鼎。 ③江东十五州：即浙江东西道所统辖的润、升、常、湖、苏、杭、睦、越、明、台、温、衢、处、婺、宣等十五个州。 ④永嘉之行：这里指西晋永嘉年间晋宗室为避臣下叛乱，离开首都，逃渡江南一带。

吏部尚书、同平章事萧复奉使自江、淮还，与李勉、卢翰、刘从一俱见上。勉等退，复独留，言于上曰：“陈少游任兼将相，首败臣节[①]，韦皋幕府下僚，独建忠义，请以皋代少游镇淮南，使善恶著明。”上然之。寻遣中使马钦绪揖刘从一，附耳语而去。诸相还阁。从一诣复曰：“钦绪宣旨，令从一与公议朝来所言事，即奏行之，勿令李、卢知。敢问何事也？”复曰：“唐、虞黜陟，岳牧佥谐。爵人于朝，与士共之。使李、卢不堪为相，则罢之。既在相位，朝廷政事，安得不与之同议而独隐此一事乎！此最当今之大弊，朝来主上已有斯言，复已面陈其不可，不谓圣意尚尔。复不惜与公奏行之，但恐浸以成俗，未敢以告。”竟不以事语从一。从一奏之，上愈不悦，复乃上表辞位，乙丑，罢为左庶子。

刘洽克汴州，得《李希烈起居注》，云“某月日，陈少游上表归顺”。少游闻之惭惧，发疾，十二月，乙亥，薨，赠太尉，赙祭如常仪。

淮南大将王韶欲自为留后，令将士推己知军事，且欲大掠。韩滉遣使谓之曰："汝敢为乱，吾即日全军渡江诛汝矣！"韶等惧而止。上闻之喜，谓李泌曰："滉不惟安江东，又能安淮南，真大臣之器，卿可谓知人！"庚辰，加滉平章事、江淮转运使。滉运江、淮粟帛入贡府，无虚月，朝廷赖之，使者劳问相继，恩遇始深矣。

是岁蝗遍远近，草木无遗，惟不食稻，大饥，道殣相望[②]。

【注释】

①败：败坏，损失。　②殣（jìn 晋）：道中死人。

贞元元年　春，正月，丁酉朔，赦天下，改元。

癸丑，赠颜真卿司徒，谥曰文忠。

新州司马卢杞遇赦，移吉州长史，谓人曰："吾必再入。"未几，上果用为饶州刺史[①]。给事中袁高应草制，执以白卢翰、刘从一曰："卢杞作相，致銮舆播迁，海内疮痍，奈何遽迁大郡！愿相公执奏。"翰等不从，更命他舍人草制。乙卯，制出，高执之不下，且奏："杞极恶穷凶，百辟疾之若仇，六军思食其肉，何可复用！"上不听。补阙陈京、赵需等上疏曰："杞三年擅权，百揆失叙，天地神祇所知，华夏、蛮貊同弃。傥加巨奸之宠，必失万姓之心。"丁巳，袁高复于正牙论奏[②]。上曰："杞已再更赦。"高曰："赦者止原其罪，不可为刺史。"陈京等亦争之不已，曰："杞之执政，百官常如兵在其颈；今复用之，则奸党皆唾掌而起。"上大怒，左右辟易，谏者稍引却；京顾曰："赵需等勿退，此国大事，当以死争之。"上怒稍解。戊午，上谓宰相："与杞小州刺史，可乎？"李勉曰："陛下欲与之，虽大州亦可，其如天下失望何！"壬戌，以杞为澧州别驾[③]。使谓袁高曰："朕徐思卿言，诚为至当。"又谓李泌曰："朕已可袁高所奏。"泌曰："累日外人窃议，比陛下于桓、灵[④]；今承德音，乃尧、舜之不逮也！"上悦。杞竟卒于澧州。高，恕己之孙也。

【注释】

①饶州：隋代以鄱阳郡改名，历有废改，治所在今江西鄱阳县。②正牙：即正衙，唐代称皇宫的大明宫和含光殿为正牙，是唐朝处理重大事情的地方。　③澧州：隋初以松州改置，历有废兴，治所在今湖南澧

县。 ④桓、灵:桓即东汉桓帝刘志,146—167 年在位,为政荒淫,官场腐败,纵容宦官掌权。灵即东汉灵帝刘宏,168—189 年在位,为政贪暴,宦官专断朝政,祸害天下。

三月,李希烈陷邓州。

戊午,以汴滑节度使李澄为郑滑节度使。

以代宗女嘉诚公主妻田绪。

李怀光都虞候吕鸣岳密通款于马燧,事泄,怀光杀之,屠其家。事连幕僚高郢、李鄘,怀光集将士而责之,郢、鄘抗言逆顺,无所惭隐,怀光囚之。鄘,邕之侄孙也。马燧军宝鼎,败怀光兵于陶城,斩首万余级;分兵会浑瑊,逼河中。

夏,四月,丁丑,以曹王皋为荆南节度。李希烈将李思登以随州降之。

壬午,马燧、浑瑊破李怀光兵于长春宫南,遂掘堑围宫城;怀光诸将相继来降。诏以燧、瑊为招抚使。

五月,丙申,刘洽更名玄佐。

韩游瓌请兵于浑瑊,共取朝邑[1];李怀光将阎晏欲争之,士卒指邠军曰:"彼非吾父兄,则吾子弟,奈何以白刃相向乎!"语甚嚣。晏遽引兵去。怀光知众心不从,乃诈称欲归国,聚货财,饰车马,云俟路通入贡,由是得复逾旬月。

六月,辛巳,以刘玄佐兼汴州刺史。

辛卯,以金吾大将军韦皋为西川节度使。

朱滔病死,将士奉前涿州刺史刘怦知军事。

时连年旱、蝗,度支资粮匮竭,言事者多请赦李怀光。李晟上言:"赦怀光有五不可:河中距长安才三百里,同州当其冲,多兵则未为示信,少兵则不足堤防,忽惊东偏[2],何以制之! 一也;今赦怀光,必以晋、绛、慈、隰还之,浑瑊既无所诣,康日知又应迁移,土宇不安,何以奖励? 二也;陛下连兵一年,讨除小丑,兵力未穷,遽赦其反逆之罪;今西有吐蕃,北有回纥,南有淮西,皆观我强弱,不谓陛下施德泽,爱黎元,乃谓兵屈于人而自罢耳,必竞起窥觎之心,三也;怀光既赦,则朔方将士皆应叙勋行赏,今府库方虚,赏不满望，是愈激之使叛，四也；既解河中，罢诸道兵，赏典不举，怨言必起，五也。今河中斗米五百，刍藁且尽，墙壁之间，饿殍甚众。且其军中大将杀戮略尽，陛下但敕诸道围守旬时，彼必有内溃之变，何必养腹心之疾为他日之悔哉！”又请发兵二万，自备资粮，独讨怀光。秋，七月，甲午朔，马燧自行营入朝，奏称：“怀光凶逆尤甚，赦之无以令天下，愿更得一月粮，必为陛下平之。”上许之。

【注释】

①朝邑：县名。西魏时以南五泉县改名，历有兴废，唐代治所在今陕西大荔县朝邑镇。　②东偏：同州在长安东北，故称东偏。

陕虢都知兵马使达奚抱晖鸩杀节度使张劝，代总军务，邀求旌节，且阴召李怀光将达奚小俊为援。上谓李泌曰：“若蒲、陕连衡，则猝不可制。且抱晖据陕，则水陆之运皆绝矣。不得不烦卿一往。”辛丑，以泌为陕虢都防御水陆运使。上欲以神策军送泌之官，问“须几何人？”对曰：“陕城三面悬绝，攻之未可以岁月下也，臣请以单骑入之。”上曰：“单骑如何可入？”对曰：“陕城之人，不贯逆命，此特抱晖为恶耳。若以大兵临之，彼闭壁定矣。臣今单骑抵其近郊，彼举大兵则非敌，若遣小校来杀臣，未必不更为臣用也。且今河东全军屯安邑①，马燧入朝，愿敕燧与臣同辞皆行，使陕人欲加害于臣，则畏河东移军讨之，此亦一势也。”上曰：“虽然，朕方大用卿，宁失陕州，不可失卿，当更使他人往耳。”对曰：“他人必不能入。今事变之初，众心未定，故可出其不意，夺其奸谋。他人犹豫迁延，彼既成谋，则不得前矣。”上许之。泌见陕州进奏官及将吏在长安者，语之曰：“主上以陕、虢饥，故不授泌节而领运使，欲令督江、淮米以赈之耳。陕州行营在夏县，若抱晖可用，当使将之；有功，则赐旌节矣。”抱晖觇者驰告之，抱晖稍自安。泌具以语白上曰：“欲使其士卒思米，抱晖思节，必不害臣矣！”上曰：“善！”戊申，泌与马燧俱辞行。庚戌，加泌陕虢观察使。

泌出潼关，鄜坊节度使唐朝臣以步骑三千布于关外，曰：“奉密诏送公至陕。”泌曰：“辞日奉进止②，以便宜从事。此一人不可相蹑而来，来则吾不得入陕矣。”唐臣以受诏不敢去，泌写宣以却

唐三彩骑马驿使俑

之[③],因疾驱而前。

抱晖不使将佐出迎,惟侦者相继。泌宿曲沃[④],将佐不俟抱晖之命来迎,泌笑曰:“吾事济矣!”去城十五里,抱晖亦出谒。泌称其摄事保完城隍之功,曰:“军中烦言,不足介意。公等职事皆按堵如故。”抱晖出而喜。泌既入城视事,宾佐有请屏人白事者。泌曰:“易帅之际,军中烦言,乃其常理,泌到,自妥贴矣,不愿闻也。”由是反仄者皆自安。泌但索簿书,治粮储。明日,召抱晖至宅,语之曰:“吾非爱汝而不诛,恐自今有危疑之地,朝廷所命将帅皆不能入,故丐汝余生,汝为我赍版、币祭前使,慎无入关,自择安处,潜来取家,保无他也。”泌之辞行也,上籍陕将预于乱者七十五人授泌,使诛之。泌既遣抱晖,日中,宣慰使至。泌奏:“已遣抱晖,余不足问。”上复遣中使诣陕,必使诛之。泌不得已,械兵马使林滔等五人送京师,恳请赦之。诏谪戍天德[⑤];岁余,竟杀之。而抱晖遂亡命不知所之。

达奚小俊引兵至境,闻泌已入陕而还。

壬辰[⑥],以刘怦为幽州、卢龙节度使。

大旱,灞、浐将竭,长安井皆无水。度支奏中外经费才支七旬。

【注释】

①安邑:县名。隋代以南安邑县改名,后有改废。唐代治所在今山西运城市内。 ②奉进止:唐代称承奉皇帝的圣旨为奉进止,意为圣旨

让他进就进，让他停止就停止。 ③宣：唐代惯例，皇帝的诏令要书写四份，其中一份叫宣。另外宰相的命令也称为宣。 ④曲沃：县名。北魏时设置，治所在今山西曲沃县。 ⑤天德：唐代方镇名。唐乾元年间以天安军改名，治所在永济栅（今内蒙古乌拉特前旗），后移治西受降城（今内蒙古乌拉特中旗）。 ⑥壬辰：唐贞元元年（785）七月没有壬辰这一天，据推算应为“壬子”，即十九日。

资治通鉴卷第二百三十二

唐纪四十八　起旃蒙赤奋若八月，尽强圉单阏七月，凡二年。

德宗神武圣文皇帝七

贞元元年　八月，甲子，诏凡不急之费及人冗食者皆罢之。

马燧至行营，与诸将谋曰："长春宫不下，则怀光不可得。长春宫守备甚严，攻之旷日持久，我当身往谕之。"遂径造城下，呼怀光守将徐庭光，庭光帅将士罗拜城上。燧知其心屈，徐谓之曰："我自朝廷来，可西向受命。"庭光等复西向拜。燧曰："汝曹自禄山已来，徇国立功四十余年，何忽为灭族之计！从吾言，非止免祸，富贵可图也。"众不对。燧披襟曰："汝不信吾言，何不射我！"将士皆伏泣。燧曰："此皆怀光所为，汝曹无罪。弟坚守勿出[①]。"皆曰："诺。"

壬申，燧与浑瑊、韩游瓌进军逼河中，至焦篱堡[②]。守将尉珪以七百人降。是夕，怀光举火，诸营不应。骆元光在长春宫下，使人招徐庭光。庭光素轻元光，遣卒骂之，又为优胡于城上以侮之，且曰："我降汉将耳！"元光使白燧，燧还至城下，庭光开门降。燧以数骑入城慰抚，其众大呼曰："吾辈复为王人矣！"浑瑊谓僚佐曰："始吾谓马公用兵不吾远也，今乃知吾不逮多矣！"诏以庭光试殿中监兼御史大夫。

甲戌，燧帅诸军至河西，河中军士自相惊曰："西城擐甲矣！"又曰："东城娖队矣[③]！"须臾，军中皆易其号为"太平"字。怀光不知所为，乃缢而死。

初，怀光之解奉天围也，上以其子璀为监察御史，宠待甚厚。及怀光屯咸阳不进，璀密言于上曰："臣父必负陛下，愿早为之备。臣闻君、父一也；但今日之势，陛下未能诛臣父，而臣父足以危陛下。陛下待臣厚，臣胡人，性直，故不忍不言耳。"上惊曰："知卿大臣爱子，当为朕委曲弥缝，而密奏之！"对曰："臣父非不爱臣，臣非不爱其父与宗族也；顾臣力竭，不能回耳。"上曰："然则卿以何策自免？"对曰："臣之进言，非苟求生；臣父败，则臣与之俱死矣，复有何策哉！使臣卖父求生，陛下亦安用之！"上曰："卿勿死，为朕更至咸阳谕卿父，使君臣父子俱全，不亦善乎！"璀至咸阳而还，曰："无益也，愿陛下备之，勿信人言。臣今往，说谕万方，臣父言：'汝小子何知！主上无信，吾非贪富贵也，直畏死耳，汝岂可陷吾入死地邪！'"

及李泌赴陕，上谓之曰："朕所以再三欲全怀光者，诚惜璀也。卿至陕，试为朕招之。"对曰："陛下未幸梁、洋，怀光犹可降也。今则不然，岂有人臣迫逐其君而可复立于其朝乎！纵彼颜厚无惭，陛下每视朝，何心见之！臣得入陕，借使怀光请降，臣不敢受，况招之乎！李璀固贤者，必与父俱死矣；若其不死，则亦无足贵也。"及怀光死，璀先刃其二弟，乃自杀。

朔方将牛名俊断怀光首出降。河中兵犹万六千人，燧斩其将阎晏等七人，余皆不问。燧自辞行至河中平，凡二十七日。燧出高郢、李鄘于狱，皆奏置幕下。

韩游瓌之攻怀光也，杨怀宾战甚力，上命特原其子朝晟；游瓌遂以朝晟为都虞候。

上使问陆贽："河中既平，复有何事所宜区处？"令悉条奏。贽以河中既平，虑必有希旨生事之人，以为王师所向无敌，请乘胜讨淮西者。李希烈必诱谕其所部及新附诸帅曰："奉天息兵之旨[④]，乃因窘急而言，朝廷稍安，必复诛伐。"如此，则四方负罪者孰不自疑，河朔、青齐固当响应，兵连祸结，赋役繁兴，建中之忧，行将复起。乃上奏，其略曰："福不可以屡徼，幸不可以常觊。"又曰："臣姑以生祸为忧，而未敢以获福为贺。"又曰："陛下怀悔过之深诚，降非常之大号，所在宣扬之际，闻者莫不涕流。假王叛换之夫，削伪号以请罪。观衅首鼠之将，一纯诚以效勤。”又曰：“曩讨之而愈叛，今释之而毕来。曩以百万之师而力殚，今以咫尺之诏而化洽。是则圣王之敷理道，服暴人，任德而不任兵，明矣；群帅之悖臣礼，拒天诛，图活而不图王，又明矣。是则好生以及物者，乃自生之方；施安以及物者，乃自安之术。挤彼于死地而求此之久生也，措彼于危地而求此之久安也，从古及今，未之有焉。”又曰：“一夫不率，阖境罹殃；一境不宁，普天致扰。”又曰：“亿兆污人，四三叛帅，感陛下自新之旨，悦陛下盛德之言，革面易辞，且修臣礼，其于深言密议固亦未尽坦然，必当聚心而谋，倾耳而听，观陛下所行之事，考陛下所誓之言。若言与事符，则迁善之心渐固；傥事与言背，则虑祸之态复兴。”又曰：“朱泚灭而怀光戮，怀光戮而希烈征，希烈傥平，祸将次及，则彼之蓄素疑而怀宿负者，能不为之动心哉！”又曰：“今皇运中兴，天祸将悔，以逆泚之偷居上国，以怀光之窃保中畿[⑤]，岁未再周，相次枭殄，实众慝惊心之日，群生改观之时。威则已行，惠犹未洽。诚宜上副天眷，下收物情，布恤人之惠以济威，乘灭贼之威以行惠。”又曰：“臣所未敢保其必从，唯希烈一人而已。揆其私心，非不愿从也；想其潜虑，非不追悔也。但以猖狂失计，已窃大号，虽荷陛下全宥之恩，然不能不自靦于天地之间耳。纵未顺命，斯为独夫，内则无辞以起兵，外则无类以求助，其计不过厚抚部曲，偷容岁时，心虽陆梁，势必不致。陛下但敕诸镇各守封疆，彼既气夺算穷，是乃狴牢之类[⑥]，不有人祸，则当鬼诛。古之不战而屈人之兵者，此之谓欤！”

丁卯，诏以“李怀光尝有功，宥其一男，使续其后，赐之田宅，归其首及尸使葬。加马燧兼侍中，浑瑊检校司空；余将卒赏赍各有差。诸道与淮西连接者，宜各守封疆，非彼侵轶，不须进讨。李希烈若降，当待以不死，自余将士百姓，一无所问”。

【注释】

①弟：只是，通“第”。　②焦篱堡：地名，在今陕西合阳县东北。③娖（chuò 绰）：拘谨、谨慎。　④奉天息兵之旨：指唐德宗兴元元年（784）正月在李泌的劝说下，在奉天城下诏自责，赦免李希烈等人这一

事。　⑤中畿：即中都地区。唐代蒲州（今山西永济市）是东都洛阳与西都长安之间的交通枢纽，开元九年（721）改河中府为中都，河中府各县为中畿地区。　⑥狴（bì 毙）：监狱。

初，李晟尝将神策军戍成都，及还，以营妓高洪自随。西川节度使张延赏怒，追而还之，由是有隙。至是，刘从一有疾，上召延赏入相，晟表陈其过恶；上重违其意，以延赏为左仆射。

骆元光将杀徐庭光，谋于韩游瓌曰："庭光辱吾祖考，吾欲杀之，马公必怒，公能救其死乎！"游瓌曰："诺。"壬午，遇庭光于军门之外，揖而数其罪，命左右碎斩之。入见马燧，顿首请罪，燧大怒曰："庭光已降，受朝廷官爵，公不告辄杀之，是无统帅也！"欲斩之。游瓌曰："元光杀裨将，公犹怒如此。公杀节度使，天子其谓何！"燧默然。浑瑊亦为之请，乃舍之。

浑瑊镇河中，尽得李怀光之众，朔方军自是分居邠、蒲矣。

卢龙节度使刘怦疾病，九月，己亥，诏以其子行军司马济权知节度事；怦寻薨。

己未，中书侍郎、同平章事刘从一罢为户部尚书；庚申，薨。

冬，十月，癸卯[①]，上祀圜丘[②]，赦天下。

十二月，甲戌，户部奏今岁入贡者凡百五十州。

于阗王曜上言："兄胜让国于臣，今请复立胜子锐。"上以锐检校光禄卿，还其国。胜固辞曰："曜久行国事，国人悦服。锐生长京华，不习其俗，不可往。"上嘉之，以锐为韶王谘议。

【注释】

①癸卯：唐德宗贞元元年（785）十月无癸卯日，疑误。　②圜丘：古时祭天的圆形高坛。

二年　春，正月，壬寅，以吏部侍郎刘滋为左散骑常侍，与给事中崔造、中书舍人齐映并同平章事。滋，子玄之孙也。

造少居上元，与韩会、卢东美、张正则为友，以王佐自许，时人谓之"四夔"[①]。上以造在朝廷敢言，故不次用之。滋、映多让事于造。造久在江外，疾钱谷诸使罔上之弊，奏罢水陆运使、度支巡院、江淮转运使等,诸道租赋悉委观察使、刺史遣官部送诣京师。令宰相分判尚书六曹:齐映判兵部,李勉判刑部,刘滋判吏部、礼部,造判户部、工部;又以户部侍郎元琇判诸道盐铁、榷酒,吉中孚判度支两税。

李希烈将杜文朝寇襄州,二月,癸亥,山南东道节度使樊泽击擒之。

崔造与元琇善,故使判盐铁。韩滉奏论盐铁过失,甲戌,以琇为尚书右丞。陕州水陆运使李泌奏:"自集津至三门[②],凿山开车道十八里,以避底柱之险[③]。"是月道成。

三月,李希烈别将寇郑州,义成节度使李澄击破之。希烈兵势日蹙,会有疾。夏,四月,丙寅,大将陈仙奇使医陈山甫毒杀之。因以兵悉诛其兄弟妻子,举众来降。甲申,以仙奇为淮西节度使。

【注释】

①夔:中国古代传说中唐虞时期贤明的大臣。 ②集津:即集津仓,是唐代长江下游南北地区粮食和其他钱物经运河入黄河,转运至京城长安的一个重要中转仓库,在当时的陕县(即今河南陕县东北)东边的黄河岸上。三门:即三门仓,在当时的陕县西边。 ③底柱:即底柱山,又名三门山,在今河南陕县东北黄河中。

关中仓廪竭,禁军或自脱巾呼于道曰:"拘吾于军而不给粮,吾罪人也!"上忧之甚,会韩滉运米三万斛至陕,李泌即奏之。上喜,遽至东宫,谓太子曰:"米已至陕,吾父子得生矣!"时禁中不酿,命于坊市取酒为乐。又遣中使谕神策六军,军士皆呼万岁。

时比岁饥馑,兵民率皆瘦黑,至是麦始熟,市有醉人,当时以为嘉瑞。人乍饱食,死者复伍之一。数月,人肤色乃复故。

以横海军使程日华为节度使。

秋,七月,淮西兵马使吴少诚杀陈仙奇,自为留后。少诚素狡险,为李希烈所宠任,故为之报仇。己酉,以虔王谅为申、光、随、蔡节度大使,以少诚为留后。

以陇右行营节度使曲环为陈许节度使。陈许荒乱之余,户口流散。曲环以勤俭率下,政令宽简,赋役平均,数年之间,流亡复业，兵食皆足。

八月，癸未，义成节度使李澄薨，其子克宁谋总军务，秘不发丧。

丙戌，吐蕃尚结赞大举寇泾、陇、邠、宁，掠人畜，芟禾稼，西鄙骚然，州县各城守，诏浑瑊将万人，骆元光将八千人屯咸阳以备之。

初，上与常侍李泌议复府兵，泌因为上历叙府兵自西魏以来兴废之由[①]，且言："府兵平日皆安居田亩，每府有折冲领之[②]，折冲以农隙教习战陈。国家有事征发，则以符契下其州及府，参验发之，至所期处。将帅按阅，有教习不精者，罪其折冲，甚者罪及刺史。军还，则赐勋加赏，便道罢之。行者近不逾时，远不经岁。高宗以刘仁轨为洮河镇守使以图吐蕃，于是始有久戍之役。武后以来[③]，承平日久，府兵浸堕，为人所贱，百姓耻之，至蒸熨手足以避其役。又，牛仙客以积财得宰相，边将效之；山东戍卒多赍缯帛自随，边将诱之寄于府库，昼则苦役，夜絷地牢，利其死而没入其财。故自天宝以后，山东戍卒还者什无二三，其残虐如此。然未尝有外叛内侮，杀帅自擅者，诚以顾恋田园，恐累宗族故也。自开元之末，张说始募长征兵，谓之彍骑[④]，其后益为六军。及李林甫为相，奏诸军皆募人为之。兵不土著，又无宗族，不自重惜，忘身徇利，祸乱遂生，至今为梗。向使府兵之法常存不废，安有如此下陵上替之患哉！陛下思复府兵，此乃社稷之福，太平有日矣。"上曰："俟平河中，当与卿议之。"

九月，丁亥，诏十六卫各置上将军，以宠功臣；改神策左、右厢为左、右神策军，殿前射生左、右厢为殿前左、右射生军，各置大将军二人、将军二人。

【注释】

①府兵：即府兵制，西魏时期建立的一种军事制度，府兵平时种地，农闲训练，征战时自备钱粮和兵器，轮流去京城宿卫。 ②折冲：即折冲府，唐府兵制军府的总称，府分上中下三等，折冲为军府中的长官。 ③武后：即武则天皇后。 ④彍（guō 郭）：把弓拉满。

庚寅，李克宁始发父澄之丧，杀行军司马马铉，墨缞出视事，增兵城门。刘玄佐出师屯境上以制之，且使告谕切至，克宁乃不敢袭位。丁酉，以东都留守贾耽为义成节度使。克宁悉取府库之财夜出，军士从而剽之，比明殆尽。淄青兵数千自行营归，过滑州，将佐皆曰："李纳虽外奉朝命，内畜兼并之志，请馆其兵于城外。"贾耽曰："奈何与人邻道而野处其将士乎！"命馆于城中。耽时引百骑猎于纳境，纳闻之，大喜，服其度量，不敢犯也。

吐蕃游骑及好畤。乙巳，京城戒严，复遣左金吾将军张献甫屯咸阳。民间传言上复欲出幸以避吐蕃，齐映见上言曰："外间皆言陛下已理装，具糗粮，人情恟惧。夫大福不再，陛下奈何不与臣等熟计之！"因伏地流涕，上亦为之动容。

李晟遣其将王佖将骁勇三千伏于汧城，戒之曰："虏过城下，勿击其首；首虽败，彼全军而至，汝弗能当也。不若俟前军已过，见五方旗，虎豹衣，乃其中军也，出其不意击之，必大捷。"佖用其言，尚结赞败走。军士不识尚结赞，仅而获免。

尚结赞谓其徒曰："唐之良将，李晟、马燧、浑瑊而已，当以计去之。"入凤翔境内，无所俘掠，以兵二万直抵城下曰："李令公召我来，何不出犒我！"经宿，乃引退。

冬，十月，癸亥，李晟遣蕃落使野诗良辅与王佖将步骑五千袭吐蕃摧砂堡[①]。壬申，遇吐蕃众二万，与战，破之，乘胜逐北，至堡下，攻拔之，斩其将扈屈律悉蒙，焚其蓄积而还。尚结赞引兵自宁、庆北去[②]，癸酉，军于合水之北[③]。邠宁节度使韩游瓌遣其将史履程夜袭其营，杀数百人。吐蕃追之，游瓌陈于平川[④]，潜使人鼓于西山。虏惊，弃所掠而去。

十一月，甲午，立淑妃王氏为皇后。

乙未，韩滉入朝。

丁酉，皇后崩。

辛丑，吐蕃寇盐州，谓刺史杜彦光曰："我欲得城，听尔率人去。"彦光悉众奔鄜州，吐蕃入据之。

刘玄佐在汴，习邻道故事，久未入朝。韩滉过汴，玄佐重其才望，以属吏礼谒之。滉相约为兄弟，请拜玄佐母；其母喜，置酒见之。酒半,滉曰:“弟何时入朝?”玄佐曰:“久欲入朝,但力未办耳!”滉曰:“滉力可及,弟宜早入朝,丈母垂白,不可使更帅诸妇女往填宫也!”母悲泣不自胜。滉乃遗玄佐钱二十万缗,备行装。滉留大梁三日,大出金帛赏劳,一军为之倾动。玄佐惊服,既而遣人密听之,滉问孔目吏,“今日所费几何”?诘责甚细。玄佐笑曰:“吾知之矣!”壬寅,玄佐与陈许节度使曲环俱入朝。

【注释】

①野诗:唐代的一个少数民族的姓氏。摧砂堡:唐代军事堡垒,在今宁夏固原市西北。 ②庆:即庆州。隋代设置,后历有兴废,唐代治所在合水县(今甘肃庆阳市)。 ③合水:县名。唐天宝年间以蟠交县改置,治所在今甘肃合水县。 ④平川:地名,在今陕西太白县附近,曾为古战场。

崔造改钱谷法,事多不集。诸使之职,行之已久,中外安之。元琇既失职,造忧惧成疾,不视事。既而江、淮运米大至,上嘉韩滉之功。十二月,丁巳,以滉兼度支、诸道盐铁,转运等使,造所条奏皆改之。

吐蕃又寇夏州,亦令刺史托跋乾晖帅众去[1],遂据其城。又寇银州,州素无城,吏民皆溃。吐蕃亦弃之,又陷麟州。

韩滉屡短元琇于上。庚申,崔造罢为右庶子,琇贬雷州司户[2]。以吏部侍郎班宏为户部侍郎、度支副使。

韩游瓌奏请发兵攻盐州,吐蕃救之,则使河东袭其背。丙寅,诏骆元光及陈许兵马使韩全义将步骑万二千人会邠宁军,趣盐州,又命马燧以河东军击吐蕃。燧至石州[3],河曲六胡州皆降[4],迁于云、朔之间。

工部侍郎张彧,李晟之婿也。晟在凤翔,以女嫁幕客崔枢,礼重枢过于彧;彧怒,遂附于张延赏;给事中郑云逵尝为晟行军司马,失晟意,亦附延赏。上亦忌晟功名。会吐蕃有离间之言,延赏等腾谤于朝,无所不至。晟闻之,昼夜泣,目为之肿,悉遣子弟诣长安,表请削发为僧,上慰谕,不许。辛未,入朝,见上,自陈足疾,恳辞方镇,上不许。韩滉素与晟善,上命滉与刘玄佐谕旨于晟,使与延赏释怨。晟奉诏，滉等引延赏诣晟第谢，结为兄弟，因宴饮尽欢；又宴于滉、玄佐之第，亦如之。滉因使晟表荐延赏为相。

【注释】

①托跋：即拓跋，是鲜卑的一个姓氏，曾建立过北魏王朝。 ②雷州：唐代贞观八年(634)以东合州改名，治所在今广东海康县。 ③石州：北周时以西汾州改名，后屡有改易，治所在今山西吕梁市离石区。 ④河曲六胡州：当时已为宥州，治所在延恩县(今内蒙古鄂托克旗南)。因各部酋长各以旧州名带刺史，故仍称六胡州，指鲁、丽、含、塞、依、契六州。

三年 春，正月，壬寅，以左仆射张延赏同平章事。李晟为其子请婚于延赏，延赏不许。晟谓人曰："武夫性快，释怨于杯酒间，则不复贮胸中矣。非如文士难犯，外虽和解，内蓄憾如故，吾得无惧哉！"

初，李希烈据淮西，选骑兵尤精者为左、右门枪、奉国四将，步兵尤精者为左、右克平十将。淮西少马，精兵皆乘骡，谓之骡军。

陈仙奇举淮西降，才数月，诏发其兵于京西防秋。仙奇遣都知兵马使苏浦悉将淮西精兵五千人以行。会仙奇为吴少诚所杀，少诚密遣人召门枪兵马使吴法超等使引兵归。浦不之知。法超等引步骑四千自鄜州叛归，浑瑊使其将白娑勒追之，反为所败。

丙午，上急遣中使敕陕虢观察使李泌发兵防遏，勿令济河。泌遣押牙唐英岸将兵趣灵宝，淮西兵已陈于河南矣。泌乃命灵宝给其食，淮西兵亦不敢剽掠。明日，宿陕西七里。泌不给其食，遣将将选士四百人分为二队，伏于太原仓之隘道[①]，令之曰："贼十队过，东伏则大呼击之，西伏亦大呼应之，勿遮道，勿留行，常让以半道，随而击之。"又遣虞候集近村少年各持弓、刀、瓦石蹑贼后，闻呼亦应而追之。又遣唐英岸将千五百人夜出南门，陈于涧北。明日四鼓，淮西兵起行入隘，两伏发，贼众惊乱，且战且走，死者四之一；进遇唐英岸，邀而击之，贼众大败，擒其骡军兵马使张崇献。泌以贼必分兵自山路南遁，又遣都将燕子楚将兵四百自炭窦谷趣长水[②]。贼二日不食，屡战皆败，英岸追至永宁东，贼皆溃入山谷。

吴法超果帅其众太半趣长水，燕子楚击之，斩法超，杀其士卒三分之二。上以陕兵少，发神策军步骑五千往助泌，至赤水[③]，闻贼已破而还。上命刘玄佐乘驿归汴，以诏书缘道诱之，得百三十余人，至汴州，尽杀之。其溃兵在道，复为村民所杀，得至蔡者才四十七人。吴少诚以其少，悉斩之以闻；且遣使以币谢李泌，为其破叛卒也。泌执张崇献等六十余人送京师，诏悉腰斩于鄜州军门，以令防秋之众。

【注释】

①太原仓：唐代以隋常平仓改名，在今河南三门峡市西黄河边上，为唐重要仓库。 ②长水：县名。隋末改长渊县置，治所在今河南洛宁县西长水镇。 ③赤水：即赤水城。在今陕西渭南市东赤水镇。

初，云南王阁罗凤陷巂州[①]，获西泸令郑回[②]。回，相州人[③]，通经术，阁罗凤爱重之。其子凤迦异及孙异牟寻、曾孙寻梦凑皆师事之，每授学，回得挞之。及异牟寻为王，以回为清平官。清平官者，蛮相也，凡有六人，而国事专决于回。五人者事回甚卑谨，有过，则回挞之。

云南有众数十万，吐蕃每入寇，常以云南为前锋，赋敛重数，又夺其险要立城堡，岁征兵助防，云南苦之。回因说异牟寻复自归于唐曰："中国尚礼义，有惠泽，无赋役。"异牟寻以为然，而无路自致，凡十余年。及西川节度使韦皋至镇，招抚境上群蛮，异牟寻潜遣人因诸蛮求内附。皋奏："今吐蕃弃好，暴乱盐、夏，宜因云南及八国生羌有归化之心招纳之[④]，以离吐蕃之党，分其势。"上命皋先作边将书以谕之，微观其趣。

张延赏与齐映有隙，映在诸相中颇称敢言，上浸不悦；延赏言映非宰相器。壬子，映贬夔州刺史。刘滋罢为左散骑常侍，以兵部侍郎柳浑同平章事。

韩滉性苛暴，方为上所任，言无不从；他相充位而已，百官群吏救过不赡。浑虽为滉所引荐，正色让之曰："先相公以褊察为相，不满岁而罢，今公又甚焉。奈何榜吏于省中，至有死者！且作福作威，岂人臣所宜！"滉愧，为之少霁威严。

二月,壬戌,以检校左庶子崔澣充入吐蕃使。

戊寅,镇海节度使、同平章事、充江、淮转运使韩滉薨。滉久在二浙,所辟僚佐,各随其长,无不得人。尝有故人子谒之,考其能,一无所长,滉与之宴,竟席,未尝左右视及与并坐交言。后数日,署为随军,使监库门。其人终日危坐,吏卒无敢妄出入者。

分浙江东、西道为三:浙西,治润州;浙东,治越州;宣、歙、池,治宣州;各置观察使以领之。上以果州刺史白志贞为浙西观察使[⑤],柳浑曰:"志贞,俭人,不可复用。"会浑疾,不视事,辛巳,诏下,用之。浑疾间,遂乞骸骨,不许。

甲申,葬昭德皇后于靖陵。

【注释】

①巂(xī 西)州:隋时设置,治所在今四川西昌市。 ②西泸:县名。唐天宝年间以可泉县改名,治所在今四川西昌市西南。 ③相州:北魏时分冀州置,后屡有改易,唐代治所在今河南安阳市。 ④生羌:唐时分布在西南地区的一个民族,分白狗君、哥邻君、南水君、咄霸君等八个部落。 ⑤果州:唐初设置,后历有改易,治所在今四川南充市北。

三月,丁酉,以左庶子李铦充入吐蕃使。

初,吐蕃尚结赞得盐、夏州,各留千余人戍之,退屯鸣沙[①];自冬入春,羊马多死,粮运不继,又闻李晟克摧沙,马燧、浑瑊等各举兵临之,大惧,屡遣使求和,上未之许。乃遣使卑辞厚礼求和于马燧,且请修清水之盟而归侵地,使者相继于路。燧信其言,留屯石州,不复济河,为之请于朝。

李晟曰:"戎狄无信,不如击之。"韩游瓌曰:"吐蕃弱则求盟,强则入寇,今深入塞内而求盟,此必诈也!"韩滉曰:"今两河无虞,若城原、鄯、洮、渭四州[②],使李晟、刘玄佐之徒将十万众戍之,河、湟二十余州可复也[③]。其资粮之费,臣请主办。"上由是不听燧计,趣使进兵。燧请与吐蕃使论颊热俱入朝论之,会滉薨,燧、延赏皆与晟有隙,欲反其谋,争言和亲便。上亦恨回纥,欲与吐蕃和,共击之,得二人言,正会己意,计遂定。

延赏数言"晟不宜久典兵,请以郑云逵代之"。上曰:"当令自择代者。”乃谓晟曰：“朕以百姓之故，与吐蕃和亲决矣。大臣既与吐蕃有怨，不可复之凤翔，宜留朝廷，朝夕辅朕；自择一人可代凤翔者。”晟荐都虞候邢君牙。君牙，乐寿人也④。丙午，以君牙为凤翔尹兼团练使。丁未，加晟太尉、中书令，勋、封如故；余悉罢之。

晟在凤翔，尝谓僚佐曰：“魏征好直谏，余窃慕之。”行军司马李叔度曰：“此乃儒者所为，非勋德所宜。”晟敛容曰：“司马失言。晟任兼将相，知朝廷得失不言，何以为臣！”叔度惭而退。及在朝廷，上有所顾问，极言无隐。性沉密，未尝泄于人。

辛亥，马燧入朝。燧既来，诸军皆闭壁不战，尚结赞遽自鸣沙引归，其众乏马，多徒行者。崔瀚见尚结赞，责以负约。尚结赞曰：“吐蕃破朱泚，未获赏，是以来，而诸州各城守，无由自达。盐、夏守者以城授我而遁，非我取之也。今明公来，欲践修旧好，固吐蕃之愿也。今吐蕃将相以下来者二十一人，浑侍中尝与之共事，知其忠信。灵州节度使杜希全、泾原节度使李观皆信厚闻于异域，请使之主盟。”

夏，四月，丙寅，瀚至长安。辛未，以瀚为鸿胪卿，复使入吐蕃语尚结赞曰：“希全守灵，不可出境，李观已改官，今遣浑瑊盟于清水。”且令先归盐、夏二州。五月，甲申，浑瑊自咸阳入朝，以为清水会盟使。戊子，以兵部尚书崔汉衡为副使，司封员外郎郑叔矩为判官，特进宋奉朝为都监。己丑，瑊将二万余人赴盟所。

乙巳，尚结赞遣其属论泣赞来言：“清水非吉地，请盟于原州之土梨树；既盟而归盐、夏二州。”上皆许之。神策将马有麟奏：“土梨树多阻险，恐吐蕃设伏兵，不如平凉川坦夷⑤。”时论泣赞已还，丁未，遣使追告之。

【注释】

①鸣沙：县名。隋开皇十九年（599）置，唐代有所改易，唐代治所在今宁夏青铜峡西南黄河东岸。　②原、鄯、洮、渭：原即原州，北魏时设置，后历有改易，唐代治所在今甘肃平凉市。鄯即鄯州，北魏时设置，后历有改易，治所在今青海海东市乐都区。洮即洮州，北周时设置，后历有改易，唐代治所在今甘肃临潭县东边的新城。渭即渭州，隋代设置，后历有改易，唐代治所在今甘肃陇西县。　③河、湟：河即河州，十六国时前

凉设置，后历有改易，唐代治所在今甘肃临夏县。湟即湟水县，隋代以西都县改名，治所在今青海乐都县。安史之乱后，河湟以西地区被吐蕃占领。　④乐寿：县名，隋代改广城县设置，治所在今河北献县。　⑤平凉川：地名，在今甘肃平凉市附近，为一河谷平原。

申蔡留后吴少诚，缮兵完城，欲拒朝命，判官郑常、大将杨冀谋逐之，诈为手诏赐诸将申州刺史张伯元等。事泄，少诚杀常、冀、伯元。大将宋旻、曹济奔长安。

闰月，己未，韦皋复与东蛮和义王苴那时书，使诇伺导达云南[①]。

庚申，大省州、县官员，收其禄以给战士，张延赏之谋也。时新除官千五百人，而当减者千余人，怨嗟盈路。

初，韩滉荐刘玄佐可使将兵复河、湟，上以问玄佐，玄佐亦赞成之。滉薨，玄佐奏言："吐蕃方强，未可与争。"上遣中使劳问玄佐，玄佐卧而受命。张延赏知玄佐不可用，奏以河、湟事委李抱真；抱真亦固辞。皆由延赏罢李晟兵柄，故武臣皆愤怒解体，不肯为用故也。

上以襄、邓扼淮西冲要，癸亥，以荆南节度使曹王皋为山南东道节度使，以襄、邓、复、郢、安、随、唐七州隶之。

浑瑊之发长安也，李晟深戒之以盟所为备不可不严。张延赏言于上曰："晟不欲盟好之成，故戒瑊以严备。我有疑彼之形，则彼亦疑我矣，盟何由成！"上乃召瑊，切戒以推诚待虏，勿自为猜贰以阻虏情。

瑊奏吐蕃决以辛未盟，延赏集百官，以瑊表称诏示之曰："李太尉谓吐蕃和好必不成，此浑侍中表也，盟日定矣。"晟闻之，泣谓所亲曰："吾生长西陲，备谙虏情，所以论奏，但耻朝廷为犬戎所侮耳！"

上始命骆元光屯潘原[②]，韩游瓌屯洛口[③]，以为瑊援。元光谓瑊曰："潘原距盟所且七十里，公有急，元光何从知之！请与公俱。"瑊以诏指固止之。元光不从，与瑊连营相次，距盟所三十余里。元光壕栅深固，瑊壕栅皆可逾也。元光伏兵于营西，韩游瓌亦遣五百骑伏于其侧,曰:"若有变,则汝曹西趣柏泉以分其势④。"

尚结赞与瑊约,各以甲士三千人列于坛之东西,常服者四百人从至坛下。辛未,将盟,尚结赞又请各遣游骑数十更相觇索,瑊皆许之。吐蕃伏精骑数万于坛西,游骑贯穿唐军,出入无禁。唐骑入虏军,悉为所擒,瑊等皆不知,入幕,易礼服。虏伐鼓三声,大噪而至,杀宋奉朝等于幕中。瑊自幕后出,偶得他马乘之,伏鬣入其衔,驰十余里,衔方及马口,故矢过其背而不伤。唐将卒皆东走,虏纵兵追击,或杀或擒之,死者数百人,擒者千余人,崔汉衡为虏骑所擒。浑瑊至其营,则将卒皆遁去,营空矣。骆元光发伏成陈以待之,虏追骑愕眙。瑊入元光营,追骑顾见邠宁军西驰,乃还。元光以辎重资瑊,与瑊收散卒,勒兵整陈而还。

是日上临朝,谓诸相曰:"今日和戎息兵,社稷之福!"马燧曰:"然。"柳浑曰:"戎狄,豺狼也,非盟誓可结。今日之事,臣窃忧之!"李晟曰:"诚如浑言。"上变色曰:"柳浑书生,不知边计;大臣亦为此言邪!"皆伏地顿首谢,因罢朝。是夕,韩游瓌表言:"虏劫盟者,兵临近镇。"上大惊,街递其表以示浑。明旦,谓浑曰:"卿书生,乃能料敌如此其审乎!"上欲出幸以避吐蕃,大臣谏而止。

李晟大安园多竹,复有为飞语者,云"晟伏兵大安亭,谋因仓猝为变"。晟遂伐其竹。

癸酉,上遣中使王子恒赍诏遗尚结赞,至吐蕃境,不纳而还。浑瑊留屯奉天。

甲戌,尚结赞至故原州,引见崔汉衡等曰:"吾饰金械,欲械瑊以献赞普。今失瑊,虚致公辈。"又谓马燧之侄弇曰:"胡以马为命,吾在河曲,春草未生,马不能举足,当是时,侍中渡河掩之,吾全军覆没矣!所以求和,蒙侍中力。今全军得归,奈何拘其子孙!"命弇与宦官俱文珍、浑瑊将马宁俱归。分囚崔汉衡等于河、廓、鄯州。上闻尚结赞之言,由是恶马燧。

六月,丙戌,以马燧为司徒兼侍中,罢其副元帅、节度使。

初,吐蕃尚结赞恶李晟、马燧、浑瑊,曰:"去三人,则唐可图也。"于是离间李晟,因马燧以求和,欲执浑瑊以卖燧,使并获罪,因纵兵直犯长安,会失浑瑊而止。张延赏惭惧,谢病不视事。

【注释】

①诇(xiòng 复)伺:古代对侦探的称呼。 ②潘原:县名。唐天宝年间以阴槃县改名,治所在甘肃平凉市东。 ③洛口:即水洛口,在今甘肃庄浪县瓦亭川东北。 ④柏泉:即百泉县,隋代以长城县改名,治所在今宁夏固原市。

以陕虢观察使李泌为中书侍郎、同平章事。

河东都虞候李自良从马燧入朝,上欲以为河东节度使,自良固辞曰:“臣事燧日久,不欲代之为帅。”乃以为右龙武大将军。明日,自良入谢,上谓之曰:“卿于马燧,存军中事分,诚为得礼。然北门之任,非卿不可。”卒以自良为河东节度使。

吐蕃之戍盐、夏者,馈运不继,人多病疫思归,尚结赞遣三千骑逆之,悉焚其庐舍,毁其城,驱其民而去。灵盐节度使杜希全遣兵分守之。

韦皋以云南颇知书,壬辰,自以书招谕之,令趣遣使入见。

李泌初视事,壬寅,与李晟、马燧、柳浑俱入见,上谓泌曰:“卿昔在灵武,已应为此官,卿自退让。朕今用卿,欲与卿有约,卿慎勿报仇,有恩者朕当为卿报之。”对曰:“臣素奉道,不与人为仇。李辅国、元载皆害臣者,今自毙矣。素所善及有恩者,率已显达,或多零落,臣无可报也。”上曰:“虽然,有小恩者,亦当报之。”对曰:“臣今日亦愿与陛下为约,可乎?”上曰:“何不可!”泌曰:“愿陛下勿害功臣。臣受陛下厚恩,固无形迹。李晟、马燧有大功于国,闻有谗之者,虽陛下必不听,然臣今日对二人言之,欲其不自疑耳。陛下万一害之,则宿卫之士,方镇之臣,无不愤惋而反仄,恐中外之变不日复生也!人臣苟蒙人主爱信则幸矣,官于何有!臣在灵武之日,未尝有官,而将相皆受臣指画;陛下以李怀光为太尉而怀光愈惧,遂至于叛。此皆陛下所亲见也。今晟、燧富贵已足,苟陛下坦然待之,使其自保无虞,国家有事则出从征伐,无事则入奉朝请,何乐如之!故臣愿陛下勿以二臣功大而忌之,二臣勿以位高而自疑,则天下永无事矣。”上曰:“朕始闻卿言,耸然不知所谓。及听卿剖析,乃知社稷之至计也!朕谨当书绅,二大臣亦当共保之。”晟、燧皆起，泣谢。

上因谓泌曰：“自今凡军旅粮储事，卿主之。吏、礼委延赏，刑法委浑。”泌曰：“不可。陛下不以臣不才，使待罪宰相。宰相之职，不可分也。非如给事则有吏过、兵过，舍人则有六押，至于宰相，天下之事咸共平章。若各有所主，是乃有司，非宰相也。”上笑曰：“朕适失辞，卿言是也。”泌请复所减州、县官。上曰：“置吏以为人也，今户口减于承平之时三分之二，而吏员更增，可乎！”对曰：“户口虽减，而事多于承平且十倍，吏得无增乎！且所减皆有职而冗官不减，此所以为未当也。至德以来置额外官①，敌正官三分之一，若听使计日得资然后停，加两选授同类正员官。如此，则不惟不怨，兼使之喜矣。”又请诸王未出阁者不除府官，上皆从之。乙卯②，诏先所减官，并复故。

【注释】

①至德：唐肃宗年号，当756—758年。 ②乙卯：唐德宗贞元三年(787)六月没有乙卯这一天，疑误。

初，张延赏在西川，与东川节度使李叔明有隙。上入骆谷，值霖雨，道涂险滑，卫士多亡归朱泚，叔明之子升及郭子仪之子曙，令狐彰之子建等六人，恐有奸人危乘舆，相与啮臂为盟，着行縢①、钉鞋，更鞚上马以至梁州②，他人皆不得近。及还长安，上皆以为禁卫将军，宠遇甚厚。张延赏知升私出入郜国大长公主第，密以白上。上谓李泌曰：“郜国已老，升年少，何为如是！殆必有故，卿宜察之。”泌曰：“此必有欲动摇东宫者。谁为陛下言之？”上曰：“卿勿问，第为朕察之。”泌曰：“必延赏也。”上曰：“何以知之？”泌具为上言二人之隙，且曰：“升承恩顾，典禁兵，延赏无以中伤，而郜国乃太子萧妃之母也，故欲以此陷之耳。”上笑曰：“是也。”泌因请除升他官，勿令宿卫以远嫌。秋，七月，以升为詹事。郜国，肃宗之女也。

甲子，割振武之绥、银二州，以右羽林将军韩潭为夏、绥、银节度使，帅神策之士五千、朔方、河东之士三千镇夏州。

时关东防秋兵大集，国用不充，李泌奏：“自变两税法以来，藩镇、州、县多违法聚敛。继以朱泚之乱，争榷率、征罚以为军资，点募自防。泚既平，自惧违法，匿不敢言。请遣使以诏旨赦其罪，但令革正，自非于法应留使、留州之外，悉输京师。其官典逋负，可征者征之，难征者释之，以示宽大；敢有隐没者，重设告赏之科而罪之。”上喜曰：“卿策甚长，然立法太宽，恐所得无几！”对曰：“兹事臣固熟思之，宽则获多而速，急则获少而迟。盖以宽则人喜于免罪而乐输，急则竞为蔽匿，非推鞫不能得其实，财不足济今日之急而皆入于奸吏矣。”上曰：“善！”以度支员外郎元友直为河南、江、淮南句勘两税钱帛使[3]。

初，河、陇既没于吐蕃，自天宝以来，安西、北庭奏事及西域使人在长安者，归路既绝，人马皆仰给于鸿胪，礼宾委府[4]、县供之，于度支受直。度支不时付直，长安市肆不胜其弊。李泌知胡客留长安久者，或四十余年，皆有妻子，买田宅，举质取利，安居不欲归，命检括胡客有田宅者停其给。凡得四千人，将停其给。胡客皆诣政府诉之，泌曰：“此皆从来宰相之过，岂有外国朝贡使者留京师数十年不听归乎！今当假道于回纥，或自海道各遣归国。有不愿归者，当于鸿胪自陈，授以职位，给俸禄为唐臣。人生当乘时展用，岂可终身客死邪！”于是胡客无一人愿归者，泌皆分隶神策两军，王子、使者为散兵马使或押牙，余皆为卒，禁旅益壮。鸿胪所给胡客才十余人，岁省度支钱五十万缗；市人皆喜。

上复问泌以复府兵之策。对曰：“今岁征关东卒戍京西者十七万人，计岁食粟二百四万斛。今粟斗直钱百五十，为钱三百六万缗。国家比遭饥乱，经费不充，就使有钱，亦无粟可籴，未暇议复府兵也。”上曰：“然则奈何？亟减戍卒归之，何如？”对曰：“陛下诚能用臣之言，可以不减戍卒，不扰百姓，粮食皆足，粟麦日贱，府兵亦成。”上曰：“苟能如是，何为不用！”对曰：“此须急为之，过旬日则不及矣。今吐蕃久居原、会之间[5]，以牛运粮，粮尽，牛无所用，请发左藏恶缯染为彩缬，因党项以市之[6]，每头不过二三匹，计十八万匹，可致六万余头。又命诸冶铸农器，籴麦种，分赐沿边军镇，募戍卒，耕荒田而种之，约明年麦熟倍偿其种，其余据时价五分增一，官为籴之。来春种禾亦如之。关中土沃而久荒，所收必厚。戍卒获利,耕者浸多。边地居人至少,军士月食官粮,粟麦无所售,其价必贱,名为增价,实比今岁所减多矣。”上曰“善!”即命行之。

泌又言:“边地官多阙,请募人入粟以补之,可足今岁之粮。”上亦从之,因问曰:“卿言府兵亦集,如何?”对曰:“戍卒因屯田致富,则安于其土,不复思归。旧制,戍卒三年而代,及其将满,下令有愿留者,即以所开田为永业。家人愿来者,本贯给长牒续食而遣之⑦。据应募之数,移报本道,虽河朔诸帅得免更代之烦,亦喜闻矣。不过数番,则戍卒皆土著,乃悉以府兵之法理之,是变关中之疲弊为富强也。”上喜曰:“如此,天下无复事矣。”泌曰:“未也。臣能不用中国之兵使吐蕃自困。”上曰:“计将安出?”对曰:“臣未敢言之,俟麦禾有效,然后可议也。”上固问,不对。泌意欲结回纥、大食、云南与共图吐蕃,令吐蕃所备者多;知上素恨回纥,恐闻之不悦,并屯田之议不行,故不肯言。既而戍卒应募,愿耕屯田者什五六。

壬申,赐骆元光姓名李元谅。

左仆射、同平章事张延赏薨。

【注释】

①幐(téng 腾):即縢,绑腿布。 ②鞚(kòng 空):带嚼的马络头。 ③句勘:这里指审核检查。 ④礼宾:即礼宾院,唐代属鸿胪寺,掌管接待周边少数民族和外国人事宜。 ⑤会:即会州,西魏时置,后历有改废,唐代治所在今甘肃靖远县。 ⑥党项:古代民族名,以游牧为生,唐代曾内附,宋代曾建立西夏政权。 ⑦长牒续食:唐代给屯垦边地士兵家属去边地垦种田地的一种证明,持有者据此可沿途由官府提供食宿。

资治通鉴卷第二百三十三

唐纪四十九　起强圉单阏八月,尽重光协洽,凡四年有奇。

德宗神武圣文皇帝八

贞元三年　八月,辛巳朔,日有食之。

吐蕃尚结赞遣五骑送崔汉衡归,且上表求和。至潘原,李观语之以"有诏不纳吐蕃使者",受其表而却其人。

初,兵部侍郎、同平章事柳浑与张延赏俱为相,浑议事数异同,延赏使所亲谓曰:"相公旧德,但节言于庙堂,则重位可久。"浑曰:"为吾谢张公,柳浑头可断,舌不可禁!"由是交恶。上好文雅酝藉,而浑质直轻悦,无威仪,于上前时发俚语。上不悦,欲黜为王府长史,李泌言:"浑褊直无他。故事,罢相无为长史者。"又欲以为王傅,泌请以为常侍,上曰:"苟得罢之,无不可者。"己丑,浑罢为左散骑常侍。

初,郜国大长公主适驸马都尉萧升。升,复之从兄弟也。公主不谨,詹事李升、蜀州别驾萧鼎、彭州司马李万、丰阳令韦恪[①],皆出入主第。主女为太子妃,始者上恩礼甚厚,主常直乘肩舆抵东宫;宗戚皆疾之。或告主淫乱,且为厌祷。上大怒,幽主于禁中,切责太子;太子不知所对,请与萧妃离婚。

上召李泌告之,且曰:"舒王近已长立,孝友温仁。"泌曰:"何至于是!陛下惟有一子,奈何一旦疑之,欲废之而立侄,得无失计乎!"上勃然怒曰:"卿何得间人父子!谁语卿舒王为侄者?"对曰:

"陛下自言之。大历初,陛下语臣,'今日得数子'。臣请其故,陛下言'昭靖诸子[2],主上令吾子之'。今陛下所生之子犹疑之,何有于侄!舒王虽孝,自今陛下宜努力,勿复望其孝矣!"上曰:"卿不爱家族乎?"对曰:"臣惟爱家族,故不敢不尽言。若畏陛下盛怒而为曲从,陛下明日悔之,必尤臣云:'吾独任汝为相,不力谏,使至此,必复杀而子。'臣老矣,余年不足惜,若冤杀臣子,使臣以侄为嗣,臣未知得歆其祀乎!"因呜咽流涕。上亦泣曰:"事已如此,使朕如何而可?"对曰:"此大事,愿陛下审图之。臣始谓陛下圣德,当使海外蛮夷皆戴之如父母,岂谓自有子而疑之至此乎!臣今尽言,不敢避忌讳。自古父子相疑未有不亡国覆家者。陛下记昔在彭原,建宁何故而诛[3]?"上曰:"建宁叔实冤,肃宗性急,谮之者深耳!"泌曰:"臣昔以建宁之故,固辞官爵,誓不近天子左右;不幸今日复为陛下相,又睹兹事。臣在彭原,承恩无比,竟不敢言建宁之冤,及临辞乃言之,肃宗亦悔而泣。先帝自建宁之死,常怀危惧,臣亦为先帝诵《黄台瓜辞》以防谗构之端。"上曰:"朕固知之。"意色稍解,乃曰:"贞观、开元皆易太子,何故不亡?"对曰:"臣方欲言之。昔承乾屡尝监国[4],托附者众,东宫甲士甚多,与宰相侯君集谋反[5],事觉,太宗使其舅长孙无忌与朝臣数十人鞫之,事状显白,然后集百官而议之。当时言者犹云:'愿陛下不失为慈父,使太子得终天年。'太宗从之,并废魏王泰。陛下既知肃宗性急,以建宁为冤,臣不胜庆幸。愿陛下戒覆车之失,从容三日,究其端绪而思之,陛下必释然知太子之无他矣。若果有其迹,当召大臣知义理者二十人与臣鞫其左右,必有实状,愿陛下如贞观之法行之,并废舒王而立皇孙,则百代之后,有天下者犹陛下子孙也。至于开元之末,武惠妃谮太子瑛兄弟杀之,海内冤愤,此乃百代所当戒,又可法乎!且陛下昔尝令太子见臣于蓬莱池[6],观其容表,非有蜂目豺声商臣之相也[7],正恐失于柔仁耳。又,太子自贞元以来常居少阳院[8],在寝殿之侧,未尝接外人,预外事,安有异谋乎!彼谮人者巧诈百端,虽有手书如晋愍怀,衷甲如太子瑛,犹未可信,况但以妻母有罪为累乎!幸陛下语臣,臣敢以家族保太子必不知谋。向使杨素[9]、许敬宗[10]、李林甫之徒承此旨,已就舒王图定策之功矣!"

上曰:“此朕家事,何豫于卿,而力争如此?”对曰:“天子以四海为家。臣今独任宰相之重,四海之内,一物失所,责归于臣。况坐视太子冤横而不言,臣罪大矣!”上曰:“为卿迁延至明日思之。”泌抽笏叩头而泣曰:“如此,臣知陛下父子慈孝如初矣! 然陛下还宫,当自审思,勿露此意于左右;露之,则彼皆欲树功于舒王,太子危矣!”上曰:“具晓卿意。”泌归,谓子弟曰:“吾本不乐富贵,而命与愿违,今累汝曹矣。”

太子遣人谢泌曰:“若必不可救,欲先自仰药,何如?”泌曰:“必无此虑。愿太子起敬起孝。苟泌身不存,则事不可知耳。”

间一日,上开延英殿独召泌,流涕阑干,抚其背曰:“非卿切言,朕今日悔无及矣! 皆如卿言,太子仁孝,实无他也。自今军国及朕家事,皆当谋于卿矣。”泌拜贺,因曰:“陛下圣明,察太子无罪,臣报国毕矣。臣前日惊悸亡魂,不可复用,愿乞骸骨。”上曰:“朕父子赖卿得全,方属子孙,使卿代代富贵以报德,何为出此言乎!”甲午,诏李万不知避宗,宜杖死,李升等及公主五子,皆流岭南及远州。

【注释】

①丰阳:县名,西魏时设置,后屡有废移。唐代治所在今陕西山阳县。 ②昭靖:即昭靖太子,是唐德宗的弟弟李邈。 ③建宁:即建宁王李倓,唐德宗的叔叔,安史之乱后被唐肃宗冤杀。 ④承乾:即李承乾,唐太宗的太子,因谋反被杀。 ⑤侯君集:唐初战将,官至兵部尚书,曾平定高昌,因与皇太子李承乾谋反,被杀。 ⑥蓬莱池:唐代宫苑中,大明宫中蓬莱殿北的太液池,因池中有蓬莱山,故名蓬莱池。 ⑦商臣:战国楚成王的太子,形象丑陋,曾谋杀自己的父亲。 ⑧少阳院:唐代宫苑的一部分,在大明宫中。 ⑨杨素:隋朝的权臣,字处道,弘农华阴人(今陕西华阴),曾率军平叛,后参与废弃太子的密谋,拥立炀帝。 ⑩许敬宗:唐初大臣,高宗时拥立武则天为皇后,协助武则天逼死长孙无忌等人,后任中书令,执掌朝政。

戊申,吐蕃帅羌、浑之众寇陇州[1],连营数十里,京城震恐。九月,丁卯,遣神策将石季章戍武功,决胜军使唐良臣戍百里城[2]。

丁巳，吐蕃大掠汧阳、吴山[3]、华亭[4]，老弱者杀之，或断手凿目，弃之而去，驱丁壮万余悉送安化峡西[5]，将分隶羌、浑，乃告之曰："听尔东向哭辞乡国！"众大哭，赴崖谷死伤者千余人。未几，吐蕃之众复至，围陇州，刺史韩清沔与神策副将苏太平夜出兵击却之。

上谓李泌曰："每岁诸道贡献，共直钱五十万缗，今岁仅得三十万缗。言此诚知失体，然宫中用度殊不足。"泌曰："古者天子不私求财，今请岁供宫中钱百万缗，愿陛下不受诸道贡献及罢宣索。必有所须，请降敕折税，不使奸吏因缘诛剥。"上从之。

回纥合骨咄禄可汗屡求和亲，且请昏。上未之许。会边将告乏马，无以给之，李泌言于上曰："陛下诚用臣策，数年之后，马贱于今十倍矣！"上曰："何故？"对曰："愿陛下推至公之心，屈己徇人，为社稷大计，臣乃敢言。"上曰："卿何自疑若是！"对曰："臣愿陛下北和回纥，南通云南，西结大食、天竺[6]，如此，则吐蕃自困，马亦易致矣！"上曰："三国当如卿言，至于回纥则不可！"泌曰："臣固知陛下如此，所以不敢早言。为今之计，当以回纥为先，三国差缓耳。"上曰："唯回纥卿勿言。"泌曰："臣备位宰相，事有可否在陛下，何至不许臣言！"上曰："朕于卿言皆听之矣，至于和回纥，宜待子孙；于朕之时，则固不可！"泌曰："岂非以陕州之耻邪！"上曰："然。韦少华等以朕之故受辱而死，朕岂能忘之！属国家多难，未暇报之，和则决不可。卿勿更言！"泌曰："害少华者乃牟羽可汗，陛下即位，举兵入寇，未出其境，今合骨咄禄可汗杀之。然则今可汗乃有功于陛下，宜受封赏，又何怨邪！其后张光晟杀突董等九百余人，合骨咄禄竟不敢杀朝廷使者，然则合骨咄禄固无罪矣。"上曰："卿以和回纥为是，则朕固非邪？"对曰："臣为社稷而言，若苟合取容，何以见肃宗、代宗于天上！"上曰："容朕徐思之。"自是泌凡十五余对，未尝不论回纥事，上终不许。泌曰："陛下既不许回纥和亲，愿赐臣骸骨。"上曰："朕非拒谏，但欲与卿较理耳，何至遽欲去朕邪！"对曰："陛下许臣言理，此固天下之福也。"上曰："朕不惜屈己与之和，但不能负少华辈。"对曰："以臣观之，少华辈负陛下，非陛下负之也。"上曰："何故？"对曰："昔回纥叶护将兵助讨安庆绪，肃宗但令臣宴劳之于元帅府，先帝未尝见也。叶护固邀臣至其营，肃宗犹不许。及大军将发，先帝始与相见。所以然者，彼戎狄豺狼也，举兵入中国之腹，不得不过为之防也。陛下在陕，富于春秋，少华辈不能深虑，以万乘元子径造其营，又不先与之议相见之仪，使彼得肆其桀骜，岂非少华辈负陛下邪？死不足偿责矣。且香积之捷，叶护欲引兵入长安，先帝亲拜之于马前以止之，叶护遂不敢入城。当时观者十万余人，皆叹息曰：'广平王真华、夷主也！'然则先帝所屈者少，所伸者多矣。叶护乃牟羽之叔父也。牟羽身为可汗，举全国之兵赴中原之难，故其志气骄矜，敢责礼于陛下。陛下天资神武，不为之屈。当是之时，臣不敢言其他，若可汗留陛下于营中，欢饮十日，天下岂得不寒心哉！而天威所临，豺狼驯扰，可汗母捧陛下于貂裘，叱退左右，亲送陛下乘马而归。陛下以香积之事观之，则屈己为是乎？不屈为是乎？陛下屈于牟羽乎？牟羽屈于陛下乎？"上谓李晟、马燧曰："故旧不宜相逢。朕素怨回纥，今闻泌言香积之事，朕自觉少理。卿二人以为何如？"对曰："果如泌所言，则回纥似可恕。"上曰："卿二人复不与朕，朕当奈何！"泌曰："臣以为回纥不足怨，向来宰相乃可怨耳。今回纥可汗杀牟羽，其国人有再复京城之勋，夫何罪乎！吐蕃幸国之灾，陷河、陇数千里之地，又引兵入京城，使先帝蒙尘于陕，此乃百代必报之仇，况其赞普至今尚存，宰相不为陛下别白言此，乃欲和吐蕃以攻回纥，此为可怨耳。"上曰："朕与之为怨已久，又闻吐蕃劫盟，今往与之和，得无复拒我，为夷狄之笑乎？"对曰："不然。臣曩在彭原，今可汗为胡禄都督，与今国相白婆帝皆从叶护而来，臣待之颇亲厚，故闻臣为相而求和，安有复相拒乎！臣今请以书与之约：称臣，为陛下子，每使来不过二百人，印马不过千匹[⑦]，无得携中国人及商胡出塞。五者皆能如约，则主上必许和亲。如此，威加北荒，旁詟吐蕃，足以快陛下平昔之心矣。"上曰："自至德以来，与为兄弟之国，今一旦欲臣之，彼安肯和乎？"对曰："彼思与中国和亲久矣，其可汗、国相素信臣言，若其未谐，但应再发一书耳。"上从之。

既而回纥可汗遣使上表称儿及臣，凡泌所与约五事，一皆听命。上大喜，谓泌曰："回纥何畏服卿如此！"对曰："此乃陛下威灵,臣何力焉!”上曰:“回纥则既和矣,所以招云南、大食、天竺奈何!”对曰:“回纥和,则吐蕃已不敢轻犯塞矣。次招云南,则是断吐蕃之右臂也。云南自汉以来臣属中国,杨国忠无故扰之使叛,臣于吐蕃,苦于吐蕃赋役重,未尝一日不思复为唐臣也。大食在西域为最强,自葱岭尽西海[8],地几半天下,与天竺皆慕中国,代与吐蕃为仇,臣故知其可招也。”

癸亥,遣回纥使者合阙将军归,许以咸安公主妻可汗,归其马价绢五万匹。

【注释】

①浑:即吐谷浑,也称吐浑。古代民族名,原为鲜卑别支,后从辽宁迁至甘肃、青海一带。 ②百里城:地名,在今甘肃灵台县西南百里镇。 ③吴山:县名,隋代以长蛇县改名,后有废兴,治所在今陕西宝鸡市西北县功镇。 ④华亭:县名。隋代设置,治所在今甘肃华亭县。⑤安化峡:地名,在今甘肃张家川回族自治县。 ⑥天竺:古代印度。⑦印马:唐朝与周边民族互市,有关管理部门在所卖的马身上印上官印后才能买卖。 ⑧葱岭:地名,今帕米尔高原与喀喇昆仑山脉的总称。为中西交通要道。

吐蕃寇华亭及连云堡[1],皆陷之。甲戌,吐蕃驱二城之民数千人及邠、泾人畜万计而去,置之弹筝峡西[2]。泾州恃连云为斥候[3],连云既陷,西门不开,门外皆为虏境,樵采路绝。每收获,必陈兵以扞之,多失时,得空穗而已。由是泾州常苦乏食。

冬,十月,甲申,吐蕃寇丰义城[4],前锋至大回原,邠宁节度使韩游瓌击却之;乙酉,复寇长武城,又城故原州而屯之。

妖僧李软奴自言:“本皇族,见岳、渎神命已为天子。”结殿前射生将韩钦绪等谋作乱。丙戌,其党告之,上命捕送内侍省推之。李晟闻之,遽仆于地曰:“晟族灭矣!”李泌问其故,晟曰:“晟新罹谤毁,中外家人千余,若有一人在其党中,则兄亦不能救矣。”泌乃密奏:“大狱一起,所连引必多,外间人情恟惧,请出付台推。”上从之。钦绪,游瓌之子也,亡抵邠州;游瓌出屯长武城,留后械送京师。壬辰,腰斩软奴等八人,北军之士坐死者八百余人,而朝廷之臣无连及者。韩游瓌委军诣阙谢,上遣使止之,委任如初。游瓌又械送钦绪二子;上亦宥之。

吐蕃以苦寒不入寇,而粮运不继;十一月,诏浑瑊归河中,李元谅归华州,刘昌分其众五千归汴州,自余防秋兵退屯凤翔、京兆诸县以就食。

十二月,韩游瓌入朝。

自兴元以来,至是岁最为丰稔,米斗直钱百五十、粟八十,诏所在和籴。

庚辰,上畋于新店,入民赵光奇家,问:"百姓乐乎?"对曰:"不乐。"上曰:"今岁颇稔,何为不乐?"对曰:"诏令不信。前云两税之外悉无他徭,今非税而诛求者殆过于税。后又云和籴,而实强取之,曾不识一钱。始云所籴粟麦纳于道次,今则遣致京西行营,动数百里,车摧牛毙,破产不能支。愁苦如此,何乐之有!每有诏书优恤,徒空文耳!恐圣主深居九重,皆未知之也!"上命复其家[⑤]。

臣光曰:甚矣唐德宗之难寤也!自古所患者,人君之泽壅而不下达,小民之情郁而不上通;故君勤恤于上而民不怀,民愁怨于下而君不知,以至于离叛危亡,凡以此也。德宗幸以游猎得至民家,值光奇敢言而知民疾苦,此乃千载之遇也。固当按有司之废格诏书,残虐下民,横增赋敛,盗匿公财,及左右谄谀日称民间丰乐者而诛之。然后洗心易虑,一新其政,屏浮饰,废虚文,谨号令,敦诚信,察真伪,辨忠邪,矜困穷,伸冤滞,则太平之业可致矣。释此不为,乃复光奇之家。夫以四海之广,兆民之众,又安得人人自言于天子而户户复其徭赋乎!

李泌以李软奴之党犹有在北军未发者,请大赦以安之。

【注释】

①连云堡:战略要地,在今甘肃泾川县西边。 ②弹筝峡:地名,在今甘肃平凉市西北。 ③斥候:即古代战争中的一种岗哨。 ④丰义城:即丰义县城。唐初设置,治所在今甘肃镇原县。 ⑤复:这里指免除赋税。

四年　春，正月，庚戌朔，赦天下；诏两税等第，自今三年一定。

李泌奏京官俸太薄，请自三师以下悉倍其俸；从之。

壬申，以宣武行营节度使刘昌为泾原节度使。甲戌，以镇国节度使李元谅为陇右节度使。昌、元谅，皆帅卒力田，数年，军食充羡，泾、陇稍安。

韩游瓌之入朝也，军中以为必不返，饯送甚薄。游瓌见上，盛陈筑丰义城可以制吐蕃；上悦，遣还镇。军中忧惧者众，游瓌忌都虞候虞乡范希朝有功名，得众心，求其罪，将杀之。希朝奔凤翔，上召之，置于左神策军。游瓌帅众筑丰义城，二版而溃①。

二月，元友直运淮南钱帛二十万至长安，李泌悉输之大盈库。然上犹数有宣索，仍敕诸道勿令宰相知。泌闻之，惆怅而不敢言。

臣光曰：王者以天下为家，天下之财皆其有也。阜天下之财以养天下之民，己必豫焉。或乃更为私藏，此匹夫之鄙志也。古人有言曰：贫不学俭。夫多财者，奢欲之所自来也。李泌欲弭德宗之欲而丰其私财，财丰则欲滋矣。财不称欲②，能无求乎！是犹启其门而禁其出也！虽德宗之多僻，亦泌所以相之者非其道故也。

【注释】

①版：筑城二尺为一版。　②称：相应，满足。

咸阳人或上言："臣见白起①，令臣奏云：'请为国家扞御西陲。正月，吐蕃必大下，当为朝廷破之以取信。'"既而吐蕃入寇，边将败之，不能深入。上以为信然，欲于京城立庙，赠司徒，李泌曰："臣闻'国将兴，听于人'。今将帅立功而陛下褒赏白起，臣恐边臣解体矣！若立庙京城，盛为祈祷，流闻四方，将长巫风。今杜邮有旧祠②，请敕府县葺之，则不至惊人耳目矣。且白起列国之将，赠三公太重，请赠兵部尚书可矣。"上笑曰："卿于白起亦惜官乎！"对曰："人神一也。陛下倘不之惜，则神亦不以为荣矣。"上从之。

泌自陈衰老，独任宰相，精力耗竭，既未听其去，乞更除一相。上曰："朕深知卿劳苦，但未得其人耳。"上从容与泌论即位以来宰相，曰："卢杞忠清强介，人言杞奸邪，朕殊不觉其然。"泌曰："人言杞奸邪而陛下独不觉其奸邪，此乃杞之所以为奸邪也。傥陛下觉之，岂有建中之乱乎！杞以私隙杀杨炎，挤颜真卿于死地，激李怀光使叛，赖陛下圣明窜逐之，人心顿喜，天亦悔祸。不然，乱何由弭！"上曰："杨炎以童子视朕，每论事，朕可其奏则悦，与之往复论难，即怒而辞位；观其意以朕为不足与言故也。以是交不可忍，非由杞也。建中之乱，术士豫请城奉天，此盖天命，非杞所能致也！"泌曰："天命，他人皆可以言之，惟君相不可言。盖君相所以造命也。若言命，则礼乐刑政皆无所用矣。纣曰：'我生不有命在天！'此商之所以亡也！"上曰："朕好与人较量理体：崔祐甫性褊躁，朕难之，则应对失次，朕常知其短而护之。杨炎论事亦有可采，而气色粗傲，难之辄勃然怒，无复君臣之礼，所以每见令人忿发。余人则不敢复言。卢杞小心，朕所言无不从；又无学，不能与朕往复，故朕所怀常不尽也。"对曰："杞言无不从，岂忠臣乎！夫'言而莫予违'，此孔子所谓'一言丧邦'者也！"上曰："惟卿则异彼三人者。朕言当，卿有喜色；不当，常有忧色。虽时有逆耳之言，如向来纣及丧邦之类。朕细思之，皆卿先事而言，如此则理安，如彼则危乱，言虽深切而气色和顺，无杨炎之陵傲。朕问难往复，卿辞理不屈，又无好胜之志，直使朕中怀已尽屈服而不能不从，此朕所以私喜于得卿也。"泌曰："陛下所用相尚多，今皆不论，何也？"上曰："彼皆非所谓相也。凡相者，必委以政事；如玄宗时牛仙客、陈希烈，可以谓之相乎！如肃宗、代宗之任卿，虽不受其名，乃真相耳。必以官至平章事为相，则王武俊之徒皆相也。"

【注释】

①白起：又名公孙起，战国时军事家。秦国郿（今陕西眉县）人。曾为秦国屡立战功，后被逼自杀。　②杜邮：地名。战国时属秦国，在今陕西咸阳市东北，白起被赐自杀于此。

刘昌复筑连云堡。

夏，四月，乙未，更命殿前左、右射生曰"神威军"，与左·右羽林、龙武、神武、神策号曰十军。神策尤盛，多戍京西，散屯畿甸。

福建观察使吴诜轻其军士脆弱，苦役之。军士作乱，杀诜腹心十余人，逼诜牒大将郝诚溢掌留务。诚溢上表请罪，上遣中使就赦以安之。

乙未[1]，陇右节度使李元谅筑良原故城而镇之[2]。

云南王异牟寻欲内附，未敢自遣使，先遣其东蛮鬼主骠旁、苴梦冲、苴乌星入见。五月，乙卯，宴之于麟德殿，赐赉甚厚，封王给印而遣之。

辛未，以太子宾客吴凑为福建观察使，贬吴诜为涪州刺史[3]。

吐蕃三万余骑寇泾、邠、宁、庆、鄜等州。先是，吐蕃常以秋冬入寇，及春多病疫而退。至是，得唐人，质其妻子，遣其将将之，盛夏入寇；诸州皆城守，无敢与战者，吐蕃俘掠人畜万计而去。

夏县人阳城以学行著闻，隐居柳谷之北[4]，李泌荐之。六月，征拜谏议大夫。

韩游瓌以吐蕃犯塞，自戍宁州。病，求代归。秋，七月，庚戌，加浑瑊邠宁副元帅，以左金吾将军张献甫为邠宁节度使，陈许兵马使韩全义为长武城行营节度使。献甫未至，壬子夜，游瓌不告于众，轻骑归朝。戍卒裴满等惮献甫之严，乘无帅之际，癸丑，帅其徒作乱，曰："张公不出本军，我必拒之。"因剽掠城市，围监军杨明义所居，使奏请范希朝为节度使。都虞候杨朝晟避乱出城，闻之，复入，曰："所请甚契我心，我来贺也！"乱卒稍安。朝晟潜与诸将谋，晨勒兵，召乱卒谓曰："所请不行，张公已至邠州，汝曹作乱当死，不可尽杀，宜自推列唱帅者。"遂斩二百余人，帅众迎献甫。上闻军众欲得范希朝，将授之。希朝辞曰："臣畏游瓌之祸而来，今往代之，非所以防窥觎，安反仄也。"上嘉之，擢为宁州刺史，以副献甫。游瓌至京师，除右龙武统军。

【注释】

①乙未：误，此处应为丁未，即四月三十日。 ②良原：县名。隋代设置，历有兴废，唐代治所在今甘肃灵台县西北梁原镇。 ③涪州：唐代初年设置，历有废兴，治所在今重庆涪陵区。 ④柳谷：地名，在今山西运城市东北中条山中。

振武节度使唐朝臣不严斥候，己未，奚、室韦寇振武[1]，执宣慰中使二人，大掠人畜而去。时回纥之众逆公主者在振武，朝臣遣七百骑与回纥数百骑追之，回纥使者为奚、室韦所杀。

九月，庚申，吐蕃尚志董星寇宁州，张献甫击却之。吐蕃转掠鄜、坊而去。

元友直句检诸道税外物，悉输户部，遂为定制，岁于税外输百余万缗、斛，民不堪命。诸道多自诉于上，上意寤，诏："今年已入在官者输京师，未入者悉以与民；明年以后，悉免之。"于是东南之民复安其业。

回纥合骨咄禄可汗得唐许昏，甚喜，遣其妹骨咄禄毗伽公主及大臣妻并国相、跌跌都督以下千余人来迎可敦[2]，辞礼甚恭，曰："昔为兄弟，今为子婿，半子也。若吐蕃为患，子当为父除之！"因詈辱吐蕃使者以绝之。冬，十月，戊子，回纥至长安，可汗仍表请改回纥为回鹘，许之。

吐蕃发兵十万将寇西川，亦发云南兵。云南内虽附唐，外未敢叛吐蕃，亦发兵数万屯于泸北。韦皋知云南计方犹豫，乃为书遗云南王，叙其叛吐蕃归化之诚，贮以银函，使东蛮转致吐蕃。吐蕃始疑云南，遣兵二万屯会川[3]，以塞云南趣蜀之路。云南怒，引兵归国。由是云南与吐蕃大相猜阻，归唐之志益坚。吐蕃失云南之助，兵势始弱矣。然吐蕃业已入寇，遂分兵四万攻两林、骠旁[4]，三万攻东蛮[5]，七千寇清溪关[6]，五千寇铜山[7]。皋遣黎州刺史韦晋等与东蛮连兵御之[8]，破吐蕃于清溪关外。

庚子，册命咸安公主，加回鹘可汗号长寿天亲可汗。十一月，以刑部尚书关播为送咸安公主兼册回鹘可汗使。

吐蕃耻前日之败，复以众二万寇清溪关，一万攻东蛮。韦皋命韦晋镇要冲城[9]，督诸军以御之。巂州经略使刘朝彩等出关连战，自乙卯至癸亥，大破之。

李泌言于上曰："江、淮漕运，自淮入汴，以甬桥为咽喉[10]，地属徐州，邻于李纳，刺史高明应年少不习事，若李纳一旦复有异图，窃据徐州，是失江、淮也，国用何从而致！请徙寿、庐、濠都团练使张建封镇徐州，割濠、泗以隶之。复以庐、寿归淮南，则淄青惕息而运路常通，江、淮安矣。及今明应幼骙可代[11]，宜征为金吾将军。万一使他人得之，则不可复制矣。”上从之。以建封为徐、泗、濠节度使。建封为政宽厚而有纲纪，不贷人以法，故其下无不畏而悦之。

横海节度使程日华薨，子怀直自知留后。

吐蕃屡遣人诱胁云南。

【注释】

①室韦：古族名，契丹别种，分布在嫩江流域和黑龙江南岸一带。②跌跌：是匈奴族的后裔，北魏时是高车即铁勒的一个分支，与回鹘同族而异部。可敦：回鹘人对可汗妻子的尊称。 ③会川：县名。唐初设置，治所在今四川会理县西。 ④两林、骠旁：均为唐代西南地区的少数民族部落。 ⑤东蛮：唐代西南地区的少数民族部落。 ⑥清溪关：关名，在今四川汉源县西南，为一军事要地。 ⑦铜山：即铜山城，在今四川汉源县，为唐代一战略重地。 ⑧黎州：北周时设置，治所在今四川汉源县清溪镇东北部。隋代曾经废弃。武则天大足元年（701）重新设置，后复有废兴。 ⑨要冲城：地名，在今四川汉源县东南部，为唐代一个军事据点，西川节度使为防吐蕃入侵，曾派兵驻防此地。 ⑩甬桥：又作埇桥，为一座重要桥梁，在今安徽宿州市，横跨古汴水上，是经汴水将长江中下游粮食、钱财漕运到黄河，转入京城长安的关键位置，船舶、车辆在此交会。 ⑪骙（ái 挨）：痴愚。

五年 春，二月，丁亥，韦皋遗异牟寻书，称：“回鹘屡请佐天子共灭吐蕃，王不早定计，一旦为回鹘所先，则王累代功名虚弃矣。且云南久为吐蕃屈辱，今不乘此时依大国之势以复怨雪耻，后悔无及矣。”

戊戌，以横海留后程怀直为沧州观察使。怀直请分弓高、景城为景州[1]，仍请朝廷除刺史。上喜曰：“三十年无此事矣！”乃以员外郎徐伸为景州刺史。

中书侍郎、同平章事李泌屡乞更命相。上欲用户部侍郎班宏，泌言宏虽清强而性多凝滞，乃荐窦参通敏，可兼度支盐铁；董晋方正，可处门下。上皆以为不可。参，诞之玄孙也，时为御史中丞兼户部侍郎;晋为太常卿。至是泌疾甚,复荐二人。庚子,以董晋为门下侍郎,窦参为中书侍郎兼度支转运使,并同平章事。以班宏为尚书,依前度支转运副使。

参为人刚果峭刻,无学术,多权数,每奏事,诸相出,参独居后,以奏度支事为辞,实专大政,多引亲党置要地,使为耳目。董晋充位而已。然晋为人重慎,所言于上前者未尝泄于人,子弟或问之,晋曰:"欲知宰相能否,视天下安危。所谋议于上前者,不足道也。"

三月,甲辰,李泌薨。泌有谋略而好谈神仙诡诞,故为世所轻。

初,上思李怀光之功,欲宥其一子,而子孙皆已伏诛。戊辰,诏以怀光外孙燕八八为怀光后,赐姓名李承绪,除左卫率胄曹参军,赐钱千缗,使养怀光妻王氏及守其墓祀。

冬,十月,韦皋遣其将王有道将兵与东蛮、两林蛮及吐蕃青海、腊城二节度战于巂州台登谷②,大破之,斩首二千级,投崖及溺死者不可胜数,杀其大兵马使乞藏遮遮。乞藏遮遮,虏之骁将也,既死,皋所攻城栅无不下。数年,尽复巂州之境。

易定节度使张孝忠兴兵袭蔚州③,驱掠人畜。诏书责之,逾旬还镇。

琼州自乾封中为山贼所陷,至是,岭南节度使李复遣判官姜孟京与崖州刺史张少迁攻拔之。

十二月,庚午,闻回鹘天亲可汗薨,戊寅,遣鸿胪卿郭锋册命其子为登里罗没密施俱录忠贞毗伽可汗。先是,安西、北庭皆假道于回鹘以奏事,故与之连和。北庭去回鹘犹近,回鹘诛求无厌,又有沙陀六千余帐与北庭相依④。及三葛禄、白服突厥皆附于回鹘⑤,回鹘数侵掠之。吐蕃因葛禄、白服之众以攻北庭,回鹘大相颉干迦斯将兵救之。

云南虽贰于吐蕃,亦未敢显与之绝。壬辰,韦皋复以书招谕之。

【注释】

①弓高:县名。西汉时设置,历有废置,唐代治所在今河北东光县西

北。景城:县名,隋开皇十八年(598)设置,治所在今河北沧州市西景城。景州:唐贞元四年(788)设置,治所在弓高县(今河北东光县)。 ②台登谷:地名,在台登县境内(今四川冕宁县)。 ③蔚州:北魏时以怀荒、御夷二镇(在今河北张北县和赤城县境)设置,治所屡移,由今山西平遥县移至今山西灵丘县,唐初移至太原市,后又移山西繁峙县和忻州市,唐德宗时治所在安边县。 ④沙陀:古族名,西突厥的别部处月种。分布在今尼赤金山和新疆巴里坤一带,境内有大沙漠,故称沙陀突厥,其酋长在五代时曾建立后唐政权。 ⑤三葛禄:即遏逻禄,古族名、突厥各部之一,分布在今新疆地区,分三族,即谋落(或称谋剌)、炽俟(或称婆匐)、踏实力,过着游牧生活。

六年 春,诏出岐山无忧王寺佛指骨迎置禁中,又送诸寺以示众,倾都瞻礼,施财巨万;二月,乙亥,遣中使复葬故处。

初,朱滔败于贝州,其棣州刺史赵镐以州降于王武俊,既而得罪于武俊,召之不至。田绪残忍,其兄朝,仕李纳为齐州刺史。或言纳欲纳朝于魏,绪惧;判官孙光佐等为绪谋,厚赂纳,且说纳招赵镐取棣州以悦之,因请送朝于京师。纳从之。丁酉,镐以棣州降于纳。三月,武俊使其子士真击之,不克。

回鹘忠贞可汗之弟弑忠贞而自立,其大相颉干迦斯西击吐蕃未还,夏,四月,次相帅国人杀篡者而立忠贞之子阿啜为可汗,年十五。

五月,王武俊屯冀州,将击赵镐,镐帅其属奔郓州。李纳分兵据之。田绪使孙光佐如郓州,矫诏以棣州隶纳。武俊怒,遣其子士清伐贝州,取经城等四县。

回鹘颉干迦斯与吐蕃战不利,吐蕃急攻北庭。北庭人苦于回鹘诛求,与沙陀酋长朱邪尽忠皆降于吐蕃。节度使杨袭古帅麾下二千人奔西州[①]。六月,颉干迦斯引兵还国,次相恐其有废立,与可汗皆出郊迎,俯伏自陈擅立之状,曰:“今日惟大相死生之。”盛陈郭锋所赍国信,悉以遗之。可汗拜且泣曰:“儿愚幼,若幸而得立,惟仰食于阿多,国政不敢豫也。”虏谓父为阿多,颉干迦斯感其卑屈,持之而哭,遂执臣礼,悉以所遗颁从行者,己无所受。国中由是稍安。

秋，颉干迦斯悉举国兵数万，召杨袭古将复北庭，又为吐蕃所败，死者大半。袭古收余众数百，将还西州，颉干迦斯绐之曰："且与我同至牙帐，当送君还朝。"既而留不遣，竟杀之。安西由是遂绝，莫知存亡，而西州犹为唐固守。

葛禄乘胜取回鹘之浮图川，回鹘震恐，悉迁西北部落于牙帐之南以避之。遣达北特勒梅录随郭锋偕来，告忠贞可汗之丧，且求册命。先是，回鹘使者入中国，礼容骄慢，刺史皆与之钧礼。梅录至丰州，刺史李景略欲以气加之，谓梅录曰："闻可汗新没，欲申吊礼。"景略先据高垄而坐，梅录俯偻前哭。景略抚之曰："可汗弃代，助尔哀慕。"梅录骄容猛气，索然俱尽。自是回鹘使至，皆拜景略于庭，威名闻塞外。

冬，十月，辛亥，郭锋始自回鹘还。

十一月，庚午，上祀圜丘。

上屡诏李纳以棣州归王武俊，纳百方迁延，请以海州易之于朝廷。上不许。乃请诏武俊先归田绪四县，上从之。十二月，纳始以棣州归武俊。

【注释】

①西州：唐初灭了麴氏高昌后，以此地设置，治所在高昌（今新疆吐鲁番东南部），地处东西方交通要道。

七年 春，正月，己巳，襄王僙薨。

二月，癸卯，遣鸿胪少卿庾铤册回鹘奉诚可汗。

戊戌，诏泾原节度使刘昌筑平凉故城，以扼弹筝峡口。浃辰而毕[①]，分兵戍之。昌又筑朝谷堡。甲子，诏名其堡曰彰信，泾原稍安。

初，上还长安，以神策等军有卫从之劳，皆赐名兴元元从奉天定难功臣，以官领之，抚恤优厚。禁军恃恩骄横，侵暴百姓，陵忽府县，至诟辱官吏，毁裂案牍。府县官有不胜忿而刑之者，朝笞一人，夕贬万里，由是府县虽有公严之官，莫得举其职。市井富民，往往行赂寄名军籍，则府县不能制。辛巳，诏：神威、六军吏士与百姓讼者,委之府县,小事牒本军,大事奏闻。若军士陵忽府县,禁身以闻,委御史台推覆。县吏辄敢笞辱,必从贬谪。

癸未,易定节度使张孝忠薨。

安南都护高正平重赋敛,夏,四月,群蛮酋长杜英翰等起兵围都护府,正平以忧死,群蛮闻之皆降。五月,辛巳,置柔远军于安南。

端王遇薨。

韦皋比年致书招云南王异牟寻,终未获报。然吐蕃每发云南兵,云南与之益少。皋知异牟寻心附于唐,讨击副使段忠义,本阁罗凤使者也,六月,丙申,皋遣忠义还云南,并致书敦谕之。

秋,七月,戊寅,以定州刺史张升云为义武留后。

庚辰,以虔州刺史赵昌为安南都护,群蛮遂安。

八月,丙午,以翰林学士陆贽为兵部侍郎,余职皆解。窦参恶之也。

吐蕃攻灵州,为回鹘所败,夜遁。九月,回鹘遣使来献俘。冬,十二月,甲午,又遣使献所获吐蕃酋长尚结心。

福建观察使吴凑,为治有声,窦参以私憾毁之,且言其病风。上召至京师,使之步以察之,知参之诬,由是始恶参。丁酉,以凑为陕虢观察使以代参党李翼。

睦王述薨。

吐蕃知韦皋使者在云南,遣使让之。云南王异牟寻绐之曰:"唐使,本蛮也,皋听其归耳,无他谋也。"因执以送吐蕃。吐蕃多取其大臣之子为质,云南愈怨。

勿邓酋长苴梦冲,潜通吐蕃,扇诱群蛮,隔绝云南使者。韦皋遣三部落总管苏嵬将兵至琵琶川②。

【注释】

①浃辰:古代用天干地支记数,浃辰指从子到子一个周期,即为十二天。 ②嵬(wéi 围):此为人名。琵琶川:地名,唐代在嶲州境内(今四川西昌市)。

资治通鉴卷第二百三十四

唐纪五十　起玄黓涒滩，尽阏逢阉茂五月，凡二年有奇。

德宗神武圣文皇帝九

贞元八年　春，二月，壬寅，执梦冲，数其罪而斩之。云南之路始通。

三月，丁丑，山南东道节度使曹成王皋薨。

宣武节度使刘玄佐有威略，每李纳使至，玄佐厚结之，故常得其阴事，先为之备；纳惮之。其母虽贵，日织绢一匹，谓玄佐曰："汝本寒微，天子富贵汝至此，必以死报之。"故玄佐始终不失臣节。庚午，玄佐薨。

山南东道节度判官李实知留后事，性刻薄，裁损军士衣食。鼓角将杨清潭帅众作乱，夜，焚掠城中，独不犯曹王皋家。实逾城走免。明旦，都将徐诚缒城而入，号令禁遏，然后止；收清潭等六人斩之。实归京师，以为司农少卿。实，元庆之玄孙也。丙子，以荆南节度使樊泽为山南东道节度使。

初，窦参为度支转运使，班宏副之。参许宏，俟一岁以使职归之。岁余，参无归意，宏怒。司农少卿张滂，宏所荐也，参欲使滂分主江、淮盐铁，宏不可。滂知之，亦怨宏。及参为上所疏，乃让度支使于宏，又不欲利权专归于宏，乃荐滂于上。以宏判度支，以滂为户部侍郎、盐铁转运使，仍隶于宏以悦之。

窦参阴狡而愎，恃权而贪，每迁除，多与族子给事中申议之。

申招权受赂,时人谓之“喜鹊”。上颇闻之,谓参曰:“申必为卿累,宜出之以息物议。”参再三保其无他,申亦不悛。左金吾大将军虢王则之,巨之子也,与申善,左谏议大夫、知制诰吴通玄与陆贽不叶,窦申恐贽进用,阴与通玄、则之作谤书以倾贽。上皆察知其状。夏,四月,丁亥,贬则之昭州司马[①],通玄泉州司马,申道州司马。寻赐通玄死。

【注释】

①昭州:唐初以乐州改名,后有改易,治所在今广西平乐县。

刘玄佐之丧,将佐匿之,称疾请代,上亦为之隐,遣使即军中问:“以陕虢观察使吴凑为代可乎?”监军孟介、行军司马卢瑗皆以为便,然后除之。凑行至汜水[①],玄佐之柩将发,军中请备仪仗,瑗不许,又令留器用以俟新使。将士怒。玄佐之婿及亲兵皆被甲,拥玄佐之子士宁释衰绖,登重榻,自为留后。执城将曹金岸、浚仪令李迈,曰:“尔皆请吴凑者!”遂咼之。卢瑗逃免。士宁以财赏将士,劫孟介以请于朝。上以问宰相,窦参曰:“今汴人指李纳以邀制命,不许,将合于纳。”庚寅,以士宁为宣武节度使。士宁疑宋州刺史翟良佐不附己,托言巡抚,至宋州,以都知兵马使刘逸准代之。逸准,正臣之子也。

乙未,贬中书侍郎、同平章事窦参为郴州别驾,贬窦申锦州司户。以尚书左丞赵憬、兵部侍郎陆贽并为中书侍郎、同平章事。憬,仁本之曾孙也。

张滂请盐铁旧簿于班宏,宏不与。滂与宏共择巡院官,莫有合者,阙官甚多。滂言于上曰:“如此,职事必废,臣罪无所逃。”丙午,上命宏、滂分掌天下财赋,如大历故事。

壬子,吐蕃寇灵州,陷水口支渠,败营田。诏河东、振武救之,遣神策六军二千戍定远、怀远城。吐蕃乃退。

陆贽请令台省长官各举其属,著其名于诏书,异日考其殿最,并以升黜举者。五月,戊辰,诏行贽议。

未几,或言于上曰:“诸司所举皆有情故,或受货赂,不得实才。”上密谕贽:“自今除改,卿宜自择,勿任诸司。”贽上奏,其略曰:“国朝五品以上,制敕命之,盖宰相商议奏可者也。六品以下则旨授,盖吏部铨材署职,诏旨画闻而不可否者也。开元中,起居、遗、补、御史等官,犹并列于选曹。其后幸臣专朝,舍佥议而重己权,废公举而行私惠,是使周行庶品,苟不出时宰之意,则莫致也。”又曰:“宣行以来,才举十数,议其资望,既不愧于班行,考其行能,又未闻于阙败。而议者遽以腾口,上烦圣聪。道之难行,亦可知矣!请使所言之人指陈其状,某人受贿,某举有情,付之有司,核其虚实。谬举者必行其罚,诬善者亦反其辜。何必贷其奸赃,不加辩诘,私其公议,不出主名,使无辜见疑,有罪获纵,枉直同贯,人何赖焉!又,宰相不过数人,岂能遍谙多士!若令悉命群官,理须展转询访,是则变公举为私荐,易明扬以暗投,情故必多,为弊益甚。所以承前命官,罕不涉谤。虽则秉钧不一,或自行情,亦由私访所亲,转为所卖。其弊非远,圣鉴明知。”又曰:“今之宰相则往日台省长官,今之台省长官乃将来之宰相,但是职名暂异,固非行举顿殊。岂有为长官之时则不能举一二属吏,居宰相之位则可择千百具僚。物议悠悠,其惑斯甚。盖尊者领其要,卑者任其详,是以人主择辅臣,辅臣择庶长,庶长择佐僚,将务得人,无易于此。夫求才贵广,考课贵精。往者则天欲收人心,进用不次,非但人得荐士,亦得自举其才。然而课责既严,进退皆速,是以当代谓知人之明,累朝赖多士之用。”又曰:“则天举用之法伤易而得人,陛下慎简之规太精而失士。”上竟追前诏不行。

【注释】

①汜水:县名。隋代设置,后历有改易。治所在今河南荥阳市汜水镇。

癸酉,平卢节度使李纳薨。军中推其子师古知留后。

六月,吐蕃千余骑寇泾州,掠田军千余人而去。

岭南节度使奏:“近日海舶珍异,多就安南市易,欲遣判官就安南收市,乞命中使一人与俱。”上欲从之,陆贽上言,以为:“远国商贩,惟利是求,缓之斯来,扰之则去。广州素为众舶所凑,今忽改就安南,若非侵刻过深,则必招携失所,曾不内讼,更荡上心。

况岭南、安南，莫非王土，中使、外使，悉是王臣，岂必信岭南而绝安南，重中使以轻外使。所奏望寝不行。”

秋，七月，甲寅朔，户部尚书判度支班宏薨。陆贽请以前湖南观察使李巽权判度支，上许之。既而复欲用司农少卿裴延龄，贽上言，以为：“今之度支，准平万货，刻吝则生患，宽假则容奸。延龄诞妄小人，用之交骇物听。尸禄之责，固宜及于微臣；知人之明，亦恐伤于圣鉴。”上不从。己未，以延龄判度支事。

河南、北、江、淮、荆、襄、陈、许等四十余州大水，溺死者二万余人，陆贽请遣使赈抚。上曰：“闻所损殊少，即议优恤，恐生奸欺。”贽上奏，其略曰：“流俗之弊，多徇谄谀，揣所悦意则侈其言，度所恶闻则小其事，制备失所，恒病于斯。”又曰：“所费者财用，所收者人心，苟不失人，何忧乏用！”上许为遣使，而曰：“淮西贡赋既阙，不必遣使。”贽复上奏，以为：“陛下息师含垢，宥彼渠魁，惟兹下人，所宜矜恤。昔秦、晋仇敌，穆公犹救其饥，况帝王怀柔万邦，唯德与义，宁人负我，无我负人。”八月，遣中书舍人京兆奚陟等宣抚诸道水灾。

以前青州刺史李师古为平卢节度使。

韦皋攻吐蕃维州[①]，获其大将论赞热。

【注释】

①维州：唐初设置，治所在薛城县（今四川理县）。

陆贽上言，以边储不赡，由措置失当，蓄敛乖宜，其略曰：“所谓措置失当者，戍卒不隶于守臣，守臣不总于元帅。至有一城之将，一旅之兵，各降中使监临，皆承别诏委任。分镇亘千里之地，莫相率从；缘边列十万之师，不设谋主。每有寇至，方从中覆，比蒙征发救援，寇已获胜罢归。吐蕃之比中国，众寡不敌，工拙不侔，然而彼攻有余，我守不足。盖彼之号令由将，而我之节制在朝，彼之兵众合并而我之部分离析故也。所谓蓄敛乖宜者，陛下顷设就军、和籴之法以省运，制与人加倍之价以劝农，此令初行，人皆悦慕。而有司竞为苟且，专事纤啬，岁稔则不时敛藏，艰食则抑使收籴。遂使豪家、贪吏，反操利权，贱取于人以俟公私之乏。

又有势要、近亲、羁游之士，委贱籴于军城，取高价于京邑，又多支绨纩充直。穷边寒不可衣，鬻无所售，上既无信于下，下亦以伪应之，度支物估转高，军城谷价转贵。度支以苟售滞货为功利，军城以所得加价为羡余。虽设巡院，转成囊橐。至有空申簿帐，伪指囷仓[①]，计其数则亿万有余，考其实则百十不足。”

又曰："旧制以关中用度之多，岁运东方租米，至有斗钱运斗米之言。习闻见而不达时宜者，则曰：'国之大事，不计费损，虽知劳烦，不可废也。'习近利而不防远患者，则曰：'每至秋成之时，但令畿内和籴，既易集事，又足劝农。'臣以两家之论，互有长短，将制国用，须权重轻。食不足而财有余，则弛于积财而务实仓廪；食有余而财不足，则缓于积食而啬用货泉。近岁关辅屡丰，公储委积，足给数年；今夏江、淮水潦，米贵加倍，人多流庸。关辅以谷贱伤农，宜加价以籴而无钱；江、淮以谷贵人困，宜减价以粜而无米。而又运彼所乏，益此所余，斯所谓习见闻而不达时宜者也。今江、淮斗米直百五十钱，运至东渭桥，僦直又约二百，米糙且陈，尤为京邑所贱。据市司月估，斗粜三十七钱。耗其九而存其一，馁彼人而伤此农，制事若斯，可谓深失矣！顷者每年自江、湖、淮、浙运米百一十万斛，至河阴留四十万斛，贮河阴仓，至陕州又留三十万斛，贮太原仓，余四十万斛输东渭桥。今河阴、太原仓见米犹有三百二十余万斛，京兆诸县斗米不过直钱七十，请令来年江、淮止运三十万斛至河阴，河阴、陕州以次运至东渭桥，其江、淮所停运米八十万斛，委转运使每斗取八十钱于水灾州县粜之，以救贫乏，计得钱六十四万缗，减僦直六十九万缗。请令户部先以二十万缗付京兆，令籴米以补渭桥仓之缺数，斗用百钱以利农人；以一百二万六千缗付边镇，使籴十万人一年之粮，余十万四千缗以充来年和籴之价。其江、淮米钱、僦直并委转运使折市绫、绢、絁、绵，以输上都，偿先贷户部钱。”

九月，诏西北边贵籴以实仓储，边备浸充。

【注释】

①囷（qūn 逡）仓：粮仓。

冬,十一月,壬子朔,日有食之。

吐蕃、云南日益相猜,每云南兵至境上,吐蕃辄亦发兵,声言相应,实为之备。辛酉,韦皋复遗云南王书,欲与共袭吐蕃,驱之云岭之外[①],悉平吐蕃城堡,独与云南筑大城于境上,置戍相保,永同一家。

右庶子姜公辅久不迁官,诣陆贽求迁,贽密语之曰:“闻窦相屡奏拟,上不允,有怒公之言。”公辅惧,请为道士。上问其故,公辅不敢泄贽语,以闻参言为对。上怒参归怨于君。己巳,贬公辅为吉州别驾,又遣中使责参。

庚午,山南西道节度使严震奏败吐蕃于芳州及黑水堡[②]。

初,李纳以棣州蛤蜾有盐利,城而据之。又戍德州之南三汊城,以通田绪之路。及李师古袭位,王武俊以其年少,轻之,是月,引兵屯德、棣,将取蛤蜾及三汊城。师古遣赵镐将兵拒之。上遣中使谕止之,武俊乃还。

初,刘怦薨,刘济在莫州,其母弟澭在父侧,以父命召济而以军府授之。济以澭为瀛州刺史,许他日代己。既而济用其子为副大使,澭怨之,擅通表朝廷,遣兵千人防秋。济怒,发兵击澭,破之。

左神策大将军柏良器,募才勇之士以易贩鬻者,监军窦文场恶之。会良器妻族饮醉,寓宿宫舍。十二月,丙戌,良器坐左迁右领军。自是宦官始专军政。

【注释】

①云岭:地名。在今云南祥云县内,山岭相连,山势高耸入云,难见其山顶,故称云岭。 ②芳州:唐武德元年(618)设置,治所在常芳县(今甘肃迭部县东南)。黑水堡:地名。在今甘肃舟曲县西南,为唐代一个军事堡垒。

九年 春,正月,癸卯,初税茶。凡州、县产茶及茶山外要路,皆估其直,什税一,从盐铁使张滂之请也。滂奏:“去岁水灾减税,用度不足,请税茶以足之。自明年以往,税茶之钱,令所在别贮,俟有水旱,以代民田税。”自是岁收茶税钱四十万缗,未尝以救水旱也。

滂又奏："奸人销钱为铜器以求赢，请悉禁铜器。铜山听人开采，无得私卖。"

二月，甲寅，以义武留后张升云为节度使。

初，盐州既陷，塞外无复保障。吐蕃常阻绝灵武，侵扰鄜坊。辛酉，诏发兵三万五千人城盐州，又诏泾原、山南、剑南各发兵深入吐蕃以分其势，城之二旬而毕。命盐州节度使杜彦光戍之，朔方都虞候杨朝晟戍木波堡①，由是灵武、银夏、河西获安。

上使人谕陆贽，以"要重之事，勿对赵憬陈论，当密封手疏以闻"；又"苗粲以父晋卿往年摄政，尝有不臣之言，诸子皆与古帝王同名，今不欲明行斥逐，兄弟亦各除外官，勿使近屯兵之地"；又"卿清慎太过，诸道馈遗，一皆拒绝，恐事情不通，如鞭靴之类，受亦无伤"。贽上奏，其略曰："昨臣所奏，惟赵憬得闻，陛下已至劳神，委曲防护。是于心膂之内，尚有形迹之拘，迹同事殊，鲜克以济。恐爽无私之德，且伤不吝之明。"又曰："爵人必于朝，刑人必于市，惟恐众之不睹，事之不彰。君上行之无愧心，兆庶听之无疑议，受赏安之无怍色，当刑居之无怨言，此圣王所以宣明典章，与天下公共者也。凡是谮诉之事，多非信实之言，利于中伤，惧于公辩。或云岁月已久，不可究寻；或云事体有妨，须为隐忍；或云恶迹未露，宜假他事为名；或云但弃其人，何必明言责辱。词皆近于情理，意实苞于矫诬，伤善售奸，莫斯为甚！若晋卿父子实有大罪，则当公议典宪；若被诬枉，岂令阴受播迁！夫听讼辨谗，必求情辨迹，情见迹著，辞服理穷，然后加刑罚焉，是以下无冤人，上无谬听。"又曰："监临受贿，盈尺有刑，至于士吏之微，尚当严禁，矧居风化之首，反可通行！贿道一开，展转滋甚，鞭靴不已，必及金玉。目见可欲，何能自窒于心！已与交私，何能中绝其意！是以涓流不绝，溪壑成灾矣。"又曰："若有所受，有所却，则遇却者疑乎见拒而不通矣；若俱辞不受，则咸知不受者乃其常理，复何嫌阻之有乎！"

【注释】

①木波堡：军事要塞，唐贞元三年（787）筑，在今甘肃环县木钵乡。

初，窦参恶左司郎中李巽，出为常州刺史。及参贬郴州，巽为湖南观察使。汴州节度使刘士宁遗参绢五十匹，巽奏参交结藩镇。上大怒，欲杀参，陆贽以为参罪不至死，上乃止，既而复遣中使谓贽曰："参交结中外，其意难测，社稷事重，卿速进文书处分。"贽上言："参朝廷大臣，诛之不可无名。昔刘晏之死，罪不明白，至今众议为之愤邑，叛臣得以为辞。参贪纵之罪，天下共知；至于潜怀异图，事迹暧昧。若不推鞫，遽加重辟，骇动不细。窦参于臣无分，陛下所知，岂欲营救其人，盖惜典刑不滥。"三月，更贬参驩州司马①，男女皆配流。

上又命理其亲党，贽奏："罪有首从，法有重轻，参既蒙宥，亲党亦应末减；况参得罪之初，私党并已连坐，人心久定，请更不问。"从之。上又欲籍其家赀，贽曰："在法，反逆者尽没其财，赃污者止征所犯，皆须结正施刑，然后收籍。今罪法未详，陛下已存惠贷，若簿录其家，恐以财伤义。"时宦官左右恨参尤深，谤毁不已。参未至驩州，竟赐死于路。窦申杖杀，货财、奴婢悉传送京师。

海州团练使张升璘，升云之弟，李纳之婿也，以父大祥归于定州，尝于公座骂王武俊，武俊奏之。夏，四月，丁丑，诏削其官，遣中使杖而囚之。定州富庶，武俊常欲之，因是遣兵袭取义丰，掠安喜、无极万余口，徙之德、棣。升云闭城自守，屡遣使谢之，乃止。

上命李师古毁三汊城，师古奉诏；然常招聚亡命，有得罪于朝廷者，皆抚而用之。

五月，甲辰，以中书侍郎赵憬为门下侍郎、同平章事；义成节度使贾耽为右仆射，右丞卢迈守本官，并同平章事。迈，翰之族子也。憬疑陆贽恃恩，欲专大政，排己置之门下，多称疾不豫事，由是与贽有隙。

【注释】

①驩州：唐初设置，屡有废兴，唐代治所在今越南义安省境内。

陆贽上奏论备边六失，以为："措置乖方，课责亏度，财匮于兵众，力分于将多，怨生于不均，机失于遥制。

“关东戍卒，不习土风，身苦边荒，心畏戎虏。国家资奉若骄子，姑息如倩人[1]。屈指计归，张颐待哺；或利王师之败，乘扰攘而东溃；或拔弃城镇，摇远近之心。岂惟无益，实亦有损。复有犯刑谪徙者，既是无良之类，且加怀土之情，思乱幸灾，又甚戍卒。可谓措置乖方矣。

“自顷权移于下，柄失于朝，将之号令既鲜克行之于军，国之典常又不能施之于将，务相遵养，苟度岁时。欲赏一有功，翻虑无功者反仄；欲罚一有罪，复虑同恶者忧虞。罪以隐忍而不彰，功以嫌疑而不赏，姑息之道，乃至于斯。故使忘身效节者获诮于等夷，率众先登者取怨于士卒，偾军蹙国者不怀于愧畏，缓救失期者自以为智能。此义士所以痛心，勇夫所以解体。可谓课责亏度矣。

“虏每入寇，将帅递相推倚，无敢谁何，虚张贼势上闻，则曰兵少不敌。朝廷莫之省察，唯务征发益师，无裨备御之功，重增供亿之弊。闾井日耗，征求日繁，以编户倾家、破产之资，兼有司榷盐、税酒之利，总其所入，岁以事边。可谓财匮于兵众矣。

“吐蕃举国胜兵之徒，才当中国十数大郡而已，动则中国惧其众而不敢抗，静则中国惮其强而不敢侵，厥理何哉？良以中国之节制多门，蕃丑之统帅专一故也。夫统帅专一，则人心不分，号令不贰，进退可齐，疾徐如意，机会靡愆，气势自壮。斯乃以少为众，以弱为强者也。开元、天宝之间，控御西北两蕃[2]，唯朔方、河西、陇右三节度。中兴以来，未遑外讨，抗两蕃者亦朔方、泾原、陇右、河东四节度而已。自顷分朔方之地，建牙拥节者凡三使焉，其余镇军，数且四十，皆承特诏委寄，各降中贵监临，人得抗衡，莫相禀属。每俟边书告急，方令计会用兵，既无军法下临，惟以客礼相待。夫兵，以气势为用者也；气聚则盛，散则消；势合则威，析则弱。今之边备，势弱气消，可谓力分于将多矣。

“理戎之要，在于练核优劣之科以为衣食等级之制，使能者企及，否者息心，虽有厚薄之殊而无觖望之衅。今穷边之地，长镇之兵，皆百战伤夷之余，终年勤苦之剧，然衣粮所给，唯止当身，例为妻子所分，常有冻馁之色。而关东戍卒，怯于应敌，懈于服劳，衣粮所颁，厚逾数等。又有素非禁旅，本是边军，将校诡为媚词，因请遥隶神策，不离旧所，唯改虚名，其于廪赐之饶，遂有三倍之益。夫事业未异而给养有殊，苟未忘怀，孰能无愠！可谓怨生于不均矣。

“凡欲选任将帅，必先考察行能，可者遣之，不可者退之，疑者不使，使者不疑，故将在军，君命有所不受。自顷边军去就，裁断多出宸衷，选置戎臣，先求易制，多其部以分其力，轻其任以弱其心，遂令爽于军情亦听命，乖于事宜亦听命。戎虏驰突，迅如风飙，驲书上闻[3]，旬月方报。守土者以兵寡不敢抗敌，分镇者以无诏不肯出师，贼既纵掠退归，此乃陈功告捷。其败丧则减百而为一，其捃获则张百而成千。将帅既幸于总制在朝，不忧罪累，陛下又以为大权由己，不究事情。可谓机失于遥制矣。

“臣愚谓宜罢诸道将士防秋之制，令本道但供衣粮，募戍卒愿留及蕃、汉子弟以给之。又多开屯田，官为收籴，寇至则人自为战，时至则家自力农，与夫倏来忽往者，岂可同等而论哉！又宜择文武能臣为陇右、朔方、河东三元帅，分统缘边诸节度使，有非要者，随所便近而并之。然后减奸滥虚浮之费以丰财，定衣粮等级之制以和众，弘委仕之道以宣其用，悬赏罚之典以考其成。如是，则戎狄威怀，疆埸宁谧矣！”上虽不能尽从，心甚重之。

【注释】

①倩(qiàn 欠)：女婿。　②两蕃：这里指西边的吐蕃和北边的回鹘。　③驲(rì 日)：古代用于驿传的专用车。

韦皋遣大将董勔等将兵出西山，破吐蕃之众，拔堡栅五十余。

丙午，门下侍郎、同平章事董晋罢为礼部尚书。

云南王异牟寻遣使者三辈，一出戎州[1]，一出黔州，一出安南，各赍生金、丹砂诣韦皋，金以示坚，丹砂以示赤心，三分皋所与书为信，皆达成都。异牟寻上表请弃吐蕃归唐，并遗皋帛书，自称唐故云南王孙、吐蕃赞普义弟日东王。皋遣其使者诣长安，并上表贺。上赐异牟寻诏书，令皋遣使慰抚之。

贾耽、陆贽、赵憬、卢迈为相，百官白事，更让不言。秋，七月，奏请依至德故事，宰相迭秉笔以处政事，旬日一易；诏从之。其后日一易之。

剑南、西山诸羌女王汤立志②、哥邻王董卧庭、白狗王罗陀忽、弱水王董辟和、南水王薛莫庭、悉董王汤悉赞、清远王苏唐磨、咄霸王董邈蓬及逋租王，先皆役属吐蕃，至是各帅众内附。韦皋处之于维、保、霸州，给以耕牛种粮。立志、陀忽、辟和入朝，皆拜官，厚赐而遣之。

癸卯，户部侍郎裴延龄奏："自判度支以来，检责诸州欠负钱八百余万缗，收诸州抽贯钱三百万缗，呈样物三十余万缗，请别置欠负耗剩季库以掌之，染练物则别置月库以掌之。"诏从之。欠负皆贫人无可偿，徒存其数者，抽贯钱给用旋尽，呈样、染练皆左藏正物。延龄徙置别库，虚张名数以惑上。上信之，以为能富国而宠之，于实无所增也，虚费吏人簿书而已。

京城西污湿地生芦苇数亩，延龄奏称长安、咸阳有陂泽数百顷，可牧厩马。上使有司阅视，无之，亦不罪也。

左补阙权德舆上奏，以为："延龄取常赋支用未尽者充羡余以为己功。县官先所市物，再给其直，用充别贮。边军自今春以来并不支粮。陛下必以延龄孤贞独立，时人丑正流言，何不遣信臣覆视，究其本末，明行赏罚。今群情众口喧于朝市，岂京城士庶皆为朋党邪！陛下亦宜稍回圣虑而察之。"上不从。

【注释】

①戎州：南朝梁设置，治所和名称后屡改，唐德宗时治所在今四川宜宾市。　②羌女王：即女王羌，是古族羌的一个别种，分布在四川、青海一带，因高髻金冠，身披璎珞，所以又称为"菩萨蛮"。

八月，庚戌，太尉、中书令、西平忠武王李晟薨。

冬，十月，甲子，韦皋遣其节度巡官崔佐时赍诏书诣云南，并自为帛书答之。

十一月，乙酉，上祀圜丘，赦天下。

刘士宁既为宣武节度使，诸将多不服。士宁淫乱残忍，出畋辄数日不返，军中苦之。都知兵马使李万荣得众心，士宁疑之，夺其兵权，令摄汴州事。十二月，乙卯，士宁帅众二万畋于外野。万荣晨入使府，召所留亲兵千余人，诈之曰："敕征大夫入朝，以吾掌留务，汝辈人赐钱三十缗。"众皆拜。又谕外营兵，皆听命。乃分兵闭城门，使驰白士宁曰："敕征大夫，宜速即路，少或迁延，当传首以献。"士宁知众不为用，以五百骑逃归京师，比至东都，所余仆妾而已。至京师，敕归第行丧，禁其出入。

淮西节度使吴少诚闻变，发兵屯郾城，遣使问故，且请战。万荣以言戏之，少诚惭而退。

《李晟碑》拓本

上闻万荣逐士宁，使问陆贽，贽上奏，以为今军州已定，宜且遣朝臣宣劳，徐察事情，冀免差失，其略曰："今士宁见逐，虽是众情，万荣典军，且非朝旨。此安危强弱之机也，愿陛下审之慎之。"上复使谓贽："若更淹迟，恐于事非便。今议除一亲王充节度使，且令万荣知留后，其制即从内出。"贽复上奏，其略曰："臣虽服戎角力谅匪克堪，而经武伐谋或有所见。夫制置之安危由势，付授之济否由才。势如器焉，惟在所置，置之夷地则平；才如负焉，唯在所授，授逾其力则踣[1]。万荣今所陈奏，颇涉张皇，但露徼求之情，殊无退让之礼，据兹鄙躁，殊异循良。又闻本是滑人，偏厚当州将士，与之相得，才止三千，诸营之兵已甚怀怨。据此颇僻，亦非将材，若得志骄盈，不悖则败，悖则犯上，败则偾军[2]。"又曰："苟邀则不顺，苟允则不诚，君臣之间，势必嫌阻。与其图之于滋蔓，不若绝之于萌芽。"又曰："为国之道，以义训人，将教事君，先令顺长。"又曰："方镇之臣，事多专制，欲加之罪，谁则无辞！若使倾夺之徒便得代居其任，利之所在，人各有心，此源潜滋，祸必难救。非独长乱之道，亦关谋逆之端。"又曰："昨逐士宁，起于仓卒，诸郡守将固非连谋，一城师人亦未协志。各计度于成败之势，回遑于逆顺之名，安肯捐躯与之同恶！"又曰："陛下但选文武群臣一人命为节度，仍降优诏，慰劳本军。奖万荣以抚定之功，别加宠任，褒将士以辑睦之义，厚赐资装，揆其大情，理必宁息。万荣纵欲跋扈，势何能为！"又曰："傥后事有愆素，臣请受败桡之罪。"上不从。壬戌，以通王谌为宣武节度大使，以万荣为留后。

丁卯，纳故驸马都尉郭暧女为广陵王淳妃。淳，太子之长子。妃母，即升平公主也。

【注释】

①踣(bó 驳)：向前仆倒。　②偾(fèn 愤)：败坏，覆亡。

十年　春，正月，剑南、西山羌、蛮二万余户来降。诏加韦皋押近界羌、蛮及西山八国使。

崔佐时至云南所都羊苴咩城，吐蕃使者数百人先在其国，云南王异牟寻尚不欲吐蕃知之，令佐时衣牂柯服而入。佐时不可，曰："我大唐使者，岂得衣小夷之服！"异牟寻不得已，夜迎之。佐时大宣诏书，异牟寻恐惧，顾左右失色。业已归唐，乃歔欷流涕，俯伏受诏。郑回密见佐时教之，故佐时尽得其情，因劝异牟寻悉斩吐蕃使者，去吐蕃所立之号，献其金印，复南诏旧名。异牟寻皆从之。仍刻金契以献。异牟寻帅其子寻梦凑等与佐时盟于点苍山神祠。

先是，吐蕃与回鹘争北庭，大战，死伤甚众，征兵万人于云南。异牟寻辞以国小，请发三千人，吐蕃少之。益至五千，乃许之。异牟寻遣五千人前行，自将数万人踵其后，昼夜兼行，袭击吐蕃，战于神川，大破之，取铁桥等十六城[1]，虏其五王，降其众十余万。戊戌，遣使来献捷。

瀛州刺史刘澭为兄济所逼，请西扞陇坻，遂将部兵千五百人、男女万余口诣京师，号令严整，在道无一人敢取人鸡犬者。上嘉之，二月，丙午，以为秦州刺史、陇右经略军使，理普润[2]。军中不击柝，不设音乐。士卒病者，澭亲视之，死者哭之。

乙丑，义成节度使李融薨。丁卯，以华州刺史李复为义成节度使。复，齐物之子也。复辟河南尉洛阳卢坦为判官。监军薛盈珍数侵军政，坦每据理以拒之。盈珍常曰："卢侍御所言公，我固不违也。"

横海节度使程怀直入朝，厚赐遣归。

夏，四月，庚午，宣武军乱，留后李万荣讨平之。先是，宣武亲兵三百人素骄横，万荣恶之，遣诣京西防秋，亲兵怨之。大将韩惟清、张彦琳诱亲兵作乱，攻万荣，万荣击破之。亲兵掠而溃，多奔宋州，宋州刺史刘逸准厚抚之。惟清奔郑州，彦琳奔东都。万荣悉诛乱者妻子数千人。有军士数人呼于市曰："今夕兵大至，城当破。"万荣收斩之，奏称刘士宁所为。五月，庚子，徙士宁于郴州。

钦州蛮酋黄少卿反，围州城，邕管经略使孙公器奏请发岭南兵救之[3]。上不许，遣中使谕解之。

【注释】

①铁桥：即铁桥城，唐代时属吐蕃统辖，是其东部十六城之一，在今云南丽江纳西族自治县西北塔城关。 ②普润：县名。隋代设置，治所在今陕西麟游县万家城。 ③邕管经略使：唐代中期设置的一个比道略低的军事机构，经略使为其长官，管理邕州、贵州、党州、横州等地，在今广西南宁一带。

陆贽上言："郊礼赦下已近半年，而窜谪者尚未沾恩。"乃为三状拟进。上使谓之曰："故事，左降官准赦量移，不过三五百里，今所拟稍似超越，又多近兵马及当路州县，事恐非便。"贽复上言，以为："王者待人以诚，有责怒而无猜嫌，有惩沮而无怨忌。斥远以儆其不恪，甄恕以勉其自新；不儆则浸及威刑，不勉而复加黜削，虽屡进退，俱非爱憎。行法乃暂使左迁，念材而渐加进叙，又知复用，谁不增修！何忧乎乱常，何患乎蓄憾！如或以其贬黜，便谓奸凶，恒处防闲之中，长从摈弃之例，则是悔过者无由自补，蕴才者终不见伸。凡人之情，穷则思变，含凄贪乱，或起于兹。今若所移不过三五百里，则有疆域不离于本道，风土反恶于旧州，徒有徙家之劳，是增移配之扰。又，当今郡府，多有军兵，所在封疆，少无馆驿，示人疑虑，体又非弘。乞更赐裁审。”

上性猜忌，不委任臣下，官无大小，必自选而用之，宰相进拟，少所称可；及群臣一有谴责，往往终身不复收用；好以辩给取人，不得敦实之士；艰于进用，群材滞淹。贽上奏谏，其略曰：“夫登进以懋庸，黜退以惩过，二者迭用，理如循环。进而有过则示惩，惩而改修则复进，既不废法，亦无弃人，虽纤介必惩而用材不匮。故能使黜退者克励以求复，登进者警饬而恪居，上无滞疑，下无蓄怨。”又曰：“明主不以辞尽人，不以意选士，如或好善而不择所用，悦言而不验所行，进退随爱憎之情，离合系异同之趣，是由舍绳墨而意裁曲直，弃权衡而手揣重轻，虽甚精微，不能无谬。”又曰：“中人以上，迭有所长，苟区别得宜，付授当器，各适其性，各宣其能，及乎合以成功，亦与全才无异。但在明鉴大度，御之有道而已。”又曰：“以一言称惬为能而不核虚实，以一事违忤为咎而不考忠邪，其称惬则付任逾涯[①]，不思其所不及，其违忤则罪责过当，不恕其所不能，是以职司之内无成功，君臣之际无定分。”上不听。

贽又请均节财赋，凡六条：

其一，论两税之弊，其略曰：“旧制赋役之法，曰租、调、庸。丁男一人受田百亩，岁输粟二石，谓之租。每户各随土宜出绢若绫若絁共二丈，绵三两，不蚕之土输布二丈五尺，麻三斤，谓之调。每丁岁役，则收其庸，日准绢三尺，谓之庸。天下为家，法制均一，虽欲转徙，莫容其奸，故人无摇心而事有定制。及羯胡乱华，黎庶云扰，版图堕于避地，赋法坏于奉军。建中之初，再造百度，执事者知弊之宜革而所作兼失其原，知简之可从而所操不得其要。凡欲拯其弊，须穷致弊之由，时弊则但理其时，法弊则全革其法，所为必当，其悔乃亡[②]。兵兴以来，供亿无度，此乃时弊，非法弊也。而遽更租、庸、调法，分遣使者，搜擿郡邑，校验簿书，每州取大历中一年科率最多者以为两税定额。夫财之所生，必因人力，故先王之制赋入，必以丁夫为本。不以务穑增其税，不以辍稼减其租，则播种多；不以殖产厚其征，不以流寓免其调，则地著固；不以饬励重其役，不以窳怠蠲其庸，则功力勤。如是，故人安其居，尽其力矣。两税之立，惟以资产为宗，不以丁身为本；曾不寤资产之中，有藏于襟怀囊箧，物虽贵而人莫能窥；其积于场圃囷仓，直虽轻而众以为富。有流通蕃息之货，数虽寡而计日收赢；有庐舍器用之资，价虽高而终岁无利。如此之比，其流实繁，一概计估算缗，宜其失平长伪。由是务轻资而乐转徙者，恒脱于徭税；敦本业而树居产者，每困于征求。此乃诱之为奸，驱之避役，力用不得不弛，赋入不得不阙。复以创制之首，不务齐平，供应有烦简之殊，牧守有能否之异，所在徭赋，轻重相悬，所遣使臣，意见各异，计奏一定，有加无除。又大历中供军、进奉之类，既收入两税，今于两税之外，复又并存，望稍行均减，以救凋残。”

其二，请二税以布帛为额，不计钱数，其略曰：“凡国之赋税，必量人之力，任土之宜，故所入者惟布、麻、缯、纩与百谷而已。先王惧物之贵贱失平，而人之交易难准，又定泉布之法以节轻重之宜，敛散弛张，必由于是。盖御财之大柄，为国之利权，守之在官，不以任下。然则谷帛者，人之所为也；钱货者，官之所为也。是以国朝著令，租出谷，庸出绢，调出缯、纩、布，曷尝有禁人铸钱而以钱为赋者也！今之两税，独异旧章，但估资产为差，便以钱谷定税，临时折征杂物，每岁色目颇殊，唯计求得之利宜，靡论供办之难易。所征非所业，所业非所征，遂或增价以买其所无，减价以卖其所有，一增一减，耗损已多。望勘会诸州初纳两税年绢布，定估比类当今时价，加贱减贵，酌取其中，总计合税之钱，折为布帛之数。”又曰：“夫地力之生物有大限，取之有度，用之有节，则常足。取之无度，用之无节，则常不足。生物之丰败由天，用物之多少由人，是以圣王立程，量入为出，虽遇灾难，下无困穷。理化既衰，则乃反是，量出为入，不恤所无。桀用天下而不足，汤用七十里而有余，是乃用之盈虚在节与不节耳。”

其三，论长吏以增户、加税、辟田为课绩，其略曰：“长人者罕能推忠恕易地之情，体至公徇国之意，迭行小惠，竞诱奸甿，以倾夺邻境为智能，以招萃逋逃为理化，舍彼适此者既为新收而有复，倏往忽来者又以复业而见优。唯怀土安居，首末不迁者，则使之日重，敛之日加。是令地著之人恒代惰游赋役，何异驱之转徙，教之浇讹。此由牧宰不克弘通，各私所部之过也。”又曰：“立法齐人，久无不弊，理之者若不知维御损益之宜，则巧伪萌生，恒因沮劝而滋矣。请申命有司，详定考绩。若当管之内，人益阜殷，所定税额有余，任其据户口均减，以减数多少为考课等差。其当管税物通比，每户十分减三者为上课，减二者次焉，减一者又次焉。如或人多流亡，加税见户，比校殿罚亦如之。”

其四，论税限迫促，其略曰：“建官立国，所以养人也；赋人取财，所以资国也。明君不厚其所资而害其所养，故必先人事而借其暇力，先家给而敛其余财。”又曰：“蚕事方兴，已输缣税，农功未艾，遽敛谷租。上司之绳责既严，下吏之威暴愈促，有者急卖而耗其半直，无者求假而费其倍酬。望更详定征税期限。”

其五，请以税茶钱置义仓以备水旱，其略曰：“古称九年、六年之蓄者，率土臣庶通为之计耳，固非独丰公庾，不及编甿也。近者有司奏请税茶，岁约得五十万贯，元敕令贮户部，用救百姓凶饥。今以蓄粮，适副前旨。”

其六，论兼并之家，私敛重于公税，其略曰：“今京畿之内，每田一亩，官税五升，而私家收租殆有亩至一石者，是二十倍于官税也。降及中等，租犹半之。夫土地王者之所有，耕稼农夫之所为，而兼并之徒，居然受利。”又曰：“望凡所占田，约为条限，裁减租价，务利贫人。法贵必行，慎在深刻，裕其制以便俗，严其令以惩违，微损有余，稍优不足，失不损富，优可赈穷，此乃古者安富恤穷之善经，不可舍也。”

【注释】

①涯（yá 崖）：边际，极限。此处为本分。　②其悔乃亡：语出《周易·革卦·彖传》：“革而当，其悔乃亡。”亡通“无”。

资治通鉴卷第二百三十五

唐纪五十一 起阏逢阉茂六月，尽上章执徐，凡六年有奇。

德宗神武圣文皇帝十

贞元十年 六月，壬寅朔，昭义节度使李抱真薨。其子殿中侍御史缄与抱真从甥元仲经谋，秘不发丧，诈为抱真表，求以职事授缄；又诈为其父书，遣裨将陈荣诣王武俊假货财。武俊怒曰："吾与乃公厚善，欲同奖王室耳，岂与汝同恶邪！闻乃公已亡，乃敢不俟朝命而自立，又敢告我，况有求也！"使荣归，寄声质责缄。

昭义步军都虞候王延贵，汝州梁人也，素以义勇闻。上知抱真已薨，遣中使第五守进往观变，且以军事委王延贵。守进至上党，缄称抱真有疾不能见。三日，缄乃严兵诣守进，守进谓之曰："朝廷已知相公捐馆，令王延贵权知军事。侍御宜发丧行服。"缄愕然，出，谓诸将曰："朝廷不许缄掌事，诸君意如何？"莫对。缄惧，乃归发丧，以使印及管钥授监军。守进召延贵，宣口诏令视事，趣缄赴东都。元仲经出走，延贵悉归罪于仲经，捕斩之。诏以延贵权知昭义军事。

云南王异牟寻遣其弟凑罗栋献地图、土贡及吐蕃所给金印，请复号南诏。癸丑，以祠部郎中袁滋为册南诏使，赐银窠金印，文曰"贞元册南诏印"。滋至其国，异牟寻北面跪受册印，稽首再拜，因与使者宴，出玄宗所赐银平脱马头盘二以示滋。又指老笛工、歌女曰："皇帝所赐《龟兹乐》[①]，唯二人在耳。"滋曰："南诏当深思祖考,子子孙孙尽忠于唐。”异牟寻拜曰:“敢不谨承使者之命!”

赐义武节度使张升云名茂昭。

御史中丞穆赞按度支吏赃罪,裴延龄欲出之,赞不从。延龄谮之,贬饶州别驾,朝士畏延龄侧目。赞,宁之子也。

韦皋奏破吐蕃于峨和城[②]。

秋,七月,壬申朔,以王延贵为昭义留后,赐名虔休。

昭义行军司马、摄洺州刺史元谊闻虔休为留后,意不平,表请以磁、邢、洺别为一镇。昭义精兵多在山东,谊厚赉以悦之。上屡遣中使谕之,不从。

临洺守将夏侯仲宣以城归虔休,虔休遣磁州刺史马正卿督裨将石定蕃等将兵五千击洺州。定蕃帅其众二千叛归谊,正卿退还。诏以谊为饶州刺史,谊不行。虔休自将兵攻之,引洺水以灌城。

黄少卿陷钦、横、浔、贵等州,攻孙公器于邕州。

九月,王虔休破元谊兵,进拔鸡泽[③]。

【注释】

①龟兹(qiū cí 丘词)乐:十六国时期从龟兹(今新疆库车一带)传入中原的乐舞,为唐代十部乐之一。 ②峨和城:即峨和县城,唐天宝年间设置,在今四川茂县北。 ③鸡泽:县名。唐初设置,治所在今河北邯郸市永年区。

裴延龄奏称官吏太多,自今缺员请且勿补,收其俸以实府库。上欲修神龙寺,须五十尺松,不可得,延龄曰:“臣近见同州一谷,木数千株,皆可八十尺。”上曰:“开元、天宝间求美材于近畿犹不可得,今安得有之?”对曰:“天生珍材,固待圣君乃出,开元、天宝,何从得之!”

延龄奏:“左藏库司多有失落,近因检阅使置簿书,乃于粪土之中得银十三万两,其匹段杂货百万有余。此皆已弃之物,即是羡余,悉应移入杂库以供别敕支用。”太府少卿韦少华不伏,抗表称:“此皆每月申奏见在之物,请加推验。”执政请令三司详覆。上不许,亦不罪少华。延龄每奏对,恣为诡谲,皆众所不敢言亦未尝闻者，延龄处之不疑。上亦颇知其诞妄，但以其好诋毁人，冀闻外事，故亲厚之。

群臣畏延龄有宠，莫敢言，惟盐铁转运使张滂、京兆尹李充、司农卿李铦以职事相关，时证其妄，而陆贽独以身当之，日陈其不可用。十一月，壬申，贽上书极陈延龄奸诈，数其罪恶，其略曰："延龄以聚敛为长策，以诡妄为嘉谋，以掊克敛怨为匪躬，以靖谮服谗为尽节，总典籍之所恶以为智术，冒圣哲之所戒以为行能，可谓尧代之共工①，鲁邦之少卯也②。迹其奸蠹，日长月滋，阴秘者固未尽彰，败露者尤难悉数。"又曰："陛下若意其负谤，则诚宜亟为辨明。陛下若知其无良，又安可曲加容掩！"又曰："陛下姑欲保持，曾无诘问，延龄谓能蔽惑，不复惧思。移东就西，便为课绩，取此适彼，遂号羡余，愚弄朝廷，有同儿戏。"又曰："矫诡之能，诬罔之辞，遇事辄行，应口便发，靡日不有，靡时不为，又难以备陈也。"又曰："昔赵高指鹿为马③，臣谓鹿之与马，物理犹同，岂若延龄掩有为无，指无为有。"又曰："延龄凶妄，流布寰区，上自公卿近臣，下逮舆台贱品，喧喧谈议，亿万为徒，能以上言，其人有几！臣以卑鄙，任当台衡，情激于衷，虽欲罢而不能自默也。"书奏，上不悦，待延龄益厚。

【注释】

①共工：中国传说时期与唐尧同时的人物，据称此人有勇力，但傲慢不逊。　②少卯：即少正卯。姓少正，名卯，春秋时期鲁国大夫。曾聚徒讲学，主张革新。时孔子担任鲁国司寇，上任不久，就将少正卯杀害了。　③赵高：秦朝宦官，与秦始皇小儿子胡亥友善，始皇死后，与李斯合谋，立胡亥为二世皇帝，专擅朝政，后被胡亥的儿子婴所杀。

十二月，王虔休乘冰合度壕，急攻洺州。元谊出兵击之，虔休不胜而返；日暮冰解，士卒死者太半。

中书侍郎、同平章事陆贽以上知待之厚，事有不可，常力争之。所亲或规其太锐，贽曰："吾上不负天子，下不负所学，他无所恤。"裴延龄日短贽于上。赵憬之入相也，贽实引之，既而有憾于贽，密以贽所讥弹延龄事告延龄，故延龄益得以为计，上由是信延龄而不直贽[1]。贽与憬约至上前极论延龄奸邪,上怒形于色,憬默而无言。壬戌,贽罢为太子宾客。

初,勃海文王钦茂卒,子宏临早死,族弟元义立。元义猜虐,国人杀之,立宏临之子华屿,是为成王,改元中兴。华屿卒,复立钦茂少子嵩邻,是为康王,改元正历。

【注释】

①直:端正,此处为意动用法。

十一年 春,二月,乙巳,册拜嵩邻为忽汗州都督、勃海王[1]。

陆贽既罢相,裴延龄因谮京兆尹李充、卫尉卿张滂、前司农卿李铦党于贽。会旱,延龄奏言:"贽等失势怨望,言于众曰,'天下旱,百姓且流亡,度支多欠诸军刍粮,军中人马无所食,其事奈何!'以动摇众心,其意非止欲中伤臣而已。"后数日,上猎苑中,适有神策军士诉云:"度支不给马刍。"上意延龄言为信,遽还宫。夏,四月,壬戌,贬贽为忠州别驾,充为涪州长史,滂为汀州长史,铦为邵州长史[2]。

初,阳城自处士征为谏议大夫,拜官不辞。未至京师,人皆想望风采,曰:"城必谏诤,死职下。"及至,诸谏官纷纷言事细碎,天子益厌苦之。而城方与二弟及客日夜痛饮,人莫能窥其际,皆以为虚得名耳。前进士河南韩愈作《争臣论》以讥之,城亦不以屑意。有欲造城而问者,城揣知其意,辄强与酒。客或时先醉仆席上,城或时先醉卧客怀中,不能听客语。及陆贽等坐贬,上怒未解,中外惴恐,以为罪且不测,无敢救者。城闻而起曰:"不可令天子信用奸臣,杀无罪人。"即帅拾遗王仲舒、归登、右补阙熊执易、崔邠等守延英门,上疏论延龄奸佞,贽等无罪。上大怒,欲加城等罪。太子为之营救,上意乃解,令宰相谕遣之。于是金吾将军张万福闻谏官伏阁谏,趋往至延英门,大言贺曰:"朝廷有直臣,天下必太平矣!"遂遍拜城与仲舒等,已而连呼"太平万岁!太平万岁!"万福,武人,年八十余,自此名重天下。登,崇敬之子也。时朝夕相延龄,阳城曰:"脱以延龄为相,城当取白麻坏之[3],恸哭于庭。"有李繁者,泌之子也,城尽疏延龄过恶,欲密论之,以繁故人子，使之缮写，繁径以告延龄。延龄先诣上，一一自解。疏入，上以为妄，不之省。

【注释】

①忽汗州：唐先天二年（713）设置，治所在今吉林敦化市。 ②邵州：唐初置，治所在今湖南邵阳市。 ③白麻：即白麻纸，是唐代皇帝任命宰相和下诏赦免罪囚的专用纸，不轻易使用。

丙寅，幽州奏破奚王啜利等六万余众[①]。

回鹘奉诚可汗卒，无子，国人立其相骨咄禄为可汗。骨咄禄本姓跌跌氏，辩慧有勇略，自天亲时典兵马用事，大臣诸酋长皆畏服之。既为可汗，冒姓药葛罗氏[②]，遣使来告丧。自天亲可汗以上子孙幼稚者，皆内之阙庭。

五月，丁丑，以宣武留后李万荣、昭义左司马领留后王虔休皆为节度使。

甲申，河东节度使李自良薨。戊子，监军王定远奏请以行军司马李说为留后。说，神通之五世孙也。

庚寅，遣秘书监张荐册拜回鹘可汗骨咄禄为腾里逻羽录没密施合胡禄毗伽怀信可汗。

癸巳，以李说为河东留后，知府事。说深德王定远，请铸监军印，从之。监军有印自定远始。

秋，七月，丙寅朔，阳城改国子司业，坐言裴延龄故也。

王定远自恃有功于李说，专河东军政，易置诸将；说不能尽从，由是有隙。定远以私怒拉杀大将彭令茵，埋马矢中，将士皆愤怒。说奏其状，定远闻之，直诣说，拔刀刺之；说走免。定远召诸将，以箱贮敕及告身二十余通，示之曰："有敕，令说诣京师，以行军司马李景略为留后，诸君皆迁官。"众皆拜。大将马良辅窃视箱中，皆定远告身及所受敕也，乃麾众曰："敕告皆伪，不可受也。"定远走登乾阳楼，呼其麾下，莫应，逾城而坠，为枯枿所伤而死。

八月，辛亥，司徒兼侍中北平庄武王马燧薨。

闰月，戊辰，元谊以洺州诈降；王虔休遣裨将将二千人入城，谊皆杀之。

九月，丁巳，加韦皋云南安抚使。

横海节度使程怀直，不恤士卒，猎于野，数日不归。怀直从父兄怀信为兵马使，因众心之怨，闭门拒之；怀直奔归京师。冬，十月，丁丑，以怀信为横海留后。

南诏攻吐蕃昆明城，取之；又虏施、顺二蛮王[3]。

【注释】

①奚王：即奚族的首领。奚族为古老的民族，属东胡系，居住在辽水上游，汉代称乌桓，隋唐称为奚。 ②药葛罗氏：回鹘可汗的姓氏。 ③施、顺二蛮：施蛮和顺蛮都是乌蛮种，是西南地区的少数民族。施蛮在今云南玉龙纳西族自治县一带。顺蛮在今云南玉龙西族自治县西北地区。

十二年 春，正月，庚子，元谊、石定蕃等帅洺州兵五千人及其家人万余口奔魏州。上释不问，命田绪安抚之。

乙丑，以浑瑊、王武俊并兼中书令。己巳，加严震、田绪、刘济、韦皋并同平章事；天下节度、观察使，悉加检校官以悦其意。

三月，甲午，韦皋奏降西南蛮高万唐等二万余口。

乙巳，以闲厩、宫苑使李齐运为礼部尚书，户部侍郎裴延龄为户部尚书，使职如故。齐运无才能学术，专以柔佞得幸于上，每宰相对罢，则齐运次进决其议；或病卧家，上欲有所除授，往往遣中使就问之。

丙子[1]，韶王暹薨。

魏博节度使田绪尚嘉诚公主，有庶子三人，季安最幼，公主子之，以为副大使。夏，四月，庚午，绪暴薨。左右匿之，使季安领军事，年十五。乙亥，发丧，推季安为留后。

庚辰，上生日，故事，命沙门、道士讲论于麟德殿，至是，始命以儒士参之。四门博士韦渠牟嘲谈辩给[2]，上悦之，旬月，迁右补阙，始有宠。

五月，丙申，邠宁节度使张献甫暴薨，监军杨明义请都虞候杨朝晟权知留后。甲辰，以朝晟为邠宁节度使。

六月，乙丑，以监句当左神策窦文场[3]、监句当右神策霍仙鸣皆为护军中尉，监左神威军使张尚进、监右神威军使焦希望皆为中护军。初，上置六统军，视六尚书，以处节度使罢镇者，相承用麻纸写制。至是，文场讽宰相比统军降麻。翰林学士郑絪奏言："故事惟封王、命相用白麻，今以命中尉，不识陛下特以宠文场邪，遂为著令也？"上乃谓文场曰："武德、贞观时，中人不过员外将军同正耳，衣绯者无几。自辅国以来，堕坏制度。朕今用尔，不谓无私。若复以麻制宣告天下，必谓尔胁我为之矣。"文场叩头谢。遂焚其麻，命并统军自今皆中书降敕。明日，上谓絪曰："宰相不能违拒中人，朕得卿言方悟耳。"是时窦、霍势倾中外，藩镇将帅多出神策军，台省清要亦有出其门者矣。

【注释】

①丙子：唐德宗贞元十一年（795）三月无丙子日，据他本丙子应为丙辰，即三月二十四日。 ②四门博士：北魏时设四门小学，有博士四十人。唐代四门博士为负责教授儒家经典的国子监教官。 ③监句当：这是唐朝高级宦官担当的职务，监督军队，有权处理军政事务，并能直接向皇帝汇报。

宣武节度使李万荣病风，昏不知事，霍仙鸣荐宣武押牙刘沐可委军政。辛巳，以沐为行军司马。

宣歙观察使刘赞卒。

初，上以奉天窘乏，故还宫以来，尤专意聚敛。藩镇多以进奉市恩，皆云"税外方圆"，亦云"用度羡余"，其实或割留常赋，或增敛百姓，或减刻吏禄，或贩鬻蔬果，往往私自入，所进才什一二。李兼在江西有月进，韦皋在西川有日进。其后常州刺史济源裴肃以进奉迁浙东观察使[①]，刺史进奉自肃始。及刘赞卒，判官严绶掌留务，竭府库以进奉，征为刑部员外郎，幕僚进奉自绶始。绶，蜀人也。

李万荣疾病，其子迺为兵马使。甲申，迺集诸将责李湛、伊娄说、张丕以不忧军事，斥之外县。上遣中使第五守进至汴州，宣慰始毕，军士十余人呼曰："兵马使勤劳无赏，刘沐何人，为行军司马！"沐惧，阳中风，舁出[②]。军士又呼曰："仓官刘叔何给纳有奸。"

杀而食之。又欲斫守进,逌止之。逌又杀伊娄说、张丕。都虞候匡城邓惟恭与万荣乡里相善,万荣常委以腹心,逌亦倚之。至是,惟恭与监军俱文珍谋,执逌,送京师。秋,七月,乙未,以东都留守董晋同平章事,兼宣武节度使,以万荣为太子少保,贬逌虔州司马。丙申,万荣薨。

邓惟恭既执李逌,遂权军事,自谓当代万荣,不遣人迎董晋。晋既受诏,即与傔从十余人赴镇,不用兵卫。至郑州,迎者不至,郑州人为晋惧,或劝晋且留观变。有自汴州出者,言于晋曰:"不可入。"晋不对,遂行。惟恭以晋来之速,不及谋。晋去城十余里,惟恭乃帅诸将出迎。晋命惟恭勿下马,气色甚和,惟恭差自安。既入,仍委惟恭以军政。

初,刘玄佐增汴州兵至十万,遇之厚,李万荣、邓惟恭每加厚焉。士卒骄,不能御,乃置腹心之士,幕于公庭庑下,挟弓执剑以备之,时劳赐酒肉。晋至之明日,悉罢之。

【注释】

①济源:县名。隋代设置,治所在今河南济源市。 ②舁(yú 余):抬,举起。

戊戌,韩王迥薨。

壬子,诏以宣武将士邓惟恭等有执送李逌功,各迁官赐钱。其为逌所胁,邀副制使者,皆勿问。

八月,乙未朔,日有食之。

己巳,以田季安为魏博节度使。

丙子,以汝州刺史陆长源为宣武行军司马。朝议以董晋柔仁多可,恐不能集事,故以长源佐之。长源性刚刻,多更张旧事;晋初皆许之,案成则命且罢,由是军中得安。

丙戌,门下侍郎、同平章事赵憬薨。

初,上不欲生代节度使,常自择行军司马以为储帅。李景略为河东行军司马,李说忌之。回鹘梅录入贡,过太原,说与之宴,梅录争坐次,说不能遏。景略叱之,梅录识其声,趋前拜之曰:"非丰州李端公邪[1]!"又拜,遂就下坐。座中皆属目于景略。说益不平，乃厚赂中尉窦文场，使去之。会有传回鹘将入寇者，上忧之，以丰州当虏冲，择可守者。文场因荐景略。九月，甲午，以景略为丰州都防御使。穷边气寒，土瘠民贫，景略以勤俭帅众，二岁之后，储备完实，雄于北边。

卢迈得风疾，庚子，贾耽私忌[2]，宰相绝班，上遣中使召主书承旨[3]。

丙午，户部尚书、判度支裴延龄卒，中外相贺；上独悼惜之。

壬子，吐蕃寇庆州。

冬，十月，甲戌，以谏议大夫崔损、给事中赵宗儒并同平章事。损，玄晦之弟孙也，尝为裴延龄所荐，故用之。

十一月，乙未，以右补阙韦渠牟为左谏议大夫。上自陆贽贬官，尤不任宰相，自御史、刺史、县令以上皆自选用，中书行文书而已。然深居禁中，所取信者裴延龄、李齐运、户部郎中王绍、司农卿李实、翰林学士韦执谊及渠牟，皆权倾宰相，趋附盈门。绍谨密无损益；实狡险掊克；执谊以文章与上唱和，年二十余，自右拾遗召入翰林；渠牟形神恌躁，尤为上所亲狎，上每对执政，漏不过三刻，渠牟奏事率至六刻，语笑款狎往往闻外；所荐引咸不次迁擢，率皆庸鄙之士。

唐三彩女侍俑

宣武都虞候邓惟恭内不自安，潜结将士二百余人谋作乱；事觉，董晋悉捕斩其党，械惟恭送京师。己未,诏免死,汀州安置。

【注释】

①李端公:即李景略。端公,唐人对御史的一种尊称。 ②私忌:唐代人把凡是父亲、母亲、祖父、祖母以及曾祖父、曾祖母去世的日子称为私忌。 ③主书:唐代官名,是中书省和尚书省的低级官吏,中书省主书为从七品上,尚书省为从八品下。

十三年 春,正月,壬寅,吐蕃遣使请和亲;上以吐蕃数负约,不许。

上以方渠、合道、木波皆吐蕃要路[1],欲城之,使问邠宁节度使杨朝晟:"须几何兵?"对曰:"邠宁兵足以城之,不烦他道。"上复使问之曰:"向城盐州,用兵七万,仅能集事。今三城尤逼虏境,兵当倍之,事更相反,何也?"对曰:"城盐州之众,虏皆知之。今发本镇兵,不旬日至塞下,出其不意而城之,虏谓吾众亦不减七万,其众未集,不敢轻来犯我。不过三旬,吾城已毕,留兵戍之,虏虽至,无能为也。城旁草尽,不能久留,虏退则运刍粮以实之,此万全之策也。若大集诸道兵,逾月始至,虏亦集众而来,与我争战,胜负未可知,何暇筑城哉!"上从之。二月,朝晟分军为三,各筑一城。军吏曰:"方渠无井,不可屯军。"判官孟子周曰:"方渠承平之时,居人成市,无井何以聚人乎!"命浚眢井[2],果得甘泉。三月,三城成。夏,四月,庚申,杨朝晟军还至马岭[3],吐蕃始出兵追之,相拒数日而去。朝晟遂城马岭而还,开地三百里,皆如其素。

庚午,义成节度使李复薨。庚辰,以陕虢观察使姚南仲为义成节度使。监军薛盈珍方大会,闻之,言曰:"姚大夫书生,岂将才也!"判官卢坦私谓人曰:"姚大夫外虽柔,中甚刚,监军侵之,必不受。军府之祸,自此始矣,吾恐为所留。"遂自他道潜去。南仲果以牒请之,不遇,得免。既而盈珍与南仲有隙,幕府多以罪贬,有死者。

吐蕃赞普乞立赞卒,子足之煎立。

六月,壬午,韦皋奏吐蕃入寇,巂州刺史曹高仕破之于台登城下。

【注释】

①方渠：县名，唐代景龙元年（707）设置，治所在今甘肃环县。境内有方渠寨，唐贞元十三年（797）年设置，在今环县南部方渠镇。合道：即合道镇，唐代的军事堡垒，修筑于唐贞元十三年（797），在今甘肃环县西南部。木波：即木波堡。 ②眢（yuān 冤）井：废弃之井。 ③马岭：县名。西汉时设置，后有废兴，治所也有改易。唐代治所在今甘肃庆阳市西北部马岭镇。

光禄少卿同正张茂宗[1]，茂昭之弟也，许尚义章公主；未成昏，茂宗母卒，遗表请终嘉礼，上许之。秋，八月，癸酉，起复茂宗左卫将军同正。左拾遗义兴蒋乂上疏谏[2]，以为："兵革之急，古有墨衰从事者，未闻驸马起复尚主也。"上遣中使谕之，不止，乃特召对于延英，谓曰："人间多借吉成昏者[3]，卿何执此之坚？"对曰："昏姻、丧纪，人之大伦，吉凶不可渎也。委巷之家，不知礼教，其女孤贫无恃，或有借吉从人，未闻男子借吉娶妇者也。"太常博士韦彤、裴堪复上疏谏；上不悦，命趣下嫁之期，辛巳，成婚。

九月，己丑，中书侍郎、同平章事卢迈以疾罢为太子宾客。

冬，十月，淮西节度使吴少诚擅开刀沟入汝[4]，上遣中使谕止之，不从。命兵部郎中卢群往诘之，少诚曰："开此水，大利于人。"群曰："君令臣行，虽利，人臣敢专乎！公承天子之令而不从，何以使下吏从公之令乎！"少诚遽为之罢役。

十二月，徐州节度使张建封入朝。先是，宫中市外间物，令官吏主之，随给其直。比岁以宦者为使，谓之宫市，抑买人物，稍不如本估。其后不复行文书，置白望数百人于两市及要闹坊曲[5]，阅人所卖物，但称宫市，则敛手付与，真伪不复可辩，无敢问所从来及论价之高下者，率用直百钱物买人直数千物，多以红紫染故衣、败缯，尺寸裂而给之，仍索进奉门户及脚价钱。人将物诣市，至有空手而归者，名为宫市，其实夺之。商贾有良货，皆深匿之；每敕使出，虽沽浆、卖饼者皆撤业闭门。尝有农夫以驴负柴，宦者称宫市取之，与绢数尺，又就索门户，仍邀驴送柴至内。农夫啼泣，以所得绢与之，不肯受，曰，"须得尔驴"。农夫曰："我有父母妻子，待此然后食。今以柴与汝,不取直而归,汝尚不肯,我有死而已。”遂殴宦者。街吏擒以闻,诏黜宦者,赐农夫绢十匹。然宫市亦不为之改,谏官御史数谏,不听。建封入朝,具奏之,上颇嘉纳;以问户部侍郎判度支苏弁,弁希宦者意,对曰:“京师游手万家,无土著生业,仰宫市取给。”上信之,故凡言宫市者皆不听。

【注释】

①同正:官名,唐代高宗时除员外官外,还另置闲散的同正官。②义兴:县名,隋代以阳羡县改置,治所在今江苏宜兴市。 ③人间:即民间,唐代人避太宗李世民讳,将民说成人。吉:这里实际上指丧事。④刀沟:水名,《新唐书》和《旧唐书》都将刀沟写成司洧水。 ⑤白望:这里指在街市中左右张望,不给钱白拿别人东西的宦官下属。两市:唐代京城长安城分东、西两市。

十四年 春,二月,乙亥,名申、光、蔡军曰彰义。

夏,闰五月,庚申,以神策行营节度使韩全义为夏、绥、银、宥节度使。全义时屯长武城,诏帅其众赴镇。士卒以夏州碛卤,又盛夏,不乐徙居;辛酉,军乱,杀大将王栖岩,全义逾城走。都虞候高崇文诛首乱者,众然后定。崇文,幽州人也。丙子,以崇文为长武城都知兵马使,不降敕,令中使口宣授之。

秋,七月,壬申,给事中、同平章事赵宗儒罢为右庶子,以工部侍郎郑余庆为中书侍郎、同平章事。

八月,初置左、右神策统军。时禁军戍边,禀赐优厚,诸将多请遥隶神策军,称行营,皆统于中尉,其军遂至十五万人。

京兆尹吴凑屡言宫市之弊,请委之府县。宦者言凑屡奏宫市,皆右金吾都知赵洽、田秀岩之谋也;丙午,洽、秀岩坐流天德军。

九月,丙申[①],以陕虢观察使于頔为山南东道节度使。

丁卯,杞王倕薨。

彰武节度使吴少诚遣兵掠寿州霍山[②],杀镇遏使谢详,侵地五十余里,置兵镇守。

太学生薛约师事司业阳城,坐言事,徙连州[③];城送之郊外。

上以城党罪人，己巳，左迁城道州刺史。城治民如治家，州之赋税不登，观察使数加诮让，城自署其考曰："抚字心劳，征科政拙，考下下。"观察使遣判官督其赋，至州，城先自囚于狱。判官大惊，驰入，谒城于狱曰："使君何罪！某奉命来候安否耳。"留一二日未去，城不复归。馆门外有故门扇横地，城昼夜坐卧其上，判官不自安，辞去。其后又遣他判官往按之，他判官载妻子行中道逸去。

冬，十月，丁酉，通王谌薨。

庚子，夏州节度使韩全义奏破吐蕃于盐州西北。

明州镇将栗锽杀刺史卢云[4]，诱山越作乱[5]，攻陷浙东州县。

【注释】

①丙申：唐德宗贞元十四年(798)九月无丙申这一天，疑误。　②彰武：误，当作彰义。　③连州：隋代置，后屡有废兴，唐代治所在今广东连州市。　④明州：唐代设置，治所在今浙江宁波市南。　⑤山越：古族名。汉末至隋唐时对分布在今苏、浙、皖、赣、闽、粤等省部分山区越人的通称。明州山越指居住在今浙江宁波慈溪市、奉化区等地的山民。

十五年　春，正月，甲寅，雅王逸薨。

二月，丁丑，宣武节度使董晋薨；乙酉，以其行军司马陆长源为节度使。长源性刻急，恃才傲物。判官孟叔度，轻佻淫纵，好慢侮将士，军中皆恶之。董晋薨，长源知留后，扬言曰："将士弛慢日久，当以法齐之耳！"众皆惧。或劝之发财以劳军，长源曰："我岂效河北贼，以钱买健儿求节钺邪！"故事，主帅薨，给军士布以制服，长源命给其直；叔度高盐直，下布直，人不过得盐三二斤。军中怨怒，长源亦不为之备。是日，军士作乱，杀长源、叔度，脔食之，立尽。监军俱文珍以宋州刺史刘逸准久为宣武大将，得众心，密书召之；逸准引兵径入汴州，乱众乃定。

以常州刺史李锜为浙西观察使、诸道盐铁转运使。锜，国贞之子也。闲厩、宫苑使李齐运受其赂数十万，荐之于上，故用之。锜刻剥以事进奉，上由是悦之。

庚辰，浙东观察使裴肃擒栗锽于台州[1]，斩之。

己丑，以刘逸准为宣武节度使，赐名全谅。

三月，甲寅，吴少诚遣兵袭唐州，杀监军邵国朝、镇遏使张嘉瑜，掠百姓千余人而去。

戊午，昭义节度使王虔休薨。戊辰，以河阳、怀州节度使李元淳为昭义节度使。

夏，四月，癸未，以安州刺史伊慎为安、黄等州节度使。

癸巳，山南西道节度使严震薨。

南诏异牟寻遣使与韦皋约共击吐蕃，皋以兵粮未集，请俟他年。

山南西道都虞候严砺谄事严震，震病，使知留后，遗表荐之。秋，七月，乙巳，以严砺为山南西道节度使。

【注释】

①台州：唐初设置，治所在临海县（今浙江临海市），后有兴废。

八月，丙申，陈许节度使曲环薨。乙未，吴少诚遣兵掠临颍[1]，陈州刺史上官涚知陈许留后，遣大将王令忠将兵三千救之，皆为少诚所虏。丙午，以涚为陈许节度使，少诚遂围许州。涚欲弃城走，营田副使刘昌裔止之曰："城中兵足以办贼，但闭城勿与战，不过数日，贼气自衰，吾以全制其弊，蔑不克矣。"少诚昼夜急攻，昌裔募勇士千人凿城出击少诚，大破之，城由是全。昌裔，兖州人也。少诚又寇西华[2]，陈许大将孟元阳拒却之。陈许都知兵马使安国宁与上官涚不叶，谋翻城应少诚；刘昌裔以计斩之。召其麾下，人给二缣；伏兵要巷，见持缣者悉斩之，无得脱者。

庚辰[3]，宣武节度使刘全谅薨。军中思刘玄佐之恩，推其甥都知兵马使匡城韩弘为留后。弘将兵，识其材鄙勇怯，指顾必堪其事。

丙辰，诏削夺吴少诚官爵，令诸道进兵讨之。

辛酉，以韩弘为宣武节度使。先是，少诚遣使与刘全谅约共攻陈许，以陈州归宣武。使者数辈犹在馆，弘悉驱出斩之；选卒三千，会诸军击少诚于许下。少诚由是失势。

冬，十月，乙丑[4]，邕王謜薨。太子之子也，上爱而子之，及薨，谥曰文敬太子。

山南东道节度使于頔、安黄节度使伊慎、知寿州事王宗与上官涚、韩弘进击吴少诚,屡破之。十一月,壬子,于頔奏拔吴房、朗山[5]。

十二月,辛未,中书令、咸宁王浑瑊薨于河中。瑊性谦谨,虽位穷将相,无自矜大之色,每贡物必躬自阅视,受赐如在上前,由是为上所亲爱。上还自兴元,虽一州一镇有兵者,皆务姑息。瑊每奏事,不过[6],辄私喜曰:"上不疑我。"故能以功名终。

六州党项自永泰以来居于石州[7],永安镇将阿史那思暕侵渔不已,党项部落悉逃奔河西。

诸军讨吴少诚者既无统帅,每出兵,人自规利,进退不壹。乙未,诸军自溃于小溵水[9],委弃器械、资粮,皆为少诚所有。于是始议置招讨使。

吐蕃众五万分击南诏及巂州,异牟寻与韦皋各发兵御之;吐蕃无功而还。

【注释】

①临颍:县名,西汉时设,治所在今河南临颍县西北部。 ②西华:县名,西汉时设,后历有兴废,治所在今河南西华县南。 ③庚辰:唐德宗贞元十五年(799)九月无庚辰日,据他本为庚戌。 ④乙丑:唐德宗贞元十五年(799)十月无乙丑日,疑误。 ⑤吴房:县名,西汉时设置,治所在今河南遂平县。朗山:县名,隋代改安昌县置,治所在今河南确山县。 ⑥不过:唐代制度,凡奏章被采纳,都经过门下、中书省。不过指未被采纳,放在皇宫中。 ⑦六州党项:指居住在今山西吕梁市离石区一带的野利越诗、野利龙儿、野利厥律、儿黄、野海、野窣等六个党项部落。 ⑧永安:即永安镇,唐朝在今山西吕梁市离石区设永安镇,驻军控制党项各部落。 ⑨小溵水:水名,即小濦水。颍水在至今河南临颍县西,别出为大、小二濦水流。小濦水在大濦水北,东流至郾城东入大濦水。

十六年 春,正月,乙巳,恒冀、易定、陈许、河阳四军与吴少诚战,皆不利而退。夏绥节度使韩全义本出神策军,中尉窦文场爱厚之,荐于上,使统诸军讨吴少诚。二月乙酉,以全义为蔡州四面行营招讨使，十七道兵皆受全义节度。

宣武军自刘玄佐薨，凡五作乱，士卒益骄纵，轻其主帅。韩弘视事数月，皆知其主名；有郎将刘锷，常为唱首。三月，弘陈兵牙门，召锷及其党三百人，数之以“数预于乱，自以为功”，悉斩之，血流丹道。自是至弘入朝二十一年，士卒无一人敢欢呼于城郭者。

义成监军薛盈珍为上所宠信，欲夺节度使姚南仲军政，南仲不从，由是有隙。盈珍谮其幕僚马总，贬泉州别驾。福建观察使柳冕谋害总以媚盈珍，遣幕僚宝鼎薛戎摄泉州事，使按致总罪，戎为辩证其无辜；冕怒，召戎，囚之，使守卒恣为侵辱。如此弥月，徐诱之使诬总，戎终不从；总由是获免。冕，芳之子也。

盈珍屡毁南仲于上，上疑之。盈珍又遣小吏程务盈乘驿诬奏南仲罪。牙将曹文洽亦奏事长安，知之，晨夜兼行，追及务盈于长乐驿，与之同宿，中夜，杀之，沉盈珍表于厕中；自作表雪南仲之冤，且首专杀之罪，亦作状白南仲，遂自杀。明旦，门不启，驿吏排之入，得表、状于文洽尸旁。上闻而异之，征盈珍入朝。南仲恐盈珍谗之益深，亦请入朝。夏，四月，丙子，南仲至京师，待罪于金吾；诏释之，召见。上问：“盈珍扰卿邪？”对曰：“盈珍不扰臣，但乱陛下法耳。且天下如盈珍辈，何可胜数！虽使羊、杜复生[①]，亦不能行恺悌之政，成攻取之功也。”上默然，竟不罪盈珍，仍使掌机密。

盈珍又言于上曰：“南仲恶政，皆幕僚马少微赞之也。”诏贬少微江南官，遣中使送之，推坠江中而死。

黔中观察使韦士宗，政令苛刻；丁亥，牙将傅近等逐之，出奔施州。

新罗王敬则卒[②]，庚寅，册命其嫡孙俊邕为新罗王。

韩全义素无勇略，专以巧佞货赂结宦官得为大帅，每议军事，宦官为监军者数十人坐帐中争论，纷然莫能决而罢。天渐暑，士卒久屯沮洳之地，多病疫，全义不存抚，人有离心。五月，庚戌，与吴少诚将吴秀、吴少阳等战于溵南广利原，锋镝未交，诸军大溃。秀等乘之，全义退保五楼。少阳，沧州清池人也[③]。

【注释】

①羊、杜：羊即羊祜，杜即杜预。二人均为西晋初年有作为的大臣，羊、杜前赴后继，为西晋王朝建立清平政治，储备粮食和物资，训练军队，最后灭掉了吴国。 ②新罗：古代朝鲜半岛上的一个王国，经常向唐朝朝贡。 ③清池：县名，隋代设置，治所在今河北沧州市东南。

山南东道节度使于頔因讨吴少诚，大募战士，缮甲厉兵，聚敛货财，恣行诛杀，有据汉南之志，专以慢上陵下为事。上方姑息藩镇，知其所为，无如之何。頔诬邓州刺史元洪赃罪，朝廷不得已流洪端州，遣中使护送至枣阳[①]。頔遣兵劫取归襄州，中使奔归。頔表洪责太重，上复以洪为吉州长史；乃遣之。又怒判官薛正伦，奏贬峡州长史；比敕下，頔怒已解，复奏留为判官。上一一从之。

徐、泗、濠节度使张建封镇彭城十余年，军府称治，病笃，累表请除代人。辛亥，以苏州刺史韦夏卿为徐、泗、濠行军司马。敕下，建封已薨。夏卿，执谊之从祖兄也。徐州判官郑通诚知留后，恐军士为变，会浙西兵过彭城，通诚欲引入城为援。军士怒，壬子，数千人斧库门，出甲兵擐执之，围牙城，劫建封子前虢州参军愔令知军府事，杀通诚及大将段伯熊等数人，械系监军。上闻之，以吏部员外郎李鄘为徐州宣慰使。鄘直抵其军，召将士宣朝旨，谕以祸福，脱监军械，使复其位，凶党不敢犯。愔上表称兵马留后，鄘以非朝命，不受，使削去，然后受之以归。

灵州破吐蕃于乌兰桥[②]。

丙寅，韦士宗复入黔中。

湖南观察使河中吕渭奏发永州刺史阳履赃贿，履表称所敛物皆备进奉。上召诣长安，丁丑[③]，命三司使鞫之，诘其物费用所归，履曰："已市马进之矣。"又诘："马主为谁？马齿几何？"对曰："马主，东西南北之人，今不知所之；按《礼》，齿路马有诛，故不知其齿。"所对率类此。上悦其进奉之言，释之，但免官而已。

丙戌，加淄青节度使李师古同平章事。

徐州乱兵为张愔表求旄节，朝廷不许；加淮南节度使杜佑同平章事，兼徐、濠、泗节度使，使讨之。佑大具舟舰，遣牙将孟准为前锋；济淮而败，佑不敢进。泗州刺史张伾出兵攻埇桥，大败而还。朝廷不得已除愔徐州团练使，以伾为泗州留后，濠州刺史杜兼为濠州留后，仍加佑兼濠泗观察使。

兼，正伦五世孙也，性狡险强忍。建封之疾亟也，兼阴图代之，自濠州疾驱至府。幕僚李藩与同列，入问建封疾，出见之，泣曰："仆射疾危如此，公宜在州防遏，今弃州此来，欲何为也！宜速去，不然，当奏之。"兼错愕出不意，遂径归。建封薨，藩归扬州，兼诬奏藩于建封之薨摇动军情，上大怒，密诏杜佑使杀之；佑素重藩，怀诏旬日不忍发，因引藩论佛经曰："佛言果报，有诸？"藩曰："有之。"佑曰："审如此，君宜遇事无恐。"因出诏示藩。藩神色不变，曰："此真报也。"佑曰："君慎勿出口，吾已密论，用百口保君矣。"上犹疑之，召藩诣长安，望见藩仪度安雅，乃曰："此岂为恶者邪！"即除秘书郎。

【注释】

①枣阳：县名，隋代以广昌县改置，治所在今湖北枣阳市。　②乌兰桥：桥名。唐代在今甘肃靖远县西北设置乌兰县，乌兰桥即在境内，横跨黄河，为吐蕃通往中原的一个交通要道。　③丁丑：误，据清人严衍《通鉴补》应为"丁卯"。

新罗王俊邕卒，国人立其子重熙。

秋，七月，吴少诚进击韩全义于五楼，诸军复大败，全义夜遁，保溵水县城[①]。

卢龙节度使刘济弟源为涿州刺史，不受济命；济引兵击擒之。

九月，癸卯，义成节度使卢群薨；甲戌[②]，以尚书左丞李元素代之。贾耽曰："凡就军中除节度使，必有爱憎向背，喜惧者相半，故众心多不安。自今愿陛下只自朝廷除人，庶无他变。"上以为然。

中书侍郎、同平章事郑余庆与户部侍郎、判度支于頔素善，頔所奏事，余庆多劝上从之。上以为朋比，庚戌，贬余庆郴州司马，頔泉州司户。頔，頔之兄也。

癸丑，吴少诚进逼溵水数里置营，韩全义复帅诸军退保陈州。宣武、河阳兵私归本道，独陈许将孟元阳、神策将苏光荣帅所部留军溵水。全义以诈诱昭义将夏侯仲宣、义成将时昂、河阳将权文变、河中将郭湘等，斩之，欲以威众。全义至陈州，刺史刘昌裔登城谓之曰："天子命公讨蔡州，今乃来此，昌裔不敢纳，请舍于城外。"既而昌裔赍牛酒入全义营犒师，全义惊喜，心服之。己未，孟元阳等与少诚战，杀二千余人。

庚申，以太常卿齐抗为中书舍人、同平章事。

癸亥，以张愔为徐州留后。

冬，十月，吴少诚引兵还蔡州。先是，韦皋闻诸军讨少诚无功，上言"请以浑瑊、贾耽为元帅，统诸军。若重烦元老，则臣请以精锐万人下巴峡，出荆楚以翦凶逆。不然，因其请罪而赦之，罢两河诸军以休息公私，亦策之次也。若少诚一旦罪盈恶稔，为麾下所杀，则又当以其爵位授之，是除一少诚，生一少诚，为患无穷矣"。贾耽言于上曰："贼意盖亦望恩贷，恐须开其生路。"上从之。会少诚致书币于监官军者求昭洗，监军奏之。戊子，诏赦少诚及彰义将士，复其官爵。

己丑，河东节度使李说薨。甲午，以其行军司马郑儋为节度使。上择可以代儋者，以刑部员外郎严绶尝以幕僚进奉，记其名，即用为河东行军司马。

吐蕃数为韦皋所败，是岁，其曩贡、腊城等九节度婴、笼官马定德帅其部落来降。定德有智略，吐蕃诸将行兵，皆禀其谋策，常乘驿计事，至是以兵数不利，恐获罪，遂来奔。

【注释】

①溵水县：县名，隋开皇十六年（596）设置，治所在今河南商水县南的旧商水城。　②甲戌：唐德宗贞元十六年（800）九月无甲戌日，据严衍《通鉴补》，应为"甲辰"。

资治通鉴卷第二百三十六

唐纪五十二　起重光大荒落，尽旃蒙作噩，凡五年。

德宗神武圣文皇帝十一

贞元十七年　春，正月，甲寅，韩全义至长安，窦文场为掩其败迹；上礼遇甚厚。全义称足疾，不任朝谒，遣司马崔放入对。放为全义引咎，谢无功，上曰："全义为招讨使，能招来少诚，其功大矣，何必杀人然后为功邪！"闰月，甲戌，归夏州。

韦士宗既入黔州，妄杀长吏，人心大扰。士宗惧，三月，脱身亡走。夏，四月，辛亥，以右谏议大夫裴佶为黔州观察使。

五月，壬戌朔，日有食之。

朔方邠、宁、庆节度使杨朝晟防秋于宁州，乙酉，薨。

初，浑瑊遣兵马使李朝寀将兵戍定平[①]。瑊薨，朝寀请以其众隶神策军；诏许之。

杨朝晟疾亟，召僚佐谓曰："朝晟必不起，朔方命帅多自本军，虽徇众情，殊非国体。宁州刺史刘南金，练习军旅，宜使摄行军，且知军事，比朝廷择帅，必无虞矣。"又以手书授监军刘英倩，英倩以闻。军士私议曰："朝廷命帅，吾纳之，即命刘君，吾事之；若命帅于他军，彼必以其麾下来，吾属被斥矣，必拒之。"

己丑，上遣中使往察军情，军中多与南金。辛卯，上复遣高品薛盈珍赍诏诣宁州。六月，甲午，盈珍至军，宣诏曰："朝寀所将本朔方军，今将并之，以壮军势，威戎狄，以李朝寀为使，南金副之，军中以为何如?"诸将皆奉诏。

丙申,都虞候史经言于众曰:"李公命收弓刀而送甲胄二千。"军士皆曰:"李公欲内麾下二千为腹心,吾辈妻子其可保乎!"夜,造刘南金,欲奉以为帅。南金曰:"节度使固我所欲,然非天子之命则不可,军中岂无他将乎!"众曰:"弓刀皆为官所收,惟军事府尚有甲兵,欲因以集事。"南金曰:"诸君不愿朝寀为帅,宜以情告敕使。若操甲兵,乃拒诏也。"命闭门不内。军士去,诣兵马使高固,固逃匿;搜得之。固曰:"诸君能用吾命则可。"众曰:"惟命。"固曰:"毋杀人,毋掠金帛。"众曰:"诺。"乃共诣监军,请奏之。众曰:"刘君既得朝旨为副帅,必挠吾事。"诈称监军命,召计事,至而杀之。

戊戌,制以李朝寀为邠宁节度使。是日,宁州告变者至,上追还制书,复遣薛盈珍往诇军情。壬寅,至军,军中以高固为请,盈珍即以上旨命固知军事。

或传戊戌制书至邠州,邠军惑,不知所从,奸人乘之,且为变。留后孟子周悉内精甲于府廷,日飨士卒,内以悦众心,外以威奸党。邠军无变,子周之谋也。

【注释】

①定平:县名。唐初设置,治所在今甘肃正宁县西南政平镇。

李锜既执天下利权,以贡献固主恩,以馈遗结权贵,恃此骄纵,无所忌惮,盗取县官财,所部官属无罪受戮者相继。浙西布衣崔善贞诣阙上封事,言宫市、进奉及盐铁之弊,因言锜不法事。上览之,不悦,命械送锜。锜闻其将至,先凿坑于道旁;己亥,善贞至,并锁械内坑中,生瘗之①。远近闻之,不寒而栗。锜复欲为自全计,增广兵众,选有材力善射者谓之挽强②,胡、奚杂类谓之蕃落,给赐十倍他卒,转运判官卢坦屡谏不悛,与幕僚李约等皆去之。约,勉之子也。

己酉,以高固为邠宁节度使。固,宿将,以宽厚得众,节度使忌之,置于散地,同列多轻侮之;及起为帅,一无所报复,由是军中遂安。

丁巳，成德节度使王武俊薨。

秋，七月，戊寅，吐蕃寇盐州。

辛巳，以成德节度副使王士真为节度使。

己丑，吐蕃陷麟州，杀刺史郭锋，夷其城郭，掠居人及党项部落而去。锋，曜之子也。

僧延素为虏所得。虏将有徐舍人者，谓延素曰："我英公之五代孙也[3]。武后时，吾高祖建义不成，子孙流播异域，虽代居禄位典兵，然思本之心不忘，顾宗族大，无由自拔耳。今听汝归。"遂纵之。

上遣使敕韦皋出兵深入吐蕃以分其势，纾北边患。皋遣将将兵二万分出九道，攻吐蕃维、保、松州及栖鸡[4]、老翁城。

河东节度使郑儋暴薨，不及命后事，军中喧哗，将有他变。中夜，十余骑执兵召掌书记令狐楚至军门，诸将环之，使草遗表。楚在白刃之中，操笔立成。楚，德棻之族也。八月，戊午，以河东行军司马严绶为节度使。

九月，韦皋奏大破吐蕃于雅州。

左神策中尉窦文场致仕，以副使杨志廉代之。

韦皋屡破吐蕃，转战千里，凡拔城七，军镇五，焚堡百五十，斩首万余级，捕虏六千，降户三千，遂围维州及昆明城。冬，十月，庚子，加皋检校司徒兼中书令，赐爵南康郡王。南诏王异牟寻虏获尤多，上遣中使慰抚之。

戊午，盐州刺史杜彦先弃城奔庆州。

【注释】

①生瘗（yì 益）：瘗即埋葬尸体。这里指将人活埋。 ②挽强：唐德宗时李锜建立私人卫队，以力气大而能拉强弓而得名。 ③英公：即唐初功臣李勣，被封为英国公。 ④松州：唐初设置，治所在嘉诚县（今四川松潘县）。

十八年 春，正月，骠王摩罗思那遣其子悉利移入贡。骠国在南诏西南六千八百里[1]，闻南诏内附而慕之，因南诏入见，仍献其乐。

吐蕃遣其大相兼东鄙五道节度使论莽热将兵十万解维州之围，西川兵据险设伏以待之。吐蕃至，出千人挑战，虏悉众追之，伏发，虏众大败，擒论莽热，士卒死者太半。维州、昆明竟不下，引兵还。乙亥，皋遣使献论莽热，上赦之。

浙东观察使裴肃既以进奉得进，判官齐总代掌后务，刻剥以求媚又过之。三月，癸酉，诏擢总为衢州刺史。给事中长安许孟容封还诏书，曰："衢州无他虞，齐总无殊绩，忽此超奖，深骇群情。若总必有可录，愿明书劳课，然后超资改官，以解众疑。"诏遂留中。己亥[2]，上召孟容，慰奖之。

秋，七月，辛未，嘉王府谘议高弘本正牙奏事，自理逋债。乙亥，诏"公卿庶僚自今勿令正牙奏事，如有陈奏，宜延英门请对"。议者以为："正牙奏事，自武德以来未之或改，所以达群情，讲政事。弘本无知，黜之可也，不当因人而废事。"

淮南节度使杜佑累表求代，冬，十月，丁亥，以刑部尚书王锷为淮南副节度使兼行军司马。

己酉，鄜坊节度使王栖曜薨。中军将何朝宗谋作乱，夜，纵火；都虞候裴玢潜匿不救火，旦，擒朝宗，斩之。以同州刺史刘公济为鄜坊节度使，以玢为行军司马。

【注释】

①骠国：古代的朱波国，在今云南保山以南二千里今缅甸境内。②己亥：唐德宗贞元十八年（802）三月无己亥日，己亥前当漏"四月"二字。

十九年　春，二月，丁亥，名安黄军曰奉义。

己亥，安南牙将王季元逐其观察使裴泰，泰奔朱鸢[1]。明日，左兵马使赵匀斩季元及其党，迎泰而复之。

甲辰，杜佑入朝。三月，壬子朔，以佑检校司空、同平章事；以王锷为淮南节度使。

鸿胪卿王权请迁献、懿二祖于德明、兴圣庙[2]，每禘祫，正太祖东向之位；从之。

乙亥，以司农卿李实兼京兆尹。实为政暴戾，上爱信之。实恃恩骄傲，许人荐引，不次拜官，及诬谮斥逐，皆如期而效，士大夫畏之侧目。

夏，四月，泾原节度使刘昌奏请徙原州治平凉；从之。

乙亥，吐蕃遣其臣论颊热入贡。

六月，辛卯，以右神策中尉副使孙荣义为中尉，与杨志廉皆骄纵招权，依附者众，宦官之势益盛。

壬辰，遣右龙武大将军薛伾使于吐蕃。

陈许节度使上官涚薨，其婿田偁欲胁其子使袭军政；牙将王沛，亦涚之婿也，知其谋，以告监军范日用，讨擒之。乙未，以陈许行军司马刘昌裔为节度使。沛，许州人也。

自正月不雨至于秋七月。

己未，中书侍郎、同平章事齐抗以疾罢为太子宾客。

初，翰林待诏王伾善书，山阴王叔文善棋，俱出入东宫，娱侍太子。伾，杭州人也。

叔文谲诡多计，自言读书知治道，乘间常为太子言民间疾苦。太子尝与诸侍读及叔文等论及宫市事，太子曰："寡人方欲极言之。"众皆称赞，独叔文无言。既退，太子自留叔文，谓曰："向者君独无言，岂有意邪？"叔文曰："叔文蒙幸太子，有所见，敢不以闻。太子职当视膳问安，不宜言外事。陛下在位久，如疑太子收人心，何以自解！"太子大惊，因泣曰："非先生，寡人无以知此。"遂大爱幸，与王伾相依附。

唐凿四川乐山大佛

叔文因为太子言："某可为相，某可为将，幸异日用之。"密结翰林学士韦执谊及当时朝士有名而求速进者陆淳、吕温、李景俭、韩晔、韩泰、陈谏、柳宗元、刘禹锡等，定为死友。而凌准、程异等又因其党以进，日与游处，踪迹诡秘，莫有知其端者。藩镇或阴进资币，与之相结。淳，吴人，尝为左司郎中；温，渭之子，时为左拾遗；景俭，瑀之孙，进士及第；晔，滉之族子；谏，尝为侍御史；宗元、禹锡，时为监察御史。

左补阙张正一上书，得召见。正一与吏部员外郎王仲舒、主客员外郎刘伯刍等相亲善，叔文之党疑正一言己阴事，令韦执谊反谮正一等于上，云其朋党，游宴无度。九月，甲寅，正一等皆坐远贬，人莫知其由。伯刍，迺之子也。

【注释】

①朱鸢：县名。西汉设置，治所在今越南兴安省快州境内。 ②德明、兴圣：玄宗天宝二年（743），尊咎繇为德明皇帝，凉武昭王为兴圣皇帝，立庙京师。

盐夏节度判官崔文先权知盐州，为政苛刻。冬，闰十月，庚戌，部将李庭俊作乱，杀而脔食之。左神策兵马使李兴干戍盐州，杀庭俊以闻。

丁巳，门下侍郎、同平章事崔损薨。

十一月，戊寅朔，以李兴干为盐州刺史，得专奏事；自是盐州不隶夏州。

十二月，庚申，以太常卿高郢为中书侍郎，吏部侍郎郑珣瑜为门下侍郎，并同平章事。珣瑜，余庆之从父兄弟也。

建中初，敕京城诸使及府县系囚，每季终委御史巡案，有冤滥者以闻；近岁，北军移牒而已。监察御史崔薳遇下严察，下吏欲陷之，引以入右神策军。军使以下骇惧，具奏其状。上怒，杖薳四十，流崖州。

京兆尹嗣道王实务征求以给进奉，言于上曰："今岁虽旱而禾苗甚美。"由是租税皆不免，人穷至坏屋卖瓦木、麦苗以输官。优人成辅端为谣嘲之；实奏辅端诽谤朝政，杖杀之。

监察御史韩愈上疏，以"京畿百姓穷困，应今年税钱及草粟等征未得者，请俟来年蚕麦"。愈坐贬阳山令[①]。

【注释】

①阳山：县名，西汉时设置，后历有兴废，唐代治所在今广东阳山县青莲镇东南部的连江之北。

二十年 春，正月，丙戌，天德军都防御团练使、丰州刺史李景略卒。初，景略尝宴僚佐，行酒者误以醯进[1]。判官京兆任迪简以景略性严，恐行酒者获罪，强饮之，归而呕血；军士闻之泣下。及景略卒，军士皆曰判官仁者，欲奉以为帅。监军抱置别室，军士发扃取之。监军以闻，诏以代景略。

吐蕃赞普死，其弟嗣立。

夏，四月，丙寅，名陈许军曰忠武。

左金吾大将军李升云将禁兵镇咸阳，疾病，其子政谭与虞候上官望等谋效山东藩镇，使将士奏摄父事。六月，壬子，升云卒。甲寅，诏追削升云官爵，籍没其家。

昭义节度使李长荣薨，上遣中使以手诏授本军大将，但军士所附者即授之。时大将来希皓为众所服，中使将以手诏付之。希皓言于众曰："此军取人，合是希皓，但作节度使不得。若朝廷以一束草来，希皓亦必敬事。"中使言："面奉进止，只令此军取大将拔与节钺，朝廷不别除人。"希皓固辞。兵马使卢从史其位居四，潜与监军相结，起出伍曰："若来大夫不肯受诏，从史请且句当此军。"监军曰："卢中丞若如此，此亦固合圣旨。"中使因探怀取诏以授之。从史捧诏，再拜舞蹈。希皓亟回挥同列，北面称贺。军士毕集，更无一言。秋，八月，己未，诏以从史为节度使。

九月，太子始得风疾，不能言。

【注释】

①醯（xī 牺）：醋。

顺宗至德弘道大圣大安孝皇帝

永贞元年 春，正月，辛未朔，诸王、亲戚入贺德宗，太子独以疾不能来，德宗涕泣悲叹，由是得疾，日益甚。凡二十余日，中外不通，莫知两宫安否。

癸巳，德宗崩；苍猝召翰林学士郑絪、卫次公等至金銮殿草遗诏。宦官或曰："禁中议所立尚未定。"众莫敢对。次公遽言曰："太子虽有疾，地居冢嫡，中外属心。必不得已，犹应立广陵王。不然，必大乱。"絪等从而和之，议始定。次公，河东人也。太子知人情忧疑，紫衣麻鞋，力疾出九仙门，召见诸军使，人心粗安。

甲午，宣遗诏于宣政殿，太子缞服见百官；丙申，即皇帝位于太极殿。卫士尚疑之，企足引领而望之，曰："真太子也！"乃喜而泣。

时顺宗失音，不能决事，常居宫中施帘帷，独宦官李忠言、昭容牛氏侍左右①；百官奏事，自帷中可其奏。自德宗大渐，王伾先入，称诏召王叔文，坐翰林中使决事。伾以叔文意入言于忠言，称诏行下，外初无知者。以杜佑摄冢宰。二月，癸卯，上始朝百官于紫宸门。

己酉，加义武节度使张茂昭同平章事。

辛亥，以吏部郎中韦执谊为尚书左丞、同平章事。王叔文欲专国政，首引执谊为相，己用事于中，与相唱和。

壬子，李师古发兵屯西境以胁滑州。时告哀使未至诸道，义成牙将有自长安还得遗诏者，节度使李元素以师古邻道，欲示无外，遣使密以遗诏示之。师古欲乘国丧侵噬邻境，乃集将士谓曰："圣上万福，而元素忽传遗诏，是反也，宜击之。"遂杖元素使者，发兵屯曹州，且告假道于汴。宣武节度使韩弘使谓曰："汝能越吾界而为盗邪！有以相待，毋为空言！"元素告急，弘使谓曰："吾在此，公安无恐。"或告曰："翦棘夷道，兵且至矣，请备之。"弘曰："兵来，不除道也。"不为之应。师古诈穷变索，且闻上即位，乃罢兵。元素表请自贬，朝廷两慰解之。元素，泌之族弟也。

吴少诚以牛皮鞋材遗师古，师古以盐资少诚，潜过宣武界，事觉，弘皆留，输之库，曰："此于法不得以私相馈。"师古等皆惮之。

辛酉，诏数京兆尹道王实残暴掊敛之罪，贬通州长史；市井欢呼，皆袖瓦砾遮道伺之，实由间道获免。

【注释】

①昭容:古代皇宫中的女官名称,原称修容,三国时魏文帝设,地位在昭华之后,南朝时改为昭容,为九嫔第五。

壬戌,以殿中丞王伾为左散骑常侍,依前翰林待诏,苏州司功王叔文为起居舍人、翰林学士。

伾寝陋、吴语,上所亵狎;而叔文颇任事自许,微知文义,好言事,上以故稍敬之,不得如伾出入无阻。叔文入至翰林,而伾入至柿林院,见李忠言、牛昭容计事。大抵叔文依伾,伾依忠言,忠言依牛昭容,转相交结。每事先下翰林,使叔文可否,然后宣于中书,韦执谊承而行之。外党则韩泰、柳宗元、刘禹锡等主采听外事。谋议唱和,日夜汲汲如狂,互相推奖,曰伊、曰周、曰管、曰葛[①],僴然自得,谓天下无人;荣辱进退,生于造次,惟其所欲,不拘程式。士大夫畏之,道路以目。素与往还者,相次拔擢,至一日除数人。其党或言曰,“某可为某官”,不过一二日,辄已得之。于是叔文及其党十余家之门,昼夜车马如市。客候见叔文、伾者,至宿其坊中饼肆、酒垆下,一人得千钱,乃容之。伾尤阘茸[②],专以纳贿为事,作大匮贮金帛,夫妇寝其上。

甲子,上御丹凤门,赦天下,诸色逋负,一切蠲免,常贡之外,悉罢进奉。贞元之末政事为人患者,如宫市、五坊小儿之类[③],悉罢之。

先是,五坊小儿张捕鸟雀于闾里者,皆为暴横以取人钱物,至有张罗网于门不许人出入者,或张井上使不得汲者,近之,辄曰“汝惊供奉鸟雀!”即痛殴之,出钱物求谢,乃去。或相聚饮食于酒食之肆,醉饱而去,卖者或不知,就索其直,多被殴詈;或时留蛇一囊为质,曰:“此蛇所以致鸟雀而捕之者。今留付汝,幸善饲之,勿令饥渴。”卖者愧谢求哀,乃携挈而去。上在东宫,皆知其弊,故即位首禁之。

乙丑,罢盐铁使月进钱。先是,盐铁月进羡余而经入益少;至是,罢之。

三月,辛未,以王伾为翰林学士。

【注释】

①曰伊、曰周、曰管、曰葛:伊即伊尹,周即周公,管即管仲,葛即诸葛亮。四人都是古代辅佐帝王治理天下,以才能卓著,品德高尚而闻名于世,是历代官僚们效仿的榜样。 ②阘(tà 踏)茸:丑陋卑残,无能。③五坊小儿:唐代专为皇帝捕捉和豢养鸟兽的机构称为五坊,计有雕坊、鹘坊、鹞坊、鹰坊、狗坊。唐代称负责杂役事务的人为小儿。

德宗之末,十年无赦,群臣以微过谴逐者皆不复叙用,至是始得量移。壬申,追忠州别驾陆贽、郴州别驾郑余庆、杭州刺史韩皋、道州刺史阳城赴京师。

贽之秉政也,贬驾部员外郎李吉甫为明州长史,既而徙忠州刺史。贽昆弟门人咸以为忧,至而吉甫忻然以宰相礼事之。贽初犹惭惧,后遂为深交。吉甫,栖筠之子。韦皋在成都,屡上表请以贽自代。贽与阳城皆未闻追诏而卒。

丙戌,加杜佑度支及诸道盐铁转运使。以浙西观察使李锜为镇海节度使,解其盐铁转运使。锜虽失利权而得节旄,故反谋亦未发。

戊子,名徐州军曰武宁,以张愔为节度使。

加彰义节度使吴少诚同平章事。

以王叔文为度支、盐铁转运副使。先是叔文与其党谋,得国赋在手,则可以结诸用事人,取军士心,以固其权,又惧骤使重权,人心不服,藉杜佑雅有会计之名,位重而务自全,易可制,故先令佑主其名,而自除为副以专之。叔文虽判两使,不以簿书为意,日夜与其党屏

唐铜净瓶

人窃语,人莫测其所为。

以御史中丞武元衡为左庶子。德宗之末,叔文之党多为御史,元衡薄其为人,待之莽卤。元衡为山陵仪仗使,刘禹锡求为判官,不许。叔文以元衡在风宪,欲使附己,使其党诱以权利,元衡不从,由是左迁。元衡,平一之孙也。

侍御史窦群奏屯田员外郎刘禹锡挟邪乱政,不宜在朝。又尝谒叔文,揖之曰:“事固有不可知者。”叔文曰:“何谓也?”群曰:“去岁李实怙恩挟贵,气盖一时,公当此时,逡巡路旁,乃江南一吏耳。今公一旦复据其地,安知路旁无如公者乎!”其党欲逐之,韦执谊以群素有强直名,止之。

上疾久不愈,时扶御殿,群臣瞻望而已,莫有亲奏对者。中外危惧;思早立太子,而王叔文之党欲专大权,恶闻之。宦官俱文珍、刘光琦、薛盈珍等皆先朝任使旧人,疾叔文、忠言等朋党专恣,乃启上召翰林学士郑絪、卫次公、李程、王涯入金銮殿,草立太子制。时牛昭容辈以广陵王淳英睿,恶之;絪不复请,书纸为“立嫡以长”字呈上,上颔之。癸巳,立淳为太子,更名纯。程,神符五世孙也。

贾耽以王叔文党用事,心恶之,称疾不出,屡乞骸骨。丁酉,诸宰相会食中书。故事,宰相方食,百寮无敢谒见者。叔文至中书,欲与执谊计事,令直省通之,直省以旧事告,叔文怒,叱直省。直省惧,入白。执谊逡巡惭赧,竟起迎叔文,就其阁语良久。杜佑、高郢、郑珣瑜皆停箸以待,有报者云:“叔文索饭,韦相公已与之同食阁中矣。”佑、郢心知不可,畏叔文、执谊,莫敢出言。珣瑜独叹曰:“吾岂可复居此位!”顾左右,取马径归,遂不起。二相皆天下重望,相次归卧,叔文、执谊等益无所顾忌,远近大惧。

夏,四月,壬寅,立皇弟谔为钦王,诫为珍王;子经为郯王,纬为均王,纵为溆王,纾为莒王,绸为密王,总为郇王,约为邵王,结为宋王,缃为集王,绿为冀王,绮为和王,绚为衡王,纁为会王,绾为福王,纮为抚王,绲为岳王,绅为袁王,纶为桂王,缂为翼王。

乙巳,上御宣政殿,册太子。百官睹太子仪表,退,皆相贺,至有感泣者，中外大喜。而王叔文独有忧色，口不敢言，但吟杜甫题《诸葛亮祠堂》诗曰："出师未捷身先死，长使英雄泪满襟。[①]"闻者哂之。

先是，太常卿杜黄裳为裴延龄所恶，留滞台阁，十年不迁，及其婿韦执谊为相，始迁太常卿。黄裳劝执谊帅群臣请太子监国，执谊惊曰："丈人甫得一官，奈何启口议禁中事！"黄裳勃然曰："黄裳受恩三朝，岂得以一官相买乎！"拂衣起出。

戊申，以给事中陆淳为太子侍读，仍更名质。韦执谊自以专权，恐太子不悦，故以质为侍读，使潜伺太子意，且解之。及质发言，太子怒曰："陛下令先生为寡人讲经义耳，何为预他事！"质惶惧而出。

五月，辛未，以右金吾大将军范希朝为左・右神策京西诸城镇行营节度使。甲戌，以度支郎中韩泰为其行军司马。王叔文自知为内外所憎疾，欲夺取宦官兵权以自固，藉希朝老将，使主其名，而实以泰专其事；人情不测其所为，益疑惧。

辛卯，以王叔文为户部侍郎，依前充度支、盐铁转运副使。俱文珍等恶其专权，削去翰林之职。叔文见制书，大惊，谓人曰："叔文日时至此商量公事，若不得此院职事，则无因而至矣。"王伾即为疏请，不从。再疏，乃许三五日一入翰林，去学士名。叔文始惧。

【注释】

①"出师"二句：杜甫诗。意为诸葛亮出师平定中原，还没有取得成功，却先去世了，使古今的英雄无限感慨，泪湿衣襟。

六月，己亥，贬宣歙巡官羊士谔为汀州宁化尉[①]。士谔以公事至长安，遇叔文用事，公言其非。叔文闻之，怒，欲下诏斩之，执谊不可；则令杖煞之[②]，执谊又以为不可；遂贬焉。由是叔文始大恶执谊，往来二人门下者皆惧。

先时，刘辟以剑南支度副使将韦皋之意于叔文[③]，求都领剑南三川[④]，谓叔文曰："太尉使辟致微诚于公，若与某三川，当以死相助；若不与，亦当有以相酬。"叔文怒，亦将斩之，执谊固执不可。

辟尚游长安未去，闻贬士谔，遂逃归。执谊初为叔文所引用，深附之，既得位，欲掩其迹，且迫于公议，故时时为异同；辄使人谢叔文曰："非敢负约，乃欲曲成兄事耳！"叔文诟怒，不之信，遂成仇怨。

癸丑，韦皋上表，以为："陛下哀毁成疾，重劳万机，故久而未安，请权令皇太子亲监庶政，候皇躬痊愈，复归春宫⑤。臣位兼将相，今之所陈，乃其职分。"又上太子笺，以为："圣上远法高宗，亮阴不言，委政臣下，而所付非人。王叔文、王伾、李忠言之徒，辄当重任，赏罚纵情，堕纪紊纲，散府库之积以赂权门。树置心腹，遍于贵位；潜结左右，忧在萧墙。窃恐倾太宗盛业，危殿下家邦，愿殿下即日奏闻，斥逐群小，使政出人主，则四方获安。"皋自恃重臣，远处西蜀，度王叔文不能动摇，遂极言其奸。俄而荆南节度使裴均、河东节度使严绶笺表继至，意与皋同，中外皆倚以为援，而邪党震惧。均，光庭之曾孙也。

王叔文既以范希朝、韩泰主京西神策军，诸宦者尚未寤。会边上诸将各以状辞中尉，且言方属希朝。宦者始寤兵柄为叔文等所夺，乃大怒曰："从其谋，吾属必死其手。"密令其使归告诸将曰："无以兵属人。"希朝至奉天，诸将无至者。韩泰驰归白之，叔文计无所出，唯曰："奈何！奈何！"无几，其母病甚。丙辰，叔文盛具酒馔，与诸学士及李忠言、俱文珍、刘光琦等饮于翰林。叔文言曰："叔文母病，以身任国事之故，不得亲医药，今将求假归侍。叔文比竭心力，不避危难，皆为朝廷之恩。一旦去归，百谤交至，谁肯见察以一言相助乎？"文珍随其语辄折之，叔文不能对，但引满相劝，酒数行而罢。丁巳，叔文以母丧去位。

秋，七月，丙子，加李师古检校侍中。

王叔文既有母丧，韦执谊益不用其语。叔文怒，与其党日夜谋起复，必先斩执谊而尽诛不附己者，闻者恟惧。自叔文归第，王伾失据，日诣宦官及杜佑请起叔文为相，且总北军；既不获，则请以为威远军使、平章事，又不得；其党皆忧悸不自保。是日，伾坐翰林中，疏三上，不报，知事不济，行且卧，至夜，忽叫曰："伾中风矣！"明日，遂舆归不出。己丑，以仓部郎中、判度支案陈谏为河中少尹；伾、叔文之党至是始去。

【注释】

①宁化：县名。唐天宝时以黄连县改名，治所在今福建宁化县。②煞：同“杀”。 ③支度副使：唐代边防军都有负责军用物资和粮食等事务的支度使和副使。 ④剑南三川：唐代指剑南东川、西川和山南西道为剑南三川。其地在今四川一带。 ⑤春宫：即东宫，皇太子住的地方。

癸巳，横海军节度使程怀信薨，以其子副使执恭为留后。

乙未，制以“积疢未复[1]，其军国政事，权令皇太子纯句当”。时内外共疾王叔文党与专恣，上亦恶之；俱文珍屡启上请令太子监国，上固厌倦万机，遂许之。又以太常卿杜黄裳为门下侍郎，左金吾大将军袁滋为中书侍郎，并同平章事。俱文珍等以其旧臣，故引用之。又以郑珣瑜为吏部尚书，高郢为刑部尚书，并罢政事。太子见百官于东朝堂，百官拜贺；太子涕泣，不答拜。

八月，庚子，制“令太子即皇帝位，朕称太上皇，制敕称诰”。

辛丑，太上皇徙居兴庆宫，诰改元永贞，立良娣王氏为太上皇后[2]。后，宪宗之母也。

壬寅，贬王伾开州司马[3]、王叔文渝州司户[4]。伾寻病死贬所。明年，赐叔文死。

乙巳，宪宗即位于宣政殿。

丙午，升平公主献女口五十。上曰：“上皇不受献，朕何敢违！”遂却之。庚戌，荆南献毛龟二，上曰：“朕所宝惟贤。嘉禾、神芝，皆虚美耳，所以《春秋》不书祥瑞。自今凡有嘉瑞，但准令申有司，勿复以闻。及珍禽奇兽，皆毋得献。”

癸丑，西川节度使南康忠武王韦皋薨。皋在蜀二十一年，重加赋敛，丰贡献以结主恩，厚给赐以抚士卒，士卒婚嫁死丧，皆供其资费，以是得久安其位而士卒乐为之用，服南诏，摧吐蕃。幕僚岁久官崇者则为刺史，已复还幕府，终不使还朝，恐泄其所为故也。府库既实，时宽其民，三年一复租赋，蜀人服其智谋而畏其威，至今画像以为土神，家家祀之。

支度副使刘辟自为留后。

朗州武陵、龙阳江涨[5]，流万余家。

壬午[6]，奉义节度使伊慎入朝。

辛卯[7]，夏绥节度使韩全义入朝。全义败于溵水而还，不朝觐而去，上在藩邸，闻其事而恶之；全义惧，乃请入朝。

刘辟使诸将表求节钺，朝廷不许；己未，以袁滋为剑南东、西川、山南西道安抚大使。

度支奏裴延龄所置别库，皆减正库之物别贮之。请并归正库，从之。

【注释】

①疢(chèn 衬)：热病。 ②良娣：唐代皇宫中的女官。 ③开州：隋置，治所在今重庆市开州区。 ④渝州：隋置，治所在今重庆市。 ⑤朗州：隋置，治所在武陵县(今湖南常德市)。 ⑥壬午：唐顺宗永贞元年(805)八月无壬午日，疑误。 ⑦辛卯：唐顺宗永贞元年(805)八月无辛卯日，疑误。

辛酉，遣度支、盐铁转运副使潘孟阳宣慰江、淮，行视租赋、榷税利害，因察官吏否臧，百姓疾苦。

癸亥，以尚书左丞郑余庆同平章事。

九月，戊辰，礼仪使奏："曾太皇太后沈氏岁月滋深，迎访理绝。案晋庾蔚之议，寻求三年之外，俟中寿而服之[1]。伏请以大行皇帝启攒宫日，皇帝帅百官举哀，即以其日为忌。"从之。

壬申，监修国史韦执谊奏，始令史官撰《日历》。

己卯，贬神策行军司马韩泰为抚州刺史，司封郎中韩晔为池州刺史，礼部员外郎柳宗元为邵州刺史，屯田员外郎刘禹锡为连州刺史。

冬，十月，丁酉，右仆射、同平章事贾耽薨。

戊戌，以中书侍郎、同平章事袁滋同平章事，充西川节度使；征刘辟为给事中。

舒王谊薨。

太常议曾太皇太后谥曰"睿真皇后"。

山人罗令则自长安如普润，矫称太上皇诰，征兵于秦州刺史刘澭，且说澭以废立；澭执送长安，并其党杖杀之。

己酉，葬神武孝文皇帝于崇陵，庙号德宗。

十一月，己巳，祔睿真皇后、德宗皇帝主于太庙。礼仪使杜黄裳等议，以为："国家法周制，太祖犹后稷，高祖犹文王，太宗犹武王，皆不迁。高宗在三昭三穆之外，请迁主于西夹室。"从之。

壬申，贬中书侍郎、同平章事韦执谊为崖州司马。执谊以尝与王叔文异同，且杜黄裳婿，故独后贬。然叔文败，执谊亦自失形势，知祸且至，虽尚为相，常不自得，奄奄无气，闻人行声，辄惶悸失色，以至于贬。

柳宗元像

戊寅，以韩全义为太子少保，致仕。

刘辟不受征，阻兵自守；袁滋畏其强，不敢进。上怒，贬滋为吉州刺史。

复以右庶子武元衡为御史中丞。

朝议谓王叔文之党或自员外郎出为刺史，贬之太轻；己卯，再贬韩泰为虔州司马、韩晔为饶州司马、柳宗元为永州司马、刘禹锡为朗州司马；又贬河中少尹陈谏为台州司马、和州刺史凌准为连州司马、岳州刺史程异为郴州司马。

回鹘怀信可汗卒，遣鸿胪少卿孙杲临吊，册其嗣为腾里野合俱录毗伽可汗。

十二月，甲辰，加山南东道节度使于頔同平章事。

以奉义节度使伊慎为右仆射。

己酉，以给事中刘辟为西川节度副使、知节度事。上以初嗣位，力未能讨故也。右谏议大夫韦丹上疏，以为："今释辟不诛，则朝廷可以指臂而使者，惟两京耳。此外谁不为叛！"上善其言。壬子，以丹为东川节度使。丹，津之五世孙也。

辛酉，百官请上上皇尊号曰应乾圣寿太上皇；上尊号曰文武大圣孝德皇帝。上许上上皇尊号而自辞不受。

壬戌，以翰林学士郑絪为中书侍郎、同平章事。

以刑部郎中杜兼为苏州刺史。兼辞行，上书称李锜且反，必奏族臣；上然之，留为吏部郎中。

【注释】

①中寿：《庄子》中说人一生的上寿一百，中寿八十，下寿六十。中寿即活八十岁。

资治通鉴卷第二百三十七

唐纪五十三　起柔兆阉茂，尽屠维赤奋若六月，凡三年有奇。

宪宗昭文章武大圣至神孝皇帝上之上

元和元年　春，正月，丙寅朔，上帅群臣诣兴庆宫上上皇尊号。

丁卯，赦天下，改元。

辛未，以鄂岳观察使韩皋为奉义节度使。癸酉，以奉义留后伊宥为安州刺史兼安州留后。宥，慎之子也。壬午，加成德节度使王士真同平章事。

甲申，上皇崩于兴庆宫。

刘辟既得旌节，志益骄，求兼领三川，上不许。辟遂发兵围东川节度使李康于梓州[①]，欲以同幕卢文若为东川节度使。推官莆田林蕴力谏辟举兵，辟怒，械系于狱，引出，将斩之，阴戒行刑者使不杀，但数砺刃于其颈，欲使屈服而赦之。蕴叱之曰："竖子，当斩即斩，我颈岂汝砥石邪！"辟顾左右曰："真忠烈之士也！"乃黜为唐昌尉[②]。

上欲讨辟而重于用兵，公卿议者亦以为蜀险固难取，杜黄裳独曰："辟狂戆书生，取之如拾芥耳！臣知神策军使高崇文勇略可用，愿陛下专以军事委之，勿置监军，辟必可擒。"上从之。翰林学士李吉甫亦劝上讨蜀，上由是器之。戊子，命左神策行营节度使高崇文将步骑五千为前军，神策京西行营兵马使李元奕将步骑二千为次军，与山南西道节度使严砺同讨辟。时宿将名位素重者甚众，皆自谓当征蜀之选；及诏用崇文，皆大惊。

上与杜黄裳论及藩镇，黄裳曰："德宗自经忧患，务为姑息，不生除节帅；有物故者，先遣中使察军情所与则授之。中使或私受大将赂，归而誉之，即降旄钺，未尝有出朝廷之意者。陛下必欲振举纲纪，宜稍以法度裁制藩镇，然后天下可得而理也。"上深以为然，于是始用兵讨蜀，以至威行两河，皆黄裳启之也。

高崇文屯长武城，练卒五千，常如寇至，卯时受诏，辰时即行，器械糗粮，一无所阙。甲午，崇文出斜谷，李元奕出骆谷，同趣梓州。崇文军至兴元，军士有食于逆旅，折人匕箸者，崇文斩之以徇。

刘辟陷梓州，执李康。二月，严砺拔剑州，斩其刺史文德昭。

【注释】

①梓州：隋代以新州改名，后历有废改，治所在今四川三台县。②唐昌：县名。唐初设置，屡有废兴，治所在今四川成都市郫都区唐昌镇。

奚王诲落可入朝。丁酉，以诲落可为饶乐郡王，遣归。

癸丑，加魏博节度使田季安同平章事。

戊午，上与宰相论"自古帝王，或勤劳庶政，或端拱无为，互有得失，何为而可"？杜黄裳对曰："王者上承天地宗庙，下抚百姓四夷，夙夜忧勤，固不可自暇自逸。然上下有分，纪纲有叙；苟慎选天下贤才而委任之，有功则赏，有罪则刑，选用以公，赏刑以信，则谁不尽力，何求不获哉！明主劳于求人而逸于任人，此虞舜所以能无为而治者也。至于簿书狱市烦细之事，各有司存，非人主所宜亲也。昔秦始皇以衡石程书[①]，魏明帝自按行尚书事[②]，隋文帝卫士传餐[③]，皆无补于当时，取讥于后来，其耳目形神非不勤且劳也，所务非其道也。夫人主患不推诚，人臣患不竭忠。苟上疑其下，下欺其上，将以求理，不亦难乎！"上深然其言。

三月，丙寅，以神策行营京西节度使范希朝为右金吾大将军。

高崇文引兵自阆州趣梓州[④]，刘辟将邢泚引兵遁去，崇文入屯梓州。辟归李康于崇文以求自雪，崇文以康败军失守，斩之。丙子，严砺奏克梓州。丁丑，制削夺刘辟官爵。

初，韩全义入朝，以其甥杨惠琳知夏绥留后。杜黄裳以全义出征无功，骄蹇不逊，直令致仕；以右骁卫将军李演为夏绥节度使。惠琳勒兵拒之，表称"将士逼臣为节度使"。河东节度使严绶表请讨之。诏河东、天德军合击惠琳，绶遣牙将阿跌光进及弟光颜将兵赴之，光进本出河曲步落稽，兄弟在河东军，皆以勇敢闻。辛巳，夏州兵马使张承金斩惠琳，传首京师。

东川节度使韦丹至汉中，表言"高崇文客军远斗，无所资，若与梓州，缀其士心，必能有功"。夏，四月，丁酉，以崇文为东川节度副使、知节度事。

潘孟阳所至，专事游宴，从仆三百人，多纳贿赂；上闻之，甲辰，以孟阳为大理卿，罢其度支、盐铁转运副使。

丙午，策试制举之士，于是校书郎元稹、监察御史独孤郁、校书郎下邽白居易⑤、前进士萧俛、沈传师出焉。郁，及之子；俛，华之孙；传师，既济之子也。

【注释】

①衡石程书：秦始皇在位时，国家大小事情都亲自处理，每天必须看完用秤称好的文书，每天要做的事都有一个计划，不完成任务不休息。　②魏明帝：三国时期魏国的皇帝曹叡，226—239 年在位，处理政事喜好抓细微末节的小事。　③隋文帝：隋朝建立者杨坚，581—604 年在位，有勇有识，才能卓著，处理政事十分勤奋。　④阆州：唐代以隆州改置，治所在今四川阆中市。　⑤下邽：县名。秦代设置，后屡有废改，治所在今陕西渭南市下邽镇。

杜佑请解财赋之职，仍举兵部侍郎、度支使、盐铁转运副使李巽自代。丁未，加佑司徒，罢其盐铁转运使，以巽为度支、盐铁转运使。自刘晏之后，居财赋之职者，莫能继之。巽掌使一年，征课所入，类晏之多，明年过之，又一年加一百八十万缗。

戊申，加陇右经略使、秦州刺史刘澭保义军节度使。

辛酉，以元稹为左拾遗，白居易为盩厔尉、集贤校理，萧俛为右拾遗,沈传师为校书郎。

稹上疏论谏职,以为:“昔太宗以王珪、魏征为谏官,宴游寝食未尝不在左右,又命三品以上入议大政,必遣谏官一人随之,以参得失,故天下大理。今之谏官,大不得豫召见,次不得参时政,排行就列,朝谒而已。近年以来,正牙不奏事,庶官罢巡对,谏官能举职者,独诰命有不便则上封事耳。君臣之际,讽谕于未形,筹画于至密,尚不能回至尊之盛意,况于既行之诰令,已命之除授,而欲以咫尺之书收丝纶之诏[1],诚亦难矣。愿陛下时于延英召对,使尽所怀,岂可置于其位而屏弃疏贱之哉!”

顷之,复上疏,以为:“理乱之始,必有萌象。开直言,广视听,理之萌也。甘谄谀,蔽近习,乱之象也。自古人主即位之初,必有敢言之士,人主苟受而赏之,则君子乐行其道,竞为忠谠;小人亦贪得其利,不为回邪矣。如是,则上下之志通,幽远之情达,欲无理得乎!苟拒而罪之,则君子卷怀括囊以保其身[2],小人阿意迎合以窃其位矣。如是,则十步之事,皆可欺也,欲无乱得乎!昔太宗初即政,孙伏伽以小事谏,太宗喜,厚赏之。故当是时,言事者惟患不深切,未尝以触忌讳为忧也。太宗岂好逆意而恶从欲哉?诚以顺适之快小,而危亡之祸大故也。陛下践阼,今已周岁,未闻有受伏伽之赏者。臣等备位谏列,旷日弥年,不得召见,每就列位,屏气鞠躬,不敢仰视,又安暇议得失,献可否哉!供奉官尚尔[3],况疏远之臣乎!此盖群下因循之罪也。”因条奏请次对百官、复正牙奏事、禁非时贡献等十事。

稹又以贞元中王伾、王叔文以伎术得幸东宫,永贞之际几乱天下,上书劝上早择修正之士使辅导诸子,以为:“太宗自为藩王,与文学清修之士十八人居。后代太子、诸王,虽有僚属,日益疏贱,至于师傅之官,非眊聩废疾不任事者[4],则休戎罢帅不知书者为之。其友谕赞议之徒,尤为冗散之甚,搢绅皆耻由之。就使时得僻老儒生,越月逾时,仅获一见,又何暇傅之德义,纳之法度哉!夫以匹士爱其子,犹知求明哲之师而教之,况万乘之嗣,系四海之命乎!”上颇嘉纳其言,时召见之。

【注释】

①丝纶之诏:《礼记》中称“王言如丝,其出如纶。王言如纶,其出如綍”。丝纶之诏实际指君王的决定。 ②卷怀:退缩柔顺之意,语出《论语·卫灵公》“邦无道则可卷而怀也”。括囊:束好袋口,比喻闭口不言,语出《周易·坤卦》六四爻辞“括囊,无咎无誉”。 ③供奉官:官名。指在皇帝身边供职的人。唐代有三院御史内供奉、翰林院供奉等。 ④眊(mào 冒):年老眼昏。

壬戌,邵王约薨。

五月,丙子,以横海留后程执恭为节度使。

庚辰,尚书左丞、同平章事郑余庆罢为太子宾客。

辛卯,尊太上皇后为皇太后。

刘辟城鹿头关,连八栅,屯兵万余人以拒高崇文。六月,丁酉,崇文击败之。辟置栅于关东万胜堆。戊戌,崇文遣骁将范阳高霞寓攻夺之,下瞰关城,凡八战皆捷。

加卢龙节度使刘济兼侍中。己亥,加平卢节度使李师古兼侍中。

庚子,高崇文破刘辟于德阳[①];癸卯,又破之于汉州[②];严砺遣其将严秦破辟众万余人于绵州石碑谷[③]。

初,李师古有异母弟曰师道,常疏斥在外,不免贫窭。师古私谓所亲曰:“吾非不友于师道也,吾年十五拥节旄,自恨不知稼穑之艰难。况师道复减吾数岁,吾欲使之知衣食之所自来,且以州县之务付之,计诸公必不察也。”及师古疾笃,师道时知密州事,好画及觱篥[④]。师古谓判官高沐、李公度曰:“迨吾之未乱也[⑤],欲有问于子。我死,子欲奉谁为帅乎?”二人相顾未对。师古曰:“岂非师道乎?人情谁肯薄骨肉而厚他人,顾置帅不善,则非徒败军政也,且覆吾族。师道为公侯子孙,不务训兵理人,专习小人贱事以为已能,果堪为帅乎?幸诸公审图之!”闰月,壬戌朔,师古薨。沐、公度秘不发丧,潜逆师道于密州,奉以为节度副使。

秋,七月,癸丑[⑥],高崇文破刘辟之众万人于玄武[⑦]。甲午,诏:“凡西川继援之兵,悉取崇文处分。”

壬寅，葬至德大圣大安孝皇帝于丰陵[8]，庙号顺宗。

八月，壬戌，以妃郭氏为贵妃。

丁卯，立皇子宁为邓王，宽为澧王，宥为遂王，察为深王，寰为洋王，寮为绛王，审为建王。

李师道总军务，久之，朝命未至。师道谋于将佐，或请出兵掠四境。高沐固止之，请输两税，申官吏，行盐法，遣使相继奉表诣京师。杜黄裳请乘其未定而分之；上以刘辟未平，己巳，以师道为平卢留后、知郓州事。

堂后主书滑涣久在中书[9]，与知枢密刘光琦相结，宰相议事有与光琦异者，令涣达意，常得所欲，杜佑、郑细等皆低意善视之。郑余庆与诸相议事，涣从旁指陈是非，余庆怒叱之；未几，罢相。四方赂遗无虚日，中书舍人李吉甫言其专恣，请去之。上命宰相阖中书四门搜掩，尽得其奸状，九月，辛丑，贬涣雷州司户，寻赐死；籍没，家财凡数千万。

【注释】

①德阳：县名，唐初设置，治所在今四川德阳市。　②汉州：唐代设置，治所在今四川广汉市。　③绵州：隋代设置，历有废兴，治所在今四川绵阳市东。　④觱篥：也称“必栗”“悲栗”，古代西域管乐器。⑤乱：这里指病得神志不清。　⑥癸丑：唐宪宗元和元年(806)七月无癸丑日，疑误。　⑦玄武：县名，隋初以伍城县改名，唐代治所在今四川中江县东南。　⑧丰陵：唐顺宗李诵墓，在今陕西富平县境内。　⑨堂后主书：唐代一种下级官吏，即堂后官，在中书省，多接触朝廷机密。

壬寅，高崇文又败刘辟之众于鹿头关；严秦败刘辟之众于神泉[1]。河东将阿跌光颜将兵会高崇文于行营，愆期一日，惧诛，欲深入自赎，军于鹿头之西，断其粮道，城中忧惧。于是辟、绵江栅将李文悦[2]、鹿头守将仇良辅皆以城降于崇文；获辟婿苏强，士卒降者万计。崇文遂长驱直指成都，所向崩溃，军不留行；辛亥，克成都。刘辟、卢文若帅数十骑西奔吐蕃，崇文使高霞寓等追之，及于羊灌田。辟赴江不死，擒之。文若先杀妻子，乃系石自沉。崇文入成都，屯于通衢，休息士卒，市肆不惊，珍货山积，秋毫不犯，槛刘辟送京师。斩辟大将邢泚、馆驿巡官沈衍，余无所问。军府事无巨细，命一遵韦南康故事[3]，从容指㧑，一境皆平。

初，韦皋以西山运粮使崔从知邛州事，刘辟反，从以书谏辟；辟发兵攻之，从婴城固守；辟败，乃得免。从，融之曾孙也。

韦皋参佐房式、韦乾度、独孤密、符载、郗士美、段文昌等素服麻屦，衔土请罪；崇文皆释而礼之，草表荐式等，厚赆而遣之。目段文昌曰："君必为将相，未敢奉荐。"载，庐山人；式，琯之从子；文昌，志玄之玄孙也。

辟有二妾，皆殊色，监军请献之，崇文曰："天子命我讨平凶竖，当以抚百姓为先，遽献妇人以求媚，岂天子之意邪！崇文义不为此。"乃以配将吏之无妻者。

杜黄裳建议征蜀及指受高崇文方略，皆悬合事宜。崇文素惮刘澭，黄裳使谓之曰："若无功，当以刘澭相代。"故能得其死力。及蜀平，宰相入贺，上目黄裳曰："卿之功也！"

辛巳[4]，诏征少室山人李渤为左拾遗；渤辞疾不至，然朝政有得失，渤辄附奏陈论。

冬，十月，甲子，易定节度使张茂昭入朝。

制割资、简、陵、荣、昌、泸六州隶东川。房式等未至京师，皆除省寺官。丙寅，以高崇文为西川节度使。戊辰，以严砺为东川节度使。

庚午，以将作监柳晟为山南西道节度使。晟至汉中，府兵讨刘辟还，未至城，诏复遣戍梓州；军士怨怒，胁监军，谋作乱。晟闻之，疾驱入城，慰劳之，既而问曰："汝曹何以得成功？"对曰："诛反者刘辟耳。"晟曰："辟以不受诏命，故汝曹得以立功，岂可复使他人诛汝以为功邪？"众皆拜谢，请诣戍所如诏书。军府由是获安。

壬申[5]，以平卢留后李师道为节度使。

戊子，刘辟至长安，并族党诛之。

武宁节度使张愔有疾，上表请代。十一月，戊申，征愔为工部尚书，以东都留守王绍代之，复以濠、泗二州隶武宁军。徐人喜得二州，故不为乱。

丙辰，以内常侍吐突承璀为左神策中尉。承璀事上于东宫，以干敏得幸。

是岁，回鹘入贡，始以摩尼偕来[6]，于中国置寺处之。其法日晏乃食，食荤而不食湩酪[7]。回鹘信奉之，可汗或与议国事。

【注释】

①神泉：县名，隋代以西充国县改名，治所在今四川绵阳市安州区南。 ②绵江：即绵水，在今四川江安县一带。 ③韦南康：即前西川节度使韦皋，他曾获封南康郡王。 ④辛巳：唐宪宗元和元年(806)九月无辛巳日，疑误。 ⑤壬申：据章钰校应为“壬午”，即十月二十三日。 ⑥摩尼：宗教名。三世纪时由波斯人摩尼创立，吸取各种宗教的思想成分。唐代传入中国，也称为“明教”“明尊教”“末尼教”等。 ⑦湩酪：即奶酪。

二年 春，正月，辛卯，上祀圜丘，赦天下。

上以杜佑高年重德，礼重之，常呼司徒而不名。佑以老疾，请致仕；诏令佑每月入朝不过再三，因至中书议大政；他日听归樊川。

门下侍郎、同平章事杜黄裳，有经济大略而不修小节，故不得久在相位。乙巳，以黄裳同平章事，充河中、晋、绛、慈、隰节度使。己酉，以户部侍郎武元衡为门下侍郎，翰林学士李吉甫为中书侍郎，并同平章事。吉甫闻之感泣，谓中书舍人裴垍曰：“吉甫流落江、淮，逾十五年，一旦蒙恩至此。思所以报德，惟在进贤，而朝廷后进，罕所接识，君有精鉴，愿悉为我言之。”垍取笔疏三十余人，数月之间，选用略尽。当时翕然称吉甫为得人。

二月，癸酉，邕州奏破黄贼，获其酋长黄承庆。

夏，四月，甲子，以右金吾大将军范希朝为朔方、灵、盐节度使，以右神策、盐州、定远兵隶焉，以革旧弊，任边将也。

秋，八月，刘济、王士真、张茂昭争私隙，迭相表请加罪。戊寅，以给事中房式为幽州、成德、义武宣慰使，和解之。

九月，乙酉，密王绸薨。

夏、蜀既平，藩镇惕息，多求入朝。镇海节度使李锜亦不自安，求入朝；上许之。遣中使至京口慰抚，且劳其将士。锜虽署判官王澹为留后，实无行意，屡迁行期，澹与敕使数劝谕之。锜不悦，上表称疾，请至岁暮入朝。上以问宰相，武元衡曰："陛下初即政，锜求朝得朝，求止得止，可否在锜，将何以令四海！"上以为然，下诏征之。锜诈穷，遂谋反。

王澹既掌留务，于军府颇有制置，锜益不平，密谕亲兵使杀之。会颁冬服，锜严兵坐幄中，澹与敕使入谒，有军士数百噪于庭曰："王澹何人，擅主军务！"曳下，脔食之；大将赵琦出慰止，又脔食之；注刃于敕使之颈，诟詈，将杀之；锜阳惊，救之。

冬，十月，己未，诏征锜为左仆射，以御史大夫李元素为镇海节度使。庚申，锜表言军变，杀留后、大将。先是锜选腹心五人为所部五州镇将，姚志安处苏州，李深处常州，赵惟忠处湖州，丘自昌处杭州，高肃处睦州，各有兵数千，伺察刺史动静。至是，锜各使杀其刺史，遣牙将庾伯良将兵三千治石头城。常州刺史颜防用客李云计，矫制称招讨副使，斩李深，传檄苏、杭、湖、睦，请同进讨。湖州刺史辛秘潜募乡闾子弟数百，夜袭赵惟忠营，斩之。苏州刺史李素为姚志安所败，生致于锜，具桎梏钉于船舷，未及京口，会锜败，得免。

乙丑，制削李锜官爵及属籍。以淮南节度使王锷统诸道兵为招讨处置使；征宣武、义宁、武昌兵并淮南、宣歙兵俱出宣州①，江西兵出信州，浙东兵出杭州，以讨之。

【注释】

①义宁：唐宪宗元和二年（807）还没有设置义宁军，义宁似为武宁之误，《新唐书》作"武宁"。武昌：即武昌军，唐代军镇，元和元年（806）置，治所在今湖北武汉市。

高崇文在蜀期年，一旦谓监军曰："崇文，河朔一卒，幸有功，致位至此。西川乃宰相回翔之地，崇文叨居日久，岂敢自安！"屡上表称"蜀中安逸，无所陈力，愿效死边陲"。上择可以代崇文者而难其人。丁卯，以门下侍郎、同平章事武元衡同平章事，充西川节度使。

李锜以宣州富饶，欲先取之，遣兵马使张子良、李奉仙、田少卿将兵三千袭之。三人知锜必败，与牙将裴行立同谋讨之。行立，锜之甥也，故悉知锜之密谋。三将营于城外，将发，召士卒谕之曰："仆射反逆，官军四集，常、湖二将继死，其势已蹙。今乃欲使吾辈远取宣城，吾辈何为随之族灭！岂若去逆效顺，转祸为福乎！"众悦，许诺，即夜，还趋城。行立举火鼓噪，应之于内，引兵趋牙门。锜闻子良等举兵，怒，闻行立应之，抚膺曰："吾何望矣！"跣走，匿楼下。亲将李钧引挽强三百趋山亭，欲战，行立伏兵邀斩之。锜举家皆哭，左右执锜，裹之以幕，缒于城下，械送京师。挽强、蕃落争自杀，尸相枕藉。癸酉，本军以闻。乙亥，群臣贺于紫宸殿。上愀然曰："朕之不德，致宇内数有干纪者，朕之愧也，何贺之为！"

宰相议诛锜大功以上亲[①]，兵部郎中蒋乂曰："锜大功亲，皆淮安靖王之后也。淮安有佐命之功，陪陵、享庙，岂可以末孙为恶而累之乎！"又欲诛其兄弟，乂曰："锜兄弟，故都统国贞之子也，国贞死王事，岂可使之不祀乎！"宰相以为然。辛巳，锜从父弟宋州刺史铦等皆贬官流放。

十一月，甲申朔，锜至长安，上御兴安门，面诘之。对曰："臣初不反，张子良等教臣耳。"上曰："卿为元帅，子良等谋反，何不斩之，然后入朝？"锜无以对。乃并其子师回腰斩之。

有司请毁锜祖考冢庙，中丞卢坦上言："李锜父子受诛，罪已塞矣。昔汉诛霍禹，不罪霍光[②]；先朝诛房遗爱，不及房玄龄。《康诰》曰[③]：'父子兄弟，罪不相及。'况以锜为不善而罪及五代祖乎！"乃不毁。

有司籍锜家财输京师。翰林学士裴垍、李绛上言，以为："李锜僭侈，割剥六州之人以富其家，或枉杀其身而取其财。陛下闵百姓无告，故讨而诛之，今辇金帛以输上京，恐远近失望。愿以逆人资财赐浙西百姓，代今年租赋。"上嘉叹久之，即从其言。

【注释】

①大功：本是古代的一种服丧的规范，这里实际指亲族范围，即包括堂兄弟姊妹在内的各种亲属关系。　②霍光：西汉时期著名的大臣、政治家，曾执掌朝政二十余年，族党满朝，权倾内外，后其兵权被收，宗族被

诛。　③《康诰》:《尚书》中的一篇。

昭义节度使卢从史,内与王士真、刘济潜通,而外献策请图山东[1],擅引兵东出。上召令还上党,从史托言就食邢、洺,不时奉诏;久之,乃还。

他日,上召李绛对于浴堂,语之曰:"事有极异者,朕比不欲言之。朕与郑䌹议敕从史归上党,续征入朝。䌹乃泄之于从史,使称上党乏粮,就食山东。为人臣负朕乃尔,将何以处之?"对曰:"审如此,灭族有余矣!然䌹、从史必不自言,陛下谁从得之?"上曰:"吉甫密奏。"绛曰:"臣窃闻搢绅之论,称䌹为佳士,恐必不然。或者同列欲专朝政,疾宠忌前,愿陛下更熟察之,勿使人谓陛下信谗也!"上良久曰:"诚然,䌹必不至此。非卿言,朕几误处分。"

上又尝从容问绛曰:"谏官多谤讪朝政,皆无事实,朕欲谪其尤者一二人以儆其余,何如?"对曰:"此殆非陛下之意,必有邪臣欲壅蔽陛下之聪明者。人臣死生,系人主喜怒,敢发口谏者有几!就有谏者,皆昼度夜思,朝删暮减,比得上达,什无二三。故人主孜孜求谏,犹惧不至,况罪之乎!如此,杜天下之口,非社稷之福也。"上善其言而止。

群臣请上尊号曰"睿圣文武皇帝";丙申,许之。

盩厔尉、集贤校理白居易作乐府及诗百余篇,规讽时事,流闻禁中;上见而悦之,召入翰林为学士。

十二月,丙辰,上谓宰相曰:"太宗以神圣之资,群臣进谏者犹往复数四,况朕寡昧,自今事有违,卿当十论,无但一二而已。"

丙寅,以高崇文同平章事,充邠宁节度使、京西诸军都统。

山南东道节度使于頔惮上英威,为子季友求尚主;上以皇女普宁公主妻之。翰林学士李绛谏曰:"頔,虏族;季友,庶孽[2]。不足以辱帝女,宜更择高门美才。"上曰:"此非卿所知。"己卯,公主适季友,恩礼甚盛;頔出望外,大喜。顷之,上使人讽之入朝谢恩,頔遂奉诏。

是岁,李吉甫撰《元和国计簿》上之,总计天下方镇四十八,州府二百九十五,县千四百五十三。其凤翔、鄜坊、邠宁、振武、泾原、银夏、灵盐、河东、易定、魏博、镇冀、范阳、沧景、淮西、淄青等十五道七十一州不申户口外，每岁赋税倚办止于浙江东·西、宣歙、淮南、江西、鄂岳、福建、湖南八道四十九州，一百四十四万户，比天宝税户四分减三。天下兵仰给县官者八十三万余人，比天宝三分增一，大率二户资一兵。其水旱所伤，非时调发，不在此数。

【注释】

①山东：山即太行山。山东指太行山东边的魏博和恒冀军镇。

②庶孽：非正妻所生之子。

三年 春，正月，癸巳，群臣上尊号曰"睿圣文武皇帝"；赦天下。"自今长吏诣阙，无得进奉"。知枢密刘光琦奏分遣诸使赍赦诣诸道，意欲分其馈遗，翰林学士裴垍、李绛奏"敕使所至烦扰，不若但附急递"。上从之。光琦称旧例，上曰："例是则从之，苟为非是，奈何不改！"

临泾镇将郝玼以临泾地险要[①]，水草美，吐蕃将入寇，必屯其地，言于泾原节度使段祐，奏而城之，自是泾原获安。

二月，戊寅，咸安大长公主薨于回鹘。三月，回鹘腾里可汗卒。

癸巳，郇王总薨。

辛亥，御史中丞卢坦奏弹前山南西道节度使柳晟，前浙东观察使阎济美违赦进奉。上召坦褒慰之，曰："朕已释其罪，不可失信。"坦曰："赦令宣布海内，陛下之大信也。晟等不畏陛下法，奈何存小信弃大信乎！"上乃命归所进于有司。

夏，四月，上策试贤良方正直言极谏举人，伊阙尉牛僧孺、陆浑尉皇甫湜[②]、前进士李宗闵皆指陈时政之失，无所避；户部侍郎杨于陵、吏部员外郎韦贯之为考策官，贯之署为上第。上亦嘉之。乙丑，诏中书优与处分。李吉甫恶其言直，泣诉于上，且言"翰林学士裴垍、王涯覆策。湜，涯之甥也，涯不先言；垍无所异同"。上不得已，罢垍、涯学士，垍为户部侍郎，涯为都官员外郎，贯之为果州刺史。后数日，贯之再贬巴州刺史，涯贬虢州司马。乙亥，以杨于陵为岭南节度使，亦坐考策无异同也。僧孺等久之不调，各从辟于藩府。僧孺，弘之七世孙；宗闵，元懿之玄孙；贯之，福嗣之六世孙；湜，睦州新安人也。

丁丑，罢五月朔宣政殿朝贺[3]。

以荆南节度使裴均为右仆射。均素附宦官得贵显，为仆射，自矜大。尝入朝，逾位而立；中丞卢坦揖而退之，均不从。坦曰："昔姚南仲为仆射，位在此。"均曰："南仲何人？"坦曰："是守正不交权幸者。"坦寻改右庶子。

五月，翰林学士、左拾遗白居易上疏，以为："牛僧孺等直言时事，恩奖登科，而更遭斥逐，并出为关外官[4]。杨于陵等以考策敢收直言，裴垍等以覆策不退直言，皆坐谴谪。卢坦以数举职事黜庶子。此数人皆今之人望，天下视其进退以卜时之否臧者也。一旦无罪悉疏弃之，上下杜口，众心汹汹，陛下亦知之乎？且陛下既下诏征之直言，索之极谏，僧孺等所对如此，纵未能推而行之，又何忍罪而斥之乎！昔德宗初即位，亦征直言极谏之士，策问天旱，穆质对云：'两汉故事，三公当免；卜式著议[5]，弘羊可烹[6]。'德宗深嘉之，自畿尉擢为左补阙。今僧孺等所言未过于穆质，而遽斥之，臣恐非嗣祖宗之道也！"质，宁之子也。

【注释】

①临泾：县名，隋代改湫谷县设置，治所在今甘肃镇原县。 ②陆浑：县名，隋代以伏流县改名，治所在今河南嵩县东北。 ③宣政殿朝贺：唐代贞元七年（791）规定，每年五月一日，文武大臣和各在京官吏在宣政殿向皇帝朝贺。 ④关外官：这里指京城以外的军镇官吏。 ⑤卜式：西汉大臣，封为关内侯，反对盐铁专卖，被贬职。 ⑥弘羊：即桑弘羊，西汉著名理财家，主张盐铁酒专卖，采取措施，平抑物价，后因争权被杀。

丙午，册回鹘新可汗为"爱登里啰汨密施合毗伽保义可汗"。

西原蛮酋长黄少卿请降；六月，癸亥，以为归顺州刺史。

沙陀劲勇冠诸胡，吐蕃置之甘州，每战，以为前锋。回鹘攻吐蕃，取凉州；吐蕃疑沙陀贰于回鹘，欲迁之河外。沙陀惧，酋长朱邪尽忠与其子执宜谋复自归于唐，遂帅部落三万，循乌德鞬山而东[1]。行三日,吐蕃追兵大至,自洮水转战至石门,凡数百合;尽忠死,士众死者太半。执宜帅其余众犹近万人,骑三千,诣灵州降。灵盐节度使范希朝闻之,自帅众迎于塞上,置之盐州,为市牛羊,广其畜牧,善抚之。诏置阴山府[2],以执宜为兵马使。未几,尽忠弟葛勒阿波又帅众七百诣希朝降;诏以为阴山府都督。自是,灵盐每有征讨,用之所向皆捷,灵盐军益强。

秋,七月,辛巳朔,日有食之。

以右庶子卢坦为宣歙观察使。苏强之诛也,兄弘在晋州幕府,自免归,人莫敢辟。坦奏:"弘有才行,不可以其弟故废之,请辟为判官。"上曰:"向使苏强不死,果有才行,犹可用也,况其兄乎!"坦到官,值旱饥,谷价日增,或请抑其价。坦曰:"宣、歙土狭谷少,所仰四方之来者;若价贱,则商船不复来,益困矣。"既而米斗二百,商旅辐凑。

九月,庚寅,以于頔为司空,同平章事如故;加右仆射裴均同平章事,为山南东道节度使。

淮南节度使王锷入朝。锷家巨富,厚进奉及赂宦官,求平章事。翰林学士白居易上言以为:"宰相人臣极位,非清望大功不应授。昨除裴均,外议已纷然,今又除锷,则如锷之辈皆生冀望。若尽与之,则典章大坏,又不感恩;不与,则厚薄有殊,或生怨望。幸门一启,无可奈何。且锷在镇五年,百计诛求,货财既足,自入进奉。若除宰相,四方藩镇皆谓锷以进奉得之,竞为割剥,则百姓何以堪之!"事遂寝。

壬辰,加宣武节度使韩弘同平章事。

丙申,以户部侍郎裴垍为中书侍郎、同平章事。上虽以李吉甫故罢垍学士,然宠信弥厚,故未几复擢为相。

初,德宗不任宰相,天下细务皆自决之,由是裴延龄辈得用事。上在藩邸,心固非之;及即位,选擢宰相,推心委之,尝谓垍等曰:"以太宗、玄宗之明,犹藉辅佐以成其理,况如朕不及先圣万倍者乎!"垍亦竭诚辅佐。上尝问垍:"为理之要何先?"对曰:"先正其心。"旧制,民输税有三:一曰上供;二曰送使;三曰留州。建中初定两税,货重钱轻;是后货轻钱重,民所出已倍其初。其留州、送使者，所在又降省估，就实估以重敛于民。及垍为相，奏："天下留州、送使物，请一切用省估；其观察使，先税所理之州以自给，不足，然后许税于所属之州。"由是江、淮之民稍苏息。先是，执政多恶谏官言时政得失，垍独赏之。垍器局峻整，人不敢干以私。尝有故人自远诣之，垍资给优厚，从容款狎。其人乘间求京兆判司，垍曰："公才不称此官，不敢以故人之私伤朝廷至公。他日有盲宰相怜公者，不妨得之，垍则必不可。"

戊戌，以中书侍郎、同平章事李吉甫同平章事，充淮南节度使。

河中、晋绛节度使邠宣公杜黄裳薨。

冬，十二月，庚戌，置行原州于临泾[3]，以镇将郝玭为刺史。

南诏王异牟寻卒，子寻阁劝立。

【注释】

①乌德鞬山：又作乌都鞬山、乞督军山等，即今蒙古国境内的杭爱山脉。 ②阴山府：唐宪宗元和三年（808）设，专管沙陀族降众，其地在今内蒙古阴山山脉附近。 ③行原州：原州本治平高县（在今宁夏固原市），后被吐蕃占领，后在今甘肃镇原县设行原州，以招抚原州的逃难百姓。

四年 春，正月，戊子，简王遘薨。

渤海康王嵩璘卒，子元瑜立，改元永德。

南方旱饥。庚寅，命左司郎中郑敬等为江、淮、二浙、荆、湖、襄、鄂等道宣慰使，赈恤之，将行，上戒之曰："朕宫中用帛一匹，皆籍其数，惟赒救百姓，则不计费，卿辈宜识此意，勿效潘孟阳饮酒游山而已。"

给事中李藩在门下，制敕有不可者，即于黄纸后批之。吏请更连素纸，藩曰："如此，乃状也，何名批敕！"裴垍荐藩有宰相器。上以门下侍郎、同平章事郑絪循默取容，二月，丁卯，罢絪为太子宾客，擢藩为门下侍郎、同平章事。藩知无不言，上甚重之。

河东节度使严绶，在镇九年，军政补署一出监军李辅光，绶拱手而已。裴垍具奏其状，请以李鄘代之。三月，乙酉，以绶为左仆射，以凤翔节度使李鄘为河东节度使。

成德节度使王士真薨，其子副大使承宗自为留后。河北三镇，相承各置副大使，以嫡长为之，父没则代领军务。

上以久旱，欲降德音，翰林学士李绛、白居易上言，以为"欲令实惠及人，无如减其租税"。又言"宫人驱使之余，其数犹广，事宜省费，物贵徇情"。又请"禁诸道横敛以充进奉"。又言"岭南、黔中、福建风俗，多掠良人卖为奴婢，乞严禁止"。闰月，己酉，制降天下系囚，蠲租税，出宫人，绝进奉，禁掠卖，皆如二臣之请。己未，雨。绛表贺曰："乃知忧先于事，故能无忧；事至而忧，无救于事。"

初，王叔文之党既贬，有诏，虽遇赦无得量移。吏部尚书、盐铁转运使李巽奏："郴州司马程异，吏才明辨，请以为杨子留后[1]。"上许之。巽精于督察，吏人居千里之外，战栗如在巽前。异句检簿籍，又精于巽，卒获其用。

魏征玄孙稠贫甚，以故第质钱于人，平卢节度使李师道请以私财赎出之。上命白居易草诏，居易奏言："事关激劝，宜出朝廷。师道何人，敢掠斯美！望敕有司以官钱赎还后嗣。"上从之，出内库钱二千缗赎赐魏稠，仍禁质卖。

王承宗叔父士则以承宗擅自立，恐祸及宗，与幕客刘栖楚俱自归京师；诏以士则为神策大将军。

翰林学士李绛等奏曰："陛下嗣膺大宝，四年于兹，而储闱未立，典册不行，是开窥觎之端，乖重慎之义，非所以承宗庙、重社稷也。伏望抑㧑谦之小节，行至公之大典。"丁卯，制立长子邓王宁为皇太子。宁，纪美人之子也。

辛未，灵盐节度使范希朝奏以太原防秋兵六百人衣粮给沙陀，许之。

夏，四月，山南东道节度使裴均恃有中人之助，于德音后首进银器千五百余两。翰林学士李绛、白居易等上言："均欲以此尝陛下，愿却之。"上遽命出银器付度支。既而有旨谕进奏院："自今诸道进奉，无得申御史台；有访问者，辄以名闻。"白居易复以为言，上不听。

【注释】

①杨子留后:杨子即扬州扬子县。唐代大历年间以来,盐铁转运使在此设巡院,故有留后一职。

上欲革河北诸镇世袭之弊,乘王士真死,欲自朝廷除人;不从则兴师讨之。裴垍曰:“李纳跋扈不恭,王武俊有功于国,陛下前许师道,今夺承宗,沮劝违理,彼必不服。”由是议久不决。上以问诸学士,李绛等对曰:“河北不遵声教,谁不愤叹,然今日取之,或恐未能。成德自武俊以来,父子相承四十余年,人情贯习,不以为非。况承宗已总军务,一旦易之,恐未必奉诏。又范阳、魏博、易定、淄青以地相传,与成德同体,彼闻成德除人,必内不自安,阴相党助,虽茂昭有请,亦恐非诚。所以然者,今国家除人代承宗,彼邻道劝成,进退有利。若所除之人得入,彼则自以为功;若诏令有所不行,彼因潜相交结;在于国体,岂可遽休!须兴师四面攻讨,彼将帅则加官爵,士卒则给衣粮,按兵玩寇,坐观胜负,而劳费之病尽归国家矣。今江、淮水,公私困竭,军旅之事,殆未可轻议也。”

左军中尉吐突承璀欲希上意,夺裴垍权,自请将兵讨之。上疑未决,宗正少卿李拭奏称:“承宗不可不讨。承璀亲近信臣,宜委以禁兵,使统诸军,谁敢不服!”上以拭状示诸学士曰:“此奸臣也,知朕欲将承璀,故上此奏。卿曹记之,自今勿令得进用。”

昭义节度使卢从史遭父丧,朝廷久未起复;从史惧,因承璀说上,请发本军讨承宗。壬辰,起复从史左金吾大将军,余如故。

初,平凉之盟,副元帅判官路泌、会盟判官郑叔矩皆没于吐蕃。其后吐蕃请和,泌子随三诣阙号泣上表,乞从其请;德宗以吐蕃多诈,不许。至是,吐蕃复请和,随又五上表,诣执政泣请,裴垍、李藩亦言于上,请许其和;上从之。五月,命祠部郎中徐复使吐蕃。

六月,以灵盐节度使范希朝为河东节度使。朝议以沙陀在灵武,迫近吐蕃,虑其反复,又部落众多,恐长谷价,乃命悉从希朝诣河东。希朝选其骁骑千二百,号沙陀军,置使以领之,而处其余众于定襄川。于是朱邪执宜始保神武川之黄花堆[1]。

左军中尉吐突承璀领功德使[2],盛修安国寺,奏立圣德碑,高大一准"华岳碑"[3],先构碑楼,请敕学士撰文,且言"臣已具钱万缗,欲酬之"。上命李绛为之,绛上言:"尧、舜、禹、汤,未尝立碑自言圣德,惟秦始皇于巡游所过,刻石高自称述,未审陛下欲何所法!且叙修寺之美,不过壮丽观游,岂所以光益圣德!"上览奏,承璀适在旁,上命曳倒碑楼。承璀言:"碑楼甚大,不可曳,请徐毁撤。"冀得延引,乘间再论,上厉声曰:"多用牛曳之!"承璀乃不敢言。凡用百牛曳之,乃倒。

【注释】

①神武川:地名,在今山西山阴县东北。 ②功德使:官名,唐代管理全国僧人、尼姑、道士的名册和寺庙道观事宜的官吏。贞元四年(788)设置左右街大功德使和东都功德使等。 ③华岳碑:唐玄宗在华岳祠前立华岳碑,高五十余尺,为自己歌功颂德。

资治通鉴卷第二百三十八

唐纪五十四

起屠维赤奋若七月，尽玄黓执徐九月，凡三年有奇。

宪宗昭文章武大圣至神孝皇帝上之下

元和四年 秋，七月，壬戌，御史中丞李夷简弹京兆尹杨凭，前为江西观察使贪污僭侈；丁卯，贬凭临贺尉[①]。夷简，元懿之玄孙也。上命尽籍凭资产，李绛谏曰："旧制，非反逆不籍其家。"上乃止。

凭之亲友无敢送者，栎阳尉徐晦独至蓝田与别。太常卿权德舆素与晦善，谓之曰："君送杨临贺，诚为厚矣，无乃为累乎！"对曰："晦自布衣蒙杨公知奖，今日远谪，岂得不与之别！借如明公他日为谗人所逐，晦敢自同路人乎！"德舆嗟叹，称之于朝。后数日，李夷简奏为监察御史。晦谢曰："晦平生未尝得望公颜色，公何从而取之！"夷简曰："君不负杨临贺，肯负国乎！"

上密问诸学士曰："今欲用王承宗为成德留后，割其德、棣二州更为一镇以离其势，并使承宗输二税，请官吏，一如师道，何如？"李绛等对曰："德、棣之隶成德，为日已久，今一旦割之，恐承宗及其将士忧疑怨望，得以为辞。况其邻道情状一同，各虑他日分割，或潜相构扇；万一旅拒，倍难处置，愿更三思。所是二税、官吏，愿因吊祭使至彼，自以其意谕承宗，令上表陈乞如师道例，勿令知出陛下意。如此，则幸而听命，于理固顺，若其不听，体亦无损。”

上又问:“今刘济、田季安皆有疾,若其物故,岂可尽如成德付授其子,天下何时当平!议者皆言‘宜乘此际代之,不受则发兵讨之,时不可失’。如何?”对曰:“群臣见陛下西取蜀,东取吴,易于反掌,故谄谀躁竞之人争献策画,劝开河北,不为国家深谋远虑,陛下亦以前日成功之易而信其言。臣等夙夜思之,河北之势与二方异。何则?西川、浙西皆非反侧之地,其四邻皆国家臂指之臣。刘辟、李锜独生狂谋,其下皆莫之与,辟、锜徒以货财啖之,大军一临,则涣然离耳。故臣等当时亦劝陛下诛之,以其万全故也。成德则不然,内则胶固岁深,外则蔓连势广,其将士百姓怀其累代煦妪之恩,不知君臣逆顺之理,谕之不从,威之不服,将为朝廷羞。又,邻道平居或相猜恨,及闻代易,必合为一心,盖各为子孙之谋,亦虑他日及此故也。万一余道或相表里,兵连祸结,财尽力竭,西戎、北狄乘间窥窬[②],其为忧患可胜道哉!济、季安与承宗事体不殊,若物故之际,有间可乘,当临事图之。于今用兵,则恐未可。太平之业,非朝夕可致,愿陛下审处之。”

时吴少诚病甚,绛等复上言:“少诚病必不起。淮西事体与河北不同,四旁皆国家州县,不与贼邻,无党援相助;朝廷命帅,今正其时,万一不从,可议征讨。臣愿舍恒冀难致之策,就申蔡易成之谋。脱或恒冀连兵,事未如意,蔡州有衅,势可兴师,南北之役俱兴,财力之用不足。傥事不得已,须赦承宗,则恩德虚施,威令顿废。不如早赐处分,以收镇冀之心,坐待机宜,必获申蔡之利。”既而承宗久未得朝命,颇惧,累表自诉。八月,壬午,上乃遣京兆少尹裴武诣真定宣慰,承宗受诏甚恭,曰:“三军见迫,不暇俟朝旨,请献德、棣二州以明恳款。”

【注释】

①临贺:县名,西汉时设置,治所在今广西贺州市东南贺街,后有废兴。　②窬(yú 娱):本意为爬墙过去,这里指窥伺。

丙申,安南都护张舟奏破环王三万众[①]。

九月,甲辰朔,裴武复命。庚戌,以承宗为成德军节度、恒、冀、深、赵州观察使，德州刺史薛昌朝为保信军节度、德、棣二州观察使。昌朝，嵩之子，王氏之婿也，故就用之。田季安得飞报，先知之，使谓承宗曰："昌朝阴与朝廷通，故受节钺。"承宗遽遣数百骑驰入德州，执昌朝，至真定，囚之。中使送昌朝节过魏州，季安阳为宴劳，留使者累日，比至德州，已不及矣。

上以裴武为欺罔，又有谮之者曰："武使还，先宿裴垍家，明旦乃入见。"上怒甚，以语李绛，欲贬武于岭南。绛曰："武昔陷李怀光军中，守节不屈，岂容今日遽为奸回！盖贼多变诈，人未易尽其情。承宗始惧朝廷诛讨，故请献二州；既蒙恩贷，而邻道皆不欲成德开分割之端，计必有阴行间说诱而胁之，使不得守其初心者，非武之罪也。今陛下选武使入逆乱之地，使还，一语不相应，遽窜之暇荒，臣恐自今奉使贼廷者以武为戒，苟求便身，率为依阿两可之言，莫肯尽诚具陈利害，如此，非国家之利也。且垍、武久处朝廷，谙练事体，岂有使还未见天子而先宿宰相家乎！臣敢为陛下必保其不然，此殆有谗人欲伤武及垍者，愿陛下察之。"上良久曰："理或有此。"遂不问。

丙辰，振武奏吐蕃五万余骑至拂梯泉[2]。辛未，丰州奏吐蕃万余骑至大石谷，掠回鹘入贡还国者。

左神策军吏李昱贷长安富人钱八千缗，满三岁不偿，京兆尹许孟容收捕械系，立期使偿，曰："期满不足，当死。"一军大惊。中尉诉于上，上遣中使宣旨，送本军，孟容不之遣。中使再至，孟容曰："臣不奉诏，当死。然臣为陛下尹京畿，非抑制豪强，何以肃清辇下！钱未毕

白居易像

偿，昱不可得。”上嘉其刚直而许之，京城震栗。

上遣中使谕王承宗，使遣薛昌朝还镇；承宗不奉诏。冬，十月，癸未，制削夺承宗官爵，以左神策中尉吐突承璀为左右神策、河中、河阳、浙西、宣歙等道行营兵马使、招讨处置等使。

翰林学士白居易上奏，以为：“国家征伐，当责成将帅，近岁始以中使为监军。自古及今，未有征天下之兵，专令中使统领者也。今神策军既不置行营节度使，则承璀乃制将也。又充诸军招讨处置使，则承璀乃都统也。臣恐四方闻之，必窥朝廷；四夷闻之，必笑中国。陛下忍令后代相传云以中官为制将、都统自陛下始乎！臣又恐刘济、茂昭及希朝、从史乃至诸道将校皆耻受承璀指麾，心既不齐，功何由立！此是资承宗之计而挫诸将之势也。陛下念承璀勤劳，贵之可也；怜其忠赤，富之可也。至于军国权柄，动关理乱，朝廷制度，出自祖宗，陛下宁忍徇下之情而自隳法制，从人之欲而自损圣明，何不思于一时之间而取笑于万代之后乎！”时谏官、御史论承璀职名太重者相属，上皆不听。戊子，上御延英殿，度支使李元素、盐铁使李鄘、京兆尹许孟容、御史中丞李夷简、谏议大夫孟简、给事中吕元膺、穆质、右补阙独孤郁等极言其不可；上不得已，明日，削承璀四道兵马使，改处置为宣慰而已。

李绛尝极言宦官骄横，侵害政事，谗毁忠贞。上曰：“此属安敢为谗！就使为之，朕亦不听。”绛曰：“此属大抵不知仁义，不分枉直，唯利是嗜，得赂则誉跖、跻为廉良③，佛意则毁龚、黄为贪暴④，能用倾巧之智，构成疑似之端，朝夕左右浸润以入之，陛下必有时而信之矣。自古宦官败国者，备载方册，陛下岂得不防其渐乎！”

己亥，吐突承璀将神策兵发长安，命恒州四面藩镇各进兵招讨。

【注释】

①环王：即唐代林邑郡，治所在今越南广南省维川县南部。 ②拂梯泉：又作鹏鹈泉，在今内蒙古杭锦后旗西北。 ③跖、跻：即柳下跖和庄跻，被认为是先秦时期的两个大盗。 ④龚、黄：即龚遂和黄霸，均为西汉时期大臣，为政宽和，卓有政绩。

初，吴少诚宠其大将吴少阳，名以从弟，署为军职，出入少诚家如至亲，累迁申州刺史。少诚病，不知人，家僮鲜于熊儿诈以少诚命召少阳摄副使、知军州事。少诚有子元庆，少阳杀之。十一月，己巳，少诚薨，少阳自为留后。

是岁，云南王寻阁劝卒，子劝龙晟立。

田季安闻吐突承璀将兵讨王承宗，聚其徒曰："师不跨河二十五年矣，今一旦越魏伐赵；赵虏，魏亦虏矣，计为之奈何？"其将有超伍而言者，曰："愿借骑五千以除君忧。"季安大呼曰："壮哉！兵决出，格沮者斩！"

幽州牙将绛人谭忠为刘济使魏，知其谋，入谓季安曰："如某之谋，是引天下之兵也。何者？今王师越魏伐赵，不使耆臣宿将而专付中臣，不输天下之甲而多出秦甲，君知谁为之谋？此乃天子自为之谋，欲将夸服于臣下也。若师未叩赵而先碎于魏，是上之谋反不如下，且能不耻于天下乎！既耻且怒，必任智士画长策，仗猛将练精兵，毕力再举涉河，鉴前之败，必不越魏而伐赵，校罪轻重，必不先赵而后魏，是上不上，下不下，当魏而来也。"季安曰："然则若之何？"忠曰："王师入魏，君厚犒之。于是悉甲压境，号曰伐赵，而可阴遗赵人书曰：'魏若伐赵，则河北义士谓魏卖友；魏若与赵，则河南忠臣谓魏反君。卖友反君之名，魏不忍受。执事若能阴解陴障，遗魏一城，魏得持之奏捷天子以为符信，此乃使魏北得以奉赵，西得以为臣，于赵有角尖之耗，于魏获不世之利，执事岂能无意于魏乎！'赵人脱不拒君，是魏霸基安矣。"季安曰："善！先生之来，是天眷魏也[①]。"遂用忠之谋，与赵阴计，得其堂阳[②]。

忠归幽州，谋欲激刘济讨王承宗。会济合诸将言曰："天子知我怨赵，今命我伐之，赵亦必大备我。伐与不伐孰利？"忠疾对曰："天子终不使我伐赵，赵亦不备燕。"济怒曰："尔何不直言济与承宗反乎！"命系忠狱。使人视成德之境，果不为备；后一日，诏果来，令济"专护北疆，勿使朕复挂胡忧，而得专心于承宗"。济乃解狱召忠曰："信如子断矣；何以知之？"忠曰："卢从史外亲燕，内实忌之；外绝赵，内实与之。此为赵画曰：'燕以赵为障，虽怨赵，必不残赵，不必为备。'一且示赵不敢抗燕，二且使燕获疑天子。赵人既不备燕，潞人则走告于天子曰：'燕厚怨赵，赵见伐而不备燕，是燕反与赵也。'此所以知天子终不使君伐赵，赵亦不备燕也。"济曰："今则奈何？"忠曰："燕、赵为怨，天下无不知。今天子伐赵，君坐全燕之甲，一人未济易水，此正使潞人以燕卖恩于赵，败忠于上，两皆售也。是燕贮忠义之心，卒染私赵之口，不见德于赵人，恶声徒嘈嘈于天下耳。惟君熟思之！"济曰："吾知之矣。"乃下令军中曰："五日毕出，后者醢以徇！"

【注释】

①眷：眷顾，保佑。 ②堂阳：县名，西汉时设置，屡有废兴，治所在今河北新河县西。

五年 春，正月，刘济自将兵七万人击王承宗，时诸军皆未进，济独前奋击，拔饶阳①、束鹿。

河东、河中、振武、义武四军为恒州北道招讨，会于定州。会望夜，军吏以有外军，请罢张灯。张茂昭曰："三镇，官军也，何谓外军！"命张灯，不禁行人，不闭里门，三夜如平日，亦无敢喧哗者。

丁卯，河东将王荣拔王承宗洄湟镇。吐突承璀至行营，威令不振，与承宗战，屡败；左神策大将军郦定进战死。定进，骁将也，军中夺气。

河南尹房式有不法事，东台监察御史元稹奏摄之②，擅令停务；朝廷以为不可，罚一季俸，召还西京。至敷水驿，有内侍后至，破驿门呼骂而入，以马鞭击稹伤面；上复引稹前过，贬江陵士曹。翰林学士李绛、崔群言稹无罪。白居易上言："中使陵辱朝士，中使不问而稹先贬，恐自今中使出外益暴横，人无敢言者。又，稹为御史，多所举奏，不避权势，切齿者众，恐自今无人肯为陛下当官执法，疾恶绳愆，有大奸猾，陛下无从得知。"上不听。

上以河朔方用兵，不能讨吴少阳。三月，己未，以少阳为淮西留后。

诸军讨王承宗者久无功，白居易上言，以为："河北本不当用兵，今既出师，承璀未尝苦战，已失大将，与从史两军入贼境，迁延进退，不惟意在逗留，亦是力难支敌。希朝、茂昭至新市镇[3]，竟不能过；刘济引全军攻围乐寿[4]，久不能下。师道、季安元不可保，察其情状，似相计会，各收一县，遂不进军。陛下观此事势，成功有何所望！以臣愚见，须速罢兵，若又迟疑，其害有四：可为痛惜者二，可为深忧者二。何则？

“若保有成，即不论用度多少；既的知不可，即不合虚费赀粮。悟而后行，事亦非晚。今迟校一日有一日之费，更延旬月，所费滋多，终须罢兵，何如早罢！以府库钱帛、百姓脂膏资助河北诸侯，转令强大。此臣为陛下痛惜者一也。

“臣又恐河北诸将见吴少阳已受制命，必引事例轻重，同词请雪承宗。若章表继来，即义无不许。请而后舍，体势可知，转令承宗胶固同类。如此，则与夺皆由邻道，恩信不出朝廷，实恐威权尽归河北。此为陛下痛惜者二也。

“今天时已热，兵气相蒸，至于饥渴疲劳，疾疫暴露，驱以就战，人何以堪！纵不惜身，亦难忍苦。况神策乌杂城市之人，例皆不惯如此，忽思生路，或有奔逃，一人若逃，百人相扇，一军若散，诸军必摇，事忽至此，悔将何及！此为陛下深忧者一也。

“臣闻回鹘、吐蕃皆有细作，中国之事，小大尽知。今聚天下之兵，唯讨承宗一贼，自冬及夏，都未立功，则兵力之强弱，资费之多少，岂宜使西戎、北虏一一知之！忽见利生心，乘虚入寇，以今日之势力，可能救其首尾哉！兵连祸生，何事不有！万一及此，实关安危。此其为陛下深忧者二也。”

【注释】

①饶阳：县名，西汉时设置，治所在今河北饶阳县东北。 ②东台：唐代官制规定，御史台分管东都洛阳事务的机构称为东台。 ③新市镇：地名，在今河北正定县东北。 ④乐寿：县名。隋仁寿元年（601）改广城县设置，治所在今河北献县。

卢从史首建伐王承宗之谋，及朝廷兴师，从史逗留不进，阴与承宗通谋，令军士潜怀承宗号；又高刍粟之价以败度支，讽朝廷求平章事，诬奏诸道与贼通，不可进兵，上甚患之。

会从史遣牙将王翊元入奏事，裴垍引与语，为言为臣之义，微动其心，翊元遂输诚，言从史阴谋及可取之状。垍令翊元还本军经营，复来京师，遂得其都知兵马使乌重胤等款要。垍言于上曰："从史狡猾骄很，必且为乱。今闻其与承璀对营，视承璀如婴儿，往来殊不设备；失今不取，后虽兴大兵，未可以岁月平也。"上初愕然，熟思良久，乃许之。

从史性贪，承璀盛陈奇玩，视其所欲，稍以遗之；从史喜，益相昵狎。甲申，承璀与行营兵马使李听谋，召从史入营博，伏壮士于幕下，突出，擒诣帐后缚之，内车中，驰诣京师。左右惊乱，承璀斩十余人，谕以诏旨。从史营中士卒闻之，皆甲以出，操兵趋哗。乌重胤当军门叱之曰："天子有诏，从者赏，敢违者斩！"士卒皆敛兵还部伍。会夜，车疾驱，未明，已出境。重胤，承洽之子；听，晟之子也。

丁亥，范希朝、张茂昭大破承宗之众于木刀沟[①]。

上嘉乌重胤之功，欲即授以昭义节度使；李绛以为不可，请授重胤河阳，以河阳节度使孟元阳镇昭义。会吐突承璀奏，已牒重胤句当昭义留后，绛上言："昭义五州据山东要害，魏博、恒、幽诸镇蟠结，朝廷惟恃此以制之。邢、滋、洺入其腹内，诚国之宝地，安危所系也。向为从史所据，使朝廷旰食，今幸而得之，承璀复以与重胤，臣闻之惊叹，实所痛心！昨国家诱执从史，虽为长策，已失大体。今承璀又以文牒差人为重镇留后，为之求旌节，无君之心，孰甚于此！陛下昨日得昭义，人神同庆，威令再立；今日忽以授本军牙将，物情顿沮，纪纲大紊。校计利害，更不若从史为之。何则？从史虽蓄奸谋，已是朝廷牧伯。重胤出于列校，以承璀一牒代之，窃恐河南、北诸侯闻之，无不愤怒，耻与为伍；且谓承璀诱重胤使逐从史而代其位，彼人人麾下各有将校，能无自危乎！傥刘济、茂昭、季安、执恭、韩弘、师道继有章表陈其情状，并指承璀专命之罪，不知陛下何以处之？若皆不报，则众怒益甚；若为之改除，则朝廷之威重去矣。"上复使枢密使梁守谦密谋于绛曰："今重胤已总军务，事不得已，须应与节。"对曰："从史为帅不由朝廷，故启其邪心，终成逆节。今以重胤典兵，即授之节，威福之柄不在朝廷,何以异于从史乎!重胤之得河阳,已为望外之福,岂敢更为旅拒!况重胤所以能执从史,本以杖顺成功;一旦自逆诏命,安知同列不袭其迹而动乎!重胤军中等夷甚多,必不愿重胤独为主帅。移之他镇,乃惬众心,何忧其致乱乎!”上悦,皆如其请。壬辰,以重胤为河阳节度使,元阳为昭义节度使。

戊戌,贬卢从史驩州司马。

【注释】

①木刀沟:水名,自今河北行唐县南承滋河,东流经今新乐市南,至今安平县东北注入滹沱河故道。

五月,乙巳,昭义军三千余人夜溃,奔魏州。刘济奏拔安平[1]。

庚申,吐蕃遣其臣论思邪热入见,且归路泌、郑叔矩之柩。

甲子,奚寇灵州。

六月,甲申,白居易复上奏,以为:“臣比请罢兵,今之事势,又不如前,不知陛下复何所待!”是时,上每有军国大事,必与诸学士谋之;尝逾月不见学士,李绛等上言:“臣等饱食不言,其自为计则得矣,如陛下何!陛下询访理道,开纳直言,实天下之幸,岂臣等之幸!”上遽令“明日三殿对来[2]”。

白居易尝因论事,言“陛下错”,上色庄而罢,密召承旨李绛,谓:“白居易小臣不逊,须令出院。”绛曰:“陛下容纳直言,故群臣敢竭诚无隐。居易言虽少思,志在纳忠。陛下今日罪之,臣恐天下各思箝口,非所以广聪明,昭圣德也。”上悦,待居易如初。

上尝欲近猎苑中,至蓬莱池西,谓左右曰:“李绛必谏,不如且止。”

秋,七月,庚子,王承宗遣使自陈为卢从史所离间,乞输贡赋,请官吏,许其自新。李师道等数上表请雪承宗,朝廷亦以师久无功,丁未,制洗雪承宗,以为成德军节度使,复以德、棣二州与之。悉罢诸道行营将士,共赐布帛二十八万端匹[3];加刘济中书令。

刘济之讨王承宗也,以长子绲为副大使,掌幽州留务。济军瀛州,次子总为瀛州刺史,济署行营都知兵马使,使屯饶阳。济有疾,总与判官张玘、孔目官成国宝谋,诈使人从长安来,曰:“朝廷以相公逗留无功，已除副大使为节度使矣。”明日，又使人来告曰：“副大使旌节已至太原。”又使人走而呼曰：“旌节已过代州。”举军惊骇。济愤怒，不知所为，杀大将素与绲厚者数十人，追绲诣行营，以张玘兄皋代知留务。济自朝至日昃不食，渴索饮，总因置毒而进之。乙卯，济薨。绲行至涿州，总矫以父命杖杀之，遂领军务。

岭南监军许遂振以飞语毁节度使杨于陵于上，上命召于陵还，除冗官。裴垍曰：“于陵性廉直，陛下以遂振故黜藩臣，不可。”丁巳，以于陵为吏部侍郎。遂振寻自抵罪。

八月，乙亥，上与宰相语及神仙，问：“果有之乎？”李藩对曰：“秦始皇、汉武帝学仙之效，具载前史，太宗服天竺僧长年药致疾，此古今之明戒也。陛下春秋鼎盛，方励志太平，宜拒绝方士之说。苟道盛德充，人安国理，何忧无尧、舜之寿乎！”

【注释】

①安平：县名，西汉时设置，治所在今河北安平县。 ②三殿：即麟德殿，唐代皇宫重要处理政事的地点之一，因殿有三面，故名。 ③端匹：唐代度量衡制度规定，布帛长六丈为一端，长四丈为一匹。

九月，己亥，吐突承璀自行营还，辛亥，复为左卫上将军，充左军中尉。裴垍曰：“承璀首唱用兵，疲弊天下，卒无成功，陛下纵以旧恩不加显戮，岂得全不贬黜以谢天下乎！”给事中段平仲、吕元膺言承璀可斩。李绛奏称：“陛下不责承璀，他日复有败军之将，何以处之？若或诛之，则同罪异罚，彼必不服；若或释之，则谁不保身而玩寇乎！愿陛下割不忍之恩，行不易之典，使将帅有所惩劝。”间二日，上罢承璀中尉，降为军器使；中外相贺。

裴垍得风疾，上甚惜之，中使候问旁午于道①。

丙寅，以太常卿权德舆为礼部尚书、同平章事。

义武节度使张茂昭请除代人，欲举族入朝。河北诸镇互遣人说止之，茂昭不从，凡四上表；上乃许之。以左庶子任迪简为义武行军司马。茂昭悉以易、定二州簿书管钥授迪简，遣其妻子先行，曰：“吾不欲子孙染于污俗。”

茂昭既去，冬，十月，戊寅，虞候杨伯玉作乱，囚迪简。辛巳，义武将士共杀伯玉。兵马使张佐元又作乱，囚迪简，迪简乞归朝。既而将士复杀佐元，奉迪简主军务。时易定府库罄竭，闾阎亦空，迪简无以犒士，乃设粝饭与士卒共食之，身居戟门下经月。将士感之，共请迪简还寝，然后得安其位。上命以绫绢十万匹赐易定将士；壬辰，以迪简为义武节度使。甲午，以张茂昭为河中、慈、隰、晋、绛节度使，从行将校皆拜官。

右金吾大将军伊慎以钱三万缗赂右军中尉第五从直，求河中节度使；从直恐事泄，奏之。十一月，庚子，贬慎为右卫将军，坐死者三人。

初，慎自安州入朝，留其子宥主留事，朝廷因以为安州刺史，未能去也。会宥母卒于长安，宥利于兵权，不时发丧。鄂岳观察使郗士美遣僚属以事过其境，宥出迎，因告以凶问，先备篮舆[②]，即日遣之。

甲辰，会王纁薨。

庚戌，以前河中节度使王锷为河东节度使。上左右受锷厚赂，多称誉之，上命锷兼平章事，李藩固执以为不可。权德舆曰："宰相非序进之官。唐兴以来，方镇非大忠大勋，则跋扈者，朝廷或不得已而加之。今锷既无忠勋，朝廷又非不得已，何为遽以此名假之！"上乃止。

锷有吏才，工于完聚。范希朝以河东全军出屯河北，耗散甚众；锷到镇之初，兵不满三万人，马不过六百匹，岁余，兵至五万人，马有五千匹，器械精利，仓库充实。又进家财三十万缗，上复欲加锷平章事。李绛谏曰："锷在太原，虽颇著绩效，今因献家财而命之，若后世何！"上乃止。

中书侍郎、同平章事裴垍数以疾辞位；庚申，罢为兵部尚书。

十二月，戊寅，张茂昭入朝，请迁祖考之骨于京兆。

壬午，以御史中丞吕元膺为鄂岳观察使。元膺尝欲夜登城，门已锁，守者不为开。左右曰："中丞也。"对曰："夜中难辨真伪，虽中丞亦不可。"元膺乃还。明日，擢为重职。

翰林学士、司勋郎中李绛面陈吐突承璀专横，语极恳切。上作色曰："卿言太过！"绛泣曰："陛下置臣于腹心耳目之地，若臣畏避左右，爱身不言，是臣负陛下；言之而陛下恶闻，乃陛下负臣也。"上怒解，曰："卿所言皆人所不能言，使朕闻所不闻，真忠臣也。他日尽言，皆应如是。"己丑，以绛为中书舍人，学士如故。

绛尝从容谏上聚财，上曰："今两河数十州，皆国家政令所不及，河、湟数千里，沦于左衽[3]，朕日夜思雪祖宗之耻，而财力不赡，故不得不蓄聚耳。不然，朕宫中用度极俭薄，多藏何用邪！"

【注释】

①旁午：纵横交错的意思。 ②篮舆：古代的一种竹轿。 ③左衽：本指衣服从左边开襟。因为古代少数民族的上衣习惯于从左边开襟，所以代指胡族人。

六年 春，正月，甲辰，以彰义留后吴少阳为节度使。

庚申，以前淮南节度使李吉甫为中书侍郎、同平章事。二月，壬申，李藩罢为太子詹事。

己丑，忻王造薨。

宦官恶李绛在翰林，以为户部侍郎，判本司。上问绛："故事，户部侍郎皆进羡余，卿独无进，何也？"对曰："守土之官，厚敛于人以市私恩，天下犹共非之；况户部所掌，皆陛下府库之物，给纳有籍，安得羡余！若自左藏输之内藏以为进奉，是犹东库移之西库，臣不敢踵此弊也。"上嘉其直，益重之。

乙巳，上问宰相："为政宽猛何先？"权德舆对曰："秦以惨刻而亡，汉以宽大而兴。太宗观《明堂图》，禁抶人背[1]；是故安、史以来，屡有悖逆之臣，皆旋踵自亡，由祖宗仁政结于人心，人不能忘故也。然则宽猛之先后可见矣。"上善其言。

夏，四月，戊辰，以兵部尚书裴垍为太子宾客，李吉甫恶之也。

庚午，以刑部侍郎、盐铁转运使卢坦为户部侍郎、判度支。或告泗州刺史薛謇为代北水运使，有异马不以献；事下度支，使巡官往验，未返，上迟之，使品官刘泰昕按其事[2]。卢坦曰："陛下既使有司验之，又使品官继往，岂大臣不足信于品官乎！臣请先就黜免。"上召泰昕还。

五月，前行营粮料使于皋谟、董溪坐赃数千缗，敕贷其死，皋谟流春州[③]，溪流封州，行至潭州，并追遣中使赐死。权德舆上言，以为："皋谟等罪当死，陛下肆诸市朝，谁不惧法！不当已赦而杀之。"溪，晋之子也。

庚子，以金吾大将军李惟简为凤翔节度使。陇州地与吐蕃接，旧常朝夕相伺，更入攻抄，人不得息。惟简以为边将当谨守备，蓄财谷以待寇，不当睹小利，起事盗恩，禁不得妄入其地；益市耕牛，铸农器，以给农之不能自具者，增垦田数十万亩。属岁屡稔，公私有余，贩者流及他方。

赐振武节度使阿跌光进姓李氏。

六月，丁卯，李吉甫奏："自秦至隋十有三代，设官之多，无如国家者。天宝以后，中原宿兵，见在可计者八十余万，其余为商贾、僧、道不服田亩者什有五六，是常以三分劳筋苦骨之人奉七分待衣坐食之辈也。今内外官以税钱给俸者不下万员，天下〔千〕三百余县，或以一县之地而为州，一乡之民而为县者甚众，请敕有司详定废置，吏员可省者省之，州县可并者并之，入仕之涂可减者减之。又，国家旧章，依品制俸，官一品月俸钱三十缗；职田禄米不过千斛。艰难以来，增置使额，厚给俸钱，大历中，权臣月俸至九千缗，州无大小，刺史皆千缗。常衮为相，始立限约，李泌又量其闲剧，随事增加，时谓通济，理难减削。然犹有名存职废，或额去俸存，闲剧之间，厚薄顿异。请敕有司详考俸料、杂给，量定以闻。"于是命给事中段平仲、中书舍人韦贯之、兵部侍郎许孟容、户部侍郎李绛同详定。

【注释】

①抶（chì 斥）：鞭打。　②品官：唐代有品级的宦官，唐宪宗时内侍省中有品官二千九百多人。　③春州：唐初设置，后历有改易，治所在今广东阳春市。

秋，九月，富平人梁悦报父仇，杀秦杲，自诣县请罪。敕："复仇，据《礼经》则义不同天，征法令则杀人者死。礼、法二事，皆王教之大端，有此异同，固资论辩，宜令都省集议闻奏。"职方员外郎韩愈议，以为："律无其条，非阙文也。盖以不许复仇，则伤孝子之心而乖先王之训；许复仇，则人将倚法专杀，无以禁止其端矣。故圣人丁宁其义于经，而深没其文于律，其意将使法吏一断于法，而经术之士得引经而议也。宜定其制曰：'凡复父仇者，事发，具申尚书省集议奏闻，酌其宜而处之。'则经律无失其指矣。"敕："梁悦杖一百，流循州[1]。"

甲寅，吏部奏准敕并省内外官计八百八员，诸司流外一千七百六十九人。

黔州大水坏城郭，观察使窦群发溪洞蛮以治之[2]；督役太急，于是辰、溆二州蛮反，群讨之，不能定。戊午，贬群开州刺史。

冬，十一月，弓箭库使刘希光受羽林大将军孙琦钱二万缗，为求方镇，事觉，赐死。事连左卫上将军、知内侍省事吐突承璀，丙申，以承璀为淮南监军。上问李绛："朕出承璀何如？"对曰："外人不意陛下遽能如是。"上曰："此家奴耳，向以其驱使之久，故假以恩私；若有违犯，朕去之轻如一毛耳！"

十六宅诸王既不出阁，其女嫁不以时，选尚者皆由宦官，率以厚赂自达。李吉甫上言："自古尚主必择其人，独近世不然。"十二月，壬申，诏封恩王等六女为县主，委中书、门下、宗正、吏部选门地人才称可者嫁之。

己丑，以户部侍郎李绛为中书侍郎、同平章事。李吉甫为相，多修旧怨，上颇知之，故擢绛为相。吉甫善逢迎上意，而绛鲠直，数争论于上前；上多直绛而从其言，由是二人有隙。

闰月，辛卯朔，黔州奏：辰、溆贼帅张伯靖寇播州、费州。

试太子通事舍人李涉知上于吐突承璀恩顾未衰，乃投匦上疏[3]，称"承璀有功，希光无罪。承璀久委心腹，不宜遽弃"。知匦使、谏议大夫孔戣见其副章[4]，诘责不受；涉乃行赂，诣光顺门通之。戣闻之，上疏极言"涉奸险欺天，请加显戮"。戊申，贬涉峡州司仓。涉，渤之兄；戣，巢父之子也。

辛亥，惠昭太子宁薨。

是岁，天下大稔，米斗有直二钱者。

【注释】

①循州：隋代设置，州名后历有改易，治所在今广东惠州市东北。②溪洞蛮：唐代分布在今湖南西部和贵州东部地区的少数民族。③投匦（guǐ轨）上疏：唐代制度规定，朝廷设四个匣子即匦，臣民可依据不同情况将奏疏投进不同的匣子中，通玄匦主要收受为朝政出主意、献计献策的奏章。④戣（kuí葵）：此为人名。

七年 春，正月，辛未，以京兆尹元义方为鄜坊观察使。初，义方媚事吐突承璀，李吉甫欲自托于承璀，擢义方为京兆尹。李绛恶义方为人，故出之。义方入谢，因言"李绛私其同年许季同，除京兆少尹，出臣鄜坊，专作威福，欺罔聪明"。上曰："朕谙李绛不知是。明日，将问之。"义方惶愧而出。明日，上以诘绛曰："人于同年固有情乎？"对曰："同年，乃四海九州之人偶同科第，或登科然后相识，情于何有！且陛下不以臣愚，备位宰相，宰相职在量才授任，若其人果才，虽在兄弟子侄之中犹将用之，况同年乎！避嫌而弃才，是乃便身，非徇公也。"上曰："善，朕知卿必不尔。"遂趣义方之官。

振武河溢，毁东受降城[①]。

三月，丙戌，上御延英殿，李吉甫言："天下已太平，陛下宜为乐。"李绛曰："汉文帝时兵木无刃，家给人足，贾谊犹以为厝火积薪之下[②]，不可谓安。今法令所不能制者，河南、北五十余州。犬戎腥膻，近接泾、陇，烽火屡惊；加之水旱时作，仓廪空虚，此正陛下宵衣旰食之时[③]，岂得谓之太平，遽为乐哉！"上欣然曰："卿言正合朕意。"退，谓左右曰："吉甫专为悦媚；如李绛，真宰相也！"

上尝问宰相："贞元中政事不理，何乃至此？"李吉甫对曰："德宗自任圣智，不信宰相而信他人，是使奸臣得乘间弄威福。政事不理，职此故也。"上曰："然此亦未必皆德宗之过。朕幼在德宗左右，见事有得失，当时宰相亦未有再三执奏者，皆怀禄偷安，今日岂得专归咎于德宗邪！卿辈宜用此为戒，事有非是，当力陈不已，勿畏朕谴怒而遽止也。"

李吉甫尝言："人臣不当强谏，使君悦臣安，不亦美乎！"李绛曰:“人臣当犯颜苦口,指陈得失,若陷君于恶,岂得为忠!”上曰:“绛言是也。”吉甫至中书,卧不视事,长吁而已。李绛或久不谏,上辄诘之曰:“岂朕不能容受邪,将无事可谏也?”

李吉甫又尝言于上曰:“赏罚,人主之二柄,不可偏废。陛下践阼以来,惠泽深矣;而威刑未振,中外懈惰,愿加严以振之。”上顾李绛曰:“何如?”对曰:“王者之政,尚德不尚刑,岂可舍成、康、文、景而效秦始皇父子乎!”上曰:“然。”后旬余,于頔入对,亦劝上峻刑。又数日,上谓宰相曰:“于頔大是奸臣,劝朕峻刑,卿知其意乎?”皆对曰:“不知也。”上曰:“此欲使朕失人心耳。”吉甫失色,退而抑首不言笑竟日。

夏,四月,丙辰,以库部郎中、翰林学士崔群为中书舍人,学士如故。上嘉群谠直,命学士“自今奏事,必取崔群连署,然后进之。”群曰:“翰林举动皆为故事。必如是,后来万一有阿媚之人为之长,则下位直言无从而进矣。”固不奉诏。章三上,上乃从之。

五月,庚申,上谓宰相曰:“卿辈屡言淮、浙去岁水旱,近有御史自彼还,言不至为灾,事竟如何?”李绛对曰:“臣按淮南、浙西、浙东奏状,皆云水旱,人多流亡,求设法招抚,其意似恐朝廷罪之者,岂肯无灾而妄言有灾邪!此盖御史欲为奸谀以悦上意耳,愿得其主名,按致其法。”上曰:“卿言是也。国以人为本,闻有灾当亟救之,岂可尚复疑之邪!朕适者不思,失言耳。”命速蠲其租赋。上尝与宰相论治道于延英殿,日旰,暑甚,汗透御服,宰相恐上体倦,求退。上留之曰:“朕入禁中,所与处者独宫人、宦官耳,故乐与卿等且共谈为理之要,殊不知倦也。”

六月,癸巳,司徒、同平章事杜佑以太保致仕。

【注释】

①东受降城:唐代设置,在今内蒙古托克托西南黄河东岸。 ②厝:放置,通“措”。 ③旰(gàn 干):晚,天色晚。

秋,七月,乙亥,立遂王宥为太子,更名恒。恒,郭贵妃之子也。诸姬子澧王宽,长于恒;上将立恒,命崔群为宽草让表。群曰:“凡推己之有以与人谓之让。遂王,嫡子也,宽何让焉!”上乃止。

八月，戊戌，魏博节度使田季安薨。

初，季安娶洺州刺史元谊女，生子怀谏，为节度副使。牙内兵马使田兴，庭玠之子也，有勇力，颇读书，性恭逊。季安淫虐，兴数规谏，军中赖之。季安以为收众心，出为临清镇将，欲杀之。兴阳为风痹[①]，灸灼满身，乃得免。季安病风，杀戮无度，军政废乱，夫人元氏召诸将立怀谏为副大使，知军务，时年十一。迁季安于别寝，月余而薨。召田兴为步射都知兵马使。

辛亥，以左龙武大将军薛平为郑滑节度使，欲以控制魏博。

上与宰相议魏博事，李吉甫请兴兵讨之，李绛以为魏博不必用兵，当自归朝廷。吉甫盛陈不可不用兵之状，上曰："朕意亦以为然。"绛曰："臣窃观两河藩镇之跋扈者，皆分兵以隶诸将，不使专在一人，恐其权任太重，乘间而谋己故也。诸将势均力敌，莫能相制，欲广相连结，则众心不同，其谋必泄；欲独起为变，则兵少力微，势必不成。加以购赏既重，刑诛又峻，是以诸将互相顾忌，莫敢先发，跋扈者恃此以为长策。然臣窃思之，若常得严明主帅能制诸将之死命者以临之，则粗能自固矣。今怀谏乳臭子，不能自听断，军府大权必有所归，诸将厚薄不均，怨怒必起，不相服从，则向日分兵之策，适足为今日祸乱之阶也。田氏不为屠肆，则悉为俘囚矣，何烦天兵哉！彼自列将起代主帅，邻道所恶，莫甚于此。彼不倚朝廷之援以自存，则立为邻道所齑粉矣[②]。故臣以为不必用兵，可坐待魏博之自归也。但愿陛下按兵养威，严敕诸道选练士马以须后敕。使贼中知之，不过数月，必有自效于军中者矣。至时，惟在朝廷应之敏速，中其机会，不爱爵禄以赏其人，使两河藩镇闻之，恐其麾下效之以取朝廷之赏，必皆恐惧，争为恭顺矣。此所谓不战而屈人兵者也。"上曰："善！"

他日，吉甫复于延英盛陈用兵之利，且言刍粮金帛皆已有备。上顾问绛，绛对曰："兵不可轻动。前年讨恒州，四面发兵二十万，又发两神策兵自京师赴之，天下骚动，所费七百余万缗，讫无成功，为天下笑。今疮痍未复，人皆惮战。若又以敕命驱之，臣恐非直无功，或生他变。况魏博不必用兵，事势明白，愿陛下勿疑。"上奋身抚案曰："朕不用兵决矣。"绛曰："陛下虽有是言，恐退朝之后，复有荧惑圣听者。"上正色厉声曰："朕志已决，谁能惑也！"绛乃拜贺曰："此社稷之福也。"

既而田怀谏幼弱，军政皆决于家僮蒋士则，数以爱憎移易诸将，众皆愤怒。朝命久未至，军中不安。田兴晨入府，士卒数千人大噪，环兴而拜，请为留后。兴惊仆于地，众不散；久之，兴度不免，乃谓众曰："汝肯听吾言乎！"皆曰："惟命。"兴曰："勿犯副大使，守朝廷法令，申版籍，请官吏，然后可。"皆曰："诺。"兴乃杀蒋士则等十余人，迁怀谏于外。

【注释】

①阳：假装。　②齏（jī 机）：同"齑"，切碎的腌菜或酱菜，引申为细碎。

资治通鉴卷第二百三十九

唐纪五十五　起玄黓执徐十月，尽柔兆涒滩，凡四年有奇。

宪宗昭文章武大圣至神孝皇帝中之上

元和七年　冬，十月，乙未，魏博监军以状闻，上亟召宰相，谓李绛曰："卿揣魏博若符契。"李吉甫请遣中使宣慰以观其变，李绛曰："不可。今田兴奉其土地兵众，坐待诏命，不乘此际推心抚纳，结以大恩，必待敕使至彼，持将士表来为请节钺，然后与之，则是恩出于下，非出于上，将士为重，朝廷为轻，其感戴之心亦非今日之比也。机会一失，悔之无及！"吉甫素与枢密使梁守谦相结，守谦亦为之言于上曰："故事，皆遣中使宣劳，今此镇独无，恐更不谕。"上竟遣中使张忠顺如魏博宣慰，欲俟其还而议之。癸卯，李绛复上言："朝廷恩威得失，在此一举，时机可惜，奈何弃之！利害甚明，愿圣心勿疑。计忠顺之行，甫应过陕，乞明旦即降白麻除兴节度使，犹可及也。"上欲且除留后，绛曰："兴恭顺如此，自非恩出不次，则无以使之感激殊常。"上从之。甲辰，以兴为魏博节度使。忠顺未还，制命已至魏州。兴感恩流涕，士众无不鼓舞。

庚戌，更名皇子宽曰恽，察曰悰，寰曰忻，寮曰悟，审曰恪。

李绛又言："魏博五十余年不沾皇化，一旦举六州之地来归，刳河朔之腹心，倾叛乱之巢穴，不有重赏过其所望，则无以慰士卒之心，使四邻劝慕。请发内库钱百五十万缗以赐之。"左右宦官以为"所与太多，后有此比，将何以给之"？上以语绛，绛曰："田兴不贪专地之利，不顾四邻之患，归命圣朝，陛下奈何爱小费而遗大计，不以收一道人心！钱用尽更来，机事一失不可复追。借使国家发十五万兵以取六州，期年而克之，其费岂止百五十万缗而已乎！”上悦，曰：“朕所以恶衣菲食，蓄聚货财，正为欲平定四方；不然，徒贮之府库何为！”十一月，辛酉，遣知制诰裴度至魏博宣慰，以钱百五十万缗赏军士，六州百姓给复一年。军士受赐，欢声如雷。成德、兖郓使者数辈见之[①]，相顾失色，叹曰：“倔强者果何益乎！”

度为兴陈君臣上下之义，兴听之，终夕不倦，待度礼极厚，请度遍至所部州县，宣布朝命。奏乞除节度副使于朝廷，诏以户部郎中河东胡证为之。兴又奏所部缺官九十员，请有司注拟，行朝廷法令，输赋税。田承嗣以来室屋僭侈者，皆避不居。

郓、蔡、恒遣游客间说百方，兴终不听。李师道使人谓宣武节度使韩弘曰：“我世与田氏约相保援，今兴非田氏族，又首变两河事，亦公之所恶也！我将与成德合军讨之！”弘曰：“我不知利害，知奉诏行事耳。若兵北渡河，我则以兵东取曹州！”师道惧，不敢动。

田兴既葬田季安，送田怀谏于京师。辛巳，以怀谏为右监门卫将军。

李绛奏振武、天德左右良田可万顷[②]，请择能吏开置营田，可以省费足食，上从之。绛命度支使卢坦经度用度，四年之间，开田四千八百顷，收谷四千余万斛，岁省度支钱二十余万缗，边防赖之。

上尝于延英谓宰相曰：“卿辈当为朕惜官，勿用之私亲故。”李吉甫、权德舆皆谢不敢。李绛曰：“崔祐甫有言，‘非亲非故，不谙其才’。谙者尚不与官，不谙者何敢复与！但问其才器与官相称否耳。若避亲故之嫌，使圣朝亏多士之美，此乃偷安之臣，非至公之道也。苟所用非其人，则朝廷自有典刑，谁敢逃之！”上曰：“诚如卿言。”

是岁，吐蕃寇泾州，及西门之外，驱掠人畜而去。上患之，李绛上言：“京西、京北皆有神策镇兵，始，置之欲以备御吐蕃，使与节度使掎角相应也。今则鲜衣美食,坐耗县官,每有寇至,节度使邀与俱进,则云申取中尉处分;比得其报,虏去远矣。纵有果锐之将,闻命奔赴,节度使无刑戮以相制之,相视如平交,左右前却,莫肯用命,何所益乎! 请据所在之地士马及衣粮、器械皆割隶当道节度使,使号令齐壹,如臂之使指,则军威大振,虏不敢入寇矣。”上曰:“朕不知旧事如此,当亟行之。”既而神策军骄恣日久,不乐隶节度使,竟为宦者所沮而止。

【注释】

①兖郓:这里指淄青、平卢两军镇。 ②可:大约。

八年 春,正月,癸亥,以博州刺史田融为相州刺史。融,兴之兄也。融、兴幼孤;融长,养而教之。兴尝于军中角射,一军莫及。融退而抶之曰:“尔不自晦,祸将及矣!”故兴能自全于猜暴之时。

勃海定王元瑜卒,弟言义权知国务。庚午,以言义为勃海王。

李吉甫、李绛数争论于上前,礼部尚书、同平章事权德舆居中无所可否;上鄙之。辛未,德舆罢守本官。

辛卯,赐魏博节度使田兴名弘正。

司空、同平章事于頔久留长安,郁郁不得志。有梁正言者,自言与枢密使梁守谦同宗,能为人属请,頔使其子太常丞敏重赂正言,求出镇。久之,正言诈渐露,敏索其赂不得,诱其奴,支解之,弃溷中[①]。事觉,頔帅其子殿中少监季友等素服诣建福门请罪,门者不内;退,负南墙而立,遣人上表,阁门以无印引不受;日暮方归,明日,复至。丁酉,頔左授恩王傅,仍绝朝谒;敏流雷州,季友等皆贬官,僮奴死者数人;敏至秦岭而死。

事连僧鉴虚。鉴虚自贞元以来,以财交权幸,受方镇赂遗,厚自奉养,吏不敢诘。至是,权幸争为之言,上欲释之,中丞薛存诚不可。上遣中使诣台宣旨曰:“朕欲面诘此僧,非释之也。”存诚对曰:“陛下必欲面释此僧,请先杀臣,然后取之,不然,臣期不奉诏。”上嘉而从之。三月,丙辰,杖杀鉴虚,没其所有之财。

甲子,征前西川节度使、同平章事武元衡入知政事。

夏，六月，大水。上以为阴盈之象[2]，辛丑，出宫人二百车。

秋，七月，辛酉，振武节度使李光进请修受降城，兼理河防。时受降城为河所毁，李吉甫请徙其徒于天德故城[3]，李绛及户部侍郎卢坦以为："受降城，张仁愿所筑，当碛口，据虏要冲，美水草，守边之利地。今避河患，退二三里可矣，奈何舍万代永安之策，徇一时省费之便乎！况天德故城僻处确瘠，去河绝远，烽候警急不相应接，虏忽唐突，势无由知，是无故而蹙国二百里也。"及城使周怀义奏利害，与绛、坦同。上卒用吉甫策，以受降城骑士隶天德军。

李绛言于上曰："边兵徒有其数而无其实，虚费衣粮，将帅但缘私役使，聚货财以结权幸而已，未尝训练以备不虞，此不可不于无事之时豫留圣意也。"时受降城兵籍旧四百人，及天德军交兵，止有五十人，器械止有一弓，自余称是。故绛言及之。上惊曰："边兵乃如是其虚邪！卿曹当加按阅。"会绛罢相而止。

【注释】

①溷（hùn 混）：这里指厕所。 ②阴盈：阴气太盛。 ③天德故城：地名，唐乾元年间以天安军改名为天德军，最初的治所在永济栅（今内蒙古乌拉特前旗东北部），天德军旧城即在这里，后天德军移治今山西大同一带。

乙巳，废天威军[1]，以其众隶神策军。

丁未，辰、溆州贼帅张伯靖请降。九月，辛亥，以伯靖为归州司马，委荆南军前驱使。

初，吐蕃欲作乌兰桥，先贮材于河侧，朔方常潜遣人投之于河，终不能成。虏知朔方、灵盐节度使王佖贪，先厚赂之，然后并力成桥，仍筑月城守之。自是朔方御寇不暇。

冬，十月，回鹘发兵度碛南，自柳谷西击吐蕃。壬寅，振武、天德军奏回鹘数千骑至鹈鹕泉[2]，边军戒严。

振武节度使李进贤，不恤士卒；判官严澈，绶之子也，以刻核得幸于进贤。进贤使牙将杨遵宪将五百骑趣东受降城以备回鹘，所给资装多虚估。至鸣沙，遵宪屋处而士卒暴露；众发怒，夜，聚薪环其屋而焚之，卷甲而还。庚寅夜，焚门，攻进贤，进贤逾城走，军士屠其家，并杀严澈。进贤奔静边军。

群臣累表请立德妃郭氏为皇后。上以妃门宗强盛，恐正位之后，后宫莫得进，托以岁时禁忌，竟不许。

丁酉，振武监军骆朝宽奏乱兵已定，请给将士衣。上怒，以夏绥节度使张煦为振武节度使，将夏州兵二千赴镇，仍命河东节度使王锷以兵二千纳之，听以便宜从事。骆朝宽归罪于其将苏若方而杀之。

发郑滑、魏博卒凿黎阳古河十四里，以纾滑州水患。

上问宰相："人言外间朋党大盛，何也？"李绛对曰："自古人君所甚恶者，莫若人臣为朋党，故小人谮君子者必曰朋党。何则？朋党言之则可恶，寻之则无迹故也。东汉之末，凡天下贤人君子，宦官皆谓之党人而禁锢之，遂以亡国。此皆群小欲害善人之言，愿陛下深察之！夫君子固与君子合，岂可必使之与小人合，然后谓之非党邪！"

【注释】

①天威军：唐宪宗元和初，将中央禁军的左、右神威军合并成一个军，号称天威军。元和八年(813)废除此军，将士并入神策军中。 ②鹏鹈泉：即拂梯泉，在西受降城北三百里。

九年　春，正月，甲戌，王锷遣兵五千会张煦于善羊栅[①]。乙亥，煦入单于都护府，诛乱者苏国珍等二百五十三人。二月，丁丑[②]，贬李进贤为通州刺史。甲午，骆朝宽坐纵乱者，杖之八十，夺色，配役定陵。

李绛屡以足疾辞位。癸卯，罢为礼部尚书。

初，上欲相绛，先出吐突承璀为淮南监军，至是，上召还承璀，先罢绛相。甲辰，承璀至京师，复以为弓箭库使、左神策中尉。

李吉甫奏："国家旧置六胡州于灵、盐之境，开元中废之，更置宥州以领降户；天宝中，宥州寄理于经略军[③]，宝应以来，因循遂废。今请复之，以备回鹘，抚党项。"上从之。夏，五月，庚申，复置宥州，理经略军，取鄜城神策屯兵九千以实之。

先是，回鹘屡请昏，朝廷以公主出降，其费甚广，故未之许。

礼部尚书李绛上言，以为："回鹘凶强，不可无备；淮西穷蹙，事要经营。今江、淮大县，岁所入赋有二十万缗者，足以备降主之费，陛下何爱一县之赋，不以羁縻劲虏！回鹘若得许昏，必喜而无猜，然后可以修城堑，蓄甲兵，边备既完，得专意淮西，功必万全。今既未降公主而虚弱西城[④]；碛路无备，更修天德以疑虏心。万一北边有警，则淮西遗丑复延岁月之命矣！倘虏骑南牧，国家非步兵三万，骑五千，则不足以抗御！借使一岁而胜之，其费岂特降主之比哉！"上不听。

乙丑，桂王纶薨。

六月，壬寅，以河中节度使张弘靖为刑部尚书、同平章事。弘靖，延赏之子也。

翰林学士独孤郁，权德舆之婿也。上叹郁之才美曰："德舆得婿郁，我反不及邪！"先是尚主皆取贵戚及勋臣之家，上始命宰相选公卿、大夫子弟文雅可居清贯者；诸家多不愿，惟杜佑孙司议郎悰不辞。秋，七月，戊辰，以悰为殿中少监、驸马都尉，尚岐阳公主。公主，上长女，郭妃所生也。八月，癸巳，成昏。公主有贤行，杜氏大族，尊行不翅数十人[⑤]，公主卑委怡顺，一同家人礼度，二十余年，人未尝以丝发间指为贵骄。始至，则与悰谋曰："上所赐奴婢，卒不肯穷屈，奏请纳之，悉自市寒贱可制指者。"自是闺门落然不闻人声。

闰月，丙辰，彰义节度使吴少阳薨。少阳在蔡州，阴聚亡命，牧养马骡，时抄掠寿州茶山以实其军。其子摄蔡州刺史元济，匿丧，以病闻，自领军务。

上自平蜀，即欲取淮西。淮南节度使李吉甫上言："少阳军中上下携离，请徙理寿州以经营之。"会朝廷方讨王承宗，未暇也。及吉甫入相，田弘正以魏博归附。吉甫以为汝州扞蔽东都，河阳宿兵，本以制魏博，今弘正归顺，则河阳为内镇，不应屯重兵以示猜阻。辛酉，以河阳节度使乌重胤为汝州刺史，充河阳、怀、汝节度使，徙理汝州。己巳，弘正检校右仆射，赐其军钱二十万缗，弘正曰："吾未若移河阳军之为喜也。"

九月，庚辰，以洺州刺史李光颜为陈州刺史，充忠武都知兵马使;以泗州刺史令狐通为寿州防御使。通,彰之子也。丙戌,以山南东道节度使袁滋为荆南节度使,以荆南节度使严绶为山南东道节度使。

吴少阳判官苏兆、杨元卿、大将侯惟清皆劝少阳入朝。元济恶之,杀兆,囚惟清。元卿先奏事在长安,具以淮西虚实及取元济之策告李吉甫,请讨之。时元济犹匿丧,元卿劝吉甫,凡蔡使入奏者,所在止之。少阳死近四十日,不为辍朝,但易环蔡诸镇将帅,益兵为备。元济杀元卿妻及四男以圬射堋。淮西宿将董重质,吴少诚之婿也,元济以为谋主。

戊戌,加河东节度使王锷同平章事。

李吉甫言于上曰:"淮西非如河北,四无党援,国家常宿数十万兵以备之,劳费不可支也。失今不取,后难图矣。"上将讨之,张弘靖请先为少阳辍朝、赠官,遣使吊赠,待其有不顺之迹,然后加兵,上从之,遣工部员外郎李君何吊祭。元济不迎敕使,发兵四出,屠舞阳⑥,焚叶,掠鲁山、襄城,关东震骇,君何不得入而还。

冬,十月,丙午,中书侍郎、同平章事赵公李吉甫薨。

壬戌,以忠武节度副使李光颜为节度使。甲子,以严绶为申、光、蔡招抚使,督诸道兵招讨吴元济。乙丑,命内常侍知省事崔潭峻监其军。戊辰,以尚书左丞吕元膺为东都留守。

党项寇振武。

十二月,戊辰,以尚书右丞韦贯之同平章事。

【注释】

①善羊栅:地名,即善阳栅。在今山西朔州市境内。 ②丁丑:唐宪宗元和九年(814)二月无丁丑日,疑误。 ③经略军:唐代军镇,唐玄宗天宝年间置,治所在今内蒙古鄂托克旗东北。 ④西城:即西受降城。唐代设置,在今内蒙古乌拉特中旗西南乌加河北岸。 ⑤不翅:不啻。 ⑥舞阳:县名。秦代设置,治所在今河南舞阳县西北。历有废兴。

十年 春,正月,乙酉,加韩弘守司徒。弘镇宣武,十余年不入朝,颇以兵力自负,朝廷亦不以忠纯待之。王锷加同平章事,弘耻班在其下,与武元衡书,颇露不平之意。朝廷方倚其形势以制吴元济，故迁官使居锷上以宠慰之。

吴元济纵兵侵掠，及于东畿。己亥，制削元济官爵，命宣武等十六道进军讨之。严绶击淮西兵，小胜，不设备，淮西兵夜还袭之；二月，甲辰，绶败于磁丘[①]，却五十余里，驰入唐州而守之。寿州团练使令狐通为淮西兵所败，走保州城，境上诸栅尽为淮西所居。癸丑，以左金吾大将军李文通代之，贬通昭州司户。

诏鄂岳观察使柳公绰以兵五千授安州刺史李听，使讨吴元济，公绰曰："朝廷以吾书生不知兵邪！"即奏请自行，许之。公绰至安州，李听属櫜鞬迎之[②]。公绰以鄂岳都知兵马使、先锋行营兵马都虞候二牒授之，选卒六千以属听，戒其部校曰："行营之事，一决都将。"听感恩畏威，如出麾下。公绰号令整肃，区处军事，诸将无不服。士卒在行营者，其家疾病死丧，厚给之，妻淫泆者，沉之于江，士卒皆喜曰："中丞为我治家，我何得不前死！"故每战皆捷。公绰所乘马，踶杀圉人[③]，公绰命杀马以祭之，或曰："圉人自不备耳，此良马，可惜！"公绰曰："材良性驽，何足惜也！"竟杀之。

河东将刘辅杀丰州刺史燕重旰，王锷诛之，及其党。

王叔文之党坐谪官者，凡十年不量移，执政有怜其才欲渐进之者，悉召至京师；谏官争言其不可，上与武元衡亦恶之。三月，乙酉，皆以为远州刺史，官虽进而地益远。永州司马柳宗元为柳州刺史，朗州司马刘禹锡为播州刺史。宗元曰："播非人所居，而梦得亲在堂[④]，万无母子俱往理。"欲请于朝，愿以柳易播。会中丞裴度亦为禹锡言曰："禹锡诚有罪，然母老，与其子为死别，良可伤！"上曰："为人子尤当自谨，勿贻亲忧，此则禹锡重可责也。"度曰："陛下方侍太后，恐禹锡在所宜矜。"上良久，乃曰："朕所言，以责为人子者耳，然不欲伤其亲心。"退，谓左右曰："裴度爱我终切。"明日，改禹锡连州刺史。

宗元善为文，尝作《梓人传》，以为："梓人不执斧斤刀锯之技，专以寻引、规矩、绳墨度群木之材，视栋宇之制，相高深、圆方、短长之宜，指麾众工，各趋其事，不胜任者退之。大厦既成，则独名其功，受禄三倍。亦犹相天下者，立纲纪、整法度，择天下之士使称其职，居天下之人使安其业，能者进之，不能者退之，万国既理，而谈者独称伊、傅、周、召，其百执事之勤劳不得纪焉。或者不知体要，衒能矜名，亲小劳，侵众官，听听于府庭，而遗其大者远者，是不知相道者也。”

又作《种树郭橐驼传》曰：“橐驼之所种，无不生且茂者。或问之，对曰：‘橐驼非能使木寿且孳也。凡木之性，其根欲舒，其土欲故，既植之，勿动勿虑，去不复顾。其莳也若子，其置也若弃，则其天全而性得矣。他植者则不然，根拳而土易，爱之太恩，忧之太勤，旦视而暮抚，已去而复顾，甚者爪其肤以验其生枯，摇其本以观其疏密，而木之性日以离矣。虽曰爱之，其实害之；虽曰忧之，其实仇之。故不我若也！为政亦然。吾居乡见长人者，好烦其令，若甚怜焉而卒以祸之。旦暮吏来，聚民而令之，促其耕获，督其蚕织，吾小人辍饔飧以劳吏之不暇，又何以蕃吾生而安吾性邪！凡病且怠，职此故也。’”此其文之有理者也。

【注释】

①磁丘：即慈丘，县名，隋代设置，治所在今河南泌阳县北。 ②橐（gāo 高）：收藏衣甲或弓箭的器具。 ③踶：即踢。 ④梦得：刘禹锡的表字。

庚子，李光颜奏破淮西兵于临颍。

田弘正遣其子布将兵三千助严绶讨吴元济。

柳州柳宗元龙城石刻

甲辰,李光颜又奏破淮西兵于南顿[①]。

吴元济遣使求救于恒、郓;王承宗、李师道数上表请赦元济,上不从。是时发诸道兵讨元济而不及淄青,师道使大将将二千人趣寿春,声言助官军讨元济,实欲为元济之援也。

师道素养刺客奸人数十人,厚资给之,其人说师道曰:"用兵所急,莫先粮储。今河阴院积江、淮租赋,请潜往焚之。募东都恶少年数百,劫都市,焚宫阙,则朝廷未暇讨蔡,先自救腹心。此亦救蔡一奇也。"师道从之。自是所在盗贼窃发。辛亥暮,盗数十人攻河阴转运院,杀伤十余人,烧钱帛三十余万缗匹、谷三万余斛,于是人情恇惧。群臣多请罢兵,上不许。

诸军讨淮西久未有功,五月,上遣中丞裴度诣行营宣慰,察用兵形势。度还,言淮西必可取之状,且曰:"观诸将,惟李光颜勇而知义,必能立功。"上悦。

考功郎中、知制诰韩愈上言,以为:"淮西三小州,残弊困剧之余,而当天下之全力,其破败可立而待。然所未可知者,在陛下断与不断耳。"因条陈用兵利害,以为:"今诸道发兵各二三千人,势力单弱,羁旅异乡,与贼不相谙委,望风慑惧。将帅以其客兵,待之既薄,使之又苦。或分割队伍,兵将相失,心孤意怯,难以有功。又其本军各须资遣,道路辽远,劳费倍多。闻陈、许、安、唐、汝、寿等州与贼连接处,村落百姓悉有兵器,习于战斗,识贼深浅,比来未有处分[②],犹愿自备衣粮,保护乡里。若令召募,立可成军。贼平之后,易使归农。乞悉罢诸道军,募土人以代之。"又言:"蔡州士卒皆国家百姓,若势力穷不能为恶者,不须过有杀戮。"

丙申,李光颜奏败淮西兵于时曲[③]。淮西兵晨压其垒而陈,光颜不得出,乃自毁其栅之左右,出骑以击之。光颜自将数骑冲其陈,出入数四,贼皆识之,矢集其身如猬毛。其子揽辔止之,光颜举刃叱去。于是人争致死,淮西兵大溃,杀数千人。上以裴度为知人。

【注释】

①南顿:县名,西汉时设置,历有改易,治所在今河南项城市西南。 ②处分:安排,部署。 ③时典:一名洄曲。即今河南漯河市沙河

与澧河合流处下游一带。

上自李吉甫薨，悉以用兵事委武元衡。李师道所养客说李师道曰："天子所以锐意诛蔡者，元衡赞之也，请密往刺之。元衡死，则他相不敢主其谋，争劝天子罢兵矣。"师道以为然，即资给遣之。

王承宗遣牙将尹少卿奏事，为吴元济游说。少卿至中书，辞指不逊；元衡叱出之。承宗又上书诋毁元衡。

六月，癸卯，天未明，元衡入朝，出所居靖安坊东门；有贼自暗中突出射之，从者皆散走，贼执元衡马行十余步而杀之，取其颅骨而去。又入通化坊击裴度，伤其首，坠沟中，度毡帽厚，得不死。傔人王义自后抱贼大呼[1]，贼断义臂而去。京城大骇，于是诏宰相出入，加金吾骑士张弦露刃以卫之，所过坊门呵索甚严。朝士未晓不敢出门。上或御殿久之，班犹未齐。

贼遗纸于金吾及府、县，曰："毋急捕我，我先杀汝。"故捕贼者不敢甚急。兵部侍郎许孟容见上言："自古未有宰相横尸路隅而盗不获者，此朝廷之辱也！"因涕泣。又诣中书挥涕言："请奏起裴中丞为相，大索贼党，穷其奸源。"戊申，诏中外所在搜捕，获贼者赏钱万缗，官五品；敢庇匿者，举族诛之。于是京城大索，公卿家有复壁、重橑者皆索之[2]。

成德军进奏院有恒州卒张晏等数人，行止无状，众多疑之。庚戌，神策将军王士则等告王承宗遣晏等杀元衡。吏捕得晏等八人，命京兆尹裴武、监察御史陈中师鞫之。癸亥，诏以王承宗前后三表出示百僚，议其罪。

裴度病疮，卧二旬，诏以卫兵宿其第，中使问讯不绝。或请罢度官以安恒、郓之心，上怒曰："若罢度官，是奸谋得成，朝廷无复纲纪。吾用度一人，足破二贼。"甲子，上召度入对。乙丑，以度为中书侍郎、同平章事。度上言："淮西，腹心之疾，不得不除。且朝廷业已讨之，两河藩镇跋扈者，将视此为高下，不可中止。"上以为然，悉以用兵事委度，讨贼甚急。初，德宗多猜忌，朝士有相过从者，金吾皆伺察以闻，宰相不敢私第见客。度奏："今寇盗未平，宰相宜招延四方贤才与参谋议"，始请于私第见客，许之。

陈中师按张晏等，具服杀武元衡；张弘靖疑其不实，屡言于上，上不听。戊辰，斩晏等五人，杀其党十四人，李师道客竟潜匿亡去。

秋，七月，庚午朔，灵武节度使李光进薨。光进与弟光颜友善，光颜先娶，其母委以家事。母卒，先进后娶，光颜使其妻奉管籥，籍财物，归于其姒。光进反之曰："新妇逮事先姑，先姑命主家事，不可易也。"因相持而泣。

甲戌，诏数王承宗罪恶，绝其朝贡，曰："冀其翻然改过，束身自归。攻讨之期，更俟后命。"

【注释】

①傔(qiàn 倩)人：侍从。 ②重檫：唐代的一种建筑形式，即大屋顶下建有小的房屋，颇类后世的亭子间或阁楼那种形式。

八月，己亥朔，日有食之。

李师道置留后院于东都，本道人杂沓往来，吏不敢诘。时淮西兵犯东畿，防御兵悉屯伊阙；师道潜内兵于院中，至数十百人，谋焚宫阙，纵兵杀掠，已烹牛飨士，明日，将发。其小卒诣留守吕元膺告变，元膺亟追伊阙兵围之；贼众突出，防御兵踵其后，不敢迫，贼出长夏门，望山而遁。是时都城震骇，留守兵寡弱；元膺坐皇城门，指使部分，意气自若，都人赖以安。

东都西南接邓、虢，皆高山深林，民不耕种，专以射猎为生，人皆趫勇[1]，谓之山棚。元膺设重购以捕贼。数日，有山棚鬻鹿，贼遇而夺之，山棚走召其侪类，且引官军共围之谷中，尽获之。按验，得其魁，乃中岳寺僧圆净；故尝为史思明将，勇悍过人，为师道谋，多买田于伊阙、陆浑之间，以舍山棚而衣食之。有訾嘉珍、门察者，潜部分以属圆净，圆净以师道钱千万，阳为治佛光寺，结党定谋，约令嘉珍等窃发城中，圆净举火于山中，集二县山棚入城助之。圆净时年八十余，捕者既得之，奋锤击其胫，不能折。圆净骂曰："鼠子，折人胫且不能，敢称健儿！"乃自置其胫，教使折之。临刑，叹曰："误我事，不得使洛城流血！"党与死者凡数千人。留守、防御将二人及驿卒八人皆受其职名，为之耳目。

元膺鞫訾嘉珍、门察，始知杀武元衡者乃师道也，元膺密以闻；以槛车送二人诣京师。上业已讨王承宗，不复穷治。元膺上言："近日藩镇跋扈不臣，有可容贷者。至于师道谋屠都城，烧宫阙，悖逆尤甚，不可不诛。"上以为然；而方讨吴元济，绝王承宗，故未暇治师道也。

乙丑，李光颜败于时曲。

初，上以严绶在河东，所遣裨将多立功，故使镇襄阳，且督诸军讨吴元济。绶无他材能，到军之日，倾府库，赉士卒，累年之积，一朝而尽；又厚赂宦官以结声援，拥八州之众万余人屯境上，闭壁经年，无尺寸功。裴度屡言其军无政。

九月，癸酉，以韩弘为淮西诸军都统。弘乐于自擅，欲倚贼以自重，不愿淮西速平。李光颜在诸将中战最力，弘欲结其欢心，举大梁城索得一美妇人，教之歌舞丝竹，饰以珠玉金翠，直数百万钱，遣使遗之。使者先致书。光颜大飨将士，使者进妓，容色绝世，一座尽惊。光颜谓使者曰："相公愍光颜羁旅②，赐以美妓，荷德诚深。然战士数万，皆弃家远来，冒犯白刃，光颜何忍独以声色自娱悦乎！"因流涕，座者皆泣；即于席上厚以缯帛赠使者，并妓返之，曰："为光颜多谢相公，光颜以身许国，誓不与逆贼同戴日月，死无贰矣！"

【注释】

①趫(qiáo 乔)：步伐轻捷、矫健。　②羁旅：出门在外地居住。

冬，十月，庚子，始分山南东道为两节度，以户部侍郎李逊为襄、复、郢、均、房节度使；以右羽林大将军高霞寓为唐、随、邓节度使。朝议以唐与蔡接，故使霞寓专事攻战，而逊调五州之赋以饷之。

辛丑，刑部侍郎权德舆奏："自开元二十五年修《格式律令事类》后，至今《长行敕》，近删定为三十卷，请施行。"从之。

上虽绝王承宗朝贡，未有诏讨之。魏博节度使田弘正屯兵于其境，承宗屡败之；弘正忿，表请击之，上不许。表十上，乃听至贝州。丙午，弘正军于贝州。

庚戌，东都奏盗焚柏崖仓。

十一月，寿州刺史李文通奏败淮西兵。

壬申，韩弘请命众军合攻淮西，从之。

李光颜、乌重胤败淮西兵于小溵水，拔其城。

乙亥，以严绶为太子少保。

盗焚襄州佛寺军储。尽徙京城积草于四郊以备火。

丁丑，李文通败淮西兵于固始①。

戊寅，盗焚献陵寝宫、永巷。

诏发振武兵二千，会义武军以讨王承宗。

己丑，吐蕃款陇州塞，请互市，许之。

初，吴少阳闻信州人吴武陵名，邀以为宾友，武陵不答。及元济反，武陵以书谕之曰："足下勿谓部曲不我欺，人情与足下一也。足下反天子，人亦欲反足下。易地而论，则其情可知矣。"

丁酉，武宁节度使李愿奏败李师道之众。时师道数遣兵攻徐州，败萧、沛数县，愿悉以步骑委都押牙温人王智兴，击破之。十二月，甲辰，智兴又破师道之众，斩首二千余级，逐北至平阴而还②。愿，晟之子也。

东都防御使吕元膺请募山棚以卫宫城，从之。

乙丑，河东节度使王锷薨。

王承宗纵兵四掠，幽、沧、定三镇皆苦之，争上表请讨承宗。上欲许之。中书侍郎、同平章事张弘靖以为"两役并兴，恐国力所不支，请并力平淮西，乃征恒冀"。上不为之止，弘靖乃求罢。

【注释】

①固始：县名。南朝宋设置，后屡有改易，治所在今河南固始县东北。　②平阴：县名。隋大业二年（606）改榆山县置，治所在今山东平阴县。

十一年　春，正月，己巳，以弘靖同平章事，充河东节度使。

幽州节度使刘总奏败成德兵，拔武强，斩首千余级。

庚辰，翰林学士、中书舍人钱徽，驾部郎中、知制诰萧俛，各解职，守本官。时群臣请罢兵者众，上患之，故黜徽、俛以警其余。

徽，吴人也。

癸未，制削王承宗官爵，命河东、幽州、义武、横海、魏博、昭义六道进讨。韦贯之屡请先取吴元济，后讨承宗，曰："陛下不见建中之事乎？始于讨魏及齐，而蔡、燕、赵皆应之，卒致朱泚之乱，由德宗不能忍数年之愤邑，欲太平之功速成故也。"上不听。

甲申，盗断建陵门戟四十七枝。

二月，西川奏吐蕃赞普卒，新赞普可黎可足立。

乙巳，以中书舍人李逢吉为门下侍郎、同平章事。逢吉，玄道之曾孙也。

乙卯，昭义节度使郗士美奏破成德兵，斩首千余级。

南诏劝龙晟淫虐不道，上下怨疾，弄栋节度王嵯巅弑之[①]，立其弟劝利。劝利德嵯巅，赐姓蒙氏，谓之"大容"。容，蛮言兄也。

己未，刘总破成德兵，斩首千余级。

荆南节度使袁滋父祖墓在朗山，请入朝，欲劝上罢兵。行至邓州，闻萧俛、钱徽贬官；及见上，更以必克劝之，仅得还镇。

辛酉，魏博奏败成德兵，拔其固城[②]。乙丑，又奏拔其鸦城[③]。

三月，庚午，太后崩。辛未，敕以国哀，诸司公事权取中书门下处分，不置摄冢宰。

寿州团练使李文通奏败淮西兵于固始，拔锨山。己卯，唐邓节度使高霞寓奏败淮西兵于郎山，斩首千余级，焚二栅。

幽州节度使刘总围乐寿。

夏，四月，庚子，李光颜、乌重胤奏败淮西兵于陵云栅，斩首三千级。

辛亥，司农卿皇甫镈以兼中丞权判度支。镈始以聚敛得幸。

乙卯，刘总奏破成德兵于深州，斩首二千五百级。乙丑，义武节度使浑镐奏破成德兵于九门，杀千余人。镐，瑊之子也。

宥州军乱，逐刺史骆恪；夏州节度使田进讨平之。

五月，壬申，李光颜、乌重胤奏败淮西兵于陵云栅，斩首二千余级。

【注释】

①弄栋：即弄栋城，南诏弄栋节度使治此城，在今云南姚安县北。

②固城：地名，在冀州南宫县（今河北南宫市）境内。　③鸮城：地名，在今河北南宫市境内。

六月，甲辰，高霞寓大败于铁城，仅以身免。时诸将讨淮西者，胜则虚张杀获，败则匿之；至是，大败不可掩，始上闻，中外骇愕。宰相入见，将劝上罢兵，上曰："胜负兵家之常，今但当论用兵方略，察将帅之不胜任者易之，兵食不足者助之耳。岂得以一将失利，遽议罢兵邪！"于是独用裴度之言，他人言罢兵者亦稍息矣。己酉，霞寓退保唐州。

上责高霞寓之败，霞寓称李逊应接不至。秋，七月，丁丑，贬霞寓为归州刺史[①]，逊亦左迁恩王傅。以河南尹郑权为山南东道节度使。以荆南节度使袁滋为彰义节度、申、光、蔡、唐、随、邓观察使，以唐州为理所。

壬午，宣武军奏破郾城之众二万，杀二千余人，捕虏千余人。

田弘正奏破成德兵于南宫，杀二千余人。

中书侍郎、同平章事韦贯之，性高简，好甄别流品，又数请罢用兵。左补阙张宿毁之于上，云其朋党，八月，壬寅，贯之罢为吏部侍郎。

诸军讨王承宗者互相观望，独昭义节度使郗士美引精兵压其境；己未，士美奏大破承宗之众于柏乡[②]，杀千余人，降者亦如之，为三垒以环柏乡。

庚申，葬庄宪皇后于丰陵。

九月，乙亥，右拾遗独孤朗坐请罢兵，贬兴元府仓曹。朗，及之子也。

饶州大水，漂失四千七百户。

丙子，以韦贯之为湖南观察使，犹坐前事也。辛巳，以吏部侍郎韦顗[③]、考功员外郎韦处厚等皆为远州刺史，张宿谗之，以为贯之之党也。顗，见素之孙；处厚，夐之九世孙也。

乙酉，李光颜、乌重胤奏拔吴元济陵云栅。丁亥，光颜又奏拔石、越二栅；寿州奏败殷城之众，拔六栅。

冬，十一月，壬戌朔，容管奏黄洞蛮为寇[④]。乙丑，邕管奏击黄洞蛮，却之，复宾、蛮等州。

丙寅，加幽州节度使刘总同平章事。

李师道闻拔陵云栅而惧，诈情输款。上以力未能讨，加师道检校司空。

王锷家二奴告锷子稷改父遗表，匿所献家财。上命鞫于内仗，遣中使诣东都检括锷家财。裴度谏曰："王锷既没，其所献之财已为不少。今又因奴告检括其家，臣恐诸将帅闻之，各以身后为忧。"上遽止使者。己巳，以二奴付京兆，杖杀之。

【注释】

①归州：唐初设置，后历有改易，治所在今湖北秭归县。 ②柏乡：县名，隋开皇十六年（596）设置，治所在今河北柏乡县。 ③颙（yǐ 以）：此为人名。 ④容管：管辖今广西一带少数民族的行政机构，管辖容、辩、白、牢、钦、岩、禺、汤、瀼、古等州。

庚午，以给事中柳公绰为京兆尹。公绰初赴府，有神策小将跃马横冲前导，公绰驻马，杖杀之。明日，入对延英，上色甚怒，诘其专杀之状。对曰："陛下不以臣无似[①]，使待罪京兆。京兆为辇毂师表，今视事之初，而小将敢尔唐突，此乃轻陛下诏命，非独慢臣也。臣知杖无礼之人，不知其为神策军将也。"上曰："何不奏？"对曰："臣职当杖之，不当奏。"上曰："谁当奏者？"对曰："本军当奏；若死于街衢，金吾街使当奏；在坊内，左右巡使当奏。"上无以罪之，退，谓左右曰："汝曹须作意此人，朕亦畏之。"

讨淮西诸军近九万，上怒诸将久无功，辛巳，命知枢密梁守谦宣慰，因留监其军，授以空名告身五百通及金帛，以劝死事。庚寅，先加李光颜等检校官，而诏书切责，示以无功必罚。

辛卯，李文通奏败淮西兵于固始，斩首千余级。

十二月，壬寅，程执恭奏败成德兵于长河[②]，斩首千余级。

义武节度使浑镐与王承宗战屡胜，遂引全师压其境，距恒州三十里而军。承宗惧，潜遣兵入镐境，焚掠城邑，人心始内顾而摇。会中使督其战，镐引兵进薄恒州，与承宗战，大败，奔还定州。丙午，诏以易州刺史陈楚为义武节度使，军中闻之，掠镐及家人衣，至于倮露。陈楚驰入定州，镇遏乱者，敛军中衣以归镐，以兵卫送还朝。楚，定州人，张茂昭之甥也。

丁未，以翰林学士王涯为中书侍郎、同平章事。

袁滋至唐州，去斥候，止其兵不使犯吴元济境。元济围其新兴栅，滋卑辞以请之，元济由是不复以滋为意。朝廷知之，甲寅，以太子詹事李愬为唐、随、邓节度使[3]。愬，听之兄也。

初置淮、颍水运使。杨子院米自淮阴溯淮入颍，至项城入溵，输于郾城，以馈讨淮西诸军，省汴运之费七万余缗。

己未，容管奏黄洞蛮屠岩州。

【注释】

①无似：无才能。 ②长河：县名，隋仁寿元年（601）设置，治所在今山东德州市。 ③愬（sù 素）：此为人名。

资治通鉴卷第二百四十

唐纪五十六　起强圉作噩，尽屠维大渊献正月，凡二年有奇。

宪宗昭文章武大圣至神孝皇帝中之下

元和十二年　春，正月，甲申，贬袁滋为抚州刺史。

李愬至唐州，军中承丧败之余，士卒皆惮战，愬知之。有出迓者，愬谓之曰："天子知愬柔懦，能忍耻，故使来拊循尔曹。至于战攻进取，非吾事也。"众信而安之。

愬亲行视士卒，伤病者存恤之，不事威严。或以军政不肃为言，愬曰："吾非不知也。袁尚书专以恩惠怀贼，贼易之，闻吾至，必增备，故吾示之以不肃。彼必以吾为懦而懈惰，然后可图也。"淮西人自以尝败高、袁二帅，轻愬名位素微，遂不为备。

遣盐铁转运副使程异督财赋于江、淮。

回鹘屡请尚公主，有司计其费近五百万缗，时中原方用兵，故上未之许。二月，辛卯朔，遣回鹘摩尼僧等归国；命宗正少卿李诚使回鹘谕意，以缓其期。

李愬谋袭蔡州，表请益兵；诏以昭义、河中、鄜坊步骑二千给之。丁酉，愬遣十将马少良将十余骑巡逻[①]，遇吴元济捉生虞候丁士良，与战，擒之。士良，元济骁将，常为东边患；众请刳其心[②]，愬许之。既而召诘之，士良无惧色。愬曰："真丈夫也！"命释其缚。士良乃自言："本非淮西士，贞元中隶安州，与吴氏战，为其所擒，自分死矣，吴氏释我而用之，我因吴氏而再生，故为吴氏父子竭力。昨日力屈，复为公所擒，亦分死矣，今公又生之，请尽死以报德。”愬乃给其衣服器械，署为捉生将。

己亥，淮西行营奏克蔡州古葛伯城。

丁士良言于李愬曰：“吴秀琳拥三千之众，据文城栅，为贼左臂，官军不敢近者，有陈光洽为之谋主也。光洽勇而轻，好自出战，请为公先擒光洽，则秀琳自降矣。”戊申，士良擒光洽以归。

鄂岳观察使李道古引兵出穆陵关。甲寅，攻申州，克其外郭，进攻子城。城中守将夜出兵击之，道古之众惊乱，死者甚众。道古，皋之子也。

淮西被兵数年，竭仓廪以奉战士，民多无食，采菱芡鱼鳖鸟兽食之，亦尽，相帅归官军者前后五千余户；贼亦患其耗粮食，不复禁。庚申，敕置行县以处之，为择县令，使之抚养，并置兵以卫之。

【注释】

①十将：唐朝军队中的下级军官。　②刳（kū 枯）：剖开。

三月，乙丑，李愬自唐州徙屯宜阳栅。

郗士美败于柏乡，拔营而归，士卒死者千余人。

戊辰，赐程执恭名权。

戊寅，王承宗遣兵二万入东光[①]，断白桥路；程权不能御，以众归沧州。

吴秀琳以文城栅降于李愬。戊子，愬引兵至文城西五里，遣唐州刺史李进诚将甲士八千至城下，召秀琳，城中矢石如雨，众不得前。进诚还报：“贼伪降，未可信也。”愬曰：“此待我至耳。”即前至城下，秀琳束兵投身马足下；愬抚其背慰劳之，降其众三千人。秀琳将李宪有材勇，愬更其名曰忠义而用之，悉迁妇女于唐州，入据其城。于是唐、邓军气复振，人有欲战之志。贼中降者相继于道，随其所便而置之；闻有父母者，给粟帛遣之，曰：“汝曹皆王人，勿弃亲戚。”众皆感泣。

官军与淮西兵夹溵水而军，诸军相顾望，无敢渡溵水者。陈许兵马使王沛先引兵五千渡溵水，据要地为城，于是河阳、宣武、河东、魏博等军相继皆渡，进逼郾城。丁亥，李光颜败淮西兵三万于郾城，走其将张伯良，杀士卒什二三。

己丑，李愬遣山河十将董少玢等分兵攻诸栅[②]；其日，少玢下马鞍山，拔路口栅。夏，四月，辛卯，山河十将马少良下嵖岈山，擒淮西将柳子野。

吴元济以蔡人董昌龄为郾城令，质其母杨氏。杨氏谓昌龄曰："顺死贤于逆生，汝去逆而吾死，乃孝子也；从逆而吾生，是戮吾也。"会官军围青陵，绝郾城归路，郾城守将邓怀金谋于昌龄，昌龄劝之归国，怀金乃请降于李光颜曰："城人之父母妻子皆在蔡州，请公来攻城，吾举烽求救，救兵至，公逆击之，蔡兵必败，然后吾降，则父母妻子庶免矣。"光颜从之。乙未，昌龄、怀金举城降，光颜引兵入据之。吴元济闻郾城不守，甚惧。时董重质将骡军守洄曲[③]，元济悉发亲近及守城卒诣重质以拒之。

李愬山河十将妫雅、田智荣下冶炉城。丙申，十将阎士荣下白狗、汶港二栅。癸卯，妫雅、田智荣破西平[④]。丙午，游弈兵马使王义破楚城[⑤]。

五月，辛酉，李愬遣柳子野、李忠义袭朗山，擒其守将梁希果。

【注释】

①东光：县名。西汉时设置，后屡有改易，治所在今河北东光县。②山河十将：唐宪宗元和十二年（817）为攻打淮西地区，在东都洛阳和唐州、邓州地区召募勇猛过人者当兵，号称山河子弟，设置十将加以统领。 ③洄曲：即时曲，在今河南漯河市沙河与澧河合流的下游地区。 ④西平：县名，西汉时设置，在今河南西平县西，历有改废。⑤楚城：地名，又名楚王城，在今河南信阳市北长台关的西边。

六镇讨王承宗者兵十余万，回环数千里，既无统帅，又相去远，期约难壹，由是历二年无功，千里馈运，牛驴死者什四五。刘总既得武强，引兵出境才五里，留屯不进，月给度支钱十五万缗。李逢吉及朝士多言"宜并力先取淮西，俟淮西平，乘其胜势，回取恒冀，如拾芥耳"！上犹豫，久乃从之。丙子，罢河北行营，各使还镇。

丁丑，李愬遣方城镇遏使李荣宗击青喜城[①]，拔之。

愬每得降卒，必亲引问委曲，由是贼中险易远近虚实尽知之。愬厚待吴秀琳，与之谋取蔡。秀琳曰："公欲取蔡，非李祐不可，秀琳无能为也。"祐者，淮西骑将，有勇略，守兴桥栅，常陵暴官军。庚辰，祐帅士卒刈麦于张柴村，愬召厢虞候史用诚，戒之曰："尔以三百骑伏彼林中，又使人摇帜于前，若将焚其麦积者。祐素易官军，必轻骑来逐之，尔乃发骑掩之，必擒之。"用诚如言而往，生擒祐以归。将士以祐向日多杀官军，争请杀之；愬不许，释缚，待以客礼。

时愬欲袭蔡，而更密其谋，独召祐及李忠义屏人语，或至夜分，他人莫得预闻。诸将恐祐为变，多谏愬；愬待祐益厚。士卒亦不悦，诸军日有牒称祐为贼内应，且言得贼谍者具言其事。愬恐谤先达于上，已不及救，乃持祐泣曰："岂天不欲平此贼邪！何吾二人相知之深而不能胜众口也。"因谓众曰："诸君既以祐为疑，请令归死于天子。"乃械祐送京师，先密表其状，且曰："若杀祐，则无以成功。"诏释之，以还愬。愬见之喜，执其手曰："尔之得全，社稷之灵也！"乃署散兵马使，令佩刀巡警，出入帐中；或与之同宿，密语不寐达曙，有窃听于帐外者，但闻祐感泣声。时唐、随牙队三千人，号六院兵马，皆山南东道之精锐也。愬又以祐为六院兵马使。

旧军令，舍贼谍者屠其家。愬除其令，使厚待之，谍反以情告愬，愬益知贼中虚实。乙酉，愬遣兵攻朗山，淮西兵救之，官军不利；众皆怅恨，愬独欢然曰："此吾计也！"乃募敢死士三千人，号曰突将，朝夕自教习之，使常为行备，欲以袭蔡。会久雨，所在积水，未果。

闰月，己亥，程异还自江、淮，得供军钱百八十五万缗。

谏议大夫韦绶兼太子侍读，每以珍膳饷太子，又悦太子以谐谑；上闻之，丁未，罢绶侍读，寻出为虔州刺史。绶，京兆人也。

吴元济见其下数叛，兵势日蹙，六月，壬戌，上表谢罪，愿束身自归。上遣中使赐诏，许以不死；而为左右及大将董重质所制，不得出。

秋，七月，大水，或平地二丈。

初，国子祭酒孔戣为华州刺史，明州岁贡蚶、蛤、淡菜，水陆递夫劳费，戣奏疏罢之。甲辰，岭南节度使崔咏薨，宰相奏拟代咏者数人，上皆不用，曰："顷有谏进蚶、蛤、淡菜者为谁，可求其人与之。"庚戌，以戣为岭南节度使。

【注释】

①方城：县名，北魏时设置，治所在今河南方城县，后历有兴废。青喜城：即青台镇。

诸军讨淮、蔡，四年不克，馈运疲弊，民至有以驴耕者。上亦病之，以问宰相。李逢吉等竞言师老财竭，意欲罢兵；裴度独无言，上问之，对曰："臣请自往督战。"乙卯，上复谓度曰："卿真能为朕行乎！"对曰："臣誓不与此贼俱生。臣比观吴元济表，势实窘蹙，但诸将心不壹，不并力迫之，故未降耳。若臣自诣行营，诸将恐臣夺其功，必争进破贼矣。"上悦，丙戌[①]，以度为门下侍郎、同平章事、兼彰义节度使，仍充淮西宣慰招讨处置使。又以户部侍郎崔群为中书侍郎、同平章事。制下，度以韩弘已为都统，不欲更为招讨，请但称宣慰处置使；仍奏刑部侍郎马总为宣慰副使，右庶子韩愈为彰义行军司马，判官、书记，皆朝廷之选，上皆从之。度将行，言于上曰："臣若贼灭，则朝天有期；贼在，则归阙无日。"上为之流涕。

八月，庚申，度赴淮西，上御通化门送之。右神武将军张茂和，茂昭弟也，尝以胆略自衒于度；度表为都押牙，茂和辞以疾，度奏请斩之。上曰："此忠顺之门，为卿远贬。"辛酉，贬茂和永州司马。以嘉王傅高承简为都押牙。承简，崇文之子也。

李逢吉不欲讨蔡，翰林学士令狐楚与逢吉善，度恐其合中外之势以沮军事，乃请改制书数字，且言其草制失辞。壬戌，罢楚为中书舍人。

李光颜、乌重胤与淮西战，癸亥，败于贾店[②]。

裴度过襄城南白草原，淮西人以骁骑七百邀之。镇将楚丘曹华知而为备[③]，击却之。度虽辞招讨名，实行元帅事，以郾城为治所。甲申，至郾城。先是，诸道皆有中使监陈，进退不由主将，胜则先使献捷，不利则陵挫百端；度悉奏去之，诸将始得专军事，战多有功。

九月，庚子，淮西兵寇溵水镇，杀三将，焚刍藁而去。

初，上为广陵王，布衣张宿以辩口得幸；及即位，累官至比部员外郎。宿招权受赂于外，门下侍郎、同平章事李逢吉恶之。上欲以宿为谏议大夫，逢吉曰："谏议重任，必能可否朝政，始宜为之。宿小人，岂得窃贤者之位！必欲用宿，请先去臣乃可。"上由是不悦。逢吉又与裴度异议，上方倚度以平蔡；丁未，罢逢吉为东川节度使。

【注释】

①丙戌：唐宪宗元和十二年(817)七月无丙戌日，疑误。 ②贾店：地名，在今河南漯河郾城区西南。 ③楚丘：县名，隋开皇六年(586)设置，治所在今山东曹县东南。

甲寅，李愬将攻吴房，诸将曰："今日往亡[1]。"愬曰："吾兵少，不足战，宜出其不意。彼以往亡不吾虞，正可击也。"遂往，克其外城，斩首千余级。余众保子城，不敢出。愬引兵还以诱之，淮西将孙献忠果以骁骑五百追击其背；众惊，将走，愬下马据胡床，令曰："敢退者斩！"返旆力战，献忠死，淮西兵乃退。或劝愬乘胜攻其子城，可拔也。愬曰："非吾计也。"引兵还营。

李祐言于李愬曰："蔡之精兵皆在洄曲，及四境拒守，守州城者皆羸老之卒，可以乘虚直抵其城。比贼将闻之，元济已成擒矣。"愬然之。冬，十月，甲子，遣掌书记郑澥至郾城，密白裴度。度曰："兵非出奇不胜，常侍良图也。"

上竟用张宿为谏议大夫，崔群、王涯固谏，不听；乃请以为权知谏议大夫，许之。宿由是怨执政及端方之士，与皇甫镈相表里，谮去之。

裴度帅僚佐观筑城于沱口[2]，董重质帅骑出五沟[3]，邀之，大呼而进，注弩挺刃，势将及度。李光颜与田布力战，拒之，度仅得入城。贼退，布扼其沟中归路，贼下马逾沟，坠压死者千余人。

辛未，李愬命马步都虞候、随州刺史史旻等留镇文城，命李祐、李忠义帅突将三千为前驱，自与监军将三千人为中军，命李进诚将三千人殿其后。军出，不知所之；愬曰：“但东行！”行六十里，夜，至张柴村，尽杀其戍卒及烽子[4]。据其栅，命士少休，食干糒[5]，整羁靮，留义成军五百人镇之，以断朗山救兵，命丁士良将五百人断洄曲及诸道桥梁，复夜引兵出门；诸将请所之，愬曰：“入蔡州取吴元济！”诸将皆失色。监军哭曰：“果落李祐奸计！”时大风雪，旌旗裂，人马冻死者相望。天阴黑，自张柴村以东道路，皆官军所未尝行，人人自以为必死，然畏愬，莫敢违。夜半，雪愈甚，行七十里，至州城；近城有鹅鸭池，愬令击之以混军声。

自吴少诚拒命，官军不至蔡州城下三十余年，故蔡人不为备。壬申，四鼓[6]，愬至城下，无一人知者。李祐、李忠义䦆其城，为坎以先登，壮士从之；守门卒方熟寐，尽杀之，而留击柝者，使击柝如故，遂开门纳众，及里城，亦然，城中皆不之觉。鸡鸣，雪止，愬入居元济外宅。或告元济曰：“官军至矣！”元济尚寝，笑曰：“俘囚为盗耳！晓当尽戮之。”又有告者曰：“城陷矣！”元济曰：“此必洄曲子弟就吾求寒衣也。”起，听于廷，闻愬军号令曰：“常侍传语。”应者近万人。元济始惧，曰：“何等常侍，能至于此！”乃帅左右登牙城拒战。

时董重质拥精兵万余人据洄曲。愬曰：“元济所望者，重质之救耳！”乃访重质家，厚抚之，遣其子传道持书谕重质。重质遂单骑诣愬降。

愬遣李进诚攻牙城，毁其外门，得甲库，取器械。癸酉，复攻之，烧其南门，民争负薪刍助之，城上矢如猬毛。晡时[7]，门坏，元济于城上请罪，进诚梯而下之。甲戌，愬以槛车送元济诣京师，且告于裴度。是日，申、光二州及诸镇兵二万余人相继来降。

自元济就擒，愬不戮一人，凡元济官吏、帐下、厨厩之卒，皆复其职，使之不疑，然后屯于鞠场以待裴度。

【注释】

①往亡：即往亡日，古代的一种迷信说法，阴阳家们认为每年阴历八月的白露节后的十八天为往亡日，九月的寒露节以后的第二十七日为往亡日，在往亡日这一天要出门或打仗等都不吉利。 ②沱口：地名，在今河南漯河市东南。 ③五沟：地名，在今河南漯河市附近。 ④烽子：唐

代军队中专门守候烽烟、负责报警和传递警报的人。烽子是有烽候地方的最低等级的士兵。 ⑤糒(bèi 备):干粮。 ⑥四鼓:四更,约今早晨一至三点之间。 ⑦晡时:相当于今下午三至五点。

以淮南节度使李鄘为门下侍郎、同平章事。

己卯,淮西行营奏获吴元济,光禄少卿杨元卿言于上曰:"淮西大有珍宝,臣能知之,往取必得。"上曰:"朕讨淮西,为人除害,珍宝非所求也。"

董重质之去洄曲军也,李光颜驰入其壁,悉降其众。庚辰,裴度遣马总先入蔡州慰抚。辛巳,度建彰义军节,将降卒万余人入城,李愬具櫜鞬出迎,拜于路左。度将避之,愬曰:"蔡人顽悖,不识上下之分,数十年矣,愿公因而示之,使知朝廷之尊。"度乃受之。

李愬还军文城,诸将请曰:"始公败于朗山而不忧,胜于吴房而不取,冒大风甚雪而不止,孤军深入而不惧,然卒以成功,皆众人所不谕也,敢问其故?"愬曰:"朗山不利,则贼轻我而不为备矣。取吴房,则其众奔蔡,并力固守,故存之以分其兵。风雪阴晦,则烽火不接,不知吾至。孤军深入,则人皆致死,战自倍矣。夫视远者不顾近,虑大者不计细,若矜小胜,恤小败,先自挠矣,何暇立功乎!"众皆服。愬俭于奉己而丰于待士,知贤不疑,见可能断,此其所以成功也。

裴度以蔡卒为牙兵,或谏曰:"蔡人反仄者尚多,不可不备。"度笑曰:"吾为彰义节度使,元恶既擒,蔡人则吾人也,又何疑焉!"蔡人闻之感泣。先是吴氏父子阻兵,禁人偶语于涂[①],夜不然烛[②],有以酒食相过从者罪死。度既视事,下令惟禁盗贼斗杀,余皆不问,往来者不限昼夜,蔡人始知有生民之乐[③]。

甲申,诏韩弘、裴度条列平蔡将士功状及蔡之将士降者,皆差第以闻。淮西州县百姓,给复二年;近贼四州,免来年夏税。官军战亡者,皆为收葬,给其家衣粮五年;其因战伤残废者,勿停衣粮。

十一月,丙戌朔,上御兴安门受俘,遂以吴元济献庙社,斩于独柳之下。

初，淮西之人劫于李希烈、吴少诚之威虐，不能自拔，久而老者衰，幼者壮，安于悖逆，不复知有朝廷矣。自少诚以来，遣诸将出兵，皆不束以法制，听各以便宜自战，故人人得尽其才。韩全义之败于溵水也，于其帐中得朝贵所与问讯书，少诚束而示众曰："此皆公卿属全义书，云破蔡州日，乞一将士妻女为婢妾。"由是众皆愤怒，以死为贼用；虽居中土，其风俗犷戾，过于夷貊。故以三州之众，举天下之兵环而攻之，四年然后克之。

官军之攻元济也，李师道募人通使于蔡，察其形势，牙前虞候刘晏平应募，出汴、宋间，潜行至蔡。元济大喜，厚礼而遣之。晏平还至郓，师道屏人而问之，晏平曰："元济暴兵数万于外，阽危如此，而日与仆妾游戏博弈于内，晏然曾无忧色。以愚观之，殆必亡，不久矣！"师道素倚淮西为援，闻之惊怒，寻诬以他过，杖杀之。

戊子，以李愬为山南东道节度使，赐爵凉国公；加韩弘兼侍中；李光颜、乌重胤等各迁官有差。

旧制，御史二人知驿；壬辰，诏以宦者为馆驿使。左补阙裴潾谏曰："内臣外事，职分各殊，切在塞侵官之源，绝出位之渐。事有不便，必戒于初；令或有妨，不必在大。"上不听。

【注释】

①偶语：相对私语。　②然：通"燃"。　③生民：人间。

甲午，恩王连薨。

辛丑，以唐、随兵马使李祐为神武将军，知军事。

裴度以马总为彰义留后；癸丑，发蔡州。上封二剑以授梁守谦，使诛吴元济旧将；度至郾城，遇之，复与俱入蔡州，量罪施刑，不尽如诏旨，仍上疏言之。

十二月，壬戌，赐裴度爵晋国公，复入知政事。以马总为淮西节度使。

初，吐突承璀方贵宠用事，为淮南监军。李鄘为节度使，性刚严，与承璀互相敬惮，故未尝相失。承璀归，引鄘为相；鄘耻由宦官进，及将佐出祖[1]，乐作，鄘泣下曰："吾老安外镇，宰相非吾任也！"戊寅，鄘至京师，辞疾，不入见，不视事，百官到门，皆辞不见。

庚辰，贬淮西降将董重质为春州司户。重质为吴元济谋主，屡破官军；上欲杀之，李愬奏先许重质以不死。

【注释】

①出祖：这里指古代一种隆重的饯行仪式，先祭路神，后在路上设宴为人送行。

十三年　春，正月，乙酉朔，赦天下。

初，李师道谋逆命，判官高沐与同僚郭昈[1]、李公度屡谏之。判官李文会、孔目官林英素为师道所亲信，涕泣言于师道曰："文会等尽诚为尚书忧家事，反为高沐等所疾，尚书奈何不忧十二州之土地，以成沐等之功名乎！"师道由是疏沐等，出沐知莱州。会林英入奏事，令进奏吏密申师道云："沐潜输款于朝廷。"文会从而构之，师道杀沐，并囚郭昈，凡军中劝师道效顺者，文会皆指为高沐之党而囚之。

及淮西平，师道忧惧，不知所为。李公度及牙将李英昙因其惧而说之，使纳质献地以自赎。师道从之，遣使奉表，请使长子入侍，并献沂、密、海三州。上许之。乙巳，遣左常侍李逊诣郓州宣慰。

上命六军修麟德殿；右龙武统军张奉国、大将军李文悦以外寇初平，营缮太多，白宰相，冀有论谏；裴度因奏事言之。上怒，二月，丁卯，以奉国为鸿胪卿。壬申，以文悦为右武卫大将军，充威远营使。于是浚龙首池，起承晖殿，土木浸兴矣。

李愬奏请判官、大将以下官凡百五十员，上不悦；谓裴度曰："李愬诚有奇功，然奏请过多。使如李晟、浑瑊，又何如哉！"遂留中不下。

李鄘固辞相位，戊戌，以鄘为户部尚书。以御史大夫李夷简为门下侍郎、同平章事。

初，渤海僖王言义卒，弟简王明忠立，改元太始；一岁卒，从父仁秀立，改元建兴。乙巳，遣使来告丧。

横海节度使程权自以世袭沧景，与河朔三镇无殊，内不自安；己酉，遣使上表，请举族入朝，许之。横海将士乐自擅，不听权去，掌书记林蕴谕以祸福，权乃得出。诏以蕴为礼部员外郎。

裴度之在淮西也，布衣柏耆以策干韩愈曰："吴元济既就擒，王承宗破胆矣，愿得奉丞相书往说之，可不烦兵而服。"愈白度，为书遣之。承宗惧，求哀于田弘正，请以二子为质，及献德、棣二州，输租税，请官吏。弘正为之奏请，上初不许；弘正上表相继，上重违弘正意，乃许之。夏，四月，甲寅朔，魏博遣使送承宗子知感、知信及德、棣二州图印至京师。

幽州大将谭忠说刘总曰："自元和以来，刘辟、李锜、田季安、卢从史、吴元济，阻兵冯险②，自以为深根固蒂，天下莫能危也。然顾盼之间，身死家覆，皆不自知，此非人力所能及，殆天诛也。况今天子神圣威武，苦身焦思，缩衣节食，以养战士，此志岂须臾忘天下哉！今国兵骎骎北来，赵人已献城十二，忠深为公忧之。"总泣且拜曰："闻先生言，吾心定矣。"遂专意归朝廷。

戊辰，内出废印二纽，赐左、右三军辟仗使。旧制，以宦官为六军辟仗使，如方镇之监军，无印。及张奉国得罪，至是始赐印，得纠绳军政，事任专达矣。

【注释】

①胪（hù 户）：此为人名。　②冯（píng 凭）：即凭，凭据的意思。

庚戌①，诏洗雪王承宗及成德将士，复其官爵。

李师道暗弱，军府大事，独与妻魏氏、奴胡惟堪、杨自温、婢蒲氏、袁氏及孔目官王再升谋之，大将及幕僚莫得预焉。魏氏不欲其子入质，与蒲氏、袁氏言于师道曰："自先司徒以来，有此十二州，奈何无故割而献之！今计境内之兵不下数十万，不献三州，不过以兵相加。若力战不胜，献之未晚。"师道乃大悔，欲杀李公度，幕僚贾直言谓其用事奴曰："今大祸将至，岂非高沐冤气所为！若又杀公度，军府其危哉！"乃囚之。迁李英昙于莱州，未至，缢杀之。

李逊至郓州，师道大陈兵迎之，逊盛气正色，为陈祸福，责其决语②，欲白天子。师道退，与其党谋之，皆曰："弟许之，他日正烦一表解纷耳。"师道乃谢曰："向以父子之私，且迫于将士之情，故迁延未遣。今重烦朝使，岂敢复有二三！”逊察师道非实诚，归，言于上曰：“师道顽愚反覆，恐必须用兵。”既而师道表言军情，不听纳质割地。上怒，决意讨之。

贾直言冒刃谏师道者二，舆榇谏者一[3]，又画缚载槛车妻子系累者以献；师道怒，囚之。

五月，丙申，以忠武节度使李光颜为义成节度使，谋讨师道也。以淮西节度使马总为忠武节度使、陈·许·溵·蔡州观察使。以申州隶鄂岳，光州隶淮南。

辛丑，以知勃海国务大仁秀为勃海王。

以河阳都知兵马使曹华为棣州刺史，诏以河阳兵二千送至滴河[4]。会县为平卢兵所陷，华击却之，杀二千余人，复其县以闻。诏加横海节度副使。

六月，癸丑朔，日有食之。

丁丑，复以乌重胤领怀州刺史，镇河阳。

秋，七月，癸未朔，徙李愬为武宁节度使。

乙酉，下制罪状李师道，令宣武、魏博、义成、武宁、横海兵共讨之，以宣歙观察使王遂为供军使。遂，方庆之孙也。

上方委裴度以用兵，门下侍郎、同平章事李夷简自谓才不及度，求出镇。辛丑，以夷简同平章事，充淮南节度使。

八月，壬子朔，中书侍郎、同平章事王涯罢为兵部侍郎。

吴元济既平，韩弘惧，九月，自将兵击李师道，围曹州。

唐三彩钱柜

【注释】

①庚戌：四月没有庚戌这一天，据章钰校，应为庚辰，即该月二十七日。　②决语：确定无疑的主意。　③舆榇谏：

这里指抬着棺材去劝谏，以表明劝谏到死的决心。 ④滴河：县名。隋开皇十六年(596)设置，治所在今山东商河县。

淮西既平，上浸骄侈。户部侍郎判度支皇甫镈、卫尉卿·盐铁转运使程异晓其意，数进羡余以供其费，由是有宠。镈又厚赂结吐突承璀。甲辰，镈以本官、异以工部侍郎并同平章事，判使如故。制下，朝野骇愕，至于市井负贩者亦嗤之。

裴度、崔群极陈其不可，上不听。度耻与小人同列，表求自退；不许。度复上疏，以为："镈、异皆钱谷吏，佞巧小人，陛下一旦置之相位，中外无不骇笑。况镈在度支，专以丰取刻与为务，凡中外仰给度支之人无不思食其肉；比者裁损淮西粮料，军士怨怒；会臣至行营晓谕慰勉，仅无溃乱。今旧将旧兵悉向淄青，闻镈入相，必尽惊忧，知无可诉之地矣。程异虽人品庸下，然心事和平，可处烦剧，不宜为相。至如镈，资性狡诈，天下共知，唯能上惑圣聪，足见奸邪之极。臣若不退，天下谓臣不知廉耻；臣若不言，天下谓臣有负恩宠。今退既不许，言又不听，臣如烈火烧心，众镝丛体。所可惜者，淮西荡定[1]，河北底宁，承宗敛手削地，韩弘舆疾讨贼，岂朝廷之力能制其命哉？直以处置得宜，能服其心耳。陛下建升平之业，十已八九，何忍还自堕坏，使四方解体乎！"上以度为朋党，不之省。

镈自知不为众所与，益为巧谄以自固，奏减内外官俸以助国用；给事中崔植封还敕书，极论之，乃止。植，祐甫之弟子也。

时内出积年缯帛付度支令卖，镈悉以高价买之，以给边军。其缯帛朽败，随手破裂，边军聚而焚之。度因奏事言之，镈于上前引其足曰："此靴亦内库所出，臣以钱二千买之，坚完可久服。度言不可信。"上以为然。由是镈益无所惮。程异亦自知不合众心，能廉谨谦逊，为相月余，不敢知印秉笔，故终免于祸。

五坊使杨朝汶妄捕系人，迫以考捶，责其息钱，遂转相诬引，所系近千人。中丞萧俛劾奏其状，裴度、崔群亦以为言。上曰："姑与卿论用兵事，此小事朕自处之。"度曰："用兵事小，所忧不过山东耳。五坊使暴横，恐乱辇毂。"上不悦，退，召朝汶责之曰："以汝故，令吾羞见宰相！”冬，十月，赐朝汶死，尽释系者。

上晚节好神仙，诏天下求方士。宗正卿李道古先为鄂岳观察使，以贪暴闻，恐终获罪，思所以自媚于上，乃因皇甫镈荐山人柳泌，云能合长生药。甲戌，诏泌居兴唐观炼药。

十一月，辛巳朔，盐州奏吐蕃寇河曲、夏州。灵武奏破吐蕃长乐州[2]，克其外城。

【注释】

①荡：这里指清除。 ②长乐州：地名，唐代属吐蕃统辖区，在定远城（今宁夏平罗县）西边。

柳泌言于上曰：“天台山神仙所聚，多灵草，臣虽知之，力不能致，诚得为彼长吏，庶几可求。”上信之。丁亥，以泌权知台州刺史，仍赐服金紫。谏官争论奏，以为：“人主喜方士，未有使之临民赋政者。”上曰：“烦一州之力而能为人主致长生，臣子亦何爱焉！”由是群臣莫敢言。

甲午，盐州奏吐蕃遁去。

壬寅，以河阳节度使乌重胤为横海节度使。丁未，以华州刺史令狐楚为河阳节度使。重胤以河阳精兵三千赴镇，河阳兵不乐去乡里，中道溃归，又不敢入城，屯于城北，将大掠。令狐楚适至，单骑出，慰抚之，与俱归。

先是，田弘正请自黎阳渡河，会义成节度使李光颜讨李师道，裴度曰：“魏博军既渡河，不可复退，立须进击，方有成功。既至滑州，即仰给度支，徒有供饷之劳，更生观望之势。又或与李光颜互相疑阻，益致迁延。与其渡河而不进，不若养威于河北。宜且使之秣马厉兵，俟霜降水落，自杨刘渡河，直指郓州，得至阳谷置营[1]，则兵势自盛，贼众摇心矣。”上从之。是月，弘正将魏博全师自杨刘渡河，距郓州四十里筑垒。贼中大震。

功德使上言：“凤翔法门寺塔有佛指骨，相传三十年一开，开则岁丰人安。来年应开，请迎之。”十二月，庚戌朔，上遣中使帅僧众迎之。

戊辰，以春州司户董重质为试太子詹事，委武宁军驱使，李愬请之也。

戊寅，魏博、义成军送所获李师道都知兵马使夏侯澄等四十七人，上皆释弗诛，各付所获行营驱使，曰："若有父母欲归者，优给遣之。朕所诛者，师道而已。"于是贼中闻之，降者相继。

初，李文会与兄元规皆在李师古幕下。师古薨，师道立，元规辞去，文会属师道亲党请留。元规将行，谓文会曰："我去，身退而安全；汝留，必骤贵而受祸。"及官军四临，平卢兵势日蹙，将士喧然，皆曰："高沐、郭旷、李存为司空忠谋，李文会奸佞，杀沐，囚旷、存，以致此祸。"师道不得已，出文会摄登州刺史，召旷、存还幕府。

上常语宰相："人臣当力为善，何乃好立朋党！朕甚恶之。"裴度对曰："方以类聚，物以群分，君子、小人志趣同者，势必相合。君子为徒，谓之同德；小人为徒，谓之朋党；外虽相似，内实悬殊，在圣主辨其所为邪正耳。"

武宁节度使李愬与平卢兵十一战，皆捷。乙卯晦[2]，进攻金乡[3]，克之。李师道性懦怯，自官军致讨，闻小败及失城邑，辄忧悸成疾，由是左右皆蔽匿，不以实告。金乡，兖州之要地，既失之，其刺史遣驿骑告急，左右不为通，师道至死竟不知也。

【注释】

①阳谷：县名，隋开皇十六年(596)设置，治所在今山东阳谷县。②乙卯：据他本当为己卯，即十二月十五日。 ③金乡：县名。东汉时设置，后有改移，治所在今山东嘉祥县。

十四年 春，正月，辛巳，韩弘拔考城[1]，杀二千余人。

丙戌，师道所署沭阳令梁洞以县降于楚州刺史李听[2]。

吐蕃遣使者论短立藏等来修好，未返，入寇河曲。上曰："其国失信，其使何罪！"庚寅，遣归国。

壬辰，武宁节度使李愬拔鱼台[3]。

中使迎佛骨至京师，上留禁中三日，乃历送诸寺，王公士民瞻奉舍施，惟恐弗及，有竭产充施者，有然香臂顶供养者。

刑部侍郎韩愈上表切谏，以为："佛者，夷狄之一法耳。自黄帝以至禹、汤、文、武，皆享寿考，百姓安乐，当是时，未有佛也。汉明帝时，始有佛法。其后乱亡相继，运祚不长。宋、齐、梁、陈、元魏已下，事佛渐谨，年代尤促。惟梁武帝在位四十八年，前后三舍身为寺家奴，竟为侯景所逼，饿死台城，国亦寻灭。事佛求福，乃更得祸。由此观之，佛不足信亦可知矣！百姓愚冥，易惑难晓，苟见陛下如此，皆云'天子大圣，犹一心敬信；百姓微贱，于佛岂可更惜身命。'佛本夷狄之人，口不言先王之法言，身不服先王之法服，不知君臣之义、父子之恩。假如其身尚在，奉国命来朝京师，陛下容而接之，不过宣政一见，礼宾一设，赐衣一袭，卫而出之于境，不令惑众也。况其身死已久，枯朽之骨，岂宜以入宫禁！古之诸侯行吊于国，尚令巫祝先以桃茢祓除不祥④。今无故取朽秽之物亲视之，巫祝不先，桃茢不用，群臣不言其非，御史不举其罪，臣实耻之！乞以此骨付有司，投诸水火，永绝根本，断天下之疑，绝后代之惑，使天下之人知大圣人之所作为，出于寻常万万也，岂不盛哉！佛如有灵，能作祸福，凡有殃咎，宜加臣身。"

上得表，大怒，出示宰相，将加愈极刑。裴度、崔群为言："愈虽狂，发于忠恳，宜宽容以开言路。"癸巳，贬愈为潮州刺史。

自战国之世，老、庄与儒者争衡，更相是非。至汉末，益之以佛，然好者尚寡。晋、宋以来，日益繁炽，自帝王至于士民，莫不尊信，下者畏慕罪福，高者论难空有。独愈恶其蠹财惑众，力排之，其言多矫激太过。惟《送文畅师序》最得其要，曰："夫鸟俯而啄，仰而四顾，兽深居而简出，惧物之为己害也，犹且不免焉。弱之肉，强之食。今吾与文畅安居而暇食，优游以生死，与禽兽异者，宁可不知其所自邪！"

丙申，田弘正奏败淄青兵于东阿⑤，杀万余人。

沧州刺史李宗奭与横海节度使郑权不叶，不受其节制；权奏之。上遣中使追之，宗奭使其军中留己，表称惧乱未敢离州。诏以乌重胤代权，将吏惧，逐宗奭。宗奭奔京师，辛丑，斩于独柳之下。

丙午，田弘正奏败平卢兵于阳谷。

【注释】

①考城：县名。东汉时改甾县设置，历有改移，治所在今河南民权

县。 ②沭阳：县名。北周建德七年(578)以怀文县改名，治所即今江苏沭阳县。 ③鱼台：县名。唐宝应元年(762)以方与县改设，治所在今山东鱼台县西。 ④桃茢：即桃木和萑苕，古人认为这些东西可以消灾除邪，保人平安。 ⑤东阿：县名，秦代设置，治所在今山东阳谷县东北阿城镇。

资治通鉴卷第二百四十一

唐纪五十七

起屠维大渊献二月，尽重光赤奋若六月，凡二年有奇。

宪宗昭文章武大圣至神孝皇帝下

元和十四年 二月，李听袭海州，克东海、朐山、怀仁等县[①]。李愬败平卢兵于沂州，拔丞县[②]。

李师道闻官军侵逼，发民治郓州城堑，修守备，役及妇人，民益惧且怨。

都知兵马使刘悟[③]，正臣之孙也[④]，师道使之将兵万余人屯阳谷以拒官军。悟务为宽惠，使士卒人人自便，军中号曰刘父。及田弘正渡河，悟军无备，战又数败。或谓师道曰："刘悟不修军法，专收众心，恐有他志，宜早图之。"师道召悟计事，欲杀之。或谏曰："今官军四合，悟无逆状，用一人言杀之，诸将谁肯为用！是自脱其爪牙也。"师道留悟旬日，复遣之，厚赠金帛以安其意。悟知之，还营，阴为之备。师道以悟将兵在外，署悟子从谏门下别奏[⑤]。从谏与师道诸奴日游戏，颇得其阴谋，密疏以白父。

又有谓师道者曰："刘悟终为患，不如早除之。"丙辰，师道潜遣二使赍帖授行营兵马副使张暹，令斩悟首献之，勒暹权领行营。时悟方据高丘张幕置酒，去营二三里。二使至营，密以帖授暹。暹素与悟善，阳与使者谋曰："悟自使府还，颇为备，不可匆匆，暹请先往白之，云'司空遣使存问将士[⑥]，兼有赐物，请都头速归，同受传语。'如此,则彼不疑,乃可图也。"使者然之。暹怀帖走诣悟,屏人示之。悟潜遣人先执二使,杀之。

时已向暮,悟按辔徐行还营,坐帐下,严兵自卫。召诸将,厉色谓之曰:"悟与公等不顾死亡以抗官军,诚无负于司空。今司空信谗言,来取悟首。悟死,诸公其次矣。且天子所欲诛者独司空一人,今军势日蹙,吾曹何为随之族灭!欲与诸公卷旗束甲,还入郓州,奉行天子之命,岂徒免危亡,富贵可图也。诸公以为何如?"兵马使赵垂棘立于众首,良久,对曰:"事果济否?"悟应声骂曰:"汝与司空合谋邪!"立斩之。遍问其次,有迟疑未言者,悉斩之,并斩军中素为众所恶者,凡三十余,尸于帐前。余皆股栗,曰:"惟都头命,愿尽死!"

乃令士卒曰:"入郓,人赏钱百缗,惟不得近军帑。其使宅及逆党家财,任自掠取;有仇者报之。"使士皆饱食执兵,夜半听鼓三声绝即行,人衔枚[7],马缚口,遇行人,执留之,人无知者。距城数里,天未明,悟驻军,使听城上柝声绝,使十人前行,宣言"刘都头奉帖追入城[8]。"门者请俟写简白使,十人拔刃拟之,皆窜匿;悟引大军继至,城中噪哗动地。比至,子城已洞开,惟牙城拒守[9],寻纵火斧其门而入。牙中兵不过数百,始犹有发弓矢者,俄知力不支,皆投于地。

悟勒兵升听事[10],使捕索师道。师道与二子伏厕床下,索得之,悟命置牙门外隙地,使人谓曰:"悟奉密诏送司空归阙[11],然司空亦何颜复见天子!"师道犹有幸生之意,其子弘方仰曰:"事已至此,速死为幸!"寻皆斩之。自卯至午,悟乃命两都虞候巡坊市[12],禁掠者,即时皆定。大集兵民于球场,亲乘马巡绕,慰安之。斩赞师道逆谋者二十余家,文武将吏且惧且喜。悟见李公度[13],执手歔欷;出贾直言于狱[14],置之幕府。

悟之自阳谷还兵趋郓也,潜使人以其谋告田弘正:"事成,当举烽相白;万一城中有备不能入,愿公引兵为助。功成之日,皆归于公,悟何敢有之。"且使弘正进据己营。弘正见烽,知得城,遣使往贺。悟函师道父子三首遣使送弘正营,弘正大喜,露布以闻。淄、青等十二州皆平[15]。

弘正初得师道首，疑其非真，召夏侯澄使识之[16]。澄熟视其面，长号陨绝者久之，乃抱其首，舐其目中尘垢，复恸哭。弘正为之改容，义而不责。

【注释】

①东海、朐山、怀仁：均为海州属县。东海，在今江苏灌云县北。朐山，在今江苏连云港市海州区。怀仁，在今江苏连云港市赣榆区西。 ②丞县：在今山东枣庄市南。 ③都知兵马使：唐节度使幕府的属官，掌领军作战的武将，简称都头。 ④正臣：原名刘客奴，武陟人，曾任平原游弈使。后因参加讨伐安禄山的平卢节度使吕知诲，被授任平卢节度使，赐名正臣。 ⑤门下别奏：胡三省注：使厕员牙门下，俟别奏补官。据《唐六典》云：凡诸军镇大使，三品以上，可置别奏十人，副使八人，总管六人。⑥司空：指淄、青节度使李师道。元和十一年(816)十一月，加李师道检校司空衔。 ⑦人衔枚：枚，古代行军时防止士卒喧哗的用具，状如箸，衔在口中。 ⑧追：犹召。刘禹锡《问大钧赋序》："是岁腊月，诏追。"意为有诏命召回。又《通鉴》顺宗永贞元年："壬申，追忠州别驾陆贽……赴京师。"胡注："追，犹召也。" ⑨牙城：胡注：凡大城称罗城，小城称子城。又有第三重城以卫节度使居宅，叫牙城。 ⑩听事：即厅堂，官府办公之地。听之繁体作"聽"，通厅。 ⑪归阙：回到朝廷。阙，宫阙，代指朝廷。 ⑫都虞候：节度使幕府属官，为侍从警卫一类之武官。 ⑬李公度：为李师道属吏，屡劝师道归顺朝廷，不听，并囚禁之。⑭贾直言：李师道的幕僚，多次力谏李师道，因而触怒师道，被囚禁。⑮淄青等句：淄青等十二州，自永泰元年(765)李正己为节度使以来，历李纳、李师古，至李师道，父死子继，兄终弟及，割据其地凡五十五年，至此方平定。 ⑯夏侯澄：曾任李师道部下都知兵马使，上年末，为官军所擒。

壬戌，田弘正捷奏至。乙丑，命户部侍郎杨於陵为淄青宣抚使[1]。己巳，李师道首函至。自广德以来[2]，垂六十年，藩镇跋扈河南、北三十余州，自除官吏，不供贡赋，至是尽遵朝廷约束。

上命杨於陵分李师道地，於陵按图籍，视土地远迩，计士马众寡，校仓库虚实，分为三道[3]，使之适均：以郓、曹、濮为一道，淄、青、齐、登、莱为一道，兖、海、沂、密为一道；上从之。

刘悟以初讨李师道诏云:“部将有能杀师道以众降者,师道官爵悉以与之。”意谓尽得十二州之地,遂补署文武将佐,更易州县长吏;谓其下曰:“军府之政,一切循旧。自今但与诸公抱子弄孙,夫复何忧!”

上欲移悟他镇,恐悟不受代,复须用兵,密诏田弘正察之。弘正日遣使者诣悟,托言修好,实观其所为。悟多力,好手搏[4],得郓州三日,则教军中壮士手搏,与魏博使者庭观之[5],自摇肩攘臂,离坐以助其势。弘正闻之,笑曰:“是闻除改[6],登即行矣,何能为哉!”庚午,以悟为义成节度使[7]。悟闻制下,手足失坠[8]。明日,遂行。弘正已将数道,比至城西二里,与悟相见于客亭,即受旌节[9],驰诣滑州,辟李公度、李存、郭旰、贾直言以自随[10]。

悟素与李文会善,既得郓州,使召之,未至。闻将移镇,旰、存谋曰:“文会佞人,败乱淄青一道,灭李司空之族,万人所共仇也!不乘此际诛之,田相公至,务施宽大,将何以雪三齐之愤怨乎[11]!”乃诈为悟帖,遣使即文会所至,取其首以来。使者遇文会于丰齐驿[12],斩之。比还,悟及旰、存已去,无所复命矣。文会二子,一亡去,一死于狱,家赀悉为人所掠,田宅没官。

诏以淄青行营副使张暹为戎州刺史[13]。

癸酉,加田弘正检校司徒、同平章事[14]。

先是,李师道将败数月,闻风动鸟飞,皆疑有变,禁郓人亲识宴聚及道路偶语,犯者有刑。弘正既入郓,悉除苛禁,纵人游乐,寒食七昼夜不禁行人[15]。或谏曰:“郓人久为

裴度像

寇敌,今虽平,人心未安,不可不备。”弘正曰:“今为暴者既除,宜施以宽惠,若复为严察,是以桀易桀也⑯,庸何愈焉⑰!”

先是,贼数遣人入关,截陵戟⑱,焚仓场,流矢飞书⑲,以震骇京师,沮挠官军。有司督察甚严,潼关吏至发人囊箧以索之,然终不能绝。及田弘正入郓,阅李师道簿书⑳,有赏杀武元衡人王士元等及赏潼关、蒲津吏卒案㉑,乃知向者皆吏卒受赂于贼,容其奸也。

裴度纂述蔡、郓用兵以来上之忧勤机略,因侍宴献之,请内印出付史官㉒。上曰:“如此,似出朕志,非所欲也。”弗许。

三月,戊子,以华州刺史马总为郓、曹、濮等州节度使。己丑,以义成节度使薛平为平卢节度、淄·青·齐·登·莱等州观察使。以淄青四面行营供军使王遂为沂、海、兖、密等州观察使。

【注释】

①杨於(wū 乌)陵:字达夫,弘农人,汉太尉杨震的后嗣。历官刺史、侍郎、节度使等。宣抚使:唐朝中后期所置,乃临时派往有灾情或战乱的地方,巡视抚慰,任毕即回朝廷。 ②广德:唐代宗年号,763—764年,共二年。 ③道:本为依山川形势划分处于州县之上的监察机关,后乃发展成为地方一级政权单位,成为道、州、县三级制。唐初分全国为十道,玄宗时分为十五道,以后增加到四十余道。 ④手搏:徒手搏击,搏斗方式之一。 ⑤魏博:方镇名,设节度使,统辖魏、贝、博、相、澶、卫六州,治魏州(今河北大名县)。 ⑥除改:改授新官职。古代授官称除。⑦义成:方镇名,设节度使,统辖滑、郑、濮三州,治滑州(今河南滑县东)。 ⑧手足失坠:即手足无措之意,形容其惊慌时的形态。 ⑨旌节:旗旌和符节。唐代中后期节度使权力很大,朝廷给双旌双节,旌以专赏,节以专罚。 ⑩辟:聘请。李存、郭昈(hù 户):二人原来都是李师道幕府成员,为师道所囚禁。师道败,获释。 ⑪三齐:此指李师道所统辖的淄、青等十二州之地。因其地原为齐国所有,秦末,项羽分齐为三国,故称三齐。 ⑫丰齐驿:在今山东济南市历城区西南丰齐村。 ⑬戎州:唐州名,治所在今四川宜宾市。 ⑭检校司徒:在唐代,凡带“检校”二字的官,称检校官,表示只有其职称,而不在该部门任实职,也称散官。 ⑮寒食句:意为田弘正给郓人以宽大,在寒食节期间,民众活动不受限制。寒食节在清明前一日或前二日,恰当弘正入郓时期。 ⑯桀:夏朝的末代君主,以暴虐著称。 ⑰庸何愈:好在哪里。庸何,哪里。

愈，好、胜过。⑱截陵戟：屠割陵园和官府。陵，陵园宫殿。戟，戟门，指显贵之家。 ⑲流矢：放暗箭。飞书：投寄匿名信。 ⑳簿书：官署收藏的文件档案等材料。 ㉑潼关：关隘名，在今陕西潼关县东北黄河南岸。蒲津：即蒲津关，又名临晋关，在陕西大荔县朝邑镇东黄河旁。二关均是东方进入长安的要冲之地。 ㉒内印：在禁中盖上皇帝的大印。

横海节度使乌重胤奏：[1]"河朔藩镇所以能旅拒朝命六十余年者[2]，由诸州县各置镇将领事，收刺史、县令之权，自作威福。向使刺史各得行其职，则虽有奸雄如安、史，必不能以一州独反也。臣所领德、棣、景三州，已举牒各还刺史职事[3]，应在州兵并令刺史领之。"夏，四月，丙寅，诏诸道节度、都团练、都防御、经略等使所统支郡兵马[4]，并令刺史领之。自至德以来[5]，节度使权重，所统诸州各置镇兵，以大将主之，暴横为患，故重胤论之。其后河北诸镇，惟横海最为顺命，由重胤处之得宜故也。

辛未，工部侍郎、同平章事程异薨。[6]

裴度在相位，知无不言，皇甫镈之党阴挤之[7]。丙子，诏度以门下侍郎、同平章事，充河东节度使。

皇甫镈专以掊克取媚，人无敢言者，独谏议大夫武儒衡上疏言之。镈自诉于上，上曰："卿以儒衡上疏，将报怨邪！"镈乃不敢言。儒衡，元衡之从父弟也。

史馆修撰李翱上言[8]，以为："定祸乱者，武功也；兴太平者，文德也。今陛下既以武功定海内，若遂革弊事，复高祖、太宗旧制；用忠正而不疑，屏邪佞而不迩；改税法，不督钱而纳布帛[9]；绝进献，宽百姓租赋；厚边兵，以制戎狄侵盗；数访问待制官[10]，以通塞蔽；此六者，政之根本，太平之所以兴也。陛下既已能行其难，若何不为其易乎！以陛下天资上圣，如不惑近习容悦之辞，任骨鲠正直之士，与之兴大化，可不劳而成也。若不以此为事，臣恐大功之后，逸欲易生。进言者必曰：'天下既平矣，陛下可以高枕自安逸，'如是，则太平未可期矣！"

【注释】

①横海：即横海军，又名沧景，后改名义昌军，辖沧、景、德三州，治沧

州(今河北沧州市东南)。沧州曾名棣州,故横海所辖也称德、棣、景。乌重胤,原为潞州牙将,屡立军功。元和十三年(818),代郑权为横海军节度使。 ②旅拒:共同抗拒。旅,众。 ③举牒:发出文牒。牒,书札、文件等之称。 ④支郡:唐代方镇所属之州郡,称支州、支郡。由于节度使、都团练使等派兵驻守于支州支郡,因此刺史往往无兵权。 ⑤至德:肃宗李亨年号,756—757年共二年。 ⑥程异:京兆长安人,精于吏职,尤善理财。元和十三年(818)九月,由盐铁转运使擢工部侍郎、同中书门下平章事。至此卒。 ⑦皇甫镈(bó博):安定朝那人。元和十三年(818),与程异同日拜相。铸素无公望,以善理财为宪宗所倚重。穆宗即位,贬官。 ⑧史馆修撰:贞观三年(629),置史馆于门下省,有修撰四人,掌修国史。李翱(áo熬):字翱之,陇西成纪人。唐代哲学家、文学家。翱为韩愈的学生,共同倡导古文运动,官至节度使。 ⑨"不督钱而纳布帛"句:德宗建中元年(780),采杨炎议,改租庸调为两税法,税额以钱数为准。故李翱认为是督钱而不是纳布帛。 ⑩待制官:唐集贤殿书院有待制官,翰林院有翰林待诏,均为文士以备顾问之官。

秋,七月,丁丑朔,田弘正送杀武元衡贼王士元等十六人,诏使内京兆府、御史台遍鞫之[①];皆款服。京兆尹崔元略以元衡物色询之[②],则多异同。元略问其故,对曰:"恒、郓同谋遣客刺元衡,而士元等后期,闻恒人事已成,遂窃以为己功,还报受赏耳。今自度为罪均,终不免死,故承之。"上亦不欲复辨正,悉杀之。

戊寅,宣武节度使韩弘始入朝[③],上待之甚厚。弘献马三千,绢五千,杂缯三万,金银器千,而汴之库厩尚有钱百余万缗,绢百余万匹,马七千匹,粮三百万斛。

己丑,群臣上尊号曰元和圣文神武法天应道皇帝;赦天下。

兖、海、沂、密观察使王遂,本钱谷吏,性狷急,无远识。时军府草创,人情未安,遂专以严酷为治,所用杖绝大于常行者[④];每詈将卒,辄曰"反虏";又盛夏役士卒营府舍,督责峻急;将卒愤怨。

辛卯,役卒王弁与其徒四人浴于沂水,密谋作乱,曰:"今服役触罪亦死[⑤],奋命立事亦死,死于立事,不犹愈乎!明日,常侍与监军、副使有宴,军将皆在告[⑥],直兵多休息,吾属乘此际出其不意取之,可以万全。”四人皆以为然,约事成推弁为留后[⑦]。

壬辰,遂方宴饮,日过中,弁等五人突入,于直房前取弓刀,径前射副使张敦实,杀之。遂与监军狼狈起走,弁执遂,数之以盛暑兴役,用刑刻暴,立斩之。传声勿惊监军,弁即自称留后,升厅号令,与监军抗礼,召集将吏参贺,众莫敢不从。监军具以状闻。

甲午,韩弘又献绢二十五万匹,絁三万匹[⑧],银器二百七十;左右军中尉各献钱万缗。自淮西用兵以来,度支、盐铁及四方争进奉,谓之“助军”;贼平又进奉,谓之“贺礼”;后又进奉,谓之“助赏”;上加尊号又进奉,亦谓之“贺礼”。

丁酉,以河阳节度使令狐楚为中书侍郎、同平章事[⑨]。楚与皇甫镈同年进士,故镈引以为相。

朝廷闻沂州军乱,甲辰,以棣州刺史曹华为沂、海、兖、密观察使。

韩弘累表请留京师,八月,己酉,以弘守司徒[⑩],兼中书令。癸丑,以吏部尚书张弘靖同平章事,充宣武节度使。弘靖,宰相子[⑪],少有令闻,立朝简默;河东、宣武阙帅,朝廷以其位望素重,使镇之。弘靖承王锷聚敛之余[⑫],韩弘严猛之后,两镇喜其廉谨宽大,故上下安之。

己未,田弘正入朝,上待之尤厚。

【注释】

①鞫:审问。 ②物色:人的形貌。 ③宣武:方镇名。德宗建中二年(781)置,统辖汴、宋、濮、颍、曹、陈六州,治所在汴州(今河南开封市)。 ④杖:唐制,常行杖,大头二分七厘,小头一分七厘。讯杖,大头径三分三厘,小头二分二厘。笞杖,大头二分,小头一分又半。 ⑤死:此死字和下文的死字,是指犯死罪的意思。 ⑥在告:是说休假在家。古称休假为告。 ⑦留后:官名。唐代中后期未正式授予旌节而行使节度使职务者,称节度使留后。割据称雄的藩镇,常以子侄为留后。叛军将士往往自立为留后。 ⑧絁(shī 施):粗绸。 ⑨河阳:方镇名,称河阳三城节度使,领孟州、怀州、卫州,治孟州(今河南孟州市西)。 ⑩守司徒:凡初授官,有试用意思的称守。一般试守一段时期即转正。司徒为三公之一,在唐代乃虚衔,一般无实际职掌,不常设。 ⑪宰相子:张弘靖

的父亲张延赏，德宗贞元元年(785)任尚书左仆射，三年(787)正月，加同中书门下平章事，入相。同年七月卒，年六十一。 ⑫王锷：字昆吾，太原人。历节度使官二十余年，元和中为河东节度使，驻太原。元和十年(815)卒，年七十六。

戊辰，陈许节度使郗士美薨[①]，以库部员外郎李渤为吊祭使[②]。渤上言："臣过渭南，闻长源乡旧四百户，今才百余户，阌乡县旧三千户[③]，今才千户，其他州县大率相似。迹其所以然，皆由以逃户税摊于比邻，致驱迫俱逃，此皆聚敛之臣剥下媚上，惟思竭泽，不虑无鱼。乞降诏书，绝摊逃之弊；尽逃户之产偿税，不足者乞免之。计不数年，人皆复于农矣。"执政见而恶之[④]，渤遂谢病[⑤]，归东都。

癸酉，吐蕃寇庆州，营于方渠[⑥]。

朝廷议兴兵讨王弁，恐青、郓相扇继变，乃除弁开州刺史[⑦]，遣中使赐以告身[⑧]。中使绐之曰："开州计已有人迎候道路，留后宜速发。"弁即日发沂州，导从尚百余人，入徐州境，所在减之，其众亦稍逃散。遂加以杻械[⑨]，乘驴入关。九月，戊寅，腰斩东市。

先是，三分郓兵以隶三镇，及王遂死，朝廷以为师道余党凶态未除，命曹华引棣州兵赴镇以讨之。沂州将士迎候者，华皆以好言抚之，使先入城，慰安其余，众皆不疑。华视事三日，大飨将士，伏甲士千人于幕下，乃集众而谕之曰："天子以郓人有迁徙之劳，特加优给，宜令郓人处左，沂人处右。"既定，令沂人皆出，因阖门，谓郓人曰："王常侍以天子之命为帅于此，将士何得辄害之！"语未毕，伏者出，围而杀之，死者千二百人，无一得脱者。门屏间赤雾高丈余，久之方散。

臣光曰：《春秋》书楚子虔诱蔡侯般杀之于申[⑩]。彼列国也，孔子犹深贬之，恶其诱讨也，况为天子而诱匹夫乎！

王遂以聚敛之才，殿新造之邦[⑪]，用苛虐致乱。王弁庸夫，乘衅窃发，苟沂帅得人，戮之易于犬豕耳，何必以天子诏书为诱人之饵乎！且作乱者五人耳，乃使曹华设诈，屠千余人，不亦滥乎！然则自今士卒孰不猜其将帅，将帅何以令其士卒！上下睨睨[12]，如寇仇聚处，得间则更相鱼肉，惟先发者为雄耳，祸乱何时而弭哉！

惜夫！宪宗削平僭乱，几致升平，其美业所以不终，由苟徇近功不敦大信故也[13]。

甲辰，以田弘正兼侍中，魏博节度使如故[14]。弘正三表请留，上不许。弘正常恐一旦物故[15]，魏人犹以故事继袭，故兄弟子侄皆仕诸朝，上皆擢居显列，朱紫盈庭[16]，时人荣之。

乙巳，上问宰相："玄宗之政，先理而后乱，何也？"崔群对曰[17]："玄宗用姚崇、宋璟、卢怀慎、苏颋、韩休、张九龄则理，用宇文融、李林甫、杨国忠则乱。故用人得失，所系非轻。人皆以天宝十四年安禄山反为乱之始，臣独以为开元二十四年罢张九龄相，专任李林甫，此理乱之所分也。愿陛下以开元初为法，以天宝末为戒，乃社稷无疆之福！"皇甫镈深恨之。

【注释】

①陈许：即忠武军，管许、陈、蔡三州，治许州（今河南许昌），故称陈许。郗士美，字和夫，高平金乡人。历官观察使、节度使等职。元和十四年（819）五月，迁忠武节度使，八月，卒于任。 ②库部员外郎：唐代兵部属司有库部，掌军械、仪仗等事。有员外郎一员，从六品上。 ③阌（wén 文）乡县：旧县名，今已并入河南灵宝市。阌，俗作"閺"、"阕"。 ④执政：执掌政事的人。此指当时的宰相皇甫镈。 ⑤谢病：借口有病而辞官引退。 ⑥方渠：在今甘肃环县南方渠镇。 ⑦除：任命。开州：属山南西道，领县三，治盛山（今重庆市开州区）。 ⑧告身：委任官吏的文凭。 ⑨杻（chǒu 丑）械：手铐脚镣。 ⑩楚子虔事：见《春秋左氏传》昭公十一年记事。楚子虔在申，召蔡灵侯，伏甲而飨蔡侯，醉而执杀之。 ⑪殿：镇守。新造之邦：李师道败，分其所辖地为三道。王遂由淄青四面行营供军使升任沂、海、兖、密道观察使。 ⑫睨睨（xì 系）：怒视貌。《三国志·魏志·许褚传》："褚瞋目睨之，超不敢动。" ⑬敦：信守、爱好。 ⑭魏博：方镇名。管魏、贝、博、相、澶、卫六州，治魏州（今河北大名县）。 ⑮物故：死亡。 ⑯朱紫盈庭：唐代三品以上官服用紫色，五品以上用朱色，故以朱紫代指高级官员。 ⑰崔群：字敦诗，清河武城人，山东著姓。十九岁登进士第。元和初，召为翰林学士。历中书舍人、礼部侍郎、户部侍郎等。元和十二年（817）七月，拜中书侍

郎、同中书门下平章事。后为皇甫镈所构害，出为地方官。大和六年(832)卒。年六十一。

冬，十月，壬戌，容管奏安南贼杨清陷都护府[1]，杀都护李象古及妻子、官属、部曲千余人[2]。象古，道古之兄也，以贪纵苛刻失众心。清世为蛮酋，象古召为牙将[3]，清郁郁不得志。象古命清将兵三千讨黄洞蛮[4]，清因人心怨怒，引兵夜还，袭府城，陷之。

初，蛮贼黄少卿，自贞元以来数反复[5]，桂管观察使裴行立、容管经略使阳旻欲徼幸立功[6]，争请讨之；上从之。岭南节度使孔戣屡谏曰[7]："此禽兽耳，但可自计利害，不足与论是非。"上不听，大发江、湖兵会容、桂二管入讨[8]，士卒被瘴疠[9]，死者不可胜计。安南乘之，遂杀都护。行立、旻竟无功，二管凋弊，惟戣所部晏然。

丙寅，以唐州刺史桂仲武为安南都护；赦杨清，以为琼州刺史。

是岁，吐蕃节度论三摩等将十五万众围盐州[10]，党项亦发兵助之[11]。刺史李文悦竭力拒守，凡二十七日，吐蕃不能克。灵武牙将史奉敬言于朔方节度使杜叔良[12]，请兵三千，赍三十日粮，深入吐蕃以解盐州之围。叔良以二千五百人与之。奉敬行旬日，无声问[13]，朔方人以为俱没矣。无何，奉敬自他道出吐蕃背，吐蕃大惊，溃去。奉敬奋击，大破，不可胜计[14]。奉敬与凤翔将野诗良浦、泾原将郝玼皆以勇著名于边[15]，吐蕃惮之。

柳泌至台州，驱吏民采药，岁余，无所得而惧，举家逃入山中；浙东观察使捕送京师[16]。皇甫镈、李道古保护之，上复使待诏翰林[17]，服其药，日加躁渴。

起居舍人裴潾上言[18]，以为："除天下之害者受天下之利，同天下之乐者飨天下之福[19]，自黄帝至于文、武，享国寿考，皆用此道也。自去岁以来，所在多荐方士，转相汲引，其数浸繁。借令天下真有神仙，彼必深潜岩壑，惟畏人知。凡候伺权贵之门，以大言自炫奇技惊众者，皆不轨徇利之人，岂可信其说而饵其药邪！夫药以愈疾，非朝夕常饵之物；况金石酷烈有毒，又益以火气，殆非人五藏之所能胜也[20]。古者君饮药，臣先尝之，乞令献药者先自饵一年，则真伪自可辨矣。”上怒，十一月，己亥，贬潾江陵令。

【注释】

①容管：岭南西道经略使之一，管辖容、辩等十州，治容州（今广西容县）。都护府：此指安南都护，原称交州总管府，管交、峰等十州，治交州（今越南河内）。 ②李象古：唐宗室，由衡州刺史迁安南都护。 ③牙将：偏裨之将，即低级军官。 ④黄洞蛮：为西原蛮之一支，因其首领为黄姓，居黄橙洞，故称黄洞蛮。居广西西南部。 ⑤贞元：唐德宗年号，785—804年，共计二十年。 ⑥桂管观察使：岭南西道观察使之一，领桂、昭、蒙等十五州，治桂州（今广西桂林市）。 ⑦岭南节度使：又称岭南东道节度使，领广、韶、循等十八州，治广州。孔戣（kuí 葵）：字君严，冀州人。进士出身，元和初，任谏议大夫，十二年（817），继崔咏任广州刺史，兼御史大夫、岭南节度使。 ⑧江、湖兵：指江南西道和湖南观察使所属的军队。 ⑨瘴疠：我国南方温热地方流行的疟疾等传染病。 ⑩盐州：治所在今陕西定边县。 ⑪党项：唐代西境的少数民族，是羌族的一部，故又称党项羌。 ⑫朔方：边镇名。辖盐、夏等十州，治灵州（今宁夏灵武市南）。 ⑬声问：音讯、消息。 ⑭不可胜计：语句有省略。是斩获很多，难以计算的意思。 ⑮凤翔：边镇名。设节度使，治凤翔府，统凤翔、陇州。泾原，边镇名。设节度使，治泾州，统泾、原、渭、武四州。 ⑯浙东观察使：官名。浙东即浙江东道，管越、衢、婺、温、台、明六州，治越州（今浙江绍兴市）。 ⑰待诏翰林：唐翰林院有待诏所，置待诏若干人，分词学、经术、合炼、僧道、卜祝、术艺等类，以备皇帝顾问。 ⑱起居舍人：门下省属官，掌起居注，录天子之言动法度，以修记事之史。 ⑲飨：通享。 ⑳五藏：藏，通“脏”，五脏，指心、肝、脾、肺、肾。

初，群臣议上尊号，皇甫镈欲增“孝德”字，中书侍郎、同平章事崔群曰：“言圣则孝在其中矣。”镈谮群于上曰：“群于陛下惜‘孝德’二字[①]。”上怒。时镈给边军赐与，多不时得，又所给多陈败，不可服用，军士怨怒，流言欲为乱。李光颜忧惧[②]，欲自杀；遣人诉于上，上不信。京师恟惧[③]，群具以中外人情上闻。镈密言于上曰：“边赐皆如旧制，而人情忽如此者，由群鼓扇，将以卖直[④]，归怨于上也。”上以为然。十二月，乙卯，以群为湖南观察使[⑤]，于是中外切齿于镈矣。

中书舍人武儒衡,有气节,好直言,上器之,顾待甚渥,人皆言且入相。令狐楚忌之,思有以沮之者,乃荐山南东道节度推官狄兼谟才行[⑥]。癸亥,擢兼谟左拾遗内供奉[⑦]。兼谟,仁杰之族曾孙也。楚自草制辞,盛言"天后窃位,奸臣擅权,赖仁杰保佑中宗,克复明辟[⑧]。"儒衡泣诉于上,且言:"臣曾祖平一[⑨],在天后朝,辞荣终老。"上由是薄楚之为人。

【注释】

①惜:吝惜,不愿意。 ②李光颜:本河曲部落稽阿跌族,勇健善骑射。历刺史、节度使等职。元和十四年(819),西蕃入寇,移授邠宁节度使,驻邠州。 ③恟惧:恐惧。 ④卖直:炫耀自己正直。 ⑤湖南观察使:官名。治潭州,管潭、衡、郴、连、道、永、邵等七州。 ⑥节度推官:即节度使所属的推官,或称从事,掌刑狱等事。诸州、府亦置此职。 ⑦左拾遗内供奉:左拾遗属门下省官,掌供奉讽谏,扈从乘舆。带内供奉,说明不是左拾遗正职。 ⑧克复明辟:恢复贤明君主的权位。指武则天死,李氏又登上皇位。 ⑨曾祖平一:据《旧唐书·武儒衡传》,平一应为儒衡之祖父。"曾"字衍。平一为武则天堂侄,博学,工文辞。武后时畏祸不敢与事,隐居嵩山修浮图法,屡诏不应。

十五年 春,正月,沂、海、兖、密观察使曹华请徙理兖州[①],许之。

义成节度使刘悟入朝。

初,左军中尉吐突承璀谋立澧王恽为太子[②],上不许。及上寝疾,承璀谋尚未息。太子闻而忧之,密遣人问计于司农卿郭钊[③],钊曰:"殿下但尽孝谨以俟之,勿恤其他。"钊,太子之舅也。

上服金丹,多躁怒,左右宦官往往获罪,有死者,人人自危;庚子,暴崩于中和殿[④]。时人皆言内常侍陈弘志弑逆,其党类讳之,不敢讨贼,但云药发,外人莫能明也。

中尉梁守谦与诸宦官马进潭、刘承偕、韦元素、王守澄等共立太子[⑤],杀吐突承璀及澧王恽,赐左、右神策军士钱人五十缗,六军、威远人三十缗[⑥],左、右金吾人十五缗[⑦]。

闰月,丙午,穆宗即位于太极殿东序。是日,召翰林学士段文

唐三彩牛角形杯

昌等及兵部郎中薛放、驾部员外郎丁公著对于思政殿[8]。放,戎之弟[9];公著,苏州人;皆太子侍读也。上未听政,放、公著常侍禁中,参预机密,上欲以为相,二人固辞。

丁未,辍西宫朝临,集群臣于月华门外[10]。贬皇甫镈为崖州司户[11],市井皆相贺。

上议命相,令狐楚荐御史中丞萧俛;辛亥,以俛及段文昌皆为中书侍郎、同平章事。楚、俛与皇甫镈皆同年进士,上欲诛镈,俛及宦官救之,故得免。

壬子,杖杀柳泌及僧大通,自余方士皆流岭表;贬左金吾将军李道古循州司马[12]。

癸丑,以薛放为工部侍郎,丁公著为给事中[13]。

乙卯,尊郭贵妃为皇太后。

丁卯,上与群臣皆释服从吉[14]。

二月,丁丑,上御丹凤门楼,赦天下。事毕,盛陈倡优杂戏于门内而观之。丁亥,上幸左神策军观手搏杂戏。

庚寅,监察御史杨虞卿上疏,以为:"陛下宜延对群臣,周遍顾问,惠以气色,使进忠若趋利,论政若诉冤,如此而不致升平者,未之有也。"衡山人赵知微亦上疏谏上游畋无节[15]。上虽不能用,亦不罪也。

壬辰，废邕管，命容管经略使阳旻兼领之。

安南都护桂仲武至安南，杨清拒境不纳。清用刑惨虐，其党离心；仲武遣人说其酋豪，数月间，降者相继，得兵七千余人。朝廷以仲武为逗遛，甲午，以桂管观察使裴行立为安南都护。乙未，以太仆卿杜式方为桂管观察使。丙申，贬仲武为安州刺史[16]。

丹王逾薨[17]。

吐蕃寇灵武。

宪宗之末，回鹘遣合达干来求昏尤切[18]，宪宗许之。三月，癸卯朔，遣合达干归国。

上见夏州观察判官柳公权书迹，爱之。辛酉，以公权为右拾遗、翰林侍书学士[19]。上问公权："卿书何能如是之善？"对曰："用笔在心，心正则笔正。"上默默改容，知其以笔谏也。公权，公绰之弟也。

【注释】

①徙理兖州：是说将观察使治所从沂州迁到兖州。兖州治今山东济宁市兖州区。 ②左军中尉：为禁军首领之一，即掌神策军的大将军。吐突承璀：宦官。宪宗时期，掌管禁军，权力很大。谋立澧王恽为太子，未成；穆宗即位，被杀。 ③司农卿：为唐代九寺之一的司农寺长官，从三品上，掌国家仓储百官吏禄等事。 ④暴崩：突然死亡。宪宗是为宦官所杀，还是服食金丹中毒而死，已弄不清楚了。 ⑤太子：即穆宗李恒，宪宗第三子。生于贞元十一年(795)，至即位时，已二十六岁了。 ⑥六军：据胡三省注，此当指左、右羽林，左、右龙武，左、右神武等六军。威远：为另一支禁军。 ⑦左、右金吾：即左、右金吾卫，掌宫中及京城巡警，车驾扈从。 ⑧驾部员外部：驾部为兵部下属部曹之一，掌国家舆辇、车乘、传驿、厩牧等事，设郎中、员外郎各一人。 ⑨戎：即薛戎，字元夫，河中宝鼎人。曾权领泉州刺史职。以不附会权势，获罪，为杜佑解救，乃免。 ⑩月华门：宫门名。唐东内、西内均有月华门。穆宗活动，多在西内，此月华门似为西内之月华门。 ⑪崖州司户：崖州治所在今海南海口市琼山区。司户，为州刺史所属官，即户曹，掌民户、祠祀诸事。 ⑫循州：隋置，唐因之，治所在今广东惠州市东北。司马：是州刺史之下，次于别驾、长史的官吏。 ⑬给事中：唐门下省置给事中四员，正五品上，掌陪侍左右，分判省事。 ⑭释服：脱去为宪宗亡故所穿之丧服。

⑮游畋：游戏畋猎，犹嬉游作乐等事。 ⑯安州：据新旧《唐书·地理志》所载，穆宗时无安州，而安南都护所辖，有万安州，治今海南万宁市，或即其地。 ⑰丹王逾：代宗第五子，建中四年(783)，改封丹王。 ⑱“回鹘”句：回鹘自咸安公主殁后，屡归款请继前好，久未答应。宪宗末年，求婚尤切，乃许之。昏，通“婚”。 ⑲翰林侍书学士：翰林院学士，为皇帝任顾问，其待诏名目甚多，有书奕，即侍书学士之属。

辛未，安南将士开城纳桂仲武，执杨清，斩之。裴行立至海门而卒[1]；复以仲武为安南都护。

吐蕃寇盐州。

初，膳部员外郎元稹为江陵士曹[2]，与监军崔潭峻善。上在东宫，闻宫人诵稹歌诗而善之；及即位，潭峻归朝，献稹歌诗百余篇。上问：“稹安在？”对曰：“今为散郎[3]。”夏，五月，庚戌，以稹为祠部郎中、知制诰[4]；朝论鄙之。会同僚食瓜于阁下[5]，有青蝇集其上，中书舍人武儒衡以扇挥之曰：“适从何来，遽集于此！”同僚皆失色，儒衡意气自若。

庚申，葬神圣章武孝皇帝于景陵[6]，庙号宪宗。

六月，以湖南观察使崔群为吏部侍郎，召对别殿。上曰：“朕升储副[7]，知卿为羽翼。”对曰：“先帝之意，久属圣明，臣何力之有！”

太后居兴庆宫，每朔望，上帅百官诣宫上寿。上性侈，所以奉养太后尤为华靡。

秋，七月，乙巳，以郓、曹、濮节度为天平军。

元稹像

门下侍郎、同平章事令狐楚坐为山陵使[8]，部吏盗官物，又不给工人佣直，收其钱十五万缗为羡余献之[9]，怨诉盈路，丁卯，罢为宣、歙、池观察使[10]。

八月，癸巳，发神策兵二千浚鱼藻池[11]。

戊戌，以御史中郎崔植为中书侍郎、同平章事[12]。

己亥，再贬令狐楚衡州刺史[13]。

上甫过公除[14]，即事游畋声色，赐与无节。九月，欲以重阳大宴；拾遗李珏帅其同僚上疏曰："伏以元朔未改[15]，园陵尚新，虽陛下就易月之期，俯从人欲；而《礼经》著三年之制，犹服心丧[16]。遵同轨之会始离京[17]，告远夷之使未复命[18]。遏密弛禁[19]，盖为齐人；合乐后庭，事将未可。"上不听。

戊午，加邠宁节度使李光颜、武宁节度使李愬并同平章事[20]。

冬，十月，王承宗薨[21]；其下秘不发丧，子知感、知信皆在朝，诸将欲取帅于属内诸州。参谋崔燧以承宗祖母凉国夫人命，告谕诸将及亲兵，立承宗之弟观察支使承元。

承元时年二十，将士拜之，承元不受，泣且拜，诸将固请不已。承元曰："天子遣中使监军，有事当与之议。"及监军至，亦劝之。承元曰："诸公未忘先德，不以承元年少，欲使之摄军务，承元请尽节以遵忠烈之志[22]，诸公肯从之乎！"众许诺。承元乃视事于都将听事，令左右不得谓己为留后，委事于参佐，密表请朝廷除帅。

庚辰，监军奏承宗疾亟，弟承元权知留后，并以承元表闻。

【注释】

①海门：在今广西博白县东南。　②膳部员外郎：礼部所属部曹中，有膳部，置郎中、员外郎各一人，主国家的祭器、牲豆、酒膳等事。士曹，唐代府州诸曹官中，有士曹，掌津梁、舟车、舍宅、百工众艺之事。　③散郎：唐代称郎中为正郎，员外郎为散郎。　④祠部郎中：礼部所属部曹之一。知制诰：掌草拟皇帝制敕诏令等事。本为中书舍人任此职，今以元稹任之，特别恩宠的意思。　⑤阁下：此指中书省之凤阁。后中书者又有紫微阁，亦为治事场所。　⑥景陵：在今陕西蒲城县金炽山。　⑦储副：犹储君，一般指皇太子。　⑧山陵使：主持修筑皇帝陵墓的官员。⑨羡余：本指正赋之外的杂税收入，唐地方官作"羡余"献给朝廷。此指

克扣工人工资,作"羡余"献给皇帝。 ⑩宣、歙、池观察使:简称宣州观察使,治宣州(今安徽宣城市宣州区)。 ⑪鱼藻池:即鱼藻宫内的池苑,属东内禁苑之一。 ⑫崔植:字公脩,为宰相崔祐甫之侄。元和中为给事中,迁御史中丞,至此入相。 ⑬衡州:治衡阳。领县六:衡阳、常宁、攸县、茶陵、耒阳、衡山。 ⑭公除:帝王或朝廷大官,因公事而除去丧服的称公除。唐制皇帝服丧二十七日。 ⑮元朔未改:元和十五年(820)正月,宪宗死,穆宗继位,仍用元和年号,故称元朔未改。 ⑯心丧:父母死,按礼制应服三年之丧,今虽因公除而不在形式上服丧了,内心仍应如服丧一样,称心丧。 ⑰同轨:同一国家各地之人。 ⑱未复命:尚未从边远地区回来。 ⑲遏密弛禁:开放禁止举行音乐娱乐之令。⑳武宁节度使:驻徐州,管徐、泗、濠、宿四州。李愬:陇右临洮人,以父荫起家,历刺史、太子詹事等。后以讨蔡州吴元济有大功,授检校左仆射、宁武军节度使等,至此兼使相。 ㉑王承宗:其先为契丹怒皆部落。祖王武俊、父王士真,均先后任成德军节度使,至承宗亦袭其任,为割据一方之藩镇。 ㉒忠烈之志:谓其祖父王武俊忠于朝廷的意愿。王武俊谥忠烈。

党项复引吐蕃寇泾州[①],连营五十里。

辛巳,遣起居舍人柏耆诣镇州宣慰[②]。

壬午,群臣入阁[③]。谏议大夫郑覃、崔郾等五人进言:"陛下宴乐过多,畋游无度。今胡寇压境,忽有急奏,不知乘舆所在[④]。又晨夕与倡优狎暱[⑤],赐与过厚。夫金帛皆百姓膏血,非有功不可与。虽内藏有余,愿陛下爱之,万一四方有事,不复使有司重敛百姓。"时久无阁中论事者,上始甚讶之[⑥],谓宰相曰:"此辈何人?"对曰:"谏官。"上乃使人慰劳之,曰:"当依卿言。"宰相皆贺,然实不能用也。覃,珣瑜之子也[⑦]。

上尝谓给事中丁公著曰:"闻外间人多宴乐,此乃时和人安,足用为慰。"公著对曰:"此非佳事,恐渐劳圣虑。"上曰:"何故?"对曰:"自天宝以来[⑧],公卿大夫竞为游宴,沉酣昼夜,优杂子女[⑨],不愧左右。如此不已,则百职皆废,陛下能无独忧劳乎!愿少加禁止,乃天下之福也。"

癸未,泾州奏吐蕃进营距州三十里,告急求救;以右军中尉梁守谦为左右神策、京西北行营都监[10]，将兵四千人，并发八镇全军救之[11]；赐将士装钱二万缗。以郯王府长史邵同为太府少卿兼御史中丞[12]，充答吐蕃请和好使。

初，秘书少监田洎入吐蕃为吊祭使[13]，吐蕃请与唐盟于长武城下[14]，洎恐吐蕃留之不得还，唯阿而已[15]。既而吐蕃为党项所引入寇，因以为辞曰："田洎许我将兵赴盟。"于是贬洎郴州司户[16]。

成德军始奏王承宗薨。乙酉，徙田弘正为成德节度使，以王承元为义成节度使，刘悟为昭义节度使，李愬为魏博节度使。又以左金吾将军田布为河阳节度使。

渭州刺史郝玼数出兵袭吐蕃营，所杀甚众。李光颜发邠宁兵救泾州。邠宁兵以神策受赏厚，皆愠曰："人给五十缗而不识战斗者，彼何人邪！常额衣资不得而前冒白刃者，此何人邪！"汹汹不可止。光颜亲为开陈大义以谕之，言与涕俱，然后军士感悦而行。将至泾州，吐蕃惧而退。丙戌，罢神策行营。

西川奏吐蕃寇雅州[17]；辛卯，盐州奏吐蕃营于乌、白池[18]，寻亦皆退。

【注释】

①泾州：原为安定郡，领县五，治安定（今甘肃泾川县）。　②镇州：即原来的恒州，为避穆宗李恒讳，本年改名镇州。该地为成德军节度使驻地。　③入阁：唐故事，天子在前殿见群臣，称常参。皇帝因故不能去前殿，群臣经阁门而到便殿朝参，称入阁。　④乘舆：天子所乘之车。此代指天子。　⑤倡优：歌舞杂技艺人。　⑥讶：惊疑貌。　⑦珣瑜：即郑珣瑜，字元伯，郑州荥泽人。历官州刺史、谏议大夫、吏部侍郎等。德宗贞元末入相。顺宗永贞元年（805）七月罢。　⑧天宝：唐玄宗年号，742—755年，共十四年。　⑨优杂子女：《乐记》作"獶杂子女"，犹言舞戏之时，状如猕猴间杂，男女无别。　⑩梁守谦：宦官，任内常侍，掌禁军。外出则任监军。　⑪八镇：左、右神策军分屯近畿八处，称八镇兵，即长武、兴平、好畤、普闰、郃阳、良原、定平、奉天。　⑫太府少卿；唐制，太府寺设卿一人，从三品，少卿二人，从四品上。卿与少卿，主要职责是掌国家财货。　⑬吊祭使：据胡注考证，当时宪宗死，穆宗刚即位，派田润去吐蕃是为告哀使，而不是吊祭使。　⑭长武城：隋所筑。唐置兵在

此戍守。后升为县。此地在今陕西长武县西北。 ⑮唯阿：犹唯唯，顺应而不表示可否，与唯唯诺诺意同。《老子》："唯之与阿，相去几何？" ⑯郴州：隋为桂阳郡，领县五，治郴县（今湖南郴州市）。 ⑰雅州：属西川节度使所辖，治今四川雅安市西。 ⑱乌、白池：盐州所管四池，在其北的为乌池和白池。该地在今陕西定边县。

十一月，癸卯，遣谏议大夫郑覃诣镇州宣慰[①]，赐钱一百万缗以赏将士。王承元既请朝命[②]，诸将及邻道争以故事劝之；承元皆不听。及移镇义成，将士喧哗不受命，承元与柏耆召诸将以诏旨谕之，诸将号哭不从。承元出家财以散之，择其有劳者擢之，谓曰："诸公以先代之故，不欲承元去，此意甚厚。然使承元违天子之诏，其罪大矣。昔李师道之未败也，朝廷尝赦其罪，师道欲行，诸将固留之；其后杀师道者亦诸将也。诸将勿使承元为师道，则幸矣。"因涕泣不自胜，且拜之。十将李寂等十余人固留承元[③]；承元斩以徇[④]，军中乃定。丁未，承元赴滑州。将吏或以镇州器用财货行，承元悉命留之。

韩愈像

上将幸华清宫[⑤]，戊午，宰相率两省供奉官诣延英门[⑥]，三上表切谏，且言："如此，臣辈当扈从[⑦]。"求面对，皆不听。谏官伏门下，至暮，乃退。己未，未明，上自复道出城，幸华清宫，独公主、驸马、中尉、神策六军使帅禁兵千余人扈从，晡时还宫[⑧]。

十二月，己巳朔，盐州奏：吐蕃千余人围乌、白池。

庚辰，西川奏南诏二万人入界，请讨吐蕃。

癸未，容管奏破黄少卿万

余众，拔营栅三十六。时少卿久未平，国子祭酒韩愈上言[⑨]："臣去年贬岭外[⑩]，熟知黄家贼事。其贼无城郭可居，依山傍险，自称洞主，寻常亦各营生，急则屯聚相保。比缘邕管经略使多不得人，德既不能绥怀，威又不能临制，侵欺虏缚，以致怨恨；遂攻劫州县，侵暴平人，或复私仇，或贪小利，或聚或散，终亦不能为事[⑪]。近者征讨本起裴行立、阳旻，此两人者本无远虑深谋，意在邀功求赏。亦缘见贼未屯聚之时，将谓单弱，争献谋计。自用兵以来，已经二年，前后所奏杀获计不下二万余人，倘皆非虚，贼已寻尽。至今贼犹依旧，足明欺罔朝廷。邕、容两管，经此凋敝，杀伤疾疫，十室九空，如此不已，臣恐岭南一道未有宁息之时。自南讨已来[⑫]，贼徒亦甚伤损，察其情理，厌苦必深[⑬]。贼所处荒僻，假如尽杀其人，尽得其地，在于国计不为有益。若因改元大庆[⑭]，赦其罪戾，遣使宣谕，必望风降伏。仍为选择有威信者为经略使，苟处置得宜，自然永无侵叛之事。"上不能用。

【注释】

①诣镇州宣慰：上月已派柏耆前往宣慰，今又派郑覃前往，因为该州方镇，长期为王氏割据称雄，今要易帅，易引起变乱的缘故。 ②朝命：请求朝廷任命节度使，表示服从朝廷安排。 ③十将：严衍《资治通鉴补》改为"牙将"，似为顺。 ④徇：示众。 ⑤华清宫：故址在今陕西西安市临潼区骊山下。 ⑥两省供奉官：指中书、门下两省的左右常侍、拾遗、补阙、起居郎、舍人等。 ⑦扈从：随从、侍从。 ⑧晡（bū 逋）：申时，即下午三点至五点时。 ⑨国子祭酒：为国子监的长官，从三品，掌国家儒学教育政策及管理等事。韩愈：字退之，河南河阳人。我国著名文学家。此时从袁州刺史任上调回，任国子祭酒。 ⑩去年贬岭外：宪宗元和十四年（819）正月，韩愈奏上谏迎佛骨表，被贬为潮州刺史。 ⑪不能为事：意思是成不了大事，对国家没有大的威胁。 ⑫南讨：指上年十月，以容管、桂管为主，并发江南两道和湖南兵，大举进讨事。 ⑬厌苦：厌恶愁苦，不愿打仗的意思。 ⑭改元大庆：宪宗去世，穆宗即位，因为未逾年，还是用宪宗年号。当时已十二月，不久就要改用穆宗年号，故称改元大庆。

穆宗睿圣文惠孝皇帝上

长庆元年　春，正月，辛丑，上祀圜丘[①]；赦天下，改元。河北诸道各令均定两税[②]。

门下侍郎、同平章事萧俛，介洁疾恶[③]，为相，重惜官职，少所引拔。西川节度使王播大修贡奉[④]，且以赂结宦官，求为相，段文昌复左右之[⑤]；诏征播诣京师。俛屡于延英力争，言："播纤邪[⑥]，物论沸腾，不可以污台司[⑦]。"上不听，俛遂辞位。己未，播至京师。壬戌，俛罢为右仆射。俛固辞仆射，二月，癸酉，改吏部尚书。

卢龙节度使刘总既杀其父兄[⑧]，心常自疑，数见父兄为祟；常于府舍饭僧数百[⑨]，使昼夜为佛事，每视事退则处其中，或处他室，则惊悸不敢寐。晚年，恐惧尤甚；亦见河南、北皆从化，己卯，奏乞弃官为僧；仍乞赐钱百万缗以赏将士。

上面谕西川节度使王播令归镇，播累表乞留京师。会中书侍郎、同平章事段文昌请退，壬申，以文昌同平章事，充西川节度使；以翰林学士杜元颖为户部侍郎、同平章事；以播为刑部尚书，充盐铁转运使[⑩]。元颖，淹之六世孙也[⑪]。

回鹘保义可汗卒。

三月，癸丑，以刘总兼侍中，充天平节度使；以宣武节度使张弘靖为卢龙节度使。

乙卯，以权知京兆尹卢士玫为瀛莫观察使[⑫]。

丁巳，诏刘总兄弟子侄皆除官，大将僚佐亦宜超擢，百姓给复一年[⑬]，军士赐钱一百万缗。

戊午，立皇弟憬为鄜王，悦为琼王，惸为沔王，怿为婺王，

李德裕像

愔为茂王，怡为光王，协为淄王，憺为衢王，惋为澶王；皇子湛为景王，涵为江王，凑为漳王，溶为安王，瀍为颍王。

刘总奏恳乞为僧，且以其私第为佛寺；诏赐总名大觉，寺名报恩，遣中使以紫僧服及天平节钺、侍中告身并赐之，惟其所择。

诏未至，总已削发为僧，将士欲遮留之，总杀其唱帅者十余人[14]，夜，以印节授留后张玘[15]，遁去；及明，军中始知之。玘奏总不知所在；癸亥，卒于定州之境[16]。

翰林学士李德裕，吉甫之子也，以中书舍人李宗闵尝对策讥切其父[17]，恨之。宗闵又与翰林学士元稹争进取有隙。右补阙杨汝士与礼部侍郎钱徽掌贡举[18]，西川节度使段文昌、翰林学士李绅各以书属所善进士于徽[19]；及膀出，文昌、绅所属皆不预，及第者，郑朗，覃之弟；裴谍，度之子；苏巢，宗闵之婿；杨殷士，汝士之弟也。

文昌言于上曰："今岁礼部殊不公，所取进士皆子弟无艺，以关节得之[20]。"上以问诸学士，德裕、稹、绅皆曰："诚如文昌言。"上乃命中书舍人王起等复试。夏，四月，丁丑，诏黜朗等十人，贬徽江州刺史[21]，宗闵剑州刺史[22]，汝士开江令[23]。

或劝徽奏文昌、绅属书，上必悟，徽曰："苟无愧心，得丧一致，奈何奏人私书，岂士君子所为邪！"取而焚之，时人多之。绅，敬玄之曾孙[24]；起，播之弟也。自是德裕、宗闵各分朋党，更相倾轧，垂四十年。

【注释】

①圜丘：古代皇帝祭天的地方，因是圆形的高坛，故称。　②两税：唐代税制原为租庸调法，从德宗建中元年（780），采用杨炎的建议，实行两税法，原河北诸道割据的藩镇，不向朝廷交税，至此表示愿输赋税，于是令其均定两税。　③介洁：耿介廉洁。　④西川节度使：又称"剑南西川节度使"，治成都，统领彭、蜀等二十七州。　⑤左右之：赞助辅佐他。　⑥纤邪：吝啬奸邪。　⑦台司：古代有三台三司之官，职位均相当于宰相，故用台司代指宰相。　⑧卢龙节度使：因其为幽州节度使所兼，后乃包括幽州，同为一人统领。治幽州（今北京市西南）。刘总父刘济，原任节度使，元和五年（810），济出兵讨王承宗，总乘济在病中，乃毒杀

他,并杀兄刘绲,遂夺其节度使。 ⑨饭僧:养着僧人。 ⑩盐铁转运使:唐代所置临时性理财之官,掌收运盐铁之税,为重要的官职之一。 ⑪淹:杜淹,字执礼,京兆杜陵人,是唐初名相杜如晦的叔父。太宗贞观初由御史大夫检校吏部尚书,参议朝政,即任宰相。 ⑫瀛莫观察使:官名。治瀛州(今河北河间市),领瀛、莫二州。 ⑬复一年:免除一年的赋税。 ⑭唱帅:倡导帅领,即领头的意思。 ⑮张玘(qǐ 起):任判官。为刘总岳父张皋弟,曾与总共谋杀总的父兄。 ⑯定州:治今河北定州市。 ⑰讥切:嘲笑讽刺。 ⑱贡举:通过国家考试选拔人才的制度,参加考试的有生徒,有贡生,故称贡举。 ⑲进士:唐制,凡试于礼部者皆称进士,应试者称为举进士,考试合格者称为成进士。 ⑳关节:唐人谓相属请的意思。犹现在所说的拉关系、走后门。 ㉑江州:治今江西九江市。㉒剑州:治今四川剑阁县。 ㉓开江:治今重庆市开州区,亦为开州治所。 ㉔敬玄:李敬玄,亳州谯人。贞观末,为高宗侍读。后入相,监修国史,永淳初卒。

丙戌,册回鹘嗣君为登啰羽录没密施句主毗伽崇德可汗。

五月,丙申朔,回鹘遣都督、宰相等五百余人来逆公主。

壬子,盐铁使王播奏:约榷茶额,每百钱加税五十[①]。右拾遗李珏等上疏,以为:"榷茶近起贞元多事之际[②],今天下无虞,所宜宽横敛之目;而更增之,百姓何时当得息肩[③]!"不从。

丙辰,建王恪薨。

癸亥,以太和长公主嫁回鹘。公主,上之妹也。吐蕃闻唐与回鹘婚,六月,辛未,寇青塞堡[④];盐州刺史李文悦击却之。戊寅,回鹘奏:"以万骑出北庭[⑤],万骑出安西[⑥],拒吐蕃以迎公主。"

初,刘总奏分所属为三道:以幽、涿、营为一道,请除张弘靖为节度使;平、蓟、妫、檀为一道,请除平卢节度使薛平为节度使;瀛、莫为一道,请除权知京兆尹卢士玫为观察使。

弘靖先在河东,以宽简得众,总与之邻境,闻其风望,以燕人桀骜日久,故举弘靖自代以安辑之。平,嵩之子[⑦],知河朔风俗,而尽诚于国,故举之。士玫,则总妻族之亲也。

总又尽择麾下伉健难制者都知兵马使朱克融等送之京师[⑧],

乞加奖拔，使燕人有慕羡朝廷禄位之志。又献征马万五千匹，然后削发委去。克融，滔之孙也。

是时上方酣宴，不留意天下之务，崔植、杜元颖无远略，不知安危大体，苟欲崇重弘靖，惟割瀛、莫二州，以士玫领之，自余皆统于弘靖。朱克融等久羁旅京师，至假匄衣食⑨，日诣中书求官，植、元颖不之省。及除弘靖幽州，勒克融辈归本军驱使，克融辈皆愤怨。

先是，河北节度使皆亲冒寒暑，与士卒均劳逸。及弘靖至，雍容骄贵，肩舆于万众之中⑩，燕人讶之。弘靖庄默自尊，涉旬乃一出坐决事，宾客将吏罕得闻其言，情意不接，政事多委之幕僚。而所辟判官韦雍辈多年少轻薄之士⑪，嗜酒豪纵，出入传呼甚盛，或夜归烛火满街，皆燕人所不习也。诏以钱百万缗赐将士，弘靖留其二十万缗充军府杂用，雍辈复裁刻军士粮赐，绳之以法，数以反虏诟责吏卒，谓军士曰："今天下太平，汝曹能挽两石弓，不若识一丁字！"由是军中人人怨怒。

【注释】

①每百钱加税五十：《穆宗本纪》作："加茶榷，旧额百文，更加五十文。"文意较清楚。　②贞元：德宗年号，785—804 年，共二十年。③息肩：卸去肩上的重担。此指减轻赋税负担。　④青塞堡：地名。在盐州境内。　⑤北庭：唐置北庭都护府，治庭州（今新疆吉木萨尔县）。　⑥安西：唐置安西都护府，治龟兹（今新疆库车县）。　⑦嵩：薛嵩，绛州万泉人，为薛仁贵之孙。嵩善骑射，不知书。安史乱时，曾为史思明将。后降于唐，任节度使。　⑧朱克融：为朱滔之孙。滔兄泚，在德宗兴元初，在长安曾自称大秦皇帝，立滔为皇太弟。克融在刘总部下为将，后曾任节度使。　⑨假匄（gài 盖）：借贷乞讨。匄，同"丐"，乞求。　⑩肩舆：用人力扛抬的代步工具，即今之轿子。　⑪判官：唐代节度使、观察使等幕府的中级官员，由节度使等自己选用，虽非朝廷委任之正官，但权力不小。

资治通鉴卷第二百四十二

唐纪五十八　起重光赤奋若七月，尽玄黓摄提格，凡一年有奇。

穆宗睿圣文惠孝皇帝中

长庆元年　秋，七月，甲辰，韦雍出，逢小将策马冲其前导，雍命曳下，欲于街中杖之。河朔军士不贯受杖[①]，不服。雍以白弘靖，弘靖命军虞候系治之。是夕，士卒连营呼噪作乱，将校不能制，遂入府舍，掠弘靖货财、妇女，囚弘靖于蓟门馆[②]，杀幕僚韦雍、张宗元、崔仲卿、郑埙、都虞候刘操、押牙张抱元[③]。明日，军士稍稍自悔，悉诣馆谢弘靖[④]，请改心事之，凡三请，弘靖不应，军士乃相谓曰："相公无言[⑤]，是不赦吾曹。军中岂可一日无帅！"乃相与迎旧将朱洄，奉以为留后。洄，克融之父也，时以疾废卧家，自辞老病，请使克融为之；众从之。众以判官张彻长者[⑥]，不杀。彻骂曰："汝何敢反，行且族灭！"众共杀之。

壬子，群臣上尊号曰文武孝德皇帝；赦天下。

甲寅，幽州监军奏军乱；丁巳，贬张弘靖为宾客、分司[⑦]；己未，再贬吉州刺史[⑧]。庚申，以昭义节度使刘悟为卢龙节度使。悟以朱克融方强，奏请"且授克融节钺，徐图之。"乃复以悟为昭义节度使。

辛酉，太和公主发长安。

初，田弘正受诏镇成德，自以久与镇人战，有父兄之仇，乃以魏兵二千从赴镇，因留以自卫，奏请度支供其粮赐[9]。户部侍郎、判度支崔倰[10]，性刚褊，无远虑，以为魏、镇各自有兵，恐开事例，不肯给。弘正四上表，不报；不得已，遣魏兵归。倰，沔之孙也[11]。

弘正厚于骨肉，兄弟子侄在两都者数十人，竞为侈靡，日费约二十万，弘正辇魏、镇之货以供之[12]，相属于道；河北将士颇不平。诏以钱百万缗赐成德军，度支辇运不时至，军士益不悦。

都知兵马使王庭凑[13]，本回鹘阿布思之种也，性果悍阴狡，潜谋作乱，每抉其细故以激怒之，尚以魏兵故，不敢发。及魏兵去，壬戌夜，庭凑结牙兵噪于府署，杀弘正及僚佐、元从将吏并家属三百余人。庭凑自称留后，逼监军宋惟澄奏求节钺。八月，癸巳[14]，惟澄以闻，朝廷震骇。崔倰于崔植为再从兄，故时人莫敢言其罪。

初，朝廷易置魏、镇帅臣，左金吾将军杨元卿上言，以为非便，又诣宰相深陈利害；及镇州乱，上赐元卿白玉带。辛未，以元卿为泾原节度使。

瀛莫将士家属多在幽州，壬申，莫州都虞候张良佐潜引朱克融兵入城[15]，刺史吴晖不知所在。

癸酉，王庭凑遣人杀冀州刺史王进岌[16]，分兵据其州。

魏博节度使李愬闻田弘正遇害，素服令将士曰："魏人所以得通圣化，至今安宁富乐者，田公之力也。今镇人不道，辄敢害之，是轻魏以为无人也。诸君受田公恩，宜如何报之？"众皆恸哭。深州刺史牛元翼[17]，成德良将也，愬使以宝剑、玉带遗之，曰："昔吾先人以此剑立大勋，吾又以之平蔡州[18]，今以授公，努力翦庭凑。"元翼以剑、带徇于军，报曰："愿尽死！"愬将出兵，会疾作，不果。元翼，赵州人也。

乙亥，起复前泾原节度使田布为魏博节度使，令乘驿之镇。布固辞不获，与妻子宾客诀曰："吾不还矣！"悉屏去旌节导从而行，未至魏州三十里，被发徒跣，号哭而入，居于垩室[19]；月俸千缗，一无所取，卖旧产，得钱十余万缗，皆以颁士卒，旧将老者兄事之。

丙子，瀛州军乱，执观察使卢士玫及监军僚佐送幽州，囚于客馆。

王庭凑遣其将王立攻深州，不克。

丁丑，诏魏博、横海、昭义、河东、义武诸军各出兵临成德之境，若王庭凑执迷不复，宜即进讨。成德大将王俭等五人谋杀王庭凑，事泄，并部兵三千人皆死。

己卯，以深州刺史牛元翼为深冀节度使。

丁亥，以殿中侍御史温造为起居舍人，充镇州四面诸军宣慰使，历泽潞、河东、魏博、横海、深冀、易定等道，谕以军期。造，大雅之五世孙也[20]。己丑，以裴度为幽、镇两道招抚使。

癸巳，王庭凑引幽州兵围深州。

【注释】

①贯：通“惯”，习惯的意思。 ②蓟门馆：幽州的驿馆，也称客馆，即接待来往差官的机关。 ③押牙：亦作“押衙”，主领牙兵中负责仪仗侍卫等的首领。 ④谢弘靖：向张弘靖承认罪过。谢，自我承认罪过之称。简称谢罪。 ⑤相公：张弘靖是以吏部尚书、同平章事衔任节度使的，即是说带有宰相官衔，故人称相公，也称使相。 ⑥长者：对严谨宽厚之人的美称。张彻时为范阳府监察御史，为人比较廉正，故作乱军人称他为长者。 ⑦宾客、分司：宾客，即指太子宾客，正三品，掌侍从规谏，赞相礼仪。分司，即分司东都。唐代以洛阳为东都，分设在洛阳的中央官员，称分司东都。 ⑧吉州：属江南西道，治今江西吉安市。 ⑨度支：是户部的重要部门之一，掌管全国财赋的收入、支出如何分配等财政安排。 ⑩判度支崔倰(lèng 愣)：判，高官兼任低职之称。崔倰以正四品下之户部侍郎兼从五品上之度支郎中，故称判。崔倰，字德长，京兆长安人。其先自博陵迁关中，世为著姓。倰历官刺史、侍郎、节度使等。 ⑪沔：崔沔，倰祖父，武则天朝，应制举，对策第一。历中书舍人、侍郎、秘书监、太子宾客等职。为开元初名臣。 ⑫輂：本为人拉的车。此指用车子运货物。 ⑬王庭凑：其先为回鹘人。王庭凑曾祖五哥之，王武俊收养为子，故改姓王。 ⑭癸巳：严衍《通鉴补》改为“己巳”。因癸巳为八月三十日，王庭凑七月二十八日已起兵，不会一个月以后才报告朝廷。又在癸巳以前，已历叙征讨王庭凑等活动，故以作“己巳”为顺。 ⑮莫州：原属幽州节度使所辖，治今河北任丘市北鄚州镇。 ⑯冀州：为镇州节度使所辖，治今河北冀州市。 ⑰深州：为镇州节度使所辖，治今河北深州市西南。 ⑱平蔡州：元和十二年(817)，李愬攻下蔡州，俘吴元济，吴氏三世据蔡州共三十二年，方得平定。蔡州，治今河南汝南县。

⑲垩室：服父母丧期所住的地方。田布父为镇兵所杀，故居其所。
⑳大雅：温大雅，字彦弘，并州祁人。隋朝时任长安尉。高祖李渊起兵，为大将军府记室参军，主草檄文。历官黄门侍郎、礼部尚书等。著有《大唐创业起居注》。

九月，乙巳，相州军乱[1]，杀刺史邢濋。

吐蕃遣其礼部尚书论讷罗来求盟。庚戌，以大理卿刘元鼎为吐蕃会盟使[2]。

壬子，朱克融焚掠易州、涞水、遂城、满城[3]。

自定两税以来，钱日重，物日轻，民所输三倍其初，诏百官议革其弊。户部尚书杨於陵以为："钱者所以权百货，贸迁有无[4]，所宜流散，不应蓄聚。今税百姓钱藏之公府；又，开元中天下铸钱七十余炉，岁入百万，今才十余炉，岁入十五万，又积于商贾之室及流入四夷。又，大历以前淄青、太原、魏博贸易杂用铅铁，岭南杂用金、银、丹砂、象齿，今一用钱。如此，则钱焉得不重，物焉得不轻！今宜使天下输税课者皆用谷、帛[5]，广铸钱而禁滞积及出塞者，则钱日滋矣。"朝廷从之，始令两税皆输布、丝、纩；独盐、酒课用钱。

冬，十月，丙寅，以盐铁转运使、刑部尚书王播为中书侍郎、同平章事，使职如故[6]。播为相，专以承迎为事，未尝言国家安危。

以裴度为镇州四面行营都招讨使。左领军大将军杜叔良，以善事权幸得进；时幽、镇兵势方盛，诸道兵未敢进，上欲功速成，宦官荐叔良，以为深州诸道行营节度使。以牛元翼为成德节度使。

癸酉，命宰相及大臣凡十七人与吐蕃论讷罗盟于城西[7]；遣刘元鼎与讷罗入吐蕃，亦与其宰相以下盟。

乙亥，以沂州刺史王智兴为武宁节度副使。先是，副使皆以文吏为之，上闻智兴有勇略，欲用之于河北，故以是宠之。

丁丑，裴度自将兵出承天军故关以讨王庭凑[8]。

朱克融遣兵寇蔚州[9]。

戊寅，王庭凑遣兵寇蔚州[10]。

己卯，易州刺史柳公济败幽州兵于白石岭[11]，杀千余人。

庚辰，横海军节度使乌重胤奏败成德兵于饶阳[12]。

辛巳，魏博节度使田布将全军三万人讨王庭凑，屯于南宫之南[13]，拔其二栅。

【注释】

①相州：属魏博节度使领辖，治今河南安阳市南。 ②大理卿：即大理寺卿，从三品，掌国家刑狱等事。 ③易州：属义武军节度使，治今河北易县。涞水：治今河北涞水县。遂城：治今河北保定市徐水区西北。满城：治今河北保定市满城区北。涞水、遂城、满城，均为易州所属县。④贸迁有无：通过买卖使有无相济。贸，买卖。 ⑤皆用谷、帛：按两税法规定，纳税是以钱计算的，农民交实物，也按官价折成钱。物价降了，税钱不变，农民就要吃亏。杨於陵因此提出纳税皆用谷帛的建议。⑥使职：指盐铁转运使的职务。王播虽升为宰相，仍兼盐铁转运使。⑦论讷罗：检《吐蕃传》，亦作“论讷罗”。 ⑧承天军故关：即今山西河北交界处之娘子关。唐乾元初置承天军，治所在娘子关。 ⑨蔚（yù预）州：属大同军防御使所领，治今山西灵丘县。 ⑩蔚州：上文已说朱克融寇蔚州，此又言王庭凑也寇蔚州，蔚州当时并非军事要冲，似不应二人同攻一地。据章钰校勘，他本多作“贝州”。 ⑪白石岭：在今河北涞源县南。 ⑫饶阳：为深州属县，治今河北饶阳县。 ⑬南宫：治今河北南宫市西北，当时属冀州所领县。

翰林学士元稹与知枢密魏弘简深相结[1]，求为宰相，由是有宠于上，每事咨访焉。稹无怨于裴度，但以度先达重望，恐其复有功大用，妨己进取，故度所奏画军事，多与弘简从中沮坏之。度乃上表极陈其朋比奸蠹之状[2]，以为：“逆竖构乱，震惊山东；奸臣作朋，挠败国政。陛下欲扫荡幽、镇，先宜肃清朝廷。何者？为患有大小，议事有先后。河朔逆贼，只乱山东；禁闱奸臣，必乱天下；是则河朔患小，禁闱患大。小者臣与诸将必能翦灭，大者非陛下觉寤制断无以驱除。今文武百寮[3]，中外万品，有心者无不愤惋，有口者无不咨嗟，直以奖用方深，不敢抵触，恐事未行而祸已及，不为国计，且为身谋。臣自兵兴以来，所陈章疏，事皆要切，所奉书诏，多有参差[4]，蒙陛下委付之意不轻，遭奸臣抑损之事不少。臣素与佞幸亦无仇嫌，正以臣前请乘传诣阙，面陈军事，奸臣最所畏惮，恐臣发其过，百计止臣。臣又请与诸军齐进，随便攻讨，奸臣恐臣或有成功，曲加阻碍，逗留日时；进退皆受羁牵，意见悉遭蔽塞。但欲令臣失所，使臣无成，则天下理乱，山东胜负，悉不顾矣。为臣事君，一至于此！若朝中奸臣尽去，则河朔逆贼不讨自平；若朝中奸臣尚存，则逆贼纵平无益。陛下倘未信臣言，乞出臣表，使百官集议，彼不受责，臣当伏辜[⑤]。"表三上，上虽不悦，以度大臣，不得已，癸未，以弘简为弓箭库使[⑥]，稹为工部侍郎。稹虽解翰林，恩遇如故。

【注释】

①知枢密：掌枢密院职事。唐代宗时置枢密使，由宦官担任，掌承受表奏。　②朋比奸蠹：狼狈为奸的意思。朋比，依附勾结。　③百寮：犹百官。寮，通"僚"，官的意思。　④参差(cēn cī)：不整齐，不一致。⑤伏辜：认罪。　⑥弓箭库使：掌内库弓箭，由宦官任其职。

宿州刺史李直臣坐赃当死[①]，宦官受其赂，为之请，御史中丞牛僧孺固请诛之[②]。上曰："直臣有才，可惜！"僧孺对曰："彼不才者，无过温衣饱食以足妻子，安足虑！本设法令，所以擒制有才之人。安禄山、朱泚皆才过于人，法不能制者也。"上从之。

牛僧孺像

横海节度使乌重胤将全军救深州[③]，诸军倚重胤独当幽、镇东南，重胤宿将，知贼未可破，按兵观衅[④]。上怒，以杜叔良为横海节度使，徙重胤为山南西道节度使[5]。

灵武节度使李进诚奏败吐蕃三千骑于大石山下[6]。

十一月，辛酉，淄青节度使薛平奏突将马廷崟作乱[7]，伏诛。时幽、镇兵攻棣州[8]，平遣大将李叔佐将兵救之。刺史王稷供馈稍薄，军士怨怒，宵溃，推廷崟为主，行且收兵至七千余人，径逼青州[9]。城中兵少，不敌，平悉发府库及家财召募，得精兵二千人，逆战，大破之，斩廷崟，其党死者数千人。

横海节度使杜叔良将诸道兵与镇人战，遇敌辄北[10]。镇人知其无勇，常先犯之。十二月，庚午，监军谢良通奏叔良大败于博野[11]，失亡七千余人。叔良脱身还营，丧其旌节。

丁丑，义武节度使陈楚奏败朱克融兵于望都及北平[12]，斩获万余人。

戊寅，以凤翔节度使李光颜为忠武节度使、兼深州行营节度使[13]，代杜叔良。

自宪宗征伐四方，国用已虚，上即位，赏赐左右及宿卫诸军无节，及幽、镇用兵久无功，府藏空竭，势不能支。执政乃议："王庭凑杀田弘正而朱克融全张弘靖，罪有重轻，请赦克融，专讨庭凑。"上从之。乙酉，以朱克融为平卢节度使[14]。

戊子，义武奏破莫州清源等三栅[15]，斩获千余人。

【注释】

①宿州：唐元和四年(809)置，治今安徽宿州市南。　②御史中丞：为御史台的长官，职位仅次于御史大夫，正四品下，掌国家监察大权。牛僧孺，字思黯，隋名臣牛弘的后代。历官监察御史、学士、御史中丞、户部侍郎等。长庆三年(823)入相。牛僧孺与李德裕一向不睦，各为朋党，乃形成"牛李之争"。　③横海：又名沧景，贞元三年(787)置，治今河北沧县。后又改名义昌军，辖沧、景、德三州。　④观衅：观察寻找进攻的机会。衅，缝隙，裂痕。此处作机会、时机讲。　⑤山南西道：领梁、凤、兴等十六州，治兴元府(今陕西汉中市)。　⑥大石山：当在今内蒙古河套以南，具体地点不详。　⑦马廷崟(yín 银)：《河南记》作"马士端"，《旧唐书》作"马狼儿"。本书从《实录》。突将，他书作"牙将"。　⑧棣州：隋唐时本州废置无常。治今山东惠民县东南，与德、沧二州接壤。

⑨青州：为淄青节度使驻地，治今山东青州市。 ⑩辄北：即奔，谓不战而败逃。 ⑪博野：为瀛州所属县，治今河北蠡县。 ⑫望都：属定州所领，治今河北望都。北平，属定州，治今河北定州市。义武节度使驻定州，领易、祁二州。 ⑬凤翔节度使：官名。治凤翔府（今陕西凤翔县）。 ⑭平卢节度使："平卢"当作"卢龙"。平卢军即淄青节度使。朱克融据幽州，为卢龙节度使留后，故所授当为卢龙无疑。 ⑮清源：在今河北任丘市西南，当时为莫州任丘所属地。

二年 春，正月，丁酉，幽州兵陷弓高[①]。先是，弓高守备甚严，有中使夜至[②]，守将不内[③]，旦，乃得入，中使大诟怒。贼谍知之，他日，伪遣人为中使，投夜至城下，守将遽内之；贼众随之，遂陷弓高。又围下博[④]。中书舍人白居易上言，以为："自幽、镇逆命，朝廷征诸道兵，计十七八万，四面攻围，已逾半年，王师无功，贼势犹盛。弓高既陷，粮道不通，下博、深州，饥穷日急。盖由节将太众，其心不齐，莫肯率先，递相顾望。又，朝廷赏罚，近日不行，未立功者或已拜官，已败衄者不闻得罪[⑤]。既无惩劝，以至迁延，若不改张[⑥]，必无所望。请令李光颜将诸道劲兵约三四万人从东速进，开弓高粮路，解深、邢重围[⑦]，与元翼合势。令裴度将太原全军兼招讨旧职，西面压境，观衅而动。若乘虚得便，即令同力翦除；若战胜贼穷，亦许受降纳款。如此，则夹攻以分其力，招谕以动其心，必未及诛夷，自生变故。又请诏光颜选诸道兵精锐者留之，其余不可用者悉遣归本道，自守土疆。盖兵多而不精，岂唯虚费衣粮，兼恐挠败军陈故也。今既只留东、西二帅，请各置都监一人，诸道监军，一时停罢。如此，则众齐令一，必有成功。又，朝廷本用田布，令报父仇[⑧]，今领全师出界，供给度支，数月已来，都不进讨，非田布固欲如此，抑有其由。闻魏博一军，屡经优赏[⑨]，兵骄将富，莫肯为用。况其军一月之费，计实钱二十八万缗，若更迁延，将何供给？此尤宜早令退军者也。若两道止共留兵六万，所费无多，既易支持，自然丰足。今事宜日急，其间变故远不可知。苟兵数不抽，军费不减，食既不足，众何以安！不安之中，何事不有！况有司迫于供军，百端敛率，不许即用度交阙，尽许则人心无缪[10]。自古安危皆系于此，伏乞圣虑察而念之。”疏奏，不省。

己亥，度支馈沧州粮车六百乘，至下博，尽为成德军所掠。时诸军匮乏，供军院所运衣粮[11]，往往不得至院，在涂为诸军邀夺，其悬军深入者[12]，皆冻馁无所得。

初，田布从其父弘正在魏，善视牙将史宪诚，屡称荐，至右职。及为节度使，遂寄以腹心，以为先锋兵马使，军中精锐，悉以委之。宪诚之先，奚人也[13]，世为魏将；魏与幽、镇本相表里，及幽、镇叛，魏人固摇心。布以魏兵讨镇，军于南宫，上屡遣中使督战，而将士骄惰，无斗志，又属大雪，度支馈运不继。布发六州租赋以供军[14]，将士不悦，曰：“故事，军出境，皆给朝廷。今尚书刮六州肌肉以奉军，虽尚书瘠己肥国，六州之人何罪乎！”宪诚阴蓄异志，因众心不悦，离间鼓扇之[15]。会有诏分魏博军与李光颜，使救深州，庚子，布军大溃，多归宪诚；布独与中军八千人还魏，壬寅，至魏州。

癸卯，布复召诸将议出兵，诸将益偃蹇[16]，曰：“尚书能行河朔旧事[17]，则死生以之；若使复战，则不能也！”布无如之何，叹曰：“功不成矣！”即日，作遗表具其状，略曰：“臣观众意，终负国恩。臣既无功，敢忘即死。伏愿陛下速救光颜、元翼，不然者，忠臣义士皆为河朔屠害矣！”奉表号哭，拜授幕僚李石，乃入启父灵，抽刀而言曰：“上以谢君父，下以示三军。”遂刺心而死。宪诚闻布已死，乃谕其众，遵河北故事。众悦，拥宪诚还魏，奉为留后。戊申，魏州奏布自杀。己酉，以宪诚为魏博节度使。宪诚虽喜得旄钺[18]，外奉朝廷，然内实与幽、镇连结。

【注释】

①弓高：沧州所属县，治今河北东光县西北。弓高当时为通往深州的运粮要道。　②中使：朝廷宫禁中派出的由宦官担任的使者。③内：入。谓自外而入。不内，不让进入。　④下博：冀州所属县，治今河北深州市东。　⑤败衄(nǜ)：战败，挫折。　⑥改张：犹更张，如琴瑟不调，必改弦而更张之。意即改变做法。　⑦深、邢重围：据胡注云，“深邢”当作“深州”。邢州当时未被围困。　⑧报父仇：田弘正为王庭凑所杀，故令其子田布领兵攻王庭凑。　⑨屡经优赏：田弘正帅魏博军参加平蔡州、平郓州两次战役，均得到朝廷优厚的犒赏。　⑩无缪(liáo 僚)：

无所依赖。 ⑪供军院：当时在行营设供军院，为北供军院；度支由南供军院运衣粮以给之。 ⑫悬军：深入敌境的孤军。 ⑬奚：隋唐时的少数民族之一，其先为匈奴之别种，后居乌桓山，称乌桓。北魏时称库真奚。隋唐时称奚。 ⑭六州：即魏博节度使所辖之六州，魏、贝、博、相、澶、卫。 ⑮鼓扇：犹鼓风扇火。魏州军心已不稳，加以扇动，乃成祸患。 ⑯偃蹇：傲慢的样子。 ⑰河朔旧事：指黄河以北诸方镇的节度使，或者父死子继，或者推其枭将担任，而不受朝廷约束。 ⑱旄钺：旄旌和节钺，代指节度使的职务。

庚戌，以德州刺史王日简为横海节度使[①]。日简，本成德牙将也。壬子，贬杜叔良为归州刺史[②]。

王庭凑围牛元翼于深州，官军三面救之，皆以乏粮不能进，虽李光颜亦闭壁自守而已。军士自采薪刍，日给不过陈米一勺[③]。深州围益急，朝廷不得已，二月，甲子，以庭凑为成德节度使，军中将士官爵皆复其旧；以兵部侍郎韩愈为宣慰使[④]。

上之初即位也，两河略定，萧俛、段文昌以为“天下已太平，渐宜消兵，请密诏天下，军镇有兵处，每岁百人之中限八人逃、死。”上方荒宴，不以国事为意，遂可其奏。军士落籍者众[⑤]，皆聚山泽为盗；及朱克融、王庭凑作乱，一呼而亡卒皆集。诏征诸道兵讨之，诸道兵既少，皆临时召募，乌合之众；又，诸节度既有监军，其领偏军者亦置中使监陈，主将不得专号令，战小胜则飞驿奏捷，自以为功，不胜则迫胁主将，以罪归之；悉择军中骁勇以自卫，遣羸懦者就战，故每战多败。又凡用兵，举动皆自禁中授以方略，朝令夕改，不知所从；不度可否[⑥]，惟督令速战。中使道路如织[⑦]，驿马不足，掠行人马以继之，人不敢由驿路行。故虽以诸道十五万之众，裴度元臣宿望，乌重胤、李光颜皆当时名将，讨幽、镇万余之众，屯守逾年，竟无成功，财竭力尽。

崔植、杜元颖为相，皆庸才，无远略。史宪诚既逼杀田布，朝廷不能讨，遂并朱克融、王庭凑以节授之。由是再失河朔，讫于唐亡，不能复取。

朱克融既得旄节，乃出张弘靖及卢士玫。

丙寅,以牛元翼为山南东道节度使[8],以左神策行营乐寿镇兵马使清河傅良弼为沂州刺史[9],以瀛州博野镇遏使李寰为忻州刺史[10]。良弼、寰所戍在幽、镇之间,朱克融、王庭凑互加诱胁,良弼、寰不从,各以其众坚壁,贼竟不能取,故赏之。

丙子,赐横海节度使王日简姓名为李全略。

辛巳,中书侍郎、同平章事崔植罢为刑部尚书,以工部侍郎元稹同平章事。

癸未,加李光颜横海节度、沧景观察使,其忠武、深州行营节度如故。以横海节度使李全略为德棣节度使[11]。时朝廷以光颜悬军深入,馈运难通,故割沧景以隶之。

王庭凑虽受旌节,不解深州之围。丙戌,以知制诰东阳冯宿为山南东道节度副使,权知留后,仍遣中使入深州督牛元翼赴镇。裴度亦与幽、镇书,责以大义。朱克融即解围去,王庭凑虽引兵少退,犹守之不去。

元稹怨裴度,欲解其兵柄,故劝上雪庭凑而罢兵。丁亥,以度为司空、东都留守,平章事如故。谏官争上言:"时未偃兵,度有将相全才,不宜置之散地[12]。"上乃命度入朝,然后赴东都。以灵武节度使李听为河东节度使。初,听为羽林将军[13],有良马,上为太子,遣左右讽求之,听以职总亲军,不敢献。及河东缺帅,上曰:"李听不与朕马,是必可任。"遂用之。

【注释】

①德州:为横海节度使所辖,治今山东德州市陵城区。 ②归州:为荆南节度使所领州,治今湖北秭归县。 ③勺:古代计量单位,十撮为一抄,十抄为一勺,十勺为一合,十合为一升,十升为一斗。此处极言其少,不一定指具体量数。 ④兵部侍郎:仅次于尚书的兵部长官,正四品下,掌国家六品以下武官的选授、考课及军令、军籍等事。 ⑤落籍:失去军籍。因按朝廷规定,军队每年每百人中,要去掉八人,故有不少军人落籍。 ⑥不度(duó 铎):不考虑。 ⑦道路如织:在道路上来往的人,如穿梭织布一样,络绎不绝。 ⑧山南东道:领襄、复、均等八州,治襄州(今湖北襄阳市)。 ⑨乐寿镇:地名。乐寿治今河北献县,当时属瀛州所辖。 ⑩博野:瀛州所属县,治今河北蠡县。忻州:治今山西忻州市,

为河东节度使所领州。 ⑪德棣节度使:德州原属横海节度使所领,棣州为沧州之一部分,今分出而另置节度使管辖。原横海节度使只领沧、景二州。 ⑫散地:闲散的职位。 ⑬羽林将军:唐设左右羽林军,大将军各一人,正三品,将军各三人,从三品。掌统北衙禁兵,督摄左右厢飞骑仪仗。

昭义监军刘承偕恃恩,陵轹节度使刘悟[1],数众辱之,又纵其下乱法。阴与磁州刺史张汶谋缚悟送阙下[2],以汶代之;悟知之,讽其军士作乱,杀汶。围承偕,欲杀之,幕僚贾直言入,责悟曰:"公所为如是,欲效李司空邪!此军中安知无如公者,使李司空有知,得无笑公于地下乎!"悟遂谢直言,救免承偕,囚之府舍。

初,上在东宫,闻天下厌苦宪宗用兵,故即位,务优假将卒以求姑息。三月,壬辰,诏:"神策六军使及南牙常参武官具由历、功绩[3],牒送中书,量加奖擢。其诸道大将久次及有功者,悉奏闻,与除官。应天下诸军,各委本道据守旧额,不得辄有减省。"于是商贾、胥吏争赂藩镇,牒补列将而荐之,即升朝籍[4]。奏章委积,士大夫皆扼腕叹息。

武宁节度副使王智兴将军中精兵三千讨幽、镇,节度使崔群忌之,奏请即用智兴为节度使,不则召诣阙[5],除以他官。事未报,智兴亦自疑;会有诏赦王庭凑,诸道皆罢兵,智兴引兵先期入境。群惧,遣使迎劳,且使军士释甲而入;智兴不从。乙巳,引兵直进,徐人开门待之[6],智兴杀不同己者十余人,乃入府牙,见群及监军,拜伏曰:"军众之情,不可如何!"为群及判官、从吏具人马及治装[7],皆素所办也,遣兵卫从群,至埇桥而返[8]。遂掠盐铁院钱帛,及诸道进奉在汴中者[9],并商旅之物,皆三分取二。

丙午,加朱克融、王庭凑检校工部尚书。上闻其解深州之围,故褒之,然庭凑之兵实犹在深州城下。

韩愈既行,众皆危之;诏愈至境更观事势,勿遽入,愈曰:"止,君之仁;死,臣之义。"遂往,至镇。庭凑拔刃弦弓以逆之,及馆,甲士罗于庭。庭凑言曰:"所以纷纷者,乃此曹所为,非庭凑心。"愈厉声曰:"天子以尚书有将帅材,故赐之节钺,不知尚书乃不能与健儿语邪！”甲士前曰：“先太师为国击走朱滔[10]，血衣犹在，此军何负朝廷，乃以为贼乎！”愈曰：“汝曹尚能记先太师则善矣。夫逆顺之为祸福岂远邪！自禄山、思明以来，至元济、师道，其子孙有今尚存仕宦者乎！田令公以魏博归朝廷[11]，子孙虽在孩提，皆为美官；王承元以此军归朝廷，弱冠为节度使[12]；刘悟、李祐，今皆为节度使；汝曹亦闻之乎！”庭凑恐众心动，麾之使出；谓愈曰：“侍郎来，欲使庭凑何为？”愈曰：“神策六军之将如牛元翼者不少[13]，但朝廷顾大体，不可弃之耳！尚书何为围之不置。”庭凑曰：“即当出之。”因与愈宴，礼而归之。未几，牛元翼将十骑突围出，深州大将臧平等举城降，庭凑责其久坚守，杀平等将吏百八十余人。

【注释】

①陵轹（lì 历）：欺压。　②磁州：为昭义节度使所领州，治今河北磁县。　③南牙常参武官：指十六卫的上将军、大将军、将军等人。由历：得官之由和历任官职。　④朝籍：列入了朝廷官员的名册。唐朝藩镇可自聘僚属。向朝廷推荐的人，即升入朝籍，列入国家正式官员。　⑤不：同“否”。　⑥徐人：武宁军节度使驻徐州（治今江苏徐州市），故称徐人。　⑦治装：收拾行装。　⑧埇桥：又名符离桥、永济桥。在今安徽宿州市南古汴水上。唐时控扼汴水航运要冲，为车船汇集之地。此处置有盐铁院。宿州治所也设于此。　⑨汴中：汴河之中，仍指埇桥。是说进奉船在埇桥汴河者。　⑩先太师，指王武俊。王庭凑的曾祖父为武俊的养子。而王武俊在平定朱滔中有功，死后赠太师。故世称先太师。
⑪田令公：田弘正曾兼中书令职，故称令公。他久任魏博节度使，后调他任成德军节度使，故称他把魏博交回给朝廷了。　⑫弱冠：古称男子二十岁时为弱冠。王承元二十岁担任节度使。　⑬神策六军：指北衙禁军的左右龙武军、左右神武军和左右神策军。在唐代后期，中央的武装力量，主要是神策六军，其中又以左右神策军势力最大。

戊申，裴度至长安，见上，谢讨贼无功。先是，上诏刘悟送刘承偕诣京师，悟托以军情，不时奉诏。上问度：“宜如何处置？”度对曰：“承偕在昭义，骄纵不法，臣尽知之，悟在行营与臣书，具论其事。时有中使赵弘亮在军中，持悟书去，云‘欲自奏之’，不知尝奏不?”上曰:“朕殊不知也,且悟大臣,何不自奏!”对曰:“悟武臣,不知事体。然今事状籍籍如此[①],臣等面论,陛下犹不能决,况悟当日单辞[②],岂能动圣听哉!”上曰:“前事勿论,直言此时如何处置?”对曰:“陛下必欲收天下心,止应下半纸诏书,具陈承偕骄纵之罪,令悟集将士斩之,则藩镇之臣,孰不思为陛下效死!非独悟也。”上俛首良久[③],曰:“朕不惜承偕,然太后以为养子,今兹囚絷,太后尚未知之,况杀之乎!卿更思其次。”度乃与王播等奏请:“流承偕于远州,必得出。”上从之。后月余,悟乃释承偕。

李光颜所将兵闻当留沧景,皆大呼西走,光颜不能制,因惊惧成疾。己酉,上表固辞横海节,乞归许州[④];许之。

壬子,以裴度为淮南节度使[⑤],余如故。

加刘悟检校司徒,余如故。自是悟浸骄,欲效河北三镇[⑥],招聚不逞,章表多不逊。

裴度之讨幽、镇也,回鹘请以兵从;朝议以为不可,遣中使止之。回鹘遣其臣李义节将三千人已至丰州北[⑦],却之,不从;诏发缯帛七万匹以赐之,甲寅,始还。

唐三彩骑马俑

王智兴遣轻兵二千袭濠州[⑧];丙辰,刺史侯弘度弃城奔寿州[⑨]。

言事者皆谓裴度不宜外出,上亦自重之。戊午,制留度辅政;以中书侍郎、同平章事王播同平章事,代度镇淮南,仍兼诸道盐铁转运使。

李寰帅其众三千出博野,王庭凑遣兵追之;寰与战,杀三百余人,庭凑兵乃还,余众二千犹固守博野。

朝廷以新罢兵，力不能讨徐州，己未，以王智兴为武宁节度使[10]。

复以德棣节度使李全略为横海节度使。

夏，四月，辛酉朔，日有食之。

甲戌，以傅良弼、李寰为神策都知兵马使[11]。

【注释】

①籍籍：犹纷纷。指有众多的传说，人言纷纷的样子。 ②单辞：一人之言，一面之词。 ③俛（fǔ 俯）：同“俯”。 ④许州：忠武军节度使治所，其地在今河南许昌市。忠武军辖许、陈、蔡三州。李光颜原任忠武军节度使。 ⑤淮南节度使：治扬州（今江苏扬州市），领扬、楚、滁、和、舒、寿、庐等州。因其地位重要，节度使常以亲王领之，裴度重臣，乃有此任。 ⑥河北三镇：指魏博、成德、幽州三镇。当时魏博之史宪诚，成德之王庭凑，幽州之朱克融均为自任之节度使，虽得到朝廷承认，但行为自恣，不受国家约束。 ⑦丰州：为关内道所属州，治所在九原县（今内蒙古五原县西南黄河北岸）。 ⑧濠州：为武宁军所属州，治今安徽凤阳县临淮关西。 ⑨寿州：为淮南节度使所领，治今安徽寿县。 ⑩武宁节度使：官名。治所在徐州，领徐、泗、濠、宿四州。 ⑪神策都知兵马使：神策军中领兵作战的武将，地位较高，是禁军中重要的职位。

户部侍郎、判度支张平叔上言：“官自粜盐[1]，可以获利一倍。”又请：“令所由将盐就村粜易[2]。”又乞：“令宰相领盐铁使。”又请：“以粜盐多少为刺史、县令殿最[3]。”又乞：“检责所在实户，据口团保[4]，给一年盐，使其四季输价。”又：“行此策后，富商大贾或行财贿，邀截喧诉，其为首者所在杖杀，连状人皆杖脊。”诏百官议其可否。

兵部侍郎韩愈上言，以为：“城郭之外，少有见钱粜盐[5]，多用杂物贸易。盐商则无物不取，或赊贷徐还，用此取济，两得利便。今令吏人坐铺自粜，非得见钱，必不敢受。如此，贫者无从得盐，自然坐失常课，如何更有倍利！又若令人吏将盐家至而户粜，必索百姓供应，骚扰极多。又，刺史、县令职在分忧[6]，岂可惟以盐利多少为之升黜，不复考其理行[7]！又，贫家食盐至少，或有淡食动经旬月，若据户给盐，依时征价，官吏畏罪，必用威刑，臣恐因此所在不安，此尤不可之大者也。”

中书舍人韦处厚议，以为：“宰相处论道之地，杂以鹾务[8]，实非所宜。窦参、皇甫镈皆以钱谷为相[9]，名利难兼，卒蹈祸败。又欲以重法禁人喧诉，夫强人之所不能，事必不立；禁人之所必犯，法必不行矣。”事遂寝。

平叔又奏征远年逋欠。江州刺史李渤上言[10]：“度支征当州贞元二年逃户所欠钱四千余缗[11]，当州今岁旱灾，田损什九。陛下奈何于大旱中征三十六年前逋负！”诏悉免之。

邕州人不乐属容管[12]，刺史李元宗以吏人状授御史，使奏之。容管经略使严公素闻之，遣吏按元宗擅以罗阳县归蛮酋黄少度[13]。五月，壬寅，元宗将兵百人并州印奔黄洞。

王庭凑之围牛元翼也，和王傅于方欲以奇策干进[14]，言于元稹，请“遣客王昭、于友明间说贼党，使出元翼。仍赂兵、吏部令史伪出告身二十通[15]，令以便宜给赐。”稹皆然之。有李赏者，知其谋，乃告裴度，云方为稹结客刺度，度隐而不发。赏诣左神策告其事。丁巳，诏左仆射韩皋等鞫之。

戊午，幽州节度使朱克融进马万匹，羊十万口，而表云先请其直充犒赏。

三司按于方刺裴度事，皆无验。六月，甲子，度及元稹皆罢相，度为右仆射，稹为同州刺史[16]；以兵部尚书李逢吉为门下侍郎、同平章事。

党项寇灵州、渭北，掠官马。

谏官上言：“裴度无罪，不当免相。元稹与于方为邪谋，责之太轻。”上不得已，壬申，削稹长春宫使[17]。

吐蕃寇灵武。

庚辰，盐州奏党项都督拔跋万诚请降[18]。

壬午，吐蕃寇盐州。

戊子，复置邕管经略使。

【注释】

①粜（tiào 跳）盐：卖盐。 ②所由：此指掌管官物的小吏。另外唐

人称府县官亦叫所由官。 ③殿最：古代考核官吏政绩或军功时，以上等为最，下等为殿。 ④据口团保：依据实在户口，互相出具担保证明，这样才能预先领到政府的盐。 ⑤见钱：见，同“现”。现有的钱。 ⑥职在分忧：主要职责，在为君主减少忧民之心。 ⑦理行：即“治行”。唐为避高宗李治讳，改“治”为“理”。 ⑧鹾（cuó 嵯）务：卖盐收税等任务。鹾，盐。 ⑨窦参：字时中，德宗贞元五年（789），由御史中丞升中书侍郎、同平章事，兼盐铁转运使。由于恃权贪利，赐死于驩州。皇甫镈：宪宗末，任宰相兼判度支，专以聚敛媚上。穆宗即位，贬死于边。 ⑩江州：属江南西道所领，治今江西九江市。 ⑪贞元二年：为786年，至本年（822）为三十七年，因此下文说是“征三十六年前逋负”。 ⑫属容管：宪宗元和十五年（820），废邕管，其地划归容管经略使兼领之。 ⑬罗阳县：当在西原，属羁縻县，在今广西大新县西北。 ⑭和王：名李绮，顺宗第十一子，贞元二十一年（805）四月进封。 ⑮赂兵、吏部：为取得假告身，武官告身需兵部出，文官告身需吏部出，故需贿赂二部令史办此事。 ⑯同州：属关内道，治今陕西大荔县。 ⑰长春宫使：同州刺史一般同时兼领同州防御长春宫使。元稹初亦兼此职，今削去。 ⑱拔跋万诚：当作“拓跋万诚”。在党项诸部落中，以拓跋氏最强。

初，张弘靖为宣武节度使，屡赏以悦军士，府库虚竭。李愿继之，性奢侈，赏劳既薄于弘靖时，又峻威刑，军士不悦。愿以其妻弟窦瑗典宿直兵，瑗骄贪；军中恶之。牙将李臣则等作乱，秋，七月，壬辰夜，即帐中斩瑗头，因大呼，府中响应。愿与一子逾城奔郑州。乱兵杀其妻，推都押牙李㝏为留后[①]。

丙申，宋王结薨[②]。

戊戌，宣武监军奏军乱。庚子，李㝏自奏已权知留后。

乙巳，诏三省官与宰相议汴州事[③]，皆以为宜如河北故事，授李㝏节。李逢吉曰：“河北之事，盖非获已。今若并汴州弃之，则是江、淮以南皆非国家有也。”杜元颖、张平叔争之曰：“奈何惜数尺之节，不爱一方之死乎！”议未决，会宋、亳、颍三州各上奏[④]，请别命帅。上大喜，以逢吉议为然，遣中使诣三州宣慰。逢吉因请：“以将军征㝏入朝，以义成节度使韩充镇宣武。充，弘之弟[⑤]，素宽厚得众心。脱㝏旅拒，则命徐、许两军攻其左右而滑军蹙其北[⑥]，充必得入矣。"上皆从之。

丙午,贬李愿为随州刺史[7],以韩充为宣武节度使兼义成节度使。征李岕为右金吾将军,岕不奉诏。宋州刺史高承简斩其使者,岕遣兵二千攻之,陷宁陵、襄邑[8]。宋州有三城,贼已陷其南城,承简保北二城,与贼十余战。癸丑,忠武节度使李光颜将兵二万五千讨李岕,屯尉氏[9]。兖海节度使曹华闻岕作乱,不俟诏,即发兵讨之。岕遣兵三千人攻宋州,适至城下,丙辰,华逆击,破之。丁巳,李光颜败宣武兵于尉氏,斩获二千余人。

八月,辛酉,大理卿刘元鼎自吐蕃还。

甲子,韩充入汴境,军于千塔[10]。武宁节度使王智兴与高承简共破宣武兵,斩首千余级,余众遁去。壬申,韩充败宣武兵于郭桥[11],斩首千余级,进军万胜[12]。

初,李岕既为留后,以都知兵马使李质为腹心;及岕除将军,不奉诏,质屡谏不听。会岕疽发于首,遣李臣则等将兵拒李光颜于尉氏。既而官军四集,兵屡败,岕疾甚,悉以军事属李质,卧于家。丙子,质与监军姚文寿擒岕,杀之;诈为岕牒,追臣则等,至,皆斩之;执岕四子送京师。

韩充未至,质权知军务,时牙兵三千人,日给酒食,物力不能支。质曰:"若韩公始至而罢之,则人情大去矣!不可留此弊以遗吾帅。"即命罢给而后迎充。丁丑,充入汴。

癸未,以韩充专为宣武节度使,以曹华为义成节度使,高承简为兖、海、沂、密节度使,加李光颜兼侍中,以李质为右金吾将军。

韩充既视事,人心粗定,乃密籍军中为恶者千余人[13],一朝,并父母妻子悉逐之,曰:"敢少留境内者斩。"于是军政大治。

【注释】

①都押牙李岕(jiè 介):都押牙,节度使属下武官,地位次于都知兵马使。 ②宋王结:本名滋,顺宗第九子。贞元二十一年(805)四月进封。 ③三省官:指尚书、中书、门下三省的从拾遗、补缺、舍人、丞、郎等以上官员。 ④宋、亳、颍:三州皆属宣武节度领辖,李岕据汴州叛,此三州不受他节制。 ⑤弘:指韩弘,颍川人。自德宗贞元十五年(799)任宣武军节度使,至宪宗元和十四年(819)去职,在镇共二十年。 ⑥徐、许

两军：指徐州的武宁军，许州的忠武军。滑军：指滑州的义成军。 ⑦随州：属山南东道所领，治今湖北随州市。 ⑧宁陵：宋州属县，治今河南宁陵县。襄邑：宋州属县，治今河南睢县。 ⑨尉氏：汴州属县，治今河南尉氏县。 ⑩千塔：在今河南封丘县境。 ⑪郭桥：在今河南封丘县西南。 ⑫万胜：在今河南中牟县西北。 ⑬密籍：秘密名册，犹今之黑名单。

九月，戊子朔，浙西观察使京兆窦易直奏大将王国清作乱[1]，伏诛。初，易直闻汴州乱而惧，欲散金帛以赏军士，或曰："赏之无名，恐益生疑。"乃止。而外已有知之者，故国清作乱；易直讨擒之，并杀其党二百余人。

德州刺史王稷，承父锷余赀[2]，家富厚；横海节度使李景略利其财[3]，丙申，密教军士杀稷，屠其家，纳其女为妾，以军乱闻。

朝廷之讨李㝏也，遣司门郎中韦文恪宣慰魏博[4]，史宪诚表请授㝏旌节，又于黎阳筑马头[5]，为渡河之势，见文恪，辞礼倨慢；及闻㝏死，辞礼顿恭，曰："宪诚，胡人，譬如狗，虽被捶击，终不离主耳。"

冬，十一月，庚午，皇太后幸华清宫。辛未，上自复道幸华清宫，遂畋于骊山，即日还宫。太后数日乃返。

丙子，集王缃薨[6]。

庚辰，上与宦者击球于禁中，有宦者坠马，上惊，因得风疾，不能履地，自是人不闻上起居；宰相屡乞入见，不报。裴度三上疏请立太子，且请入见。十二月，辛卯，上见群臣于紫宸殿，御大绳床[7]，悉去左右卫官，独宦者十余人侍侧，人情稍安。李逢吉进言："景王已长，请立为太子。"裴度请速下诏，副天下望。既而两省官亦继有请立太子者。癸巳，诏立景王湛为皇太子。上疾浸瘳[8]。

是岁，初行《宣明历》。[9]

【注释】

①浙西观察使：治润州（今江苏镇江市），领润、苏、常、杭、湖等州。或设节度使。 ②父锷余赀：王稷父王锷，出身营将，累官至岭南节度使。在任获利甚厚，成为巨富。王锷死，王稷承继家财，赴德州上任时，

带着大宗财物随行,以致被害。 ③李景略:当作“李全略”。本年二月,以德州刺史王日简为横海节度使,并赐姓名“李全略”。 ④司门郎中:为刑部司门的主管官,从五品上,掌天下诸门及关出入往来的有关事项。 ⑤黎阳:即黎阳津,在今河南浚县东南古黄河北岸。唐代属卫州黎阳县。马头:即今之码头,停靠船舶的设施。 ⑥集王缃:顺宗子,贞元二十一年(805)四月进封。 ⑦大绳床:又名胡床、交床,即今之躺椅,可坐可躺,其床可收可放。穆宗因患风痹之症,不能行走,只能用躺椅抬着见群臣。 ⑧浸瘳(chōu 抽):病逐渐痊愈。瘳,病愈。 ⑨宣明历:穆宗即位,认为经过几个帝王,就应改进历法,于是诏令司历官改撰历法,定新历为《宣明历》。

资治通鉴卷第二百四十三

唐纪五十九　起昭阳单阏，尽著雍涒滩，凡六年。

穆宗睿圣文惠孝皇帝下

长庆三年　春，正月，癸未，赐两军中尉以下钱①。二月，辛卯，赐统军、军使等绵彩、银器各有差②。

户部侍郎牛僧孺③，素为上所厚。初，韩弘之子右骁卫将军公武为其父谋④，以财结中外。及公武卒，弘继薨，稚孙绍宗嗣，主藏奴与吏讼于御史府。上怜之，尽取弘财簿自阅视，凡中外主权⑤，多纳弘货，独朱句细字曰："某年月日，送户部牛侍郎钱千万，不纳。"上大喜，以示左右曰："果然，吾不缪知人⑥！"三月，壬戌，以僧孺为中书侍郎、同平章事。

时僧孺与李德裕皆有入相之望；德裕出为浙西观察使，八年不迁，以为李逢吉排己，引僧孺为相。由是牛、李之怨愈深。

夏，四月，甲午，安南奏陆州獠攻掠州县⑦。

丙申，赐宣徽院供奉官钱⑧，紫衣者百二十缗，下至承旨各有差。

初，翼城人郑注⑨，眇小，目下视，而巧谲倾谄，善揣人意，以医游四方，羁贫甚⑩。尝以药术干徐州牙将，牙将悦之，荐于节度使李愬。愬饵其药颇验，遂有宠，署为牙推⑪，浸预军政，妄作威福，军府患之。监军王守澄以众情白愬，请去之，愬曰："注虽如是，然奇才也，将军试与之语⑫，苟无可取，去之未晚。"乃使注往谒守澄，守澄初有难色，不得已见之，坐语未久，守澄大喜，延之中堂，促膝笑语，恨相见之晚。明日，谓愬曰："郑生诚如公言。"自是又有宠于守澄，权势益张，愬署为巡官，列于宾席。注既用事，恐牙将荐己者泄其本末，密以他罪谮之于愬，愬杀之。及守澄入知枢密，挈注以西[13]，为立居宅，赡给之。遂荐于上，上亦厚遇之。

自上有疾，守澄专制国事，势倾中外；注日夜出入其家，与之谋议，语必通夕，关通赂遗，人莫能窥其迹。始则有微贱巧宦之士，或因以求进，数年之后，达官车马满其门矣。工部尚书郑权，家多姬妾，禄薄不能赡，因注通于守澄以求节镇；己酉，以权为岭南节度使[14]。

五月，壬申，以尚书左丞柳公绰为山南东道节度使[15]。公绰过邓县[16]，有二吏，一犯赃，一舞文[17]，众谓公绰必杀犯赃者。公绰判曰："赃吏犯法，法在；奸吏乱法，法亡。"竟诛舞文者。

丙子，以晋、慈二州为保义军[18]，以观察使李寰为节度使。

六月，己丑，以吏部侍郎韩愈为京兆尹[19]；六军不敢犯法，私相谓曰："是尚欲烧佛骨[20]，何可犯也！"

秋，七月，癸亥，岭南奏黄洞蛮寇邕州，破左江镇[21]。丙寅，邕州奏黄洞蛮破钦州千金镇[22]，刺史杨屿奔石南砦。

【注释】

①两军中尉：德宗贞元中，在左右神策军特置护军中尉，以中官担任，时号两军中尉。当时中尉权倾天下，人主废立，皆出其手。 ②绵彩：据胡三省考证，当作"锦彩"。 ③牛僧孺：字思黯，隋牛弘之后裔。贞元进士，至此时任宰辅。为"牛李党争"中牛派首领。宣宗大中元年(847)卒，年六十九。 ④右骁卫将军：唐十六卫之一。将军，从三品，掌宫禁宿卫。 ⑤主权：掌握一定权力的官吏。 ⑥缪(miù 谬)：通"谬"。错误，差错。 ⑦陆州：唐高宗上元二年(675)置，治乌雷县(今广西钦州市东南)。 ⑧宣徽院：唐中世以后所置，以宦官掌其职，主宫中琐细之事。遇大朝贺及圣节上寿，则宣徽使宣答。 ⑨翼城：绛州所属县，在今山西翼城县。 ⑩羇：同"羁"。指寄居作客，飘泊在外。 ⑪牙推：节度使府中属吏，位在节度推官之下。 ⑫将军：监军王守澄等中官，多加诸卫将军之号，谓之内将军，故李愬称他为将军。 ⑬挈(qiè

怯）：带领。 ⑭岭南节度使：官名。治广州，管广、韶、循等十八州。⑮山南东道节度使：官名。治襄州（今湖北襄阳市），管襄、复等八州。⑯邓县：即邓城县，属襄州，在今湖北襄阳市。 ⑰舞文：玩弄文字技巧，以歪曲法律条文，牟取私利。常称“舞文弄墨”。 ⑱晋、慈二州：晋州治今山西临汾市，慈州治今山西吉县。二州原来均属河东节度使所辖。 ⑲京兆尹：西都长安之行政长官，从三品。掌宣德化，岁巡属县，观风俗，录囚，恤鳏寡。 ⑳烧佛骨：元和十四年（819），韩愈上表切谏迎佛骨，请求将佛骨投诸水火，永绝根本。 ㉑左江镇：邕州宣化县（今广西南宁市）有左江、右江二镇，以左、右江在此汇合得名。 ㉒千金镇：在今广西钦州市西南。

南诏劝利卒，国人请立其弟丰祐。丰祐勇敢，善用其众，始慕中国，不与父连名[①]。

八月，癸巳，邕管奏破黄洞蛮。

丙申，上自复道幸兴庆宫，至通化门楼[②]，投绢二百匹施山僧。上之滥赐皆此类，不可悉纪。

癸卯，以左仆射裴度为司空、山南西道节度使，不兼平章事。李逢吉恶度，右补阙张又新等附逢吉，竞流谤毁伤度，竟出之。又新，荐之子也[③]。

九月，丙辰，加昭义节度使刘悟同平章事。

李逢吉为相，内结知枢密王守澄，势倾朝野。惟翰林学士李绅每承顾问，常排抑之，拟状至内庭，绅多所臧否[④]；逢吉患之，而上待遇方厚，不能远也。会御史中丞缺，逢吉荐绅清直，宜居风宪之地；上以中丞亦次对官[⑤]，不疑而可之。会绅与京兆尹、御史大夫韩愈争台参及他职事[⑥]，文移往来，辞语不逊；逢吉奏二人不协，冬，十月，丙戌，以愈为兵部侍郎，绅为江西观察使[⑦]。

己丑，以中书侍郎、同平章事杜元颖同平章事，充西川节度使。

辛卯，安南奏黄洞蛮为寇。

韩愈、李绅入谢，上各令自叙其事，乃深寤。壬辰，复以愈为吏部侍郎，绅为户部侍郎。

【注释】

①不与父连名:南诏习俗,父子必连名。如凤迦异之子名异牟寻,异牟寻之子名寻阁劝等。至丰祐,不遵其俗,不与父连名。 ②通化门:为唐京城东面城门之一,自大明宫有复道通往,可入兴庆宫。 ③荐之子:张荐,字孝举,深州陆泽(今河北深州市西南)人。代宗大历中,任史馆修撰。德宗时,多次出使吐蕃、回鹘,官至工部侍郎、兼御史大夫等职。又新为荐长子。 ④臧否(pǐ 痞):品评、褒贬。此处专指贬抑而言。 ⑤次对官:谓次宰相之后而得奏对于皇帝之前。李绅原任翰林学士,为备顾问。今迁御史中丞,亦可参与奏对。 ⑥台参:参谒御史台长官。按旧制,京兆尹新上任,均要到御史台参见长官。韩愈新任京兆尹,因兼御史大夫,乃不台参;而李绅任御史中丞,认为韩愈应台参,引起争论。 ⑦江西观察使:官名全称是江南西道观察使,治洪州(今江西南昌市),管洪、饶、吉等八州。

四年 春,正月,辛亥朔,上始御含元殿朝会[①]。

初,柳泌等既诛,方士稍复因左右以进,上饵其金石之药。有处士张皋者上疏,以为:“神虑澹则血气和,嗜欲胜则疾疢作[②]。药以攻疾,无疾不可饵也。昔孙思邈有言[③],‘药势有所偏助,令人藏气不平,借使有疾用药,犹须重慎。’庶人尚尔,况于天子!先帝信方士妄言,饵药致疾,此陛下所详知也,岂得复循其覆辙乎!今朝野之人纷纭窃议,但畏忤旨,莫敢进言。臣生长蓬艾,麋鹿与游[④],无所邀求,但粗知忠义,欲裨万一耳!”上甚善其言,使求之,不获。

丁卯,岭南奏黄洞蛮寇钦州,杀将吏。

庚午,上疾复作;壬申,大渐,命太子监国。宦官欲请郭太后临朝称制[⑤],太后曰:“昔武后称制,几危社稷。我家世守忠义,非武氏之比也。太子虽少,但得贤宰相辅之,卿辈勿预朝政,何患国家不安!自古岂有女子为天下主而能致唐、虞之理乎!”取制书手裂之[⑥]。太后兄太常卿钊闻有是议,密上笺曰:“苟果徇其请,臣请先帅诸子纳官爵归田里。”太后泣曰:“祖考之庆,钟于吾兄。”是夕,上崩于寝殿。癸酉,以李逢吉摄冢宰[⑦]。丙子,敬宗即位于太极东序[⑧]。

初，穆宗之立，神策军士人赐钱五十千，宰相议以太厚难继，乃下诏称："宿卫之勤，诚宜厚赏，属频年旱歉，御府空虚，边兵尚未给衣，沾恤期于均济。神策军士人赐绢十匹、钱十千，畿内诸镇又减五千。仍出内库绫二百万匹付度支，充边军春衣。"时人善之。

自戊寅至庚辰，上赐宦官服色及锦彩金银甚众，或今日赐绿，明日赐绯。

初，穆宗既留李绅，李逢吉愈忌之。绅族子虞颇以文学知名，自言不乐仕进，隐居华阳川[9]。及从父耆为左拾遗，虞与耆书求荐，误达于绅；绅以书诮之，且以语于众人。虞深怨之，乃诣逢吉，悉以绅平日密论逢吉之语告之。逢吉益怒，使虞与补阙张又新及从子前河阳掌书记仲言等伺求绅短，扬之于士大夫间；且言"绅潜察士大夫有群居议论者，辄指为朋党，白之于上"。由是士大夫多忌之。

及敬宗即位，逢吉与其党快绅失势，又恐上复用之，日夜谋议，思所以害绅者。楚州刺史苏遇谓逢吉之党曰[10]："主上初听政，必开延英，有次对官，惟此可防。"其党以为然，亟白逢吉曰："事迫矣，若俟听政，悔不可追！"逢吉乃令王守澄言于上曰："陛下所以为储贰，臣备知之，皆逢吉之力也。如杜元颖、李绅辈，皆欲立深王[11]。"度支员外郎李续之等继上章言之。上时年十六，疑未信。会逢吉亦有奏，言"绅不利于上，请加贬谪"。上犹再三复问，然后从之。二月，癸未，贬绅为端州司马[12]。逢吉仍帅百官表贺，既退，百官复诣中书贺[13]，逢吉方与张又新语，门者弗内；良久，又新挥汗而出，旅揖百官曰："端溪之

唐骆驼胡人俑

事[14]，又新不敢多让。”众骇愕辟易[15]，惮之。右拾遗内供奉吴思独不贺，逢吉怒，以思为吐蕃告哀使。丙戌，贬翰林学士庞严为信州刺史[16]，蒋防为汀州刺史[17]。严，寿州人，与防皆绅所引也。给事中于敖，素与严善，封还敕书；人为之惧，曰：“于给事为庞、蒋直冤，犯宰相怒，诚所难也！”及奏下，乃言贬之太轻，逢吉由是奖之。

张又新等犹忌绅，日上书言贬绅太轻，上许为杀之；朝臣莫敢言，独翰林侍读学士韦处厚上疏[18]，指述“绅为逢吉之党所谗，人情叹骇。绅蒙先朝奖用，借使有罪，犹宜容假，以成三年无改之孝[19]，况无罪乎”！于是上稍开寤，会阅禁中文书，有穆宗所封文书一箧，发之，得裴度、杜元颖、李绅疏请立上为太子，上乃嗟叹，悉焚人所上谮绅书，虽未即召还，后有言者，不复听矣。

【注释】

①含元殿：为唐大明宫的正殿，唐高宗以后，国家大典多在此殿举行。穆宗即位四年，方至此正殿举行大朝会。　②疢疢（chèn 趁）：疾病。又热病称疢。　③孙思邈：隋唐之际我国杰出的医学家，京兆华原（今陕西耀县）人。一生辞官隐居，以行医为业。所编《千金要方》《千金翼方》，系统地总结了唐以前的各科医学成就。　④麋（mí 迷）鹿：鹿类的一种，俗称四不像，原产我国，是一种稀有的珍贵兽类。　⑤郭太后：为郭子仪的孙女，母为代宗长女升平公主。宪宗时，立为贵妃，为穆宗生母。穆宗即位，册为皇太后。敬宗即位，尊为太皇太后。文宗、武宗时，以郭后乃祖母之尊，奉之益隆。宣帝立，郭后为其母，恩礼有加。郭后历位七朝，五居太母之尊，世不多见。　⑥制书：皇帝命令的一种，凡行大赏罚，授大官爵，改革旧政，宽赦降虏，都用制书。　⑦冢宰：大宰，即宰相，佐天子总百官、治万事之职。　⑧敬宗：名湛，穆宗长子，元和四年（809）生。长庆四年（824）即位时，年十六。太极东序：即西内太极宫中太极殿的东厢。　⑨华阳川：在今河南灵宝市南。　⑩楚州：淮南道所属州，治所在今江苏淮安市。　⑪深王：名悰，宪宗第四子，元和元年（806）进封深王。　⑫端州：岭南道所属州，治今广东肇庆市。司马：地位次于刺史、别驾、长史的州官。　⑬中书：即中书省，宰相议政之所。　⑭端溪之事：指李绅被贬去端州任司马事。　⑮辟易：受惊后退状。　⑯信州：肃宗乾元元年（758），割饶州的弋阳，衢州的玉山，建、抚二州各三乡，置信州。治今江西上饶市。　⑰汀州：玄宗开元二十四年

(736)，开福、抚二州山洞置。治今福建长汀县。 ⑱翰林侍读学士：唐之翰林学士，为皇帝备顾问之官，无定职，以得选为荣。名称有侍读、侍讲等，或为兼职，品级随他官而定。 ⑲三年无改之孝：简缩《论语·学而》："三年无改于父之道，可谓孝矣。"一语而来，意思是要善于继承父志。

己亥，尊郭太后为太皇太后。

乙巳，尊上母王妃为皇太后。太后，越州人也[①]。

丁未，上幸中和殿击球，自是数游宴、击球、奏乐，赏赐宦官、乐人，不可悉纪。

三月，壬子，赦天下；诸道赏贡之外，毋得进奉。

甲寅，上始对宰相于延英殿[②]。

初，牛元翼在襄阳[③]，数赂王庭凑以请其家，庭凑不与；闻元翼薨，甲子，尽杀之。

上视朝每晏，戊辰，日绝高尚未坐，百官班于紫宸门外，老病者几至僵踣。谏议大夫李渤白宰相曰："昨日疏论坐晚，今晨愈甚，请出阁待罪于金吾仗[④]。"既坐班退，左拾遗刘栖楚独留，进言曰："宪宗及先帝皆长君，四方犹多叛乱。陛下富于春秋，嗣位之初，当宵衣求理[⑤]。而嗜寝乐色，日晏方起，梓宫在殡，鼓吹日喧，令闻未彰，恶声遐布。臣恐福祚之不长，请碎首玉阶以谢谏职之旷。"遂以额叩龙墀[⑥]，见血不已，响闻阁外。李逢吉宣曰："刘栖楚休叩头，俟进止[⑦]！"栖楚捧首而起，更论宦官事，上连挥令出。栖楚曰："不用臣言，请继以死。"牛僧孺宣曰："所奏知，门外俟进止！"栖楚乃出，待罪于金吾仗，于是宰相赞成其言。上命中使就仗，并李渤宣慰令归。寻擢栖楚为起居舍人[⑧]，仍赐绯。栖楚辞疾不拜，归东都。

庚午，赐内教坊钱万缗[⑨]，以备行幸。

夏，四月，甲午，淮南节度使王播罢盐铁转运使。

乙未，以布衣姜洽为补阙，试大理评事陆洿、布衣李虞、刘坚为拾遗[⑩]。时李逢吉用事，所亲厚者张又新、李仲言、李续之、李虞、刘栖楚、姜洽及拾遗张权舆、程昔范，又有从而附丽之者，时人恶逢吉者，目之为八关、十六子[11]。

卜者苏玄明与染坊供人张韶善，玄明谓韶曰："我为子卜，当升殿坐，与我共食。今主上昼夜球猎，多不在宫中，大事可图也。"韶以为然，乃与玄明谋结染工无赖者百余人，丙申，匿兵于紫草车，载以入银台门[12]，伺夜作乱。未达所诣，有疑其重载而诘之者，韶急，即杀诘者，与其徒易服挥兵，大呼趣禁庭。

上时在清思殿击球，诸宦者见之，惊骇，急入闭门，走白上；盗寻斩关而入。先是右神策中尉梁守谦有宠于上，每两军角伎艺，上常佑右军。至是，上狼狈欲幸右军，左右曰："右军远，恐遇盗，不若幸左军近[13]。"上从之。左神策中尉河中马存亮闻上至，走出迎，捧上足涕泣，自负上入军中，遣大将康艺全将骑卒入宫讨贼。上忧二太后隔绝，存亮复以五百骑迎二太后至军。

张韶升清思殿，坐御榻，与苏玄明同食，曰："果如子言！"玄明惊曰："事止此邪！"韶惧而走。会康艺全与右军兵马使尚国忠引兵至，合击之，杀韶、玄明及其党，死者狼藉。逮夜始定，余党犹散匿禁苑中；明日，悉擒获之。

时宫门皆闭，上宿于左军，中外不知上所在，人情恇骇[14]。丁酉，上还宫，宰相帅百官诣延英门贺，来者不过数十人。盗所历诸门，监门宦者三十五人法当死；己亥，诏并杖之，仍不改职任。壬寅，厚赏两军立功将士。

【注释】

①越州：江南东道所属州，治今浙江绍兴市。　②始对：第一次奏对，即问话和回答问题。　③牛元翼句：穆宗长庆二年（822），元翼从深州突围出，改任山南东道节度使，驻襄阳（今湖北襄阳市）。　④金吾仗：设仪仗以卫宫殿之处。宣政殿前有金吾左、右仗。　⑤宵衣：天未明穿衣，表示勤于政事，常与宵衣旰食连用。　⑥龙墀（chí 池）：御座前阶台。　⑦进止：言所奏之事，采纳与否，听候皇帝最后决定。　⑧起居舍人：门下省属官，与起居郎分在皇帝左右，掌起居注，记录天子的言动法度，以修记事之史。　⑨内教坊：教坊是掌女乐的官署。唐置内教坊，即在禁中由宦官掌领。　⑩评事：大理寺属官，从八品下，掌出使推核。⑪八关、十六子：张又新等八人，掌握关要之任，故称八关。而另有附属

于他们的八人，乃合称十六子。 ⑫银台门：为东内大明宫宫门，分为左、右银台门。张韶等人所进入的是左银台门。 ⑬左军近：神策军分左右二军，左军屯东内苑，在左银台门东北角驻扎，故与乱军及敬宗所居清思殿距离最近。 ⑭恇（kuāng 匡）骇：惊慌、害怕。

五月，乙卯，以吏部侍郎李程、户部侍郎、判度支窦易直并同平章事。上问相于李逢吉，逢吉列上当时大臣有资望者，程为之首，故用之。上好治宫室，欲营别殿，制度甚广，李程谏，请以所具木石回奉山陵[①]，上即从之。

六月，己卯朔，以左神策大将军康艺全为鄜坊节度使[②]。

上闻王庭凑屠牛元翼家，叹宰辅非才，使凶贼纵暴。翰林学士韦处厚因上疏言："裴度勋高中夏，声播外夷，若置之岩廊[③]，委其参决，河北、山东必禀朝算。管仲曰：'人离而听之则愚，合而听之则圣。'理乱之本，非有他术，顺人则理，违人则乱。伏承陛下当食叹息，恨无萧、曹，今有一裴度尚不能留，此冯唐所以谓汉文得廉颇、李牧不能用也。夫御宰相，当委之，信之，亲之，礼之，于事不效，于国无劳，则置之散寮[④]，黜之远郡。如此，则在位者不敢不厉，将进者不敢苟求。臣与逢吉素无私嫌，尝为裴度无辜贬官。今之所陈，上答圣明，下达群议

唐载物骆驼俑

耳。"上见度奏状无平章事,以问处厚。处厚具言李逢吉排沮之状。上曰:"何至是邪!"李程亦劝上加礼于度。丙申,加度同平章事。

张韶之乱,马存亮功为多,存亮不自矜,委权求出;秋,七月,以存亮为淮南监军使。

夏绥节度使李祐入为左金吾大将军[5],壬申,进马百五十匹;上却之。甲戌,侍御史温造于阁内奏弹祐违敕进奉,请论如法,诏释之。祐谓人曰:"吾夜半入蔡州城取吴元济[6],未尝心动,今日胆落于温御史矣!"

八月,丁卯(应为丁丑)朔,安南奏黄蛮入寇。

龙州刺史尉迟锐上言[7]:"牛心山素称神异[8],有掘断处,请加补塞。"从之。役数万人于绝险之地,东川为之疲弊。

九月,丁未,波斯李苏沙献沈香亭子材[9]。左拾遗李汉上言:"此何异瑶台、琼室!"上虽怒,亦优容之。汉,道明之六世孙也[10]。

冬,十月,戊戌,翰林学士韦处厚谏上宴游曰:"先帝以酒色致疾损寿,臣是时不死谏者,以陛下年已十五故也。今皇子才一岁,臣安敢畏死而不谏乎!"上感其言,赐锦彩百匹、银器四。

十一月,戊午,安南奏:黄蛮与环王合兵攻陷陆州[11],杀刺史葛维。

庚申,葬睿圣文惠孝皇帝于光陵,庙号穆宗。

王播以钱十万缗赂王守澄,求复领利权[12],十二月,癸未,谏议大夫独孤朗、张仲方、起居郎柳公权、起居舍人宋申锡、拾遗李景让、薛廷老请开延英论其奸邪。上问:"前廷争者不在中邪?"即日,除刘栖楚谏议大夫。景让,憕之曾孙[13];廷老,河中人也。

十二月,庚寅,加天平节度使乌重胤同平章事。

乙未,徐泗观察使王智兴以上生日,请于泗州置戒坛[14],度僧尼以资福;许之。自元和以来,敕禁此弊,智兴欲聚货,首请置之,于是四方辐凑,江、淮尤甚,智兴家赀由此累巨万。浙西观察使李德裕上言:"若不钤制,至降诞日方停[15],计两浙、福建当失六十万丁。"奏至,即日罢之。

是岁,回鹘崇德可汗卒,弟曷萨特勒立。

【注释】

①山陵:帝王的陵墓。此指穆宗待修的坟墓。 ②鄜(fū 夫)坊节度使:属关内道,治鄜州(今陕西富县)。 ③岩廊:本为高峻的廊,后用以称庙堂和朝廷。 ④散寮:担任闲散的官职。寮,官。同官称寮。今通作僚。 ⑤夏绥节度使:辖夏、绥等州,治夏州(今陕西靖边县东北白城子)。李祐:原为蔡州牙将,事吴元济。元和十二年(817),为李愬所擒。以平吴元济功,历官至节度使等。 ⑥夜半入蔡州:李祐既归李愬,攻吴元济时,李愬命李祐、李忠义领突骑三千为前锋,半夜登城,内外城皆破,围吴元济于牙城,终擒之。 ⑦龙州:为剑南道所属州,治龙州(今四川江油市)。 ⑧牛心山:在江油市北。据《牛心山灵异记》云:“武氏革命,凿断山脉。明皇幸蜀,有老人苏坦奏曰:‘牛心山,国之祖墓,今日蒙尘之祸,乃则天掘凿所致。’明皇即命修填如旧。” ⑨沈香:香木,古林邑国所产,土人断其木,放置多年,木腐而心节独存,置水中则沉,故名。 ⑩道明:李道明,唐宗室,高祖从父兄子,其兄李道玄死,诏袭封为淮阳王。 ⑪黄蛮:即黄洞蛮。环王:即环州蛮王。贞观十二年(638),李弘节开拓生蛮,置环州,以环国为名。治正平(今广西环江毛南族自治县西北)。 ⑫领利权:指担任盐铁转运使。本年四月,王播被免去了兼任盐铁转运使之职。 ⑬憕(chéng 成):李憕,太原文水人。玄宗开元初,任咸阳尉,历官至东京留守,判尚书省事。安禄山攻陷东都,李憕留守不去,为安禄山所杀。 ⑭戒坛:僧尼受戒之处。佛教规定,凡愿为僧尼的人,到戒坛受戒以后,才能成为真正僧尼,可以享受免征徭役。
⑮降诞:出生,生日。敬宗是六月九日生日,王智兴在头年十二月就奏请为生日设戒坛度僧尼,以获取大量钱财,故李德裕奏请制止这件事。

敬宗睿武昭愍孝皇帝

宝历元年 春,正月,辛亥,上祀南郊[①];还,御丹凤楼[②],赦天下,改元。

先是鄠令崔发闻外喧嚣[③],问之,曰:“五坊人殴百姓[④]。”发怒,命擒以入,曳之于庭。时已昏黑,良久,诘之,乃中使也。上怒,收发,系御史台。是日,发与诸囚立金鸡下[⑤],忽有品官数十人执梃乱捶发[⑥]，破面折齿，绝气乃去；数刻而苏，复有继来求击之者，台吏以席蔽之，仅免。上命复系发于台狱而释诸囚。

中书侍郎、同平章事牛僧孺以上荒淫，嬖幸用事，又畏罪不敢言，但累表求出。乙卯，升鄂岳为武昌军，以僧孺同平章事、充武昌节度使[⑦]。

中旨复以王播兼盐铁转运使，谏官屡争之；上皆不纳。

牛僧孺过襄阳，山南东道节度使柳公绰服櫜鞬候于馆舍[⑧]，将佐谏曰："襄阳地高于夏口，此礼太过！"公绰曰："奇章公甫离台席[⑨]，方镇重宰相，所以尊朝廷也。"竟行之。

上游幸无常，昵比群小，视朝月不再三[⑩]，大臣罕得进见。二月，壬午，浙西观察使李德裕献《丹扆六箴》：一曰《宵衣》，以讽视朝稀晚；二曰《正服》，以讽服御乖异；三曰《罢献》，以讽征求玩好；四曰《纳诲》，以讽侮弃谠言[⑪]；五曰《辨邪》，以讽信任群小；六曰《防微》，以讽轻出游幸。其《纳诲箴》略曰："汉骜流湎[⑫]，举白浮钟；魏睿侈汰[⑬]，陵霄作宫。忠虽不忤，善亦不从。以规为瑱[⑭]，是谓塞聪。"《防微箴》曰："乱臣猖獗，非可遽数。玄服莫辨[⑮]，触瑟始仆[⑯]。柏谷微行[⑰]，豺豕塞路。睹貌献餐，斯可戒惧！"上优诏答之。

上既复系崔发于狱，给事中李渤上言："县令不应曳中人，中人不应殴御囚[⑱]，其罪一也。然县令所犯在赦前，中人所犯在赦后。中人横暴，一至于此。若不早正刑书，臣恐四方藩镇闻之，则慢易之心生矣。"谏议大夫张仲方上言，略曰："鸿恩将布于天下而不行御前，霈泽遍被于昆虫而独遗崔发。"自余谏官论奏甚众，上皆不听。戊子，李逢吉等从容言于上曰："崔发辄曳中人，诚大不敬[⑲]，然其母，故相韦贯之之姊也，年垂八十，自发下狱，积忧成疾。陛下方以孝理天下，此所宜矜念。"上乃愍然曰："比谏官但言发冤，未尝言其不敬，亦不言有老母。如卿所言，朕何为不赦之！"即命中使释其罪，送归家，仍慰劳其母。母对中使，杖发四十。

三月，辛酉，遣司门郎中于人文册回鹘曷萨特勒为爱登里啰汩没密於合毗伽昭礼可汗。

夏，四月，癸巳，群臣上尊号曰文武大圣广孝皇帝；赦天下。

赦文但云:"左降官已经量移者[20],宜与量移,"不言未量移者。翰林学士韦处厚上言:"逢吉恐李绅量移,故有此处置。如此,则应近年流贬官,因李绅一人皆不得量移也。"上即追赦文改之。绅由是得移江州长史[21]。

秋,七月,甲辰,盐铁使王播进羡余绢百万匹[22]。播领盐铁,诛求严急,正入不充而羡余相继[23]。

己未,诏王播造竞渡船二十艘,运材于京师造之,计用转运半年之费。谏议大夫张仲方等力谏,乃减其半。

谏官言京兆尹崔元略以诸父事内常侍崔潭峻;丁卯,元略迁户部侍郎。

【注释】

①祀南郊:即祭天的仪式。因祭天的圜丘设在南郊,故称。 ②丹凤楼:即丹凤门城楼,为唐主要宫殿大明宫之门楼,国家大政常在此宣布。 ③鄠(hù 户):陕西县名,今作户。当时为京兆府所属县。 ④五坊人:唐代为皇帝饲养鹰犬以供狩猎的人。五坊即雕坊、鹘坊、鹞坊、鹰坊、犬坊。 ⑤金鸡下:宫城门外所设置以系囚徒的金鸡竿,凡待释放的囚徒,先系于此。 ⑥品官:一般称有品秩的官员。此特指品级较低的宦官而言。梃:木棒。 ⑦武昌节度使:官名。治鄂州(今湖北武汉市),管鄂、岳、蕲、黄等七州。 ⑧櫜(gāo 篙)鞬:盛弓箭的袋子。此指全副武装,以表示庄重。 ⑨奇章公:代指牛僧孺,因其先祖牛弘封奇章公。台席:宰相的职位。 ⑩再三:两三次。再,第二次。 ⑪侮弃谠言:不重视甚至完全不听正直的谏言。 ⑫汉骜:西汉成帝名骜。他沉湎于酒,在禁中与宦官饮酒,举着大杯,装满了酒。 ⑬魏睿:魏明帝曹睿。他喜造宫殿,既作许昌宫,起昭阳太极殿,又筑总章观,高十余丈,役民不已。 ⑭以规为瑱(tiàn 掭):把规谏之言不用,仅让它塞耳而已。瑱,塞耳的玉。 ⑮玄服莫辨:认不清好人与坏人。汉宣帝时,任宣被杀,其子任章服玄服,谋行刺帝,开始未发觉,后伏诛。 ⑯触瑟始仆:汉武帝时,侍中仆射马何罗谋行刺武帝,忙乱中触宝瑟跌倒,始被擒获。 ⑰柏谷微行:汉武帝常微服外出,有次夜里到柏谷,投宿旅舍,主人疑为坏人,打算捉拿整治,女主人见其状貌异常,乃礼而待之。 ⑱御囚:由皇帝御旨而被系的囚徒。 ⑲大不敬:不敬重皇帝的罪名。唐律以对捍制使,无人臣之礼为大不敬,为重罪十条之一。 ⑳量移:唐代被贬到远

方的官吏，遇大赦，可以酌情移近一些，称为量移。 ㉑江州长史：江州，治今江西九江市。长史，次于州刺史、别驾的州官。李绅前被贬为端州司马，经量移，乃为江州长史。 ㉒羡余：正税以外的无名税收。唐代地方官吏为讨好皇帝，搜刮民财，用羡余名义奉进。 ㉓正入：规定每年应上交的正额赋税。

昭义节度使刘悟之去郓州也，以郓兵二千自随为亲兵。八月，庚戌，悟暴疾薨，子将作监主簿从谏匿其丧[①]，与大将刘武德及亲兵谋，以悟遗表求知留后。司马贾直言入责从谏曰："尔父提十二州地归朝廷[②]，其功非细，只以张汶之故[③]，自谓不洁淋头，竟至羞死。尔孺子，何敢如此！父死不哭，何以为人！"从谏恐悚不能对，乃发丧。

初，陈留人武昭罢石州刺史[④]，为袁王府长史[⑤]，郁郁怨执政。李逢吉与李程不相悦，水部郎中李仍叔[⑥]，程之族人，激怒之云，程欲与昭官，为逢吉所沮。昭因酒酣，对左金吾兵曹茅汇言欲刺逢吉[⑦]，为人所告。九月，庚辰，诏三司鞫之[⑧]。前河阳掌书记李仲言谓汇曰："君言李程与昭谋则生，不然必死。"汇曰："冤死甘心！诬人自全，汇不为也！"狱成。冬，十月，甲子，武昭杖死，李仍叔贬道州司马[⑨]，李仲言流象州[⑩]，茅汇流崖州[⑪]。

上欲幸骊山温汤，左仆射李绛、谏议大夫张仲方等屡谏不听，拾遗张权舆伏紫宸殿下，叩头谏曰："昔周幽王幸骊山，为犬戎所杀。秦始皇葬骊山，国亡；玄宗宫骊山而禄山乱；先帝幸骊山，享年不长。"上曰："骊山若此之凶邪？我宜一往以验彼言。"十一月，庚寅，幸温汤，即日还宫，谓左右曰："彼叩头者之言，安足信哉！"

丙申，立皇子普为晋王。

朝廷得刘悟遗表，议者多言上党内镇[⑫]，与河朔异，不可许。左仆射李绛上疏[⑬]，以为："兵机尚速，威断贵定，人情未一，乃可伐谋。刘悟死已数月，朝廷尚未处分，中外人意，共惜事机。今昭义兵众，必不尽与从谏同谋，纵使其半叶同，尚有其半效顺。从谏未尝久典兵马，威惠未加于人。又此道素贫，非时必无优赏。今朝廷但速除近泽潞一将充昭义节度使，令兼程赴镇，从谏未及布置，新使已至潞州，所谓‘先人夺人之心’也。新使既至，军心自有所系。从谏无位，何名主张，设使谋挠朝命，其将士必不肯从。今朝廷久无处分，彼军不晓朝廷之意，欲效顺则恐忽授从谏，欲同恶则恐别更除人，犹豫之间，若有奸人为之画策，虚张赏，设钱数，军士觊望，尤难指挥。伏望速赐裁断，仍先下明敕，宣示军众，奖其从来忠节，赐新使缯五十万匹，使之赏设；续除刘从谏一刺史。从谏既粗有所得，必且择利而行，万无违拒。设不从命，臣亦以为不假攻讨，何则？臣闻从谏已禁山东三州军士不许自畜兵刀[14]，足明群心殊未得一，帐下之事亦在不疑[15]。熟计利害，决无即授从谏之理。”时李逢吉、王守澄计议已定，竟不用绛等谋。十二月，辛丑，以从谏为昭义留后。刘悟烦苛，从谏济以宽厚，众颇附之。

李绛好直言，李逢吉恶之。故事，仆射上日，宰相送之，百官立班，中丞列位于廷，尚书以下每月当牙[16]。元和中，伊慎为仆射，太常博士韦谦上言旧仪太重，削去之。御史中丞王播恃逢吉之势，与绛相遇于涂，不之避。绛引故事上言：“仆射，国初为正宰相，礼数至重。傥人才忝位[17]，自宜别授贤良；若朝命守官，岂得有亏法制。乞下百官详定。”议者多从绛议。上听行旧仪。甲子，以绛有足疾，除太子少师、分司[18]。

言事者多称裴度贤，不宜弃之藩镇，上数遣使至兴元劳问度，密示以还期；度因求入朝，逢吉之党大惧。

【注释】

①将作监主簿：将作监，掌国家修建土木工程等事。设主簿二人，从七品下。 ②十二州地：指李师道所统郓州等十二州。刘悟平李师道，率其地归朝廷。 ③张汶之故：刘悟在昭义军时，磁州刺史张汶与监军刘承偕谋缚刘悟送朝廷，刘悟乃杀张汶，并囚刘承偕，与朝廷相抗衡。④石州：河东道所属州，治离石（今山西吕梁市）。 ⑤袁王府长史：袁王，名绅，顺宗第十九子。王府长史，从四品上，掌府僚。 ⑥水部郎中：工部所属各部中，有水部，设郎中一员，从五品上，掌全国水利水运等事。 ⑦左金吾兵曹：即十六卫中之左金吾卫的兵曹参军，正八品下，掌本曹考查、检察等事。 ⑧三司：治理刑狱的三司，指御史大夫、中书、门下。鞫：审理。 ⑨道州：为江南西道所属州，治营道（今湖南道县

西)。 ⑩象州:为岭南西道桂管所属州,治武化(今广西象州县东北)。 ⑪崖州:为安南都护所属州,治舍城(今海南海口市琼山区东南)。 ⑫上党内镇:昭义军节度使,治潞州,原为上党郡,治所在今山西长治市。故称昭义军为上党。因地处国中,故称内镇。 ⑬左仆射:尚书省之长官。尚书省设尚书令一人,左右仆射各一人。因唐初太宗曾任尚书令,此后不再设此官,而以左右仆射为长官,其职为正宰相。 ⑭山东三州:昭义军所属五州,除潞、泽二州外,其他邢、洺、磁三州,均在太行山以东,故称山东三州。 ⑮帐下之事:是说其部下有不服从新统帅而谋反叛的事。帐下,即部下。 ⑯当牙:在官衙参见宰相。牙,通"衙"。 ⑰忝(tiǎn 舔)位:不能胜任其职位。忝,谦词,表示不称职,有愧。 ⑱分司:分掌东都洛阳的政事。

二年 春,正月,壬辰,裴度自兴元入朝,李逢吉之党百计毁之。先是民间谣云:"绯衣小儿坦其腹,天上有口被驱逐[1]。"又,长安城中有横亘六冈,如乾象[2],度宅偶居第五冈[3]。张权舆上言:"度名应图谶,宅占冈原,不召而来,其旨可见。"上虽年少,悉察其诬谤,待度益厚。

度初至京师,朝士填门,度留客饮。京兆尹刘栖楚附度耳语,侍御史崔咸举觞罚度曰:"丞相不应许所由官呫嗫耳语[4]。"度笑而饮之。栖楚不自安,趋出。

二月,丁未,以度为司空、同平章事。度在中书,左右忽白失印,闻者失色,度饮酒自如;顷之,左右白复于故处得印,度不应。或问其故,度曰:"此必吏人盗之以印书券耳,急之则投诸水火,缓之则复还故处。"人服其识量。

上自即位以来,欲幸东都,宰相及朝臣谏者甚众,上皆不听,决意必行,已令度支员外郎卢贞按视[5],修东都宫阙及道中行宫[6]。裴度从容言于上曰:"国家本设两都以备巡幸,自多难以来,兹事遂废。今宫阙、营垒、百司廨舍率已荒陁[7],陛下倘欲行幸,宜命有司岁月间徐加完葺,然后可往。"上曰:"从来言事者皆云不当往,如卿所言,不往亦可。"会朱克融、王庭凑皆请以兵匠助修东都。三月丁亥,敕以修东都烦扰,罢之,召卢贞还。

先是，朝廷遣中使赐朱克融时服，克融以为疏恶，执留敕使；又奏"当道今岁将士春衣不足，乞度支给三十万端匹"；又奏"欲将兵马及丁匠五千助修宫阙"。上患之，以问宰相，欲遣重臣宣慰，仍索敕使。裴度对曰："克融无礼已甚，殆将毙矣！譬如猛兽，自于山林中咆哮跳踉[⑧]，久当自困，必不敢辄离巢穴。愿陛下勿遣宣慰，亦勿索敕使，旬日之后，徐赐诏书云：'闻中官至彼，稍失去就[⑨]，俟还，朕自有处分。时服，有司制造不谨，朕甚欲知之，已令区处。其将士春衣，从来非朝廷征发，皆本道自备。朕不爱数十万匹物，但素无此例，不可独与范阳。'所称助修宫阙，皆是虚语，若欲直挫其奸，宜云'丁匠宜速遣来，已令所在排比供拟。'彼得此诏，必苍黄失图[⑩]。若且示含容，则云'修宫阙事在有司，不假丁匠远来。'如是而已。不足劳圣虑也。"上悦，从之。

立才人郭氏为贵妃。妃，晋王普之母也。

横海节度使李全略薨；其子副大使同捷擅领留后，重赂邻道，以求承继。

夏，四月，戊申，以昭义留后刘从谏为节度使。

五月，幽州军乱，杀朱克融及其子延龄，军中立其少子延嗣主军务。

六月，甲子，上御三殿，令左右军、教坊、内园为击球、手搏、杂戏。戏酣，有断臂、碎首者，夜漏数刻乃罢。

己卯[⑪]，上幸兴福寺，观沙门文溆俗讲。

癸未，衡王绚薨。

壬辰，宣索左藏见在银十万两、金七千两[⑫]，悉贮内藏，以便赐与。

道士赵归真说上以神仙，僧惟贞、齐贤、正简说上以祷祠求福，皆出入宫禁，上信用其言。山人杜景先请遍历江、岭，求访异人。有润州人周息元[⑬]，自言寿数百岁，上遣中使迎之。八月，乙巳，息元至京师，上馆之禁中山亭。

【注释】

①绯衣句：绯衣，裴字。天上有口，吴字。是说裴度能擒吴元济，其才可用。 ②乾象：《周易》乾卦之象，即☰，如六条冈。 ③第五冈：与

乾卦第五爻相对应，其位最贵。但据程大昌云，裴宅不正在第五冈，只在其冈余势之处。 ④所由官：唐代对府县官的称呼。呫嗫：轻声说话，口动而声不远扬。 ⑤度支员外郎：为户部所属官，从六品上，掌国家财政收支等事。 ⑥道中行宫：唐代从京城长安到东都洛阳，沿途有行宫多处，如华阴之琼岳宫、金城宫，郑县之神台宫，陕县之绣岭宫，渑池之芳桂宫，福昌之福昌宫，永宁之崎岫宫，兰峰宫，寿安之连昌宫、兴泰宫等。 ⑦荒阤（tuó 陀）：荒废、毁坏。 ⑧跳踉（liáng 良）：跳跃。 ⑨去就：进退、去留，犹言行动举止合乎规范的意思。 ⑩苍黄：意同“苍惶”“仓皇”，急遽、匆忙状。 ⑪己卯：在此日前，应漏“秋，七月”字样。因上文“六月甲子”，已是二十八日，而己卯不可能在六月，只能是七月十四日。又下一条“癸未，衡王绚薨。”据《旧唐书·敬宗本纪》记载，乃是秋七月之事，癸未为月之十八日。而下文之壬辰，也为七月的日子，即二十七日。 ⑫左藏：即左藏署，为太府寺所属官署，掌国家钱财的部门。同时还有右藏署，职掌同。见：通“现”。 ⑬润州：为浙江西道节度使驻地，治丹徒县（今江苏镇江市）。

朱延嗣既得幽州，虐用其人。都知兵马使李载义与弟牙内兵马使载宁共杀延嗣，并屠其家三百余人。载义权知留后，九月，数延嗣之罪以闻。载义，承乾之后也[①]。

庚申[②]，魏博节度使史宪诚妄奏李同捷为军士所逐，走归本道，请束身归朝；寻奏同捷复归沧州。

壬申，以中书侍郎、同平章事李程同平章事、充河东节度使。

冬，十月，己亥，以李载义为卢龙节度使。

十一月，甲申，以门下侍郎、同平章事李逢吉同平章事、充山南东道节度使。

上游戏无度，狎暱群小，善击球，好手搏，禁军及诸道争献力士，又以钱万缗付内园令召募力士，昼夜不离侧；又好深夜自捕狐狸。性复褊急，力士或恃恩不逊，辄配流、籍没[③]；宦官小过，动遭捶挞，皆怨且惧。十二月，辛丑，上夜猎还宫，与宦官刘克明、田务澄、许文端及击球军将苏佐明、王嘉宪、石从宽、阎惟直等二十八人饮酒。上酒酣，入室更衣[④]，殿上烛忽灭，苏佐明等弑上于室内。

刘克明等矫称上旨，命翰林学士路隋草遗制，以绛王悟权句当军国事[5]。壬寅，宣遗制，绛王见宰相百官于紫宸外庑[6]。

克明等欲易置内侍之执权者，于是枢密使王守澄、杨承和、中尉魏从简、梁守谦定议[7]，以卫兵迎江王涵入宫，发左·右神策、飞龙兵进讨贼党[8]，尽斩之。克明赴井，出而斩之。绛王为乱兵所害。

时事起苍猝[9]，守澄以翰林学士韦处厚博通古今，一夕处置，皆与之共议。守澄等欲号令中外，而疑所以为辞。处厚曰："正名讨罪，于义何嫌，安可依违[10]，有所讳避！"又问："江王当如何践阼？"处厚曰："诘朝，当以王教布告中外以已平内难。然后群臣三表劝进，以太皇太后令册命即皇帝位。"当时皆从其言，时不暇复问有司，凡百仪法，皆出于处厚，无不叶宜。

癸卯，以裴度摄冢宰。百官谒见江王于紫宸外庑，王素服涕泣。甲辰，见诸军使于少阳院[11]。赵归真等诸术士及敬宗时佞幸者，皆流岭南或边地。

乙巳，文宗即位，更名昂。戊申，尊母萧氏为皇太后，王太后为宝历太后。是时，郭太后居兴庆宫，王太后居义安殿，萧太后居大内。上性孝谨，事三宫如一，每得珍异之物，先荐郊庙，次奉三宫，然后进御。萧太后，闽人也。

庚戌，以翰林学士韦处厚为中书侍郎、同平章事。

上自为诸王，深知两朝之弊，及即位，励精求治，去奢从俭。诏宫女非有职掌者皆出之，出三千余人。五坊鹰犬，准元和故事，量留校猎外，悉放之。有司供宫禁年支物，并准贞元故事。省教坊、

唐瑞兽葡萄镜

翰林、总监冗食千二百余员[12]，停诸司新加衣粮。御马坊场及近岁别贮钱谷、所占陂田，悉归之有司。先宣索组绣、雕镂之物，悉罢之。敬宗之世，每月视朝不过一二，上始复旧制，每奇日未尝不视朝[13]，对宰相群臣延访政事，久之方罢。待制官旧虽设之[14]，未尝召对，至是屡蒙延问。其辍朝、放朝皆用偶日，中外翕然相贺，以为太平可冀。

【注释】

①承乾：太宗李世民长子，太宗即位，立为皇太子。后以谋反罪，废为庶人，徙黔州，卒于徙所。 ②庚申：上条已言九月事，则此庚申应为九月之日，查九月无庚申，此当为八月二十五日。而下条之壬申乃九月初八日，无误。 ③配流：亦作“流配”，即把犯人发配到边远地方，也称“流放”。籍没：将其财物没收入官。 ④更衣：古时对大小便的委婉说法。 ⑤句当：或作“勾当”，办理、主持的意思。 ⑥庑（wǔ 武）：堂下周围的走廊、小屋。 ⑦枢密使句：唐朝后期称两枢密使、两中尉为四贵，由于他们掌握宫中大权之故。 ⑧飞龙：指飞龙厩，为殿中省所属掌管御马者。 ⑨苍猝：同“仓促”“仓猝”，匆忙、急遽的意思。 ⑩依违：形容迟疑不决的样子。 ⑪少阳院：在大明宫浴堂殿东。 ⑫总监：据胡注云，此指“苑总监”，为司农寺所属官署，掌宫苑内馆园池等事，凡禽鱼果木，皆总而主之。 ⑬奇日：即单日，又称隻日。唐制，天子以隻日视朝。 ⑭待制官：唐初即设有待诏官，如词学、经术、卜祝、术艺等，均设别院以供赡，尤重文词。后有翰林待诏，以备皇帝顾问。

文宗元圣昭献孝皇帝上之上

太和元年 春，二月，乙巳，赦天下，改元。

李同捷擅据沧景，朝廷经岁不问。同捷冀易世之后或加恩贷，三月，壬戌朔，遣掌书记崔从长奉表与其弟同志、同巽俱入见，请遵朝旨。

上虽虚怀听纳而不能坚决，与宰相议事已定，寻复中变。夏，四月，丙辰，韦处厚于延英极论之，因请避位；上再三慰劳之。

忠武节度使王沛薨[1]。庚申,以太仆卿高瑀为忠武节度使[2]。

自大历以来,节度使多出禁军,其禁军大将资高者,皆以倍称之息贷钱于富室[3],以赂中尉,动逾亿万,然后得之,未尝由执政;至镇,则重敛以偿所负。及沛薨,裴度、韦处厚始奏以瑀代之。中外相贺曰:"自今债帅鲜矣[4]!"

五月,丙子,以天平节度使乌重胤为横海节度使,以前横海节度副使李同捷为兖海节度使。朝廷犹虑河南、北节度使构扇同捷使拒命,乃加魏博史宪诚同平章事。丁丑,加卢龙李载义、平卢康志睦、成德王庭凑检校官。

盐铁使王播自淮南入朝,力图大用,所献银器以千计,绫绢以十万计。六月,癸巳,以播为左仆射、同平章事。

秋,七月,癸酉,葬睿武昭愍孝皇帝于庄陵;庙号敬宗。

李同捷托为将士所留,不受诏;乙酉,武宁节度使王智兴奏请将本军三万人,自备五月粮以讨同捷,许之。八月,庚子,削同捷官爵,命乌重胤、王智兴、康志睦、史宪诚、李载义与义成节度使李听、义武节度使张璠各帅本军讨之[5]。

同捷遣其子弟以珍玩、女妓赂河北诸镇。戊午,李载义执其侄,并所赂献之。

史宪诚与李全略为婚姻,及同捷叛,密以粮助之。裴度不知其所为,谓宪诚无贰心。宪诚遣亲吏至中书请事,韦处厚谓曰:"晋公于上前以百口保尔使主[6];处厚则不然,但仰俟所为,自有朝典耳!"宪诚惧,不敢复与同捷通。

王庭凑为同捷求节钺不获,乃助之为乱,出兵境上以挠魏师;又遣使厚赂沙陀酋长朱邪执宜,欲与之连兵,执宜拒不受。

冬,十月,天平、横海节度使乌重胤击同捷,屡破之。十一月,丙寅,重胤薨。庚辰,以保义节度使李寰为横海节度使[7],从王智兴之请也。

十二月,庚戌,加王智兴同平章事。

【注释】

①忠武节度使:官名。治许州(今河南许昌市),管许、陈、蔡三州。　②太仆卿:太仆寺长官,从三品,掌国家车马等事。　③倍称之

息:借贷时息钱为本钱的一倍以上,即俗称高利贷。 ④债帅:由借债而当上节度使的人。 ⑤义成节度使:官名。治滑州(今河南滑县东),管滑、郑、濮二州。义武节度使:官名。治定州(今河北定州市),管定、易、祁三州。 ⑥晋公:裴度被封为晋国公,故韦氏称他为晋公。使主:节度使为一道之主,故称使主。 ⑦保义节度使:官名。长庆三年(823),从河中节度使所辖分出晋、慈二州,成立保义军节度使。

二年 春,三月,己卯,王智兴攻棣州[①],焚其三门。

自元和之末[②],宦官益横,建置天子在其掌握,威权出人主之右,人莫敢言。上亲策制举人,贤良方正昌平刘蕡对策[③],极言其祸,其略曰:“陛下宜先忧者,宫闱将变、社稷将危、天下将倾、海内将乱。”又曰:“陛下将杜篡弑之渐,则居正位而近正人,远刀锯之贱[④],亲骨鲠之直,辅相得以专其任,庶职得以守其官,奈何以亵近五六人总天下大政!祸稔萧墙[⑤],奸生帷幄,臣恐曹节、侯览复生于今日[⑥]。”又曰:“忠贤无腹心之寄,阍寺恃废立之权,陷先君不得正其终,致陛下不得正其始[⑦]。”又曰:“威柄陵夷,藩臣跋扈。或有不达人臣之节,首乱者以安君为名;不究《春秋》之微,称兵者以逐恶为义。则政刑不由乎天子,征伐必自于诸侯。”又曰:“陛下何不塞阴邪之路,屏亵狎之臣,制侵陵迫胁之心,复门户扫除之役,戒其所宜戒,忧其所宜忧!既不能治于前,当治于后;既不能正其始,当正其终;则可以虔奉典谟,克承丕构矣[⑧]。昔秦之亡也失于强暴,汉之亡也失于微弱。强暴则贼臣畏死而害上,微弱则奸臣窃权而震主。伏见敬宗皇帝不虞亡秦之祸,不翦其萌。伏惟陛下深轸亡汉之忧,以杜其渐,则祖宗之鸿业可绍,三、五之遐轨可追矣[⑨]。”又曰:“臣闻昔汉元帝即位之初,更制七十余事,其心甚诚,其称甚美,然而纪纲日紊,国祚日衰,奸宄日强,黎元日困者,以其不能择贤明而任之,失其操柄也。”又曰:“陛下诚能揭国权以归相,持兵柄以归将,则心无不达,行无不孚矣。”又曰:“法宜画一,官宜正名。今分外官、中官之员,立南司、北司之局[⑩],或犯禁于南则亡命于北,或正刑于外则破律于中,法出多门,人无所措,实由兵农势异而中外法殊也。”又曰:“今夏官不知兵籍[⑪],止于奉朝请;

六军不主兵事[12]，止于养勋阶。军容合中官之政，戎律附内臣之职[13]。首一戴武弁，疾文吏如仇雠；足一蹈军门，视农夫如草芥。谋不足以翦除凶逆而诈足以抑扬威福，勇不足以镇卫社稷而暴足以侵轶里闾[14]。羁绁藩臣，干陵宰辅，隳裂王度[15]，汩乱朝经。张武夫之威，上以制君父；假天子之命，下以御英豪。有藏奸观衅之心，无伏节死难之义。岂先王经文纬武之旨邪！"又曰："臣非不知言发而祸应，计行而身戮，盖痛社稷之危，哀生人之困，岂忍姑息时忌，窃陛下一命之宠哉[16]！"

闰月，丙戌朔，史宪诚奏遣其子副大使唐、都知兵马使亓志绍将兵二万五千趣德州讨李同捷[17]。时宪诚欲助同捷，唐泣谏，且请发兵讨之；宪诚不能违。

甲午，贤良方正裴休、李郃、李甘、杜牧、马植、崔玙、王式、崔慎由等二十二人中第，皆除官。考官左散骑常侍冯宿等见刘蕡策[18]，皆叹服，而畏宦官，不敢取。诏下，物论嚣然称屈。谏官、御史欲论奏，执政抑之。李郃曰："刘蕡下第，我辈登科，能无厚颜！"乃上疏，以为："蕡所对策，汉、魏以来无与为比。今有司以蕡指切左右，不敢以闻，恐忠良道穷，纲纪遂绝。况臣所对不及蕡远甚，乞回臣所授以旌蕡直。"不报。蕡由是不得仕于朝，终于使府御史[19]。牧，佑之孙[20]；植，勋之子[21]；式，起之孙[22]；慎由，融之玄孙也[23]。

【注释】

①棣州：当时为横海节度使所属州，治厌次（今山东惠民县东南）。　②元和：宪宗年号，806—820 年，共十五年。　③贤良方正：唐代科举名目之一，为制举之定科。对策：科举考试的策论文章，因是回答考官的策论题目，故称对策。　④刀锯之贱：指受过刑罚的宦官而言。因宦官都是要割去生殖器的人，故有此称。　⑤祸稔萧墙：祸患在内部酝酿成熟。稔，酝酿，成长。萧墙，本指古代宫室的屏风，喻内部。⑥曹节、侯览：二人均为东汉后期执掌国家大权的宦官，贪纵不法，权倾朝野，人人切齿。　⑦正其始：《穀梁传·定公元年》："昭无正终，故定无正始。"无正终，不应死而死。无正始，不是正当继位，此指为宦官所拥立。　⑧克承丕构：能继承先人的基业。丕构，大的创制、基业。

⑨三、五：谓三皇五帝，传说上古时期好的统治者。遐轨：远的轨范、榜样。 ⑩南司：百官赴南牙朝会的，称外官，也叫南司。北司：宦官列局于玄武门内，两军中尉护诸营于苑中，称中官，也叫北司。 ⑪夏官：指兵部而言，古称夏官。兵籍：兵员的情况，如兵额多少、训练质素、部署情况等。由于宦官掌管军权，兵部形同虚设。 ⑫六军：指国家最高的武官上将军、大将军、将军、统军等。 ⑬戎律：军队中之法纪。唐朝中后期设观军容使和诸监军使，均由宦官充任。戎律，即指监军而言。 ⑭侵轶：侵犯、袭击的意思。《左传·隐公九年》："彼徒我车，惧其侵轶我也。" ⑮隳（huī 灰）裂王度：毁坏国家的法度。 ⑯一命之宠：授给官职的恩宠。一命指授初品官。 ⑰亓（qí 其）：据胡注云，亓志绍，《实录》作"子志沼"或"丌志沼"。《旧纪》作"丌志绍"。今依《新纪》《新传》作亓志绍。德州：横海节度使所领州，治今山东德州市陵城区。 ⑱左散骑常侍：门下省属官，中书省所设为右散骑常侍，均为二员，从三品，掌侍奉规讽，备顾问应对。 ⑲使府御史：节度使幕府讽宪官，节度使府本不设御史官，有此名者，为幕僚所带寄禄官。 ⑳佑：杜佑。杜牧是杜佑的孙子。杜佑在唐德宗时，位至宰相，所著《通典》一书，是我国第一部典章制度通史。 ㉑勋：马勋。马植是马勋的儿子。马勋原为山南西道节度使严震的牙将。德宗兴元初，马勋擒获欲与李怀光共同反叛之张用诚，为保卫德宗立了大功。 ㉒起：王起。王式是王起的孙子。王起为王播之弟，历官礼部侍郎、吏部侍郎、兵部尚书等，武宗时任宰相。㉓融：崔融。崔慎由是崔融的玄孙。崔融，齐州全节（今山东济南市章丘区西）人。武则天当政时，历凤阁舍人、司礼少卿、国子司业等。崔融善为文辞，当时莫与之匹。

夏，六月，晋王普薨；辛酉，谥悼怀太子。

初，萧太后幼去乡里，有弟一人；上即位，命福建观察使求访，莫知所在。有茶纲役人萧洪[①]，自言有姊流落，商人赵缜引之见太后近亲吕璋之妻，亦不能辩，与之俱见太后。上以为得真舅，甲子，以为太子洗马[②]。

峰州刺史王升朝叛[③]；庚辰，安南都护武陵韩约讨斩之。

王庭凑阴以兵及盐粮助李同捷，上欲讨之；秋，七月，甲辰，诏中书集百官议其事。宰相以下莫敢违，卫尉卿殷侑独以为："廷凑虽附凶徒，事未甚露，宜且含容，专讨同捷。"己巳[4]，下诏罪状庭凑，命邻道各严兵守备，听其自新。

九月，丁亥，王智兴奏拔棣州。

李寰自晋州引兵赴镇，不戢士卒，所过残暴，至则拥兵不进，但坐索供馈。庚寅，以寰为夏绥节度使[5]。

甲午，诏削夺王庭凑官爵，命诸军四面进讨。

加王智兴守司徒[6]，以前夏绥节度使傅良弼为横海节度使。

岳王绲薨[7]。

庚戌，容管奏安南军乱，逐都护韩约。

冬，十月，洋王忻薨[8]。

魏博败横海兵于平原[9]，遂拔之。

十一月，癸未朔，易定节度使柳公济奏攻李同捷坚固寨[10]，拔之；又破其兵于寨东。时河南、北诸军讨同捷久未成功，每有小胜，则虚张首虏以邀厚赏，朝廷竭力奉之，江、淮为之耗弊。

傅良弼至陕而薨[11]。乙酉，以左金吾大将军李祐为横海节度使。

甲辰，禁中昭德寺火，延及宫人所居，烧死者数百人。

十二月，丁巳，王智兴奏兵马使李君谋将兵济河，破无棣[12]。

壬申，中书侍郎、同平章事韦处厚薨。

李同捷军势日蹙，王庭凑不能救，乃遣人说魏博大将亓志绍使杀史宪诚父子取魏博；志绍遂作乱，引所部兵二万人还逼魏州[13]。丁丑，命谏议大夫柏耆宣慰魏博，且发义成、河阳兵以讨志绍[14]。

戊寅，以翰林学士路隋为中书侍郎、同平章事。

辛巳，史宪诚奏亓志绍兵屯永济[15]，告急求援。诏义成节度使李听帅沧州行营诸军以讨志绍。

【注释】

①茶纲：缴纳茶税的单位。凡茶商贩茶，各以若干为一纲，以向政府交税。　②太子洗马：为东宫属官，置二员，从五品下，掌四库图籍缮写刊辑之事。　③峰州：为安南都护所领州，治所在今越南永富省白鹤县南风州。　④己巳：七月无己巳日。据《新纪》："八月己巳，王庭凑反。"

可知此处“己巳”上漏“八月”二字。 ⑤夏绥节度使：官名。治夏州（今陕西靖边县东北白城子），领夏、绥等州。 ⑥守司徒：兼任司徒官。司徒，唐三公之一，正一品。王智兴官品低而兼司徒官，所以称守。 ⑦岳王绲（gǔn 滚）：顺宗第十八子，贞元二十一年（805）封岳王。 ⑧洋王忻：宪宗第五子，元和元年（806），进封洋王。 ⑨平原：为德州所属县，治今山东平原县西南。史宪诚被迫出兵攻德州，乃拔平原。 ⑩坚固寨：李同捷在沧州西筑寨防官兵，名为坚固寨。 ⑪陕：陕州，治今河南三门峡市。 ⑫无棣：为沧州所属县，治今河北盐山县东南。 ⑬魏州：为魏博节度使驻地，治今河北大名县东北。 ⑭河阳：指河阳三城，治孟州（今河南孟州市南）。 ⑮永济：唐大历七年（772），分临清县所置，属贝州，治今山东冠县北。永济距魏州治所很近，故史宪诚向朝廷告急。

资治通鉴卷第二百四十四

唐纪六十　起屠维作噩，尽昭阳赤奋若，凡五年。

文宗元圣昭献孝皇帝上之下

太和三年　春，正月，亓志绍与成德合兵掠贝州[①]。

义成行营兵三千人先屯齐州[②]，使之禹城[③]，中道溃叛；横海节度使李祐讨诛之。

李听、史唐合兵击亓志绍，破之；志绍将其众五千奔镇州[④]。

李载义奏攻沧州长芦[⑤]，拔之。

甲辰，昭义奏亓志绍余众万五千人诣本道降，置之洺州[⑥]。

二月，横海节度使李祐帅诸道行营兵击李同捷，破之，进攻德州。

武宁捉生兵马使石雄，勇敢，爱士卒；王智兴残虐，军中欲逐智兴而立雄，智兴知之，因雄立功，奏请除刺史。丙辰，以雄为壁州刺史[⑦]。

史宪诚闻沧景将平而惧，其子唐劝之入朝。丙寅，宪诚使唐奉表请入朝，且请以所管听命。

石雄既去武宁，王智兴悉杀军中与雄善者百余人。夏，四月，戊午，智兴奏雄摇动军情，请诛之。上知雄无罪，免死，长流白州[⑧]。

戊辰，李载义奏攻沧州，破其罗城[⑨]。李祐拔德州，城中将卒三千余人奔镇州。李同捷与祐书请降，祐并奏其书，谏议大夫柏耆受诏宣慰行营，好张大声势以威制诸将，诸将已恶之矣；及李同捷请降于祐，祐遣大将万洪代守沧州；耆疑同捷之诈，自将数百骑驰入沧州，以事诛洪，取同捷及其家属诣京师。乙亥，至将陵[10]，或言王庭凑欲以奇兵篡同捷，乃斩同捷，传首，沧景悉平。五月，庚寅，加李载义同平章事。诸道兵攻李同捷，三年，仅能下之，而柏耆径入城，取为己功，诸将疾之，争上表论列。辛卯，贬耆为循州司户[11]。李祐寻薨。

壬寅，摄魏博副使史唐奏改名孝章。

六月，丙辰，诏："镇州四面行营各归本道休息，但务保境，勿相往来；惟庭凑效顺，为达章表，余皆勿受。"

辛酉，以史宪诚为兼侍中、河中节度使[12]；以李听兼魏博节度使。分相、卫、澶三州，以史孝章为节度使。

初，李祐闻柏耆杀万洪，大惊，疾遂剧。上曰："祐若死，是耆杀之也！"癸酉，赐耆自尽。

河东节度使李程奏得王庭凑书，请纳景州[13]；又奏亓志绍自缢。

上遣中使赐史宪诚旌节，癸酉，至魏州。时李听自贝州还军馆陶[14]，迁延未进，宪诚竭府库以治行。甲戌，军乱，杀宪诚，奉牙内都知兵马使灵武何进滔知留后。李听进至魏州，进滔拒之，不得入。秋，七月，进滔出兵击李听；听不为备，大败，溃走，昼夜兼行，趣浅口[15]，失亡过半，辎重兵械尽弃之。昭义兵救之，听仅而得免，归于滑台[16]。

河北久用兵，馈运不给，朝廷厌苦之。八月，壬子，以进滔为魏博节度使，复以相、卫、澶三州归之。

【注释】

①贝州：为魏博镇所属州，治清河县（今河北清河县西北）。 ②齐州：治历城（今山东济南市）。 ③禹城：齐州所属县，治今山东禹城市。④镇州：为成德军节度使驻地，原名恒州，元和中改称镇州，治真定（今河北正定县）。 ⑤长芦：沧州所属县，治今河北沧州市西。 ⑥洺州：据章钰校注，他本作"洺州"。从地理位置看，以作洺州为是。昭义军领潞、泽、邢、洺、磁五州，亓志绍降于昭义，安置在本道所属洺州，近于情

理,不会使去河南之洛阳。且开元以后,洛州已改为河南府。洺州治今河北邯郸市永年区。 ⑦壁州:为山南西道所属州,治诺水县(今四川通江县)。 ⑧白州:为岭南道所属州,治今广西博白县。 ⑨罗城:外城。 ⑩将陵:德州所属县,治今山东宁津县。 ⑪循州:岭南东道所属州,治今广东惠州市。司户:即司户参军事,州所设主民户之官,随州之大小不同,品级为七八品之间。 ⑫河中节度使:官名,治河中府(今山西永济市西蒲州镇),领蒲、绛、隰等州。 ⑬景州:原属横海镇,后归成德王庭凑,现王庭凑愿交出。州治在弓高(今河北东光县)。 ⑭馆陶:魏州所属县,治今河北馆陶县。 ⑮浅口:即馆陶县北之浅口镇。 ⑯滑台:滑州所属城,北临古黄河,为军事要地。在今河南滑县东。

沧州承丧乱之余,骸骨蔽地,城空野旷,户口存者什无三四。癸丑,以卫尉卿殷侑为齐、德、沧、景节度使[①]。侑至镇,与士卒同甘苦,招抚百姓,劝之耕桑,流散者稍稍复业。先是,本军三万人皆仰给度支,侑至一年,租税自能赡其半;二年,请悉罢度支给赐;三年之后,户口滋殖,仓廪充盈。

王庭凑因邻道微露请服之意;壬申,赦庭凑及将士,复其官爵。

征浙西观察史李德裕为兵部侍郎,裴度荐以为相。会吏部侍郎李宗闵有宦官之助,甲戌,以宗闵同平章事。

上性俭素,九月,辛巳,命中尉以下毋得衣纱縠绫罗;听朝之暇,惟以书史自娱,声乐游畋未尝留意[②]。驸马韦处仁尝著夹罗巾[③],上谓曰:"朕慕卿门地清素,故有选尚[④]。如此巾服,听其他贵戚为之,卿不须尔。"

壬辰,以李德裕为义成节度使。李宗闵恶其逼己,故出之。

冬,十月,丙辰,以李听为太子少师[⑤]。

路隋言于上曰:"宰相任重,不宜兼金谷琐碎之务,如杨国忠、元载、皇甫镈皆奸臣,所为不足法也。"上以为然。于是裴度辞度支[⑥];上许之。

十一月,甲午,上祀圜丘[⑦];赦天下。四方毋得献奇巧之物,其纤丽布帛皆禁之,焚其机杼。

丙申，西川节度使杜元颖奏南诏入寇。元颖以旧相，文雅自高，不晓军事，专务蓄积，减削士卒衣粮。西南戍边之卒，衣食不足，皆入蛮境钞盗以自给，蛮人反以衣食资之；由是蜀中虚实动静，蛮皆知之。南诏自嵯颠谋大举入寇[8]，边州屡以告，元颖不之信；嵯颠兵至边城，一无备御。蛮以蜀卒为向导，袭陷嶲、戎二州[9]。甲辰，元颖遣兵与战于邛州南[10]，蜀兵大败；蛮遂陷邛州。

武宁节度使王智兴入朝。

诏发东川、兴元、荆南兵以救西川[11]；十二月，丁未朔，又发鄂岳、襄邓、陈许等兵继之[12]。

以王智兴为忠武节度使。

己酉，以东川节度使郭钊为西川节度使，兼权东川节度事。

嵯颠自邛州引兵径抵成都，庚戌，陷其外郭。杜元颖帅众保牙城以拒之，欲遁者数四。壬子，贬元颖为邵州刺史[13]。

己未，以右领军大将军董重质为神策诸道、西川行营节度使[14]，又发太原、凤翔兵赴西川[15]。南诏寇东川，入梓州西郭。钊兵寡弱不能战，以书责嵯颠。嵯颠复书曰："杜元颖侵扰我，故兴兵报之耳。"与钊修好而退。

蛮留成都西郭十日，其始慰抚蜀人，市肆安堵；将行，乃大掠子女、百工数万人及珍货而去。蜀人恐惧，往往赴江，流尸塞江而下。嵯颠自为军殿，及大度水，嵯颠谓蜀人曰："此南吾境也，听汝哭别乡国。"众皆恸哭，赴水死者以千计。自是南诏工巧埒于蜀中。

嵯颠遣使上表，称："蛮比修职贡，岂敢犯边，正以杜元颖不恤军士，怨苦元颖，竞为向导，祈我此行以诛虐帅。诛之不遂，无以慰蜀士之心，愿陛下诛之。"丁卯，再贬元颖循州司马。诏董重质及诸道兵皆引还。郭钊至成都，与南诏立约，不相侵扰。诏遣中使以国信赐嵯颠。

【注释】

①卫尉卿：唐卫尉寺长官，从三品，掌器械文物，总武库、武器、守宫三署。　②游畋（tián 田）：游乐打猎。　③夹罗巾：用罗绸做的头巾。开元年间，赐供奉及诸司长官罗头巾。　④选尚：挑选其人把公主嫁给

他。韦处仁尚穆宗女新丰公主。 ⑤太子少师：东宫属官，正二品，与少傅、少保，号东宫三少，掌教谕太子。 ⑥辞度支：敬宗宝历二年（826），裴度复任宰相，不久兼领度支。至此乃辞其兼领。 ⑦圜（yuán 圆）丘：古代祭天的圆形高坛。祀圜丘即祭天。 ⑧南诏：唐西南少数民族之一部，原有六诏，其住大理一部，改称南诏。嵯（cuó 痤）颠：当时为南诏国君。 ⑨巂（juàn 眷）州：剑南道所属州，治今四川西昌市。 戎州：剑南道所属州，治今四川宜宾市。 ⑩邛州：剑南道所属州，治今四川邛崃市。 ⑪东川：即剑南东川节度使，治梓州（今四川三台县）。兴元：即山南西道节度使，治兴元（今陕西汉中市）。荆南：即荆南节度使，治今湖北江陵县。 ⑫鄂岳：即武昌军节度使，治鄂州（今湖北武汉市）。襄邓：即山南东道节度使，治襄州（今湖北襄阳市）。陈许：即忠武军节度使，治许州（今河南许昌市）。 ⑬邵州：江南西道所属州，治今湖南邵阳市。 ⑭右领军大将军：唐十六卫中，有左右领军卫，设大将军各一员，正三品，掌宿卫。 ⑮西川：据章钰校注，他本“川”作“郭”。严衍《通鉴补》，亦改“西川”为“西郭”。

四年 春，正月，辛巳，武昌节度使牛僧孺入朝。

戊子，立子永为鲁王。

李宗闵引荐牛僧孺；辛卯，以僧孺为兵部尚书、同平章事。于是二人相与排摈李德裕之党，稍稍逐之。

南诏之寇成都也，诏山南西道发兵救之，兴元兵少，节度使李绛募兵千人赴之，未至，蛮退而还。

兴元兵有常额，诏新募兵悉罢之。二月，乙卯，绛悉召新军，谕以诏旨而遣之，仍赐以廪麦，皆怏怏而退。往辞监军，监军杨叔元素恶绛不奉己，以赐物薄激之。众怒，大噪，掠库兵，趋使牙[1]。绛方与僚佐宴，不为备，走登北城。或劝缒而出，绛曰：“吾为元帅，岂可逃去！”麾推官赵存约令去[2]。存约曰：“存约受明公知，何可苟免！”牙将王景延与贼力战死，绛、存约及观察判官薛齐皆为乱兵所害[3]，贼遂屠绛家。

戊午，叔元奏绛收新军募直以致乱[4]。庚申，以尚书右丞温造为山南西道节度使[5]。是时，三省官上疏共论李绛之冤；谏议大夫孔敏行具呈叔元激怒乱兵，上始悟。

三月，乙亥朔，以刑部尚书柳公绰为河东节度使。先是，回鹘入贡及互市，所过恐其为变，常严兵迎送防卫之。公绰至镇，回鹘遣梅录李畅以马万匹互市，公绰但遣牙将单骑迎劳于境，至则大辟牙门，受其礼谒。畅感泣，戒其下，在路不敢驰猎，无所侵扰。

陉北沙陀素骁勇⑥，为九姓、六州胡所畏伏。公绰奏以其酋长朱邪执宜为阴山都督、代北行营招抚使，使居云、朔塞下，捍御北边。执宜与诸酋长入谒，公绰与之宴。执宜神彩严整，进退有礼。公绰谓僚佐曰："执宜外严而内宽，言徐而理当，福禄人也。"执宜母妻入见，公绰使夫人与之饮酒，馈遗之。执宜感恩，为之尽力。塞下旧有废府十一⑦，执宜修之，使其部落三千人分守之，自是杂虏不敢犯塞⑧。

温造行至褒城⑨，遇兴元都将卫志忠征蛮归，造密与之谋诛乱者，以其兵八百人为牙队，五百人为前军，入府，分守诸门。己卯，造视事，飨将士于牙门，造曰："吾欲问新军去留之意，宜悉使来前。"既劳问，命坐，行酒。志忠密以牙兵围之，既合，唱"杀！"新军八百余人皆死。杨叔元起，拥造靴求生，造命囚之。其手杀绛者，斩之百段，余皆斩首，投尸汉水，以百首祭李绛，三十首祭死事者，具事以闻。己丑，流杨叔元于康州⑩。

【注释】

①使牙：节度使办事的官署，其署称牙门，故曰使牙。 ②推官：唐代节度使、观察使、团练使之下均设推官，管刑狱之事。 ③判官：唐代节度使、观察使等属官中，均设判官，佐理政事。 ④募直：招募新军时的费用。 ⑤尚书右丞：尚书省属官。位在尚书令、左右仆射之下，正四品下，掌兵、刑、工三部之十二司事。 ⑥陉北沙陀：陉岭以北的沙陀部。该部原为西突厥别部处月之后，曾附于吐蕃。元和中徙盐州，后又徙代北神武川（今山西山阴县一带）。 ⑦废府：《旧唐书》作"废栅"。胡注认为云、朔塞下无十一府，以作"废栅"为是。 ⑧杂虏：当指其他少数民族为退浑、回鹘、鞑靼、奚、室韦等部。 ⑨褒城：梁州所属县，治今陕西汉中市西北。 ⑩康州：岭南道所属州，治今广东德庆县。

癸卯，加淮南节度使段文昌同平章事、为荆南节度使。

奚寇幽州[1]。夏，四月，丁未，卢龙节度使李载义击破之。辛酉，擒其王茹羯以献。

裴度以高年多疾，恳辞机政。六月，丁未，以度为司徒、平章军国重事[2]，俟疾损，三五日一入中书。

上患宦官强盛，宪宗、敬宗弑逆之党犹有在左右者；中尉王守澄尤专横，招权纳贿，上不能制。尝密与翰林学士宋申锡言之，申锡请渐除其逼。上以申锡沉厚忠谨，可倚以事，擢为尚书右丞；七月，癸未，以申锡同平章事。

初，裴度征淮西，奏李宗闵为观察判官，由是渐获进用。至是，怨度荐李德裕，因其谢病。九月，壬午，以度兼侍中，充山南东道节度使。

西川节度使郭钊以疾求代，冬，十月，戊申，以义成节度使李德裕为西川节度使。

蜀自南诏入寇，一方残弊，郭钊多病，未暇完补。德裕至镇，作筹边楼，图蜀地形，南入南诏，西达吐蕃。日召老于军旅、习边事者，虽走卒蛮夷无所间，访以山川、城邑、道路险易广狭远近，未逾月，皆若身尝涉历。

上命德裕修塞清溪关以断南诏入寇之路[3]，或无土，则以石垒之。德裕上言："通蛮细路至多，不可塞，惟重兵镇守，可保无虞；但黎、雅以来得万人[4]，成都得二万人，精加训练，则蛮不敢动矣。边兵又不宜多，须力可临制。崔旰之杀郭英乂[5]，张朏之逐张延赏[6]，皆镇兵也。"时北兵皆归本道，惟河中、陈许三千人在成都，有诏来年三月亦归，蜀人恟惧[7]。德裕奏乞郑滑五百人[8]、陈许千人以镇蜀；且言："蜀兵脆弱，新为蛮寇所困，皆破胆，不堪征戍。若北兵尽归，则与杜元颖时无异，蜀不可保。恐议者云蜀经蛮寇以来，已自增兵，向者蛮寇已逼，元颖始募市人为兵，得三千余人，徒有其数，实不可用。郭钊募北兵仅得百余人，臣复召募得二百余人，此外皆元颖旧兵也。恐议者又闻一夫当关之说[9]，以为清溪可塞，臣访之蜀中老将，清溪之旁，大路有三，自余小径无数，皆东蛮临时为之开通[10]，若言可塞，则是欺罔朝廷。要须大度水北更筑一城，迤逦接黎州[11]，以大兵守之方可。况闻南诏以所掠蜀人二千及金帛赂遗吐蕃，若使二虏知蜀虚实，连兵入寇，诚可深忧。其朝臣建言者，盖由祸不在身，望人责一状，留入堂案[12]，他日败事，不可令臣独当国宪[13]。”朝廷皆从其请。德裕乃练士卒，葺堡鄣，积粮储以备边，蜀人粗安。

是岁，勃海宣王仁秀卒，子新德早死，孙彝震立，改元咸和。

【注释】

①奚：为匈奴别种，居鲜卑故地。玄宗时来降，迁居幽州界外安置。朝贡时至，少为患。　②平章军国重事：唐代同平章事即为宰相职称，而平章军国重事，虽仍为宰相，地位更高一些，只管国家大事，不必处理细务。　③清溪关：在今四川汉源县西南，当时为防御吐蕃及南诏等重要关塞之一。　④黎、雅以来：从黎州、雅州到成都。黎州治今四川汉源县北清溪镇。雅州治今四川雅安市西。　⑤崔旰句：代宗永泰元年(765)，剑南节度使郭英乂残暴，又恨崔旰不拥立自己，于是两人相攻，英乂终至败亡，由此蜀大乱。　⑥张朏(fěi 匪)句：德宗建中四年(783)，剑南西山兵马使张朏作乱，入成都，西川节度使张延赏弃城奔汉州。　⑦恼惧：恐惧，害怕。　⑧郑滑：指义成军节度使所领之军队。该镇治滑州，领滑、郑、濮三州。　⑨一夫当关：是说蜀地险要，有“一夫当关，万夫莫前”的说法。李德裕驳斥了这种议论。　⑩东蛮：据胡三省注，乃指勿邓、丰琶、两林等部。　⑪迤逦(yǐ lǐ 椅里)：曲折连绵。　⑫堂案：政事堂的档案。就是把别人议事的奏章，存入档案。　⑬国宪：国家的法律。

五年　春，正月，丁巳，赐沧、齐、德节度名义昌军[1]。

庚申，卢龙监军奏李载义与敕使宴于球场后院，副兵马使杨志诚与其徒呼噪作乱，载义与子正元奔易州[2]；志诚又杀莫州刺史张庆初[3]。上召宰相谋之，牛僧孺曰：“范阳自安、史以来，非国所有，刘总暂献其地[4]，朝廷费钱八十万缗而无丝毫所获。今日志诚得之，犹前日载义得之也。因而抚之，使捍北狄，不必计其逆顺。”上从之。载义自易州赴京师，上以载义有平沧景之功，且事朝廷恭顺，二月，壬辰，以载义为太保[5]，同平章事如故。以杨志诚为卢龙留后。

臣光曰：昔者圣人顺天理、察人情，知齐民之莫能相治也，故置师长以正之[6]；知群臣之莫能相使也，故建诸侯以制之；知列国之莫能相服也，故立天子以统之。天子之于万国，能褒善而黜恶，抑强而扶弱，抚服而惩违，禁暴而诛乱，然后发号施令而四海之内莫不率从也。《诗》曰[7]："勉勉我王，纲纪四方。"载义藩屏大臣，有功于国，无罪而志诚逐之，此天子所宜治也。若一无所问，因以其土田爵位授之，则是将帅之废置杀生皆出于士卒之手，天子虽在上，何为哉！国家之有方镇，岂专利其财赋而已乎！如僧孺之言，姑息偷安之术耳，岂宰相佐天子御天下之道哉！

新罗王彦升卒，子景徽立。

上与宋申锡谋诛宦官，申锡引吏部侍郎王璠为京兆尹，以密旨谕之。璠泄其谋，郑注、王守澄知之，阴为之备。

上弟漳王凑贤[8]，有人望，注令神策都虞候豆卢著诬告申锡谋立漳王。戊戌，守澄奏之，上以为信然，甚怒。守澄欲即遣二百骑屠申锡家，飞龙使马存亮固争曰[9]："如此，则京城自乱矣！宜召他相与议其事。"守澄乃止。

是日，旬休[10]，遣中使悉召宰相至中书东门。中使曰："所召无宋公名。"申锡知获罪，望延英，以笏扣头而退。宰相至延英，上亦以守澄所奏，相顾愕眙[11]。上命守澄捕豆卢著所告十六宅宫市品官晏敬则及申锡亲事王师文等[12]，于禁中鞫之；师文亡命。三月，庚子，申锡罢为右庶子[13]。自宰相大臣无敢显言其冤者，独京兆尹崔琯、大理卿王正雅连上疏请出内狱付外廷核实，由是狱稍缓。正雅，翊之子也。晏敬则等自诬服，称申锡遣王师文达意于王，结异日之知。

狱成，壬寅，上悉召师保以下及台省府寺大臣面询之。午际，左常侍崔玄亮、给事中李固言、谏议大夫王质、补阙卢钧、舒元褒、蒋係、裴休、韦温等复请对于延英，乞以狱事付外覆按。上曰："吾已与大臣议之矣。"屡遣之出，不退。玄亮叩头流涕曰："杀一匹夫犹不可不重慎，况宰相乎！"上意稍解，曰："当更与宰相议之。"乃复召宰相入，牛僧孺曰："人臣不过宰相，今申锡已为宰相，假使如所谋,复与何求[14]! 申锡殆不至此!”郑注恐覆按诈觉,乃劝守澄请止行贬黜。癸卯,贬漳王凑为巢县公,宋申锡为开州司马。存亮即日请致仕。玄亮,磁州人;质,通五世孙[15];傃,乂之子[16];元褒,江州人也。晏敬则等坐死及流窜者数十百人,申锡竟卒于贬所。

【注释】

①义昌军:原为横海节度,领沧、景、德三州。后省景州,增领齐州,赐今名。 ②易州:为义武军节度所领州,治今河北易县。 ③莫州:为幽州节度所领州,治今河北任丘市北之鄚州镇。 ④蹔:同“暂”,时间不久。 ⑤太保:与太师、太傅合三师,正一品官。为训导之官,天子所师法,无所职统。无其人则缺。 ⑥师长:原指大夫一类官员,即诸侯以下的官吏,如唐之州县官均属这一类人。 ⑦“《诗》曰”句:引诗出自《诗经·大雅·棫朴》。意思是:勤勉的我周王,治理好了国家。 ⑧漳王:名李凑,穆宗第六子,长庆初封漳王。后为宦官王守澄、郑注等诬陷,贬为巢县公,太和八年(834)卒。郑注伏诛后,追赠为怀懿太子。 ⑨飞龙使:殿中省尚乘局所属飞龙厩的官员,为宦者,掌厩马等事。 ⑩旬休:一月三旬,遇旬则休假,故称。 ⑪愕眙(chì 斥):惊愕而直视。 ⑫亲事:唐制,王府官设亲事府,置亲事若干人,掌侍从护卫等事。宋申锡任宰相亦有亲事官,当即侍从之属。 ⑬右庶子:为东宫属官。太子右春坊,设右庶子二人,正四品下,掌侍从、献纳、启奏等事。 ⑭复与何求:据章钰校注,他本“与”均作“欲”。从文意看,作“欲”更顺一些。 ⑮通五世孙:王质是王通的第五代孙。王通,字仲淹,绛州龙门(今山西河津市)人。隋代哲学家,著有《文中子》一书。 ⑯乂之子:蒋傃是蒋乂的儿子,蒋乂在德宗时任左拾遗之职,曾力谏张茂宗在母丧守制期中与义章公主成婚事。德宗不悦,终成婚。

夏,四月,己丑,以李载义为山南西道节度使,杨志诚为幽州节度使。

五月,辛丑,上以太庙两室破漏,逾年不葺,罚将作监、度支判官、宗正卿俸[1];亟命中使帅工徒,辍禁中营缮之材以葺之。左补阙韦温谏,以为:“国家置百官,各有所司,苟为堕旷,宜黜其人,更择能者代之。今旷官者止于罚俸,而忧轸所切即委内臣,是以宗庙为陛下所私而百官皆为虚设也。”上善其言,即追止中使,命有司葺之。

丙辰,西川节度使李德裕奏遣使诣南诏索所掠百姓,得四千人而还。

秋,八月,戊寅,以陕虢观察使崔郾为鄂岳观察使[②]。鄂岳地囊山带江,处百越、巴、蜀、荆、汉之会,土多群盗,剽行舟,无老幼必尽杀乃已。郾至,训卒治兵,作蒙冲追讨[③],岁中,悉诛之。郾在陕,以宽仁为治,或经月不笞一人,及至鄂,严峻刑罚;或问其故,郾曰:"陕土瘠民贫,吾抚之不暇,尚恐其惊;鄂地险民杂,夷俗慓狡为奸[④],非用威刑,不能致治。政贵知变,盖谓此也。"

西川节度使李德裕奏:"蜀兵羸疾老弱者,从来终身不简,臣命立五尺五寸之度,简去四千四百余人,复简募少壮者千人以慰其心。所募北兵已得千五百人,与土兵参居,转相训习,日益精练。又,蜀工所作兵器,徒务华饰不堪用;臣今取工于别道以治之,无不坚利。"

九月,吐蕃维州副使悉怛谋请降[⑤],尽帅其众奔成都;德裕遣行维州刺史虞藏俭将兵入据其城。庚申,具奏其状,且言"欲遣生羌三千,烧十三桥,捣西戎腹心,可洗久耻,是韦皋没身恨不能致者也[⑥]!"事下尚书省,集百官议,皆请如德裕策。牛僧孺说:"吐蕃之境,四面各万里,失一维州,未能损其势。比来修好,约罢戍兵,中国御戎,守信为上。彼若来责曰:'何事失信?'养马蔚茹川[⑦],上平凉阪[⑧],万骑缀回中[⑨],怒气直辞,不三日至咸阳桥[⑩]。此时西南数千里外,得百维州何所用之!徒弃诚信,有害无利。此匹夫所不为,况天子乎!"上以为然,诏德裕以其城归吐蕃,执悉怛谋及所与偕来者悉归之。吐蕃尽诛之于境上,极其惨酷。德裕由是怨僧孺益深。

冬,十月,戊寅,李德裕奏南诏寇巂州,陷三县。

【注释】

①宗正卿:宗正寺的长官,从三品上,掌天子族亲属籍,以别昭穆;太庙斋郎亦为所管,故太庙坏,也有责任。　②陕虢观察使:官名,治陕州(今河南三门峡市西的陕州区),领陕、虢二州。鄂岳观察使:官名。治鄂州(今湖北武汉市),领鄂、岳等七州。　③蒙冲:也作"艨艟",一种战

船之称。④慓(piāo 飘)狡:强悍奸诈。 ⑤维州:西川节度使所属州,治所在今四川理县东北。后为吐蕃所据,称无忧城。 ⑥韦皋句:德宗朝,韦皋为成都尹、剑南西川节度使,数与吐蕃战,虽屡次败吐蕃,而维州尚在敌人据守中,未能收复其地。 ⑦蔚(yù 驭)茹川:也叫葫芦河,源出宁夏固原市西南,北流至中卫县入黄河。 ⑧平凉阪:平凉县(今甘肃平凉市)的山坡上。 ⑨回中:即回中道,从陇东高原通向关中平原的交通要道。也即文中所说从蔚茹川到平凉阪,沿回中道,即可达长安了。 ⑩咸阳桥:又名西渭桥,在今陕西咸阳市东南渭河上,西汉建元中所建。

六年 春,正月,壬子,诏以水旱降系囚[①]。群臣上尊号曰太和文武至德皇帝;右补阙韦温上疏,以为:“今水旱为灾,恐非崇饰徽称之时。”上善之,辞不受。

三月,辛丑,以武宁节度使王智兴兼侍中,充忠武节度使;以邠宁节度使李听为武宁节度使[②]。

回鹘昭礼可汗为其下所杀,从子胡特勒立。

李听之前镇武宁也,有苍头为牙将[③];至是,听先遣亲吏至徐州慰劳将士,苍头不欲听复来,说军士杀其亲吏,脔食之[④]。听惧,以疾固辞。辛酉,以前忠武节度使高瑀为武宁节度使。

夏,五月,甲辰,李德裕奏修邛崃关及移嶲州理台登城[⑤]。

秋,七月,原王逵薨[⑥]。

冬,十月,甲子,立鲁王永为太子。初,上以晋王普,敬宗长子,性谨愿,欲以为嗣;会薨,上痛惜之,故久不议建储,至是始行之。

十一月,乙卯,以荆南节度使段文昌为西川节度使。西川监军王践言入知枢密,数为上言:“缚送悉怛谋以快虏心,绝后来降者,非计也。”上亦悔之,尤中书侍郎、同平章事牛僧孺失策[⑦]。附李德裕者因言:“僧孺与德裕有隙,害其功。”上益疏之。僧孺内不自安,会上御延英,谓宰相曰:“天下何时当太平,卿等亦有意于此乎!”僧孺对曰:“太平无象[⑧]。今四夷不至交侵,百姓不至流散,虽非至理,亦谓小康。陛下若别求太平,非臣等所及。”退,谓同列曰："主上责望如此，吾曹岂得久居此地乎！"因累表请罢。十二月，乙丑，以僧孺同平章事，充淮南节度使。

臣光曰：君明臣忠，上令下从，俊良在位，佞邪黜远，礼修乐举，刑清政平，奸宄消伏，兵革偃戢，诸侯顺附，四夷怀服，家给人足，此太平之象也。于斯之时，阍寺专权[9]，胁君于内，弗能远也；藩镇阻兵，陵慢于外，弗能制也；士卒杀逐主帅，拒命自立，弗能诘也；军旅岁兴，赋敛日急，骨肉纵横于原野，杼轴空竭于里闾，而僧孺谓之太平，不亦诬乎！当文宗求治之时，僧孺任居承弼[10]，进则偷安取容以窃位，退则欺君诬世以盗名，罪孰大焉！

珍王诚薨[11]。

乙亥，昭义节度使刘从谏入朝。

丁未，以前西川节度使李德裕为兵部尚书。

初，李宗闵与德裕有隙，及德裕还自西川，上注意甚厚，朝夕且为相，宗闵百方沮之不能。京兆尹杜悰，宗闵党也，尝诣宗闵，见其有忧色，曰："得非以大戎乎[12]？"宗闵曰："然。何以相救？"悰曰："悰有一策，可平宿憾，恐公不能用。"宗闵曰："何如？"悰曰："德裕有文学而不由科第，常用此为慊慊[13]，若使之知举，必喜矣。"宗闵默然有间，曰："更思其次。"悰曰："不则用为御史大夫。"宗闵曰："此则可矣。"悰再三与约，乃诣德裕。德裕迎揖曰："公何为访此寂寥[14]？"悰曰："靖安相公令悰达意[15]。"即以大夫之命告之。德裕惊喜泣下，曰："此大门官[16]，小子何足以当之！"寄谢重沓。宗闵复与给事中杨虞卿谋之，事遂中止。虞卿，汝士之从弟也[17]。

【注释】

①降系囚：减轻囚犯的刑罚。据《旧纪》称：天下死罪囚，除官典犯赃、故意杀人外，并降从流，流以下递降一等。 ②邠宁节度使：官名。治邠州（今陕西彬县），领邠、宁等八州。 ③苍头为牙将：据胡注考证云，李听未尝任武宁节度使，其苍头或系其兄李愿之人，由苍头而为牙将。 ④脔（luán 峦）：将肉切碎。 ⑤邛崃关：在当时雅州荥经县（今为四川荥经县），设邛崃守捉使驻守其地。台登城：在今四川冕宁县南之泸沽。嶲州原治越嶲（今四川西昌市）。台登城在其北。 ⑥原王逵：

李逵,代宗第十九子,大历十年(775)所封。 ⑦尤:责怪,归咎。 ⑧太平无象:太平世界没有固定的表象。象,现象。 ⑨阍寺:阍人和寺人,都是皇宫内服役之人,即宦官的代称。 ⑩承弼:语出《尚书·冏命》:"以旦夕承弼厥辟,出入起居。"本指服侍皇帝之人,此处专指宰相而言。 ⑪珍王诚:德宗第十一子,贞元二十一年(805),封珍王。"诚"新旧《唐书》均作"诫"。 ⑫大戎:指兵部尚书李德裕。兵部掌戎政,故称其尚书为大戎。 ⑬慊慊(qiàn 欠):遗憾,不满足。 ⑭寂寥:清静,冷落。意思是清闲的人,没有权势。 ⑮靖安相公:当时李宗闵家住靖安坊,故称他为靖安相公。 ⑯大门官:唐制,大朝会时,御史大夫带其从属列于两观,以正百官的班序,故称大门官。 ⑰汝士:杨汝士在穆宗时曾任右补阙,与李宗闵善。杨虞卿为汝士从弟,也为宗闵所亲。

七年 春,正月,甲午,加昭义节度使刘从谏同平章事,遣归镇。初,从谏以忠义自任,入朝,欲请他镇。既至,见朝廷事柄不一,又士大夫多请托,心轻朝廷,故归而益骄。

徐州承王智兴之后,士卒骄悖,节度使高瑀不能制;上以为忧。甲寅,以岭南节度使崔珙为武宁节度使。珙至镇,宽猛适宜,徐人安之。珙,琯之弟也[①]。

二月,癸亥,加卢龙节度使、检校工部尚书杨志诚检校吏部尚书。进奏官徐迪诣宰相言[②]:"军中不识朝廷之制,唯知尚书改仆射为迁,不知工部改吏部为美,敕使往,恐不得出。"辞气甚慢,宰相不以为意。

丙戌,以兵部尚书李德裕同平章事。德裕入谢,上与之论朋党事,对曰:"方今朝士三分之一为朋党。"时给事中杨虞卿与从兄中书舍人汝士、弟户部郎中汉公、中书舍人张元夫、给事中萧澣等善交结,依附权要,上干执政,下挠有司,为士人求官及科第,无不如志,上闻而恶之,故与德裕言首及之;德裕因得以排其所不悦者。初,左散骑常侍张仲方尝驳李吉甫谥,及德裕为相,仲方称疾不出。三月,壬辰,以仲方为宾客分司。

杨志诚怒不得仆射,留官告使魏宝义并春衣使焦奉鸾、送奚、契丹使尹士恭[③];甲午,遣牙将王文颖来谢恩并让官。丙申,复以告身并批答赐之[④]，文颖不受而去。

和王绮薨[⑤]。

庚戌，以杨虞卿为常州刺史[⑥]，张元夫为汝州刺史[⑦]。他日，上复言及朋党，李宗闵曰："臣素知之，故虞卿辈臣皆不与美官。"李德裕曰："给、舍非美官而何[⑧]！"宗闵失色。丁巳，以萧澣为郑州刺史[⑨]。

夏，四月，丙戌，册回鹘新可汗为爱登里啰汩没密施合句禄毗伽彰信可汗。

六月，乙巳，以山南西道节度使李载义为河东节度使。先是，回鹘每入贡，所过暴掠，州县不敢诘，但严兵防卫而已。载义至镇，回鹘使者李畅入贡，载义谓之曰："可汗遣将军入贡以固舅甥之好[⑩]，非遣将军陵践上国也。将军不戢部曲，使为侵盗；载义亦得杀之，勿谓中国之法可忽也。"于是悉罢防卫兵，但使二卒守其门。畅畏服，不敢犯令。

壬申，以工部尚书郑覃为御史大夫。初，李宗闵恶覃在禁中数言事，奏罢其侍讲[⑪]。上从容谓宰相曰："殷侑经术颇似郑覃。"宗闵对曰："覃、侑经术诚可尚，然论议不足听。"李德裕曰："覃、侑议论，他人不欲闻，惟陛下欲闻之。"后旬日，宣出[⑫]，除覃御史大夫。宗闵谓枢密使崔潭峻曰："事一切宣出，安用中书！"潭峻曰："八年天子[⑬]，听其自行事亦可矣！"宗闵愀然而止。

乙亥，以中书侍郎、同平章事李宗闵同平章事、充山南西道节度使。

秋，七月，壬寅，以右仆射王涯同平章事、兼度支、盐铁转运使。

宣武节度使杨元卿有疾，朝廷议除代，李德裕请徙刘从谏于宣武，因拔出上党，不使与山东连结；上以为未可。癸丑，以左仆射李程为宣武节度使。

上患近世文士不通经术，李德裕请依杨绾议，进士试论议，不试诗赋。德裕又言："昔玄宗以临淄王定内难，自是疑忌宗室，不令出阁[⑭]；天下议皆以为幽闭骨肉，亏伤人伦。向使天宝之末、建中之初[⑮]，宗室散处方州，虽未能安定王室，尚可各全其生；所以悉为安禄山、朱泚所鱼肉者，由聚于一宫故也。陛下诚因册太子，制书听宗室年高属疏者出阁，且除诸州上佐，使携其男女出外婚嫁。此则百年弊法，一旦因陛下去之，海内孰不欣悦！”上曰：“兹事朕久知其不可，方今诸王岂无贤才，无所施耳！”八月，庚寅，册命太子，因下制：诸王自今以次出阁，授紧、望州刺史、上佐⑯；十六宅县主，以时出适⑰；进士停试诗赋。诸王出阁，竟以议所除官不决而罢。

壬寅，加幽州节度使杨志诚检校右仆射，仍别遣使慰谕之。

【注释】

①琯：崔琯，博陵安平（今河北安平县）人。兄弟八人，皆至达官，时人号曰“八龙”。崔琯历官京兆尹、尚书左、右丞、节度使等。 ②进奏官：各道节度使派驻京城的官员，为节度使的代表，故称。 ③官告使：唐后期，凡藩镇加官，均派中使往告，称官告使。 ④告身：任官的委任文书。批答：让官不允的批示文件。 ⑤和王绮：李绮，顺宗第十一子，贞元二十一年（805）进封。 ⑥常州：江南东道所属州，治今江苏常州市。 ⑦汝州：都畿道所属州，治今河南汝阳县临汝镇。 ⑧给、舍：指给事中和中书舍人。 ⑨郑州：都畿道所属州，治今河南郑州市。 ⑩舅甥之好：唐公主出嫁回鹘，对唐君而言，应为舅，回鹘为甥。 ⑪侍讲：指翰林侍讲学士。郑覃从工部侍郎升工部尚书，均兼侍讲学士官。 ⑫宣出：没有经过宰相拟议，直接由皇帝任命官员的诏命。 ⑬八年天子：文宗于宝历二年（826）即位，至此时已八个年头，故称。 ⑭出阁：皇室诸王离开朝廷到封地作藩王之称。 ⑮天宝之末：指安史之乱，不少宗室被杀。建中之初：指德宗时朱泚之乱，又一次宗室被屠戮。 ⑯紧、望州：唐开元中，分天下州府为辅、雄、望、紧等级别，辅、雄为上，望、紧次之。上佐：州府中的高级僚佐官。 ⑰出适：出嫁。

杜牧愤河朔三镇之桀骜①，而朝廷议者专事姑息，乃作书，名曰《罪言》，大略以为：“国家自天宝盗起，河北百余城不得尺寸，人望之若回鹘、吐蕃，无敢窥者。齐、梁、蔡被其风流②，因亦为寇。未尝五年间不战，焦焦然七十余年矣③。今上策莫如先自治，中策莫如取魏④；最下策为浪战，不计地势，不审攻守是也。”

又伤府兵废坏，作《原十六卫》，以为：“国家始踵隋制，开十六卫[5],自今观之,设官言无谓者,其十六卫乎!本原事迹,其实天下之大命也。贞观中,内以十六卫蓄养武臣,外开折冲、果毅府五百七十四[6],以储兵伍;有事则戎臣提兵居外,无事则放兵居内。其居内也,富贵恩泽以奉养其身,所部之兵散舍诸府。上府不越千二百人,三时耕稼[7],一时治武,籍藏将府,伍散田亩,力解势破,人人自爱,虽有蚩尤为帅[8],亦不可使为乱耳。及其居外也,缘部之兵被檄乃来,斧钺在前,爵赏在后,飘暴交捽[9],岂暇异略!虽有蚩尤为帅,亦无能为叛也。自贞观至于开元百三十年间,戎臣兵伍未始逆篡,此大圣人所以能柄统轻重,制鄣表里,圣算神术也。至于开元末,愚儒奏章曰:'天下文胜矣,请罢府兵。'武夫奏章曰:"天下力强矣,请搏四夷。'于是府兵内铲,边兵外作,戎臣兵伍,湍奔矢往[10],内无一人矣。尾大中干,成燕偏重[11],而天下掀然,根萌烬然[12],七圣旰食[13],求欲除之且不能也。由此观之,戎臣兵伍,岂可一日使出落钤键哉[14]!然为国者不能无兵,居外则叛,居内则篡。使外不叛,内不篡,古今以还,法术最长,其置府立卫乎!近代以来,于其将也,弊复为甚,率皆市儿辈多赍金玉、负倚幽阴、折券交货所能致也[15];绝不识父兄礼义之教,复无慷慨感概之气。百城千里,一朝得之,其强杰愎勃者则挠削法制,不使缚己,斩族忠良,不使违己,力一势便,罔不为寇;其阴泥巧狡者,亦能家算口敛,委于邪幸,由卿市公[16],去郡得都,四履所治[17],指为别馆;或一夫不幸而寿,则戛割生人[18],略市天下[19]。

杜牧像

是以天下兵乱不息，齐人干耗，靡不由是矣。呜呼！文皇帝十六卫之旨[20]，其谁原而复之乎！"

又作《战论》，以为："河北视天下，犹珠玑也[21]；天下视河北，犹四支也。河北气俗浑厚，果于战耕，加以土息健马，便于驰敌，是以出则胜，处则饶，不窥天下之产，自可封殖[22]。亦犹大农之家，不待珠玑然后以为富也。国家无河北，则精甲、锐卒、利刃、良弓、健马无有也，是一支，兵去矣。河东、盟津、滑台、大梁、彭城、东平[23]，尽宿厚兵以塞虏冲，不可他使，是二支，兵去矣。六镇之师[24]，厥数三亿，低首仰给，横拱不为[25]，则沿淮已北，循河之南，东尽海，西叩洛，赤地尽取，才能应费，是三支，财去矣。咸阳西北，戎夷大屯[26]，尽铲吴、越、荆、楚之饶以啖兵戍，是四支，财去矣。天下四支尽解，头腹兀然[27]，其能以是久为安乎！今者诚能治其五败，则一战可定，四支可生。夫天下无事之时，殿寄大臣偷安奉私[28]，战士离落，兵甲钝弊，是不搜练之过，其败一也。百人荷戈，仰食县官[29]，则挟千夫之名，大将小裨，操其余赢，以虏壮为幸，以师老为娱，是执兵者常少，縻食常多，此不责实料食之过，其败二也。战小胜则张皇其功，奔走献状以邀上赏，或一日再赐，或一月累封，凯还未歌，书品已崇[30]，爵命极矣，田宫广矣，金缯溢矣，子孙官矣，焉肯搜奇出死，勤于我矣！此厚赏之过，其败三也。多丧兵士，颠翻大都，则跳身而来，刺邦而去[31]；回视刀锯，气色甚安，一岁未更，旋已立于坛墀之上矣[32]，此轻罚之过，其败四也。大将兵柄不得专，恩臣、敕使迭来挥之[33]，堂然将陈，殷然将鼓，一则曰必为偃月[34]，一则曰必为鱼丽[35]，三军万夫，环旋翔羊慌骇之间[36]，虏骑乘之，遂取吾之鼓旗，此不专任责成之过，其败五也。今者诚欲调持干戈，洒扫垢污[37]，而乃踵前是非，不可为也。"

又作《守论》，以为："今之议者皆曰：夫倔强之徒，吾以良将劲兵为衔策，高位美爵充饱其肠，安而不挠，外而不拘，亦犹豢扰虎狼而不拂其心[38]，则忿气不萌；此大历、贞元所以守邦也[39]，亦何必疾战，焚煎吾民，然后以为快也！愚曰：大历、贞元之间，适以此为祸也。当是之时，有城数十，千百卒夫，则朝廷别待之，贷以法度。于是阔视大言，自树一家，破制削法，角为尊奢，天子养威而不问，有司守恬而不呵。王侯通爵，越录受之[40]；觐聘不来，几杖扶之[41]；逆息虏胤，皇子嫔之[42]；装缘采饰，无不备之。是以地益广，兵益强，僭拟益甚，侈心益昌。于是土田名器[43]，分划殆尽，而贼夫贪心，未及畔岸，遂有淫名越号，或帝或王，盟诅自立，恬淡不畏，走兵四略以饱其志者也。是以赵、魏、燕、齐卓起大唱[44]，梁、蔡、吴、蜀蹑而和之[45]；其余混澒轩嚣，欲相效者[46]，往往而是。运遭孝武[47]，宵旰不忘，前英后杰，夕思朝议，故能大者诛锄，小者惠来。不然，周、秦之郊[48]，几为犯猎哉！大抵生人油然多欲，欲而不得则怒，怒则争乱随之，是以教笞于家，刑罚于国，征伐于天下，此所以裁其欲而塞其争也。大历、贞元之间，尽反此道，提区区之有而塞无涯之争[49]，是以首尾指支，几不能相运掉也。今者不知非此，而反用以为经。愚见为盗者非止于河北而已，呜呼！大历、贞元守邦之术，永戒之哉！"

又注《孙子》，为之序，以为："兵者，刑也；刑者，政事也；为夫子之徒，实仲由、冉有之事也[50]。不知自何代何人分为二道曰文、武，离而俱行，因使缙绅之士不敢言兵，或耻言之；苟有言者，世以为粗暴异人，人不比数[51]。呜呼！亡失根本，斯最为甚！《礼》曰[52]：'四郊多垒，此卿大夫之辱也。'历观自古，树立其国，灭亡其国，未始不由兵也。主兵者必圣贤、材能、多闻博识之士乃能有功，议于廊庙之上，兵形已成，然后付之于将。汉祖言'指踪者人也，获兔者犬也'，此其是也。彼为相者曰：'兵非吾事，吾不当知。'君子曰：'勿居其位可也！'"

【注释】

①杜牧：字牧之，京兆府万年(今陕西西安市)人，为杜佑之孙，是晚唐著名诗人和古文学家。河朔三镇：又称河北三镇，即指幽州、魏博、镇冀三镇。　②齐、梁、蔡：指齐之李正己；梁之李灵曜；蔡之李希烈、吴元济等。风流：风气，习性。　③焦焦然：焦急愁苦状。七十余年：从太和年间上推，当指天宝末年(755)以来。　④取魏：夺取魏博地区。魏博是河北三镇之一，据有该地区，即可控制黄河南北之要道，在军事中意义重大。　⑤十六卫：唐承隋制，设十六卫，即左右卫、左右骁卫、左右武卫、左右威卫、左右领军卫、左右金吾卫、左右监门卫、左右千牛卫。卫各置

上将军各一人，大将军各一人，将军各二人。宫禁宿卫，五府及外府皆为其总领之。　⑥折冲、果毅府：折冲都尉府，每府置折冲都尉一人，左、右果毅都尉各一人，故称折冲、果毅府。　⑦三时：即指春、夏、秋三季。⑧蚩尤：我国古代传说人物，善于作战，说是曾与黄帝大战于涿鹿之野。　⑨飘暴交捽（zuó 昨）：赏和罚交相约束。捽：揪住，约制之意。⑩湍奔矢往：如湍流奔腾，箭矢飞去，形容奔赴之快速。　⑪成燕偏重：造成燕地兵力过大，因而发生了安禄山之乱。安禄山当时任平卢、范阳、河东三节度使，拥兵十五万。　⑫根萌烬然：各种祸患灾害，如根的萌长，灰烬复燃。然，燃的本字。　⑬七圣：谓玄宗以后的七位皇帝，即肃、代、德、顺、宪、穆、敬七宗。旰食：晚食，是说忙于政事，很晚才吃饭。⑭铃键：据章钰考证，他本均作"钤键"。钤键：锁钥，即关键之意。⑮幽阴：指宦官而言。　⑯由卿市公：本是九卿一类官，用钱买到三公一类的官衔。　⑰四履所治：在他所统治的四境之内。履，足迹所到的地方。　⑱戛（jiá 夹）割生人：犹残害宰割平民百姓。生人，生民。　⑲略帀天下：掠夺天下的财物。略，夺取。帀，周遍。　⑳文皇帝：即唐太宗李世民，谥曰文皇帝。　㉑珠玑：珠宝。玑为珠之不圆者的名称。㉒封殖：在其封域之内聚敛财物。　㉓河东：太原之兵。盟津：河阳镇兵。滑台：义成军。大梁：宣武军。彭城：武宁军。　东平：天平军。㉔六镇：即指上述河东、河阳等六镇，设节度使以统军。　㉕横拱不为：横手拱立侍候统帅，不事生产，指方镇兵士而言，府兵是不完全脱离农业生产的。　㉖戎夷大屯：防御戎夷而大屯其军队。　㉗兀（wù 悟）然：光秃的样子。　㉘殿寄大臣：犹镇守国土的大臣，此指节度使而言。殿，镇守之意。　㉙县官：朝廷。　㉚书品：书其官品，指升任官职。　㉛刺邦：为州刺史。邦，犹州。　㉜坛墀（chí 池）：即坛场，举行祭祀、拜将等场所。此指登坛拜将。　㉝恩臣、敕使：均指宦官内臣而言。　㉞偃月：军阵名。有偃月阵，也称偃月营。中军居中，张两角向前，形似半月形，故名。　㉟鱼丽：军阵名。始见于《左传·桓公五年》，周王伐郑，郑为鱼丽之阵以拒之，周师大败。　㊱翔羊：犹徜徉，徘徊的意思。　㊲垢污：据章钰校注云，垢污之下，他本均有"以为万世安"五字。　㊳豢扰：犹驯养。　㊴大历、贞元：大历，代宗年号，766—779 年，共十四年。贞元，德宗年号，785—804 年，共二十年。　㊵越录：不根据功劳纪录而授予官爵的，称越录。录，纪录功劳。　㊶几杖：几案与手杖，古以赐几杖为敬老之礼。此亦为赐几杖的意思。　㊷皇子嫔之：将皇室女儿嫁给割据称雄者为妃嫔。子,古代男女均可用,此指女子。 ㊸土田名器:土地、官爵等财产与政治地位。 ㊹赵、魏、燕、齐:赵指成德镇之王武俊,魏指魏博镇之田悦,燕指范阳镇之朱滔,齐指淄青镇之李纳。德宗建中三年(782),四人均据地称王。 ㊺梁、蔡、吴、蜀:梁、蔡指淮西镇之李希烈,吴指浙西观察使李锜,蜀指西川之刘阐。三人在德宗末宪宗初,先后反叛朝廷。 ㊻混澒(hòng 哄):掺杂在一起。 ㊼孝武:指宪宗李纯。因谥章武孝皇帝,故简称孝武。 ㊽周、秦之郊:指关中、河南一带,也即唐之京城和东都洛阳等地。 ㊾区区之有:此指朝廷爵命。 ㊿仲由、冉有:二人均孔子的学生。仲由字子路,武勇有力。冉有,名冉求,字子有,长于政事。 (51)比数:放在同列,相提并论。 (52)《礼》曰句:引文见《礼记·曲礼上》,意思是:四郊有敌人的营垒,是卿大夫的耻辱。

前邠宁行军司马郑注,依倚王守澄,权势熏灼,上深恶之。九月,丙寅,侍御史李款阁内奏弹注[①]:"内通敕使,外连朝士,两地往来[②],卜射财贿,昼伏夜动,干窃化权,人不敢言,道路以目;请付法司。"旬日之间,章数十上。守澄匿注于右军,左军中尉韦元素、枢密使杨承和、王践言皆恶注。左军将李弘楚说元素曰:"郑注奸猾无双,卵㲉不除[③],使成羽翼,必为国患。今因御史所劾匿军中,弘楚请以中尉意,诈为有疾,召使治之,来则中尉延与坐,弘楚侍侧,伺中尉举目,擒出杖杀之。中尉因见上叩头请罪,具言其奸,杨、王必助中尉进言[④]。况中尉有翼戴之功,岂以除奸而获罪乎!"元素以为然,召之。注至,蠖屈鼠伏[⑤],佞辞泉涌。元素不觉执手款曲[⑥],谛听忘倦。弘楚诇伺再三[⑦],元素不顾,以金帛厚遗注而遣之。弘楚怒曰:"中尉失今日之断,必不免他日之祸矣!"因解军职去。顷之,疽发背卒。王涯之为相,注有力焉,且畏王守澄,遂寝李款之奏。守澄言注于上而释之;寻奏为侍御史,充右神策判官,朝野骇叹。

甲寅,以前忠武节度使王智兴为河中节度使。

群臣以上即位八年,未受尊号,冬,十二月,甲午,上尊号曰太和文武仁圣皇帝。会有五坊中使薛季稜自同、华还[⑧],言闾阎雕弊。上叹曰:"关中小稔,百姓尚尔,况江、淮比年大水,其人如何!

吾无术以救之，敢崇虚名乎！”因以通天带赏季稜[9]。群臣凡四上表，竟不受。

庚子，上始得风疾，不能言。于是王守澄荐昭义行军司马郑注善医[10]；上征注至京师，饮其药，颇有验，遂有宠。

【注释】

①侍御史：御史台属官，位在御史大夫、中丞之下，从六品下，掌纠举百僚，推鞫狱法。　②两地：此指南牙、北司。　③卵觳（kòu 叩）：孵出不久的幼鸟。　④杨、王：指杨承和与王践言。　⑤蠖屈鼠伏：如尺蠖一样弯着身体，如老鼠一样低头伏身，极言其卑躬屈膝的形状。　⑥款曲：殷勤接待。　⑦诇（xiòng 复）伺：刺探窥伺。　⑧五坊中使：由五坊派出的由宦官担任的使者。五坊是殿中省所属的一个官署，掌狩猎所用鹰犬等事。　⑨通天带：饰有通天犀的宝带。　⑩昭义行军司马：郑注原任邠宁行军司马，罢官后入京师，不久任右神策判官，此处所言昭义行军司马，时间在任邠宁行军司马之前。文中既已说郑注已在京师任官，此又言郑注到京师，不免前事矛盾。

资治通鉴卷第二百四十五

唐纪六十一 起阏逢摄提格，尽强围大荒落，凡四年。

文宗元圣昭献孝皇帝中

太和八年 春，正月，上疾小瘳[①]；丁巳，御太和殿见近臣[②]，然神识耗减，不能复故。

二月，壬午朔，日有食之。

夏，六月，丙戌，莒王纾薨[③]。

上以久旱，诏求致雨之方。司门员外郎李中敏上表[④]，以为："仍岁大旱，非圣德不至，直以宋申锡之冤滥，郑注之奸邪。今致雨之方，莫若斩注而雪申锡。"表留中；中敏谢病归东都。

郯王经薨[⑤]。

初，李仲言流象州，遇赦，还东都。会留守李逢吉思复入相，仲言自言与郑注善，逢吉使仲言厚赂之。注引仲言见王守澄，守澄荐于上，云仲言善《易》，上召见之。时仲言有母服[⑥]，难入禁中，乃使衣民服，号王山人。仲言仪状秀伟，倜傥尚气，颇工文辞，有口辩，多权数[⑦]。上见之，大悦，以为奇士，待遇日隆。

仲言既除服，秋，八月，辛卯，上欲以仲言为谏官，置之翰林。李德裕曰："仲言向所为，计陛下必尽知之，岂宜置之近侍？"上曰："然岂不容其改过？"对曰："臣闻惟颜回能不贰过[⑧]。彼圣贤之过，但思虑不至，或失中道耳。至于仲言之恶，著于心本，安能悛改邪[⑨]！"上曰："李逢吉荐之，朕不欲食言。"对曰："逢吉身为宰相，乃荐奸邪以误国，亦罪人也。”上曰：“然则别除一官。”对曰：“亦不可。”上顾王涯，涯对曰：“可。”德裕挥手止之，上回顾适见，色殊不怿而罢。始，涯闻上欲用仲言，草谏疏极愤激；既而见上意坚，且畏其党盛，遂中变。

寻以仲言为四门助教[⑩]，给事中郑肃、韩佽封还敕书[⑪]。德裕将出中书，谓涯曰：“且喜给事中封敕！”涯即召肃、佽谓曰：“李公适留语，令二阁老不用封敕。”二人即行下，明日，以白德裕，德裕惊曰：“德裕不欲封还，当面闻，何必使人传言！且有司封驳，岂复禀宰相意邪！”二人怅恨而去。

九月，辛亥，征昭义节度副使郑注至京师[⑫]。王守澄、李仲言、郑注皆恶李德裕，以山南西道节度使李宗闵与德裕不相悦，引宗闵以敌之。壬戌，诏征宗闵于兴元。

【注释】

①小瘳（chōu 抽）：稍微好了一点。瘳，病愈。　②太和殿：为大明宫中重要宫殿之一，入左银台门稍北即是。　③莒王纾：顺宗第五子，本名涣，贞元二十一年（805），进封莒王。　④司门员外郎：为刑部所属官，从六品上，掌天下诸门及关出入往来之籍赋，审其政。　⑤郯王经：顺宗次子，本名涣，贞元二十一年（805），进封郯王。　⑥母服：母亲死了，为其服丧守制时期。　⑦权数：权术和谋略。　⑧颜回能不贰过：语出《论语·雍也》，原文是：“有颜回者好学，不迁怒，不贰过。”贰过，犯同样的过错。　⑨悛（quān 圈）：悔改。　⑩四门助教：国子监的属官。唐在国子监设四门助教三人，从八品上，掌教文武七品以上及侯伯子弟。⑪封还敕书：门下省之给事中，职责为审核政事，如敕书有不妥，可以封驳退回，即不予同意。　⑫征昭义句：上卷之末，已云“征注至京师”，时为太和七年（833）十二月。今八年（834）九月，重言其事，似为重复。

冬，十月，辛巳，幽州军乱，逐节度使杨志诚及监军李怀忤，推兵马使史元忠主留务。

庚寅，以李宗闵为中书侍郎、同平章事。甲午，以中书侍郎、同平章事李德裕同平章事，充山南西道节度使。是日，以李仲言为翰林侍讲学士[①]。给事中高铢、郑肃、韩佽、谏议大夫郭承嘏、中书舍人权璩等争之,不能得。承嘏,晞之孙[2];璩,德舆之子也[3]。

乙巳,贡院奏进士复试诗赋[4],从之。

李德裕见上自陈,请留京师。丙午,以德裕为兵部尚书。

杨志诚过太原,李载义自殴击,欲杀之,幕僚谏救得免,杀其妻子及从行将卒;朝廷以载义有功,不问。载义母兄葬幽州[5],志诚发取其财。载义奏乞取志诚心以祭母,不许。

十一月,成德节度使王庭凑薨,军中奉其子都知兵马使元逵知留后。元逵改父所为,事朝廷礼甚谨。

史元忠献杨志诚所造衮衣及诸僭物[6]。丁卯,流志诚于岭南,道杀之。

李宗闵言李德裕制命已行,不宜自便。乙亥,复以德裕为镇海节度使[7],不复兼平章事。时德裕、宗闵各有朋党,互相挤援。上患之,每叹曰:“去河北贼易,去朝廷朋党难!”

臣光曰:夫君子小人之不相容,犹冰炭之不可同器而处也。故君子得位则斥小人,小人得势则排君子,此自然之理也。然君子进贤退不肖,其处心也公,其指事也实;小人誉其所好,毁其所恶,其处心也私,其指事也诬。公且实者谓之正直,私且诬者谓之朋党,在人主所以辨之耳。是以明主在上:度德而叙位[8],量能而授官;有功者赏,有罪者刑;奸不能惑,佞不能移。夫如是,则朋党何自而生哉!彼昏主则不然:明不能烛,强不能断;邪正并进,毁誉交至;取舍不在于己,威福潜移于人。于是谗慝得志而朋党之议兴矣。

夫木腐而蠹生,醯酸而蚋集[9],故朝廷有朋党,则人主当自咎而不当以咎群臣也。文宗苟患群臣之朋党,何不察其所毁誉者为实,为诬;所进退者为贤,为不肖;其心为公,为私;其人为君子,为小人!苟实也,贤也,公也,君子也,匪徒用其言,又当进之;诬也,不肖也,私也,小人也,匪徒弃其言,又当刑之。如是,虽驱之使为朋党,孰敢哉!释是不为,乃怨群臣之难治,是犹不种不芸而怨田之芜也。朝中之党且不能去,况河北贼乎!

丙子,李仲言请改名训。

幽州奏莫州军乱[10]，刺史张元泛不知所在。

十二月，己卯，以昭义节度副使郑注为太仆卿[11]。郭承嘏累上疏言其不可，上不听。于是注诈上表固辞，上遣中使再以告身赐之，不受。

癸未，以史元忠为卢龙留后。

初，宋申锡与御史中丞宇文鼎受密诏诛郑注，使京兆尹王璠掩捕之。璠密以堂帖示王守澄[12]，注由是得免，深德璠。璠又与李训善，于是训、注共荐之，自浙西观察使征为尚书左丞[13]。

【注释】

①翰林侍讲学士：据《新唐书·百官志》所云，翰林学无所属，为备皇帝顾问之官，专掌内命，为天子最亲近之职，至号为"内相"。 ②晞：郭晞，郭子仪第三子，历官御史大夫、检校工部尚书、太子宾客等。③德舆：权德舆，字载之，天水略阳人，德宗朝，累官礼部侍郎、户部侍郎。宪宗元和五年（810），拜宰相。善为文，时人以为宗匠，有文集五十卷。 ④贡院：唐置，为科举时考试进士的机关，为礼部所属。 ⑤母兄：据张敦仁校本云，"兄"作"死"。从文意看，作死者意顺。 ⑥衮衣：也称衮服，衣服上绣有蜷曲之龙，古代只有帝王及上公才能服用。杨志诚制有衮衣，说明他想做帝王。 ⑦镇海节度使：唐顺宗永贞元年（805）所置，治所在今江苏苏州市。 ⑧度（duó 夺）德：衡量德行。 ⑨醯（xī 西）：醋。蚋（ruì 瑞）：蚊虫。 ⑩莫州：幽州镇所属州，治今河北任丘市北。 ⑪太仆卿：太仆寺的长官，从三品，掌国家车马等事。 ⑫堂帖：由宰相之政事堂所发出的文帖。 ⑬尚书左丞：尚书省所属官，位在尚书令、左右仆射下，正四品上，掌吏、户、礼三部各司事及省内其他应纠举事。

九年 春，正月，乙卯，以王元逵为成德节度使。

巢公凑薨[1]，追赠齐王。

郑注上言秦地有灾，宜兴役以禳之。辛卯[2]，发左、右神策千五百人浚曲江及昆明池[3]。

三月，冀王绒薨[4]。

丙辰，以史元忠为卢龙节度使。

初，李德裕为浙西观察使，漳王傅母杜仲阳坐宋申锡事放归金陵[5]，诏德裕存处之。会德裕已离浙西，牒留后李蟾使如诏旨。至是，左丞王璠、户部侍郎李汉奏德裕厚赂仲阳，阴结漳王，图为不轨。上怒甚，召宰相及璠、汉、郑注等面质之。璠、汉等极口诬之，路隋曰："德裕不至有此。果如所言，臣亦应得罪！"言者稍息。夏，四月，以德裕为宾客分司[6]。

癸巳，以郑注守太仆卿，兼御史大夫，注始受之，仍举仓部员外郎李款自代曰："加臣之罪，虽于理而无辜；在款之诚，乃事君而尽节。"时人皆哂之[7]。

丙申，以门下侍郎、同平章事路隋充镇海节度使[8]，趣之赴镇，不得面辞；坐救李德裕故也。

初，京兆尹河南贾餗，性褊躁轻率，与李德裕有隙，而善于李宗闵、郑注。上巳[9]，赐百官宴于曲江，故事，尹于外门下马，揖御史。餗恃其贵势，乘马直入，殿中侍御史杨俭、苏特与之争[10]，餗骂曰："黄面儿敢尔！"坐罚俸。餗耻之，求出，诏以为浙西观察使；尚未行，戊戌，以餗为中书侍郎、同平章事。

庚子，制以向日上初得疾，王涯呼李德裕奔问起居，德裕竟不至；又在西蜀征逋悬钱三十万缗，百姓愁困；贬德裕袁州长史[11]。

初，宋申锡获罪，宦官益横；上外虽包容，内不能堪。李训、郑注既得幸，揣知上意，训因进讲，数以微言动上。上见其才辨，意训可与谋大事；且以训、注皆因王守澄以进，冀宦官不之疑，遂密以诚告之。训、注遂以诛宦官为己任，二人相挟，朝夕计议，所言于上无不从，声势烜赫[12]。注多在禁中，或时休沐[13]，宾客填门，赂遗山积。外人但知训、注倚宦官擅作威福，不知其与上有密谋也。

上之立也，右领军将军兴宁仇士良有功；王守澄抑之，由是有隙。训、注为上谋，进擢士良以分守澄之权。五月，乙丑，以士良为左神策中尉，守澄不悦。

戊辰，以左丞王璠为户部尚书、判度支。

京城讹言郑注为上合金丹，须小儿心肝，民间惊惧，上闻而恶之。郑注素恶京兆尹杨虞卿，与李训共构之，云此语出于虞卿家人。上怒，六月，下虞卿御史狱。注求为两省官，中书侍郎、同平章事李宗闵不许，注毁之于上。会宗闵救杨虞卿，上怒，叱出之，壬寅，贬明州刺史[14]。

左神策中尉韦元素、枢密使杨承和、王践言居中用事，与王守澄争权不叶，李训、郑注因之出承和于西川，元素于淮南，践言于河东，皆为监军。

秋，七月，甲辰朔，贬杨虞卿虔州司马[15]。

【注释】

①巢公凑：李凑，穆宗第六子，长庆初，封漳王。后为郑注构害，降为巢县公。　②辛卯：正月无辛卯日。查《旧纪》，发神策军事为二月丁亥。则辛卯应为二月间事，即十六日。　③曲江：即曲江池，在今陕西西安市东南。此地在汉称乐游苑，至隋，改称芙蓉池，唐称曲江，为长安最大的名胜风景区，有夹城复道与兴庆宫、大明宫相通，王公贵族，帝王嫔妃，经常出入于此。昆明池：在今陕西西安市西南丰水和潏水之间，汉武帝时所开凿，周围四十里，唐以后乃干涸。　④冀王绒：李绒，顺宗第十子，贞元二十一年(805)，进封冀王。　⑤傅母：即养母。　⑥宾客分司：即太子宾客居于东都之官。太子宾客正三品，常侍从规谏，赞相礼仪。⑦哂(shěn 审)：讥笑。胡注云：笑不坏颜为哂。即平常所云皮笑肉不笑的样子。　⑧路隋：据章钰校证，他本“隋”字下，均有“同平章事”四字。⑨上巳：古代重要节日之一。本用三月上旬的巳日，魏以后，定在农历三月三日。　⑩殿中侍御史：御史台属官，从七品下，掌殿廷供奉之仪式。若巡幸，具服从于旌门。　⑪袁州：江南西道所属州，治今江西宜春市。⑫烜赫：胡注云，烜，一作“烜”。章钰校注云，烜，他本均作“烜”。因此以作“烜赫”为是。意为显赫盛大的样子。　⑬休沐：犹休假，不去朝廷中值班。　⑭明州：为江南东道所属州，治今浙江宁波市南。　⑮虔州：江南西道所属州，治今江西赣州市。司马位在州刺史、别驾、长史之下，为闲散之任。

庚戌，作紫云楼于曲江。

辛亥，以御史大夫李固言为门下侍郎、同平章事。

李训、郑注为上画太平之策，以为当先除宦官，次复河、湟[1]，次清河北，开陈方略，如指诸掌。上以为信然，宠任日隆。

初，李宗闵为吏部侍郎，因驸马都尉沈𥫗结女学士宋若宪、知枢密杨承和得为相[2]。及贬明州，郑注发其事，壬子，再贬处州长史[3]。

著作郎、分司舒元舆与李训善，训用事，召为右司郎中[4]，兼侍御史知杂[5]，鞫杨虞卿狱；癸丑，擢为御史中丞[6]。元舆，元褒之兄也[7]。

贬吏部侍郎李汉为汾州刺史，刑部侍郎萧澣为遂州刺史[8]，皆坐李宗闵之党。

是时李训、郑注连逐三相[9]，威震天下，于是平生丝恩发怨无不报者。

李训奏僧尼猥多，耗蠹公私。丁巳，诏所在试僧尼诵经不中格者，皆勒归俗；禁置寺及私度人。

时人皆言郑注朝夕且为相，侍御史李甘扬言于朝曰："白麻出[10]，我必坏之于庭！"癸亥，贬甘封州司马[11]。然李训亦忌注，不欲使为相，事竟寝。

甲子，以国子博士李训为兵部郎中、知制诰，依前侍讲学士。

贬左金吾大将军沈㼖为邵州刺史[12]。八月，丙子，又贬李宗闵潮州司户[13]，赐宋若宪死。

丁丑，以太仆卿郑注为工部尚书，充翰林侍讲学士。注好服鹿裘，以隐沦自处，上以师友待之。注之初得幸，上尝问翰林学士、户部侍郎李珏曰："卿知有郑注乎？亦尝与之言乎？"对曰："臣岂特知其姓名，兼深知其为人。其人奸邪，陛下宠之，恐无益圣德。臣忝在近密，安敢与此人交通！"戊寅，贬珏江州刺史。再贬沈㼖柳州司户[14]。

丙申，诏以杨承和庇护宋申锡，韦元素、王践言与李宗闵、李德裕中外连结，受其赂遗；承和可驩州安置[15]，元素可象州安置[16]，践言可恩州安置[17]，令所在锢送[18]。杨虞卿、李汉、萧澣为朋党之首，贬虞卿虔州司户，汉汾州司马，澣遂州司马。寻遣使追赐承和、元素、践言死。时崔潭峻已卒，亦剖棺鞭尸。

己亥，以前庐州刺史罗立言为司农少卿[19]。立言赃吏，以赂结郑注而得之。

郑注之入翰林也，中书舍人高元裕草制，言以医药奉君亲，注衔之;奏元裕尝出郊送李宗闵,壬寅,贬元裕阆州刺史[20]。元裕,士廉之六世孙也[21]。

时注与李训所恶朝士,皆指目为二李之党,贬逐无虚日,班列殆空,廷中恟恟,上亦知之。训、注恐为人所摇,九月,癸卯朔,劝上下诏:"应与德裕、宗闵亲旧及门生故吏,今日以前贬黜之外,余皆不问。"人情稍安。

盐铁使王涯奏改江淮、岭南茶法,增其税。

庚申,以凤翔节度使李听为忠武节度使,代杜悰。

宪宗之崩也,人皆言宦官陈弘志所为。时弘志为山南东道监军,李训为上谋召之,至青泥驿[22],癸亥,封杖杀之。

【注释】

①河、湟:河州、湟水一带地方。即今甘肃和青海交界的湟水流域等地,安史之乱后,为吐蕃所占有。 ②羲:同"仪"。女学士:宋若宪姊妹皆善为文,德宗召入宫,不以妾侍对待,称女学士。 ③处州:江南东道所属州,治今浙江丽水市。原名括州,大历中改今名。 ④右司郎中:尚书省设左右司郎中各一员并从五品上,掌副左右丞所管诸司事。 ⑤侍御史知杂:御史台所属官。在侍御史六人中,以其久次者一人知杂事,故名知杂,又称杂端或台端,为总领殿中诸务者。 ⑥御史中丞:御史台的副长官,正四品下,掌协助御史大夫监察国家大政。 ⑦元褒:即舒元褒,曾任补阙,终司封员外郎。 ⑧遂州:剑南道所属州,治今四川遂宁市。 ⑨三相:指李德裕、路隋、李宗闵三人。 ⑩白麻:指诏书。唐诏书任免三公将相等大事,均用白麻纸写好后,付阁门集朝士拆封宣读施行。 ⑪封州:岭南道所属州,治今广东封开县东南贺江口。 ⑫邵州:江南西道所属州,治今湖南邵阳市。 ⑬潮州:岭南道所属州,治今广东潮州市。司户:即司户参军,掌州之户籍。 ⑭柳州:岭南道所属州,治今广西柳州市。 ⑮驩州:安南都护府所属州,治今越南义安省荣市。 ⑯象州:岭南道所属州,治今广西象州县。 ⑰恩州:岭南道所属州,治今广东恩平市。 ⑱锢送:用刑枷禁锢而遣送之。 ⑲司农少卿:司农寺副长官,从四品上,为司农卿的副手,助掌国家仓储积蓄诸事。 ⑳阆(làng 浪)州:山南西道所属州,治今四川阆中市。 ㉑士廉:高士廉,名俭,渤海蓨人。为唐太宗长孙皇后之舅父,历官侍中、吏部尚书、同中书门下三品等,封申国公。 ㉒青泥驿:即青泥关之驿站,在今陕西蓝

田县。

郑注求为凤翔节度使，门下侍郎、同平章事李固言不可。丁卯，以固言为山南西道节度使、注为凤翔节度使。李训虽因注得进，及势位俱盛，心颇忌注。谋欲中外协势以诛宦官，故出注于凤翔；其实俟既诛宦官，并图注也。

注欲取名家才望之士为参佐，请礼部员外郎韦温为副使[①]，温不可。或曰："拒之必为患。"温曰："择祸莫若轻。拒之止于远贬，从之有不测之祸。"卒辞之。

戊辰，以右神策中尉、行右卫上将军、知内侍省事王守澄为左、右神策观军容使[②]，兼十二卫统军[③]。李训、郑注为上谋，以虚名尊守澄，实夺之权也。

己巳，以御史中丞兼刑部侍郎舒元舆为刑部侍郎，兵部郎中知制诰、充翰林侍讲学士李训为礼部侍郎，并同平章事。仍命训三二日一入翰林讲《易》。元舆为中丞，凡训、注所恶者，则为之弹击，由是得为相。又上惩李宗闵、李德裕多朋党，以贾悚及元舆皆孤寒新进，故擢为相，庶其无党耳。

训起流人，期年致位宰相，天子倾意任之。训或在中书，或在翰林，天下事皆决于训。王涯辈承顺其风旨，惟恐不逮；自中尉、枢密、禁卫诸将，见训皆震慑，迎拜叩首。

壬申，以刑部郎中兼御史知杂李孝本权知御史中丞。孝本，宗室之子，依训、注得进。

李听自恃勋旧，不礼于郑注。注代听镇凤翔，先遣牙将丹骏至军中慰劳，诬奏听在镇贪虐。冬，十月，乙亥，以听为太子太保、分司[④]，复以杜悰为忠武节度使。

郑注每自负经济之略[⑤]，上问以富人之术，注无以对，乃请榷茶。于是以王涯兼榷茶使，涯知不可而不敢违，人甚苦之。

郑注欲收僧尼之誉，固请罢沙汰，从之。

李训、郑注密言于上，请除王守澄。辛巳，遣中使李好古就第赐鸩[⑥]，杀之，赠扬州大都督。训、注本因守澄进，卒谋而杀之，人皆快守澄之受佞而疾训、注之阴狡，于是元和之逆党略尽矣。

乙酉,郑注赴镇。

庚子,以东都留守、司徒兼侍中裴度兼中书令[⑦],余如故。李训所奖拔,率皆狂险之士,然亦时取天下重望以顺人心,如裴度、令狐楚、郑覃皆累朝耆俊,久为当路所轧[⑧],置之散地,训皆引居崇秩。由是士大夫亦有望其真能致太平者,不惟天子惑之也。然识者见其横甚,知将败矣。

【注释】

①副使:即节度使副使。 ②观军容使:为监督出征将帅的最高军职,由宦官担任。肃宗乾元元年(758),命郭子仪等九节度使讨安庆绪,以宦官鱼朝恩为观军容使以总领之,是此官设立之始。 ③十二卫统军:唐因隋制,置十六卫,其中十二卫统诸府之兵,即左右卫、左右骁卫、左右武卫、左右威卫、左右领军卫、左右金吾卫。 ④太子太保:东宫属官中品位最高者,从一品,掌辅导皇太子。与太师、太傅,合称三师。 ⑤经济:经世济民,治理国家。 ⑥鸩(zhèn 镇):传说中的一种有毒的鸟,用它的羽毛泡酒,喝了能毒死人。 ⑦中书令:中书省的长官,正二品,掌佐天子执大政,总判省事。 ⑧当路:犹当权,执掌国家大权的人,此指宰相而言。

十一月,丙午,以大理卿郭行余为邠宁节度使。癸丑,以河东节度使、同平章事李载义兼侍中。丁巳,以户部尚书、判度支王璠为河东节度使。戊午,以京兆尹李石为户部侍郎、判度支;以京兆少尹罗立言权知府事[①]。石,神符之五世孙也[②]。己未,以太府卿韩约为左金吾卫大将军。[③]

始,郑注与李训谋,至镇,选壮士数百,皆持白棓[④],怀其斧,以为亲兵。是月,戊辰,王守澄葬于浐水[⑤],注奏请入护葬事,因以亲兵自随。仍奏令内臣中尉以下尽集浐水送葬,注因阖门,令亲兵斧之,使无遗类。约既定,训与其党谋:"如此事成,则注专有其功,不若使行余、璠以赴镇为名,多募壮士为部曲,并用金吾、台府吏卒[⑥],先期诛宦者,已而并注去之。"行余、璠、立言、约及中丞李孝本,皆训素所厚也,故列置要地,独与是数人及舒元舆谋之,他人皆莫之知也。

壬戌，上御紫宸殿。百官班定，韩约不报平安⑦，奏称："左金吾听事后石榴夜有甘露，臣递门奏讫。"因蹈舞再拜，宰相亦帅百官称贺。训、元舆劝上亲往观之，以承天贶⑧，上许之。百官退，班于含元殿⑨。日加辰，上乘软舆出紫宸门，升含元殿。先命宰相及两省官诣左仗视之，良久而还。训奏："臣与众人验之，殆非真甘露，未可遽宣布，恐天下称贺。"上曰："岂有是邪！"顾左、右中尉仇士良、鱼志弘帅诸宦者往视之。宦者既去，训遽召郭行余、王璠曰："来受敕旨！"璠股栗不敢前，独行余拜殿下。时二人部曲数百，皆执兵立丹凤门外⑩，训已先使人召之，令入受敕。独东兵入⑪，邠宁兵竟不至。

仇士良等至左仗视甘露，韩约变色流汗，士良怪之曰："将军何为如是？"俄风吹幕起，见执兵者甚众，又闻兵仗声。士良等惊骇走出，门者欲闭之，士良叱之，关不得上⑫。士良等奔诣上告变。训见之，遽呼金吾卫士曰："来上殿卫乘舆者⑬，人赏钱百缗！"宦者曰："事急矣，请陛下还宫！"即举软舆，迎上扶升舆，决殿后罘罳⑭，疾趋北出。训攀舆呼曰："臣奏事未竟，陛下不可入宫！"金吾兵已登殿；罗立言帅京兆逻卒三百余自东来，李孝本帅御史台从人二百余自西来，皆登殿纵击，宦官流血呼冤，死伤者十余人。乘舆迤逦入宣政门⑮，训攀舆呼益急，上叱之，宦者郗志荣奋拳殴其胸，偃于地。乘舆既入，门随阖，宦者皆呼万岁，百官骇愕散出。训知事不济，脱从吏绿衫衣之，走马而出，扬言于道曰："我何罪而窜谪！"人不之疑。王涯、贾餗、舒元舆还中

唐三彩镇墓兽

书，相谓曰："上且开延英，召吾属议之。"两省官诣宰相请其故，皆曰："不知何事，诸公各自便！"士良等知上豫其谋，怨愤，出不逊语，上惭惧不复言。

士良等命左、右神策副使刘泰伦、魏仲卿等各帅禁兵五百人，露刃出阁门讨贼。王涯等将会食[16]，吏白："有兵自内出，逢人辄杀！"涯等狼狈步走，两省及金吾吏卒千余人填门争出；门寻阖，其不得出者六百余人皆死。士良等分兵闭宫门，索诸司，捕贼党。诸司吏卒及民酤贩在中者皆死，死者又千余人，横尸流血，狼藉涂地，诸司印及图籍、帷幕、器皿俱尽。又遣骑各千余出城追亡者，又遣兵大索城中。舒元舆易服单骑出安化门[17]，禁兵追擒之。王涯徒步至永昌里茶肆[18]，禁兵擒入左军。涯时年七十余，被以桎梏，掠治不胜苦，自诬服，称与李训谋行大逆，尊立郑注。王璠归长兴里私第[19]，闭门，以其兵自防。神策将至门，呼曰："王涯等谋反，欲起尚书为相，鱼护军令致意[20]！"璠喜，出见之。将趋贺再三，璠知见绐，涕泣而行；至左军，见王涯曰："二十兄自反，胡为见引？"涯曰："五弟昔为京兆尹，不漏言于王守澄，岂有今日邪[21]！"璠俯首不言。又收罗立言于太平里，及涯等亲属奴婢，皆入两军系之。户部员外郎李元皋，训之再从弟也，训实与之无恩，亦执而杀之。故岭南节度使胡证，家巨富，禁兵利其财，托以搜贾竦入其家，执其子溵，杀之。又入左常侍罗让、詹事浑镠、翰林学士黎埴等家[22]，掠其赀财，扫地无遗。镠，瑊之子也。坊市恶少年因之报私仇，杀人，剽掠百货，互相攻劫，尘埃蔽天。

癸亥，百官入朝，日出，始开建福门[23]，惟听以从者一人自随，禁兵露刃夹道。至宣政门，尚未开。时无宰相御史知班，百官无复班列[24]。上御紫宸殿，问："宰相何为不来？"仇士良曰："王涯等谋反系狱。"因以涯手状呈上，召左仆射令狐楚、右仆射郑覃等升殿示之。上悲愤不自胜，谓楚等曰："是涯手书乎？"对曰："是也！""诚如此，罪不容诛！"因命楚、覃留宿中书，参决机务。使楚草制宣告中外。楚叙王涯、贾竦反事浮泛，仇士良等不悦，由是不得为相。

时坊市剽掠者犹未止，命左、右神策将杨镇、靳遂良等各将五百人分屯通衢，击鼓以警之，斩十余人，然后定。

贾𫗧变服潜民间经宿，自知无所逃，素服乘驴诣兴安门[25]，自言："我宰相贾𫗧也，为奸人所污，可送我诣两军！"门者执送西军[26]。李孝本改衣绿，犹服金带，以帽障面，单骑奔凤翔，至咸阳西，追擒之。

甲子，以右仆射郑覃同平章事。

李训素与终南僧宗密善，往投之。宗密欲剃其发而匿之，其徒不可。训出山，将奔凤翔，为盩厔镇遏使宋楚所擒[27]，械送京师。至昆明池，训恐至军中更受酷辱，谓送者曰："得我则富贵矣！闻禁兵所在搜捕，汝必为所夺，不若取我首送之！"送者从之，斩其首以来。

乙丑，以户部侍郎、判度支李石同平章事，仍判度支。前河东节度使李载义复旧任。

左神策出兵三百人，以李训首引王涯、王璠、罗立言、郭行余；右神策出兵三百人，拥贾𫗧、舒元舆、李孝本献于庙社[28]，徇于两市[29]。命百官临视，腰斩于独柳之下，枭其首于兴安门外。亲属无问亲疏皆死，孩稚无遗，妻女不死者没为官婢。百姓观者怨王涯榷茶，或诟詈，或投瓦砾击之。

臣光曰：论者皆谓涯、𫗧有文学名声，初不知训、注之谋，横罹覆族之祸[30]。臣独以为不然。夫颠危不扶，焉用彼相[31]！涯、𫗧安高位，饱重禄；训、注小人，穷奸究险，力取将相。涯、𫗧与之比肩，不以为耻；国家危殆，不以为忧。偷合苟容，日复一日，自谓得保身之良策，莫我如也。若使人人如此而无祸，则奸臣孰不愿之哉！一旦祸生不虞，足折刑剧[32]，盖天诛之也，士良安能族之哉！

【注释】

①京兆少尹：京兆府的副长官，从四品下，为府尹的副职。　②神符：李神符，唐宗室，为高祖李渊之从父弟，武德元年(618)，封襄邑郡王。李石是他的第五代孙。　③太府卿：即太府寺之长官，从三品，掌国家财货事。左金吾卫：十六卫之一，掌宫中及京城警卫之事。大将军一员，正三品。　④白棓(bàng 棒)：白色的木棒。棓，同"棒"。　⑤浐水：源出

蓝田县西，北流至白鹿原西，过京城入灞河。 ⑥金吾：指左金吾卫，韩约所统的部队。台府：御史台所领吏卒，李孝本为御史中丞，他可以调用。 ⑦不报平安：唐制，凡朝会，皇帝既升御座，金吾将军当奏：左右厢内外平安。不报平安，则是有意外之事需奏报。 ⑧天贶（kuàng 况）：上天的赐予。 ⑨含元殿：大明宫之正殿，北为宣政殿，南即达丹凤等五门。 ⑩丹凤门：大明宫南面之正门。南墙共有五个门，正中间为丹凤门，为出入宫中的重要通道。 ⑪东兵：据章钰考校，“东”上有“河”字，指河东镇所属兵。当时王璠为河东节度使，故领有一部分河东兵。 ⑫关：门闩，门关上后，插在门后的木棍，以使门推不开。 ⑬乘舆：本指天子所乘之车，后乃用来代称天子。 ⑭罘罳（fú sī 浮思）：凡门屏之间的网状物均可叫罘罳。唐宫殿中的罘罳，乃用丝编成，以捍阻燕雀者。 ⑮宣政门：即宣政殿门，在含元殿北，已进内殿了。 ⑯会食：唐宰相每日在政事堂会食。 ⑰安化门：唐长安城南面有三个门，西边的叫安化门。 ⑱永昌里：在长安城中靠近宫城处。王涯从宫中出来，徒步而行，不可能远，故只及永昌里即被抓住。 ⑲长兴里：又称长兴坊，为长安城中诸里坊之一，在皇城南第三排位置之中。 ⑳鱼护军：鱼志弘当时任右神策军护军中尉，故称。 ㉑岂有句：原先，文宗与宋申锡计议，欲诛宦官。宋申锡又得密诏使诛郑注，使王璠去掩捕，王璠将其事密报王守澄，使郑注得免于死，宋申锡被贬谪，王璠自身也不免于戮。 ㉒左常侍：即左散骑常侍，门下省属官，从三品，掌皇帝侍奉规讽，备顾问应对。与中书省之右散骑常侍相对应，均为近侍官。 ㉓建福门：在大明宫丹凤门右边，为五宫门之一。 ㉔无复班列：在正常情况下，百官上朝，是按照一定排列位次，由宰相、御史领班。文班在东，武班在西，又按一品、二品的次序依次排列。变乱以后，一时已无宰相、御史中丞，所以班列不整。 ㉕兴安门：大明宫南面西边第一门。 ㉖西军：即右神策军，因其驻在大明宫西内苑中，故称西军。 ㉗盩厔：京兆府所属县，在今陕西周至县。 ㉘庙社：太庙和太社。太庙为祭祖宗之所，在长安朱雀街东；太社为祭地神之所，在朱雀街西，二者遥遥相对。 ㉙两市：即长安城中的东市和西市，均位于宫城之南，一东一西相对称，为唐代长安商业活动的中心地区。 ㉚覆族之祸：据章钰考核，他本在“祸”字之下，尚有“愤叹其冤”四字。 ㉛焉用彼相句：这两句话是节引《论语·季氏》，原文是：“危而不持，颠而不扶，则将焉用彼相矣？”意思是国家有危险而不能尽力挽救，便是失职。 ㉜足折刑剭（wū 巫）：引语见《易·

鼎》:“九四,鼎折足,覆公悚,其刑剭,凶。”意思是大臣被刑杀。如鼎足折断,刑用剭,即不杀于市。

王涯有再从弟沐,家于江南,老且贫。闻涯为相,跨驴诣之,欲求一簿、尉[1]。留长安二岁余,始得一见,涯待之殊落莫[2]。久之,沐因嬖奴以道所欲,涯许以微官,自是旦夕造涯之门以俟命;及涯家被收,沐适在其第,与涯俱腰斩。

舒元舆有族子守谦,愿而敏[3],元舆爱之,从元舆者十年,一旦忽以非罪怒之,日加谴责,奴婢辈亦薄之。守谦不自安,求归江南,元舆亦不留,守谦悲叹而去。夕,至昭应[4],闻元舆收族,守谦独免。

是日,以令狐楚为盐铁转运使,左散骑常侍张仲方权知京兆尹。时数日之间,杀生除拜,皆决于两中尉,上不豫知。

初,王守澄恶宦者田全操、刘行深、周元稹、薛士干、似先义逸、刘英诩等,李训、郑注因之遣分诣盐州、灵武、泾原、夏州、振武、凤翔巡边[5],命翰林学士顾师邕为诏书赐六道,使杀之。会训败,六道得诏,皆废不行。丙寅,以师邕为矫诏,下御史狱。

先是,郑注将亲兵五百,已发凤翔,至扶风[6]。扶风令韩辽知其谋,不供具,携印及吏卒奔武功[7]。注知训已败,复还凤翔。仇士良等使人赍密敕授凤翔监军张仲清令取注,仲清惶惑,不知所为。押牙李叔和说仲清曰[8]:“叔和为公以好召注,屏其从兵,于坐取之,事立定矣!”仲清从之,伏甲以待注。注恃其兵卫,遂诣仲清。叔和稍引其从兵,享之于外,注独与数人入。既啜茶,叔和抽刀斩注,因闭外门,悉诛其亲兵。乃出密敕,宣示将士,遂灭注家,并杀副使钱可复、节度判官卢简能、观察判官萧杰、掌书记卢弘茂等及其枝党[9],死者千余人。可复,徽之子[10];简能,纶之子[11];杰,俛之弟也[12]。朝廷未知注死,丁卯,诏削夺注官爵,令邻道按兵观变。以左神策大将军陈君奕为凤翔节度使。戊辰夜,张仲清遣李叔和等以注首入献,枭于兴安门,人情稍安,京师诸军始各还营。

诏将士讨贼有功及婫队者[13],官爵赐赉各有差。右神策军获韩约于崇义坊,己巳,斩之。仇士良等各进阶迁官有差。自是天下事皆决于北司,宰相行文书而已。宦官气益盛,迫胁天子,下视宰相,凌暴朝士如草芥。每延英议事,士良等动引训、注折宰相。郑覃、李石曰:“训、注诚为乱首,但不知训、注始因何人得进?”宦者稍屈,搢绅赖之。

时中书惟有空垣破屋,百物皆阙。江西、湖南献衣粮百二十分,充宰相召募从人。辛未,李石上言:“宰相若忠正无邪,神灵所祐,纵遇盗贼,亦不能伤。若内怀奸罔,虽兵卫甚设,鬼得而诛之。臣愿竭赤心以报国,止循故事,以金吾卒导从足矣;其两道所献衣粮,并乞停寝。”从之。

十二月,壬申朔,顾师邕流儋州⑭,至商山⑮,赐死。

榷茶使令狐楚奏罢榷茶,从之。

【注释】

①簿、尉:县属小官吏主簿、县尉一类官,均为九品上下,刚有品级之官。 ②落莫:冷落、淡薄的意思。 ③愿而敏:谨慎而又聪明。愿,谦谨。 ④昭应:县名,唐天宝七年(748)由会昌县改名,治今陕西西安市临潼区。 ⑤振武:唐方镇名,治单于都护府(今内蒙古和林格尔县西北)。 ⑥扶风:县名,唐贞观八年(634)由围川县改名,治今陕西扶风县。 ⑦武功:县名,治今陕西武功县西北武功镇。 ⑧押牙:节度使属下的武官,地位次于兵马使。 ⑨掌书记:节度使属官,掌表奏书檄,凡文辞之事,皆出掌书记之手。 ⑩徽:钱徽,字蔚章,吴郡人。历官翰林学士、中书舍人、礼部侍郎、尚书左丞等。 ⑪纶:卢纶,范阳人,天宝末进士,德宗时官至户部郎中。卢纶和吉中孚、韩翃、钱起、司空曙、苗发、崔峒、耿纬、夏侯审、李端皆以能诗名于时,号称大历十才子。 ⑫俛:萧俛,字思谦,贞元时进士,历官右拾遗、翰林学士、太仆少卿、御史中丞等。穆宗即位,拜宰相。 ⑬娖(chuò 绰)队:整齐的队伍。 ⑭儋州:岭南道所属州,治今海南省儋州市西北旧儋县。 ⑮商山:一名商坂,在今陕西商县东南,为长安南出要道。

度支奏籍郑注家赀①,得绢百余万匹,他物称是。

庚辰,上问宰相:“坊市安未?”李石对曰:“渐安。然比日寒冽特甚,盖刑杀太过所致。”郑覃曰:“罪人周亲前已皆死,其余殆不足问。”时宦官深怨李训等，凡与之有瓜葛亲[②]，或暂蒙奖引者，诛贬不已，故二相言之。

李训、郑注既诛，召六道巡边使。田全操追忿训、注之谋，在道扬言：“我入城，凡儒服者，无贵贱当尽杀之！”癸未，全操等乘驿疾驱入金光门[③]，京城讹言有寇至，士民惊噪纵横走，尘埃四起。两省诸司官闻之，皆奔散，有不及束带袜而乘马者。

郑覃、李石在中书，顾吏卒稍稍逃去。覃谓石曰：“耳目颇异，宜且出避之！”石曰：“宰相位尊望重，人心所属，不可轻也！今事虚实未可知，坚坐镇之，庶几可定。若宰相亦走，则中外乱矣。且果有祸乱，避亦不免！”覃然之。石坐视文案，沛然自若。

敕使相继传呼：“闭皇城诸司门[④]！”左金吾大将军陈君赏帅其众立望仙门下[⑤]，谓敕使曰：“贼至，闭门未晚，请徐观其变，不宜示弱！”至晡后乃定。是日，坊市恶少年皆衣绯皂[⑥]，持弓刀北望，见皇城门闭，即欲剽掠，非石与君赏镇之，京城几再乱矣。时两省官应入直者，皆与其家人辞诀。

甲申，敕罢修曲江亭馆。

丁亥，诏：“逆人亲党，自非前已就戮及指名收捕者，余一切不问。诸司官虽为所胁从，涉于诖误，皆赦之。他人无得相告言及相恐愒。见亡匿者[⑦]，勿复追捕，三日内各听自归本司。”

时禁军暴横，京兆尹张仲方不敢诘，宰相以其不胜任，出为华州刺史，以司农卿薛元赏代之。元赏常诣李石第，闻石方坐听事与一人争辩甚喧，元赏使觇之，云有神策军将诉事。元赏趋入，责石曰：“相公辅佐天子，纪纲四海。今近不能制一军将，使无礼如此，何以镇服四夷！”即趋出上马，命左右擒军将，俟于下马桥[⑧]，元赏至，则已解衣跽之矣。其党诉于仇士良，士良遣宦者召之曰：“中尉屈大尹。”元赏曰：“属有公事，行当继至。”遂杖杀之。乃白服见士良，士良曰：“痴书生何敢杖杀禁军大将！”元赏曰：“中尉大臣也，宰相亦大臣也，宰相之人若无礼于中尉，如之何？中尉之人无礼于宰相，庸可恕乎？中尉与国同体，当为国惜法，元赏已囚服而来，惟中尉死生之！”士良知军将已死，无可如何，乃呼酒与元赏欢饮而罢。

初，武元衡之死，诏出内库弓矢、陌刀给金吾仗[⑨]，使卫从宰相，至建福门而退。至是，悉罢之。

【注释】

①籍：即籍没，指查抄家产。 ②瓜葛亲：不是至亲关系，而是攀附而成的关系，如瓜葛之藤依附其他物体成长一样。 ③金光门：长安京城西面三门的中门。 ④皇城，唐都城长安有城三重，外一层为京城，中一层为皇城，最内一层为宫城。 ⑤望仙门：为大明宫南面五城门之一，它位于丹凤门的左面。 ⑥绯皂：红色和黑色。按唐制，五品以下服绯，八、九品着青。穿绯色和皂色衣服，是不合当时法制的。 ⑦见：同"现"，是说仍在逃亡之中的人。 ⑧下马桥：在大明宫南建福门北处。 ⑨陌刀：长刀。唐《武库令》云："刀之制有四：一曰仪刀，二曰鄣刀，三曰横刀，四曰陌刀。"陌刀为步兵所用。

开成元年 春，正月，辛丑朔，上御宣政殿，赦天下，改元。仇士良请以神策仗卫殿门，谏议大夫冯定言其不可，乃止。定，宿之弟也[①]。

二月，癸未，上与宰相语，患四方表奏华而不典，李石对曰："古人因事为文，今人以文害事。"

昭义节度使刘从谏上表请王涯等罪名，且言："涯等儒生，荷国荣宠，咸欲保身全族，安肯构逆！训等实欲讨除内臣两中尉，自为救死之谋，遂致相杀；诬以反逆，诚恐非辜。设若宰相实有异图，当委之有司，正其刑典，岂有内臣擅领甲兵，恣行剽劫，延及士庶，横被杀伤！流血千门，僵尸万计，搜罗枝蔓，中外恫疑[②]。臣欲身诣阙庭，面陈臧否，恐并陷孥戮[③]，事亦无成。谨当修饰封疆，训练士卒，内为陛下心腹，外为陛下藩垣。如奸臣难制，誓以死清君侧[④]！"丙申，加从谏检校司徒。

天德军奏吐谷浑三千帐诣丰州降[⑤]。

三月，壬寅，以袁州长史李德裕为滁州刺史[⑥]。

左仆射令狐楚从容奏："王涯等既伏辜，其家夷灭，遗骸弃捐。请官为收瘗[⑦]，以顺阳和之气。"上惨然久之，命京兆收葬涯等十一人于城西，各赐一袭[⑧]。仇士良潜使人发之，弃骨于渭水。

丁未,皇城留守郭皎奏:"诸司仪仗有锋刃者,请皆输军器使[⑨],遇立仗别给仪刀[⑩]!"从之。

刘从谏复遣牙将焦楚长上表让官,称:"臣之所陈,系国大体。可听则涯等宜蒙湔洗,不可听则赏典不宜妄加! 安有死冤不申而生者荷禄!"因暴扬仇士良等罪恶。辛酉,上召见楚长,慰谕遣之。时士良等恣横,朝臣日忧破家。及从谏表至,士良等惮之。由是郑覃、李石粗能秉政,天子倚之亦差以自强。

夏,四月,己卯,以潮州司户李宗闵为衡州司马。凡李训指为李德裕、宗闵党者,稍收复之。

淄王协薨[⑪]。

甲午,以山南西道节度使李固言为门下侍郎、同平章事,以左仆射令狐楚代之。

戊戌,上与宰相从容论诗之工拙,郑覃曰:"诗之工者,无若三百篇,皆国人作之以刺美时政,王者采之以观风俗耳,不闻王者为诗也。后代辞人之诗,华而不实,无补于事。陈后主、隋炀帝皆工于诗[⑫],不免亡国,陛下何取焉!"覃笃于经术,上甚重之。

己酉[⑬],上御紫宸殿,宰相因奏事拜谢,外间因讹言:"天子欲令宰相掌禁兵,已拜恩矣。"由是中外复有猜阻,人情恟恟,士民不敢解衣寝者数日。乙丑,李石奏请召仇士良等面释其疑。上为召士良等出,上及石等共谕释之,使毋疑惧,然后事解。

闰月,乙酉,以太子太保、分司李听为河中节度使[⑭]。上尝叹曰:"付之兵不疑,置之散地不怨,惟听为可以然。"

乙未,李固言荐崔球为起居舍人[⑮],郑覃再三以为不可,上曰:"公事勿相违!"覃曰:"若宰相尽同,则事必有欺陛下者矣!"

【注释】

①宿:冯宿,东阳人。穆宗长庆初,知制诰,历任中书舍人、左散骑常侍、河南尹、兵部侍郎等官职。 ②恫(dòng 洞)疑:恐惧疑虑。 ③孥戮:不仅自己遭诛杀,还将使子孙也受刑罚。 ④清君侧:清除君主身边的坏人。历史上也常用以反对朝廷的一种政治斗争口号。刘从谏之清君侧,则指的是清除宦官擅权的事实。 ⑤天德军:唐方镇名,由天安军改名而来。治西受降城(今内蒙古乌拉特中旗西南)。丰州:唐之丰

州，治九原县（今内蒙古五原县西南）。 ⑥滁州：淮南道所属州，治今安徽滁州市。 ⑦瘗（yì 意）：埋葬。 ⑧一袭：据章钰校证，他本“一”上有“衣”字。 ⑨军器使：即军器库使，内官诸司使之一，掌军械器用之储备。 ⑩仪刀：仪仗队所持用之物，木制，外涂以银，似真刀而已。 ⑪淄王协：李协，宪宗第十四子，长庆元年（821）封淄王。 ⑫陈后主：即南朝陈最后一个君主陈叔宝，一般称陈后主。他在位七年，很少过问朝政，只知游宴享乐而已，但善于作词。 ⑬己酉：在四月的干支中，既无“己酉”，也无“乙丑”，均见五月之干支中。且原文四月以下，即为闰五月，可见在“己酉”二字上，漏“五月”二字。 ⑭河中节度使：治河中府（今山西永济市蒲州镇），领蒲、晋、绛、慈、隰等州。 ⑮起居舍人：门下省属官，从六品上，掌起居注，录天子的言论行动，以修记事之史。

李孝本二女配没右军，上取之入宫。秋，七月，右拾遗魏谟上疏，以为：“陛下不迩声色，屡出宫女以配鳏夫[①]。窃闻数月以来，教坊选试以百数，庄宅收市犹未已[②]；又召李孝本女入宫，不避宗姓，大兴物论，臣窃惜之。昔汉光武一顾列女屏风[③]，宋弘犹正色抗言，光武即撤之。陛下岂可不思宋弘之言，欲居光武之下乎！”上即出孝本女，擢谟为补阙，曰：“朕选市女子，以赐诸王耳。怜孝本女髫龀孤露[④]，故收养宫中。谟于疑似之间皆能尽言，可谓爱我，不忝厥祖矣！”命中书优为制辞以赏之。谟，征之五世孙也[⑤]。

鄜坊节度使萧洪诈称太后弟[⑥]，事觉；八月，甲辰，流驩州[⑦]，于道赐死。赵缜、吕璋等皆流岭南。

初，李训知洪之诈，洪惧，辟训兄仲京置幕府。先是，自神策军出为节度使者，军中皆资其行装，至镇，三倍偿之。有自左军出镇鄜坊未偿而死者，军中征之于洪，洪恃训之势，不与；又征于死者之子，洪教其子遮宰相自言，训判绝之。仇士良由是恨洪。

太后有异母弟在闽中，孱弱不能自达。有闽人萧本从之得其内外族讳，因士良进达于上，且发洪之诈，洪由是得罪。上以本为真太后弟，戊申，擢为右赞善大夫[⑧]。

九月，丁丑，李石为上言宋申锡忠直，为谗人所诬，窜死遐荒，未蒙昭雪，上俯首久之，既而流涕泫然曰[9]："兹事朕久知其误，奸人逼我，以社稷大计，兄弟几不能保，况申锡，仅全腰领耳。非独内臣，外廷亦有助之者。皆由朕之不明，向使遇汉昭帝[10]，必无此冤矣！"郑覃、李固言亦共言其冤，上深痛恨，有惭色。庚辰，诏悉复申锡官爵，以其子慎微为成固尉[11]。

李石用金部员外郎韩益判度支桉[12]，益坐赃三千余缗，系狱；石曰："臣始以益颇晓钱谷，故用之，不知其贪乃如是！"上曰："宰相但知人则用，有过则惩，如此则人易得。卿所用人不掩其恶，可谓至公。从前宰相用人好曲蔽其过，不欲人弹劾，此大病也！"冬，十一月，丁巳[13]，贬益梧州司户[14]。

上自甘露之变，意忽忽不乐，两军毬鞠之会什减六七[15]，虽宴享音伎杂遝盈庭，未尝解颜；闲居或徘徊眺望，或独语叹息。壬午，上于延英谓宰相曰："朕每与卿等论天下事，则不免愁。"对曰："为理者不可以速成。"上曰："朕每读书，耻为凡主。"李石曰："方

唐《宫乐图》摹本

今内外之臣，其间小人尚多疑阻，愿陛下更以宽御之，彼有公清奉法如刘弘逸、薛季稜者，陛下亦宜褒赏以劝为善。”甲申，上复谓宰相曰：“我与卿等论天下事，有势未得行者，退但饮醇酒求醉耳！”对曰：“此皆臣等之罪也。”

有司以左藏积弊日久[16]，请行检勘，且言官典罪在赦前者，请宥之，上许之。既而果得缯帛妄称渍污者，敕赦之。给事中狄兼谟封还敕书曰：“官典犯赃，理不可赦！”上谕之曰：“有司请检之初，朕既许之矣。与其失信，宁失罪人。卿能奉职，朕甚嘉之！”

十二月，庚戌，以华州刺史卢钧为岭南节度使。李石言于上曰：“卢钧除岭南，朝士皆相贺。以为岭南富饶之地，近岁皆厚赂北司而得之；今北司不挠朝权，陛下亦宜有以褒之。庶几内外奉法，此致理之本也。”上从之。钧至镇，以清惠著名。

己未，淑王纵薨[17]。

【注释】

①鳏（guān 关）夫：无妻或丧妻的人。 ②庄宅：即庄宅使，属内官诸司之一，由宦官担任。 ③昔汉光武句：据《后汉书·宋弘传》记载，汉光武帝刘秀有次接见大司空宋弘时，御坐新屏风上画有列女，帝多次顾视，宋弘乃进谏，光武帝即撤去屏风。 ④髫龀（tiáo chèn 调趁）：指小孩。髫是小孩下垂的头发。龀是小孩换牙，即乳齿脱落，长出恒齿。 ⑤征：魏征。魏征为唐太宗时有名大臣，历官谏议大夫、秘书监、侍中等，以能直谏著称于时。 ⑥鄜（fū 夫）坊节度使：治鄜州（今陕西富县），领鄜、坊等州。 ⑦驩州：安南都护府所领州，治所在今越南义安省荣市。 ⑧右赞善大夫：东宫属官，正五品上，掌讽喻规谏。 ⑨泫然：流泪的样子。 ⑩汉昭帝句：汉昭帝时，大将军霍光辅政，上官桀父子与桑弘羊等诈为燕王上书，言霍光之罪，昭帝年十四，发觉其欺诈，乃更信任霍光。 ⑪成固尉：即兴元府所属城固县尉。城固县在今陕西城固县。成固，一般均作“城固”。 ⑫桉：同“案”，文案之意。 ⑬丁巳：十一月无丁巳日，可能是十月之丁巳日。 ⑭梧州：岭南道所属州，治今广西梧州市。 ⑮毬鞠：击球的游戏。毬和鞠，均是古代用皮革制成的球。 ⑯左藏：即太府寺所属的左藏署，掌国家财物的库藏，设令、丞等管理之。 ⑰淑王纵：李纵，顺宗第四子，贞元二十一年（805）进封溆王。此作“淑王”误，查《旧唐书》《新唐书》，均作“溆王”。

二年 春，二月，己未，上谓宰相："荐人勿问亲疏，朕闻窦易直为相[①]，未尝用亲故。若亲故果才，避嫌而弃之，是亦不为至公也。"

均王纬薨[②]。

三月，有彗星出于张[③]，长八丈余。壬申，诏撤乐减膳，以一日之膳分充十日。

夏，四月，甲辰，上对中书舍人、翰林学士兼侍书柳公权于便殿[④]，上举衫袖示之曰："此衣已三浣矣！"众皆美上之俭德；公权独无言，上问其故，对曰："陛下贵为天子，富有四海，当进贤退不肖，纳谏诤，明赏罚，乃可以致雍熙[⑤]。服浣濯之衣，乃末节耳。"上曰："朕知舍人不应复为谏议[⑥]，以卿有诤臣风采，须屈卿为之。"乙巳，以公权为谏议大夫，余如故。

戊戌，以翰林学士、工部侍郎陈夷行同平章事。

六月，河阳军乱[⑦]，节度使李泳奔怀州[⑧]；军士焚府署，杀泳二子，大掠数日方止。泳，长安市人，寓籍禁军，以赂得方镇，所至恃所交结，贪残不法，其下不堪命，故作乱。丁未，贬泳澧州长史[⑨]。戊申，以左金吾将军李执方为河阳节度使。

秋，七月，癸亥，振武奏党项三百余帐剽掠逃去。

给事中韦温为太子侍读，晨诣东宫，日中乃得见，温谏曰："太子当鸡鸣而起，问安视膳[⑩]，不宜专事宴安！"太子不能用其言，温乃辞侍读；辛未，罢守本官[⑪]。

振武突厥百五十帐叛，剽掠营田；戊寅，节度使刘沔击破之。

八月，庚戌，以昭仪王氏为德妃[⑫]，昭容杨氏为贤妃。立敬宗之子休复为梁王，执中为襄王，言扬为杞王，成美为成王。癸丑，立皇子宗俭为蒋王。

河阳军士既逐李泳，日相扇，欲为乱。九月，李执方索得首乱者七十余人，悉斩之，余党分隶外镇，然后定。

冬，十月，国子监《石经》成[⑬]。

福建奏晋江百姓萧弘称太后族人[⑭]，诏御史台案之。

戊申，以门下侍郎、同平章事李固言同平章事，充西川节度使。

甲寅,御史台奏萧弘诈妄;诏递归乡里[15],不之罪,冀得其真。

【注释】

①窦易直:字宗玄,京兆人。历官吏部郎给事中、京兆尹、观察使等。长庆中入为宰相。在相位时,未尝论用亲党,凡于公举,即无所避。②均王纬:李纬,本名沔,顺宗第三子,贞元二十一年(805)进封均王。③彗星出于张:彗星,俗称扫帚星,也称橇枪或妖星,天体之一。古人认为彗星是不祥之兆。张,指二十八宿之一的张宿星,是南方七宿的第四宿。 ④侍书:即翰林侍书学士,为皇帝备顾问之官。翰林学士其职重,侍书则专指一艺。 ⑤雍熙:上下和睦,国泰民安的情景。 ⑥舍人:指中书舍人,正五品上,掌侍奉进奏,参议表章,为文士之极任,朝廷之盛选,与谏议大夫品秩虽同,但地位较崇尊。 ⑦河阳:即河阳三城节度使,治孟州(今河南孟州市)。 ⑧怀州:河阳节度使所领州,治今河南沁阳市。 ⑨澧州:江南西道所属州,治今湖南澧县。 ⑩问安视膳:韦温根据《礼记·文王世子》中的记载,作为太子应当鸡鸣即起,问候皇帝,每天要三次去请安,并察看皇帝的进食情况。 ⑪罢守本官:谓免去太子侍读的兼职,只担任给事中一职。 ⑫以昭仪句:后妃制度,唐因隋制,皇后之下,有贵妃、淑妃、德妃、贤妃各一人,为夫人,正一品;昭仪、昭容、昭媛、修仪、修容、修媛、充仪、充容、充媛各一人,为九嫔,正二品。⑬《石经》:文宗好文,命郑覃以宰相兼国子监祭酒,依后汉蔡邕刻石的例子,在长安太学刻儒家经典十二部于石板上,称"开成石经"。现在这部石经的二百二十八块石板,仍完整的保存在西安碑林,供后人研究观摩。 ⑭晋江:为泉州所属县,治今福建泉州市。 ⑮递归:是说沿途供给饮食,传递回到乡里去。

资治通鉴卷第二百四十六

唐纪六十二　起著雍敦牂，尽玄黓阉茂，凡五年。

文宗元圣昭献孝皇帝下

开成三年　春，正月，甲子，李石入朝，中途有盗射之，微伤，左右奔散，石马惊，驰归第。又有盗邀击于坊门，断其马尾，仅而得免。上闻之大惊，命神策六军遣兵防卫，敕中外捕盗甚急，竟无所获。乙丑，百官入朝者九人而已。京城数日方安。

丁卯，追赠故齐王凑为怀懿太子[①]。

戊申[②]，以盐铁转运使、户部尚书杨嗣复，户部侍郎、判户部李珏并同平章事，判、使如故[③]。嗣复，於陵之子也。[④]

中书侍郎、同平章事李石，承甘露之乱，人情危惧，宦官恣横，忘身徇国，故纪纲粗立。仇士良深恶之，潜遣盗杀之，不果。石惧，累表称疾辞位；上深知其故而无如之何。丙子，以石同平章事，充荆南节度使。

陈夷行性介直，恶杨嗣复为人，每议政事，多相诋斥。壬辰[⑤]，夷行以足疾辞位，不许。

上命起居舍人魏谟献其祖文贞公笏[⑥]，郑覃曰："在人不在笏。"上曰："亦甘棠之比也[⑦]。"

杨嗣复欲援进李宗闵，恐为郑覃所沮，乃先令宦官讽上。上临朝，谓宰相曰："宗闵积年在外，宜与一官。"郑覃曰："陛下若怜宗闵之远，止可移近北数百里，不宜再用；用之，臣请先避位。"陈夷行曰："宗闵向以朋党乱政，陛下何爱此纤人[8]！"杨嗣复曰："事贵得中，不可但徇爱憎。"上曰："可与一州。"覃曰："与州太优，止可洪州司马耳[9]。"因与嗣复互相诋讦以为党。上曰："与一州无伤。"覃等退，上谓起居郎周敬复、舍人魏谟曰[10]："宰相喧争如此，可乎？"对曰："诚为不可。然覃等尽忠愤激，不自觉耳。"丁酉[11]，以衡州司马李宗闵为杭州刺史。李固言与杨嗣复、李珏善，故引居大政以排郑覃、陈夷行，每议政之际，是非锋起，上不能决也。

三月，牂柯寇涪州清溪镇[12]，镇兵击却之。

初，太和之末，杜悰为凤翔节度使，有诏沙汰僧尼。时有五色云见于岐山，近法门寺[13]，民间讹言佛骨降祥，以僧尼不安之故。监军欲奏之，悰曰："云物变色，何常之有！佛若果爱僧尼，当见于京师。"未几，获白兔，监军又欲奏之，曰："此西方之瑞也。"悰曰："野兽未驯，且宜畜之。"旬日而毙。监军不悦，以为掩蔽圣德，独画图献之。及郑注代悰镇凤翔[14]，奏紫云见，又献白雉。是岁，八月，有甘露降于紫宸殿前樱桃之上，上亲采而尝之，百官称贺。其十一月，遂有金吾甘露之变[15]。

及悰为工部尚书、判度支，河中奏驺虞见[16]，百官称贺。上谓悰曰："李训、郑注皆因瑞以售其乱，乃知瑞物非国之庆。卿前在凤翔，不奏白兔，真先觉也。"对曰："昔河出图[17]，伏羲以画八卦；洛出书[18]，大禹以叙九畴，皆有益于人，故足尚也。至于禽兽草木之瑞，何时无之！刘聪桀逆[19]，黄龙三见；石季龙暴虐[20]，得苍麟十六、白鹿七，以驾芝盖。以是观之，瑞岂在德！玄宗尝为潞州别驾[21]，及即位，潞州奏十九瑞，玄宗曰：'朕在潞州，惟知勤职业，此等瑞物，皆不知也。'愿陛下专以百姓富安为国庆，自余不足取也。"上善之，他日，谓宰相曰："时和年丰，是为上瑞；嘉禾灵芝，诚何益于事！"宰相因言："《春秋》记灾异以儆人君，而不书祥瑞，用此故也！"

夏，五月，乙亥，诏："诸道有瑞，皆无得以闻，亦勿申牒所司。其腊飨太庙及飨太清宫[22]，元日受朝奏祥瑞，皆停。"

初，灵武节度使王晏平自盗赃七千余缗，上以其父智兴有功，免死，长流康州[23]。晏平密请于魏、镇、幽三节度使[24]，使上表雪己。

上不得已，六月，壬寅，改永州司户㉕。

【注释】

①齐王凑：李凑，穆宗第六子，文宗之弟，长庆初，封漳王。后为王守澄等所构害，降为巢县公。太和九年（835）死，追赠为齐王。 ②戊申：正月为庚申朔，是以无戊申日。《旧纪》及《杨嗣复传》均载为正月时事，则戊申乃误书。 ③判、使：指李珏的判户部和杨嗣复的盐铁转运使。 ④於陵：杨於陵，字达夫，弘农人，汉太尉杨震之后裔。历官中书舍人、京兆尹、节度使，户部尚书等，太和四年（830）十月卒，年七十八。 ⑤壬辰：正月无壬辰日，下面丁酉为二月之日，可见此“壬辰”亦可能为二月之日，只是在其前漏书“二月”二字。二月壬辰为初四。 ⑥文贞公：魏征的谥号。笏（hù 户）：古代朝会时品官所执的手板。 ⑦甘棠之比：周朝人思念召公，爱召公在树下休息过的甘棠，不愿剪伐，今思魏征之正直，亦应爱他用过的笏。 ⑧纤人：小人。纤，细小。 ⑨洪州：江南西道所属州，治今江西南昌市。 ⑩起居郎：与起居舍人均为门下省所属官，掌录天子起居法度。天子居正殿，起居郎在左，舍人在右。天子与宰相议事，亦分侍左右。 ⑪丁酉：正月无丁酉日。检《旧纪》，知为二月丁酉，即初九。 ⑫清溪镇：涪州的清溪镇，又名清溪关，在今重庆市涪陵区东北的清溪场。 ⑬法门寺：在今陕西扶风县北，藏有佛骨舍利，唐代曾多次迎入皇宫参拜。 ⑭郑注代悰句：据本书上卷所记，郑注至凤翔是取代李听，而杜悰时为忠武节度使。依上文，则当时杜悰不在凤翔镇。 ⑮金吾甘露之变：即指太和九年（835）十一月二十一日，李训等想诛宦官，讹言左金吾仗厅事后石榴夜降甘露，诱使宦官去看，以便围歼之，结果事败，反为宦官所害。 ⑯驺虞：古代传说中的一种义兽，形状如虎，白质黑文，尾长于身，不食生物，为祥瑞之物。 ⑰河出图：是《周易·系辞》记载的话，认为八卦就是仿效黄河中出现的图而创造的。而图的出现，是帝王受命的瑞应。 ⑱洛出书：和河出图一样，见《周易·系辞》，谓洛水有神龟负文而出，为瑞应。 ⑲刘聪：十六国时汉国君，匈奴人，刘渊子。刘渊死，杀兄夺取帝位，穷兵黩武，故史称其桀逆。 ⑳石季龙：即石虎，十六国时后赵国君，羯族人，废石勒子弘自立。在位横征暴敛，刑罚苛急，民不聊生。 ㉑潞州：河东道所属州，治今山西长治市。别驾：仅次于州刺史之官，与长史地位同。 ㉒腊：即腊日，岁终祭祀众神的节日。太清宫：玄宗天宝二年（743），把京师祭祀老

子的玄元皇帝庙改称太清宫。 ㉓康州:岭南道所属州,治今广东德庆县。 ㉔三节度使:指魏博镇的何进滔,镇州镇的王元逵,幽州镇的史元忠。 ㉕永州:江南西道所属州,治今湖南永州市。

八月,己亥,嘉王运薨[①]。

太子永之母王德妃无宠,为杨贤妃所谮而死。太子颇好游宴,昵近小人,贤妃日夜毁之。九月,壬戌,上开延英,召宰相及两省、御史、郎官,疏太子过恶,议废之,曰:"是宜为天子乎?"群臣皆言:"太子年少,容有改过。国本至重,岂可轻动!"御史中丞狄兼谟论之尤切,至于涕泣。给事中韦温曰:"陛下惟一子,不教,陷之至是,岂独太子之过乎!"癸亥,翰林学士六人、神策六军军使十六人复上表论之,上意稍解。是夕,太子始得归少阳院;如京使王少华等及宦官宫人坐流死者数十人。

义武节度使张璠在镇十五年[②],为幽、镇所惮;及有疾,请入朝,朝廷未及制置,疾甚,戒其子元益举族归朝,毋得效河北故事。及薨,军中欲立元益,观察留后李士季不可,众杀之,又杀大将十余人。壬申,以易州刺史李仲迁为义武节度使[③]。义武马军都虞候何清朝自拔归朝,癸酉,以为仪州刺史[④]。

朝廷以义昌节度使李彦佐在镇久[⑤],甲戌,以德州刺史刘约为节度副使,欲以代之。

开成以来,神策将吏迁官,多不闻奏,直牒中书令覆奏施行,迁改殆无虚日。癸未,始诏神策将吏改官皆先奏闻,状至中书,然后检勘施行。

冬,十月,易定监军奏军中不纳李仲迁[⑥],请以张元益为留后。

太子永犹不悛,庚子,暴薨[⑦],谥曰庄恪。

乙巳,以左金吾大将军郭旼为邠宁节度使[⑧]。

宰相议发兵讨易定。上曰:"易定地狭人贫,军资半仰度支。急之则靡所不为,缓之则自生变,但谨备四境以俟之。"乃除张元益代州刺史。顷之,军中果有异议,乃上表以不便李仲迁为辞,朝廷为之罢仲迁。十一月[⑨],诏俟元益出定州,其义武将士始谋立元益者,皆赦不问。

以义昌节度使李彦佐为天平节度使，以刘约为义昌节度使。

丁卯，张元益出定州。

庚午，上问翰林学士柳公权以外议，对曰："郭旼除邠宁，外间颇以为疑。"上曰："旼，尚父之侄[10]，太后叔父，在官无过，自金吾作小镇，外间何尤焉？"对曰："非谓旼不应为节度使也。闻陛下近取旼二女入宫，有之乎？"上曰："然，入参太皇太后耳。"公权曰："外间不知，皆云旼纳女后宫，故得方镇。"上俯首良久曰："然则奈何？"对曰："独有自南内遣归其家[11]，则外议自息矣！"是日，太皇太后遣中使送二女还旼家。

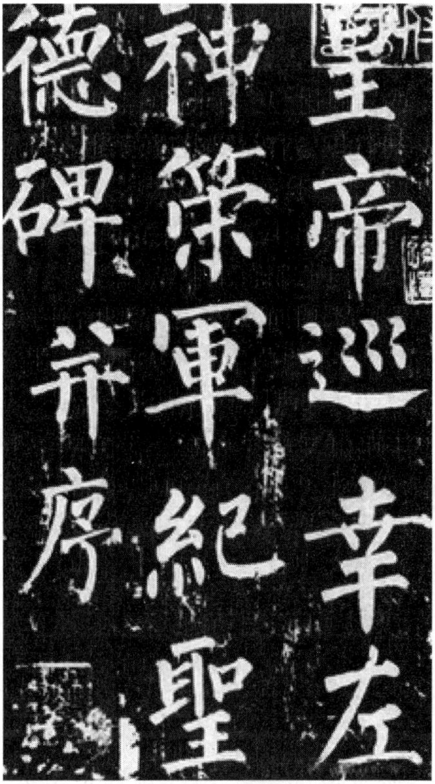

柳公权《神策军碑》摹本(局部)

上好诗，尝欲置诗学士；李珏曰："今之诗人浮薄，无益于理。"乃止。

甲戌，以蔡州刺史韩威为义武节度使[12]。

河东节度使、司徒、中书令裴度以疾求归东都，十二月，辛丑，诏度入知政事，遣中使敦谕上道。

郑覃累表辞位，丙午，诏：三五日一入中书。

是岁，吐蕃彝泰赞普卒，弟达磨立。彝泰多病，委政大臣，由是仅能自守，久不为边患。达磨荒淫残虐，国人不附，灾异相继，吐蕃益衰。

【注释】

①嘉王运：李运，代宗第十五子，大历十年(775)，封嘉王。《旧传》

作"贞元十七年薨",误。　②义武节度使:官名。即易定节度使,治定州(今河北定州市),领易、定、祁三州。　③易州:易定节度使所领州,治今河北易县。　④仪州:河东道所属州,治今山西左权县。　⑤义昌节度使:官名。即原横海节度使改名而来,治沧州,领沧、齐、德三州。⑥易定:即义武军节度使。　⑦暴薨:突然而死,非善终的意思。　⑧郭旼(mín 民):郭子仪之侄。　⑨十一月:据章钰校证,他本在"月"下尚有"壬戌"二字,即十一月初八日。　⑩尚父:指郭子仪。德宗称他为尚父,故文宗仍称之。　⑪南内:指兴庆宫。唐代帝王宫殿有三个组成部分,即太极宫,因居西,故称西内;大明宫,在太极宫之东,称东内;兴庆宫在大明宫之南,称南内。当时郭太后居南内,故柳公权叫将郭旼之女从南内回家为好。　⑫蔡州:河南道所属州,治今河南汝南县。

四年　春,闰正月,己亥,裴度至京师,以疾归第,不能入见。上劳问赐赉,使者旁午[①]。三月,丙戌,薨,谥曰文忠。上怪度无遗表,问其家,得半藁,以储嗣未定为忧,言不及私。度身貌不逾中人,而威望远达四夷,四夷见唐使,辄问度老少用舍;以身系国家轻重如郭子仪者,二十余年。

夏,四月,戊辰,上称判度支杜悰之才,杨嗣复、李珏因请除悰户部尚书,陈夷行曰:"恩旨当由上出,自古失其国者未始不由权在臣下也。"珏曰:"陛下尝语臣云,人主当择宰相,不当疑宰相。"五月,丁亥,上与宰相论政事,陈夷行复言不宜使威福在下,李珏曰:"夷行意疑宰相中有弄陛下威权者耳。臣屡求退,苟得王傅[②],臣之幸也。"郑覃曰:"陛下开成元年、二年政事殊美,三年、四年渐不如前。"杨嗣复曰:"元年、二年郑覃、夷行用事,三年、四年臣与李珏同之,罪皆在臣!"因叩头曰:"臣不敢更入中书!"遂趋出。上遣中使召还,劳之曰:"郑覃失言,卿何遽尔!"覃起谢曰:"臣愚拙,意亦不属嗣复;而遽如是,乃嗣复不容臣耳。"嗣复曰:"覃言政事一年不如一年,非独臣应得罪,亦上累圣德。"退,三上表辞位,上遣中使召出之,癸巳,始入朝。丙申,门下侍郎、同平章事郑覃罢为右仆射,陈夷行罢为吏部侍郎。覃性清俭,夷行亦耿介,故嗣复等深疾之。

上以盐铁推官、检校礼部员外郎姚勖能鞫疑狱[3]，命权知职方员外郎[4]，右丞韦温不听，上奏称："郎官朝廷清选，不宜以赏能吏。"上乃以勖检校礼部郎中，依前盐铁推官。六月，丁丑，上以其事问宰相杨嗣复，对曰："温志在澄清流品。若有吏能者皆不得清流，则天下之事孰为陛下理之！恐似衰晋之风。"然上素重温，终不夺其所守。

秋，七月，癸未，以张元益为左骁卫将军[5]，以其母侯莫陈氏为赵国太夫人[6]，赐绢二百匹。易定之乱，侯莫陈氏说谕将士，且戒元益以顺朝命，故赏之。

甲辰，以太常卿崔郸同中书门下平章事。郸，郾之弟也[7]。

八月，辛亥，鄜王憬薨[8]。

癸酉，昭义节度使刘从谏上言："萧本诈称太后弟，上下皆称萧弘是真，以本来自左军，故弘为台司所抑[9]。今弘诣臣，求臣上闻。乞追弘赴阙，与本对推，以正真伪。"诏三司鞫之[10]。

冬，十月，乙卯，上就起居舍人魏谟取记注观之[11]，谟不可，曰："记注兼书善恶，所以儆戒人君。陛下但力为善，不必观史！"上曰："朕向尝观之。"对曰："此向日史官之罪也。若陛下自观史，则史官必有所讳避，何以取信于后！"上乃止。

杨妃请立皇弟安王溶为嗣[12]，上谋于宰相，李珏非之。丙寅，立敬宗少子陈王成美为皇太子。

丁卯，上幸会宁殿作乐，有童子缘橦[13]，一夫来往走其下如狂。上怪之，左右曰："其父也。"上泫然流涕曰："朕贵为天子，不能全一子！"召教坊刘楚材等四人、宫人张十十等十人责之曰："构会太子，皆尔曹也，今更立太子，复欲尔邪？"执以付吏，己巳，皆杀之，上因是感伤，旧疾遂增。

十一月，三司按萧本、萧弘皆非真太后弟。本除名，流爱州[14]，弘流儋州。而太后真弟在闽中，终不能自达。

乙亥[15]，上疾少间，坐思政殿，召当直学士周墀，赐之酒，因问曰："朕可方前代何主？"对曰："陛下尧、舜之主也。"上曰："朕岂敢比尧、舜！所以问卿者，何如周赧、汉献耳[16]？"墀惊曰："彼亡国之主，岂可比圣德！"上曰："赧、献受制于强诸侯，今朕受制于家奴，以此言之，朕殆不如！”因泣下沾襟，壎伏地流涕，自是不复视朝。

是岁，天下户口四百九十九万六千七百五十二。

回鹘相安允合、特勒柴革谋作乱，彰信可汗杀之。相掘罗勿将兵在外，以马三百赂沙陀朱邪赤心，借其兵共攻可汗。可汗兵败，自杀，国人立𠑊馺特勒为可汗[17]。会岁疫，大雪，羊马多死，回鹘遂衰。赤心，执宜之子也[18]。

【注释】

①旁午：往来交错的样子。 ②王傅：王府属官，从三品，闲散官，宰相被贬后多居是职。 ③盐铁推官：盐铁使所属的官吏。节度使和地方州府，也设推官一职，一般多主刑狱之事。 ④职方员外郎：兵部所属官，正六品上，掌天下地图及城镇防御设施等事。 ⑤左骁卫将军：唐十六卫之一，左右骁卫将军各二员，从三品，为京师宿卫军。 ⑥侯莫陈：三字复姓，始见于北朝代北地区。 ⑦郾：崔郾，字广略，清河武城人。历官员外郎、郎中、谏议大夫、给事中、侍讲学士、中书舍人等职，后以观察使终其任。为官有令誉，为时所称。 ⑧鄜王憬：李憬，宪宗子，长庆元年（821），封鄜王。 ⑨台司：指御史台官吏。 ⑩三司：唐治讼狱的三司，指御史台、中书、门下三个部门。 ⑪记注：即指起居注。唐设起居郎和起居舍人，掌记录皇帝言行，编撰成起居注。 ⑫安王溶：李溶，穆宗第八子，母为杨贤妃，长庆元年（821）封安王。 ⑬缘橦（tóng 同）：爬木杆。古代的一种杂技游戏。 ⑭爱州：安南都护府所领州，治今越南清化省之清化。 ⑮乙亥：十一月无乙亥日，应为十二月乙亥，即二十七日。原文“乙亥”上漏“十二月”三字。 ⑯周赧：东周最后的一个国君，名姬延，在位五十九年，为秦所灭。汉献：东汉末年的汉献帝刘协，为董卓所拥立，后为曹操迎都于许，成为傀儡皇帝，后为曹丕所废，封山阳公。 ⑰𠑊馺（kè sà 刻萨）特勒：回鹘部的首领之一。 ⑱执宜：朱邪执宜，为沙陀部首领，从吐蕃中归灵州，以执宜为供化行营招抚使。执宜死，子朱邪赤心继其职。

五年　春，正月，己卯，诏立颍王瀍为皇太弟[1]，应军国事权令句当[2]。且言太子成美年尚冲幼，未渐师资[3]，可复封陈王。时上疾甚，命知枢密刘弘逸、薛季稜引杨嗣复、李珏至禁中，欲奉太子监国。中尉仇士良、鱼弘志以太子之立，功不在己，乃言太子幼，且有疾，更议所立。李珏曰：“太子位已定，岂得中变！”士良、弘志遂矫诏立瀍为太弟。是日，士良、弘志将兵诣十六宅，迎颍王至少阳院，百官谒见于思贤殿。瀍沉毅有断，喜愠不形于色。与安王溶皆素为上所厚，异于诸王。

辛巳，上崩于太和殿。以杨嗣复摄冢宰。

癸未，仇士良说太弟赐杨贤妃、安王溶、陈王成美死。敕大行以十四日殡[④]，成服。谏议大夫裴夷直上言期日太远，不听。时仇士良等追怨文宗，凡乐工及内侍得幸于文宗者，诛贬相继。夷直复上言：“陛下自藩维继统，是宜俨然在疚[⑤]，以哀慕为心，速行丧礼，早议大政，以慰天下。而未及数日，屡诛戮先帝近臣，惊率土之视听，伤先帝之神灵，人情何瞻！国体至重。若使此辈无罪，固不可刑；若其有罪，彼已在天网之内，无所逃伏，旬日之外行之何晚！”不听。

辛卯，文宗始大敛[⑥]。武宗即位。甲午，追尊上母韦妃为皇太后。

二月，乙卯，赦天下。

丙寅，谥韦太后曰宣懿。

夏，五月，己卯，门下侍郎、同平章事杨嗣复罢为吏部尚书，以刑部尚书崔珙同平章事兼盐铁转运使。

秋，八月，壬戌，葬元圣昭献孝皇帝于章陵[⑦]，庙号文宗。

庚午，门下侍郎、同平章事李珏坐为山陵使龙輴陷[⑧]，罢为太常卿。贬京兆尹敬昕为郴州司马[⑨]。

义武军乱，逐节度使陈君赏。君赏募勇士数百人，复入军城，诛乱者。

【注释】

①颍王瀍（chán 蝉）：穆宗第五子，元和九年（814）生，长庆元年（821），封颍王。本名瀍，后改名炎，后继文宗即帝位，庙号武宗。　②句（gòu 勾）当：办理。　③师资：学、借鉴的意思。语见《老子》：“善人者不善人之师，不善人者善人之资。”　④大行：对已死皇帝的代称。殡：死人装敛以后放入棺中。凡未正式下葬的，均叫殡。　⑤俨然在疚：俨然在忧病之中一样。　⑥大敛：将尸体穿好衣服装入棺中之称，也作“大

殓”。 ⑦章陵：在今陕西富平县境。 ⑧龙輴(chūn 春)：运载皇帝棺材的灵车。 ⑨郴州：江南西道所属州，治今湖南郴州市。

初，上之立非宰相意，故杨嗣复、李珏相继罢去，召淮南节度使李德裕入朝；九月，甲戌朔，至京师，丁丑，以德裕为门下侍郎、同平章事。

庚辰，德裕入谢，言于上曰：“致理之要，在于辩群臣之邪正。夫邪正二者，势不相容，正人指邪人为邪，邪人亦指正人为邪，人主辩之甚难。臣以为正人如松柏，特立不倚；邪人如藤萝，非附他物不能自起。故正人一心事君，而邪人竞为朋党。先帝深知朋党之患，然所用卒皆朋党之人，良由执心不定，故奸人得乘间而入也。夫宰相不能人人忠良，或为欺罔，主心始疑，于是旁询小臣以察执政。如德宗末年，所听任者惟裴延龄辈[1]，宰相署敕而已，此政事所以日乱也。陛下诚能慎择贤才以为宰相，有奸罔者立黜去之，常令政事皆出中书，推心委任，坚定不移，则天下何忧不理哉！”又曰：“先帝于大臣好为形迹[2]，小过皆含容不言，日累月积，以至祸败。兹事大误，愿陛下以为戒！臣等有罪，陛下当面诘之。事苟无实，得以辩明；若其有实，辞理自穷。小过则容其悛改，大罪则加之诛谴，如此，君臣之际无疑间矣。”上嘉纳之。

初，德裕在淮南，敕召监军杨钦义，人皆言必知枢密，德裕待之无加礼，钦义心衔之。一旦，独延钦义，置酒中堂，情礼极厚；陈珍玩数床，罢酒，皆以赠之，钦义大喜过望。行至汴州[3]，敕复还淮南，钦义尽以所饷归之。德裕曰：“此何直！”卒以与之。其后钦义竟知枢密；德裕柄用，钦义颇有力焉。

初，伊吾之西[4]，焉耆之北[5]，有黠戛斯部落，即古之坚昆，唐初结骨也，后更号黠戛斯，乾元中为回鹘所破[6]，自是隔阂不通中国。其君长曰阿热，建牙青山[7]，去回鹘牙，橐驼行四十日。其人悍勇，吐蕃、回鹘常赂遗之，假以官号。回鹘既衰，阿热始自称可汗。回鹘遣相国将兵击之，连兵二十余年，数为黠戛斯所败，詈回鹘曰：“汝运尽矣，我必取汝金帐！”金帐者，回鹘可汗所居帐也。

及掘罗勿杀彰信，立厖驭，回鹘别将句录莫贺引黠戛斯十万骑攻回鹘，大破之，杀𩽾𩽾及掘罗勿，焚其牙帐荡尽，回鹘诸部逃散。其相𩽾职、特勒庞等十五部西奔葛逻禄，一支奔吐蕃，一支奔安西。可汗兄弟嗢没斯等及其相赤心、仆固、特勒那颉啜各帅其众抵天德塞下[⑧]，就杂虏贸易谷食，且求内附。冬，十月，丙辰，天德军使温德彝奏："回鹘溃兵侵逼西城，亘六十里，不见其后。边人以回鹘猥至，恐惧不安。"诏振武节度使刘沔屯云迦关以备之[⑨]。

魏博节度使何进滔薨，军中推其子都知兵马使重顺知留后。

萧太后徙居兴庆宫积庆殿，号积庆太后。

十一月，癸酉朔，上幸云阳校猎[⑩]。

故事，新天子即位，两省官同署名。上之即位也，谏议大夫裴夷直漏名，由是出为杭州刺史。

开府仪同三司、左卫上将军兼内谒者监仇士良请以开府荫其子为千牛[⑪]，给事中李中敏判曰："开府阶诚宜荫子，谒者监何由有儿？"士良惭恚。李德裕亦以中敏为杨嗣复之党，恶之，出为婺州刺史[⑫]。

十二月，庚申，以何重顺知魏博留后事。

立皇子峻为杞王。

【注释】

①裴延龄：河东人，德宗时任户部侍郎、判度支，锐意以苛刻剥下附上为功，甚为德宗所倚信。时宰相陆贽揭其过失虚妄上奏皇帝，德宗不悦，罢陆贽相位，仍信用裴延龄。　②形迹：行为表现，即一个人的形象。　③汴州：河南道所属州，治今河南开封市。　④伊吾：陇右道伊州的治所，在今新疆哈密市。　⑤焉耆：唐焉耆都督府所在地，治今新疆焉耆回族自治县东南。　⑥乾元：肃宗年号，758—760 年，共二年多时间。⑦青山：黠戛斯建牙的青山，在今俄罗斯叶尼塞河上游阿巴坎以西处。⑧天德：即天德军，为朔方节度使所属之一部，治西受降城（今内蒙古乌拉特中后旗西南）。　⑨云迦关：即振武节度使所驻之地，曾置云中都护府。该地在今内蒙古和林格尔县西北土城子。　⑩云阳：京兆府所属县，治今陕西泾阳县云阳镇。　⑪千牛：即千牛备身，为千牛卫的属吏，掌宿卫侍从。唐制，千牛多为资荫而来。　⑫婺州：为江南东道所属州，治今浙江金华市。

武宗至道昭肃孝皇帝上

会昌元年 春，正月，辛巳，上祀圜丘，赦天下，改元。

刘沔奏回鹘已退，诏沔还镇。

二月，回鹘十三部近牙帐者立乌希特勒为乌介可汗，南保错子山[①]。

三月，甲戌，以御史大夫陈夷行为门下侍郎、同平章事。

初，知枢密刘弘逸、薛季稜有宠于文宗，仇士良恶之。上之立，非二人及宰相意，故杨嗣复出为湖南观察使，李珏出为桂管观察使。士良屡谮弘逸等于上，劝上除之，乙未，赐弘逸、季稜死，遣中使就潭、桂州诛嗣复及珏[②]。户部尚书杜悰奔马见李德裕曰："天子年少，新即位，兹事不宜手滑！"丙申，德裕与崔珙、崔郸、陈夷行三上奏，又邀枢密使至中书，使入奏。以为："德宗疑刘晏动摇东宫而杀之，中外咸以为冤，两河不臣者由兹恐惧，得以为辞。德宗后悔，录其子孙[③]。文宗疑宋申锡交通藩邸，窜谪至死；既而追悔，为之出涕[④]。嗣复、珏等若有罪恶，乞更加重贬；必不可容，亦当先行讯鞠，俟罪状著白，诛之未晚。今不谋于臣等，遽遣使诛之，人情莫不震骇。愿开延英赐对！"至晡时，开延英，召德裕等入。

唐武宗李炎像

德裕等泣涕极言："陛下宜重慎此举，毋致后悔！"上曰："朕不悔！"三命之坐，德裕等曰："臣等愿陛下免二人于死，勿使既死而众以为冤。今未奉圣旨,臣等不敢坐。”久之,上乃曰:“特为卿等释之。”德裕等跃下阶舞蹈。上召升坐,叹曰:“朕嗣位之际,宰相何尝比数[5]!李珏、季稜志在陈王,嗣复、弘逸志在安王。陈王犹是文宗遗意,安王则专附杨妃。嗣复仍与妃书云:‘姑何不效则天临朝!’向使安王得志,朕那复有今日!”德裕等曰:“兹事暧昧,虚实难知。”上曰:“杨妃尝有疾,文宗听其弟玄思入侍月余,以此得通指意。朕细询内人,情状皎然,非虚也。”遂追还二使,更贬嗣复为潮州刺史[6],李珏为昭州刺史[7],裴夷直为驩州司户。

夏,六月,乙巳,诏:“自今臣下论人罪恶,并应请付御史台按问,毋得乞留中,以杜谗邪。”

以魏博留后何重顺为节度使。

上命道士赵归真等于三殿建九天道场,亲授法箓。右拾遗王哲上疏切谏,坐贬河南府士曹[8]。

秋,八月,加仇士良观军容使。

【注释】

①错子山:据《新志》所记,在中受降城以北,过鸊鹈泉,则其地在当今蒙古国境内。 ②潭、桂:指湖南观察使所在地潭州(今湖南长沙市)和桂管观察使所在地桂州(今广西桂林市)。 ③录其子孙:德宗建中元年(780),刘晏因杨炎之谗,被杀,兴元初,德宗知为误杀,许晏归葬。贞元五年(789),擢晏子执经太常博士,宗经秘书郎。 ④为之出涕:宋申锡被郑注、王守澄所陷害,于太和五年(831)贬为开州司马,死于贬州。开成元年(836),李石向文宗讲到宋申锡忠直,文宗因感慨而流涕。 ⑤比数:相提并论,即未被列入继位人之中而受重视的意思。 ⑥潮州:岭南道所属州,治今广东潮州市。 ⑦昭州:岭南道所属州,治今广西平乐县。 ⑧士曹:唐在府、州属官中,设士曹参军,掌营造桥梁廨宇之事。

天德军使田牟、监军韦仲平欲击回鹘以求功,奏称:“回鹘叛将嗢没斯等侵逼塞下,吐谷浑、沙陀、党项皆世与为仇,请自出兵驱逐。”上命朝臣议之,议者皆以为嗢没斯叛可汗而来,不可受,宜如牟等所请,击之便。上以问宰相,李德裕以为:“穷鸟入怀,犹当活之。况回鹘屡建大功[1],今为邻国所破,部落离散,穷无所归,远依天子,无秋毫犯塞,奈何乘其困而击之!宜遣使者镇抚,运粮食以赐之,此汉宣帝所以服呼韩邪也[②]。”陈夷行曰:“此所谓借寇兵资盗粮也[③],不如击之。”德裕曰:“彼吐谷浑等各有部落,见利则锐敏争进,不利则鸟惊鱼散,各走巢穴,安肯守死为国家用!今天德城兵才千余,若战不利,城陷必矣。不若以恩义抚而安之,必不为患。纵使侵暴边境,亦须征诸道大兵讨之,岂可独使天德击之乎!”

时诏以鸿胪卿张贾为巡边使[④],使察回鹘情伪,未还。上问德裕曰:“嗢没斯等请降,可保信乎?”对曰:“朝中之人,臣不敢保,况敢保数千里外戎狄之心乎!然谓之叛将,则恐不可。若可汗在国,嗢没斯等帅众而来,则于体固不可受。今闻其国败乱无主,将相逃散,或奔吐蕃,或奔葛罗禄,惟此一支远依大国。观其表辞,危迫恳切,岂可谓之叛将乎!况嗢没斯等自去年九月至天德,今年二月始立乌介,自无君臣之分。愿且诏河东、振武严兵保境以备之,俟其攻犯城镇,然后以武力驱除。或于吐谷浑等部中小有抄掠,听自仇报,亦未可助以官军。仍诏田牟、仲平毋得邀功生事,常令不失大信,怀柔得宜,彼虽戎狄,必知感恩。”辛酉,诏田牟约勒将士及杂虏,毋得先犯回鹘。九月,戊辰朔,诏河东、振武严兵以备之。牟,布之弟也[⑤]。

癸巳,卢龙军乱,杀节度使史元忠,推陈行泰主留务[⑥]。

李德裕请遣使慰抚回鹘,且运粮三万斛以赐之,上以为疑;闰月,己亥,开延英,召宰相议之。陈夷行于候对之所,屡言资盗粮不可。德裕曰:“今征兵未集,天德孤危。倘不以此粮啖饥虏。且使安静,万一天德陷没,咎将谁归!”夷行至上前,遂不敢言。上乃许以谷二万斛赈之。

以前山南东道节度使、同平章事牛僧孺为太子太师[⑦]。先是汉水溢,坏襄州民居[⑧]。故李德裕以为僧孺罪而废之。

【注释】

①回鹘屡建大功:指在肃宗时期,协助收复东西两京,平定安史之乱等事。 ②汉宣帝服呼韩邪事:汉宣帝甘露三年(前51),匈奴呼韩邪单于来朝,宣帝以优礼相待,遣归后,又赈以谷食。于是呼韩邪畏服于汉,

而郅支单于远遁，匈奴遂定。 ③借寇兵资盗粮：此语见《史记·李斯列传》，意思是把武器借给敌寇，把粮食送给强盗。 ④鸿胪卿：鸿胪寺的长官，从三品，掌宾客及凶仪之事，领典客、司仪二署，以率其官属，供其职务。 ⑤布：田布，田弘正之子，田弘正为王庭凑杀害后，田布被任为魏博节度使。魏博军在讨伐王庭凑时，由于史宪诚倡乱，田布兵败自杀。 ⑥陈行泰：据章钰校证，他本在“陈”字上有“牙将”二字。 ⑦太子太师：东宫属官，从一品，与太傅、太保，合称太子三师，掌教谕太子。此是闲散之任，李德裕为报私怨，乃置牛氏于闲职。 ⑧襄州：为山南东道节度使驻地，治今湖北襄阳市。

卢龙军复乱，杀陈行泰，立牙将张绛。

初，陈行泰逐史元忠，遣监军傔以军中大将表来求节钺[①]。李德裕曰：“河朔事势，臣所熟谙。比来朝廷遣使赐诏常太速，故军情遂固。若置之数月不问，必自生变。今请留监军傔，勿遣使以观之。”既而军中果杀行泰，立张绛，复求节钺，朝廷亦不问。会雄武军使张仲武起兵击绛[②]，且遣军吏吴仲舒奉表诣京师，称绛惨虐，请以本军讨之。

冬，十月，仲舒至京师。诏宰相问状，仲舒言：“行泰、绛皆游客，故人心不附。仲武幽州旧将，性忠义，通书，习戎事，人心向之；向者张绛初杀行泰，召仲武，欲以留务让之，牙中一二百人不可；仲武行至昌平，绛复却之。今计仲武才发雄武，军中已逐绛矣。”李德裕问：“雄武士卒几何？”对曰：“军士八百，外有土团五百人[③]。”德裕曰：“兵少，何以立功？”对曰：“在得人心。苟人心不从，兵三万何益！”德裕又问：“万一不克，如何？”对曰：“幽州粮食皆在妫州及北边七镇[④]，万一未能入，则据居庸关[⑤]，绝其粮道，幽州自困矣！”

德裕奏：“行泰、绛皆使大将上表，胁朝廷，邀节钺，故不可与。今仲武先自发兵为朝廷讨乱[⑥]，与之则似有名。”乃以仲武知卢龙留后。仲武寻克幽州。

上校猎咸阳。

十一月，李德裕上言：“今回鹘破亡，太和公主未知所在[⑦]。若不遣使访问，则戎狄必谓国家降主虏庭，本非爱惜，既负公主，又伤虏情。请遣通事舍人苗缜赍诏诣嗢没斯[8]，令转达公主，兼可卜嗢没斯逆顺之情。"从之。

上颇好田猎及武戏[9]，五坊小儿得出入禁中，赏赐甚厚。尝谒郭太后[10]，从容问为天子之道，太后劝以纳谏。上退，悉取谏疏阅之，多谏游猎。自是上出畋稍稀，五坊无复横赐。

癸亥，以中书侍郎、同平章事崔郸同平章事，充西川节度使。

初，黠戛斯既破回鹘，得太和公主；自谓李陵之后，与唐同姓，遣达干十人奉公主归之于唐。回鹘乌介可汗引兵邀击达干，尽杀之，质公主，南度碛[11]，屯天德军境上。公主遣使上表，言可汗已立，求册命。乌介又使其相颉干伽斯等上表，借振武一城以居公主、可汗。十二月，庚辰，制遣右金吾大将军王会等慰问回鹘，仍赈米二万斛。又赐乌介可汗敕书，谕以"宜帅部众渐复旧疆，漂寓塞垣，殊非良计"。又云："欲借振武一城，前代未有此比。或欲别迁善地，求大国声援，亦须于漠南驻止。朕当许公主入觐，亲问事宜。倘须应接，必无所吝。"

【注释】

①傔（qiàn 欠）：即傔人。唐代的节度使、大使、副使、监军等，都有傔人，为侍从、副官一类人。　②雄武军：为幽州节度使所领军队的一部，驻蓟州广汉川（今天津市蓟州区北）。　③土团：由当地土人所组成的武装力量。　④妫（guī 归）州：河北道所属州，治今河北怀来县东南。北边七镇：指檀州的大王、北来、保要、鹿固、赤城、邀虏、石子航等地，均在今北京北面怀柔、平谷等地。　⑤居庸关：又名军都关、蓟门关、纳款关等，在今北京市昌平区西北。　⑥发兵：据章钰校注云，他本在"发兵"上有"表请"二字。　⑦太和公主：宪宗第十女，穆宗之妹。长庆元年（821），下嫁回鹘登逻骨没密施合毗伽可汗，封太和公主。　⑧通事舍人：中书省属官，从六品上，掌朝见引纳及辞谢者，于殿廷通奏。凡四方通表，华夷纳贡，皆受而进之。　⑨武戏：指击球、骑射、手搏等事。⑩郭太后：宪宗时为贵妃，生穆宗。帝即位，册为皇太后。敬宗、文宗、武宗均为其孙。　⑪碛（qì 气）：即碛口，其地在今内蒙古苏尼特右旗西部。

二年 春，正月，以张仲武为卢龙节度使。

朝廷以回鹘屯天德、振武北境，以兵部郎中李拭为巡边使，察将帅能否。拭，鄘之子也[1]。

二月，淮南节度使李绅入朝。丁丑，以绅为中书侍郎、同平章事、判度支。

河东节度使苻澈修杷头烽旧戍以备回鹘[2]。李德裕奏请增兵镇守，及修东、中二受降城以壮天德形势[3]，从之。

右散骑常侍柳公权素与李德裕善，崔珙奏为集贤学士、判院事[4]。德裕以恩非己出，因事左迁公权为太子詹事[5]。

回鹘复奏求粮，及寻勘吐谷浑、党项所掠，又借振武城。诏遣内使杨观赐可汗书，谕以城不可借，余当应接处置。

三月[6]，李拭巡边还，称振武节度使刘沔有威略，可任大事。时河东节度使苻澈疾病，庚申，以沔代之；以金吾上将军李忠顺为振武节度使。遣将作少监苗缜册命乌介可汗[7]，使徐行，驻于河东，俟可汗位定，然后进。既而可汗屡侵扰边境，缜竟不行。

回鹘嗢没斯以赤心桀黠难知，先告田牟云，赤心谋犯塞；乃诱赤心并仆固杀之，那颉啜收赤心之众七千帐东走。河东奏："回鹘兵至横水[8]，杀掠兵民，今退屯释迦泊东[9]。"李德裕上言："释迦泊西距可汗帐三百里，未知此兵为那颉所部，为可汗遣来。宜且指此兵云不受可汗指挥，擅掠边鄙。密诏刘沔、仲武先经略此兵，如可以讨逐，事亦有名。摧此一支，可汗必自知惧。"

夏，四月，庚辰，天德都防御使田牟奏："回鹘侵扰不已，不俟朝旨，已出兵三千拒之。"壬午，李德裕奏："田牟殊不知兵，戎狄长于野战，短于攻城。牟但应坚守以待诸道兵集，今全军出战，万一失利，城中空虚，何以自固！望亟遣中使止之。如已交锋，即诏云、朔、天德以来羌、浑各出兵奋击回鹘，凡所虏获，并令自取。回鹘羁旅二年，粮食乏绝，人心易动。宜诏田牟招诱降者，给粮转致太原，不可留于天德。嗢没斯情伪虽未可知，然要早加官赏。纵使不诚，亦足为反间。且欲奖其忠义，为讨伐之名，令远近诸蕃知但责可汗犯顺，非欲尽灭回鹘。石雄善战无敌[10]，请以为天德都团练副使，佐田牟用兵。"上皆从其言。

初，太和中，河西党项扰边，文宗召石雄于白州，隶振武军为裨将，屡立战功，以王智兴故，未甚进擢。至是，德裕举用之。

甲申，嗢没斯帅其国特勒、宰相等二千二百余人来降。

【注释】

①鄘：李鄘，字建侯，江夏人。大历中举进士，历官御史中丞、京兆尹、节度使等。元和十二年（817）任宰相之职，李鄘耻为宦官所推举，不视事，十五年（820）去世。　②杷头烽：其地北临大碛，东望云、朔，西望振武，为军事要地。其地当在内蒙古境内。　③东、中二受降城：东受降城即振武军驻地，在今内蒙古托克托县境内。中受降城治今内蒙古包头市西南黄河北岸。　④集贤学士：即集贤殿书院学士，为五品以上官。⑤太子詹事：东宫属官，正三品，掌东宫三寺十率府之政令。　⑥三月：据章钰校证，他本在“三月”二字下有“戊申”二字，即三月十三日。⑦将作少监：又称将作少匠，为将作监之副长官，从四品下，掌国家土木工程修建等事。　⑧横水：其地在今内蒙古杭锦旗西北。　⑨释迦泊：其地在错子山以东三百里，横水以北，当在今内蒙古黄河以北地区。⑩石雄：原为武宁军捉生兵马使，军中恶王智兴之残暴，欲拥立石雄为帅。王智兴欲诛之，文宗惜其能，乃长流白州。

上信任李德裕，观军容使仇士良恶之。会上将受尊号，御丹凤楼宣赦[①]。或告士良，宰相与度支议草制减禁军衣粮及马刍粟，士良扬言于众曰：“如此，至日，军士必于楼前喧哗！”德裕闻之，乙酉，乞开延英自诉。上怒，遽遣中使宣谕两军：“赦书初无此事。且赦书皆出朕意，非由宰相，尔安得此言！”士良乃惶愧称谢。丁亥，群臣上尊号曰仁圣文武至神大孝皇帝；赦天下。

五月，戊申，遣鸿胪卿张贾安抚嗢没斯等，以嗢没斯为左金吾大将军、怀化郡王；其次酋长官赏有差。赐其部众米五千斛，绢三千匹。

那颉啜帅其众自振武、大同[②]，东因室韦、黑沙[③]，南趣雄武军，窥幽州。卢龙节度使张仲武遣其弟仲至将兵三万迎击，大破之，斩首捕虏不可胜计，悉收降其七千帐，分配诸道。那颉啜走，乌介可汗获而杀之。

时乌介众虽衰减，尚号十万，驻牙于大同军北闾门山[④]。杨观自回鹘还，可汗表求粮食、牛羊，且请执送嗢没斯等。诏报以："粮食听自以马价于振武籴三千石；牛，稼穑之资，中国禁人屠宰；羊，中国所鲜，出于北边杂虏，国家未尝科调。嗢没斯自本国初破，先投塞下，不随可汗已及二年，虑彼猜嫌，穷迫归命[5]。前可汗正以猜虐无亲，致内离外叛，今可汗失地远客，尤宜深矫前非。若复骨肉相残，则可汗左右信臣谁敢自保！朕务在兼爱，已受其降。于可汗不失恩慈，于朝廷免亏信义，岂不两全事体，深叶良图！"

嗢没斯入朝。六月，甲申，以嗢没斯所部为归义军，以嗢没斯为左金吾大将军，充军使。

门下侍郎、同平章事陈夷行罢为左仆射。秋，七月，以尚书右丞李让夷为中书侍郎、同平章事。

岚州人田满川据州城作乱[6]，刘沔讨诛之。

【注释】

①丹凤楼：大明宫南面宫城正门丹凤门城楼。 ②振武、大同：振武军，驻今内蒙古托克托；大同军，驻今山西朔州市东北。 ③室韦：唐代活动在内蒙古、河北北部一带的少数民族之一。 ④阊门山：当在今山西以北内蒙古境内，具体地点不详。 ⑤归命：归服王命，即投降唐朝的委婉之词。 ⑥岚（lán 兰）州：河东道所属州，治今山西岚县北。

嗢没斯请置家太原，与诸弟竭力捍边。诏刘沔存抚其家。

乌介可汗复遣其相上表，借兵助复国，又借天德城，诏不许。

初，可汗往来天德、振武之间，剽掠羌、浑，又屯杷头烽北。朝廷屡遣使谕之，使还漠南，可汗不奉诏。李德裕以为"那颉啜屯于山北，乌介恐其与奚、契丹连谋邀遮，故不敢远离塞下。望敕张仲武谕奚、契丹与回鹘共灭那颉啜，使得北还。"及那颉啜死，可汗犹不去。议者又以为回鹘待马价；诏尽以马价给之，又不去。八月，可汗帅众过杷头烽南，突入大同川，驱掠河东杂虏牛马数万，转斗至云州城门[1]。刺史张献节闭城自守，吐谷浑、党项皆挈家入山避之。庚午，诏发陈、许、徐、汝、襄阳等兵屯太原及振武、天德[2]，俟来春驱逐回鹘。

丁丑，赐嗢没斯与其弟阿历支、习勿啜、乌罗思皆姓李氏，名思忠、思贞、思义、思礼；国相爱邪勿姓爱，名弘顺；仍以弘顺为归义军副使。

上遣回鹘石戒直还其国，赐可汗书，谕以“自彼国为纥吃斯所破[3]，来投边境，抚纳无所不至。今可汗尚此近塞，未议还蕃，或侵掠云、朔等州，或钞击羌、浑诸部。遥揣深意，似恃姻好之情[4]；每观踪由，实怀驰突之计。中外将相咸请诛翦，朕情深屈己，未忍幸灾。可汗宜速择良图，无贻后悔！”

上又命李德裕代刘沔答回鹘相颉干迦斯书，以为：“回鹘远来依投，当效呼韩邪遣子入侍[5]，身自入朝。及令太和公主入谒太皇太后，求哀乞怜，则我之救恤，无所愧怀。而乃睥睨边城[6]，桀骜自若，邀求过望，如在本蕃；又深入边境，侵暴不已，求援继好，岂宜如是！来书又云胡人易动难安，若令忿怒，不可复制。回鹘为纥吃斯所破，举国将相遗骸弃于草莽，累代可汗坟墓，隔在天涯，回鹘忿怒之心，不施于彼，而蔑弃仁义，逞志中华，天地神祇岂容如此！昔郅支不事大汉[7]，竟自夷灭，往事之戒，得不在怀！”

戊子，李德裕等上言：“若如前诏，河东等三道严兵守备[8]，俟来春驱逐，乘回鹘人困马羸之时，又官军免盛寒之苦，则幽州兵宜令止屯本道以俟诏命。若虑河冰既合，回鹘复有驰突，须早驱逐，则当及天时未寒，决策于数月之间[9]。以河朔兵益河东兵，必令收功于两月之内。今闻外议纷纭，互有异同，倘不一询群情，终为浮辞所挠。望令公卿集议！”诏从之。时议者多以为宜俟来春。

九月，以刘沔兼招抚回鹘使，如须驱逐，其诸道行营兵权令指挥；以张仲武为东面招抚回鹘使，其当道行营兵及奚、契丹、室韦等并自指挥。以李思忠为河西党项都将回鹘西南面招讨使；皆会军于太原。令沔屯雁门关[10]。

初，奚、契丹羁属回鹘，各有监使，岁督其贡赋，且诇唐事[11]。张仲武遣牙将石公绪统二部，尽杀回鹘监使等八百余人。仲武破那颉啜，得室韦酋长妻子。室韦以金帛羊马赎之，仲武不受，曰：“但杀监使则归之[12]！”

癸卯，李德裕等奏：“河东奏事官孙俦适至，云回鹘移营近南四十里。刘沔以为此必契丹不与之同，恐为其掩袭故也。据此事势，正堪驱除。臣等问孙俦，若与幽州合势，迫逐回鹘，更须益几兵。俦言不须多益兵，唯大同兵少，得易定千人助之足矣。”上皆从之。诏河东、幽州、振武、天德各出大兵，移营稍前，以迫回鹘。

【注释】

①云州：河东道所属州，治今山西大同市。 ②陈、许：方镇名，号忠武军，治许州。徐：治徐州的武宁军。汝：东都畿汝防御使所领的军队。 ③纥吃斯：即上文所言破回鹘的“黠戛斯”。由于是按语音所翻译，代表的汉字不尽相同。 ④恃姻好之情：仗着有姻亲关系的情感，即指劫持太和公主以胁迫朝廷答应他的需求。 ⑤呼韩邪遣子入侍：汉宣帝五凤三年（前55），匈奴内部分裂，分为五部，互相攻击。甘露元年（前53），呼韩邪单于遣子右贤王铢娄渠堂入侍。此后呼韩邪和汉朝关系友好，常相往来。 ⑥睥睨（pìnì 譬逆）：窥伺，企图窃取的意思。 ⑦郅支不事大汉：汉宣帝时，匈奴内部分裂为五部，互相争斗，他部均降于汉，只有郅支单于不事汉而远遁。汉元帝建昭三年（前36）秋，命甘延寿等伐郅支单于，斩其首，传诣京师示众。 ⑧三道：指河东、卢龙、振武三道。 ⑨数月：据章钰校证，他本“月”均作“日”。观下文“必令收功于两月之内”看，也以作“日”为合于情理。 ⑩雁门关：唐在今山西代县雁门山上筑关，故称雁门关。 ⑪诇（xiòng 复）：侦察、刺探。 ⑫监使：据章钰校注云，他本监使二字上均有“回鹘”二字。

上闻太子少傅白居易名，欲相之，以问李德裕。德裕素恶居易，乃言居易衰病，不任朝谒。其从父弟左司员外郎敏中[①]，辞学不减居易，且有器识。甲辰，以敏中为翰林学士。

李思忠请与契苾、沙陀、吐谷浑六千骑合势击回鹘。乙巳，以银州刺史何清朝、蔚州刺史契苾通分将河东蕃兵诣振武[②]，受李思忠指挥。通，何力之五世孙[③]。

冬，十月，丁卯，立皇子岘为益王，岐为兖王。

黠戛斯遣将军踏布合祖等至天德军，言“先遣都吕施合等奉公主归之大唐，至今无声问，不知得达，或为奸人所隔。今出兵求索，上天入地，期于必得。”又言：“将徙就合罗川，居回鹘故国，兼已得安西、北庭达靼等五部落[④]。”

十一月，辛卯朔，昭义节度使刘从谏上言，请出部兵五千讨回鹘，诏不许。

上遣使赐太和公主冬衣，命李德裕为书赐公主，略曰："先朝割爱降婚，义宁家国，谓回鹘必能御侮，安静塞垣。今回鹘所为，甚不循理，每马首南向，姑得不畏高祖、太宗之威灵！欲侵扰边疆，岂不思太皇太后之慈爱！为其国母，足得指挥；若回鹘不能禀命，则是弃绝姻好，今日已后，不得以姑为词！"

上幸泾阳校猎[5]。乙卯，谏议大夫高少逸、郑朗于阁中谏曰："陛下比来游猎稍频，出城太远，侵星夜归，万机旷废。"上改容谢之。少逸等出，上谓宰相曰："本置谏官使之论事，朕欲时时闻之。"宰相皆贺。己未，以少逸为给事中，朗为左谏议大夫。

刘沔、张仲武固称盛寒未可进兵，请待岁首，李忠顺独请与李思忠俱进。十二月，丙寅，李德裕奏请遣思忠进屯保大栅，从之。

丁卯，吐蕃遣其臣论普热来告达磨赞普之丧，命将作少监李璟为吊祭使。

刘沔奏移军云州。

李忠顺奏击回鹘，破之。

丙戌，立皇子峄为德王，嵯为昌王。

初，吐蕃达磨赞普有佞幸之臣，以为相；达磨卒，无子，佞相立其妃綝氏兄尚延力之子乞离胡为赞普，才三岁，佞相与妃共制国事，吐蕃老臣数十人皆不得预政事。首相结都那见乞离胡不拜，曰："赞普宗族甚多，而立綝氏子，国人谁服其令，鬼神谁飨其祀！国必亡矣；比年灾异之多，乃为此也。老夫无权，不得正其乱以报先赞普之德，有死而已！"拔刀剺面[6]，恸哭而出。佞相杀之，灭其族，国人愤怒。又不遣使诣唐求册立。

洛门川讨击使论恐热[7]，性悍忍，多诈谋，乃属其徒告之曰："贼舍国族立綝氏，专害忠良以胁众臣，且无大唐册命，何名赞普！吾当与汝属举义兵，入诛綝妃及用事者以正国家。天道助顺，功无不成。"遂说三部落，得万骑。是岁，与青海节度使同盟举兵，自称国相。

至渭州[8]，遇国相尚思罗屯薄寒山，恐热击之，思罗弃辎重西奔松州[9]。恐热遂屠渭州。思罗发苏毗、吐谷浑、羊同等兵，合八万，保洮水[10]，焚桥拒之。恐热至，隔水语苏毗等曰："贼臣乱国，天遣我来诛之，汝曹奈何助逆！我今已为宰相，国内兵我皆得制之，汝不从，将灭汝部落！"苏毗等疑不战，恐热引骁骑涉水，苏毗等皆降。思罗西走，追获，杀之。恐热尽并其众，合十余万。自渭川至松州[11]，所过残灭，尸相枕藉。

【注释】

①左司员外郎：尚书省属官，与左司郎中一道办理尚书左丞所掌各司之事。左丞掌吏、户、礼十二司事。 ②银州：关内道所属州，治今陕西榆林市横山区东党岔。蔚（yù 驭）州：河东道所属州，治今山西灵丘县。 ③何力：即契苾何力，铁勒的后裔，贞观六年（632），何力率部众降唐，太宗擢为左领军将军。后多次在征战立大功，官副大总管、总管等职，进镇军大将军、行左卫大将军等。 ④安西：安西都护府所在地，治今新疆库车县境内。北庭：北庭都护府所在地，治今新疆吉木萨尔县。⑤泾阳：治今陕西咸阳市以北之泾阳县。 ⑥剺（lí 厘）面：用力划脸。我国古代少数民族有种风俗，如遇大忧大丧，就用刀划脸，用以表悲伤之意。 ⑦洛门川：也作落门川，在今甘肃东部武山县东渭水支流上。⑧渭州：陇右道所属州，治今甘肃陇西县。 ⑨松州：剑南道所属州，治今四川松潘县。 ⑩洮水：今甘肃东部黄河支流洮河。 ⑪渭川：据章钰校注云，他本作"渭州"，只有无注本作"渭川"。

资治通鉴卷第二百四十七

唐纪六十三　起昭阳大渊献，尽阏逢困敦七月，凡一年有奇。

武宗至道昭肃孝皇帝中

会昌三年　春，正月，回鹘乌介可汗帅众侵逼振武，刘沔遣麟州刺史石雄、都知兵马使王逢帅沙陀朱邪赤心三部及契苾、拓跋三千骑袭其牙帐[①]，沔自以大军继之。雄至振武，登城望回鹘之众寡，见毡车数十乘，从者皆衣朱碧，类华人；使谍问之，曰："公主帐也。"雄使谍告之曰："公主至此，家也，当求归路！今将出兵击可汗，请公主潜与侍从相保，驻车勿动！"雄乃凿城为十余穴，引兵夜出，直攻可汗牙帐，至其帐下，虏乃觉之。可汗大惊，不知所为，弃辎重走，雄追击之；庚子，大破回鹘于杀胡山[②]，可汗被疮[③]，与数百骑遁去，雄迎太和公主以归。斩首万级，降其部落二万余人。丙午，刘沔捷奏至。

李思忠入朝，自以回鹘降将，惧边将猜忌，乞并弟思贞等及爱弘顺皆归阙庭[④]。

庚戌，以石雄为丰州都防御使。

乌介可汗走保黑车子族[⑤]，其溃兵多诣幽州降。

二月，庚申朔，日有食之。

诏停归义军，以其士卒分隶诸道为骑兵，优给粮赐。

辛未，黠戛斯遣使者注吾合索献名马二；诏太仆卿赵蕃饮劳之。甲戌，上引对，班在勃海使之上[⑥]。

上欲令赵蕃就颉戛斯求安西、北庭,李德裕等上言:“安西去京师七千余里,北庭五千余里,借使得之,当复置都护,以唐兵万人戍之。不知此兵于何处追发,馈运从何道得通,此乃用实费以易虚名,非计也。”上乃止。

中书侍郎、同平章事崔珙罢为右仆射。

黠戛斯求册命,李德裕奏,宜与之结欢,令自将兵求杀使者罪人及讨黑车子[7]。上恐加可汗之名即不修臣礼,踵回鹘故事求岁遗及卖马,犹豫未决。德裕奏:“黠戛斯已自称可汗,今欲藉其力,恐不可吝此名。回鹘有平安、史之功,故岁赐绢二万匹,且与之和市。黠戛斯未尝有功于中国,岂敢遽求赂遗乎!若虑其不臣,当与之约,必如回鹘称臣,乃行册命;又当叙同姓以亲之,使执子孙之礼。”上从之。

庚寅[8],太和公主至京师,改封安定大长公主;诏宰相帅百官迎谒于章敬寺前。公主诣光顺门,去盛服,脱簪珥,谢回鹘负恩、和蕃无状之罪。上遣中使慰谕,然后入宫。阳安等六公主不来慰问安定公主[9],各罚俸物及封绢。

赐魏博节度使何重顺名弘敬。

三月[10],以太仆卿赵蕃为安抚黠戛斯使。上命李德裕草《赐黠戛斯可汗书》,谕以:“贞观二十一年黠戛斯先君身自入朝[11],授左屯卫将军、坚昆都督,迄于天宝,朝贡不绝。比为回鹘所隔,回鹘凌虐诸蕃,可汗能复仇雪怨,茂功壮节,近古无俦。今回鹘残兵不满千人,散投山谷,可汗既与为怨,须尽歼夷;倘留余烬,必生后患。又闻可汗受氏之源,与我同族,国家承北平太守之后[12],可汗乃都尉苗裔[13]。以此合族,尊卑可知。今欲册命可汗,特加美号,缘未知可汗之意,且遣谕怀。待赵蕃回日,别命使展礼。”自回鹘至塞上及黠戛斯入贡,每有诏敕,上多命德裕草之。德裕请委翰林学士,上曰:“学士不能尽人意,须卿自为之。”

【注释】

①麟州:唐开元十二年(724)置,为关内道所属州,治今陕西神木县北十里。　②杀胡山:即黑山,在振武之北的塞外,今内蒙古托克托县以北处。　③疮:通“创”,即外伤。　④阙庭:据章钰校注云,其他各本在

“阙庭”二字之下，尚有“上从之”三字。 ⑤黑车子族：为室韦之一部，称和介室韦，活动地方在今内蒙古兴安盟一带。 ⑥勃海：也作“渤海”，为唐时靺鞨族等所建立的地方政权，唐曾设渤海都督府领属之。 ⑦杀使者罪人：黠戛斯遣使送太和公主，中途使者为回鹘所杀，此即是说叫他们向回鹘问罪。 ⑧庚寅：二月无庚寅日，此是三月初一。原文“庚寅”上漏“三月”二字。《旧纪》亦作：“三月，太和公主至京师。” ⑨阳安等六公主：“六”是“七”之误。其七位公主是：阳安、宣城、真宁、义宁、临真、真源、义昌。 ⑩三月：“三月”二字应置前条“庚寅”之上，此处不当书。 ⑪贞观二十一年(647)：黠戛斯先君坚昆都督入朝事在贞观二十二年(648)，此作“二十一年”误。 ⑫北平太守：指西汉名将李广。 ⑬都尉：指李广之孙李陵。李陵善骑射，汉武帝时为骑都尉。后在与匈奴作战中失败降敌，病死于匈奴中。黠戛斯自称是李陵的后代。

刘沔奏：“归义军回鹘三千余人及酋长四十三人准诏分隶诸道，皆大呼，连营据滹沱河[①]，不肯从命，已尽诛之。回鹘降幽州者前后三万余人，皆散隶诸道。”

李德裕追论维州悉怛谋事云[②]：“维州据高山绝顶，三面临江，在戎虏平川之冲，是汉地入兵之路；初，河、陇并没，唯此独存。吐蕃潜以妇人嫁此州门者，二十年后，两男长成，窃开垒门，引兵夜入，遂为所陷，号曰无忧城。从此得并力于西边，更无虞于南路[③]。凭陵近甸，旰食累朝。贞元中，韦皋欲经略河、湟，须此城为始。万旅尽锐，急攻数年，虽擒论莽热而还，城坚卒不可克。

臣初到西蜀，外扬国威，中缉边备。其维州熟臣信令，空壁来归，臣始受其降，南蛮震慑，山西八国，皆愿内属。其吐蕃合水、栖鸡等城[④]，既失险扼，自须抽归，可减八处镇兵，坐收千余里旧地。且维州未降前一年，吐蕃犹围鲁州[⑤]，岂顾盟约！臣受降之初，指天为誓，面许奏闻，各加酬赏。当时不与臣者，望风疾臣，诏臣执送悉怛谋等令彼自戮，臣宁忍以三百余人命弃信偷安！累表陈论，乞垂矜舍，答诏严切，竟令执还。体备三木[⑥]，舆于竹畚，及将就路，冤叫呜呜，将吏对臣，无不陨涕。其部送者更为蕃帅讥诮，云既已降彼，何须送来！复以此降人戮于汉境之上，恣行残忍，用固携离[7]；至乃掷其婴孩，承以枪槊。绝忠款之路，快凶虐之情，从古已来，未有此事。虽时更一纪[8]，而运属千年，乞追奖忠魂，各加褒赠！”诏赠悉怛谋右卫将军。

臣光曰：论者多疑维州之取舍，不能决牛、李之是非。臣以为昔荀吴围鼓[9]，鼓人或请以城叛，吴弗许，曰：“或以吾城叛，吾所甚恶也，人以城来，吾独何好焉！吾不可以欲城而迩奸。”使鼓人杀叛者而缮守备。是时唐新与吐蕃修好而纳其维州，以利言之，则维州小而信大；以害言之，则维州缓而关中急。然则为唐计者，宜何先乎？悉怛谋在唐则为向化，在吐蕃不免为叛臣，其受诛也又何矜焉！且德裕所言者利也，僧孺所言者义也，匹夫徇利而忘义犹耻之，况天子乎！譬如邻人有牛逸而入于家，或劝其兄归之，或劝其弟攘之。劝归者曰：“攘之不义也，且致讼。”劝攘者曰：“彼尝攘吾羊矣，何义之拘！牛，大畜也，鬻之可以富家[10]。”以是观之，牛、李之是非，端可见矣。

夏，四月，辛未，李德裕乞退就闲局，上曰：“卿每辞位，使我旬日不得所[11]。今大事皆未就，卿岂得求去！”

【注释】

①滹沱河：发源于山西繁峙县之泰戏山，经代县、平原、定襄而东入河北境。回鹘兵所据，当为山西境内之滹沱河地区。　②维州悉怛谋事：文宗太和五年(831)九月，吐蕃维州副使悉怛谋率其众降，西川节度使李德裕接受了。时宰相牛僧孺认为不能接受，诏令李德裕归还降人悉怛谋等，吐蕃尽杀之。维州治今四川理县东北。　③南路：指吐蕃南面的西川，因据有维州，就不必担心南边西川的进攻了。　④合水：原为唐翼州所属县，曾置合江守捉使于此。治今四川茂县西北。栖鸡：亦为唐城而没入吐蕃，具体地点不详。　⑤鲁州：河曲六胡州之一，在宥州之西，今当为内蒙古境内。　⑥三木：古代加在犯人颈上、手上、足上的刑具。　⑦用固携离：用以巩固、防止有贰心之人。携，携贰。离，离心。⑧一纪：古以十二年为一纪。维州事发生在太和五年(831)，至此恰为十二年。　⑨荀吴围鼓：晋国荀吴帅师伐鲜虞，因而围攻鼓国。司马光引文乃节选，原文见《左传·昭公十五年》。　⑩鬻(yù 驭)：卖。如卖官

鬻爵。 ⑪不得所：犹言不安其所，即不安心。

初，昭义节度使刘从谏累表言仇士良罪恶，士良亦言从谏窥伺朝廷。及上即位，从谏有马高九尺，献之，上不受。从谏以为士良所为，怒杀其马，由是与朝廷相猜恨。遂招纳亡命，缮完兵械，邻境皆潜为之备。

从谏榷马牧及商旅，岁入钱五万缗，又卖铁、煮盐亦数万缗。大商皆假以牙职[①]，使通好诸道，因为贩易。商人倚从谏势，所至多陵轹将吏[②]，诸道皆恶之。

从谏疾病[③]，谓妻裴氏曰："吾以忠直事朝廷，而朝廷不明我志，诸道皆不我与。我死，他人主此军，则吾家无炊火矣！"乃与幕客张谷、陈扬庭谋效河北诸镇，以弟右骁卫将军从素之子稹为牙内都知兵马使，从子匡周为中军兵马使，孔目官王协为押牙亲事兵马使，以奴李士贵为使宅十将兵马使，刘守义、刘守忠、董可武、崔玄度分将牙兵。谷，郓州人；扬庭，洪州人也[④]。

从谏寻薨，稹秘不发丧。王协为稹谋曰："正当如宝历年样为之[⑤]，不出百日，旌节自至。但严奉监军，厚遗敕使，四境勿出兵，城中暗为备而已。"使押牙姜崟奏求国医，上遣中使解朝政以医问疾。稹又逼监军崔士康奏称从谏疾病，请命其子稹为留后。上遣供奉官薛士干往谕指云："恐从谏疾未平，宜且就东都疗之；俟稍瘳，别有任使。乃遣稹入朝，必厚加官爵。"

上以泽潞事谋于宰相[⑥]，宰相多以为："回鹘余烬未灭，边鄙犹须警备，复讨泽潞，国力不支，请以刘稹权知军事。"谏官及群臣上言者亦然。李德裕独曰："泽潞事体与河朔三镇不同。河朔习乱已久，人心难化，是故累朝以来，置之度外。泽潞近处心腹，一军素称忠义，尝破走朱滔[⑦]，擒卢从史[⑧]。顷时多用儒臣为帅，如李抱真成立此军，德宗犹不许承袭，使李缄护丧归东都[⑨]。敬宗不恤国务，宰相又无远略，刘悟之死，因循以授从谏。从谏跋扈难制，累上表迫胁朝廷，今垂死之际，复以兵权擅付竖子。朝廷若又因而授之，则四方诸镇谁不思效其所为，天子威令不复行矣！"上曰："卿以何术制之？果可克否？"对曰："稹所恃者河朔三镇。但得镇、魏不与之同[10]，则稹无能为也。若遣重臣往谕王元逵、何弘敬，以河朔自艰难以来，列圣许其传袭，已成故事，与泽潞不同。今朝廷将加兵泽潞，不欲更出禁军至山东。其山东三州隶昭义者[11]，委两镇攻之；兼令遍谕将士，以贼平之日厚加官赏。苟两镇听命，不从旁沮桡官军[12]，则稹必成擒矣！”上喜曰：“吾与德裕同之，保无后悔。”遂决意讨稹，群臣言者不复入矣。

上命德裕草诏赐成德节度使王元逵、魏博节度使何弘敬，其略曰：“泽潞一镇，与卿事体不同，勿为子孙之谋，欲存辅车之势[13]。但能显立功效，自然福及后昆。”丁丑，上临朝，称其语要切，曰：“当如此直告之是也！”又赐张仲武诏[14]，以“回鹘余烬未灭，塞上多虞，专委卿御侮”。元逵、弘敬得诏，悚息听命。

解朝政至上党[15]，刘稹见朝政曰：“相公危困，不任拜诏。”朝政欲突入，兵马使刘武德、董可武蹑帘而立，朝政恐有他变，遽走出。稹赠赉直数千缗[16]，复遣牙将梁叔文入谢。薛士干入境，俱不问从谏之疾，直为已知其死之意。都押牙郭谊等乃大出军，至龙泉驿迎候敕使，请用河朔事体；又见监军言之，崔士康懦怯，不敢违。于是将吏扶稹出见士众，发丧。士干竟不得入牙门，稹亦不受敕命。谊，兖州人也。解朝政复命，上怒，杖之，配恭陵[17]。囚姜崟、梁叔文。

辛巳，始为从谏辍朝，赠太傅，诏刘稹护丧归东都。又召见刘从素，令以书谕稹，稹不从。丁亥，以忠武节度使王茂元为河阳节度使，邠宁节度使王宰为忠武节度使。茂元，栖曜之子[18]；宰，智兴之子也[19]。

黄州刺史杜牧上李德裕书，自言：“尝问淮西将董重质以三州之众四岁不破之由，重质以为由朝廷征兵太杂，客军数少，既不能自成一军，事须帖付地主。势羸力弱，心志不一，多致败亡。故初战二年，战则必胜，是多杀客军。及二年已后，客军殚少，止与陈许、河阳全军相搏[20]，纵使唐州兵不能因虚取城[21]，蔡州事力亦不支矣。其时朝廷若使鄂州、寿州、唐州只保境，不用进战，但用陈许、郑滑两道全军[22]，帖以宣、润弩手，令其守隘，即不出一岁，无蔡州矣。今者上党之叛，复与淮西不同。淮西为寇仅五十岁[23]，其人味为寇之腴，见为寇之利，风俗益固，气焰已成，自以为天下之兵莫与我敌，根深源阔，取之固难。夫上党则不然。自安、史南下，不甚附隶；建中之后，每奋忠义；是以邠公抱真能窘田悦[24]，走朱滔，常以孤穷寒苦之军，横折河朔强梁之众。以此证验，人心忠赤，习尚专一，可以尽见。刘悟卒，从谏求继，与扶同者，只郓州随来中军二千耳[25]。值宝历多故，因以授之。今才二十余岁，风俗未改，故老尚存，虽欲劫之，必不用命。今成德、魏博虽尽节效顺，亦不过围一城，攻一堡，系累稚老而已。若使河阳万人为垒，窒天井之口[26]，高壁深堑，勿与之战。只以忠武、武宁两军，帖以青州五千精甲，宣、润二千弩手，径捣上党，不过数月，必覆其巢穴矣！"时德裕制置泽潞，亦颇采牧言。

【注释】

①牙职：节度使府牙中将校职务。　②陵轹（lì 力）：欺压。　③疾病：病重。疾病统而言之指生病，分别而言，轻者为疾，重者为病。　④洪州：江南西道所属州，治今江西南昌市。　⑤宝历年样：敬宗宝历元年（825），刘悟死，其子刘从谏以悟遗表求知留后，敬宗允其请。　⑥泽潞事：即昭义军节度使刘从谏死后刘稹求为留后事。昭义军治潞州，领泽、潞等州，故称。　⑦破走朱滔：德宗兴元元年（784），泽潞节度使李抱真和王武俊大败朱滔于贝州，滔乃逃归幽州。　⑧擒卢从史：宪宗元和五年（810），昭义节度使卢从史阴与叛将王承宗通谋，吐突承璀和乌重胤等乃设谋擒卢从史，命孟元阳为昭义节度使。　⑨李缄：昭义节度使李抱真之子。李抱真死，李缄欲继父职，朝廷不许，诸将也不拥护李缄，未能继其职。　⑩镇、魏：指镇州节度使和魏博节度使。　⑪山东三州：泽潞镇领五州，有三州在太行山以东，即邢、洺、磁，故称山东三州。　⑫沮桡：同阻挠，阻止或暗中破坏。　⑬辅车之势：颊辅与牙床相互依存的形势。《左传·僖公五年》："谚所谓'辅车相依，唇亡齿寒'者，其虞、虢之谓也。"　⑭张仲武：当时任河朔三镇之一的卢龙镇节度使。　⑮上党：泽潞节度使驻地，即潞州治所，在今山西长治市。　⑯赆（jìn 尽）：送别他人时所赠的礼物，也称赆仪。　⑰配恭陵：发配到恭陵去守陵墓，充役使。恭陵，高宗太子李弘的陵墓，在河南偃师南。　⑱栖曜：王栖曜，濮州人。天宝末年任牙将，屡立战功，德宗贞元初，拜龙武大将军，鄜坊丹延节度观察使，兼御史大夫。贞元十九年（803），卒于位。　⑲智兴：王

智兴，字匡谏，怀州温县人。宪宗元和中，参加平李师道，官御史中丞、沂州刺史。穆宗时，累官御史大夫、武宁节度使等。文宗朝，位至侍中、节度使等。 ⑳陈许：指忠武军李光颜之兵。河阳：指河阳节度使乌重胤之兵。 ㉑唐州兵：指唐、随、邓节度使李愬之兵。 ㉒郑滑：指义成军节度使所领军，驻滑州，领滑、郑、濮三州。 ㉓仅五十岁：接近五十年。淮西从大历中李希烈据其地，至吴元济被擒止，将近五十年。仅，犹近。 ㉔窘田悦：德宗建中三年（782），李抱真等大败魏博节度使田悦于洹水，窘田悦事指此。 ㉕中军二千：刘悟从郓州至滑州，再迁泽潞镇，所带领之中军二千人跟随他，其他则为当地的将士。 ㉖天井：即天井关，其地在今山西晋城市南，为泽潞南窥怀、洛的要道。

上虽外尊宠仇士良，内实忌恶之。士良颇觉之，遂以老病求散秩。诏以左卫上将军兼内侍监、知省事。

李德裕言于上曰："议者皆云刘悟有功，稹未可亟诛，宜全恩礼。请下百官议，以尽人情。"上曰："悟亦何功，当时迫于救死耳，非素心徇国也。藉使有功，父子为将相二十余年，国家报之足矣，稹何得复自立！朕以为凡有功当显赏，有罪亦不可苟免也。"德裕曰："陛下之言，诚得理国之要。"

五月，李德裕言太子宾客、分司李宗闵与刘从谏交通，不宜寘之东都[1]。戊戌，以宗闵为湖州刺史[2]。

河阳节度使王茂元以步骑三千守万善[3]；河东节度使刘沔步骑二千守芒车关[4]，步兵一千五百军榆社[5]；成德节度使王元逵以步骑三千守临洺，掠尧山[6]；河中节度使陈夷行以步骑一千守翼城[7]，步兵五百益冀氏[8]。辛丑，制削夺刘从谏及子稹官爵，以元逵为泽潞北面招讨使，何弘敬为南面招讨使，与夷行、刘沔、茂元合力攻讨。

先是河朔诸镇有自立者，朝廷必先有吊祭使，次册赠使、宣慰使继往商度军情。必不可与节，则别除一官；俟军中不听出，然后始用兵。故常及半岁，军中得缮完为备。至是，宰相亦欲且遣使开谕，上即命下诏讨之。王元逵受诏之日，出师屯赵州[9]。

壬寅，以翰林学士承旨崔铉为中书侍郎、同平章事[10]。铉，元略之子也[11]。上夜召学士韦琮，以铉名授之，令草制，宰相、枢密皆不之知。时枢密使刘行深、杨钦义皆愿悫[12]，不敢预事，老宦者尤之曰："此由刘、杨懦怯，堕败旧风故也。"琮，乾度之子也。

以武宁节度使李彦佐为晋绛行营诸军节度招讨使。

刘沔自代州还太原。

筑望仙观于禁中。

六月，王茂元遣兵马使马继等将步骑二千军于天井关南科斗店[13]，刘稹遣衙内十将薛茂卿将亲军二千拒之。

黠戛斯可汗遣将军温仵合入贡。上赐之书，谕以速平回鹘、黑车子，乃遣使行册命。

癸酉，仇士良以左卫上将军、内侍监致仕。其党送归私第，士良教以固权宠之术曰："天子不可令闲，常宜以奢靡娱其耳目，使日新月盛，无暇更及他事，然后吾辈可以得志。慎勿使之读书，亲近儒生，彼见前代兴亡，心知忧惧，则吾辈疏斥矣。"其党拜谢而去。

丙子，诏王元逵、李彦佐、刘沔、王茂元、何弘敬以七月中旬五道齐进，刘稹求降皆不得受。又诏刘沔自将兵取仰车关路以临贼境[14]。

【注释】

①寘(zhì 治)：同"置"。放置、安置。　②湖州：江南东道所属州，治今浙江湖州市。　③万善：即唐怀州河内县的万善镇，今在河南沁阳市东北。　④芒车关：又名昂车关，在潞州武乡县北，是仪州南入潞州的隘口。其地今山西武乡县北。　⑤榆社：仪州所属县，治今山西榆社县。　⑥尧山：唐天宝时改柏人县置，属邢州。其地在今河北隆尧县西之尧城。　⑦翼城：绛州所属县，东与泽州相连，是入泽潞要地。其地在今山西翼城县。　⑧冀氏：晋州所属县，东与泽潞二州相接，今属山西安泽县。　⑨赵州：镇州节度使所领州，治今河北赵县。赵州之南即与邢州接壤。　⑩翰林学士承旨：翰林学士中年高德重者方可充选，常独承密命，故称。宪宗时始置，任此职的人，多位至宰相。　⑪元略：崔元略，博陵人。宪宗元和中，历官御史中丞、京兆尹、左散骑常侍。穆宗时，转鄂州刺史。后历官户部尚书、东都留守等，太和五年(831)卒。　⑫愿悫

(què 却):谨慎、朴实。 ⑬科斗店:又称科斗寨,在今山西晋城市南。 ⑭仰车关:即昂车关,又称芒车关。

吐蕃鄯州节度使尚婢婢[①],世为吐蕃相,婢婢好读书,不乐仕进,国人敬之;年四十余,彝泰赞普强起之,使镇鄯州。婢婢宽厚沉勇,有谋略,训练士卒多精勇。

论恐热虽名义兵[②],实谋篡国,忌婢婢,恐袭其后,欲先灭之。是月,大举兵击婢婢,旌旗杂畜千里不绝。至镇西[③],大风震电,天火烧杀裨将十余人,杂畜以百数,恐热恶之,盘桓不进。婢婢谓其下曰:"恐热之来,视我如蝼蚁,以为不足屠也。今遇天灾,犹豫不进,吾不如迎伏以却之,使其志益骄而不为备,然后可图也。"乃遣使以金帛、牛酒犒师,且致书言:"相公举义兵以匡国难,阖境之内,孰不向风!苟遣一介,赐之折简[④],敢不承命!何必远辱士众,亲临下藩!婢婢资性愚僻,惟嗜读书,先赞普授以藩维,诚为非据,夙夜惭惕,惟求退居。相公若赐以骸骨,听归田里,乃惬平生之素愿也。"恐热得书喜,遍示诸将曰:"婢婢惟把书卷,安知用兵!待吾得国,当位以宰相,坐之于家,亦无所用也。"乃复为书,勤厚答之,引兵归。婢婢闻之,抚髀笑曰[⑤]:"我国无主,则归大唐,岂能事此犬鼠乎!"

秋,七月,以山南东道节度使卢钧为昭义节度招抚使。朝廷以钧在襄阳宽厚有惠政,得众心,故使领昭义以招怀之。

上遣刑部侍郎兼御史中丞李回宣慰河北三镇,令幽州乘秋早平回鹘,镇、魏平泽潞。回,太祖之八世孙也[⑥]。

甲辰,李德裕言于上曰:"臣见向日河朔用兵,诸道利于出境仰给度支。或阴与贼通,借一县一栅据之,自以为功,坐食转输,延引岁时。今请赐诸军诏指,令王元逵取邢州,何弘敬取洺州,王茂元取泽州,李彦佐、刘沔取潞州,毋得取县。"上从之。

晋绛行营节度使李彦佐自发徐州,行甚缓,又请休兵于绛州[⑦],兼请益兵。李德裕言于上曰:"彦佐逗留顾望,殊无讨贼之意,所请皆不可许,宜赐诏切责,令进军翼城。"上从之。德裕因请以天德防御使石雄为彦佐之副,俟至军中,令代之。乙巳,以雄为晋绛行营节度副使，仍诏彦佐进屯翼城。

刘稹上表自称："亡父从谏为李训雪冤，言仇士良罪恶，由此为权幸所疾，谓臣父潜怀异志，臣所以不敢举族归朝。乞陛下稍垂宽察，活臣一方！"何弘敬亦为之奏雪，皆不报。李回至河朔，何弘敬、王元逵、张仲武皆具櫜鞬郊迎[8]，立于道左，不敢令人控马，让制使先行[9]，自兵兴以来，未之有也。回明辩有胆气，三镇无不奉诏。

王元逵奏拔宣务栅[10]，击尧山；刘稹遣兵救尧山，元逵击败之。诏切责李彦佐、刘沔、王茂元，使速进兵逼贼境，且称元逵之功以激厉之。加元逵同平章事。

八月，乙丑，昭义大将李丕来降。议者或谓贼故遣丕降，欲以疑误官军。李德裕言于上曰："自用兵半年，未有降者，今安问诚之与诈！且须厚赏以劝将来，但不可置之要地耳。"

上从容言："文宗好听外议，谏官言事多不著名，有如匿名书。"李德裕曰："臣顷在中书，文宗犹不尔。此乃李训、郑注教文宗以术御下，遂成此风。人主但当推诚任人，有欺罔者，威以明刑，孰敢哉！"上善之。

【注释】

①鄯州：本为唐所属州，上元二年（761）为吐蕃所占领。治今青海海东市乐都区。 ②义兵：论恐热原为吐蕃洛门川讨击使。达磨赞普死，佞相不立赞普族人，而立达磨妃綝氏侄乞离胡为国君，于是论恐热乃起兵讨綝氏，故称义兵。 ③镇西：即镇西军，在河州西，今甘肃临夏市境内。此地距其西北的鄯州不远。 ④折简：也称"折札""折柬"，犹短信、便条之类。古人用简写信，一般简长二尺，用折半之简写信，表示随便而不庄重的意思。 ⑤抚髀（bì 毕）：用手拍股，表示高兴的样子。也作"拊髀"。 ⑥太祖：唐高祖李渊的祖父李虎的庙号。 ⑦绛州：为河中节度使所领州，治今山西新绛县。 ⑧櫜（gāo 高）鞬：安放箭和弓的袋子，也用来指全副装束的武将。 ⑨制使：皇帝派到外地去传达诏旨的使者，由朝官担任者称制使，由宫中宦官担任者称中使。 ⑩宣务栅：邢州尧山县东北的堡栅，其地在今河北隆尧县西北。

王元逵前锋入邢州境已逾月，何弘敬未出师，元逵屡有密表，称弘敬怀两端。丁卯，李德裕上言："忠武累战有功，军声颇振。王宰年力方壮，谋略可称。请赐弘敬诏，以'河阳、河东皆阂山险[①]，未能进军，贼屡出兵焚掠晋、绛。今遣王宰将忠武全军径魏博，直抵磁州[②]，以分贼势。'弘敬必惧，此攻心伐谋之术也。"从之。诏宰悉选步骑精兵自相、魏趣磁州[③]。

甲戌，薛茂卿破科斗寨，擒河阳大将马继等，焚掠小寨一十七，距怀州才十余里[④]。茂卿以无刘稹之命，故不敢入。时议者鼎沸，以为刘悟有功，不可绝其嗣。又，从谏养精兵十万，粮支十年，如何可取！上亦疑之，以问李德裕，对曰："小小进退，兵家之常。愿陛下勿听外议，则成功必矣！"上乃谓宰相曰："为我语朝士：有上疏沮议者，我必于贼境上斩之！"议者乃止。

何弘敬闻王宰将至，恐忠武兵入魏境，军中有变，苍黄出师[⑤]。丙子，弘敬奏，已自将全军渡漳水，趣磁州。

庚辰，李德裕上言："河阳兵力寡弱，自科斗店之败，贼势愈炽。王茂元复有疾，人情危怯，欲退保怀州。臣窃见元和以来诸贼，常视官军寡弱之处，并力攻之，一军不支，然后更攻他处。今魏博未与贼战，西军阂险不进[⑥]，故贼得并兵南下。若河阳退缩，不惟亏沮军声，兼恐震惊洛师。望诏王宰更不之磁州，亟以忠武军应援河阳；不惟扞蔽东都，兼可临制魏博。若令全军供饷难给[⑦]，且令发先锋五千人赴河阳，亦足张声势。"甲申，又奏请敕王宰以全军继进，仍急以器械缯帛助河阳窘乏。上皆从之。

王茂元军万善，刘稹遣牙将张巨、刘公直等会薛茂卿共攻之，期以九月朔围万善。乙酉，公直等潜师先过万善南五里，焚雍店。巨引兵继之，过万善，觇知城中守备单弱，欲专有功，遂攻之。日昃，城且拔，乃使人告公直等。时义成军适至[⑧]，茂元困急，欲帅众弃城走。都虞候孟章谏曰[⑨]："贼众自有前却，半在雍店，半在此，乃乱兵耳。今义成军才至，尚未食，闻仆射走，则自溃矣。愿且强留！"茂元乃止。会日暮，公直等不至，巨引兵退，始登山，微雨晦黑，自相惊曰："追兵近矣！"皆走，人马相践，坠崖谷死者甚众。

上以王茂元、王宰两节度使共处河阳非宜，庚寅[⑩]，李德裕等奏："茂元习吏事而非将才，请以宰为河阳行营攻讨使。茂元病愈，止令镇河阳，病困亦免他虞。"九月[11]，辛卯，以宰兼河阳行营攻讨使。

何弘敬奏拔肥乡、平恩[12]，杀伤甚众。得刘稹榜帖[13]，皆谓官军为贼，云遇之即须痛杀。癸巳，上谓宰相："何弘敬已克两县，可释前疑。既有杀伤，虽欲持两端，不可得已。"乃加弘敬检校左仆射。

丙午，河阳奏王茂元薨。李德裕奏："王宰止可令以忠武节度使将万善营兵，不可使兼领河阳，恐其不爱河阳州县，恣为侵扰。又，河阳节度先领怀州刺史，常以判官摄事，割河南五县租赋隶河阳，不若遂置孟州[14]，其怀州别置刺史。俟昭义平日，仍割泽州隶河阳节度，则太行之险不在昭义，而河阳遂为重镇，东都无复忧矣！"上采其言。戊申，以河南尹敬昕为河阳节度、怀孟观察使，王宰将行营以扞敌，昕供馈饷而已。

庚戌，以石雄代李彦佐为晋绛行营节度使，令自冀氏取潞州，仍分兵屯翼城以备侵轶。

【注释】

①阌山险：河阳与泽潞隔有太行山天井关之险。河东与泽潞隔有石会关、昂车关等险阻。 ②磁州：泽潞节度使所领州，治今河北磁县。③相、魏：二州均为魏博节度使所属。许州的忠武军要开向磁州，必经相、魏二州。相州治今河南安阳市，魏州治今河北大名县东北。 ④怀州：河阳节度使所领州，治今河南沁阳市。 ⑤苍黄：同"仓皇""仓黄"，匆促而慌张的样子。 ⑥西军：在泽潞西边的官军，即指河东、晋绛两支大军。 ⑦若令：据章钰校证，他本"令"作"虑"。严衍《通鉴补》亦作"虑"。从文意看，作"虑"为顺。 ⑧义成军：即滑州兵。当时河阳兵少，乃令忠武军和义成军合援之。 ⑨孟章谏：据章钰校证，他本"谏"上有"遮马"二字。 ⑩庚寅：八月无此日，当是九月初四。原文"庚寅"前，漏"九月"二字。 ⑪九月：此二字应在"庚寅"二字前。 ⑫肥乡、平恩：这两县均属洺州。肥乡在州东三十五里，平恩在州东九十里。⑬榜帖：张贴出来的文告。 ⑭孟州：治所在河阳县，在今河南孟州市南。

是月，吐蕃论恐热屯大夏川[①]，尚婢婢遣其将庞结心及莽罗薛吕将精兵五万击之。至河州南[②]，莽罗薛吕伏兵四万于险阻，庞结心伏万人于柳林中，以千骑登山，飞矢系书骂之。恐热怒，将兵数万追之，庞结心阳败走，时为马乏不进之状。恐热追之益急，不觉行数十里，伏兵发，断其归路，夹击之。会大风飞沙，溪谷皆溢，恐热大败，伏尸五十里，溺死者不可胜数，恐热单骑遁归。

石雄代李彦佐之明日，即引兵逾乌岭[③]，破五寨，杀获千计。时王宰军万善，刘沔军石会[④]，皆顾望未进。上得雄捷书，喜甚。冬，十月，庚申，临朝，谓宰相曰："雄真良将！"李德裕因言："比年前潞州市有男子磬折唱曰[⑤]：'石雄七千人至矣！'刘从谏以为妖言，斩之。破潞州者必雄也。"诏赐雄帛为优赏，雄悉置军门，自依士卒例先取一匹，余悉分将士，故士卒乐为之致死。

初，刘沔破回鹘，得太和公主，张仲武疾之，由是有隙；上使李回至幽州和解之，仲武意终不平。朝廷恐其以私憾败事，辛未，徙沔为义成节度使，以前荆南节度使李石为河东节度使。

党项寇盐州，以前武宁节度使李彦佐为朔方灵盐节度使。十一月，邠宁奏党项入寇。李德裕奏："党项愈炽，不可不为区处。闻党项分隶诸镇[⑥]，剽掠于此则亡逃归彼。节度使各利其驼马，不为擒送，以此无由禁戢。臣屡奏不若使一镇统之，陛下以为一镇专领党项权太重。臣今请以皇子兼统诸道，择中朝廉干之臣为之副，居于夏州[⑦]，理其辞讼，庶为得宜。"乃以兖王岐为灵、夏等六道元帅[⑧]，兼安抚党项大使，又以御史中丞李回为安抚党项副使，史馆修撰郑亚为元帅判官[⑨]，令赍诏往安抚党项及六镇百姓。

安南经略使武浑役将士治城[⑩]，将士作乱，烧城楼，劫府库。浑奔广州，监军段士则抚安乱众。

忠武军素号精勇，王宰治军严整，昭义人甚惮之。薛茂卿以科斗寨之功，意望超迁。或谓刘稹曰："留后所求者节耳。茂卿太深入，多杀官军，激怒朝廷，此节所以来益迟也。"由是无赏。茂卿愠怼，密与王宰通谋，十二月，丁巳，宰引兵攻天井关，茂卿小战，遽引兵走，宰遂克天井关守之。关东西寨闻茂卿不守，皆退走，宰遂焚大小箕村。茂卿入泽州，密使谍召宰进攻泽州，当为内应。

宰疑，不敢进，失期不至，茂卿拊膺顿足而已。稹知之，诱茂卿至潞州，杀之，并其族，以兵马使刘公直代茂卿，安全庆守乌岭，李佐尧守雕黄岭[11]，郭僚守石会，康良佺守武乡[12]。僚，谊之侄也。

戊辰，王宰进攻泽州，与刘公直战，不利，公直乘胜复天井关。甲戌，宰进击公直，大破之；遂围陵川[13]，克之。河东奏克石会关。

洺州刺史李恬，石之从兄也。石至太原，刘稹遣军将贾群诣石，以恬书与石云："稹愿举族归命相公，奉从谏丧归葬东都。"石囚群，以其书闻。李德裕上言："今官军四合，捷书日至，贼势穷蹙，故伪输诚款，冀以缓师，稍得自完，复来侵轶。望诏石答恬书云：'前书未敢闻奏。若郎君诚能悔过，举族面缚，待罪境上，则石当亲往受降，护送归阙。若虚为诚款，先求解兵，次望洗雪，则石必不敢以百口保人。'仍望诏诸道，乘其上下离心，速进兵攻讨，不过旬朔，必内自生变。"上从之，右拾遗崔碣上疏请受其降，上怒，贬碣邓城令[14]。

初，刘沔破回鹘，留兵三千戍横水栅；河东行营都知兵马使王逢奏乞益榆社兵，诏河东以兵二千赴之。时河东无兵，守仓库者及工匠皆出从军。李石召横水戍卒千五百人，使都将杨弁将之诣逢，壬午，戍卒至太原。先是，军士出征，人给绢二匹。刘沔之去，竭府库自随，石初至，军用乏，以己绢益之，人才得一匹。时已岁尽，军士求过正旦而行[15]，监军吕义忠累牒趣之。杨弁因众心之怒，又知城中空虚，遂作乱。

【注释】

①大夏川：在河州大夏县西，即今甘肃广河县西北。 ②河州：原陇右道所属州，后为吐蕃所占有，治今甘肃临夏市。 ③乌岭：又名乌岭山，在今山西浮山县和安泽县之间。 ④石会：即石会关，为太原府入潞州之孔道。其地在今山西太谷县南昌源河上源东岸。 ⑤磬（qìng 庆）折：将身体弯曲如石磬一般，很恭敬的样子。石磬，古代一种乐器，形似曲尺，用玉或石制成。 ⑥分隶诸镇：当时党项分布在绥、银、灵盐、夏、邠、宁、延、麟、胜、庆等州，由各节度使分别领属。 ⑦夏州：夏绥节度使所驻地，治今陕西靖边县西北红柳河北岸白城子。 ⑧兖王岐：李岐，武宗第三子，会昌二年（842）封兖王。 ⑨史馆修撰：唐代史馆原置于门下

省，后改移置于中书省。以他官兼领史职的，称史馆修撰。判官：唐代元帅、节度使属下均设判官一职，掌协助管理政事。 ⑩安南经略使：为岭南五府经略使所属单位之一，治所在安南都护府所在地的交州，今越南河内市。统兵四千二百人。 ⑪雕黄岭：又作“刁黄山”，在潞州长子县西，即今山西长子县境内。 ⑫武乡：潞州所属县，北与河东镇所属仪州接界，其地在今山西武乡县东。 ⑬陵川：泽州所属县，治今山西陵川县。 ⑭邓城：原为襄州所属县，治今湖北襄阳市西北，后废。 ⑮正旦：农历正月初一。

四年 春，正月，乙酉朔，杨弁帅其众剽剠城市[1]，杀都头梁季叶，李石奔汾州[2]。弁据军府，释贾群之囚，使其侄与之俱诣刘稹，约为兄弟。稹大喜。石会关守将杨珍闻太原乱，复以关降于稹。

戊子，吕义忠遣使言状，朝议喧然。或言两地皆应罢兵，王宰又上言：“游弈将得刘稹表[3]，臣近遣人至泽潞，贼有意归附。若许招纳，乞降诏命！”李德裕上言：“宰擅受稹表，遣人入贼中，曾不闻奏，观宰意似欲擅招抚之功。昔韩信破田荣[4]，李靖擒颉利[5]，皆因其请降，潜兵掩袭。止可令王宰失信，岂得损朝廷威命！建立奇功，实在今日，必不可以太原小扰，失此事机。望即遣供奉官至行营，督其进兵，掩其无备，必须刘稹与诸将皆举族面缚，方可受纳。兼遣供奉官至晋绛行营，密谕石雄以王宰若纳刘稹，则雄无功可纪。雄于垂成之际，须自取奇功，勿失此便。”又为相府与宰书，言：“昔王承宗虽逆命[6]，犹遣弟承恭奉表诣张相祈哀，又遣其子知感、知信入朝，宪宗犹未之许。今刘稹不诣尚书面缚，又不遣血属祈哀，置章表于衢路之间，游弈将不即毁除，实恐非是。况稹与杨弁通奸，逆状如此，而将帅大臣容受其诈，是私惠归于臣下，不赦在于朝廷，事体之间，交恐不可。自今更有章表，宜即所在焚之。惟面缚而来，始可容受。”德裕又上言：“太原人心从来忠顺，止是贫虚，赏犒不足。况千五百人何能为事！必不可姑息宽纵。且用兵未罢，深虑所在动心。顷张延赏为张朏所逐[7]，逃奔汉州，还入成都。望诏李石、义忠还赴太原行营，召旁近之兵讨除乱者。”上皆从之。

是时，李石已至晋州[⑧]，诏复还太原。辛卯，诏王逢悉留太原兵守榆社，以易定千骑、宣武兖海步兵三千讨杨弁。又诏王元逵以步骑五千自土门入[⑨]，应接逢军。忻州刺史李丕奏[⑩]："杨弁遣人来为游说，臣已斩之，兼断其北出之路，发兵讨之。"

辛丑，上与宰相议太原事，李德裕曰："今太原兵皆在外，为乱者止千余人，诸州镇必无应者。计不日诛翦，惟应速诏王逢进军，至城下必自有变。"上曰："仲武见镇、魏讨泽潞有功，必有慕羡之心，使之讨太原何如？"德裕对曰："镇州趣太原路最便近。仲武去年讨回鹘，与太原争功，恐其不戢士卒，平人受害。"乃止。

上遣中使马元实至太原，晓谕乱兵，且觇其强弱。杨弁与之酣饮三日，且赂之。戊申，元实自太原还，上遣诣宰相议之，元实于众中大言："相公须早与之节！"李德裕曰："何故？"元实曰："自牙门至柳子列十五里曳地光明甲，若之何取之？"德裕曰："李相正以太原无兵，故发横水兵赴榆社。库中之甲尽在行营，弁何能遽致如此之众乎？"元实曰："太原人劲悍，皆可为兵，弁召募所致耳。"德裕曰："召募须有货财，李相止以欠军士绢一匹，无从可得，故致此乱，弁何从得之？"元实辞屈。德裕曰："从其有十五里光明甲，必须杀此贼！"因奏称："杨弁微贼，决不可恕。如国力不及，宁舍刘稹。"河东兵戍榆社者闻朝廷令客军取太原，恐妻孥为所屠灭，乃拥监军吕义忠自取太原。壬子，克之，生擒杨弁，尽诛乱卒。

【注释】

①剽剠（lüè 略）：抢劫掠夺。剠，同"掠"。 ②汾州：河东节度使所领州，治今山西汾阳市。 ③游弈将：军队中领游兵巡弈逻候子亭障之外，犹今之侦察部队。 ④韩信破田荣：汉高帝四年（前203），韩信将攻齐，而汉王又遣使说齐王，使与汉讲和，因而齐不为备。韩信乘机攻齐，破临淄，虏齐王田广。文中"田荣"，应作"田广"。 ⑤李靖擒颉利：唐太宗贞观四年（630），李靖征突厥，大败颉利可汗。颉利请举国内附，朝廷遣唐俭往慰谕，颉利不备，李靖大军攻之，颉利兵败被俘，突厥平。⑥王承宗虽逆命：成德节度使王士真死，其子副大使王承宗自为留后，朝廷以王承宗不遵诏命，发兵征讨，多年未定。宪宗元和十三年（818），淮西平，王承宗惧，愿效命于朝廷，并送二子入朝以为人质。 ⑦"顷张延

赏为张朏所逐”句:德宗建中四年(783),剑南西山兵马使张朏以兵入成都为乱,西川节度使张延赏逃奔汉州。不久,成将叱干遂等讨斩张朏,张延赏复归成都。 ⑧晋州:河东道所属州,治今山西临汾市。 ⑨土门:即井陉关,在今河北井陉县西北,为镇州往太原的重要关口。 ⑩忻州:河东道所属州,治今山西忻州市。

二月,甲寅朔,日有食之。

乙卯,吕义忠奏克太原。丙辰,李德裕言于上曰:“王宰久应取泽州,今已迁延两月。盖宰与石雄素不相叶[①],今得泽州,距上党犹二百里;而石雄所屯距上党才百五十里,宰恐攻泽州缀昭义大军,而雄得乘虚入上党,独有其功耳。又宰生子晏实,其父智兴爱而子之[②],晏实今为磁州刺史,为刘稹所质。宰之顾望不敢进,或为此也。”上命德裕草诏赐宰,督其进兵,且曰:“朕顾兹小寇,终不贷刑。亦知晏实是卿爱弟,将申大义,在抑私怀。”

丁巳,以李石为太子少傅、分司,以河中节度使崔元式为河东节度使,石雄为河中节度使。元式,元略之弟也[③]。

己未,石雄拔良马等三寨一堡[③]。

辛酉,太原献杨弁及其党五十四人,皆斩于狗脊岭[⑤]。

壬申,李德裕言于上曰:“事固有激发而成功者:陛下命王宰趣磁州,而何弘敬出师;遣客军讨太原,而戍兵先取杨弁。今王宰久不进军,请徙刘沔镇河阳,仍令以义成精兵二千直抵万善,处宰肘腋之下。若宰识朝廷此意,必不敢淹留。若宰进军,沔以重兵在南,声势亦壮。”上曰:“善!”戊寅,以义成节度使刘沔为河阳节度使。

王逢击昭义将康良佺,败之。良佺弃石会关,退屯鼓腰岭[⑥]。

黠戛斯遣将军谛德伊斯难珠等入贡,言欲徙居回鹘牙帐,请发兵之期,集会之地。上赐诏,谕以“今秋可汗击回鹘、黑车子之时,当令幽州、太原、振武、天德四镇出兵要路,邀其亡逸,便申册命[⑦],并依回鹘故事。”

朝廷以回鹘衰微,吐蕃内乱,议复河、湟四镇十八州[⑧]。乃以给事中刘濛为巡边使,使之先备器械糗粮及诇吐蕃守兵众寡[⑨]。

又令天德、振武、河东训卒砺兵，以俟今秋黠戛斯击回鹘，邀其溃败之众南来者，皆委濛与节度团练使详议以闻。濛，晏之孙也。

以道士赵归真为右街道门教授先生[10]。

吐蕃论恐热之将岌藏丰赞恶恐热残忍，降于尚婢婢。恐热发兵击婢婢于鄯州，婢婢分兵为五道拒之。恐热退保东谷[11]，婢婢为木栅围之，绝其水原。恐热将百余骑突围走保薄寒山，余众皆降于婢婢。

夏，四月，王宰进攻泽州。

【注释】

①素不相叶：王宰的父亲王智兴任武宁节度使时，石雄为其部下，军中欲逐王智兴而立石雄。王智兴知之，想处死石雄，未成，长流白州。是以石雄与王宰之间，一直不和。　②爱而子之：王智兴由于喜爱王宰之子，于是将其作为自己的儿子，取名也按儿子的名号称晏实。　③元略：崔元略，博陵人，历官京兆尹、大理卿、御史大夫，节度使等。其子崔铉，武宗末位至宰相。　④良马寨：潞州所属地，在今山西安泽县东北。　⑤狗脊岭：在京城长安东市。　⑥鼓腰岭：为潞州属地，在今山西沁县北。　⑦册命：由皇帝正式册封臣属者的诏书。黠戛斯原遣使求册命为可汗。诏以平定回鹘后，即进行册命礼。　⑧四镇十八州：河湟地区，唐时只分陇右、河西二镇。后没入吐蕃，乃分为四镇。十八州是：秦、原、河、渭、兰、鄯、阶、成、洮、岷、临、廓、叠、宕、甘、凉、瓜、沙。　⑨诇（xiòng兄去）：刺探，侦察。　⑩以道士句：据《旧唐书·武宗纪》，此事系于三月。　⑪东谷：在河州东南十五里处，即今甘肃临夏市境内。

上好神仙，道士赵归真得幸，谏官屡以为言。丙子，李德裕亦谏曰："归真，敬宗朝罪人[1]，不宜亲近！"上曰："朕宫中无事时与之谈道涤烦耳。至于政事，朕必问卿等与次对官，虽百归真不能惑也。"德裕曰："小人见势利所在，则奔趣之，如夜蛾之投烛。闻旬日以来，归真之门，车马辐凑[2]，愿陛下深戒之！"

戊寅，以左仆射王起同平章事，充山南西道节度使。起以文臣未尝执政，直除使相[3]，前无此比，固辞。上曰："宰相无内外之异，朕有阙失，卿飞表以闻！"

李德裕以州县佐官太冗，奏令吏部郎中柳仲郢裁减[4]。六月，仲郢奏减一千二百一十四员。仲郢，公绰之子也。

宦官有发仇士良宿恶，于其家得兵仗数千[5]。诏削其官爵，籍没家赀。

秋，七月，辛卯，上与李德裕议以王逢将兵屯翼城，上曰："闻逢用法太严，有诸？"对曰："臣亦尝以此诘之，逢言：'前有白刃，法不严，其谁肯进！'"上曰："言亦有理，卿更召而戒之！"德裕因言刘稹不可赦。上曰："固然。"德裕曰："昔李怀光未平，京师蝗旱，米斗千钱，太仓米供天子及六宫无数旬之储。德宗集百官，遣中使马钦绪询之。左散骑常侍李泌取桐叶挎破，以授钦绪献之。德宗召问其故，对曰：'陛下与怀光君臣之分，如此叶不可复合矣！'由是德宗意定。既破怀光，遂用为相，独任数年。"上曰："亦大是奇士！"

上闻扬州倡女善为酒令[6]，敕淮南监军选十七人献之。监军请节度使杜悰同选，且欲更择良家美女，教而献之。悰曰："监军自受敕，悰不敢预闻！"监军再三请之，不从。监军怒，具表其状，上览表默然。左右请并敕节度使同选，上曰："敕藩方选倡女入宫，岂圣天子所为！杜悰不徇监军意，得大臣体，真宰相才也。朕甚愧之！"遽敕监军勿复选。甲辰，以悰同平章事，兼度支、盐铁转运使。及悰中谢[7]，上劳之曰："卿不从监军之言，朕知卿有致君之心，今相卿，如得一魏征矣！"

【注释】

①敬宗朝罪人：宝历二年(826)，道士赵归真用神仙方术事游说敬宗，使其荒废朝政。敬宗死后，赵归真被斥逐流放。 ②辐凑：车辐集中于车轴。常用以比喻人物集中于某处。 ③使相：唐代中期以后，节度使带有同平章事官衔的，称为使相，也就是将加上相名。 ④吏部郎中：仅次于吏部尚书、侍郎的吏部官员，从五品上，置二员，一员掌考全国文吏的班秩阶品，一员掌小铨。 ⑤兵仗：即兵器。仗，兵器的总称。 ⑥酒令：行令饮酒的游戏。推一人为令官，饮酒者听其号令，违者即罚饮酒。 ⑦中谢：官员被任命担任新职后，入朝谢恩，称为中谢。

资治通鉴卷第二百四十八

唐纪六十四 起阏逢困敦闰月，尽屠维大荒落，凡五年有奇。

武宗至道昭肃孝皇帝下

会昌四年 闰月，壬戌，以中书侍郎、同平章事李绅同平章事，充淮南节度使。

李德裕奏："镇州奏事官高迪密陈意见二事[1]：其一，以为'贼中好为偷兵术，潜抽诸处兵聚于一处，官军多就迫逐，以致失利；经一两月，又偷兵诣他处。官军须知此情，自非来攻城栅，慎勿与战。彼淹留不过三日，须散归旧屯，如此数四空归，自然丧气。官军密遣谍者诇其抽兵之处，乘虚袭之，无不捷矣。'其二，'镇、魏屯兵虽多，终不能分贼势。何则？下营不离故处，每三两月一深入，烧掠而去。贼但固守城栅，城外百姓，贼亦不惜。宜令进营据其要害，以渐逼之。若止如今日，贼中殊不以为惧。'望诏诸将各使知之！"

刘稹腹心将高文端降，言贼中乏食，令妇人挼穗舂之以给军[2]。德裕访文端破贼之策，文端以为："官军今直攻泽州，恐多杀士卒，城未易得。泽州兵约万五千人，贼常分兵太半，潜伏山谷，伺官军攻城疲弊，则四集救之，官军必失利。今请令陈许军过乾河立寨，自寨城连延筑为夹城，环绕泽州，日遣大军布陈于外以扞救兵。贼见围城将合，必出大战；待其败北，然后乘势可取。"德裕奏请诏示王宰。

文端又言："固镇寨四崖悬绝，势不可攻。然寨中无水，皆饮涧水，在寨东约一里许[3]。宜令王逢进兵逼之，绝其水道，不过三日，贼必弃寨遁去，官军即可追蹑。前十五里至青龙寨[4]，亦四崖悬绝，水在寨外，可以前法取也。其东十五里则沁州城[5]。"德裕奏请诏示王逢。

文瑞又言："都头王钊将万兵戍洺州，刘稹既族薛茂卿，又诛邢洺救援兵马使谈朝义兄弟三人，钊自是疑惧；稹遣使召之，钊不肯入，士卒皆哗噪，钊必不为稹用。但钊及士卒家属皆在潞州，又士卒恐已降为官军所杀，招之必不肯来。惟有谕意于钊，使引兵入潞州取稹，事成之日，许除别道节度使，仍厚有赐与，庶几肯从。"德裕奏请诏何弘敬潜遣人谕以此意。

刘稹年少懦弱，押牙王协、宅内兵马使李士贵用事，专聚货财，府库充溢，而将士有功无赏，由是人心离怨。刘从谏妻裴氏，冕之支孙也[6]，忧稹将败，其弟问，典兵在山东[7]，欲召之使掌军政。士贵恐问至夺己权，且泄其奸状，乃曰："山东之事仰成于五舅，若召之，是无三州也。"乃止。

王协荐王钊为洺州都知兵马使；钊得众心，而多不遵使府约束，同列高元武、安玉言其有贰心。稹召之，钊辞以"到洺州未立少功，实所惭恨，乞留数月，然后诣府"。许之。

王协请税商人，每州遣军将一人主之，名为税商，实籍编户家赀[8]，至于什器无所遗，皆估为绢匹，十分取其二，率高其估。民竭浮财及糗粮输之[9]，不能充，皆忷忷不安。

军将刘溪尤贪残，刘从谏弃不用；溪厚赂王协，协以邢州富商最多，命溪主之。裴问所将兵号"夜飞"，多富商子弟，溪至，悉拘其父兄；军士诉于问，问为之请，溪不许，以不逊语答之。问怒，密与麾下谋杀溪归国，并告刺史崔嘏，嘏从之。丙子，嘏、问闭城，斩城中大将四人，请降于王元逵。时高元武在党山[10]，闻之，亦降。

先是使府赐洺州军士布，人一端，寻有帖以折冬赐。会税商军将至洺州，王钊因人不安，谓军士曰："留后年少，政非己出。今仓库充实，足支十军，岂可不少散之，以慰劳苦之士！使帖不可用也。"乃擅开仓库，给士卒人绢一匹，谷十二石，士卒大喜。钊遂闭城请降于何弘敬。安玉在磁州，闻二州降，亦降于弘敬。尧山都知兵马使魏元谈等降于王元逵，元逵以其久不下，皆杀之。

八月，辛卯，镇、魏奏邢、洺、磁三州降，宰相入贺。李德裕曰："昭义根本尽在山东，三州降，则上党不日有变矣。"上曰："郭谊必枭刘稹以自赎。"德裕曰："诚如圣料。"上曰："于今所宜先处者何事？"德裕请以卢弘止为三州留后[11]，曰："万一镇、魏请占三州，朝廷难于可否。"上从之。诏山南东道兼昭义节度使卢钧乘驿赴镇。

潞人闻三州降，大惧。郭谊、王协谋杀刘稹以自赎；稹再从兄中军使匡周兼押牙，谊患之，言于稹曰："十三郎在牙院，诸将皆莫敢言事，恐为十三郎所疑而获罪，以此失山东。今诚得十三郎不入，则诸将始敢尽言，采于众人，必获长策。"稹召匡周谕之，使称疾不入。匡周怒曰："我在院中，故诸将不敢有异图；我出院，家必灭矣！"稹固请之，匡周不得已，弹指而出。

谊令稹所亲董可武说稹曰："山东之叛，事由五舅，城中人人谁敢相保！留后今欲何如？"稹曰："今城中尚有五万人，且当闭门坚守耳。"可武曰："非良策也。留后不若束身归朝，如张元益[12]，不失作刺史。且以郭谊为留后，俟得节之日，徐奉太夫人及室家金帛归之东都，不亦善乎！"稹曰："谊安肯如是？"可武曰："可武已与之重誓，必不负也。"乃引谊入。稹与之密约既定，乃白其母。母曰："归朝诚为佳事，但恨已晚。吾有弟不能保，安能保郭谊！汝自图之！"稹乃素服出门，以母命署谊都知兵马使。王协已戒诸将列于外厅，谊拜谢稹已，出见诸将，稹治装于内厅。李士贵闻之，帅后院兵数千攻谊。谊叱之曰："何不自取赏物，乃欲与李士贵同死乎！"军士乃退，共杀士贵。谊易置将吏，部署军士，一夕俱定。

明日，使董可武入谒稹曰："请议公事。"稹曰："何不言之？"可武曰："恐惊太夫人。"乃引稹步出牙门，至北宅，置酒作乐。酒酣，乃言："今日之事欲全太尉一家，须留后自图去就，则朝廷必垂矜闵。"稹曰："如所言，稹之心也。"可武遂前执其手，崔玄度自后斩之，因收稹宗族，匡周以下至襁褓中子皆杀之。又杀刘从谏父子所厚善者张谷、陈扬庭、李仲京、郭台、王羽、韩茂章、茂实、王渥、贾庠等凡十二家，并其子侄甥婿无遗。仲京，训之兄；台，行余之子；羽，涯之从孙；茂章、茂实，约之子；渥，播之子；庠，俅之子也。甘露之乱，仲京等亡归从谏，从谏抚养之。凡军中有小嫌者，谊日有所诛，流血成泥。乃函稹首，遣使奉表及书，降于王宰。首过泽州，刘公直举营恸哭，亦降于宰。

乙未，宰以状闻。丙申，宰相入贺。李德裕奏："今不须复置邢、洺、磁留后，但遣卢弘止宣慰三州及成德、魏博两道。"上曰："郭谊宜如何处之？"德裕曰："刘稹骙孺子耳[13]，阻兵拒命，皆谊为之谋主。及势孤力屈，又卖稹以求赏。此而不诛，何以惩恶！宜及诸军在境，并谊等诛之！"上曰："朕意亦以为然。"乃诏石雄将七千人入潞州，以应谣言。杜悰以馈运不给，谓谊等可赦，上熟视不应。德裕曰："今春泽潞未平，太原复扰，自非圣断坚定，二寇何由可平！外议以为若在先朝，赦之久矣。"上曰："卿不知文宗心地不与卿合，安能议乎！"罢卢钧山南东道，专为昭义节度使。

戊戌，刘稹传首至京师。诏："昭义五州给复一年，军行所过州县免今年秋税。昭义自刘从谏以来，横增赋敛，悉从蠲免。所籍土团并纵遣归农。诸道将士有功者，等级加赏。"

郭谊既杀刘稹，日望旌节；既久不闻问，乃曰："必移他镇。"于是阅鞍马，治行装；及闻石雄将至，惧失色。雄至，谊等参贺毕，敕使张仲清曰："郭都知告身来日当至[14]，诸高班告身在此，晚牙来受之[15]！"乃以河中兵环球场，晚牙、谊等至，唱名引入，凡诸将桀黠拒官军者，悉执送京师。加何弘敬同平章事。丁未，诏发刘从谏尸，暴于潞州市三日；石雄取其尸置球场斩剉之。

戊申，加李德裕太尉、赵国公，德裕固辞。上曰："恨无官赏卿耳！卿若不应得，朕必不与卿。"

初，李德裕以"韩全义以来[16]，将帅出征屡败，其弊有三：一者，诏令下军前，日有三四，宰相多不预闻。二者，监军各以意见指挥军事，将帅不得专进退。三者，每军各有宦者为监使，悉选军中骁勇数百为牙队，其在陈战斗者，皆怯弱之士；每战，监使自有信旗，乘高立马，以牙队自卫，视军势小却，辄引旗先走，陈从而溃"。德裕乃与枢密使杨钦义、刘行深议，约敕监军不得预军政，每兵千人听监使取十人自卫，有功随例沾赏。二枢密皆以为然，白上行之。

唐戴花冠力士像

自御回鹘至泽潞罢兵，皆守此制。自非中书进诏意，更无他诏自中出者。号令既简，将帅得以施其谋略，故所向有功。

自用兵以来，河北三镇每遣使者至京师，李德裕常面谕之曰："河朔兵力虽强，不能自立，须藉朝廷官爵威命以安军情。归语汝使：与其使大将邀宣慰敕使以求官爵，何如自奋忠义，立功立事，结知明主，使恩出朝廷，不亦荣乎！且以耳目所及者言之，李载义在幽州，为国家尽忠平沧景，及为军中所逐，不失作节度使，后镇太原，位至宰相[17]。杨志诚遣大将遮敕使马求官，及为军中所逐，朝廷竟不赦其罪[18]。此二人祸福足以观矣。"德裕复以其言白上，上曰："要当如此明告之。"由是三镇不敢有异志。

【注释】

①奏事官：方镇派遣所属职事官去朝廷奏事者之称。 ②挼（ruó）穗：用手搓下谷穗。 ③寨东：据章钰校证，他本均作"寨东南"。 ④青龙寨：在青龙山所修筑的堡寨。其地在今山西沁源县西。 ⑤沁州：河东节度使所领州，治今山西沁源县。 ⑥冕之支孙：裴氏是裴冕的孙辈。裴冕，河东人，玄宗时入仕，历官监察御史、员外郎中、御史中丞等。肃宗、代宗时，两次入为宰相，大历四年（769）卒。 ⑦山东：此指太行山以东昭义节度使所领的邢、洺、磁三州地方。 ⑧编户：编入国家户籍册的平民，简称编户或编民。 ⑨浮财：可以流通的钱财和货物，即今日所说的动产。糗粮：干粮。 ⑩党山：胡注认为可能是"尧山"之讹，因邢州无党山。 ⑪卢弘止：据《考异》云，《旧纪》《旧传》均作"弘正"。《实

录》《新纪》《新传》作“弘止”。 ⑫张元益：为义武节度使张璠子。张璠在镇十五年，临终戒元益举族归朝。张璠死后，军中欲立张元益，张元益不从，乃以他为代州刺史。 ⑬骙（ái 挨）孺子：愚痴的小孩子。骙，傻呆。 ⑭都知：都知兵马使的简称。郭谊不久前被任命为都知兵马使，故称。 ⑮晚牙：晚间在牙门集合的时候。一般方镇将吏士卒，有早晚两次在牙门集会，称早牙和晚牙。 ⑯韩全义：曾服役禁军，为宦官所赏识，历官偏将、节度使等。德宗贞元十五年(799)，为讨伐吴少诚，于是任命韩全义为蔡州四面行营招讨使，率领诸镇兵进攻吴少诚。官军在溵水不战而溃。 ⑰李载义句：李载义任幽州节度使时，参加了讨平李同捷的战斗而立功，加平章事官衔。后为部将杨志诚所逐，朝廷改任他为山南西道、河东道等节度使。 ⑱杨志诚句：杨志诚原为李载义的部将，逐李载义而为幽州节度使。杨志诚遣进奏官诣中书求仆射官。后杨志诚又为其部下所逐，朝廷以其素不忠顺，放岭南，行至商州，杀之。

九月，诏以泽州隶河阳节度。

丁巳，卢钧入潞州。钧素宽厚爱人，刘稹未平，钧已领昭义节度，襄州士卒在行营者，与潞人战，常对陈扬钧之美。及赴镇，入天井关，昭义散卒归之者，钧皆厚抚之，人情大洽，昭义遂安。

刘稹将郭谊、王协、刘公直、安全庆、李道德、刘佐尧、刘武德、董可武等至京师，皆斩之。

> 臣光曰：董重质之在淮西[①]，郭谊之在昭义，吴元济、刘稹，如木偶人在伎儿之手耳。彼二人始则劝人为乱，终则卖主规利，其死固有余罪。然宪宗用之于前，武宗诛之于后，臣愚以为皆失之。何则？赏奸，非义也；杀降，非信也。失义与信，何以为国！昔汉光武待王郎、刘盆子止于不死[②]，知其非力竭则不降故也。樊崇、徐宣、王元、牛邯之徒[③]，岂非助乱之人乎？而光武不杀；盖以既受其降，则不可复诛故也。若既赦而复逃亡叛乱，则其死固无辞矣！如谊等，免死流之远方，没齿不还，可矣；杀之，非也！

王羽、贾庠等已为谊所杀，李德裕复下诏称：“逆贼王涯、贾悚等已就昭义诛其子孙”，宣告中外，识者非之。刘从谏妻裴氏亦赐死;又令昭义降将李丕、高文端、王钊等疏昭义将士与刘稹同恶者,悉诛之,死者甚众。卢钧疑其枉滥,奏请宽之,不从。

昭义属城有尝无礼于王元逵者,元逵推求得二十余人,斩之;余众惧,复闭城自守。戊辰,李德裕等奏:"寇孽既平,尽为国家城镇,岂可令元逵穷兵攻讨!望遣中使赐城内将士敕,招安之,仍诏元逵引兵归镇,并诏卢钧自遣使安抚。"从之。

乙亥,李德裕等请上尊号,且言:"自古帝王,成大功必告天地;又,宣懿太后祔庙④,陛下未尝亲谒。"上瞿然曰⑤:"郊庙之礼,诚宜亟行,至于徽称,非所敢当!"凡五上表,乃许之。

李德裕奏:"据幽州奏事官言:诇知回鹘上下离心,可汗欲之安西,其部落言亲戚皆在唐,不如归唐;又与室韦已相失,计其不日来降,或自相残灭。望遣识事中使赐仲武诏,谕以镇、魏已平昭义,惟回鹘未灭,仲武犹带北面招讨使,宜早思立功。"

李德裕怨太子太傅·东都留守牛僧孺、湖州刺史李宗闵,言于上曰:"刘从谏据上党十年,太和中入朝,僧孺、宗闵执政,不留之,加宰相纵去⑥,以成今日之患,竭天下力乃能取之,皆二人之罪也。"德裕又使人于潞州求僧孺、宗闵与从谏交通书疏,无所得,乃令孔目官郑庆言从谏每得僧孺、宗闵书疏⑦,皆自焚毁。诏追庆下御史台按问,中丞李回、知杂郑亚以为信然⑧。河南少尹吕述与德裕书,言稹破报至,僧孺出声叹恨。德裕奏述书,上大怒,以僧孺为太子少保、分司⑨,宗闵为漳州刺史⑩。戊子⑪,再贬僧孺汀州刺史⑫,宗闵漳州长史。

上幸鄠校猎⑬。

十一月,复贬牛僧儒循州长史⑭,宗闵长流封州⑮。

十二月,以忠武节度使王宰为河东节度使,河中节度使石雄为河阳节度使。

上幸云阳校猎。

【注释】

①董重质:原为淮西镇牙将,吴少诚的子婿。吴元济镇淮西,抗拒朝命,集官军征讨,董重质为元济主谋,领大军拒官兵。李愬攻蔡州时,董重质降于李愬。宪宗欲杀之,为李愬所保用,后官至节度使。 ②王郎:

新莽末年，据邯郸，诈称汉成帝子刘子舆，自立为皇帝。光武帝攻邯郸，王郎请降，光武许其不死。刘盆子：新莽末赤眉起义军所立的皇帝，后为汉光武帝刘秀所败，降于光武。 ③樊崇、徐宣：二人为刘盆子属下官员，樊崇为御史大夫，徐宣为丞相。王元、牛邯：二人为王郎属下官员，王元乃缪王刘元，又名刘林，为王郎的丞相。牛邯职位不详。 ④宣懿太后：即武宗母韦氏，为穆宗妃，武宗即位后，封为宣懿太后。祔庙：奉死者神主于祖庙而祭祀之。 ⑤瞿(jù 具)然：惊愕的样子。 ⑥加宰相纵去：文宗太和六年(832)，刘从谏入朝。七年(833)正月，加同平章事衔，遣归镇。 ⑦孔目官：掌管文书档案图籍的官吏，唐代方镇及中央集贤殿均设是官。 ⑧知杂：唐制御史台侍御史六人中，推一名资历老者任知杂，地位略高于侍御史。 ⑨太子少保：东宫属官，正二品。牛僧孺原为太子太傅，至此降一级品位。 ⑩漳州：江南东道所属州，治今福建漳浦县。 ⑪戊子：九月无戊子日，应为十月初九。原文“戊子”前漏“十月”二字。 ⑫汀洲：江南东道所属州，治今福建长汀县。 ⑬鄠：其地在今西安市西南。 ⑭循州：岭南道所属州，治今广东惠州市。 ⑮封州：岭南道所属州，治今广东封开县。

五年 春，正月，己酉朔，群臣上尊号曰仁圣文武章天成功神德明道大孝皇帝，尊号始无“道”字，中旨令加之[①]。庚戌，上谒太庙；辛亥，祀昊天上帝，赦天下。

筑望仙台于南郊。

庚申，义安太后王氏崩[②]。

以秘书监卢弘宣为义武节度使[③]。弘宣性宽厚而难犯，为政简易，其下便之。河北之法，军中偶语者斩[④]；弘宣至，除其法。诏赐粟三十万斛，在飞狐西[⑤]，计运致之费逾于粟价，弘宣遣吏守之。会春旱，弘宣命军民随意自往取之，粟皆入境，约秋稔偿之。时成德、魏博皆饥，独易定之境无害。

淮南节度使李绅按江都令吴湘盗用程粮钱[⑥]，强娶所部百姓颜悦女，估其资装为赃，罪当死。湘，武陵之兄子也[⑦]，李德裕素恶武陵，议者多言其冤，谏官请复按，诏遣监察御史崔元藻、李稠覆之。还言：“湘盗程粮钱有实。颜悦本衢州人，尝为青州牙推，妻亦士族，与前狱异。”德裕以为无与夺，二月，贬元藻端州司户，稠汀州司户。不复更推，亦不付法司详断，即如绅奏，处湘死。谏议大夫柳仲郢、敬晦皆上疏争之，不纳。稠，晋江人；晦，昕之弟也[8]。

李德裕以柳仲郢为京兆尹；素与牛僧孺善，谢德裕曰："不意太尉恩奖及此，仰报厚德，敢不如奇章公门馆！"德裕不以为嫌。

夏，四月，壬寅，以陕虢观察使李拭为册黠戛斯可汗使。

五月，壬戌，葬恭僖皇后于光陵柏城之外[9]。

门下侍郎、同平章事杜悰罢为右仆射，中书侍郎、同平章事崔铉罢为户部尚书。乙丑，以户部侍郎李回为中书侍郎、同平章事，判户部如故。

祠部奏括天下寺四千六百[10]，兰若四万[11]，僧尼二十六万五百。

诏册黠戛斯可汗为宗英雄武诚明可汗。

秋，七月，丙午朔，日有食之。

上恶僧尼耗蠹天下，欲去之，道士赵归真等复劝之；乃先毁山野招提、兰若[12]，敕上都、东都两街各留二寺[13]，每寺留僧三十人；天下节度、观察使治所及同、华、商、汝州各留一寺[14]，分为三等：上等留僧二十人，中等留十人，下等五人。余僧及尼并大秦穆护、祆僧皆勒归俗[15]。寺非应留者，立期令所在毁撤，仍遣御史分道督之。财货田产并没官，寺材以葺公廨驿舍，铜像、钟磬以铸钱。

以山南东道节度使郑肃检校右仆射、同平章事。

诏发昭义骑兵五百、步兵千五百戍振武，节度使卢钧出至裴村饯之；潞卒素骄，惮于远戍，乘醉，回旗入城，闭门大噪，钧奔潞城以避之[16]。监军王惟直自出晓谕，乱兵击之，伤，旬日而卒。李德裕奏："请诏河东节度使王宰以步骑一千守石会关，三千自仪州路据武安[17]，以断邢、洺之路；又令河阳节度使石雄引兵守泽州，河中节度使韦恭甫发步骑千人戍晋州[18]。如此，贼必无能为。"皆从之。

【注释】

①中旨：皇帝的旨意。武宗崇信道教，故令群臣在尊号中加"道"字。 ②义安太后：穆宗妃，敬宗生母，原称宝历太后。文宗时以其居义安殿，改号义安太后，后谥曰恭僖皇后。 ③义武节度使：官名。义武即易定道，治定州（今河北定州市），领易、祁二州。 ④偶语：相聚私谈。

河北诸帅为防其士卒聚谋害己，故严禁军中偶语。 ⑤飞狐：即飞狐道，在今河北蔚县、涞源县界，为河北通往山西之要道。 ⑥程粮钱：官员出差在路程上所补给的粮或钱。唐制蕃使还有海程粮，西北蕃使有度碛程粮，官吏因公远行，则计程给粮，粮重不便携带，则代之以钱。 ⑦武陵：吴武陵，信州人，元和初登进士第，曾官太学博士，州刺史等，有文名。 ⑧昕：敬昕，河东人，进士及第。会昌三年(843)由河南尹出任河阳节度使。 ⑨光陵：穆宗的陵墓。恭僖皇后非穆宗正妻，故死后未合葬，而为光陵的陪葬墓。 ⑩祠部：为礼部所属职司之一，掌祠祀、天文、漏刻、国忌、庙讳、卜筮、医药、僧尼之事。括，总括、统计。 ⑪兰若(rě 惹)：阿兰若的略称，即指寺庙。原意为寂静处、空闲处、远离处。 ⑫招提：本为佛名，寺院中祀有其佛，故也称寺庙为招提。 ⑬上都：即指长安。东都：即指洛阳。 ⑭各留一寺：据《考异》载《实录》云：当时全国有四十一道，加上特定的州，则共有五十六处可保留一个寺院。 ⑮大秦穆护、祆(xiān 先)僧：此指由大秦(即古波斯)传到中国之祆教而言。因该教尊信火，故又称拜火教。其祭司称为穆护。贞观初，长安立有祆教寺，称大秦寺。 ⑯潞城：潞州所属县，治今山西潞城市。 ⑰仪州：河东道所属州，治今山西左权县。武安：洺州所属县，治今河北武安市。 ⑱晋州：河中道所属州，治今山西临汾市。

八月，李德裕等奏："东都九庙神主二十六，今贮于太微宫小屋[①]，请以废寺材复修太庙。"

壬午，诏陈释教之弊，宣告中外。凡天下所毁寺四千六百余区，归俗僧尼二十六万五百人，大秦穆护、祆僧二千余人，毁招提、兰若四万余区。收良田数千万顷，奴婢十五万人。所留僧皆隶主客[②]，不隶祠部。百官奉表称贺。寻又诏东都止留僧二十人，诸道留二十人者减其半，留十人者减三人，留五人者更不留。

五台僧多亡奔幽州[③]。李德裕召进奏官谓曰："汝趣白本使，五台僧为将必不如幽州将，为卒必不如幽州卒，何为虚取容纳之名，染于人口！独不见近日刘从谏招聚无算闲人，竟有何益！"张仲武乃封二刀付居庸关曰[④]："有游僧入境则斩之。"

主客郎中韦博以为事不宜太过，李德裕恶之，出为灵武节度副使。

昭义乱兵奉都将李文矩为帅，文矩不从，乱兵亦不敢害。文矩稍以祸福谕之，乱兵渐听命，乃遣人谢卢钧于潞城。钧还入上党，复遣之戍振武；行一驿，乃潜选兵追之；明日，及于太平驿[5]，尽杀之。具以状闻，且请罢河东、河阳兵在境上者，从之。

九月，诏修东都太庙。

李德裕请置备边库，令户部岁入钱帛十二万缗匹，度支盐铁岁入钱帛十二万缗匹，明年减其三之一，凡诸道所进助军财货皆入焉，以度支郎中判之。

王才人宠冠后庭，上欲立以为后；李德裕以才人寒族，且无子，恐不厌天下之望，乃止。

上饵方士金丹，性加躁急，喜怒不常。冬，十月，上问李德裕以外事，对曰："陛下威断不测，外人颇惊惧。向者寇逆暴横，固宜以威制之；今天下既平，愿陛下以宽理之，但使得罪者无怨，为善者不惊，则为宽矣。"

以衡山道士刘玄静为银青光禄大夫、崇玄馆学士[6]，赐号广成先生，为之治崇玄馆，置吏铸印。玄静固辞，乞还山，许之。

李德裕秉政日久，好徇爱憎，人多怨之。自杜悰、崔铉罢相，宦官左右言其太专，上亦不悦。给事中韦弘质上疏，言宰相权重，不应更领三司钱谷[7]。德裕奏称："制置职业，人主之柄。弘质受人教导，所谓贱人图柄臣[8]，非所宜言。"十二月，弘质坐贬官，由是众怒愈甚。

上自秋冬以来，觉有疾，而道士以为换骨。上秘其事，外人但怪上希复游猎，宰相奏事者亦不敢久留。诏罢来年正旦朝会。

吐蕃论恐热复纠合诸部击尚婢婢，婢婢遣庞结藏将兵五千拒之，恐热大败，与数十骑遁去。婢婢传檄河、湟，数恐热残虐之罪曰："汝辈本唐人，吐蕃无主，则相与归唐，毋为恐热所猎如狐兔也！"于是诸部从恐热者稍稍引去。

是岁，天下户四百九十五万五千一百五十一。

朝廷虽为党项置使[9]，党项侵盗不已，攻陷邠、宁、盐州界城堡，屯叱利寨。宰相请遣使宣慰；上决意讨之。

【注释】

①太微宫:为老子玄元皇帝庙。由于东都太庙被毁,乃将唐室祖宗神主暂存于太微宫。 ②主客:礼部所属职司之一,掌诸蕃朝聘之事。当时朝贡者有七十余蕃,佛教诞生国天竺也在其内,故使僧众划归主客管辖。 ③五台僧:山西的五台山,相传为文殊示现之地,寺院众多,佛教很盛,故僧侣亦多。禁佛令下,众僧乃四处逃亡。 ④居庸关:又称军都关、蓟门关,在今北京市昌平区西,为从山西进入北京的重要关隘。⑤太平驿:在潞州西北约八十里处。唐制,三十里为一驿,戍卒行至两驿远处被追及。 ⑥银青光禄大夫:为有官名而无固定职事的文散官,从三品衔。崇玄馆,玄宗时改崇玄学曰崇玄馆。 ⑦三司钱谷:指管理国家赋税钱粮的盐铁使、度支使和户部使。 ⑧柄臣:掌握国家大权的臣子。 ⑨为党项置使:当时为安抚党项的侵扰,在西北各州设三处安抚大使,由侍御史任其职。具体分工是:崔彦曾管邠、宁、延,李鄠管盐、夏、长泽,郑贺管灵武、麟、胜。

六年 春,二月,庚辰,以夏州节度使米暨为东北道招讨党项使[①]。

上疾久未平,以为汉火德,改“洛”为“雒”。唐土德,不可以王气胜君名,三月,下诏改名炎[②]。

上自正月乙卯不视朝,宰相请见,不许;中外忧惧。

初,宪宗纳李锜妾郑氏,生光王怡。怡幼时,宫中皆以为不慧,太和以后,益自韬匿,群居游处,未尝发言。文宗幸十六宅宴集,好诱其言以为戏笑[③],上性豪迈,尤所不礼。及上疾笃,旬日不能言。诸宦官密于禁中定策,辛酉,下诏称:“皇子冲幼,须选贤德,光王怡可立为皇太叔,更名忱,应军国政事令权句当[④]。”太叔见百官,哀戚满容;裁决庶务,咸当于理,人始知有隐德焉。

甲子,上崩。以李德裕摄冢宰。丁卯,宣宗即位。宣宗素恶李德裕之专,即位之日,德裕奉册;既罢,谓左右曰:“适近我者非太尉邪?每顾我,使我毛发洒淅[⑤]。”夏,四月,辛未朔,上始听政。

尊母郑氏为皇太后。

壬申,以门下侍郎、同平章政事李德裕同平章事[⑥],充荆南节度使。德裕秉权日久，位重有功，众不谓其遽罢，闻之莫不惊骇。甲戌，贬工部尚书、判盐铁转运使薛元赏为忠州刺史⑦，弟京兆少尹、权知府事元龟为崖州司户⑧，皆德裕之党也。

杖杀道士赵归真等数人，流罗浮山人轩辕集于岭南。五月，乙巳，赦天下。上京两街先听留两寺外，更各增置八寺；僧、尼依前隶功德使，不隶主客，所度僧、尼仍令祠部给牒。

以翰林学士、兵部侍郎白敏中同平章事。

辛酉，立皇子温为郓王，渼为雍王，泾为雅王，滋为夔王，沂为庆王。

六月，礼仪使奏"请复代宗神主于太庙，以敬宗、文宗、武宗同为一代，于庙东增置两室，为九代十一室。"从之。

秋，七月，壬寅，淮南节度使李绅薨。

回鹘乌介可汗之众稍稍降散及冻馁死，所余不及三千人。国相逸隐啜杀乌介于金山，立其弟特勒遏捻为可汗。

八月，壬申，葬至道昭肃孝皇帝于端陵⑨，庙号武宗。初，武宗疾困，顾王才人曰："我死，汝当如何？"对曰："愿从陛下于九泉！"武宗以巾授之。武宗崩，才人即缢。上闻而矜之，赠贵妃，葬于端陵柏城之内。

以循州司马牛僧孺为衡州长史，封州流人李宗闵为郴州司马，恩州司马崔珙为安州长史⑩，潮州刺史杨嗣复为江州刺史，昭州刺史李珏为郴州刺史。僧孺等五相皆武宗所贬逐，至是，同日北迁。宗闵未离封州而卒。

唐武宗端陵

【注释】

①夏州：原为关内道所属州，后设节度使，治今陕西靖边县东北的白城子。　②改名炎：武宗原名瀍，唐为土德，土能

克水，武宗认为不能使王气胜君名，就改名炎，因为火能生土，取以君名生王气。 ③戏笑：据章钰考校，其他本子“笑”下有“号曰光叔”四字。 ④应：犹一应，一切的意思。句当：办理。 ⑤洒（xiǎn 险）淅：恐惧不安的样子。 ⑥同平章政事：据章钰校证，他本无“政”字。 ⑦忠州：山南西道所属州，治今重庆忠县。 ⑧崖州：岭南道所属州，治今海南海口市琼山区东南。 ⑨端陵：在今陕西三原县。 ⑩安州：原淮南道所属州，治今湖北安陆市。

九月，以荆南节度使李德裕为东都留守，解平章事；以中书侍郎、同平章事郑肃同平章事，充荆南节度使。

以兵部侍郎、判度支卢商为中书侍郎、同平章事。商，翰之族孙也[①]。

册黠戛斯可汗使者以国丧未行，或以为僻远小国，不足与之抗衡；回鹘未平，不应遽有建置。诏百官集议，事遂寝。

蛮寇安南，经略使裴元裕帅邻道兵讨之。

以右常侍李景让为浙西观察使[②]。

初，景让母郑氏，性严明，早寡，家贫，居于东都。诸子皆幼，母自教之。宅后古墙因雨隤陷，得钱盈船，奴婢喜，走告母；母往，焚香祝之曰：“吾闻无劳而获，身之灾也。天必以先君余庆，矜其贫而赐之，则愿诸孤他日学问有成，乃其志也，此不敢取！”遽命掩而筑之。三子景让、景温、景庄，皆举进士及第。景让官达，发已斑白，小有过，不免捶楚。

景让在浙西，有左都押牙迕景让意，景让杖之而毙。军中愤怒，将为变。母闻之，景让方视事，母出坐听事，立景让于庭而责之曰：“天子付汝以方面，国家刑法，岂得以为汝喜怒之资，妄杀无罪之人乎！万一致一方不宁，岂惟上负朝廷，使垂年之母衔羞入地[③]，何以见汝之先人乎！”命左右褫其衣坐之[④]，将挞其背。将佐皆为之请，拜且泣，久乃释之，军中由是遂安。

景庄老于场屋[⑤]，每被黜，母辄挞景让。然景让终不肯属主司[⑥]，曰：“朝廷取士自有公道，岂敢效人求关节乎！”久之，宰相谓主司曰：“李景庄今岁不可不收，可怜彼翁每岁受挞！”由是始及第。

冬，十月，礼院奏禘祭祝文于穆、敬、文、武四室[7]，但称“嗣皇帝臣某昭告”，从之。

甲申，上受《三洞法箓》于衡山道士刘玄静[8]。

十二月，戊辰朔，日有食之。

【注释】

①翰：卢翰，范阳人，德宗时，官至宰相。 ②右常侍：即右散骑常侍，中书省属官，从三品，掌侍奉规讽，备顾问应对。 ③垂年：垂末之年，老年。 ④褫（chǐ 耻）：脱去衣服。 ⑤老于场屋：老是出入科场，是说多次参加考试而未被录取之意。场屋，举行科举考试的地方。 ⑥主司：国家科举考试的主考官，一般由礼部侍郎担任。 ⑦禘祭：古代禘祭之礼有三：一，大禘，指祭天之礼；二，殷禘，祭祖宗之礼；三，时禘，宗庙四时祭之一的夏祭。本文中所指当是殷禘，即宗庙的大祭。 ⑧《三洞法箓》：道家的传教秘文，受教者由其师传授之。箓文中夹以符咒，文章诡怪，世所不识。

宣宗元圣至明成武献文睿智章仁神聪懿道大孝皇帝上[1]

大中元年 春，正月，甲寅，上祀圜丘，赦天下，改元。

二月，加卢龙节度使张仲武同平章事[2]，赏其破回鹘也。

癸未，上以旱故，减膳彻乐，出宫女，纵鹰隼[3]，止营缮，命中书侍郎、同平章事卢商与御史中丞封敖疏理京城系囚。大理卿马植奏称：“卢商等务行宽宥，凡抵极法，一切免死。彼官典犯赃及故杀人[4]，平日大赦所不免，今因疏理而原之，使贪吏无所惩畏，死者衔冤无告，恐非所以消旱灾、致和气也。昔周饥，克殷而年丰；卫旱，讨邢而雨降[5]。是则诛罪戮奸，式合天意，雪冤决滞，乃副圣心也。乞再加裁定。”诏两省五品以上议之[6]。

初，李德裕执政，引白敏中为翰林学士；及武宗崩，德裕失势，敏中乘上下之怒，竭力排之，使其党李咸讼德裕罪，德裕由是自东都留守以太子少保、分司。

左谏议大夫张鹭等上言："陛下以旱理系囚，虑有冤滞。今所原死罪，无冤可雪，恐凶险侥幸之徒常思水旱为灾，宜如马植所奏。"诏从之，皆论如法。以植为刑部侍郎，充盐铁转运使。

唐宣宗李忱像

植素以文学政事有名于时，李德裕不之重。及白敏中秉政，凡德裕所薄者，皆不次用之。以卢商为武昌节度使，以刑部尚书、判度支崔元式为门下侍郎，翰林学士、户部侍郎韦琮为中书侍郎，并同平章事。

闰〔三月〕，敕："应会昌五年所废寺，有僧能营葺者，听自居之，有司毋得禁止。"是时君、相务反会昌之政，故僧、尼之弊皆复其旧。

己酉[7]，积庆太后萧氏崩[8]。

五月，幽州节度使张仲武大破诸奚。

吐蕃论恐热乘武宗之丧，诱党项及回鹘余众寇河西[9]，诏河东节度使王宰将代北诸军击之。宰以沙陀朱邪赤心为前锋，自麟州济河[10]，与恐热战于盐州，破走之。

六月，以鸿胪卿李业为册黠戛斯英武诚明可汗使[11]。

上谓白敏中曰："朕昔从宪宗之丧，道遇风雨，百官、六宫四散避去，惟山陵使长而多髯，攀灵驾不去，谁也？"对曰："令狐楚。"上曰："有子乎？"对曰："长子绪今为随州刺史。"上曰："堪为相乎？"对曰："绪少病风痹。次子绹，前湖州刺史，有才器。"上即擢为考功郎中、知制诰[12]。绹入谢，上问以元和故事，绹条对甚悉，上悦，遂有大用之意。

秋，八月，丙申，以门下侍郎、同平章事李回同平章事，充西川节度使。

葬贞献皇后于光陵之侧[13]。

上敦睦兄弟，作雍和殿于十六宅，数临幸，置酒，作乐，击球尽欢。诸王有疾，常亲至卧内存问，忧形于色。

突厥掠漕米及行商，振武节度使史宪忠击破之。

九月，丁卯，以金吾大将军郑光为平卢节度使。光，润州人，太后之弟也。

乙酉，前永宁尉吴汝纳[14]，讼其弟湘罪不至死，“李绅与李德裕相表里，欺罔武宗，枉杀臣弟，乞召江州司户崔元藻等对辨。”丁亥，敕御史台鞫实以闻。冬，十二月，庚戌，御史台奏，据崔元藻所列吴湘冤状，如吴汝纳之言。戊午，贬太子少保、分司李德裕为潮州司马。

吏部奏，会昌四年所减州县官内复增三百八十三员。

【注释】

①宣宗句：据胡三省注，《通鉴》书唐诸帝号，玄宗以后，皆以谥册为正。此处宣宗所载，乃追崇之尊号，不合前后体例，以书谥号“宣宗圣武献文孝皇帝”为宜，严衍《通鉴补》即改书谥号。 ②加卢龙：据章钰校证，他本“加”字上有“庚午”二字，即初四。 ③隼(sǔn 笋)：猛禽类，又称小鹰，是一种飞行快，性锐敏，善于袭击鸟兽，猎人多养之以助捕鸟兔。 ④官典犯赃：犹监守自盗，即主管财物的官吏贪污公家的财物。 ⑤卫旱句：引文见《左传·僖公十九年》所载卫人伐邢时宁庄子所讲的话。 ⑥两省：中书省和门下者。五品以上：指中书舍人、侍郎，门下侍郎、侍中、给事中、左右散骑常侍、谏议大夫等。 ⑦己酉：闰三月无己酉日，应是四月己酉，即十五日。原文“己酉”前漏“四月”二字。⑧积庆太后：穆宗妃，文宗生母，因居积庆殿，故称。 ⑨河西：山西与陕西之间黄河以西地区称河西，甘肃与青海黄河以西地区，亦称河西。此处所指，当为前者。 ⑩麟州：唐开元十二年(724)所置州，治新秦县(今陕西神木市北)。 ⑪鸿胪卿：为唐代九寺之一的鸿胪寺的长官，从三品，掌宾客及凶仪之事，所属有典客、司仪二署。 ⑫考功郎中：吏部属官，从五品上，掌内外文武官吏之考课。 ⑬贞献皇后：即积庆太后，死后谥贞献。光陵：穆宗之陵墓。 ⑭永宁：河南府所属县，治河南洛宁

县北。

二年 正月，甲子，群臣上尊号曰圣敬文思和武光孝皇帝；赦天下。

初，李德裕执政，有荐丁柔立清直可任谏官者，德裕不能用。上即位，柔立为右补阙；德裕贬潮州，柔立上疏讼其冤。丙寅，坐阿附贬南阳尉[①]。

西川节度使李回、桂管观察使郑亚坐前不能直吴湘冤，乙酉，回左迁湖南观察使，亚贬循州刺史。李绅追夺三任告身。中书舍人崔嘏坐草李德裕制不尽言其罪，己丑，贬端州刺史。

回鹘遏捻可汗仰给于奚王石舍朗；及张仲武大破奚众，回鹘无所得食，日益耗散，至是，所存贵人以下不满五百人，依于室韦。使者入贺正，过幽州，张仲武使归取遏捻等；遏捻闻之，夜与妻葛禄、子特勒毒斯等九骑西走，余众追之不及，相与大哭。室韦分回鹘余众为七，七姓共分之[②]；居三日，黠戛斯遣其相阿播帅诸胡兵号七万来取回鹘，大破室韦，悉收回鹘余众归碛北。犹有数帐，潜窜山林，钞盗诸胡；其别部庞勒，先在安西，亦自称可汗，居甘州[③]，总碛西诸城，种落微弱，时入献见。

二月，庚子，以知制诰令狐绹为翰林学士。上尝以太宗所撰《金镜》授绹，使读之，“至乱未尝不任不肖，至治未尝不任忠贤，”上止之曰：“凡求致太平，当以此言为首。”又书《贞观政要》于屏风[④]，每正色拱手而读之。上欲知百官名数，令狐绹曰：“六品已下，官卑数多，皆吏部注拟；五品以上，则政府制授，各有籍，命曰具员。”上命宰相作《具员御览》五卷，上之，常置于案上。

立皇子泽为濮王。上欲作五王院于大明宫，以处皇子之幼者，召术士柴岳明使相其地。岳明对曰：“臣庶之家，迁徙不常，故有自阳宅入阴宅，阴宅入阳宅。刑克祸福[⑤]，师有其说，今陛下深拱法宫，万神拥卫，阴阳书本不言帝王家。”上善其言，赐束帛遣之。

夏，五月，己未朔，日有食之。

门下侍郎、同平章事崔元式罢为户部尚书；以兵部侍郎、判度支、户部周墀、刑部侍郎、盐铁转运使马植并同平章事。

初，墀为义成节度使，辟韦澳为判官[6]，及为相，谓澳曰："力小任重，何以相助？"澳曰："愿相公无权。"墀愕然，不知所谓。澳曰："官赏刑罚，与天下共其可否，勿以己之爱憎喜怒移之，天下自理，何权之有！"墀深然之。澳，贯之之子也[7]。

【注释】

①南阳：唐邓州所属县，治今河南南阳市。 ②七姓：即室韦的七个部落，它们是：岭西部、山北部、黄头部、如者部、婆萵部、讷北部、骆丹部。 ③甘州：陇右道所属州，治今甘肃张掖市。 ④《贞观政要》：十卷四十篇，唐吴兢编著。内容是记载贞观年间，唐太宗和魏征、房玄龄、杜如晦等大臣讨论国家重大政事。故称《贞观政要》。 ⑤刑克祸福：阴阳家所谓的地支相刑，五行相克而表现出的祸福关系，如寅刑巳、巳刑申，金克木、木克土等等，均为迷信的说教。 ⑥判官：节度使的重要僚属之一，佐理政事。 ⑦贯之：韦贯之，名纯，德宗贞元初入仕，历官监察御史、右补阙、中书舍人、尚书右丞等。宪宗元和初入为宰相。

己卯，太皇太后郭氏崩于兴庆宫[1]。

六月，礼院检讨官王皞贬句容令[2]。

初，宪宗之崩，上疑郭太后预其谋；又，郑太后本郭太后侍儿，有宿怨，故上即位，待郭太后礼殊薄。郭太后意怏怏，一日，登勤政楼[3]，欲自陨；上闻之，大怒，是夕，崩，外人颇有异论。

上以郑太后故，不欲以郭后祔宪宗；有司请葬景陵外园；皞奏宜合葬景陵，神主配宪宗室；奏入，上大怒。白敏中召皞诘之，皞曰："太皇太后，汾阳王之孙，宪宗在东宫为正妃，逮事顺宗为妇。宪宗厌代之夕[4]，事出暧昧；太皇太后母天下，历五朝，岂得以暧昧之事遽废正嫡之礼乎！"敏中怒甚，皞辞气愈厉。诸相会食，周墀立于敏中之门以俟之，敏中使谢曰："方为一书生所苦，公弟先行。"墀入，至敏中厅问其事，见皞争辨方急，墀举手加颡[5]，叹皞孤直。明日，皞坐贬官。

秋，九月，甲子，再贬潮州司马李德裕为崖州司户，湖南观察使李回为贺州刺史[6]。

前凤翔节度使石雄诣政府自陈黑山、乌岭之功⑦,求一镇以终老。执政以雄李德裕所荐,曰:"向日之功,朝廷以蒲、孟、岐三镇酬之⑧,足矣。"除左龙武统军。雄怏怏而薨。

十一月,庚午,万寿公主适起居郎郑颢⑨。颢,絪之孙⑩,登进士第,为校书郎、右拾遗内供奉,以文雅著称。公主,上之爱女,故选颢尚之。有司循旧制请用银装车,上曰:"吾欲以俭约化天下,当自亲者始。"令依外命妇以铜装车。诏公主执妇礼,皆如臣庶之法,戒以毋得轻夫族,毋得预时事。又申以手诏曰:"苟违吾戒,必有太平、安乐之祸⑪。"颢弟颉,尝得危疾,上遣使视之。还,问:"公主何在?"曰:"在慈恩寺观戏场。"上怒,叹曰:"我怪士大夫家不欲与我家为婚,良有以也!"亟命召公主入宫,立之阶下,不之视。公主惧,涕泣谢罪。上责之曰:"岂有小郎病⑫,不往省视,乃观戏乎!"遣归郑氏。由是终上之世,贵戚皆兢兢守礼法,如山东衣冠之族。

壬午,葬懿安皇后于景陵之侧。

以中书侍郎、同平章事韦琮为太子宾客、分司。

十二月,凤翔节度使崔珙奏破吐蕃,克清水⑬。清水先隶秦州,诏以本州未复,权隶凤翔。

上见宪宗朝公卿子孙,多擢用之。刑部员外郎杜胜次对,上问其家世,对曰:"臣父黄裳,首请宪宗监国。"即除给事中。翰林学士裴谂,度之子也,上幸翰林,面除承旨⑭。

吐蕃论恐热遣其将莽罗急藏将兵二万略地西鄙,尚婢婢遣其将拓跋怀光击之于南谷⑮,大破之,急藏降。

【注释】

①太皇太后郭氏:她为宪宗妃,穆宗生母,敬宗、文宗、武宗的祖母,故称太皇太后。 ②礼院检讨:贞元九年(793),敕太常寺设礼院修撰、检讨官各一员。皞(hào 好):人名。句容:唐润州所属县,治今江苏句容市。 ③勤政楼:即在兴庆宫的勤政务本楼,为玄宗所建。④厌代:即厌世,代指帝王之死。 ⑤加颡(sǎng 嗓):放在额头上。颡,额头。⑥贺州:岭南道所属州,治今广西贺州市东南之贺街。 ⑦凤翔节度使:官名。治凤翔府(今陕西宝鸡市凤翔区),领凤翔府、陇州。 ⑧蒲、孟、

岐：指河中镇、河阳镇和凤翔镇。 ⑨起居郎：门下省属官，从六品上，掌起居注，录天子之言动法度，以修记事之史。 ⑩絪：郑絪，字文明，德宗时进士及第，历官起居郎、翰林学士、司勋员外郎等。宪宗初擢为宰相。⑪太平、安乐：太平公主为武则天女，安乐公主为中宗韦后女，二人皆以参与朝政，争权夺利，先后被诛杀。 ⑫小郎：晋宋以来，嫂对夫弟称小郎，也叫小叔。 ⑬清水：原为秦州所属县，治今甘肃清水县。 ⑭承旨：即翰林学士承旨，为翰林学士中地位最高者，获此职衔者，多位至宰相。 ⑮南谷：古地名。此指渭州渭源县之南谷，在今甘肃渭源县西。

三年 春，正月，上与宰相论元和循吏孰为第一[①]，周墀曰："臣尝守土江西，闻观察使韦丹功德被于八州[②]，没四十年，老稚歌思，如丹尚存。"乙亥，诏史馆修撰杜牧撰《丹遗爱碑》以纪之，仍擢其子河阳观察判官宙为御史。

二月，吐蕃论恐热军于河州[③]，尚婢婢军于河源军[④]。婢婢诸将欲击恐热，婢婢曰："不可。我军骤胜而轻敌，彼穷困而致死，战必不利。"诸将不从。婢婢知其必败，据河桥以待之，诸将果败。婢婢收余众，焚桥，归鄯州[⑤]。

吐蕃秦、原、安乐三州及石门等七关来降[⑥]；以太仆卿陆耽为宣谕使，诏泾原、灵武、凤翔、邠宁、振武皆出兵应接。

河东节度使王宰入朝，以货结权幸，求以使相领宣武；刑部尚书、同平章事周墀上疏论之，宰遂还镇。驸马都尉韦让求为京兆尹；墀言京兆尹非才望不可为，让议竟寝。墀又谏上开边，由是忤旨。夏，四月，以墀为东川节度使。以御史大夫崔铉为中书侍郎、同平章事，兵部侍郎、判户部魏扶同平章事。

癸巳，卢龙奏节度使张仲武薨，军中立其子节度押牙直方。

翰林学士郑颢言于上曰："周墀以直言入相，亦以直言罢相。"上深感悟，甲午，墀入谢，加检校右仆射。

戊戌，以张直方为卢龙留后。

五月，徐州军乱，逐节度使李廓。廓，程之子也[⑦]，在镇不治。右补阙郑鲁上言其状，且曰："臣恐新麦未登，徐师必乱；速命良帅，救此一方。"上未之省。徐州果乱，上思鲁言，擢为起居舍人。

以义成节度使卢弘止为武宁节度使。武宁士卒素骄，有银刀都尤甚，屡逐主帅。弘止至镇，都虞候胡庆方复谋作乱；弘止诛之，抚循其余，训以忠义，军府由是获安。

六月，戊申，以张直方为卢龙节度使。

泾原节度使康季荣取原州及石门、驿藏、木峡、制胜、六磐、石峡六关[⑧]。秋，七月，丁巳，灵武节度使朱叔明取长乐州[⑨]。甲子，邠宁节度使张君绪取萧关[⑩]。甲戌，凤翔节度使李玭取秦州。诏邠宁节度权移军于宁州以应接河西[⑪]。

八月，乙酉，改长乐州为威州。

河、陇老幼千余人诣阙，己丑，上御延喜门楼见之[⑫]，欢呼舞跃，解胡服，袭冠带，观者皆呼万岁。诏："募百姓垦辟三州、七关土田，五年不租税；自今京城罪人应配流者皆配十处；四道将吏能于镇戍之地营田者[⑬]，官给牛及种粮。温池盐利可赡边陲[⑭]，委度支制置。其三州、七关镇戍之卒，皆倍给衣粮，仍二年一代。道路建置堡栅，有商旅往来贩易及戍卒子弟通传家信，关镇毋得留难。其山南、剑南边境有没蕃州县，亦令量力收复。"

冬，十月，改备边库为延资库。

西川节度使杜悰奏取维州。

闰十一月，丁酉，宰相以克复河、湟，请上尊号，上曰："宪宗常有志复河、湟，以中原方用兵，未遂而崩，今乃克成先志耳。其议加顺、宪二庙尊谥以昭功烈。"

卢龙节度使张直方，暴忍，喜游猎。军中将作乱，直方知之，托言出猎，遂举族逃归京师；军中推牙将周綝为留后，直方至京师，拜金吾大将军。

甲戌[⑮]，追上顺宗谥曰至德弘道大圣大安孝皇帝；宪宗谥曰昭文章武大圣至神孝皇帝。仍改题神主。

己未，崖州司户李德裕卒。

山南西道节度使郑涯奏取扶州[⑯]。

【注释】

①循吏：奉法办事，尽忠职守的官吏，即历史上所称的清官。 ②八州：指洪、江、鄂、岳、虔、吉、袁、抚八州。 ③河州：原陇右道所属州，治

今甘肃临夏市。　④河源军：在当时鄯州都城县，治今青海西宁市。　⑤鄯州：原陇右道所属州，治今青海海东市乐都区。　⑥秦、原、安乐三州：秦州，治今甘肃秦安县西北。原州，治今甘肃平凉市。安乐州，治今宁夏同心县东北之韦州。七关：指原州境的石门、驿藏、制胜、石峡、木靖、木峡、六磐七关。　⑦程：李程，字表臣，陇西人。贞元中进士，历官翰林学士、中书舍人、吏部侍郎等，敬宗时位至宰相。　⑧泾原节度使：官名。治泾州（今甘肃泾川县泾河北），领泾、原、渭、武四州。　⑨长乐州：据前后文，“长乐”当作“安乐”。　⑩萧关：属原州地，在今宁夏同心县南。　⑪宁州：治今甘肃宁县。　⑫延喜门：为皇城东面北边城门，直通通化门。　⑬四道：指泾原、邠宁、灵武、凤翔四镇，即是四道。营田：组织军民开垦闲置耕地的意思。　⑭温池：唐神龙年间所置县，属灵州。其地今宁夏盐池县西南，该县有盐池，可采盐。　⑮甲戌：闰十一月无甲戌日。据《旧纪》，追谥顺、宪二宗事在十二月。可知“甲戌”二字前漏“十二月”三字。甲戌为十二月二十五日。　⑯扶州：原为剑南西川道所属州，广德后为吐蕃所占有。治今四川九寨沟县东北。

资治通鉴卷第二百四十九

唐纪六十五　起上章敦牂，尽屠维单阏，凡十年。

宣宗元圣至明成武献文睿智章仁神聪懿道大孝皇帝下[①]

大中四年　春，正月，庚辰朔，赦天下。

二月，以秦州隶凤翔[②]。

夏，四月，庚戌，以中书侍郎、同平章事马植为天平节度使[③]。上之立也，左军中尉马元贽有力焉[④]，由是恩遇冠诸宦者，植与之叙宗姓。上赐元贽宝带，元贽以遗植，植服之以朝，上见而识之，植变色，不敢隐。明日，罢相，收植亲吏董侔，下御史台鞫之，尽得植与元贽交通之状，再贬常州刺史[⑤]。

六月，戊申，兵部侍郎、同平章事魏扶薨。以户部尚书、判度支崔龟从同平章事。

秋，八月，以白敏中判延资库。

卢龙节度使周𬘡薨，军中表请以押牙兼马步都知兵马使张允伸为留后，九月，丁酉，从之。

党项为边患，发诸道兵讨之，连年无功，戍馈不已；右补阙孔温裕上疏切谏，上怒，贬柳州司马。温裕，戣之兄子也[⑥]。

吐蕃论恐热遣僧莽罗蔺真将兵于鸡项关南造桥[⑦]，以击尚婢婢，军于白土岭[⑧]。婢婢遣其将尚铎罗榻藏将兵据临蕃军以拒之，不利，复遣磨离罴子、烛卢巩力将兵据牦牛峡以拒之。巩力请："按兵据险，勿与战，以奇兵绝其粮道，使进不得战，退不得还，不过旬月，其众必溃。"罴子不从。巩力曰："吾宁为不用之人，不为败军之将。"称疾，归鄯州。罴子逆战，败死。婢婢粮乏，留拓跋怀光守鄯州，帅部落三千余人就水草于甘州西⑨。恐热闻婢婢弃鄯州，自将轻骑五千追之，至瓜州⑩，闻怀光守鄯州，遂大掠河西鄯、廓等八州⑪，杀其丁壮，劓刖其羸老及妇人⑫，以槊贯婴儿为戏，焚其室庐，五千里间，赤地殆尽。

冬，十月，辛未，以翰林学士承旨、兵部侍郎令狐绹同平章事。

十一月，壬寅，以翰林学士刘瑑为京西招讨党项行营宣慰使。

以卢龙留后张允伸为节度使。

十二月，以凤翔节度使李业、河东节度使李拭并兼招讨党项使。

吏部侍郎孔温业白执政求外官，白敏中谓同列曰："我辈须自点检，孔吏部不肯居朝廷矣。"温业，戣之弟子也。

【注释】

①"宣宗"句：据胡三省注，《通鉴》书唐诸帝号，玄宗以后，皆以谥册为正。此处所书，乃追崇之尊号，不合前后体例，以书谥号"宣宗圣武献文孝皇帝"为宜。　②秦州隶凤翔：秦州原为陇右节度使驻地，也称秦州节度使。由于其地新收复，所以暂属凤翔节度使管辖。　③天平节度使：官名。治郓州（今山东东平县），领郓、齐、曹、棣四州。　④左军中尉：即左神策军护军中尉，与右神策军护军中尉，合称两中尉，均为宦官充任，掌握禁军大权。　⑤常州：江南东道所属州，治今江苏常州市。⑥戣（kuí 葵）：孔戣，字君严，冀州人。宪宗元和初，任谏议大夫，历吏部侍郎、御史大夫、岭南节度使等，所在有政绩。　⑦鸡项关：在今青海循化撒拉族自治县东，黄河南岸。　⑧白土岭：在今青海循化撒拉族自治县黄河北岸。　⑨甘州：陇右道所属州，治今甘肃张掖市。　⑩瓜州：陇右道所属州，治今甘肃瓜州县东南。　⑪廓州：在鄯州南，治今青海尖扎县北。　⑫劓刖（yì yuè 义月）：劓，割掉鼻子。刖，砍掉脚。二者皆为古代的酷刑。

五年 春,正月[①],壬戌,天德军奏摄沙州刺史张义潮遣使来降[②]。义潮,沙州人也,时吐蕃大乱,义潮阴结豪杰,谋自拔归唐;一旦,帅众被甲噪于州门,唐人皆应之,吐蕃守将惊走,义潮遂摄州事,奉表来降。以义潮为沙州防御使。

以兵部侍郎裴休为盐铁转运使。休,肃之子也[③]。自太和以来,岁运江、淮米不过四十万斛,吏卒侵盗、沉没,舟达渭仓者什不三四,大堕刘晏之法[④],休穷究其弊,立漕法十条,岁运米至渭仓者百二十万斛。

上颇知党项之反由边帅利其羊马,数欺夺之,或妄诛杀,党项不胜愤怨,故反。乃以右谏议大夫李福为夏绥节度使。自是继选儒臣以代边帅之贪暴者,行日,复面加戒励,党项由是遂安。福,石之弟也[⑤]。

上以南山、平夏党项久未平[⑥],颇厌用兵。崔铉建议,宜遣大臣镇抚。三月,以白敏中为司空、同平章事,充招讨党项行营都统、制置等使,南北两路供军使兼邠宁节度使。敏中请用裴度故事,择廷臣为将佐,许之。夏,四月,以左谏议大夫孙景商为左庶子[⑦],充邠宁行军司马;知制诰蒋伸为右庶子,充节度副使。伸,係之弟也[⑧]。

初,上令白敏中为万寿公主选佳婿,敏中荐郑颢。时颢已婚卢氏,行至郑州,堂帖追还,颢甚衔之,由是数毁敏中于上。敏中将赴镇,言于上曰:“郑颢不乐尚主,怨臣入骨髓。臣在政府,无如臣何;今臣出外,颢必中伤,臣死无日矣!”上曰:“朕知之久矣,卿何言之晚邪!”命左右于禁中取小柽函以授敏中曰[⑨]:“此皆郑郎谮卿之书也。朕若信之,岂任卿以至今日!”敏中归,置柽函于佛前,焚香事之。

敏中军于宁州[⑩],壬子,定远城使史元破党项九千余帐于三交谷[⑪],敏中奏党项平。辛未,诏:“平夏党项,已就安帖。南山党项,闻出山者迫于饥寒,犹行钞掠,平夏不容,穷无所归;宜委李福存谕,于银、夏境内授以闲田。如能革心向化,则抚如赤子,从前为恶,一切不问,或有抑屈,听于本镇投牒自诉。若再犯疆场,或复入山林,不受教令,则诛讨无赦。将吏有功者甄奖,死伤者优恤。

灵、夏、邠、鄜四道百姓，给复三年，邻道量免租税。向由边将贪鄙，致其怨叛，自今当更择廉良抚之。若复致侵叛，当先罪边将，后讨寇虏。”

吐蕃论恐热残虐，所部多叛；拓跋怀光使人说诱之，其众或散居部落[12]，或降于怀光。恐热势孤，乃扬言于众曰：“吾今入朝于唐，借兵五十万来诛不服者，然后以渭州为国城[13]，请唐册我为赞普，谁敢不从！”五月，恐热入朝，上遣左丞李景让就礼宾院问所欲。恐热气色骄倨，语言荒诞，求为河渭节度使；上不许，召对三殿，如常日胡客，劳赐遣还。恐热怏怏而去，复归落门川[14]，聚其旧众，欲为边患。会久雨，乏食，众稍散，才有三百余人，奔于廓州。

【注释】

①正月：据章钰校证，他本均作“二月”。证之壬戌日，也应为二月之日，因正月为甲戌朔，无壬戌日。　②沙州：原为陇右道所属州，治今甘肃敦煌市西。　③肃：裴肃，河内济源人。德宗贞元中，历官刺史、御史中丞、团练观察使等。　④堕（huī 灰）：毁坏。刘晏之法：刘晏为代宗时的理财专家。他所制定的漕运之法，根据江、汴、河、渭的不同水力，各随便宜，造运船，教漕卒，江船达扬州，汴船达河阴，河船达渭口，渭船达太仓，其间缘水置仓，转相授给。每年运谷有达百万斛，无斗升沉没之忧。　⑤石：李石，字中玉，陇西人。文宗时位至宰相，值甘露之变后，宦官气焰甚张，石力抑之，险被宦官所害。后罢相出任节度使、防御使等。　⑥南山、平夏党项：党项居安乐州、盐州以南的山谷的称南山党项。居银州、夏州以北川泽之地的称平夏党项。　⑦左庶子：为东宫属官。太子左春坊，设左庶子二人，正四品上，掌侍从赞相，驳正启奏。右春坊设右庶子二人，正四品下，职同左庶子。　⑧係：蒋係，常州义兴人，为蒋乂长子。在文宗、武宗、宣宗各朝，历官史馆修撰，谏议大夫、都防御观察使、节度使、刑部尚书等。　⑨柽（chēng 称）函：用柽木做的盒子。柽，又称柽柳，老枝为红色，故又称红柳。　⑩宁州：为邠宁节度使所领，治今甘肃宁县。　⑪三交谷：在当时之夏州界，具体地点不详。　⑫散居：据章钰校证，他本“居”均作“归”。从文意看，作“归”为顺。　⑬渭州：陇右道所属州，治今甘肃陇西县东南。　⑭落门川：在渭州境内，即今甘肃武山县东渭水支流的南峪河。

六月，立皇子润为鄂王。

进士孙樵上言："百姓男耕女织，不自温饱，而群僧安坐华屋，美衣精馔，率以十户不能养一僧。武宗愤其然，发十七万僧[①]，是天下一百七十万户始得苏息也。陛下即位以来，修复废寺，天下斧斤之声至今不绝，度僧几复其旧矣。陛下纵不能如武宗除积弊，奈何兴之于已废乎！日者陛下欲修国东门，谏官上言，遽为罢役。今所复之寺，岂若东门之急乎？所役之功，岂若东门之劳乎？愿早降明诏，僧未复者勿复，寺未修者勿修，庶几百姓犹得以息肩也。"秋，七月，中书门下奏："陛下崇奉释氏，群下莫不奔走，恐财力有所不逮，因之生事扰人，望委所在长吏量加撙节。所度僧亦委选择有行业者，若容凶粗之人，则更非敬道也。乡村佛舍，请罢兵日修。"从之。

八月，白敏中奏南山党项亦请降。时用兵岁久，国用颇乏，诏并赦南山党项，使之安业。

冬，十月，乙卯，中书门下奏："今边事已息，而州府诸寺尚未毕功，望且令成之。其大县远于州府者，听置一寺，其乡村毋得更置佛舍。"从之。

戊辰，以户部侍郎魏谟同平章事，仍判户部。时上春秋已高，未立太子，群臣莫敢言。谟入谢，因言："今海内无事，惟未建储副，使正人辅导，臣窃以为忧。"且泣。时人重之。

蓬、果群盗依阻鸡山[②]，寇掠三川[③]。以果州刺史王贽弘充三川行营都知兵马使以讨之。

制以党项既平，罢白敏中都统，但以司空、平章事充邠宁节度使。

张义潮发兵略定其旁瓜、伊、西、甘、肃、兰、鄯、河、岷、廓十州，遣其兄义泽奉十一州图籍入见，于是河、湟之地尽入于唐。十一月，置归义军于沙州，以义潮为节度使、十一州观察使；又以义潮判官曹义金为归义军长史。

以中书侍郎、同平章事崔龟从同平章事，充宣武节度使。

右羽林统军张直方坐出猎累日不还宿卫，贬左骁卫将军[④]。

【注释】

①发:使僧人长发为民。为名词的使动用法。 ②蓬、果:蓬州和果州,均为山南西道所属州。蓬州治今四川仪陇县南,果州治今四川南充市。鸡山:在蓬州和果州交界处。 ③三川:指东川、西川和山南两道。 ④左骁卫将军:唐十六卫之一,左骁卫将军,二员,从三品,宿卫京师。张直方由于出猎多日不还,乃从大将军贬为将军。

六年 春,二月,王贽弘讨鸡山贼,平之。

是时,山南西道节度使封敖奏巴南妖贼言辞悖慢,上怒甚。崔铉曰:"此皆陛下赤子,迫于饥寒,盗弄陛下兵于溪谷间,不足辱大军,但遣一使者可平矣。"乃遣京兆少尹刘潼诣果州招谕之。潼上言请不发兵攻讨,且曰:"今以日月之明烛愚迷之众,使之稽颡归命[①],其势甚易。所虑者,武臣耻不战之功,议者责欲速之效耳。"潼至山中,盗弯弓待之,潼屏左右直前曰:"我面受诏赦汝罪,使汝复为平人。闻汝木弓射二百步,今我去汝十步,汝真欲反者,可射我!"贼皆投弓列拜,请降。潼归馆,而王贽弘与中使似先义逸引兵已至山下,竟击灭之。

三月,敕先赐右卫大将军郑光鄠县及云阳庄并免税役[②]。中书门下奏,以为:"税役之法,天下皆同。陛下屡发德音,欲使中外画一[③],今独免郑光,似稍乖前意。事虽至细,系体则多。"敕曰:"朕以郑光元舅之尊贵,欲优异令免征税,初不细思。况亲戚之间,人所难议,卿等苟非爱我,岂进嘉言!庶事能尽如斯,天下何忧不理!有始有卒,当共守之,并依所奏。"

夏,四月,甲辰,以邠宁节度使白敏中为西川节度使。

湖南奏,团练副使冯少端讨衡州贼帅邓裴[④],平之。

党项复扰边,上欲择可为邠宁帅者而难其人,从容与翰林学士、中书舍人须昌毕诚论边事[⑤],诚援古据今,具陈方略。上悦曰:"吾方择帅,不意颇、牧近在禁廷[⑥]。卿其为朕行乎!"诚欣然奉命。上欲重其资履,六月[⑦],壬申,先以诚为刑部侍郎,癸酉,乃除邠宁节度使。

雍王渼薨,追谥靖怀太子。

河东节度使李业纵吏民侵掠杂虏，又妄杀降者，由是北边扰动。闰月，庚子，以太子少师卢钧为河东节度使。业内有所恃，人莫敢言，魏谟独请贬黜。上不许，但徙义成节度使⑧。

卢钧奏度支郎中韦宙为副使。宙遍诣塞下，悉召酋长，谕以祸福，禁唐民毋得入虏境侵掠，犯者必死，杂虏由是遂安。

掌书记李璋杖一牙职⑨，明日，牙将百余人诉于钧，钧杖其为首者，谪戍外镇，余皆罚之，曰："边镇百余人，无故横诉，不可不抑。"璋，绛之子也⑩。

八月，甲子，以礼部尚书裴休同平章事。

獠寇昌、资二州⑪。

冬，十月，邠宁节度使毕诚奏招谕党项皆降。

骁卫将军张直方坐以小过屡杀奴婢，贬恩州司户⑫。

十一月，立宪宗子惴为棣王。

十二月，中书门下奏："度僧不精，则戒法堕坏；造寺无节，则损费过多。请自今诸州准元敕许置寺外，有胜地灵迹许修复，繁会之县许置一院⑬。严禁私度僧、尼；若官度僧、尼有阙，则择人补之，仍申祠部给牒。其欲远游寻师者，须有本州公验⑭。"从之。

【注释】

①稽颡（qǐ sǎng 启嗓）：跪拜时把额头触地，表示极其恭顺虔诚。颡，额头。 ②右卫大将军：唐十六卫之一，大将军正三品，掌宿卫京师。郑光：为宣宗生母郑氏之弟，宣宗即位，尊郑氏为皇太后，郑光是为元舅。 ③画一：犹统一，一个样。《汉书·萧何曹参传》："萧何为法，讲若画一。" ④团练副使：官名。观察使由于军事方面的需要，往往带团练使衔。团练副使，即观察使之副手。 ⑤须昌：县名，治今山东东平县西北。諴（xián 咸）：此为人名。 ⑥颇、牧：指廉颇和李牧，二人均为战国时赵国武将，以善用兵而有名于世。 ⑦六月：据年历，六月无壬申、癸酉日，可能为七月之误。据《新纪》，雍王之死，亦在七月。 ⑧义成节度使：官名，治滑州（在今河南滑县东），领滑、郑、濮三州。 ⑨掌书记：为节度使幕府中的重要文职人员，掌表奏书檄等事。 ⑩绛：李绛，字深之，赵郡赞皇人。宪宗时位至宰相，以刚直有名于时。后出为山南西道节度使，为乱兵所害。 ⑪昌、资：昌州，治今重庆荣昌区，资州，治

今四川资中县。二州均属剑南道所领。　⑫恩州：岭南道所属州，治今广东恩平市。　⑬繁会：指那些人口繁多，舟车所会的地方。　⑭公验：地方政府所发给的证明，可用做检验的文件。

七年　春，正月，戊申，上祀圜丘；赦天下。

夏，四月，丙寅，敕："自今法司处罪，用常行杖。杖脊一，折法杖十[①]；杖臀一，折笞五。使吏用法有常准。"

冬，十二月，左补阙赵璘请罢来年元会，止御宣政。上以问宰相，对曰："元会大礼，不可罢。况天下无事。"上曰："近华州奏有贼光火劫下邽[②]，关中少雪，皆朕之忧，何谓无事！虽宣政亦不可御也。"

上事郑太后甚谨，不居别宫，朝夕奉养。舅郑光历平卢、河中节度使，上与之论为政[③]，光应对鄙浅，上不悦，留为右羽林统军，使奉朝请[④]。太后数言其贫，上辄厚赐金帛，终不复任以民官。

度支奏："自河、湟平，每岁天下所纳钱九百二十五万余缗，内五百五十万余缗租税，八十二万余缗榷酤，二百七十八万余缗盐利。"

八年　春，正月，丙戌朔，日有食之。罢元会。

上自即位以来，治弑宪宗之党，宦官、外戚乃至东宫官属，诛窜甚众。虑人情不安，丙申，诏："长庆之初，乱臣贼子，顷搜擿余党，流窜已尽，其余族从疏远者[⑤]，一切不问。"

二月，中书门下奏，拾遗、补阙缺员，请更增补。上曰："谏官要在举职，不必人多，如张道符、牛丛、赵璘辈数人，使朕日闻所不闻足矣。"丛，僧孺之子也。

久之，丛自司勋员外郎出为睦州刺史[⑥]，入谢，上赐之紫。丛既谢，前言曰："臣所服绯，刺史所借也[⑦]。"上遽曰："且赐绯。"上重惜服章，有司常具绯、紫衣数袭从行，以备赏赐，或半岁不用其一，故当时以绯、紫为荣。上重翰林学士，至于迁官，必校岁月，以为不可以官爵私近臣也。

秋，九月，丙戌，以右散骑常侍高少逸为陕虢观察使。有敕使过硖石[⑧]，怒饼黑，鞭驿吏见血；少逸封其饼以进。敕使还，上责之曰："深山中如此食岂易得！"谪配恭陵。

立皇子洽为怀王，汭为昭王，汶为康王。

上猎于苑北，遇樵夫，问其县，曰："泾阳人也。""令为谁？"曰："李行言。""为政何如？"曰："性执。有强盗数人，军家索之⑨，竟不与，尽杀之。"上归，帖其名于寝殿之柱。冬，十月，行言除海州刺史⑩，入谢。上赐之金紫⑪。问曰："卿知所以衣紫乎？"对曰："不知。"上命取殿柱之帖示之。

上以甘露之变，惟李训、郑注当死，自余王涯、贾悚等无罪，诏皆雪其冤。

上召翰林学士韦澳，托以论诗，屏左右与之语曰："近日外间谓内侍权势何如？"对曰："陛下威断，非前朝之比。"上闭目摇首曰："全未，全未！尚畏之在。卿谓策将安在！"对曰："若与外廷议之，恐有太和之变⑫，不若就其中择有才识者与之谋。"上曰："此乃末策⑬。自衣黄、衣绿至衣绯⑭，皆感恩，才衣紫则相与为一矣！"上又尝与令狐绹谋尽诛宦官，绹恐滥及无辜，密奏曰："但有罪勿舍，有阙勿补，自然渐耗，至于尽矣。"宦者窃见其奏，由是益与朝士相恶，南北司如水火矣。

【注释】

①法杖：指一般常用的杖臀之杖。　②光火劫下邽：是说明火执仗无所顾忌地抢劫。下邽，华州所属县，治今陕西渭南市北下邽镇。③上与之句：据章钰校证，其他各本"上"字之前，有"入朝"二字。④奉朝请：为文散官名号，唐又称朝请大夫。无所职掌，仅有其爵位而已。　⑤族从：在亲族中，不是直系亲属者称从，如共祖父叔伯兄弟称从兄弟。次于从的称族，比从疏远。　⑥睦州：江南东道所属州，治今浙江建德市东北。　⑦刺史所借：唐制，三品以上服紫，四、五品服绯。牛丛原为六品官，任刺史后，改服绯，是由于因刺史而借用。　⑧硖石：为陕州所属县，治今河南三门峡市东南硖石乡。　⑨军家：指由宦官掌管的北司禁军。唐人习惯称节度使为使家，诸州为州家，诸县为县家。⑩海州：河南道所属州，治今江苏连云港市。　⑪金紫：指金鱼袋和紫衣。李行言初任刺史，本来只可服绯，因为宣宗所赏识，特赐服紫。⑫太和之变：此指太和九年(835)，朝臣谋诛宦官，事不成，反而引起宦官

大杀朝臣的甘露之变。 ⑬此乃末策：据章钰校证，他本“策”字下尚有“朕已试之矣”五字。 ⑭自衣黄句：唐自高宗上元以后，三品以上服紫，四、五品服绯，六、七、八品服绿，九品服青，流外官及庶人服黄。宦官原均服黄，玄宗以后，绿、绯、紫均有了。

九年 春，正月，甲申，成德军奏节度使王元逵薨，军中立其子节度副使绍鼎。癸卯，以绍鼎为成德留后。

二月，以醴泉令李君奭为怀州刺史[①]。初，上校猎渭上，有父老以十数，聚于佛祠，上问之，对曰：“醴泉百姓也。县令李君奭有异政，考满当罢[②]，诣府乞留，故此祈佛，冀谐所愿耳。”及怀州刺史阙，上手笔除君奭，宰相莫之测。君奭入谢，上以此奖厉，众始知之。

三月，诏邠宁节度使毕諴还邠州。先是，以河、湟初附，党项未平，移邠宁军于宁州，至是，南山、平夏皆安[③]，威、盐、武三州军食足[④]，故令还理所。

夏，闰四月，诏以“州县差役不均，自今每县据人贫富及役轻重作差科簿，送刺史检署讫[⑤]，鏁于令厅，每有役事委令，据簿定差[⑥]。”

五月，丙寅，以王绍鼎为成德节度使。

上聪察强记，宫中厮役给洒扫者，皆能识其姓名，才性所任，呼召使令，无差误者。天下奏狱吏卒姓名，一览皆记之。度支奏渍污帛，误书渍为清，枢密承旨孙隐中谓上不之见[⑦]，辄足成之。及中书覆入，上怒，推按擅改章奏者罚谪之。

上密令翰林学士韦澳纂次诸州境土风物及诸利害为一书，自写而上之，虽子弟不知也，号曰《处分语》。他日，邓州刺史薛弘宗入谢[⑧]，出，谓澳曰：“上处分本州事惊人。”澳询之，皆《处分语》中事也。澳在翰林，上或遣中使宣旨草诏；事有不可者，澳辄曰：“兹事须降御札，方敢施行。”淹留至旦，上疏论之；上多从之。

秋，七月，浙东军乱，逐观察使李讷。讷，逊之弟子也，性下急，遇将士不以礼，故乱作。

淮南饥，民多流亡，节度使杜悰荒于游宴，政事不治。上闻之，甲午[9]，以门下侍郎、同平章事崔铉同平章事，充淮南节度使；丁酉，以悰为太子太傅、分司。

九月，乙亥，贬李讷为朗州刺史[10]，监军王宗景杖四十，配恭陵。仍诏："自今戎臣失律，并坐监军。"以礼部侍郎沈询为浙东观察使。询，传师之子也[11]。

冬，十一月，以吏部侍郎柳仲郢为兵部侍郎，充盐铁转运使。有闾阎医工刘集因缘交通禁中，上敕盐铁补场官。仲郢上言："医工术精，宜补医官；若委务铜盐，何以课其殿最！且场官贱品，非特敕所宜亲，臣未敢奉诏。"上遽批："刘集宜赐绢百匹，遣之。"他日，见仲郢，劳之曰："卿论刘集事甚佳。"

上尝苦不能食，召医工梁新诊脉，治之数日，良已。新因自陈求官，上不许，但敕盐铁使月给钱三千缗而已[12]。

右威卫大将军康季荣前为泾原节度使，擅用官钱二百万缗，事觉，季荣请以家财偿之。上以季荣有开河、湟功，许之。给事中封还敕书，谏官亦上言，十二月，庚辰，贬季荣夔州长史[13]。

江西观察使郑祗德以其子颢尚主通显，固求散地，甲午，以祗德为宾客、分司。

【注释】

①怀州：原都畿道所属州，治今河南沁阳市。 ②考满：在职考课已经期满。唐制，凡居官必经四考，政绩优者升迁，不称职者降级。 ③南山、平夏：据章钰考校，他本"平夏"二字下，均有"党项"二字。 ④威州：唐大中三年(849)，改安乐州为威州，治今宁夏同心县东北。武州：唐大中五年(851)置，治今宁夏同心县东南。 ⑤检署：审核签名。 ⑥定差：据章钰考校，他本"定"均作"轮"。从文意看，以作轮为顺。 ⑦枢密承旨：枢密院重要官吏之一，由宦官充任，掌承受表奏。 ⑧邓州：山南东道所属州，治今河南邓州市。 ⑨甲午：七月无甲午日，查《旧纪》，崔铉镇淮南，在八月。可知"甲午"前漏"八月"二字。 ⑩朗州：江南西道所属州，治今湖南常德市。 ⑪传师：沈传师，字子言，吴人。宪宗、穆宗时，历官翰林学士、中书舍人、御史中丞、州刺史、观察使、节度使等。 ⑫三千：据章钰考校，他本"三千"作"三十"。 ⑬夔州：荆南节度使所领州，治今重庆市奉节县。

十年 春,正月,丁巳,以御史大夫郑朗为工部尚书、同平章事。

上命裴休极言时事,休请早建太子,上曰:"若建太子,则朕遂为闲人。"休不敢复言。二月,丙戌,休以疾辞位,不许。

三月,辛亥,诏以"回鹘有功于国,世为婚姻[1],称臣奉贡,北边无警。会昌中虏廷丧乱,可汗奔亡,属奸臣当轴,遽加殄灭。近有降者云,已庞历今为可汗[2],尚寓安西,俟其归复牙帐,当加册命。"

上以京兆久不理,夏,五月,丁卯,以翰林学士、工部侍郎韦澳为京兆尹。澳为人公直,既视事,豪贵敛手。郑光庄吏恣横[3],积年租税不入,澳执而械之。上于延英问澳,澳具奏其状,上曰:"卿何以处之?"澳曰:"欲置于法。"上曰:"郑光甚爱之,何如?"对曰:"陛下自内庭用臣为京兆,欲以清畿甸之积弊[4];若郑光庄吏积年为蠹,得宽重辟,是陛下之法独行于贫户,臣未敢奉诏。"上曰:"诚如此。但郑光殢我不置[5];卿与痛杖,贷其死,可乎?"对曰:"臣不敢不奉诏,愿听臣且系之,俟征足乃释之。"上曰:"灼然可。朕为郑光故桡卿法[6],殊以为愧。"澳归府,即杖之;督租数百斛足,乃以吏归光。

六月,戊寅,以中书侍郎、同平章事裴休同平章事,充宣武节度使。

司农卿韦廑欲求夏州节度使,有术士知之,诣廑门曰:"吾善醮星辰[7],求官无不如意。"廑信之,夜,设醮具于庭。术士曰:"请公自书官阶一通。"既得之,仰天大呼曰:"韦廑有异志,令我祭天。"廑举家拜泣曰:"愿山人赐百口之命!"家之货财珍玩尽与之。逻者怪术士服鲜衣,执以为盗;术士急,乃曰:"韦廑令我祭天,我欲告之,彼以家财求我耳。"事上闻。秋,九月,上召廑面诘之,具知其冤,谓宰相曰:"韦廑城南甲族[8],为奸人所诬,勿使狱吏辱之。"立以术士付京兆,杖死,贬廑永州司马[9]。

户部侍郎、判户部、驸马都尉郑颢营求作相甚切。其父祗德与书曰[10]:"闻汝已判户部,是吾必死之年;又闻欲求宰相,是吾必死之日也!"颢惧,累表辞剧务。冬,十月,乙酉,以颢为秘书监[11]。

上遣使诣安西镇抚回鹘,使者至灵武[12],会回鹘可汗遣使入贡，十一月，辛亥，册拜为嗢禄登里罗汨没密施合俱录毗伽怀建可汗，以卫尉少卿王端章充使。

吏部尚书李景让上言："穆宗乃陛下兄，敬宗、文宗、武宗乃兄之子，陛下拜兄尚可，拜侄可乎！是使陛下不得亲事七庙也，宜迁四主出太庙，还代宗以下入庙。"诏百官议其事，不决而止。时人以是薄景让。

敕："于灵感、会善二寺置戒坛，僧、尼应填阙者委长老僧选择，给公凭，赴两坛受戒，两京各选大德十人主其事⑬。有不堪者罢之，堪者给牒，遣归本州。不见戒坛公牒，毋得私容。仍先选旧僧、尼，旧僧、尼无堪者，乃选外人。"

壬辰⑭，以户部侍郎、判户部崔慎由为工部尚书、同平章事。上每命相，左右无知者。前此一日，令枢密宣旨于学士院，以兵部侍郎、判度支萧邺同平章事。枢密使王归长、马公儒覆奏："邺所判度支应罢否？"上以为归长等佑之，即手书慎由名及新命付学士院，仍云"落判户部事"。邺，明之八世孙也⑮。

内园使李敬寔遇郑朗不避马⑯，朗奏之，上责敬寔，对曰："供奉官例不避。"上曰："汝衔敕命，横绝可也；岂得私出而不避宰相乎！"命剥色，配南牙。

【注释】

①婚姻：亲家关系。此指将公主下嫁给回鹘可汗之事。 ②已庞(máng 忙)历：即庞勒，译音时用字稍有不同。庞勒为回鹘别部，在安西自称可汗，居甘州。 ③庄吏：掌庄园田租的官吏。据章钰校证，他本"横"下有"为闾里患"四字。 ④畿甸：指京城所辖地区。古称王畿千里，离王城五百里称甸服。 ⑤殢(tì 替)：纠缠而不放过的意思。 ⑥桡(náo 挠)：木弯曲之称，引申为阻止、使弯曲等义，挠为后起字，意同。⑦醮：祭祀天地神祇的一种仪式。 ⑧甲族：指世家大族。唐代京城之南为韦、杜二大族姓所居，俗语云："城南韦杜，去天尺五。" ⑨永州：江南西道所属州，治今湖南永州市。 ⑩祇德：据章钰校证，其他诸本在"德"字下有"闻之"二字。 ⑪秘书监：唐秘书省的长官，从三品，掌国家经籍图书之事。 ⑫灵武：灵州所属县，治今宁夏永宁县西南。 ⑬大德：持戒行很好的高僧，隋唐时任命大德统管僧、尼。 ⑭壬辰：十一月

无此日。据《新纪》，崔慎由入相为“十二月壬辰”，可知此处在“壬辰”上漏“十二月”三字。 ⑮明：即萧渊明，唐避渊字讳，只作萧明，为梁宗室，封贞阳侯。 ⑯内园使：内侍省所属之官吏，在宫禁服役者，由宦者充任。

十一年 春，正月，丙午，以御史中丞兼尚书右丞夏侯孜为户部侍郎、判户部事。先是，判户部有缺，京兆尹韦澳奏事，上欲以澳补之。辞曰：“臣比年心力衰耗，难以处繁剧，屡就陛下乞小镇，圣恩未许。”上不悦。及归，其甥柳玭尤之，澳曰：“主上不与宰辅佥议[①]，私欲用我，人必谓我以他歧得之，何以自明！且尔知时事浸不佳乎？由吾曹贪名位所致耳。”丙辰，以澳为河阳节度使。玭，仲郢之子也。

上欲幸华清宫，谏官论之甚切，上为之止。上乐闻规谏，凡谏官论事、门下封驳，苟合于理，多屈意从之；得大臣章疏，必焚香盥手而读之。

二月，辛巳，以门下侍郎、同平章事魏谟同平章事，充西川节度使。谟为相，议事于上前，他相或委曲规讽，谟独正言无所避，上每叹曰：“谟绰有祖风[②]，我心重之。”然竟以刚直为令狐绹所忌而出之。

岭南溪洞蛮屡为侵盗；夏，四月，壬申，以右千牛大将军宋涯为安南、邕管宣慰使。五月，乙巳，以涯为安南经略使。容州军乱[③]，逐经略使王球。六月，癸巳，以涯为容管经略使。

甲午，立皇子灌为卫王，滩为广王。

秋，七月，庚子，以兵部侍郎、判度支萧邺同平章事，仍判度支。

教坊祝汉贞，滑稽敏给，上或指物使之口占，摹咏有如宿构，由是宠冠诸优。一日，在上前抵掌诙谐，颇及外事，上正色谓曰：“我畜养尔曹，正供戏笑耳，岂得辄预朝政邪！”自是疏之。会其子坐赃，杖死，流汉贞于天德军。

乐工罗程，善琵琶，自武宗朝已得幸；上素晓音律，尤有宠。程恃恩暴横，以睚眦杀人，系京兆狱。诸乐工欲为之请，因上幸后苑奏乐，乃设虚坐，置琵琶，而罗拜于庭，且泣。上问其故，对曰："罗程负陛下，万死，然臣等惜其天下绝艺，不复得奉宴游矣！"上曰："汝曹所惜者罗程艺，朕所惜者高祖、太宗法。"竟杖杀之。

八月，成德节度使王绍鼎薨。绍鼎沉湎无度，好登楼弹射人以为乐，众欲逐之；会病薨，军中立其弟节度副使绍懿。戊寅，以绍懿为成德留后。

九月，辛酉，以太子太师卢钧同平章事，充山南西道节度使。

冬，十月，己巳，以秦成防御使李承勋为泾原节度使。承勋，光弼之孙也[④]。先是，吐蕃酋长尚延心以河、渭二州部落来降，拜武卫将军；承勋利其羊马之富，诱之入凤林关[⑤]，居秦州之西。承勋与诸将谋执延心，诬云谋叛，尽掠其财，徙其众于荒远；延心知之，因承勋军宴，坐中谓承勋曰："河、渭二州，土旷人稀，因以饥疫。唐人多内徙三川[⑥]，吐蕃皆远遁于叠宕之西，二千里间，寂无人烟。延心欲入见天子，请尽帅部众分徙内地，为唐百姓，使西边永无扬尘之警，其功亦不愧于张义潮矣。"承勋欲自有其功，犹豫未许，延心复曰："延心既入朝，部落内徙，但惜秦州无所复恃耳。"承勋与诸将相顾默然。明日，诸将言于承勋曰："明公首开营田，置使府，拥万兵，仰给度支，将士无战守之劳，有耕市之利。若从延心之谋，则西陲无事，朝廷必罢使府，省戍兵，还以秦州隶凤翔，吾属无所复望矣。"承勋以为然，即奏延心为河、渭都游奕使[⑦]，使统其众居之。

中书侍郎、同平章事郑朗以疾辞位；壬申，以朗为太子太师。

上晚节颇好神仙，遣中使迎道士轩辕集于罗浮山[⑧]。

王端章册立回鹘可汗，道为黑车子所塞[⑨]，不至而还。辛卯，贬端章贺州司马[⑩]。

十一月，壬寅，以成德军留后王绍懿为节度使。

十二月，萧邺罢判度支。

【注释】

①佥议：共同商议。佥，共同的意思。 ②祖风：谓有他五代祖魏征那种敢于直言切谏的作风。魏征在唐太宗时以能直谏著称。 ③容州：为容管经略使驻地，治今广西北流市。 ④光弼：李光弼，肃宗时名将，

平定安史之乱中，建有大功，与郭子仪齐名，世称“李郭”。 ⑤凤林关：在唐河州凤林县境内，即今甘肃临夏县西北黄河南岸。 ⑥三川：此指平凉川、蔚茹川、落门川三地。 ⑦都游弈使：地方武官名，领游兵巡弈于边境地区，故名。 ⑧罗浮山：在今广东博罗县境内东江之滨，为道家聚炼的圣地，相传东晋葛洪曾在此山修道炼丹。 ⑨黑车子：我国唐代北方少数民族之一，有云即室韦之一种。 ⑩贺州：为岭南东道所属州，治今广西贺州市东南的贺街。

十二年 春，正月，以康王傅、分司王式为安南都护、经略使[①]。式有才略，至交趾，树芀木为栅[②]，可支数十年。深堑其外，泄城中水，堑外植竹，寇不能冒。选教士卒甚锐。顷之，南蛮大至[③]，去交趾半日程；式意思安闲，遣译谕之，中其要害，蛮一夕引去，遣人谢曰：“我自执叛獠耳，非为寇也。”安南都校罗行恭[④]，久专府政，麾下精兵二千，都护中军才羸兵数百；式至，杖其背，黜于边徼。

初，户部侍郎、判度支刘瑑为翰林学士，上器重之。时为河东节度使，手诏征入朝，瑑奏发河东，外人始知之。戊午，以瑑同平章事。瑑，仁轨之五世孙也[⑤]。

瑑与崔慎由议政于上前，慎由曰：“惟当甄别品流，上酬万一。”瑑曰：“昔王夷甫祖尚浮华，妄分流品，致中原丘墟。今盛明之朝，当循名责实，使百官各称其职；而遽以品流为先，臣未知致理之日！”慎由无以对。

轩辕集至长安，上召入禁中，问曰：“长生可学乎？”对曰：“王者屏欲而崇德，则自然受大遐福，何处更求长生！”留数月，坚求还山，乃遣之。

二月，甲子朔，罢公卿朝拜光陵及忌日行香，悉移宫人于诸陵。

戊辰，以中书侍郎、同平章事崔慎由为东川节度使。

上欲御楼肆赦，令狐绹曰：“御楼所费甚广[⑥]，事须有名，且赦不可数。”上不悦，曰：“遣朕于何得名？”慎由曰：“陛下未建储宫，四海属望，若举此礼，虽郊祀亦可，况于御楼！”时上饵方士药，已觉躁渴，而外人未知，疑忌方深，闻之，俛首不复言。旬日，慎由罢相。

勃海王彝震卒。癸未，立其弟虔晃为勃海王。

夏，四月，以右街使、驸马都尉刘异为邠宁节度使[7]。异尚安平公主，上妹也。

庚子，岭南都将王令寰作乱，囚节度使杨发。发，苏州人也。

戊申，以兵部侍郎、盐铁转运使夏侯孜同平章事。

五月，丙寅，工部尚书、同平章事刘瑑薨。瑑病笃，犹手疏论事，上甚惜之。

以右金吾大将军李燧为岭南节度使，已命中使赐之节，给事中萧倣封还制书；上方奏乐，不暇别召中使，使优人追之，节及燧门而返。倣，俛之从父弟也[8]。辛巳，以泾原节度使李承勋为岭南节度使，发邻道兵讨乱者，平之。

是日，湖南军乱，都将石载顺等逐观察使韩悰，杀都押牙王桂直。悰待将士不以礼，故及于难。

六月，丙申，江西军乱，都将毛鹤逐观察使郑宪。

初，安南都护李涿为政贪暴，强市蛮中马牛，一头止与盐一斗；又杀蛮酋杜存诚。群蛮怨怒，导南诏侵盗边境。

峰州有林西原[9]，旧有防冬兵六千，其旁七绾洞蛮，其酋长曰李由独，常助中国戍守，输租赋。知峰州者言于涿，请罢戍兵，专委由独防遏；于是由独势孤，不能自立，南诏拓东节度使以书诱之[10]，以甥妻其子，补拓东押牙，由独遂帅其众臣于南诏。自是安南始有蛮患；是月，蛮寇安南。

秋，七月，丙寅，宣州都将康全泰作乱，逐观察使郑薰。薰奔扬州。

丁卯，右补阙内供奉张潜上疏，以为："藩府代移之际，皆奏仓库蓄积之数，以羡余多为课绩，朝廷亦因而甄奖。窃惟藩府财赋，所出有常，苟非赋敛过差，及停废将士，减削衣粮，则羡余何从而致！比来南方诸镇数有不宁，皆此故也。一朝有变，所蓄之财悉遭剽掠；又发兵致讨，费用百倍，然则朝廷竟有何利！乞自今藩府长吏，不增赋敛，不减粮赐，独节游宴，省浮费，能致羡余者，然后赏之。”上嘉纳之。

【注释】

①安南都护：安南设都护府，治今越南河内市。都护同时兼经略使。②艿木：艿，应为“芀”之误。芀(jí 及)木，同棘木，即羊矢枣，此木不易腐，可持久。 ③南蛮大至：据章钰考证，他本“大至”之下有“屯锦田步”四字。 ④都校：即都将，都护府之武官。 ⑤仁轨：刘仁轨，汴州尉氏人。唐太宗时由县尉至给事中，历高宗、武后朝，位至宰相，垂拱元年(685)死，享年八十四。 ⑥御楼所费甚广：此指登城楼宣布大赦。唐制，凡御楼大赦，六军十二卫皆有恩赏，故花费多。 ⑦右街使：唐制，左右金吾卫所属官中，有左右街使，与左右金吾将军掌分察六街徼巡。⑧俛：萧俛，字思谦，穆宗即位之初，拜相，不久以介直免，守左仆射。⑨峰州：安南都护所领州，治嘉宁县(今越南永富省白鹤县南)。 ⑩拓东：南诏的一部，其地包括云南与贵州、广西交界的一带地方。

容管奏都虞候来正谋叛，经略使宋涯捕斩之。初，忠武军精兵皆以黄冒首[1]，号黄头军。李承勋以百人定岭南，宋涯使麾下效其服装，亦定容州。

安南有恶民，屡为乱，闻之，惊曰：“黄头军渡海来袭我矣[2]！”相与夜围交趾城，鼓噪：“愿送都护北归，我须此城御黄头军。”王式方食，或劝出避之。式曰：“吾足一动，则城溃矣。”徐食毕，擐甲，率左右登城，建大将旗，坐而责之，乱者反走。明日，悉捕诛之。有杜守澄者，自齐、梁以来拥众据溪洞，不可制。式离间其亲党，守澄走死。安南饥乱相继，六年无上供，军中无犒赏，式始修贡赋，飨将士。占城、真腊皆复通使[3]。

淮南节度使崔铉奏已出兵讨宣州贼；八月，甲午，以铉兼宣歙观察使。己亥，以宋州刺史温璋为宣州团练使[4]。璋，造之子也[5]。

河南、北、淮南大水，徐、泗水深五丈，漂没数万家。

冬，十月，建州刺史于延陵入辞[6]，上曰：“建州去京师几何？”对曰：“八千里。”上曰：“卿到彼为政善恶，朕皆知之，勿谓其远！此阶前则万里也，卿知之乎？”延陵悸慑失绪，上抚而遣之。到官，竟以不职贬复州司马[7]。

令狐绹拟李远杭州刺史,上曰:“吾闻远诗云:‘长日惟消一局棋’,安能理人!”绹曰:“诗人托此为高兴耳,未必实然。”上曰:“且令往试观之。”

上诏刺史毋得外徙,必令至京师,面察其能否,然后除之。令狐绹尝徙故人为邻州刺史,便道之官。上见其谢上表,以问绹,对曰:“以其道近,省送迎耳。”上曰:“朕以刺史多非其人,为百姓害,故欲一一见之,访问其所施设,知其优劣以行黜陟。而诏命既行,直废格不用,宰相可畏有权!”时方寒,绹汗透重裘。

上临朝,接对群臣如宾客,虽左右近习,未尝见其有惰容。每宰相奏事,旁无一人立者,威严不可仰视。奏事毕,忽怡然曰:“可以闲语矣!”因问闾阎细事,或谈宫中游宴,无所不至。一刻许,复整容曰:“卿辈善为之,朕常恐卿辈负朕,后日不复得相见。”乃起入宫。令狐绹谓人曰:“吾十年秉政,最承恩遇;然每延英奏事,未尝不汗沾衣也!”

初,山南东道节度使徐商,以封疆险阔,素多盗贼,选精兵数百人别置营训练,号捕盗将。及湖南逐帅,诏商讨之。商遣捕盗将二百人讨平之。

崔铉奏克宣州,斩康全泰及其党四百余人。

上以光禄卿韦宙父丹有惠政于江西[8],以宙为江西观察使,发邻道兵以讨毛鹤。

崔铉以宣州已平,辞宣歙观察使。十一月,戊寅,以温璋为宣歙观察使。

兵部侍郎、判户部蒋伸从容言于上曰:“近日官颇易得,人思侥幸。”上惊曰:“如此,则乱矣!”对曰:“乱则未乱,但侥幸者多,乱亦非难。”上称叹再三。伸起[9],上三留之,曰:“异日不复得独对卿矣。”伸不谕。十二月,甲寅,以伸同平章事。

韦宙奏克洪州,斩毛鹤及其党五百余人。宙过襄州[10],徐商遣都将韩季友帅捕盗将从行。宙至江州[11],季友请夜帅其众自陆道间行,比明,至洪州,州人不知,即日讨平之,宙奏留捕盗将二百人于江西,以季友为都虞候。

【注释】

①黄冒:黄色头巾。 ②求:据章钰校证,乙十一行作“来”。从文意看,以作“来”为顺。 ③占城:又称林邑、环王,古国名,故地在今越南中南部一带。真腊:又名吉蔑,古国名,故地在今柬埔寨境。 ④宋州:宣武节度使所领州,治今河南商丘市。 ⑤造:温造,字简舆,河内人。文宗时,历官御史中丞、尚书右丞、节度使、礼部尚书等。 ⑥建州:江南东道所属州,治今福建建瓯市。 ⑦复州:山南东道所属州,治今湖北天门市。 ⑧光禄卿:光禄寺长官,从三品,掌国家酒醴、膳馐等事。 ⑨伸起:据章钰校证,他本“伸”字下有“三”字。从下文看,以有“三”字者为顺。 ⑩襄州:山南东道节度使驻地,治所在今湖北襄樊市。 ⑪江州:江南西道所属州,治今江西九江市。

十三年 春,正月,戊午朔,赦天下。

三月,割河东云、蔚、朔三州隶大同军①。

夏,四月,辛卯,以校书郎于琮为左拾遗内供奉②。初,上欲以琮尚永福公主,既而中寝,宰相请其故,上曰:“朕近与此女子会食,对朕辄折匕箸③。性情如是,岂可为士大夫妻!”乃更命琮尚广德公主。二公主皆上女。琮,敖之子也④。

武宁节度使康季荣不恤士卒,士卒噪而逐之。上以左金吾大将军田牟尝镇徐州,有能名,复以为武宁节度使,一方遂安。贬季荣于岭南。

六月,癸巳,封宪宗子惕为彭王。

初,上长子郓王温,无宠,居十六宅,余子皆居禁中。夔王滋,第三子也,上爱之,欲以为嗣,为其非次,故久不建东宫。

上饵医官李玄伯、道士虞紫芝、山人王乐药,疽发于背。八月,疽甚,宰相及朝士皆不得见。上密以夔王属枢密使王归长、马公儒、宣徽南院使王居方⑤,使立之。三人及右军中尉王茂玄,皆上平日所厚也。独左军中尉王宗实素不同心,三人相与谋,出宗实为淮南监军;宗实已受敕于宣化门外,将自银台门出,左军副使亓元实谓宗实曰:“圣人不豫逾月,中尉止隔门起居;今日除改,未可辨也。何不见圣人而出。”宗实感寤,复入,诸门已踵故事增人守捉矣。亓元实翼导宗实直至寝殿，上已崩，东首环泣矣。宗实叱归长等，责以矫诏；皆捧足乞命。乃遣宣徽北院使齐元简迎郓王。壬辰，下诏立郓王为皇太子，权句当军国政事，仍更名漼。收归长、公儒、居方，皆杀之。癸巳，宣遗制，以令狐绹摄冢宰。

宣宗性明察沉断，用法无私，从谏如流，重惜官赏，恭谨节俭，惠爱民物，故大中之政，讫于唐亡，人思咏之，谓之小太宗。

丙申，懿宗即位。癸卯，尊皇太后为太皇太后。以王宗实为骠骑上将军。李玄伯、虞紫芝、王乐皆伏诛。

九月，追尊上母晁昭容为元昭皇太后[6]。

加魏博节度使何弘敬兼中书令[7]，幽州节度使张允伸同平章事。

冬，十月，辛卯，赦天下。

十一月，戊午，以门下侍郎、同平章事萧邺同平章事，充荆南节度使。

十二月，甲申，以翰林学士承旨、兵部侍郎杜审权同平章事。审权，元颖之弟子也[8]。

浙东贼帅裘甫攻陷象山[9]，官军屡败，明州城门昼闭[10]，进逼剡县[11]，有众百人，浙东骚动。观察使郑祇德遣讨击副使刘勍、副将范居植将兵三百，合台州军共讨之[12]。

唐蟠龙纹铜镜

司空、门下侍郎、同平章事令狐绹执政岁久，忌胜己者，中外侧目，其子滈颇招权受贿。宣宗既崩，言事者竞攻其短，丁酉，以绹同平章事，充河中节度使。以前荆南节度使、同平章事白敏中守司徒、兼门下侍郎、同平章事。

初，韦皋在西川，开青溪道以通群蛮[13]，使由蜀入贡。又选群蛮子弟聚之成都，教以书数，欲以慰悦羁縻之，业成则去，复以他子弟继之。如是五十年，群蛮子弟学于成都者殆以千数，军府颇厌于禀给。又，蛮使入贡，利于赐与，所从傔人浸多⑭，杜悰为西川节度使，奏请节减其数，诏从之。南诏丰祐怒，其贺冬使者留表付巂州而还⑮。又索习学子弟，移牒不逊，自是入贡不时，颇扰边境。

会宣宗崩，遣中使告哀，时南诏丰祐适卒，子酋龙立，怒曰："我国亦有丧，朝廷不吊祭。又诏书乃赐故王。"遂置使者于外馆，礼遇甚薄。使者还，具以状闻。上以酋龙不遣使者来告丧，又名近玄宗讳⑯，遂不行册礼。酋龙乃自称皇帝，国号大礼，改元建极，遣兵陷播州⑰。

【注释】

①大同军：新设置的一个镇。原为防御使，由刺史领之，现置节度使，治云州（今山西大同市）。　②校书郎：秘书省属官，正九品上，掌国家图籍等事。　③匕筯（bǐ zhù 比著）：匙和筷子。　④敖：于敖，字蹈中，为唐初名臣于志宁的后代。宪宗元和年间，历官监察御史、刺史等，至穆宗长庆间，任吏部郎中，迁给事中、御史中丞等职。　⑤宣徽南院使：唐设南北宣徽院，总领宫内诸司及三班内侍的名籍和郊祀朝会宴飨供帐等，由宦官担任院使，地位很重要。　⑥昭容：女官名。唐因隋制，皇后之下有夫人四人，正一品，九嫔九人，正二品，婕妤九人，正三品。昭容为九嫔之一。　⑦中书令：中书省长官，原正三品，后升正二品，掌军国政令，佐天子行使国家大权。　⑧元颖：杜元颖，唐初名相杜如晦的后代，宪宗元和间，任翰林学士，知制诰。穆宗时，迁为宰相。后以镇西川无状获罪，卒于贬所。　⑨象山：台州所属县，治今浙江象山县。　⑩明州：浙东节度使所属州，治今浙江宁波市南，其地距象山很近。　⑪剡县：越州所属县，治今浙江嵊州市。　⑫台州：浙东节度使所属州，治今浙江临海市。　⑬青溪道：即清溪关路，其关在今四川汉源县西南。从清溪关而南，经巂州，即达云南，为唐与南诏往来的重要通道。　⑭傔人：随从人员。唐制，节度使、副使以下，皆有傔人。南诏进贡使亦带傔人。⑮巂（xī 西）州：剑南道所领州，治今四川西昌市。　⑯名近玄宗讳：南诏新立者名酋龙，玄宗名李隆基，龙与隆读音相同，故犯讳。
⑰播州：黔中道所属州，治今贵州遵义市。

资治通鉴卷第二百五十

唐纪六十六　起上章执徐，尽强圉大渊献，凡八年。

懿宗昭圣恭惠孝皇帝上

咸通元年　春，正月，乙卯，浙东军与裘甫战于桐柏观前[①]，范居植死，刘勍仅以身免。乙丑，甫帅其徒千余人陷剡县，开府库，募壮士，众至数千人；越州大恐。

时二浙久安[②]，人不习战，甲兵朽钝，见卒不满三百；郑祗德更募新卒以益之，军吏受赂，率皆得孱弱者。祗德遣子将沈君纵、副将张公署、望海镇将李珪[③]，将新卒五百击裘甫。二月，辛卯，与甫战于剡西，贼设伏于三溪之南[④]，而陈于三溪之北，壅溪上流，使可涉。既战，阳败走，官军追之，半涉，决壅，水大至，官军大败，三将皆死，官军几尽。

于是山海诸盗及他道无赖亡命之徒，四面云集，众至三万，分为三十二队。其小帅有谋略者推刘暀，勇力推刘庆、刘从简。群盗皆遥通书币，求属麾下。甫自称天下都知兵马使，改元曰罗平，铸印曰天平。大聚资粮，购良工，治器械，声震中原。

丙申，葬圣武献文孝皇帝于贞陵[⑤]，庙号宣宗。

丙午，白敏中入朝，坠陛，伤腰，肩舆以归。

【注释】

①桐柏观：在台州唐兴县天台山，即今浙江天台县城北天台山上。　②二浙：指浙江东道和浙江西道。浙东道治越州（今绍兴市），浙

西道治润州(今江苏镇江市)。 ③子将:犹小将。望海镇:在今浙江宁波市镇海区,唐属明州。 ④三溪:即今浙江曹娥江上源剡溪、澄潭溪、新昌溪于嵊州汇合后的合称。 ⑤贞陵:在京兆云阳县西北,即今陕西泾阳县西北。

郑祇德累表告急,且求救于邻道;浙西遣牙将凌茂贞将四百人、宣歙遣牙将白琮将三百人赴之[1]。祇德始令屯郭门及东小江[2],寻复召还府中以自卫。祇德馈之,比度支常馈多十三倍,而宣、润将士犹以为不足。宣、润将士请土军为导,以与贼战,诸将或称病,或阳坠马,其肯行者必先邀职级,竟不果遣。贼游骑至平水东小江[3],城中士民储舟裹粮,夜坐待旦,各谋逃溃。

朝廷知祇德懦怯,议选武将代之。夏侯孜曰:“浙东山海幽阻,可以计取,难以力攻。西班中无可语者[4]。前安南都护王式,虽儒家子,在安南威服华夷,名闻远近,可任也。”诸相皆以为然。遂以式为观察使[5],征祇德为宾客[6]。

三月,辛亥朔,式入对,上问以讨贼方略。对曰:“但得兵,贼必可破。”有宦官侍侧,曰:“发兵,所费甚大。”式曰:“臣为国家惜费则不然。兵多贼速破,其费省矣。若兵少不能胜贼,延引岁月,贼势益张,则江、淮群盗将蜂起应之。国家用度尽仰江、淮,若阻绝不通,则上自九庙,下及十军[7],皆无以供给,其费岂可胜计哉!”上顾宦官曰:“当与之兵。”乃诏发忠武、义成、淮南等诸道兵授之。

裘甫分兵掠衢、婺州[8]。婺州押牙房郅、散将楼曾、衢州十将方景深将兵拒险,贼不得入。又分兵掠明州,明州之民相与谋曰:“贼若入城,妻子皆为菹醢[9],况货财,能保之乎!”乃自相帅出财募勇士,治器械,树栅,浚沟,断桥,为固守之备。贼又遣兵掠台州,破唐兴[10]。己巳,甫自将万余人掠上虞[11],焚之。癸酉,入余姚[12],杀丞、尉;东破慈溪[13],入奉化,抵宁海[14],杀其令而据之;分兵围象山。所过俘其少壮,余老弱者蹂践杀之。

及王式除书下[15],浙东人心稍安。裘甫方与其徒饮酒,闻之不乐。刘昢叹曰:“有如此之众而策画未定,良可惜也!今朝廷遣王中丞将兵来,闻其人智勇无敌,不四十日必至。兵马使宜急引兵取越州[16]，凭城郭，据府库，遣兵五千守西陵[17]，循浙江筑垒以拒之，大集舟舰。得间，则长驱进取浙西，过大江，掠扬州货财以自实，还，修石头城而守之，宣歙、江西必有响应者。遣刘从简以万人循海而南，袭取福建。如此，则国家贡赋之地尽入于我矣；但恐子孙不能守耳，终吾身保无忧也。”甫曰：“醉矣，明日议之！”暀以甫不用其言，怒，阳醉而出。有进士王辂在贼中，贼客之，辂说甫曰：“如刘副使之谋，乃孙权所为也。彼乘天下大乱，故能据有江东；今中国无事，此功未易成也。不如拥众据险自守，陆耕海渔，急则逃入海岛，此万全策也。”甫畏式，犹豫未决。

夏，四月，式行至柿口，义成军不整，式欲斩其将，久乃释之，自是军所过若无人。至西陵，裘甫遣使请降，式曰：“是必无降心，直欲窥吾所为，且欲使吾骄怠耳。”乃谓使者曰：“甫面缚以来[18]，当免而死。”

乙未，式入越州，既交政，为郑祗德置酒，曰：“式主军政，不可以饮，监军但与众宾尽醉。”迨夜，继以烛，曰：“式在此，贼安能妨人乐饮！”丙申，饯祗德于远郊，复乐饮而归。于是始修军令，告馈饷不足者息矣，称疾卧家者起矣，先求迁职者默矣。

贼别帅洪师简、许会能帅所部降，式曰：“汝降是也，当立效以自异。”使帅其徒为前锋，与贼战有功，乃奏以官。

先是，贼谍入越州，军吏匿而饮食之。文武将吏往往潜与贼通，求城破之日免死及全妻子；或诈引贼将来降，实窥虚实；城中密谋屏语，贼皆知之。式阴察知，悉捕索，斩之；刑将吏尤横猾者；严门禁，无验者不得出入，警夜周密，贼始不知我所为矣。

式命诸县开仓廪以赈贫乏，或曰：“贼未灭，军食方急，不可散也。”式曰：“非汝所知。”

官军少骑卒，式曰：“吐蕃、回鹘比配江、淮者，其人习险阻，便鞍马，可用也。”举籍府中，得骁健者百余人。虏久羁旅，所部遇之无状，困馁甚；式既犒饮，又赒其父母妻子[19]，皆泣拜欢呼，愿效死，悉以为骑卒，使骑将石宗本将之。凡在管内者，皆视此籍之，又奏得龙陂监马二百匹[20]，于是骑兵足矣。

或请为烽燧以诇贼远近众寡，式笑而不应；选懦卒，使乘健马，少与之兵，以为候骑；众怪之，不敢问。

于是阅诸营见卒及土团子弟，得四千人，使导军分路讨贼；府下无守兵，更籍土团千人以补之。乃命宣歙将白琮、浙西将凌茂贞帅本军，北来将韩宗政等帅土团，合千人，石宗本帅骑兵为前锋，自上虞趋奉化，解象山之围，号东路军。又以义成将白宗建、忠将游君楚、淮南将万璘帅本军与台州唐兴军合[21]，号南路军。令之曰："毋争险易，毋焚庐舍，毋杀平民以增首级！平民胁从者，募降之。得贼金帛，官无所问。俘获者，皆越人也，释之。"

癸卯，南路军拔贼沃州寨[22]，甲辰，拔新昌寨[23]，破贼将毛应天，进拔唐兴[24]。

【注释】

①浙西：即浙江西道，治润州（今江苏镇江市），管润、苏、常、杭、湖等州。宣歙（shè 舍）：即宣州道，治宣州（今安徽宣城市），管宣、歙、池等州。 ②东小江：越州水名，源出剡溪，至曹娥百官渡而东入海。③平水东小江：在会稽县平水镇东的小江，与源出剡溪的东小江有别。④西班：唐代朝会，文官排列在东边，武官排列在西边，西班乃指武官而言。 ⑤观察使：据章钰校证，他本"观察使"上有"浙东"二字。 ⑥宾客：太子宾客的简称，东宫属官，正三品，掌侍从规谏，为闲散职位。⑦十军：唐肃宗以后，羽林、龙武、神武、神威、神策皆分左右，号北门十军。 ⑧衢州：治今浙江衢州市。婺州：治今浙江金华市。二州均属浙东道所领。 ⑨菹醢（zū hǎi 租海）：杀死剁成肉酱。 ⑩唐兴：唐武德初置，即今浙江天台县。 ⑪上虞：治今浙江绍兴市上虞区。 ⑫余姚：治今浙江余姚市。 ⑬慈溪：治今浙江宁波市西北慈城镇。 ⑭宁海：治今浙江宁海县。 ⑮除书：授职的文书。除指去旧官任新职。 ⑯越州：浙东节度使或观察使驻地，治今浙江绍兴市。管越、衢、婺、温、台、明等州。 ⑰西陵：即今浙江杭州市萧山区西北西兴镇。此地为浙西入浙东的要道。 ⑱面缚：将两手反绑在身体背后。面即背的意思。《史记·宋微子世家》："微子乃持其祭器造于军门，肉袒面缚。" ⑲赒：今简化作"周"，救济、赈济。 ⑳龙陂监：唐设在今河南郏县东南龙陂的马监。马监掌牧马之事，设牧监掌管其事。 ㉑忠将游君楚：据胡注，"忠"下逸"武"字。当时从王式的军队，有忠武军。 ㉒沃州寨：在今浙江新昌县东南。 ㉓新昌寨：即今浙江新昌县，唐时属剡县所辖。

㉔进拔唐兴：据章钰校证，他本“拔”作“抵”。从文意看，作抵为顺。

白敏中三表辞位，上不许。右补阙王谱上疏，以为：“陛下致理之初，乃宰相尽心之日，不可暂阙。敏中自正月卧疾，今四月矣，陛下虽与他相坐语，未尝三刻，天下之事，陛下尝暇与之讲论乎！愿听敏中罢去，延访硕德，以资聪明。”己酉，贬谱为阳翟令[1]。谱，珪之六世孙也[2]。五月，庚戌朔，给事中郑公舆封还贬谱敕书[3]。上令宰相议之，宰相以为谱侵敏中，竟贬之。

辛亥，浙东东路军破贼将孙马骑于宁海。戊午，南路军大破贼将刘暀、毛应天于唐兴南谷，斩应天。

先是，王式以兵少，奏更发忠武、义成军及请昭义军，诏从之。三道兵至越州，式命忠武将张茵将三百人屯唐兴，断贼南出之道；义成将高罗锐将三百人，益以台州土军，径趋宁海，攻贼巢穴；昭义将跌跌戣将四百人[4]，益东路军，断贼入明州之道。庚申，南路军大破贼于海游镇[5]，贼入甬溪洞[6]。戊辰，官军屯于洞口，贼出洞战，又破之。己巳，高罗锐袭贼别帅刘平天寨，破之。自是诸军与贼十九战，贼连败。刘暀谓裘甫曰：“向从吾谋入越州，宁有此困邪！”王辂等进士数人在贼中，皆衣绿，暀悉斩之，曰：“乱我谋者，此青虫也！”

高罗锐克宁海，收其逃散之民，得七千余人。王式曰：“贼窘且饥，必逃入海，入海则岁月间未可擒也。”命罗锐军海口以拒之[7]。又命望海镇将云思益、浙西将王克容将水军巡海澨[8]。思益等遇贼将刘简于宁海东[9]，贼不虞水军遽至，皆弃船走山谷，得其船十七，尽焚之。式曰：“贼无所逃矣，惟黄罕岭可入剡[10]，恨无兵以守之。虽然，亦成擒矣！”裘甫既失宁海，乃帅其徒屯南陈馆下[11]，众尚万余人。辛未，东路军破贼将孙马骑于上畽村[12]，贼将王皋惧，请降。

壬申，右拾遗内供奉薛调上言，以为：“兵兴以来，赋敛无度，所在群盗，半是逃户，固须翦灭，亦可闵伤。望敕州县税外毋得科率，仍敕长吏严加纠察。”从之。

袁王绅薨[13]。

【注释】

①阳翟：唐河南府所属县，治今河南禹州市。 ②珪：王珪，字叔玠，太原祁人。唐太宗时官至侍中。为人敢于直言极谏，闻名于时。王谱是他的第六代孙。 ③封还：唐制，门下省的给事中，有驳正违失的职责，当时郑公舆认为不应贬谪王谱，所以将贬谱敕书封好退回。 ④跌跌戣(xiédiēkuí 偕爹葵)：跌跌是复姓，源于北方少数族。戣为名。 ⑤海游镇：在宁海县南，治今浙江三门县。 ⑥甬溪洞：在宁海县西南，属唐兴县境，在今浙江三门县西南。 ⑦海口：在宁海县东北，今浙江宁海县境。 ⑧海澨(shì 是)：海边。澨，水边。 ⑨刘简：据章钰校证，他本"刘"下为"从"字。 ⑩黄罕岭：在今浙江宁波市奉化区西北。从奉化经黄罕岭，可达剡县，但其道路深险难行。 ⑪南陈馆：在宁海县西南，今浙江宁海县。 ⑫上嵺(liú 刘)村：在今浙江宁海县西北，后称上寮山。 ⑬袁王绅：李绅是顺宗第十九子，贞元二十一年(805)封袁王。

戊寅，浙东东路军大破裘甫于南陈馆，斩首数千级，贼委弃缯帛盈路，以缓追者，跌跌戣令士卒："敢顾者斩！"毋敢犯者。贼果自黄罕岭遁去，六月，甲申，复入剡。诸军失甫，不知所在，义成将张茵在唐兴获俘，将苦之，俘曰："贼入剡矣。苟舍我，我请为军导。"从之。茵后甫一日至剡，壁其东南。府中闻甫入剡，复大恐，王式曰："贼来就擒耳！"命趣东、南两路军会于剡，辛卯，围之。贼城守甚坚，攻之，不能拔；诸将议绝溪水以渴之，贼知之，乃出战。三日，凡八十三战，贼虽败，官军亦疲。贼请降，诸将出白式[①]，式曰："贼欲少休耳，益谨备之，功垂成矣。"贼果复出，又三战。庚子夜，裘甫、刘畦、刘庆从百余人出降，遥与诸将语，离城数十步，官军疾趋，断其后，遂擒之。壬寅，甫等至越州，式腰斩畦、庆等二十余人，械甫送京师。

剡城犹未下，诸将已擒甫，不复设备。刘从简帅壮士五百突围走；诸将追至大兰山[②]，从简据险自守，秋，七月，丁巳，诸将共攻克之。台州刺史李师望募贼相捕斩之以自赎，所降数百人，得从简首，献之。

诸将还越，式大置酒。诸将乃请曰："某等生长军中，久更行陈，今年得从公破贼，然私有所不谕者，敢问：公之始至，军食方急，而遽散以赈贫乏，何也？”式曰：“此易知耳，贼聚谷以诱饥人，吾给之食，则彼不为盗矣。且诸县无守兵，贼至，则仓谷适足资之耳。”又问：“不置烽燧，何也？”式曰：“烽燧所以趣救兵也，兵尽行，城中无兵以继之，徒惊士民，使自溃乱耳。”又问：“使懦卒为候骑而少给兵，何也？”式曰：“彼勇卒操利兵，遇敌且不量力而斗，斗死，则贼至不知矣。”皆曰：“非所及也！”

封宪宗子忻为信王。

八月，裘甫至京师，斩于东市。加王式检校右散骑常侍，诸将官赏各有差。先是，上每以越盗为忧，夏侯孜曰：“王式才有余，不日告捷矣。”孜与式书曰：“公专以执裘甫为事，军须细大[3]，此期悉力。”故式所奏求无不从，由是能成其功。

卫王灌薨[4]。

九月，白敏中五上表辞位；辛亥，以敏中为司徒、中书令[5]。

右拾遗句容刘邺上言[6]：“李德裕父子为相[7]，有声迹功效，窜逐以来，血属将尽，生涯已空，宜赐哀闵，赠以一官。”冬，十月，丁亥，敕复李德裕太子少保、卫国公，赠左仆射。

己亥，以门下侍郎、同平章事夏侯孜同平章事，充西川节度使。以户部尚书、判度支毕諴为礼部尚书、同平章事。

安南都护李鄠复取播州[8]。

十一月，丁丑，上祀圆丘；赦，改元[9]。

十二月，戊申，安南土蛮引南诏兵合三万余人乘虚攻交趾，陷之。都护李鄠与监军奔武州[10]。

【注释】

①诸将出白式：据章钰考校，他本“出”俱作“以”。从文意看，作“以”为顺。 ②大兰山：为明州与越州分界处，该地在今浙江余姚市南。 ③军须：此指行军作战所需的粮饷、军器、衣物等。 ④卫王灌：李灌，宣宗子，懿宗之弟，大中十一年(857)封卫王。 ⑤司徒：唐为三公之一，正一品，论道之官，无专任职事。中书令：中书省长官，设二员，正二品，掌军国之政令，佐天子而执大政。 ⑥右拾遗：据章钰校证，他本在“右”字上有“癸酉”二字，即九月二十六日。 ⑦父子为相：李德裕的

父亲李吉甫,在宪宗元和二年至九年(807—814)任宰相。李德裕在文宗和武宗两朝,均任宰相,在武宗朝尤被宠信。 ⑧播州:为黔中道所辖,治今贵州遵义市。大中十三年(859),播州为南诏所占,安南都护李鄠越境收复,随之蛮兵陷交趾,乘其境内空虚所致。 ⑨改元:懿宗于大中十三年(859)八月即位,第二年仍用大中年号称十四年,到十一月,才改年号为咸通,以大中十四年为咸通元年。 ⑩武州:据《新志》宜州条下云:"邕管所领,又有显州、武州、沈州,后皆废省。"据此武州当在宜州境。宜州治今广西河池市宜州区。

二年 春,正月,诏发邕管及邻道兵救安南,击南蛮。

二月,以中书令白敏中兼中书令,充凤翔节度使;以左仆射、判度支杜悰兼门下侍郎、同平章事。

一日,两枢密使诣中书,宣徽使杨公庆继至[①],独揖悰受宣,三相起[②],避之西轩。公庆出斜封文书以授悰,发之,乃宣宗大渐时请郓王监国奏也[③],且曰:"当时宰相无名者,当以反法处之。"悰反复读良久,曰:"圣主登极,万方欣戴。今日此文书,非臣下所宜窥。"复封以授公庆,曰:"主上欲罪宰相,当于延英面示圣旨,明行诛谴。"公庆去,悰复与两枢密坐,谓曰:"内外之臣,事犹一体,宰相、枢密共参国政。今主上新践阼,未熟万机,资内外裨补,固当以仁爱为先,刑杀为后,岂得遽赞成杀宰相事!若主上习以性成,则中尉、枢密权重禁闱,岂得不自忧乎!悰受恩六朝[④],所望致君尧、舜,不欲朝廷以爱憎行法。"两枢密相顾默然,徐曰:"当具以公言白至尊,非公重德,无人及此。"惭悚而退。三相复来见悰,微请宣意,悰无言。三相惶怖,乞存家族,悰曰:"勿为他虑。"既而寂然,无复宣命。及延英开,上色甚悦。

是时士大夫深疾宦官,事有小相涉,则众共弃之。建州进士叶京尝预宣武军宴,识监军之面。既而及第,在长安与同年出游,遇之于涂,马上相揖;因之谤议喧然,遂沉废终身,其不相悦如此。

福王绾薨[⑤]。

夏,六月,癸丑,以盐州防御使王宽为安南经略使。时李鄠自武州收集土军,攻群蛮,复取安南;朝廷责其失守,贬儋州司户[⑥]。

鄠初至安南，杀蛮酋杜守澄，其宗党遂诱道群蛮陷交趾。朝廷以杜氏强盛，务在姑息，冀收其力用，乃赠守澄父存诚金吾将军，再举鄠杀守澄之罪，长流崖州[7]。

秋，七月，南诏攻邕州[8]，陷之。先是，广、桂、容三道共发兵三千人戍邕州[9]，三年一代。经略使段文楚请以三道衣粮自募土军以代之，朝廷许之，所募才得五百许人。文楚入为金吾将军，经略使李蒙利其阙额衣粮以自入，悉罢遣三道戍卒，止以所募兵守左、右江，比旧什减七八，故蛮人乘虚入寇。时蒙已卒，经略使李弘源至镇才十日，无兵以御之，城陷，弘源与监军脱身奔峦州[10]，二十余日，蛮去，乃还。弘源坐贬建州司户[11]。文楚时为殿中监[12]，复以为邕管经略使，至镇，城邑居人什不存一。文楚，秀实之孙也。

杜悰上言："南诏向化七十年，蜀中寝兵无事，群蛮率服。今西川兵食单寡，未可轻与之绝，且应遣使吊祭，晓谕清平官等以新王名犯庙讳，故未行册命，待其更名谢恩，然后遣使册命，庶全大体。"上从之。命左司郎中孟穆为吊祭使[13]；未发，会南诏寇巂州，攻邛崃关[14]，穆遂不行。

冬，十月，以御史大夫郑涯为山南东道节度使；十一月，加同平章事。

【注释】

①宣徽使：宣徽院的长官。唐置南北宣徽院，以宦官任职，总领宫中诸司及三班内侍的名籍和郊祀朝会宴享供帐等事。 ②三相：指当时担任宰相的毕諴、杜审权、蒋伸三人。 ③请郓王：据章钰校证，他本"请"上有"宦官"二字。 ④六朝：杜悰为杜佑之孙，宪宗元和九年(814)，娶岐阳公主，拜驸马都尉。后历穆、敬、文、武、宣五朝，所以说受恩六朝。实际上到懿宗时，已是七个王朝了。 ⑤福王绾：李绾，本名浥，为顺宗第十五子，贞元二十一年(805)，封福王。 ⑥儋(dān 丹)州：安南都护府所领州，治今海南儋州市西北旧儋县。 ⑦崖州：安南都护府所领州，治今海南海口市琼山区东南。 ⑧南诏：据章钰校证，他本"诏"作"蛮"。从文中看，作"蛮"为是。 ⑨广、桂、容三道：广即岭南东道，治广州。桂即桂管道，治桂州(今广西桂林市)。容即容管道，治容州(今广西北流市)。 ⑩峦州：邕管所属州，治今广西横州市邕江南岸。

⑪建州:福建道所属州,治今福建建瓯市。 ⑫殿中监:殿中省的长官,从三品,掌天子服御之事。 ⑬左司郎中:尚书省属官,位次左右仆射、左右丞之下,从五品上,佐左丞所管诸司事。 ⑭邛崃关:在今四川荥经县西南。

三年 春,正月,庚寅朔,群臣上尊号曰睿文明圣孝德皇帝;赦天下。

以中书侍郎、同平章事蒋伸同平章事,充河中节度使。

二月,棣王惴薨[①]。

南诏复寇安南,经略使王宽数来告急,朝廷以前湖南观察使蔡袭代之,仍发许、滑、徐、汴、荆、襄、潭、鄂等道兵各三万人授袭以御之[②]。兵势既盛,蛮遂引去。邕管经略使段文楚坐变更旧制[③],左迁威卫将军、分司。

左庶子蔡京,性贪虐多诈,时相以为有吏才,奏遣制置岭南事[④]。三月,京还,奏事称旨,复以京权知太仆卿,充荆襄以南宣慰安抚使。

夏,四月,己亥朔,敕于两街四寺各置戒坛[⑤],度人三七日。上奉佛太过,怠于政事,尝于咸泰殿筑坛为内寺尼受戒[⑥],两街僧、尼皆入预;又于禁中设讲席,自唱经,手录梵夹[⑦];又数幸诸寺,施与无度。吏部侍郎萧倣上疏,以为:“玄祖之道[⑧],慈俭为先;素王之风[⑨],仁义为首,垂范百代,必不可加。佛者,弃位出家,割爱中之至难[⑩],取灭后之殊胜[⑪],非帝王所宜慕也。愿陛下时开延英,接对四辅,力求人瘼,虔奉宗祧。思缪赏与滥刑,其殃必至;知胜残而去杀[⑫],得福甚多。罢去讲筵[⑬],躬勤政事。”上虽嘉奖,竟不能从。

岭南旧分五管,广、桂、邕、容、安南,皆隶岭南节度使,蔡京奏请分岭南为两道节度,从之。五月,敕以广州为东道,邕州为西道,又割桂管龚、象二州,容管藤、岩二州隶邕管。寻以岭南节度使韦宙为东道节度使,以蔡京为西道节度使。

蔡袭将诸道兵在安南,蔡京忌之,恐其立功,奏称:“南蛮远遁,边徼无虞,武夫邀功,妄占戍兵,虚费馈运。盖以荒陬路远,难于覆验,故得肆其奸诈。请罢戍兵,各还本道。”朝廷从之。袭累奏群蛮伺隙日久,不可无备,乞留戍兵五千人;不听。袭以蛮寇必至,交趾兵食皆阙,谋力两穷,作十必死状申中书。时相信京之言,终不之省。

秋,七月,徐州军乱,逐节度使温璋。

初,王智兴既得徐州,募勇悍之士二千人,号银刀、雕旗、门枪、挟马等七军,常以三百余人自卫,露刃坐于两庑夹幕之下,每月一更。其后节度使多儒臣,其兵浸骄,小不如意,一夫大呼,其众皆和之,节度使辄自后门逃去。前节度使田牟至与之杂坐饮酒,把臂拊背,或为之执板唱歌;犒赐之费,日以万计,风雨寒暑,复加劳来,犹时喧哗,邀求不已。牟薨,璋代之,骄兵素闻璋性严,惮之。璋开怀慰抚,而骄兵终怀猜忌,赐酒食皆不历口,一旦,竟聚噪而逐之。朝廷知璋无辜,乙亥,以璋为邠宁节度使,以浙东观察使王式为武宁节度使。

【注释】

①棣王惴:李惴是宪宗之子,宣宗大中六年(852),封棣王。 ②许:即忠武军,治许州(今河南许昌市)。滑:即义成军,治滑州(今河南滑县)。徐:即武宁军,治徐州。汴:即宣武军,治汴州(今河南开封市)。荆:即荆南道,治江陵府(今湖北荆州市)。襄:即山南东道,治襄州(今湖北襄阳市)。潭:即湖南道,治潭州(今湖南长沙市)。鄂:即武昌军,治鄂州(今湖北武汉市)。各三万人:据胡注考证,"各"字当作"合"字。章钰校证,他本正作"合"。 ③变更旧制:指段文楚用招募土军以代替广、桂、容三道的戍兵。 ④制置:即制置使,唐大中五年(851)始置,掌谋划边防军务。制置岭南,即去处理岭南地方的军务。 ⑤两街四寺:指慈恩、荐福、西明、庄严四个寺院。 ⑥内寺尼:皇宫内寺中的尼姑,即宫人出家为尼的人。 ⑦梵夹:用梵文书写在贝叶上的经文,用木板夹着,故称梵夹。 ⑧玄祖:指被推尊为唐祖的老子,封为玄元皇帝,故称玄祖。 ⑨素王:指孔子。本来古代是指有帝王之德而未居其位的人。后来儒家专用以称孔子。 ⑩割爱中之至难:是说人情没有不爱其亲,没有不爱富贵,佛教出家要弃父母之亲,舍王侯之贵,这即是割爱中之至难。 ⑪取灭后之殊胜:是说信佛者经修炼以后,死后成佛,可以享受供养和被尊奉的胜境。 ⑫胜残而去杀:语出《论语·子路》:"善人为邦百年,亦可以胜残去杀矣。"意思是教化残暴之人而不去为恶,导民于善

而不必用刑杀。　⑬讲筵：指与僧、尼一道宣讲经文。

以前西川节度使、同平章事夏侯孜为左仆射、同平章事。

忠武、义成两军从王式讨裘甫者犹在浙东，诏式帅以赴徐州，骄兵闻之，甚惧。八月，式至大彭馆[①]，始出迎谒。式视事三日，飨两镇将士，遣还镇[②]，擐甲执兵，命围骄兵，尽杀之，银刀都将邵泽等数千人皆死。甲子，敕以徐州先隶淄青道[③]，李洧自归，始置徐海使额。及张建封以威名宠任，特帖濠、泗二州[④]。当时本以控扼淄青、光蔡[⑤]。自寇孽消弭，而武宁一道职为乱阶[⑥]。今改为徐州团练使，隶兖海节度；复以濠州归淮南道，更于宿州置宿泗都团练观察使；留将士三千人守徐州[⑦]，余皆分隶兖、宿。且以王式为武宁节度使，兼徐、泗、濠、宿制置使。委式与监军杨玄质分配将士赴诸道讫，然后将忠武、义成两道兵至汴滑，各遣归本道，身诣京师。其银刀等军逃匿将士，听一月内自首，一切勿问。

岭南西道节度使蔡京为政苛惨，设炮烙之刑，阖境怨之，遂为邕州军士所逐，奔藤州[⑧]，诈为敕书及攻讨使印，募乡丁及傍侧土军以攻邕州。众既乌合，动辄溃败，往依桂州，桂州人怨其分裂，不纳。京无所自容，敕贬崖州司户，不肯之官；还，至零陵[⑨]，敕赐自尽。以桂管观察使郑愚为岭南西道节度使。

冬，十月，丙申朔，立皇子佾为魏王，侹为凉王，佶为蜀王。

十一月，立顺宗子绯为蕲王，宪宗子愦为荣王。

南诏帅群蛮五万寇安南，都护蔡袭告急，敕发荆南、湖南两道兵二千，桂管义征子弟三千[⑩]，诣邕州受郑愚节度。

岭南东道节度使韦宙奏："蛮寇必向邕州，若不先保护，遽欲远征，恐蛮于后乘虚扼绝饷道。"乃敕蔡袭屯海门[⑪]，郑愚分兵备御。十二月，袭又求益兵，敕山南东道发弩手千人赴之。时南诏已围交趾，袭婴城固守，救兵不得至。

冀王绅薨[⑫]。

是岁，嗢末始入贡。嗢末者，吐蕃之奴号也。吐蕃每发兵，其富室多以奴从，往往一家至十数人，由是吐蕃之众多。及论恐热作乱，奴多无主，遂相纠合为部落，散在甘、肃、瓜、沙、河、渭、岷、廓、叠、宕之间，吐蕃微弱者反依附之。

【注释】

①大彭馆：为彭城的彭祖而得名，此地在今江苏徐州市城外。 ②遣还镇：据章钰校证，他本“镇”作“既”。从文意看，作“镇”义长。如作“既”，是说已遣散完毕，实际并未遣走，名为遣还镇，实是用他们攻杀骄兵。事毕，然后领之归本镇。 ③敕以句：意为徐州本属淄青道，德宗建中年间，徐州刺史李洧归附朝廷，乃置徐海沂都团练观察使，徐州才成为一个独立的镇。 ④濠、泗二州：此二州原不属徐州道所领，德宗贞元四年(788)，张建封镇徐州，为加强其地位，乃割二州归徐州镇所领。⑤控扼淄青、光蔡：淄青道治青州，光蔡道治蔡州。二道当时割据称雄，朝廷加强徐州道力量，用在控制二道的扩张。 ⑥职为乱阶：语出《诗·小雅·巧言》：“无拳无勇，职为乱阶。”意思是主要成了祸乱的根源。⑦三千人：据章钰校证，他本“三”作“二”。 ⑧藤州：为岭南东道所属州，治今广西藤县东北。 ⑨零陵：永州所属县，治今湖南永州市。⑩义征子弟：对应招募士兵的赞称。 ⑪海门：即唐交州的海门镇，其地在今越南海防市。 ⑫翼王绰(chǎn 产)：李绰为顺宗第二十一子，贞元二十一年(805)四月封翼王。

四年 春，正月，庚午，上祀圜丘；赦天下。

是日，南诏陷交趾，蔡袭左右皆尽，徒步力战，身集十矢，欲趣监军船，船已离岸，遂溺海死；幕僚樊绰携其印浮渡江。荆南、江西、鄂岳、襄州将士四百余人[①]，走至城东水际，荆南虞候元惟德等谓众曰：“吾辈无船，入水则死，不若还向城与蛮斗，人以一身易二蛮，亦为有利。”遂还向城，入东罗门[②]；蛮不为备，惟德等纵兵杀蛮二千余人，逮夜，蛮将杨思缙始自子城出救之[③]，惟德等皆死。南诏两陷交趾，所杀虏且十五万人。留兵二万，使思缙据交趾城，谿洞夷獠无远近皆降之。诏诸道兵赴安南者悉召还，分保岭南西道[④]。

上游宴无节，左拾遗刘蜕上疏曰：“今西凉筑城，应接未决于与夺，南蛮侵轶，干戈悉在于道涂。旬月以来，不为无事。陛下不形忧闵以示远近，则何以责其死力！望节娱游，以待远人乂安，未晚。”弗听。

二月，甲午朔，上历拜十六陵[5]。

置天雄军于秦州[6]，以成、河、渭三州隶焉；以前左金吾将军王晏实为天雄观察使。

三月，归义节度使张义潮奏自将蕃、汉兵七千克复凉州[7]。

南蛮寇左、右江，浸逼邕州。郑愚惧，自言儒臣无将略，请任武臣。朝廷召义武节度使康承训诣阙[8]，欲使之代愚，仍诏选军校数人、士卒数百人自随。

中书侍郎、同平章事毕諴以同列多徇私不法，称疾辞位；夏，四月，罢为兵部尚书。

庚戌，群盗入徐州，杀官吏；刺史曹庆讨平之。

康承训至京师，以为岭南西道节度使，发荆、襄、洪、鄂四道兵万人与之俱。

五月，戊辰，以翰林学士承旨、兵部侍郎杨收同平章事[9]。收，发之弟也。与左军中尉杨玄价叙同宗相结，故得为相。

乙亥，废容管，隶岭南西道[10]，复以龚、象二州隶桂管。

戊子，以门下侍郎同平章事杜审权同平章事，充镇海节度使[11]。

六月，废安南都护府，置行交州于海门镇；以右监门将军宋戎为行交州刺史[12]，以康承训兼领安南及诸军行营。

闰月，以门下侍郎、同平章事杜悰同平章事，充凤翔节度使；以兵部侍郎、判度支河南曹确同平章事。

秋，七月，辛卯朔，日有食之。

复置安南都护府于行交州，以宋戎为经略使，发山东兵万人镇之。时诸道兵援安南者屯聚岭南，江西、湖南馈运者皆溯湘江入澪渠、漓水，劳费艰涩，诸军乏食。润州人陈磻石上言，请造千斛大舟，自福建运米泛海，不一月至广州；从之，军食以足。然有司以和雇为名[13]，夺商人舟，委其货于岸侧，舟入海或遇风涛没溺，有司囚系纲吏、舟人，使偿其米，人颇苦之。

八月，岭南东道节度使韦宙奏，蛮必向邕州，请分兵屯容、藤州。

夔王滋薨[14]。

敕以阁门使吴德应等为馆驿使[15]。台谏上言:故事,御史巡驿,不应忽以内人代之[16]。上谕以敕命已行,不可复改。左拾遗刘蜕上言:“昔楚子县陈,得申叔一言而复封之[17];太宗发卒修乾元殿,闻张玄素谏,即日罢之[18]。自古明君所尚者,从谏如流,岂有已行而不改!且敕自陛下出之,自陛下改之,何为不可!”弗听。

黠戛斯遣其臣合伊难支表求经籍及每年遣使走马请历,又欲讨回鹘,使安西以来悉归唐,不许。

冬,十月,甲戌,以长安尉、集贤校理令狐滈为左拾遗。乙亥,左拾遗刘蜕上言:“滈专家无子弟之法,布衣行公相之权。”起居郎张云言:“滈父绹用李涿为安南,致南蛮至今为梗,由滈纳贿,陷父于恶。”十一月,丁酉,云复上言:“滈父绹执政之时,人号‘白衣宰相’。”滈亦上表引避,乃改詹事府司直[19]。

辛巳[20],废宿泗观察使,复以徐州为观察府,以濠、泗隶焉。

十二月,南诏寇西川。

昭义节度使沈询奴归秦,与询侍婢通,询欲杀之,未果;乙酉,归秦结牙将作乱,攻府第,杀询。

【注释】

①荆南:治江陵。江西:即江南西道,治洪州(今江西南昌市)。鄂岳:即武昌军,治鄂州(今湖北武汉市)。襄州:即山南东道,治襄州(今湖北襄阳市)。　②东罗门:安南城罗城东门。罗城即外城。又城门外凸出部分也称罗城。　③子城:内城。如大城称罗城,则小城称子城。④岭南西道:据章钰校证,他本作“岭南东西道”。既言“分保”,当以“东西道”为合理。　⑤十六陵:高祖献陵、太宗昭陵、高宗乾陵、中宗定陵、睿宗桥陵、玄宗泰陵、肃宗建陵、代宗元陵、德宗崇陵、顺宗丰陵、宪宗景陵、穆宗光陵、敬宗庄陵、文宗章陵、武宗端陵、宣宗贞陵。　⑥秦州:原属陇右道,治今甘肃秦安县。　⑦凉州:原属陇右道,治今甘肃武威市。⑧义武节度使:官名,治定州,领易、祁二州。　⑨翰林学士承旨:标点本《通鉴》脱“林”字,今补。　⑩岭南西道:据章钰校证,他本“道”下有“以供军食”四字。　⑪镇海节度使:顺宗永贞元年(805)置,治苏州。⑫右监门将军:唐十六卫之一,左右将军各二员,从三品,掌禁卫之职。⑬和雇:官府出钱雇用民间船只。　⑭夔王滋:李滋,宣宗第三子,会昌

六年(846),封夔王。 ⑮阁门使:唐中期所置,由宦官担任,掌朝会赞引等事。 馆驿使:巡察驿站馆舍之官,一向由御史任此职。 ⑯内人:据章钰校证,他本作"内臣"。 ⑰"昔楚子"二句:语见《左传·宣公十一年》,楚庄王灭了陈国,将其地为楚县,申叔时谏,又恢复了陈国。 ⑱"太宗"二句:事见贞观四年(630),张玄素时任给事中,太宗闻玄素谏,即罢役,并奖玄素彩缎二百匹。 ⑲司直:太子詹事府司直,正九品上,掌弹劾官僚,纠举职事。 ⑳辛巳:十一月无辛巳日,所书有误。

五年 春,正月,以京兆尹李蠙为昭义节度使,取归秦心肝以祭沈询。

淮南节度使令狐绹为其子滈讼冤。贬张云兴元少尹[①],刘蜕华阴令,敕曰:"虽嘉蹇谔之忠[②],难逃疏易之责。"

丙午,西川奏,南诏寇嶲州,刺史喻士珍破之,获千余人。诏发右神策兵五千及诸道兵戍之。忠武大将颜庆复请筑新安、遏戎二城[③],从之。

以容管经略使张茵兼句当交州事;益海门镇兵满二万五千人,令茵进取安南。

二月,己巳,以刑部尚书、盐铁转运使李福同平章事,充西川节度使。

甲申,前西川节度使萧邺左迁山南西道观察使。

三月,丁酉,彗星出于娄[④],长三尺。己亥,司天监奏[⑤]:"按《星经》,是名含誉,瑞星也。"上大喜。"请宣示中外,编诸史策。"从之。

康承训至邕州,蛮寇益炽,诏发许、滑、青、汴、兖、郓、宣、润八道兵以授之。承训不设斥候[⑥];南诏帅群蛮近六万寇邕州,将入境,承训乃遣六道兵凡万人拒之,以獠为导,绐之。敌至,不设备,五道兵八千人皆没,惟天平军后一日至[⑦],得免。承训闻之,惶怖不知所为。节度副使李行素帅众治壕栅,甫毕,蛮军已合围。留四日,治攻具,将就,诸将请夜分道斫蛮营,承训不许;有天平小校再三力争,乃许之。小校将勇士三百,夜,缒而出,散烧蛮营,斩首五百余级。蛮大惊,间一日,解围去。承训乃遣诸军数千追之,所杀虏不满三百级，皆溪獠胁从者。承训腾奏告捷，云大破蛮贼，中外皆贺。

夏，四月，以兵部侍郎、判户部萧寘同平章事。寘，复之孙也[8]。

加康承训检校右仆射，赏破蛮之功也。自余奏功受赏者，皆承训子弟亲昵；烧营将校不迁一级，由是军中怨怒，声流道路。

五月，敕："徐州土风雄劲，甲士精强，比因罢节[9]，颇多逃匿，宜令徐泗团练使选募军士三千人赴邕州防戍，待岭外事宁，即与代归。"

秋，七月，西川奏两林鬼主邀南诏蛮[10]，败之，杀获甚众；保塞城使杜守连不从南诏[11]，帅众诣黎州降[12]。

岭南东道节度使韦宙具知康承训所为，以书白宰相。承训亦自疑惧，累表辞疾，乃以承训为右武卫大将军、分司，以容管经略使张茵为岭南西道节度使，复以容管四州别为经略使。

时南诏知邕州空竭，不复入寇，茵久之不敢进军取安南；夏侯孜荐骁卫将军高骈代之[13]，乃以骈为安南都护、本管经略招讨使，茵所将兵悉以授之。骈，崇文之孙也[14]，世在禁军。骈颇读书，好谈今古，两军宦官多誉之，累迁右神策都虞候；党项叛，将禁兵万人戍长武，屡有功，迁秦州防御使，复有功，故委以安南。

冬，十一月，以门下侍郎、同平章事夏侯孜同平章事，充河东节度使。

壬寅，以翰林学士承旨、兵部侍郎路岩同平章事；时年三十六。

【注释】

①兴元少尹：梁州兴元府，既为州治，又是山南西道治所（其地在今陕西汉中市）。府设牧、尹、少尹。少尹，从四品下，职掌相当于州之治中之任。　②蹇谔：同"謇谔"，正直，敢说话。　③新安、遏戎：二城均在巂州境内，今四川越西县一带。　④彗星出于娄：彗星在娄宿旁出现。彗星，俗称扫帚星，古人认为它的出现，预示有灾害。娄宿，二十八宿之一，西方七宿的第二宿。　⑤司天监：正三品，掌观察天文，考定历数。当时任此职的人，昏迷诡诈，以灾为祥。　⑥斥候：派出侦察、巡逻人

员。⑦天平军：即郓州道的军队。⑧复：萧复，字履初，萧瑀之后，德宗时官至宰相。复子湛，湛子寘。⑨罢节：撤销了节度使的设置。咸通三年（862），徐州军乱被平定，乃撤销节度使，将其军队分隶兖州和宿州。⑩两林鬼主：两林部落的首领，总头领称大鬼主。⑪保塞城：在巂州台登县北（今四川冕宁县境）。⑫黎州：西川节度使所领州，治今四川汉源县北。⑬骁卫将军：唐十六卫之一，将军从三品，掌宿卫京师。⑭崇文：高崇文，其先渤海人，本人生幽州，年少入为军伍，善于攻战。德宗朝已立战功。宪宗元和初年，统兵平蜀乱，立大功，封南平郡王。高骈为其孙。

六年　春，正月，丁巳，始以懿安皇后配飨宪宗室[①]。时王皞复为礼院检讨官，更申前议，朝廷竟从之。

诸道进私白者[②]，闽中为多，故宦官多闽人。福建观察使杜宣猷每寒食遣吏分祭其先垄，宦官德之，庚申，以宣猷为宣歙观察使，时人谓之“敕使墓户”。

三月，中书侍郎、同平章事萧寘薨。

夏，四月，以前东川节度使高璩为兵部侍郎、同平章事。璩，元裕之子也[③]。

杨收建议，以：“蛮寇积年未平，两河兵戍岭南冒瘴雾物故者什六七[④]，请于江西积粟，募强弩三万人，以应接岭南，道近便，仍建节以重其权。”从之。五月，辛丑，置镇南军于洪州。

巂州刺史喻士珍贪狯[⑤]，掠两林蛮以易金；南诏复寇巂州，两林蛮开门纳之，南诏尽杀戍卒，士珍降之。

壬寅，以桂管观察使严譔为镇南节度使[⑥]。譔，震之从孙也[⑦]。

六月，高璩薨。

以御史大夫徐商为兵部侍郎、同平章事。

秋，七月，立皇子侃为郢王，俨为普王。

高骈治兵于海门，未进；监军李维周恶骈，欲去之，屡趣骈使进军。骈以五千人先济，约维周发兵应援；骈既行，维周拥余众，不发一卒以继之。九月，骈至南定[⑧]，峰州蛮众近五万[⑨]，方获田，骈掩击，大破之，收其所获以食军。

冬，十二月，壬子，太皇太后郑氏崩[10]。

【注释】

①懿安皇后：即宪宗之皇后郭氏，为郭子仪的孙女。大中二年(848)死，宣宗之母郑氏与郭氏不睦，郭氏死后，宣宗不许与宪宗合葬，也不许合祭。至此时经王皞力争，才许合祭。 ②私白：被阉割了的小男孩。 ③元裕：高元裕，字景圭，渤海人。历官于文、武、宣三朝，任中书舍人、御史中丞、京兆尹、吏部尚书等职。 ④两河：泛指河南道和河北道各镇而言。 ⑤贪狯(kuài 块)：贪婪狡诈。 ⑥镇南节度使：官名。治洪州，由江西观察使所升置。 ⑦震：严震，字遐闻，梓州盐亭人。德宗建中初，官至梁州刺史、山南西道节度使等。朱泚之乱，严震以迎驾功，任兴元尹。贞元末，位至宰相。 ⑧南定：交趾所属县，治今越南河北省顺城县陇城乡。 ⑨峰州：安南都护所领州，治今越南永福省白鹤县南风州。 ⑩郑氏：宪宗之妃，宣宗的生母。宣宗即位，尊为皇太后，懿宗尊为太皇太后。

七年 春，二月，归义节度使张义潮奏北庭回鹘固俊克西州、北庭、轮台、清镇等城[1]。

论恐热寓居廓州[2]，纠合旁侧诸部，欲为边患，皆不从，所向尽为仇敌，无所容。仇人以告拓跋怀光于鄯州，怀光引兵击破之。

三月，戊寅，以河东节度使刘潼为西川节度使。初，南诏围巂州，东蛮浪稽部竭力助之，遂屠其城，卑笼部怨南诏杀其父兄，导忠武戍兵袭浪稽，灭之。南诏由是怨唐。

南诏遣清平官董成等诣成都，节度使李福盛仪卫以见之。故事，南诏使见节度使，拜伏于庭，成等曰："骠信已应天顺人[3]，我见节度使当抗礼。"传言往返，自旦至日中不决；将士皆愤怒，福乃命捽而殴之，因械系于狱。刘潼至镇，释之，奏遣还国。诏召成等至京师，见于别殿，厚赐，劳而遣之。

成德节度使王绍懿，在镇十年，为政宽简，军民便之。疾病，召兄绍鼎之子都知兵马使景崇而告之曰："吾兄以汝之幼，以军政授我[4]。汝今长矣，我复以军政归汝。努力为之，上忠朝廷，下和邻藩，勿坠吾兄之业，汝之功也。"言竟而薨。

闰月，吐蕃寇邠宁，节度使薛弘宗拒却之。

夏，四月[5]，贬前西川节度使李福为蕲王傅[6]。

五月，葬孝明皇后于景陵之侧，主祔别庙[7]。

六月，魏博节度使何弘敬薨，军中立其子左司马全皞为留后。

以王景崇为成德留后。

南诏酋龙遣善阐节度使杨缉助安南节度使段酋迁守交趾[8]，以范昵些为安南都统，赵诺眉为扶邪都统[9]。监陈敕使韦仲宰将七千人至峰州，高骈得以益其军，进击南诏，屡破之。捷奏至海门，李维周皆匿之，数月无声问。上怪之，以问维周，维周奏骈驻军峰州，玩寇不进。上怒，以右武卫将军王晏权代骈镇安南，召骈诣阙，欲重贬之。晏权，智兴之从子也。是月，骈大破南诏蛮于交趾，杀获甚众，遂围交趾城。

秋，七月，以何全皞为魏博留后。

冬，十月，甲申，以门下侍郎、同平章事杨收为宣歙观察使。收性侈靡，门吏僮奴多倚为奸利。杨玄价兄弟受方镇之赂，屡有请托，收不能尽从；玄价怒，以为叛己，故出之。

拓跋怀光以五百骑入廓州，生擒论恐热，先刖其足，数而斩之，传首京师。其部众东奔秦州，尚延心邀击，破之，悉奏迁于岭南。吐蕃自是衰绝，乞离胡君臣不知所终。

高骈围交趾十余日，蛮困蹙甚，城且下，会得王晏权牒，已与李维周将大军发海门，骈即以军事授韦仲宰，与麾下百余人北归。先是，仲宰遣小使王惠赞，骈遣小校曾衮入告交趾之捷。至海中，望见旌旗东来，问游船，云新经略使与监军也。二人谋曰："维周必夺表留我。"乃匿于岛间，维周过，即驰诣京师。上得奏，大喜，即加骈检校工部尚书，复镇安南。骈至海门而还。

王晏权暗懦，动禀李维周之命；维周凶贪，诸将不为之用，遂解重围，蛮遁去者太半。骈至，复督励将士攻城，遂克之，杀段酋迁及土蛮为南诏向导者朱道古，斩首三万余级，南诏遁去。骈又破土蛮附南诏者二洞，诛其酋长，土蛮帅众归附者万七千人。

十一月，壬子，赦天下。诏安南、邕州、西川诸军各保疆域，勿复进攻南诏；委刘潼晓谕，如能更修旧好，一切不问。

置静海军于安南，以高骈为节度使。自李涿侵扰安南[10]，为安南患殆将十年，至是始平。骈筑安南城，周三千步，造屋四十余万间。

十二月，黠戛斯遣将军乙支连几入贡，奏遣鞍马迎册立使及请亥年历日[11]。

以成德留后王景崇为节度使。

上好音乐宴游，殿前供奉乐工常近五百人，每月宴设不减十余，水陆皆备，听乐观优，不知厌倦，赐与动及千缗。曲江、昆明、灞浐、南宫、北苑、昭应、咸阳[12]，所欲游幸即行，不待供置，有司常具音乐、饮食、幄帟[13]，诸王立马以备陪从。每行幸，内设诸司扈从者十余万人，所费不可胜纪。

【注释】

①西州：治今新疆吐鲁番东南高昌废址。北庭：治今新疆吉木萨尔县。轮台：治今新疆米泉市境。清镇：即清海镇，治今新疆玛纳斯县。②廓州：原为陇右道所属州，治今青海尖扎县北。　③骠信：南诏自寻梦凑以来的自称，意思是君主。　④军政授我：大中十一年(857)，成德节度使王绍鼎将卒，立其弟副使王绍懿为留后。　⑤四月：据章钰校证，各本"四月"下有"辛巳"二字。　⑥蕲王傅：蕲王李缉，顺宗第二十二子。王傅，从三品，掌傅相赞导，匡其过失。　⑦主祔别庙：孝明皇后是宪宗的妃子，不是皇后，虽为宣宗生母，按封建礼制，死后的神主不能入宪宗庙，要另置于别庙。　⑧善阐：南诏的别都，治所在今云南昆明市。杨缉：据章钰校证，他本在"缉"下有"思"字，即作"杨缉思"。　⑨扶邪：罗伏州所属县，南诏置，其地在今越南河静省境。　⑩安南：据章钰校证，他本"安南"作"群蛮"。李涿为安南都护，为政贪暴，群蛮怨怒，导南诏侵边，所以应作"群蛮"为是。　⑪亥年历日：本年为丙戌年，明年即为亥年。历日，即历书。　⑫曲江、昆明、灞浐：三地均为长安有名的风景区，为帝王游宴之地。南宫：即兴庆宫，也称南内。北苑：即皇城之北的禁苑。昭应：即临潼，建有华清宫。咸阳，该地建有望贤楼。　⑬幄帟(yì亦)：帐幕。幄，大幕；帟：小幕。

八年　春，正月，以魏博留后何全皞为节度使。

二月，归义节度使张义潮入朝，以为右神武统军[1]，命其族子惟深守归义。

自安南至邕、广，海路多潜石覆舟，静海节度使高骈募工凿之，漕运无滞。

西川近边六姓蛮[②]，常持两端，无寇则称效顺，有寇必为前锋；卑笼部独尽心于唐，与群蛮为仇，朝廷赐姓李，除为刺史。节度使刘潼遣将将兵助之，讨六姓蛮，焚其部落，斩首五千余级。

乐工李可及善为新声，三月，上以可及为左威卫将军[③]。曹确谏曰："太宗定文武官六百余员，谓房玄龄曰：'朕以待天下贤士，工商杂流，不可处也。'大和中，文宗欲以乐工尉迟璋为王府率[④]，拾遗窦洵直谏，即改光州长史。乞以两朝故事，别除可及官。"不从。

夏，四月，上不豫，群臣希进见。

五月，丙辰，疏理天下系囚，非巨蠹不可赦者，皆递降一等。

秋，七月，壬寅，蕲王缉薨。

怀州民诉旱，刺史刘仁规揭榜禁之，民怒，相与作乱，逐仁规，仁规逃匿村舍。民入州宅，掠其家赀，登楼击鼓，久之乃定。

甲子，以兵部侍郎、充诸道盐铁转运等使、驸马都尉于琮同平章事。

宣歙观察使杨收过华岳庙[⑤]，施衣物，使巫祈祷；县令诬以为收罪。右拾遗韦保衡复言，收前为相，除严谟江西节度使，受钱百万，又置造船务，人讼其侵隐。八月，庚寅，贬收端州司马[⑥]。

九月，上疾瘳。

冬，十二月，信王恜薨[⑦]。

加岭南东道节度使韦宙同平章事。

【注释】

①右神武统军：六军统军之一，秩从二品。兴元元年（784），敕左右羽林、左右龙武、左右神武各置统军一人，是为六军统军。 ②六姓蛮：即蒙蛮、夷蛮、讹蛮、狼蛮、勿邓蛮、白蛮六种。 ③左威卫将军：唐十六卫之一，将军从三品，掌宿卫京师。 ④王府率：东宫有十率，诸王有府率，为掌武事的官职。 ⑤华岳庙：在华州华阴县，今陕西华阴市。⑥端州：岭南道所属州，治今广东肇庆市高要区。 ⑦信王恜：李恜，宪宗之子，大中十四年（860）八月封信王。

资治通鉴卷第二百五十一

唐纪六十七　起著雍困敦，尽屠维赤奋若，凡二年。

懿宗昭圣恭惠孝皇帝中

咸通九年　夏，六月，凤翔少尹李师望上言："巂州控扼南诏，为其要冲，成都道远，难以节制，请建定边军，屯重兵于巂州，以邛州为理所[①]。"朝廷以为信然，以师望为巂州刺史，充定边军节度，眉、蜀、邛、雅、嘉、黎等州观察，统押诸蛮并统领诸道行营、制置等使。师望利于专制方面，故建此策；其实邛距成都才百六十里，巂距邛千里，其欺罔如此。

初，南诏陷安南，敕徐泗募兵二千赴援，分八百人别戍桂州，初约三年一代。徐泗观察使崔彦曾，慎由之从子也，性严刻；朝廷以徐兵骄，命镇之。都押牙尹戡、教练使杜璋、兵马使徐行俭用事[②]，军中怨之。戍桂州者已六年，屡求代还，戡言于彦曾，以军帑空虚，发兵所费颇多，请更留戍卒一年；彦曾从之。戍卒闻之，怒。

都虞候许佶、军校赵可立、姚周、张行实皆故徐州群盗，州县不能讨，招出之，补牙职。会桂管观察使李丛移湖南，新使未至，秋，七月，佶等作乱，杀都将王仲甫，推粮料判官庞勋为主[③]，劫库兵北还，所过剽掠，州县莫能御。朝廷闻之，八月，遣高品张敬思赦其罪[④]，部送归徐州，戍卒乃止剽掠。

以前静海节度使高骈为右金吾大将军。骈请以从孙浔代镇交趾，从之。

九月，戊戌，以山南东道节度使卢耽为西川节度使；以有定边军之故，不领统押诸蛮安抚等使。

【注释】

①邛州：原西川节度使所领州，治今四川邛崃市。理所：即治所。为避唐高宗李治讳，改治为理。　②教练使：宣宗大中六年(852)五月，敕令全国军府有兵马处，均设置教练使，选习兵法、善弓马的人充任。③粮料判官：军中掌粮料之官。唐制，凡行军，置随军粮料使，兵少的军队称粮料判官。　④高品：内侍省中官品较高的宦官。《新唐书·百官志》：内侍省有高品1696人。

庞勋等至湖南，监军以计诱之，使悉输其甲兵。山南东道节度使崔铉严兵守要害，徐卒不敢入境，泛舟沿江东下。许佶等相与谋曰："吾辈罪大于银刀，朝廷所以赦之者，虑缘道攻劫，或溃散为患耳，若至徐州，必菹醢矣！"乃各以私财造甲兵旗帜。过浙西[①]，入淮南，淮南节度使令狐绹遣使慰劳，给刍米。

都押牙李湘言于绹曰："徐卒擅归，势必为乱；虽无敕令诛讨，藩镇大臣当临事制宜。高邮岸峡而水深狭[②]，请将奇兵伏于其侧，焚荻舟以塞其前，以劲兵蹙其后，可尽擒也。不然，纵之使得渡淮，至徐州，与怨愤之众合，为患必大。"绹素懦怯，且以无敕书，乃曰："彼在淮南不为暴，听其自过，余非吾事也。"

勋招集银刀等都窜匿及诸亡命匿于舟中，众至千人。丁巳，至泗州[③]，刺史杜慆飨之于球场，优人致辞[④]；徐卒以为玩己，擒优人，欲斩之，坐者惊散。慆素为之备，徐卒不敢为乱而止。慆，悰之弟也。

先是，朝廷屡敕崔彦曾慰抚戍卒擅归者，勿使忧疑。彦曾遣使以敕意谕之，道路相望。勋亦申状相继，辞礼甚恭。戊午，行及徐城[⑤]，勋与许佶等乃言于众曰："吾辈擅归，思见妻子耳。今闻已有密敕下本军，至则支分灭族矣！丈夫与其自投网罗，为天下笑，曷若相与戮力同心，赴蹈汤火，岂徒脱祸，兼富贵可求！况城中将士皆吾辈父兄子弟，吾辈一唱于外，彼必响应于内矣。然后遵王侍中故事[⑥]，五十万赏钱，可翘足待也！"众皆呼跃称善。将士赵武等十二人独忧惧,欲逃去,悉斩之⑦,遣使致其首于彦曾,且为申状,称:"勋等远戍六年,实怀乡里;而武等因众心不安,辄萌奸计。将士诚知诖误,敢避诛夷!今既蒙恩全宥,辄共诛首恶以补愆尤。"冬,十月,甲子,使者至彭城,彦曾执而讯之,具得其情,乃囚之。丁卯,勋复于递中申状⑧,称:"将士自负罪戾,各怀忧疑,今已及苻离⑨,尚未释甲。盖以军将尹戡、杜璋、徐行俭等狡诈多疑,必生衅隙,乞且停此三人职任,以安众心,仍乞戍还将士别置二营,共为一将。"

时戍卒拒彭城止四驿⑩,阖城恟惧。彦曾召诸将谋之,皆泣曰:"比以银刀凶悍,使一军皆蒙恶名,歼夷流窜,不无枉滥。今冤痛之声未已,而桂州戍卒复尔猖狂,若纵使入城,必为逆乱,如此,则阖境涂地矣!不若乘其远来疲弊,发兵击之,我逸彼劳,往无不捷。"彦曾犹豫未决。团练判官温廷皓复言于彦曾曰⑪:"安危之兆,已在目前,得失之机,决于今日。今击之有三难,而舍之有五害:诏释其罪而擅诛之,一难也。帅其父兄,讨其子弟,二难也。枝党钩连,刑戮必多,三难也。然当道戍卒擅归,不诛则诸道戍边者皆效之,无以制御,一害也。将者一军之首,而辄敢害之,则凡为将者何以号令士卒!二害也。所过剽掠,自为甲兵,招纳亡命,此而不讨,何以惩恶!三害也。军中将士,皆其亲属,银刀余党,潜匿山泽,一旦内外俱发,何以支梧⑫!四害也。逼胁军府,诛所忌三将,又欲自为一营,从之则银刀之患复起,违之则托此为作乱之端,五害也。惟明公去其三难,绝其五害,早定大计,以副众望。"

【注释】

①浙西:即浙江西道节度使所辖地,治润州(今江苏镇江市)。庞勋等沿长江东下,乃过镇江市。 ②高邮:淮南道所属县,治今江苏高邮市。岸峡:据章钰校证,他本"峡"作"峻"。 ③泗州:徐泗道所属州,治今江苏盱眙县西北淮水西岸。 ④优人致辞:在宴飨大会上,有戏乐头人出面讲话。 ⑤徐城:泗州所属县城,在今江苏盱眙县西北。 ⑥王侍中:即王智兴,太和中以讨李同捷功进位侍中。遵王侍中故事:王智兴原为徐州节度副使,穆宗长庆二年(822),智兴领兵赶走节度使崔群,朝廷

无力讨伐,只得任命他为徐州节度使。 ⑦悉斩之:据章钰校证,他本“悉”上有“勋”字。 ⑧递中申状:将申诉状由邮驿递送。即未派使者的申状。 ⑨苻离:徐州所属县,治今安徽宿州市北符离镇。 ⑩四驿:唐制,三十里一驿。四驿,为一百二十里。 ⑪温廷皓:据章钰校证,他本“廷”作“庭”。本书中下文也作“庭”。 ⑫支梧:也作枝梧,支持、支撑的意思。

时城中有兵四千三百,彦曾乃命都虞候元密等将兵三千人讨勋,数勋之罪以令士众,且曰:“非惟涂炭平人,实亦污染将士。倘国家发兵诛讨,则玉石俱焚矣[1]!”又曰:“凡彼亲属,无用忧疑,罪止一身,必无连坐。”仍命宿州出兵苻离[2],泗州出兵于虹以邀之[3],且奏其状。彦曾戒元密无伤敕使。

戊辰,元密发彭城,军容甚盛。诸将至任山北数里[4],顿兵不进,共思所以夺敕使之计,欲俟贼入馆,乃纵兵击之,遣人变服负薪以诇贼。日暮,贼至任山,馆中空无人,又无供给,疑之,见负薪者,执而榜之[5],果得其情,乃为偶人列于山下而潜遁[6]。比夜,官军始觉之,恐贼潜伏山谷及间道来袭,复引兵退宿于城南,明旦,乃进追之。

时贼已至苻离,宿州戍卒五百人出战于濉水上,望风奔溃,贼遂抵宿州。时宿州阙刺史,观察副使焦璐摄州事,城中无复余兵,庚午,贼攻陷之,璐走免。贼悉聚城中货财,令百姓来取之,一日之中,四远云集,然后选募为兵,有不愿者立斩之,自旦至暮,得数千人。于是勒兵乘城,庞勋自称兵马留后。

再宿[7],官军始至,贼守备已严,不可复攻。先是,焦璐闻苻离败,决汴水以断北路,贼至,水尚浅可涉,比官军至,已深矣。壬申,元密引兵渡水,将围城,会大风,贼以火箭射城外茅屋,延至官军营,士卒进则冒矢石,退则限水火,贼急击之,死者近三百人。元密等以为贼必固守,但为攻取之计。

贼夜使妇人持更[8],掠城中大船三百艘,备载资粮,顺流而下,欲入江湖为盗;以千缣赠张敬思,遣骑送至汴之东境,纵使西归。

明旦,官军知贼已去,狼狈追之,士卒皆未食,比追及,已饥乏。贼舣舟堤下而陈于堤外⑨，伏千人于舟中，官军将至，陈者皆走入陂中。密以为畏己，纵兵追之；贼自舟中出，夹攻之，自午及申，官军大败。密引兵走，陷于荷涫⑩，贼追及之，密等诸将及监陈敕使皆死，士卒死者殆千人，其余皆降于贼，无一人还徐者。贼问降卒以彭城人情计谋，知其无备，始有攻彭城之志。

乙亥，庞勋引兵北渡濉水，逾山趣彭城。其夕，崔彦曾始知元密败，移牒邻道求救；明日，塞门，选城中丁壮为守备，内外震恐，无复固志。或劝彦曾奔兖州，彦曾怒曰："吾为元帅，城陷而死，职也！"立斩言者。

丁丑，贼至城下，众六七千人，鼓噪动地，民居在城外者，贼皆慰抚，无所侵扰，由是人争归之，不移时，克罗城。彦曾退保子城，民助贼攻之，推草车塞门而焚之，城陷。贼囚彦曾于大彭馆，执尹戡、杜璋、徐行俭，刳而剉之⑪，尽灭其族。勋坐听事，盛陈兵卫，文武将吏伏谒，莫敢仰视。即日，城中愿附从者万余人。

【注释】

①玉石俱焚：语出《尚书·胤征》："火炎昆冈，玉石俱焚。"意为好坏均同归于尽。 ②宿州：属徐州节度使所领，治今安徽宿州市南。 ③虹（jiàng 降）：泗州所属县，治今安徽泗县。 ④任山：在彭城西南三十里处，今江苏徐州市西南。 ⑤榜（péng 彭）：同搒，用棍子或竹板打人。 ⑥偶人：据章钰考校，他本"人"下有"执旗帜"三字。 ⑦再宿：住了两晚。宿，住宿，过夜。 ⑧持更：担任巡更报时的任务。 ⑨舣（yǐ 以）舟：停舟，把船停靠住。 ⑩荷涫（guàn 贯）：宿州附近的小河道名。 ⑩刳（kū 枯）而剉（cuò 错）之：剖其腹而后切成许多块。刳，剖。剉，斩截。

戊寅，勋召温庭皓，使草表求节钺，庭皓曰："此事甚大，非顷刻可成，请还家徐草之。"勋许之。明旦，勋使趣之，庭皓来见勋曰："昨日所以不即拒者，欲一见妻子耳。今已与妻子别，谨来就死。"勋熟视，笑曰："书生敢尔，不畏死邪！庞勋能取徐州，何患无人草表！"遂释之。

有周重者，每以才略自负，勋迎为上客，重为勋草表，称："臣之一军，乃汉室兴王之地[1]。顷因节度使刻削军府，刑赏失中，遂致迫逐。陛下夺其节制，翦灭一军，或死或流，冤横无数。今闻本道复欲诛夷，将士不胜痛愤，推臣权兵马留后，弹压十万之师，抚有四州之地[2]。臣闻见利乘时，帝王之资也。臣见利不失，遇时不疑；伏乞圣慈，复赐旌节。不然，挥戈曳戟，诣阙非迟！”庚辰，遣押牙张琯奉表诣京师。

勋以许佶为都虞候，赵可立为都游弈使，党与各补牙职，分将诸军。又遣旧将刘行及将千五百人屯濠州[3]，李圆将二千人屯泗州，梁丕将千人屯宿州，自余要害县镇，悉缮完戍守。徐人谓旌节之至不过旬月，愿效力献策者远近辐凑，乃至光、蔡、淮、浙、兖、郓、沂、密群盗，皆倍道归之，阗溢郛郭[4]，旬日间，米斗直钱二百。勋诈为崔彦曾请翦灭徐州表，其略曰：“一军暴卒，尽可翦除；五县愚民[5]，各宜配隶。”又作诏书，依其所请，传布境内。徐人信之，皆归怨朝廷，曰：“微桂州将士回戈，吾徒悉为鱼肉矣！”

刘行及引兵至涡口[6]，道路附从者增倍，濠州兵才数百，刺史卢望回素不设备，不知所为，乃开门具牛酒迎之。行及入城，囚望回，自行刺史事。泗州刺史杜慆闻勋作乱，完守备以待之，且求救于江、淮。李圆遣精卒百人先入泗州，封府库，慆遣人迎劳，诱之入城，悉诛之。明日，圆至，即引兵围城，城上矢石雨下，贼死者数百，乃敛兵屯城西。勋以泗州当江、淮之冲，益发兵助圆攻之，众至万余，终不能克。

唐三彩卧兔枕

初，朝廷闻庞勋自任山还趣宿州，遣高品康道伟赍敕书抚慰之。十一月，道伟至彭城。勋出郊迎，自任山至子城三十里，大陈甲兵，号令金鼓响震山谷，城中丁壮，悉驱使乘城。宴道伟于球场，使人诈为群盗降者数千人，诸寨告捷者数十辈；复作求节钺表，附道伟以闻。

初，辛云京之孙谠，寓居广陵[7]，喜任侠，年五十不仕；与杜慆有旧，闻庞勋作乱，诣泗州，劝慆挈家避之。慆曰："安平享其禄位，危难弃其城池，吾不为也！且人各有家，谁不爱之？我独求生，何以安众！誓与将士共死此城耳！"谠曰："公能如是，仆与公同死。"乃还广陵，与其家诀，壬辰，复如泗州。时民避乱，扶老携幼，塞涂而来，见谠，皆止之曰："人皆南走，子独北行，取死何为！"谠不应。至泗州，贼已至城下，谠急棹小舟得入，慆即署团练判官。城中危惧，都押牙李雅有勇略，为慆设守备，帅众鼓噪，四出击贼，贼退屯徐城，众心稍安。

庞勋募人为兵，人利于剽掠，争赴之，至父遣其子，妻勉其夫，皆断锄首而锐之，执以应募。

邻道闻勋据徐州，各遣兵据要害，而官军尚少，贼众日滋，官军数不利。贼遂破鱼台近十县[8]。宋州东有磨山[9]，民逃匿其上，勋遣其将张玄稔围之。会旱，山泉竭，数万口皆渴死。

或说勋曰："留后止欲求节钺，当恭顺尽礼以事天子，外戢士卒，内抚百姓，庶几可得。"勋虽不能用，然国忌犹行香[10]，飨士卒必先西向拜谢。癸卯，勋闻敕使入境，以为必赐旌节，众皆贺。明日，敕使至，但责崔彦曾及监军张道谨，贬其官。勋大失望，遂囚敕使，不听归。

诏以右金吾大将军康承训为义成节度使、徐州行营都招讨使[11]，神武大将军王晏权为徐州北面行营招讨使[12]，羽林将军戴可师为徐州南面行营招讨使[13]，大发诸道兵以隶三帅。承训奏乞沙陀三部落使朱邪赤心及吐谷浑、达靼、契苾酋长各帅其众以自随；诏许之。

【注释】

①汉室兴王之地：汉高祖刘邦起兵于沛而有天下，在唐，沛县属徐州，故有此说。 ②四州：指徐州节度使所领的徐、宿、濠、泗四州。 ③濠州：为徐州节度使所属州，治今安徽凤阳县临淮关镇西。 ④阗（tián填）溢郛郭：将外城都住满了。郛郭，外城。 ⑤五县：指徐州所领的彭城、萧县、丰县、沛县、滕县等五县。 ⑥涡（guō 郭）口：与濠州隔淮相

望，为涡水入淮处，其地在今安徽怀远县。 ⑦广陵：扬州所属县，治今江苏扬州市。 ⑧鱼台：唐为兖州所属县，治今山东鱼台县。 ⑨宋州：宣武军所领州，治今河南商丘市。 ⑩国忌犹行香：唐自中期时开始，遇皇帝或皇后的死日，各州府要在各寺观设斋焚香，以示礼敬。 ⑪右金吾大将军：唐十六卫之一，大将军，正三品，掌宫中、京城巡警等事。 ⑫神武大将军：为北衙六军之一，大将军，正二品，掌宿卫兵。 ⑬羽林将军：为北衙禁军首领，将军，从三品，掌禁兵。

庞勋以李圆攻泗州久不克，遣其将吴迥代之。丙午，复进攻泗州，昼夜不息。时敕使郭厚本将淮南兵千五百人救泗州，至洪泽[①]，畏贼强，不敢进。辛谠请往求救，杜慆许之。丁未夜，乘小舟潜渡淮，至洪泽，说厚本，厚本不听，比明，复还。己酉，贼攻城益急，欲焚水门，城中几不能御；谠请复往求救。慆曰："前往徒还，今往何益？"谠曰："此行得兵则生返，不得则死之。"慆与之泣别，谠复乘小舟负户突围出，见厚本，为陈利害。厚本将从之，淮南都将袁公弁曰："贼势如此，自保恐不足，何暇救人！"谠拔剑瞋目谓公弁曰："贼百道攻城，陷在朝夕；公受诏救援而逗留不进，岂惟上负国恩！若泗州不守，则淮南遂为寇场，公讵能独存邪！我当杀公而后止耳[②]！"起，欲击之，厚本起，抱止之，公弁仅免。谠乃回望泗州，恸哭终日，士卒皆为之流涕。厚本乃许分五百人与之，仍问将士，将士皆愿行。谠举身叩头以谢将士[③]，遂帅之抵淮南岸，望贼方攻城，有军吏言曰："贼势已似入城，还去则便。"谠逐之，揽得其髻，举剑击之，士卒共救之，曰："千五百人判官，不可杀也。"谠曰："临陈妄言惑众，必不可舍！"众请不能得，乃共夺之。谠素多力，众不能夺。谠曰："将士但登舟，我则舍此人。"众竞登舟，乃舍之。士卒有回顾者，则斫之。驱至淮北，勒兵击贼。慆于城上布兵与之相应，贼遂败走，鼓噪逐之，至晡而还。

庞勋遣其将刘佶将精兵数千助吴迥攻泗州，刘行及自濠州遣其将王弘立引兵会之。戊午，镇海节度使杜审权遣都头翟行约将四千人救泗州，己未，行约引兵至泗州，贼逆击于淮南，围之，城中兵少，不能救，行约及士卒尽死。先是，令狐绹遣李湘将兵数千救泗州，与郭厚本、袁公弁合兵屯都梁城[4]，与泗州隔淮相望。贼既破翟行约，乘胜围之。十二月，甲子，李湘等引兵出战，大败，贼遂陷都梁城，执湘及郭厚本送徐州；据淮口，漕驿路绝。

康承训军于新兴[5]，贼将姚周屯柳子[6]，出兵拒之。时诸道兵集者才万人，承训以众寡不敌，退屯宋州。庞勋以为官军不足畏，乃分遣其将丁从实等各将数千人南寇舒、庐，北侵沂、海，破沭阳、下蔡、乌江、巢县[7]，攻陷滁州[8]，杀刺史高锡望。又寇和州[9]，刺史崔雍遣人以牛酒犒之，引贼登楼共饮，命军士皆释甲，指所爱二人为子弟，乞全之，其余惟贼所处。贼遂大掠城中，杀士卒八百余人。

泗州援兵既绝，粮且尽，人食薄粥。闰月，己亥，辛谠言于杜慆，请出求救于淮、浙，夜，帅敢死士十人，执长柯斧，乘小舟，潜往斫贼水寨而出。明旦，贼乃觉之，以五舟遮其前，以五千人夹岸追之。贼舟重行迟，谠舟轻行疾，力斗三十余里，乃得免。癸卯，至扬州，见令狐绹；甲辰，至润州，见杜审权。时泗州久无声问，或传已陷，谠既至，审权乃遣押牙赵翼将甲士二千人，与淮南共输米五千斛、盐五百斛以救泗州。

戴可师将兵三万渡淮，转战而前，贼尽弃淮南之守。可师欲先夺淮口，后救泗州，壬申，围都梁城；城中贼少，拜于城上曰："方与都头议出降。"可师为之退五里。贼夜遁，明旦，惟空城。可师恃胜不设备，是日大雾，贼将王弘立引兵数万疾径奄至[10]，纵击官军，官军不及成列，遂大败，将士触兵及溺淮死，得免者才数百人，亡器械、资粮、车马以万计，贼传可师及监军、将校首于彭城。

庞勋自谓无敌于天下，作露布，散示诸寨及乡村，于是淮南士民震恐，往往避地江左[11]。令狐绹畏其侵轶[12]，遣使诣勋说谕，许为奏请节钺。勋乃息兵俟命。由是淮南稍得收散卒，修守备。

时汴路既绝，江、淮往来皆出寿州[13]，贼既破戴可师，乘胜围寿州，掠诸道贡献及商人货，其路复绝。勋益自骄，日事游宴，周重谏曰："自古骄满奢逸，得而复失，成而复败，多矣，况未得未成而为之者乎！"

诸道兵大集于宋州，徐州始惧，应募者益少，而诸寨求益兵者相继。勋乃使其党散入乡村，驱人为兵。又见兵已及数万人，资粮匮竭，乃敛富室及商旅财，什取其七八，坐匿财夷宗者数百家。又与勋同举兵于桂州者尤骄暴，夺人资财，掠人妇女，勋不能制，由是境内之民皆厌苦之，不聊生矣！

王晏权兵数退衄，朝廷命泰宁节度使曹翔代晏权为徐州北面招讨使[14]。前天雄节度使何全皞遣其将薛尤将兵万三千人讨庞勋，翔军于滕、沛，尤军于丰、萧[15]。

是岁，江、淮旱，蝗。

【注释】

①洪泽：为楚州淮阴县所属镇，在泗州东北的淮河南岸，今属江苏淮安市洪泽区。 ②而后止：据章钰校证，他本"止"作"死"。 ③举身叩头：据章钰校证，他本"身"下有"自掷"二字。 ④都梁城：在泗州盱眙县北都梁山，其地在今江苏盱眙县北淮河南岸。 ⑤新兴：即新兴城，当在亳州东南不远，今安徽涡阳县北新兴镇。 ⑥柳子：即柳子镇，在永城县南，为今安徽濉溪县西南所在。 ⑦沭阳：属海州。下蔡：属颍州。乌江：属和州。巢县：属庐州。 ⑧滁州：淮南道所属州，治今安徽滁州市。⑨和州：淮南道所属州，治今安徽和县。 ⑩贼将：据章钰校证，他本"贼将"二字前有"濠州"二字。 ⑪江左：指长江以南的下游地区。古人在地理上以东为左，以西为右。从江北看江南，称苏南一带为江左或江东。 ⑫侵轶：越过守备，进行侵扰、袭击。轶，超越。 ⑬寿州：淮南道所属州，治今安徽寿县。从寿州入淮，可入颍、汴之路。 ⑭泰宁节度使：官名。其军称泰宁军。治兖州，辖兖、海、沂、密四州。 ⑮丰、萧：二地均为徐州所属县。丰县在徐州西北，萧县在其西。

十年 春，正月，康承训将诸道军七万余人屯柳子之西，自新兴至鹿塘三十里[1]，壁垒相属。徐兵分戍四境，城中不及数千人，庞勋始惧。民多穴地匿其中，勋遣人搜掘为兵，日不过得三二十人。

勋将孟敬文守丰县，狡悍而兵多，谋贰于勋，自为符谶。勋闻之，会魏博攻丰，勋遣腹心将将三千助敬文守丰；敬文与之约共击魏博军，且誉其勇，使为前锋。新军既与魏博战[2]，敬文引兵退走，新军尽没。勋乃遣使绐之曰:“王弘立已克淮南,留后欲自往镇之;悉召诸将,欲选一人可守徐州者。”敬文喜,即驰诣彭城。未至城数里,勋伏兵擒之,辛酉,杀之。

丁卯,同昌公主适右拾遗韦保衡,以保衡为起居郎、驸马都尉。公主,郭淑妃之女,上特爱之,倾宫中珍玩以为资送,赐第于广化里,窗户皆饰以杂宝,井栏、药臼、槽匮亦以金银为之,编金缕以为箕筐,赐钱五百万缗,他物称是。

徐贼寇海州[3]。时诸道兵戍海州者已数千人,断贼所过桥柱而弗殊,仍伏兵要害以待之。贼过,桥崩,苍黄散乱,伏兵发,尽殪之。其攻寿州者复为南道军所破[4],斩获数千人。

辛谠以浙西之军至楚州[5],敕使张存诚以舟助之。徐贼水陆布兵,锁断淮流,浙西军惮其强,不敢进,谠曰:“我请为前锋,胜则继之,败则汝走。”犹不可。谠乃募选军中敢死士数十人,牒补职名,先以米舟三艘、盐舟一艘乘风逆流直进,贼夹攻之,矢著舟板如急雨,及锁,谠帅众死战,斧断其锁,乃得过。城上人喧呼动地,杜慆及将佐皆泣迎之。乙酉,城上望见舟师张帆自东来,识其旗浙西军也;去城十余里,贼列火船拒之,帆止不进。慆令谠帅死士出迎之,乘战舰冲贼陈而过,见张存诚帅米舟九艘,曰:“将士在道前却,存诚屡欲自杀,仅得至此,今又不进。”谠扬言:“贼不多,甚易与耳。”帅众扬旗鼓噪而前,贼见其势猛锐,避之,遂得入城。

二月,端州司马杨收长流驩州[6],寻赐死,其僚属党友坐长流岭表者十余人。

初,尚书右丞裴坦子娶收女,资送甚盛,器用饰以犀玉,坦见之,怒曰:“破我家矣!”立命坏之。已而

唐双鸾纹铜镜

收竟以贿败。

【注释】

①鹿塘:唐亳州临涣县所属镇,其地在今安徽涡阳县东北。 ②新军:此指庞勋派去协助守丰县的军队。孟敬文既对庞勋有二心,故使其军尽没。 ③海州:为兖海镇所属州,治今江苏连云港市西南海州区。 ④南道军:此指徐州以南的淮南道与浙西道的军队。 ⑤楚州:淮南道所属州,治今江苏淮安市。其地在淮河南岸,西南距泗州很近。 ⑥杨收:字藏之,同州冯翊人。懿宗咸通四年(863),历官至宰相之职。八年十月罢相。九年,贬端州司马。

康承训使朱邪赤心将沙陀三千骑为前锋,陷陈却敌,十镇之兵伏其骁勇[①]。承训尝引麾下千人渡涣水[②],贼伏兵围之,赤心帅五百骑奋楇冲围[③],拔出承训,贼势披靡,因合击,败之。承训数与贼战,贼军屡败。

王弘立自矜淮口之捷,请独将所部三万人破承训,庞勋许之。己亥,弘立引兵渡濉水[④],夜,袭鹿塘寨,黎明,围之。弘立与诸将临望,自谓功在漏刻。沙陀左右突围,出入如飞,贼纷扰移避,沙陀纵骑蹂之,寨中诸军争出奋击,贼大败。官军蹙之于濉水,溺死者不可胜纪,自鹿塘至襄城[⑤],伏尸五十里,斩首二万余级。弘立单骑走免,所驱掠平民皆散走山谷,不复还营,委弃资粮、器械山积。时有敕,诸军破贼,得农民,皆释之,自是贼每与官军遇,其驱掠之民先自溃。庞勋、许佶以弘立骄惰致败,欲斩之,周重为之说勋曰:“弘立再胜未赏[⑥],一败而诛之,弃功录过,为敌报仇,诸将咸惧矣;不若赦之,责其后效。”勋乃释之。弘立收散卒才数百人,请取泗州以补过,勋益其兵而遣之。

三月,辛未,以起居郎韦保衡为左谏议大夫[⑦],充翰林学士。

徙郢王侃为威王[⑧]。

康承训既破王弘立,进逼柳子,与姚周一月之间数十战。丁亥,周引兵渡水,官军急击之,周退走,官军逐之,遂围柳子。会大风,四面纵火,贼弃寨走,沙陀以精骑邀之,屠杀殆尽,自柳子至芳城,死者相枕,斩其将刘丰。周将麾下数十人奔宿州[⑨],宿州守将梁丕素与之有隙,开城听入,执而斩之。

庞勋闻之大惧,与许佶议自将出战。周重泣言于勋曰:“柳子地要兵精,姚周勇敢有谋,今一旦覆没,危如累卵,不若遂建大号,悉兵四出,决死力战。”又劝杀崔彦曾以绝人望。术士曹君长亦言:“徐州山川不容两帅,今观察使尚在,故留后未兴。”贼党皆以为然。夏,四月,壬辰,勋杀彦曾及监军张道谨、宣慰使仇大夫,僚佐焦璐、温庭皓,并其亲属、宾客、仆妾皆死;断淮南监军郭厚本、都押衙李湘手足,以示康承训军。勋乃集众扬言曰:“勋始望国恩,庶全臣节;今日之事,前志已乖。自此,勋与诸君真反者也,当扫境内之兵,戮力同心,转败为功耳。”众皆称善。于是命城中男子悉集球场,仍分遣诸将比屋大索,敢匿一男子者族其家。选丁壮,得三万人,更造旗帜,给以精兵。许佶等共推勋为天册将军、大会明王。勋辞王爵。

先是,辛谠复自泗州引骁勇四百人迎粮于扬、润[10],贼夹岸攻之,转战百里,乃得出。至广陵[11],止于公馆,不敢归家,舟载盐米二万石,钱万三千缗,乙未,还至斗山[12]。贼将王弘芝帅众万余,拒之于盱眙,密布战舰百五十艘以塞淮流,又纵火船逆之。谠命以长叉托过,自卯战及未,众寡不敌,官军不利。贼缚木于战舰,旁出四五尺为战棚,谠命勇士乘小舟入其下,矢刃所不能及,以枪揭火牛焚之[13],战舰既然,贼皆溃走,官军乃得过入城。

庞勋以父举直为大司马,与许佶等留守徐州。或曰:“将军方耀兵威,不可以父子之亲,失上下之节。”乃令举直趋拜于庭,勋据案而受之。时魏博屡围丰县,庞勋欲先击之,丙申,引兵发徐州。

戊戌,以前淮南节度使、同平章事令狐绹为太保、分司。

【注释】

①十镇之兵:此指义成、魏博、鄜延、义武、凤翔、横海、泰宁、宣武、忠武、天平十节度使的军队。伏:通“服”。信服、佩服的意思。 ②涣水:此水出亳州,南流入淮。当时康承训与姚周隔涣水相对峙。 ③檛(zhuā 抓):粗杖。 ④濉水:水名。由开封东流,经宁陵、商丘、永城等地至泗州入淮,久已湮没。 ⑤襄城:即襄城寨,在今安徽濉溪县境。⑥再胜未赏:两次打了胜仗均未进行奖赏,一是取濠州,一是在淮口大败

戴可师军。 ⑦左谏议大夫：门下省属官，正四品下，掌侍从赞相，规谏讽喻。 ⑧郢王侃：李侃为懿宗子，咸通六年(865)，封郢王。 ⑨宿州：武宁军所属州，治今安徽宿州市南。 ⑩扬、润：扬州，淮南节度使驻地。润州：浙西节度使驻地。 ⑪广陵：即扬州治所江都，治今江苏扬州市西北蜀冈上。 ⑫斗山：又名陡山，在今江苏盱眙县东北。 ⑬火牛：把干茅草捆成一束一束，用以烧敌人的设施，名为火牛。揭，举起。

庞勋夜至丰县，潜入城，魏博军皆不之知。魏博分为五寨，其近城者屯数千人，勋纵兵围之，诸寨救之，勋伏兵要路，杀官军二千人，余皆返走。贼攻寨不克，至夜，解围去。官军畏其众，且闻勋自来，诸寨皆宵溃。曹翔方围滕县，闻魏博败，引兵退保兖州[①]。贼悉毁其城栅，运其资粮，传檄徐州，盛自夸大，谓官军为国贼云。

马举将精兵三万救泗州，乙巳，分军三道度淮，至中流，大噪，声闻数里。贼大惊，不测众寡，敛兵屯城西寨。举就围之，纵火焚栅，贼众大败，斩首数千级；王弘立死，吴迥退保徐城[②]，泗州之围始解。泗州被围凡七月，守城者不得寐，面目皆生疮。

庞勋留丰县数日，欲引兵西击康承训，或曰："天时向暑，蚕麦方急，不若且休兵聚食，然后图之。"或曰："将军出师数日，摧七万之众，西军震恐[③]，乘此声势，彼破走必矣，时不可失。"庞举直以书劝勋乘胜进军，勋意遂决。丁未，发丰县，庚戌，至萧，约襄城、留武、小睢诸寨兵合五六万人[④]，以二十九日迟明攻柳子。淮南败卒在贼中者，逃诣康承训，告以其期，承训得先为之备，秣马整众，设伏以待之。丙辰，襄城等兵先至柳子，遇伏，败走。庞勋既自失期，遽引兵自三十里外赴之，比至，诸寨已败。勋所将皆市井白徒[⑤]，睹官军势盛，皆不战而溃。承训命诸将急追之，以骑兵邀其前，步卒蹙其后，贼狼狈不知所之，自相蹈藉，僵尸数十里，死者数万人。勋解甲服布襦而遁[⑥]，收散卒，才及三千人，归彭城，使其将张实分诸寨兵屯第城驿[⑦]。

勋初起，下邳土豪郑镒聚众三千[⑧]，自备资粮器械以应之，勋以为将，谓之义军。五月，沂州遣军围下邳，勋命镒救之，镒帅所部来降。

六月，陕民作乱，逐观察使崔荛。荛以器韵自矜，不亲政事。民诉旱，荛指庭树曰："此尚有叶，何旱之有！"杖之。民怒，故逐之。荛逃于民舍，渴求饮，民以溺饮之⑨。坐贬昭州司马⑩。

以中书侍郎、同平章事徐商同平章事，充荆南节度使。癸卯，以翰林学士承旨、户部侍郎刘瞻同平章事。瞻，桂州人也。

马举自泗州引兵攻濠州，拔招义、钟离、定远⑪。刘行及设寨于城外以拒守，举先遣轻骑挑战，贼见其众少，争出寨西击之，举引大军数万自他道击其东南，遂焚其寨。贼入固守，举堑其三面而围之，北面临淮，贼犹得与徐州通。庞勋遣吴迥助行及守濠州，屯兵北津以相应，举遣别将渡淮击之，斩获数千人，平其寨。

曹翔之退屯兖州也，留沧州卒四千人戍鲁桥⑫，卒擅还，翔曰："以庞勋作乱，故讨之。今沧卒不从约束，是自乱也！"勒兵迎之，围于兖州城外，择违命者二千人，悉诛之。朝廷闻魏博军败，以将军宋威为徐州西北面招讨使，将兵三万屯于丰、萧之间，翔复引兵会之。

秋，七月，康承训克临涣⑬，杀获万人，遂拔襄城、留武、小睢等寨。曹翔拔滕县，进击丰、沛。贼诸寨戍兵多相帅逃匿，保据山林，贼抄掠者过之，辄为所杀，而五八村尤甚。有陈全裕者为之帅，凡叛勋者皆归之，众至数千人，战守之具皆备，环地数千里⑭，贼莫敢近。康承训遣人招之，遂举众来降，贼党益离。蕲县土豪李衮杀贼守将⑮，举城降于承训。沛县守将李直诣彭城计事，裨将朱玫举城降于曹翔。直自彭城还，玫逆击，走之，翔发兵戍沛。玫，邠州人也。勋遣其将孙章、许佶各将数千人攻陈全裕、朱玫，皆不克而还。康承训乘胜长驱，拔第城，进抵宿州之西，筑城而守之。庞勋忧懑不知所为，但祷神饭僧而已。

【注释】

①兖州：为泰宁军治所，其地在今山东济宁市兖州区。 ②徐城：泗州所属县，治今江苏盱眙县西北。 ③西军：指康承训所领军队，时康屯军柳子，在丰县之西，故称。 ④留武：即留武寨，为庞勋部驻军之地，在今安徽濉溪县境内。小睢：即小睢寨，亦为庞勋驻军地，在今安徽濉溪县境内。 ⑤白徒：没有受过军事训练的市井平民。 ⑥布襦（rú 儒）：用

布制的短衣。 ⑦第城驿：在今安徽宿州市西。 ⑧下邳：泗州所属县，治今江苏睢宁县西北古邳镇东。 ⑨溺(niào 尿)：同“尿”。 ⑩昭州：岭南西道桂管经略使所领州，治今广西平乐县。 ⑪招义：濠州所属县，治今安徽滁州市东北。钟离：濠州所属县，治今安徽凤阳县东北临淮关镇。定远：濠州所属县，治今安徽定远县。 ⑫鲁桥：即鲁桥镇，在今山东济宁市东南。 ⑬临涣：亳州所属县，治今安徽宿州市西北临涣镇。 ⑭数千里：据章钰校证，他本“千”作“十”。从当时形势分析，以作“十”为合情理。 ⑮蕲县：宿州所属县，治今安徽宿州市埇桥区蕲县镇。

初，庞勋怒梁丕专杀姚周，黜之，使徐州旧将张玄稔代之治州事，以其党张儒、张实等将城中兵数万拒官军。儒等列寨数重于城外，环水自固；康承训围之。张实夜遣人潜出，以书白勋曰：“今国兵尽在城下，西方必虚，将军宜引兵出其不意，掠宋、亳之郊，彼必解围而西，将军设伏要害，迎击其前，实等出城中兵蹙其后，破之必矣！”时曹翔使朱玫击丰，破之，乘胜攻徐城、下邳，皆拔之，斩获万计。勋方忧惧欲走，得实书，即从其策，使庞举直、许佶守徐州，引兵而西。

八月，壬子，康承训焚外寨，张儒等入保罗城，官军攻之，死者数千人，不能克，承训患之，遣辩士于城下招谕之。张玄稔尝戍边有功，虽胁从于贼，心尝忧愤，时将所部兵守子城，夜，召所亲数十人谋归国，因稍令布谕，协同者众，乃遣腹心张皋夜出，以状白承训，约期杀贼将，举城降，至日，请立青旗为应[①]，使众心无疑。承训大喜，从之。九月，丁巳，张儒等饮酒于柳溪亭，玄稔使部将董厚等勒兵于亭西，玄稔先跃马而前，大呼曰：“庞勋已枭首于仆射寨中[②]，此辈何得尚存！”士卒竞进，遂斩张儒等数十人。城中大扰，玄稔谕以归国之计，及暮而定。戊午，开门出降。玄稔见承训，肉袒膝行，涕泣谢罪。承训慰劳，即宣敕，拜御史中丞，赐遗甚厚。

玄稔复进言：“今举城归国，四远未知，请诈为城陷，引众趋苻离及徐州[③]，贼党不疑，可尽擒也！”承训许之。宿州旧兵三万，承训益以数百骑，皆赏劳而遣之。玄稔复入城，暮发平安火如常日。

己未向晨，玄稔积薪数千束，纵火焚之，如城陷军溃之状，直趋苻离，苻离纳之，既入，斩其守将，号令城中，皆听命，收其兵，复得万人，北趋徐州。庞举直、许佶闻之，婴城拒守。

辛酉，玄稔至彭城，引兵围之，按兵未攻，先谕城上人曰："朝廷唯诛逆党，不伤良人；汝曹奈何为贼城守？若尚狐疑，须臾之间，同为鱼肉矣！"于是守城者稍稍弃甲投兵而下。崔彦曾故吏路审中开门纳官军，庞举直、许佶帅其党保子城，日昃，贼党自北门出，玄稔遣兵追之，斩举直、佶首，余党多赴水死，悉捕戍桂州者亲族，斩之，死者数千人，徐州遂平。

庞勋将兵二万自石山西出，所过焚掠无遗。庚申，承训始知，引步骑八万西击之，使朱邪赤心将数千骑为前锋。勋袭宋州，陷其南城，刺史郑处冲守其北城，贼知有备，舍去，渡汴，南掠亳州[④]，沙陀追及之。勋引兵循涣水而东，将归彭城，为沙陀所逼，不暇饮食，至蕲，将济水，李衮发桥[⑤]，勒兵拒之。贼惶惑不知所之，至县西，官军大集，纵击，杀贼近万人，余皆溺死，降者才及千人，勋亦死而人莫之识，数日，乃获其尸。贼宿迁等诸寨皆杀其守将而降[⑥]。宋威亦取萧县，吴迥独守濠州不下。

冬，十月，以张玄稔为右骁卫大将军、御史大夫。

马举攻濠州，自夏及冬不克，城中粮尽，杀人而食之，官军深堑重围以守之。辛丑夜，吴迥突围走，举勒兵追之，杀获殆尽，迥死于招义。

以康承训为河东节度使、同平章事，以杜慆为义成节度使[⑦]。上嘉朱邪赤心之功，置大同军于云州，以赤心为节度使，召见，留为左金吾上将军[⑧]，赐姓名李国昌，赏赉甚厚。以辛谠为亳州刺史。谠在泗州，犯围出迎兵粮，往返凡十二，及除亳州，上表言："臣之功，非杜慆不能成也！"赐和州刺史崔雍自尽，家属流康州[⑨]，兄弟五人皆远贬。

【注释】

①青旌：旧时习俗以为青色属木，木主生，立青旌即表示不杀而给以生路。 ②仆射：此指康承训，他受诏领兵讨庞勋时，被任为检校尚书右仆射、义成军节度使、徐州行营都招讨使。 ③苻离：也作"符离"，为宿

州所属县，治今安徽宿州市北之符离镇。 ④亳州：为宣武军节度使所属州，与徐州相邻，治今安徽亳州市。 ⑤发桥：毁坏渡河的桥梁。《左传·襄公二十八年》："陈无宇济水，而戕舟发梁。" ⑥宿迁：徐州所属县，治今江苏宿迁市东南旧黄河故道南岸。 ⑦义成节度使：官名。治滑州，领滑、郑、濮三州。 ⑧左金吾上将军：唐十六卫之一，上将军正三品，掌宫中、京城巡警等事。 ⑨康州：岭南东道所属州，治今广东德庆县。

上荒宴，不亲庶政，委任路岩；岩奢靡，颇通赂遗，左右用事。至德令陈蟠叟因上书召对[①]，言："请破边咸一家，可赡军二年。"上问："咸为谁？"对曰："路岩亲吏。"上怒，流蟠叟于爱州[②]，自是无敢言者。

初，南诏遣使者杨酋庆来谢释董成之囚，定边节度使李师望欲激怒南诏以求功[③]，遂杀酋庆。西川大将恨师望分裂巡属[④]，阴遣人致意南诏，使入寇。师望贪残，聚私货以百万计，戍卒怨怒，欲生食之，师望以计免。朝廷征还，以太府少卿窦滂代之。滂贪残又甚于师望，故蛮寇未至，而定边固已困矣。

是月，南诏骠信酋龙倾国入寇，引数万众击董舂乌部[⑤]，破之。十一月，蛮进寇嶲州，定边都头安再荣守清溪关，蛮攻之，再荣退屯大渡河北，与之隔水相射九日八夜。蛮密分军开道[⑥]，逾雪坡，奄至沐源川[⑦]，滂遣兖海将黄卓帅五百人拒之，举军覆没。十二月，丁酉，蛮衣兖海之衣，诈为败卒，至江岸呼船，已济，众乃觉之，遂陷犍为[⑧]，纵兵焚掠陵、荣二州之境[⑨]。后数日，蛮军大集于陵云寺，与嘉州对岸[⑩]。刺史杨忞与定边监军张允琼勒兵拒之。蛮潜遣奇兵自东津济，夹击官军，杀忠武都将颜庆师，余众皆溃，忞、允琼脱身走。壬子，陷嘉州。庆师，庆复之弟也。

窦滂自将兵拒蛮于大渡河，骠信诈遣清平官数人诣滂结和，滂与语未毕，蛮乘船筏争渡，忠武、徐宿两军结陈抗之[⑪]。滂惧，自经于帐中。徐州将苗全绪解之，曰："都统何至于是！"全绪与安再荣及忠武将勒兵出战，滂遂单骑宵遁。三将谋曰："今众寡不敌，明旦复战，吾属尽矣；不若乘夜攻之，使之惊乱，然后解去。"于是夜入蛮军，弓弩乱发，蛮大惊，三将乃全军引去。蛮进陷黎、雅[12]，民窜匿山谷，败军所在焚掠。滂奔导江[13]。邛州军资储偫皆散于乱兵之手[14]，蛮至，城已空，通行无碍矣。

诏左神武将军颜庆复将兵赴援。

【注释】

①至德：江南西道宣州所属县，治所在今安徽东至县北秋浦。②爱州：安南都护府所属州，治今越南清化省。③定边节度使：官名。咸通九年(868)六月，由李师望建议而设置，治邛州。④分裂巡属：谓从西川节度使中分出定边节度使，使邛、巂等州从西川所属分裂出来。⑤董春乌部：蛮族中的一部，已依附于西川节度使。⑥分军开道：据章钰校证，他本“开道”前有“伐木”二字。⑦沐源川：即岷江的支流大沐溪，其地在今四川沐川县，唐属犍为县境。⑧犍为：唐嘉州所属县，治今四川犍为县东南。⑨陵、荣二州：陵州属西川节度使，治今四川仁寿县。荣州属东川节度使，治今四川荣县。⑩嘉州：西川节度使所领州，治今四川乐山市。⑪徐宿：即旧之武宁军，由于其镇军多次发生叛乱，于是取消节度使，故称徐宿军。⑫黎、雅：二州原为西川节度使所属，黎州治今四川汉源县北，雅州治今四川雅安。自置定边节度使以后，二州为定边军所属。⑬导江：彭州所属县，治今四川都江堰市东。⑭储偫(zhì 置)：储备、积存。

资治通鉴卷第二百五十二

唐纪六十八　起上章摄提格，尽柔兆涒滩，凡七年。

懿宗昭圣恭惠孝皇帝下

咸通十一年　春，正月，甲寅朔，群臣上尊号曰睿文英武明德至仁大圣广孝皇帝；赦天下。

西川之民闻蛮寇将至，争走入成都。时成都但有子城，亦无壕，人所占地各不过一席许，雨则戴箕盎以自庇；又乏水，取摩诃池泥汁[①]，澄而饮之。

将士不习武备，节度使卢耽召彭州刺史吴行鲁使摄参谋，与前泸州刺史杨庆复共修守备，选将校，分职事，立战棚，具炮檑，造器备，严警逻。先是，西川将士多虚职名，亦无禀给。至是，揭榜募骁勇之士，补以实职，厚给粮赐，应募者云集。庆复乃谕之曰："汝曹皆军中子弟，年少材勇，平居无由自进，今蛮寇凭陵[②]，乃汝曹取富贵之秋也，可不勉乎！"皆欢呼踊跃。于是列兵械于庭，使之各试所能，两两角胜，察其勇怯而进退之，得选兵三千人，号曰"突将"。行鲁，彭州人也。

戊午，蛮至眉州[③]，耽遣同节度副使王偃等赍书见其用事之臣杜元忠，与之约和。蛮报曰："我辈行止，只系雅怀。"

路岩、韦保衡上言："康承训讨庞勋时，逗挠不进，又不能尽其余党，又贪虏获，不时上功。"辛酉，贬蜀王傅、分司；寻再贬恩州司马[④]。

【注释】

①摩诃池:在今四川成都市东南,隋蜀王取土修子城后所形成的水池,有胡僧说是摩诃宫毗罗(池大有龙),故称摩诃池。 ②凭陵:侵犯,进逼。 ③眉州:西川节度使所领州,治今四川眉山市。 ④恩州:岭南道所属州,治今广东恩平市。

南诏进军新津[①],定边之北境也。卢耽遣同节度副使谭奉祀致书于杜元忠,问其所以来之意;蛮留之不还。耽遣使告急于朝,且请遣使与和,以纾一时之患。朝廷命知四方馆事、太仆卿支详为宣谕通和使[②]。蛮以耽待之恭,亦为之盘桓,而成都守备由是粗完。

甲子,蛮长驱而北,陷双流[③]。庚午,耽遣节度副使柳槃往见之,杜元忠授槃书一通,曰:“此通和之后,骠信与军府相见之仪也。”其仪以王者自处,语极骄慢。又遣人负彩幕至城南,云欲张陈蜀王厅以居骠信[④]。

癸酉,废定边军,复以七州归西川[⑤]。

是日,蛮军抵成都城下。前一日,卢耽遣先锋游弈使王昼至汉州诇援军[⑥],且趣之。时兴元六千人、凤翔四千人已至汉州[⑦],会窦滂以忠武、义成、徐宿四千人自导江奔汉州,就援军以自存。丁丑,王昼以兴元、资、简兵三千余人军于毗桥[⑧],遇蛮前锋,与战不利,退保汉州。时成都日望援军之至,而窦滂自以失地,欲西川相继陷没以分其责,每援军自北至,辄说之曰:“蛮众多于官军数十倍,官军远来疲弊,未易遽前。”诸将信之,皆狐疑不进。成都十将李自孝阴与蛮通,欲焚城东仓为内应,城中执而杀之。后数日,蛮果攻城,久之,城中无应而止。

二月,癸未朔,蛮合梯冲四面攻成都[⑨],城上以钩缳挽之使近,投火沃油焚之,攻者皆死。卢耽以杨庆复、摄左都押牙李骧各帅突将出战,杀伤蛮二千余人,会暮,焚其攻具三千余物而还。蜀人素怯,其突将新为庆复所奖拔,且利于厚赏,勇气自倍,其不得出者,皆愤郁求奋。后数日,贼取民篱,重沓湿而屈之,以为蓬[⑩],置人其下,举以抵城而劚之[⑪],矢石不能入,火不能然,庆复熔铁汁以灌之，攻者又死。

乙酉，支详遣使与蛮约和。丁亥，蛮敛兵请和。戊子，遣使迎支详。时颜庆复以援军将至，详谓蛮使曰："受诏诣定边约和，今云南乃围成都[12]，则与向日诏旨异矣。且朝廷所以和者，冀其不犯成都也。今矢石昼夜相交，何谓和乎！"蛮见和使不至，庚寅，复进攻城。辛卯，城中出兵击之，乃退。

初，韦皋招南诏以破吐蕃，既而蛮诉以无甲弩，皋使匠教之，数岁，蛮中甲弩皆精利。又，东蛮苴那时、勿邓、梦冲三部助皋破吐蕃有功，其后边吏遇之无状，东蛮怨唐深，自附于南诏，每从南诏入寇，为之尽力，得唐人，皆虐杀之。

朝廷贬窦滂为康州司户，以颜庆复为东川节度使，凡援蜀诸军，皆受庆复节制。癸巳，庆复至新都[13]，蛮分兵往拒之。甲午，与庆复遇，庆复大破蛮军，杀二千余人，蜀民数千人争操芟刀、白棓以助官军[14]，呼声震野。乙未，蛮步骑数万复至，会右武卫上将军宋威以忠武二千人至，即与诸军会战，蛮军大败，死者五千余人，退保星宿山[15]。威进军沱江驿[16]，距成都三十里。蛮遣其臣杨定保诣支详请和，详曰："宜先解围退军。"定保还，蛮围城如故。城中不知援军之至，但见其数来请和，知援军必胜矣。戊戌，蛮复请和，使者十返，城中亦依违答之[17]。蛮以援军在近，攻城尤急，骠信以下亲立矢石之间。庚子，官军至城下与蛮

唐须弥座释迦说法像

战，夺其升迁桥[18]，是夕，蛮自烧攻具遁去，比明，官军乃觉之。

初，朝廷使颜庆复救成都，命宋威屯绵、汉为后继。威乘胜先至城下，破蛮军功居多，庆复疾之。威饭士欲追蛮军，城中战士亦欲与北军合势俱进，庆复牒威，夺其军，勒归汉州。蛮至双流，阻新穿水[19]，造桥未成，狼狈失度，三日，桥成，乃得过，断桥而去。甲兵服物遗弃于路，蜀人甚恨之。黎州刺史严师本收散卒数千保邛州，蛮围之，二日，不克，亦舍去。

颜庆复始教蜀人筑壅门城[20]，穿堑引水满之，植鹿角，分营铺[21]，蛮知有备，自是不复犯成都矣。

先是，西川牙将有职无官，及拒却南诏，四人以功授监察御史，堂帖，人输堂例钱三百缗，贫者苦之。

【注释】

①新津：蜀州所属县，治今四川成都市新津区。其地在成都西南，距成都仅三十九公里。　②知四方馆事：中书省设四方馆，在通事舍人中，选一人总知馆事，谓之馆主，掌四方贡纳及章表呈进等事。　③双流：成都府所属县，在府南四十里，治今四川成都市双流区。　④蜀王厅：隋蜀王杨秀所建，极为宏壮。秀为杨坚第四子，封蜀王。　⑤七州：原从西川分出的邛、眉、蜀、雅、嘉、黎、巂七州。　⑥汉州：西川节度使所领州，治今四川广汉市。　⑦兴元：山南西道节度使驻地。治所在南郑县(今陕西汉中市东)。　⑧毗桥：在今四川成都市新都区南。　⑨梯冲：梯，云梯；冲，冲车。二者均为攻城器械。　⑩蓬：胡注云："蓬"当作"篷"。如编竹的船篷、帐篷、覆盖物之称。　⑪斸(zhú 竹)：大锄，引申为挖掘。⑫云南：此指南诏。领有云南全境，建都太和城，即今云南大理市。⑬新都：成都府所属县，在府北四十五里，治今四川成都市新都区。⑭芟(shān 山)刀：割草的刀子。白棓(bàng 棒)：白色棒。棓，同棒。⑮星宿山：在今四川成都市北。　⑯沱江驿：在今四川成都市北，距成都三十里。　⑰依违：既不十分肯定，也未完全否定，模棱两可之辞。⑱升迁桥：即升仙桥，又名七星桥，传说为秦时李冰所建。　⑲新穿水：在今四川成都市新津区境。　⑳壅门城：即瓮门城，即大城门外的小城门，以加强城池防御之用。　㉑营铺：分立寨屋叫营，用来居住士兵。城上分立小屋，使守卒用以瞭望，叫铺。

三月,左仆射、同平章事曹确同平章事,充镇海节度使[①]。

夏,四月,丙午,以翰林学士承旨、兵部侍郎韦保衡同平章事。

徐贼余党犹相聚闾里为群盗,散居兖、郓、青、齐之间,诏徐州观察使夏侯瞳招谕之。

五月,丁丑,以邛州刺史吴行鲁为西川留后。

光州民逐刺史李弱翁[②],弱翁奔新息[③]。左补阙杨堪等上言:"刺史不道,百姓负冤,当诉于朝廷,置诸典刑,岂得群党相聚,擅自斥逐,乱上下之分!此风殆不可长,宜加严诛以惩来者。"

上令百官议处置徐州之宜。六月,丙午,太子少傅李胶等状,以为:"徐州虽屡构祸乱,未必比屋顽凶;盖由统御失人,是致奸回乘衅。今使名虽降,兵额尚存,以为支郡则粮饷不给[④],分隶别藩则人心未服;或旧恶相济,更成披猖[⑤]。惟泗州向因攻守,结衅已深,宜有更张,庶为两使。"诏从之,徐州依旧为观察使,统徐、濠、宿三州,泗州为团练使,割隶淮南。

加幽州节度使张允伸兼侍中。

秋,八月,乙未,同昌公主薨。上痛悼不已,杀翰林医官韩宗劭等二十余人,悉收捕其亲族三百余人系京兆狱。中书侍郎、同平章事刘瞻召谏官使言之,谏官莫敢言者,乃自上言,以为:"修短之期[⑥],人之定分。昨公主有疾,深轸圣慈。宗劭等诊疗之时,惟求疾愈,备施方术,非不尽心,而祸福难移,竟成差跌,原其情状,亦可哀矜。而械系老幼三百余人,物议沸腾,道路嗟叹。奈何以达理知命之君,涉肆暴不明之谤!盖由安不虑危,忿不思难之故也。伏愿少回圣虑,宽释系者。"上览疏,不悦。瞻又与京兆尹温璋力谏于上前;上大怒,叱出之。

魏博节度使何全皞年少,骄暴好杀,又减将士衣粮。将士作乱,全皞单骑走,追杀之,推大将韩君雄为留后。成德节度使王景崇为之请旌节;九月,庚戌,以君雄为魏博留后。

丙辰,以刘瞻同平章事,充荆南节度使。贬温璋振州司马[⑦]。璋叹曰:"生不逢时,死何足惜!"是夕,仰药卒。敕曰[⑧]:"苟无蠹害,何至于斯!恶实贯盈,死有余责。宜令三日内且于城外权瘗[⑨],俟经恩宥,方许归葬,使中外快心,奸邪知惧。"己巳,贬右谏议大夫高湘、比部郎中知制诰杨知至、礼部郎中魏筜等于岭南[10]，皆坐与刘瞻亲善，为韦保衡所逐也。知至，汝士之子；筜，扶之子也。保衡又与路岩共奏刘瞻，云与医官通谋，误投毒药；丙子，贬瞻康州刺史。翰林学士承旨郑畋草瞻罢相制辞曰："安数亩之居，仍非己有；却四方之赂，惟畏人知。"岩谓畋曰："侍郎乃表荐刘相也！"坐贬梧州刺史[11]。御史中丞孙瑝坐为瞻所引用，亦贬汀州刺史[12]。路岩素与刘瞻论议多不叶，瞻既贬康州，岩犹不快，阅《十道图》[13]，以驩州去长安万里[14]，再贬驩州司户。

冬，十月，癸卯，以西川留后吴行鲁为节度使。

十一月，辛亥，以兵部尚书、盐铁转运使王铎为礼部尚书、同平章事。铎，起之兄子也。

丁卯，复以徐州为感化军节度。

十二月，加成德节度使王景崇同平章事。以左金吾上将军李国昌为振武节度使[15]。

【注释】

①镇海节度使：德宗建中二年（781）始置，治润州（今江苏镇江市）。后时置时废，治所亦时有变更。　②光州：淮南道所属州，治今河南潢川县。　③新息：蔡州所属县，治今河南息县。新息距光州治所九十里。　④支郡：方镇属下的州郡，称支州或支郡。支郡掌握财权有限，故所置军队过多，就供不起粮饷。　⑤披猖：分裂，猖狂，不受节制。⑥修短：长短，此指寿命的长短。　⑦振州：岭南道所属州，治今海南省三亚市。　⑧敕曰：据章钰校证，他本"敕曰"前有"庚申"二字，即十一日。　⑨权瘗（yì 亦）：暂时安埋。瘗，掩埋。　⑩比部郎中：比部为刑部所属职司之一，郎中一员，从五品上，掌刑部有关财务方面之各项杂事。　⑪梧州：桂管经略使所领州，治今广西梧州市。　⑫汀州：福建观察使所领州，治今福建长汀县。　⑬《十道图》：唐贞观初，分全国为十道。据《旧唐书·经籍志》所载，有《长安四年十道图》十三卷，《开元三年十道图》十卷。　⑭驩州：安南都护府所领州，治今越南义南省荣市。此地为唐的最南界，距长安一万二千四百余里。　⑮振武节度使：官名。唐乾元元年（758）置，治今内蒙古和林格尔县西北土城子。

十二年 春,正月,辛酉,葬文懿公主[①]。韦氏之人争取庭祭之灰,汰其金银。凡服玩,每物皆百二十舆,以锦绣、珠玉为仪卫、明器[②],辉焕三十余里;赐酒百斛、饼餤四十橐驼[③],以饲体夫。上与郭淑妃思公主不已,乐工李可及作《叹百年曲》,其声凄惋,舞者数百人,发内库杂宝为其首饰,以绝八百匹为地衣[④],舞罢,珠玑覆地。

以魏博留后韩君雄为节度使。

门下侍郎、同平章事路岩与韦保衡素相表里,势倾天下。既而争权,浸有隙,保衡遂短岩于上。夏,四月,癸卯,以岩同平章事,充西川节度使。岩出城,路人以瓦砾掷之。权京兆尹薛能,岩所擢也,岩谓能曰:"临行,烦以瓦砾相饯!"能徐举笏对曰:"向来宰相出,府司无例发人防卫[⑤]。"岩甚惭。能,汾州人也。

五月,上幸安国寺,赠僧重谦、僧澈沈檀讲座二,各高二丈。设万人斋。

秋,七月,以兵部尚书卢耽同平章事,充山南东道节度使。

冬,十月,以兵部侍郎、盐铁转运使刘邺为礼部尚书、同平章事。

十三年 春,正月,幽州节度使张允伸得风疾[⑥],请委军政就医;许之,以其子简会知留后。疾甚,遣使上表纳旌节;丙申,薨。允伸镇幽州二十三年[⑦],勤俭恭谨,边鄙无警,上下安之。

二月,丁巳,以兵部侍郎、同平章事于琮为山南东道节度使,以刑部侍郎、判户部奉天赵隐为户部侍郎、同平章事[⑧]。

平州刺史张公素[⑨],素有威望,为幽人所服。张允伸薨,公素帅州兵来奔丧。张简会惧,三月,奔京师,以为诸卫将军。

夏,四月,立皇子保为吉王,杰为寿王,倚为睦王。

以张公素为平卢留后[⑩]。

五月,国子司业韦殷裕诣阁门告郭淑妃弟内作坊使敬述阴事[⑪];上大怒,杖杀殷裕,籍没其家。乙亥,阁门使田献铦夺紫[⑫],改桥陵使[⑬],以其受殷裕状故也。殷裕妻父太府少卿崔元应、妻从兄中书舍人崔沆、季父君卿皆贬岭南官[⑭];给事中杜裔休坐与殷裕善,亦贬端州司户[⑮]。沆,铉之子也。裔休,悰之子也。

丙子，贬山南东道节度使于琮为普王傅、分司[16]，韦保衡谮之也。辛巳，贬尚书左丞李当、吏部侍郎王沨、左散骑常侍李都、翰林学士承旨兵部侍郎张裼、前中书舍人封彦卿、左谏议大夫杨塾，癸未，贬工部尚书严祁、给事中李贶、给事中张铎、左金吾大将军李敬仲、起居舍人萧遘、李渎、郑彦特、李藻，皆处之湖、岭之南，坐与琮厚善故也。贶，汉之子；遘，寘之子也。甲申，贬前平卢节度使于琄为凉王府长史、分司，前湖南观察使于瓌为袁州刺史[17]。瓌、琄，皆琮之兄也。寻再贬琮韶州刺史[18]。

琮妻广德公主，上之妹也，与琮偕之韶州，行则肩舆门相对，坐则执琮之带，琮由是获全。时诸公主多骄纵，惟广德动遵法度，事于氏宗亲尊卑无不如礼，内外称之。

六月，以卢龙留后张公素为节度使。

韦保衡欲以其党裴条为郎官，惮左丞李璋方严，恐其不放上，先遣人达意。璋曰："朝廷迁除，不应见问。"秋，七月，乙未，以璋为宣歙观察使。

八月，归义节度使张义潮薨，沙州长史曹义金代领军府；制以义金为归义节度使。是后中原多故，朝命不及，回鹘陷甘州[19]，自余诸州隶归义者多为羌、胡所据。

冬，十二月，追上宣宗谥曰元圣至明成武献文睿智章仁神聪懿道大孝皇帝。

振武节度使李国昌，恃功恣横，专杀长吏。朝廷不能平，徙国昌为大同军防御使，国昌称疾不赴。

【注释】

①文懿公主：同昌公主死后谥文懿。 ②明器：陪葬的器物，也作"冥器"。 ③饼餤（dàn 淡）：饼。餤也是饼一类食品。橐驼：即骆驼的不同写法。 ④絁（shī 施）：一种粗绸子。地衣：地毯。 ⑤府司：指京兆府所属的部门。 ⑥风疾：因风而致的病。在中医学上，风是六淫之首，风病善行而多变，风又常与其他病因结合，如风寒、风热、风湿等。⑦二十三年：宣宗大中四年（850），张允伸继周琳镇幽州，至此为二十三个年头。 ⑧奉天：京兆府所属县，治今陕西乾县。 ⑨平州：卢龙节度使所领州，治今河北卢龙县。 ⑩平卢：胡注云："平卢"当作"卢龙"。

应是卢龙，后文中即作卢龙。 ⑪国子司业：国子监的副长官，职位次国子祭酒，从四品下，掌邦国儒学训导之政令。内作坊使：内诸司使之一，掌造内库军器。 ⑫阁门使：唐后期始置，掌供奉乘舆、朝会游幸，大宴引赞，引接亲王宰相百僚藩国朝见，纠弹失仪。 ⑬桥陵使：守卫桥陵陵墓官。桥陵为睿宗之陵。 ⑭太府少卿：据章钰校证，他本“府”作“仆”。 ⑮端州：岭南道所属州，治今广东肇庆市高要区。 ⑯普王傅：普王初名俨，懿宗第五子。懿宗死，继帝位，改名儇，是为僖宗。亲王府置傅一人，从三品，掌傅相赞导。 ⑰袁州：江南西道所属州，治今江西宜春市。 ⑱韶州：岭南东道所属州，治今广东韶关市。 ⑲甘州：原为归义节度使所领州，治今甘肃张掖市。

十四年 春，三月，癸巳，上遣敕使诣法门寺迎佛骨[①]，群臣谏者甚众，至有言宪宗迎佛骨寻晏驾者[②]。上曰：“朕生得见之，死亦无恨！”广造浮图、宝帐、香舆、幡花、幢盖以迎之[③]，皆饰以金玉、锦绣、珠翠。自京城至寺三百里间，道路车马，昼夜不绝。夏，四月，壬寅，佛骨至京师，导以禁军兵仗、公私音乐，沸天烛地，绵亘数十里；仪卫之盛，过于郊祀，元和之时不及远矣。富室夹道为彩楼及无遮会[④]，竞为侈靡。上御安福门，降楼膜拜，流涕沾臆，赐僧及京城耆老尝见元和事者金帛。迎佛骨入禁中，三日，出置安国崇化寺。宰相已下竞施金帛，不可胜纪。因下德音，降中外系囚。

五月，丁亥，以西川节度使路岩兼中书令[⑤]。

南诏寇西川，又寇黔南，黔中经略使秦匡谋兵少不敌[⑥]，弃城奔荆南；荆南节度使杜悰囚而奏之。六月，乙未，敕斩匡谋，籍没其家赀，亲族应缘坐者，令有司搜捕以闻。匡谋，凤翔人也。

以中书侍郎、同平章事王铎同平章事，充宣武节度使。时韦保衡挟恩弄权，以刘瞻、于琮先在相位，不礼于己，谮而逐之。王铎，保衡及第时主文也，萧遘，同年进士也，二人素薄保衡之为人，保衡皆摈斥之。

秋，七月，戊寅，上疾大渐[⑦]，左军中尉刘行深、右军中尉韩文约立少子普王俨。庚辰，制：“立俨为皇太子，权句当军国政事。”辛巳，上崩于咸宁殿。遗诏以韦保衡摄冢宰。僖宗即位。八月，丁未，追尊母王贵妃为皇太后，刘行深、韩文约皆封国公。

关东、河南大水。

九月，有司上先太后谥曰惠安[8]。

司徒、门下侍郎、同平章事韦保衡，怨家告其阴事，贬保衡贺州刺史[9]。

乐工李可及流岭南。可及有宠于懿宗，尝为子娶妇，懿宗赐之酒二银壶，启之无酒而中实。右军中尉西门季玄屡以为言，懿宗不听。可及尝大受赐物，载以官车；季玄谓曰："汝他日破家，此物复应以官车载还；非为受赐，徒烦牛足耳！"及流岭南，籍没其家，果如季玄言。

以西川节度使路岩兼侍中，加成德节度使王景崇中书令，魏博节度使韩君雄、卢龙节度使张公素、天平节度使高骈并同平章事[10]。君雄仍赐名允中。

冬，十月，乙未，以左仆射萧倣为门下侍郎、同平章事。

韦保衡再贬崖州澄迈令[11]，寻赐自尽。又贬其弟翰林学士、兵部侍郎保乂为宾州司户[12]，所亲翰林学士、户部侍郎刘承雍为涪州司马[13]。承雍，禹锡之子也[14]。

癸卯，赦天下。

西川节度使路岩，喜声色游宴，委军府政事于亲吏边咸、郭筹，皆先行后申，上下畏之。尝大阅，二人议事，默书纸相示而焚之，军中以为有异图，惊惧不安。朝廷闻之，十一月，戊辰，徙岩荆南节度使。咸、筹潜知其故，遂亡命。

以右仆射萧邺同平章事，充河东节度使。

十二月，己亥，诏送佛骨还法门寺。

再贬路岩为新州刺史[15]。

【注释】

①法门寺：在陕西扶风县城北十公里的法门镇。寺内有护国真身塔，内藏有唐宪宗令人迎来的释迦佛指骨一节。 ②晏驾：皇帝死的代称。宪宗于元和十四年(819)正月迎佛骨至京师，于元和十五年(820)正月去世，为时整一年。 ③浮图：佛塔。香轝：香车。轝，同舆。幡花、幢盖：均为供奉和装饰佛像之法物。 ④无遮会：梵文译音，意思是贤圣

道俗上下贵贱无遮,平等行财和法施的法会。 ⑤中书令:中书省的最高长官,正二品,掌军国政令,佐天子治理国家。 ⑥黔中经略使:黔中道所置官,有时称观察使,领有黔、施、思、溪等十五州,治黔州(今重庆市彭水苗族土家族县)。 ⑦大渐:病危。渐,加剧的意思。 ⑧先太后:指僖宗的生母王贵妃。 ⑨贺州:岭南东道节度使所领州,治今广西贺州市八步区贺街镇。 ⑩天平节度使:官名。辖郓、齐、曹、棣四州,治郓州(今山东东平县西北)。 ⑪澄迈:崖州所属县,治今海南省澄迈县。 ⑫宾州:岭南西道桂管所属州,治今广西宾阳县西南古城。 ⑬涪(fú扶)州:山南西道所属州,治今重庆市涪陵区。 ⑭禹锡:刘禹锡,字梦得,洛阳人。是中唐时期著名的诗人,与白居易齐名,人称“诗豪”。 ⑮新州:岭南东道所属州,治今广东新兴县。

僖宗惠圣恭定孝皇帝上之上

乾符元年 春,正月,丁亥,翰林学士卢携上言,以为:“陛下初临大宝[①],宜深念黎元。国家之有百姓,如草木之有根柢,若秋冬培溉,则春秋滋荣。臣窃见关东去年旱灾,自虢至海[②],麦才半收,秋稼几无,冬菜至少,贫者硙蓬实为面,蓄槐叶为齑[③];或更衰羸,亦难收拾[④]。常年不稔,则散之邻境;今所在皆饥,无所依投,坐守乡闾,待尽沟壑。其蠲免余税,实无可征;而州县以有上供及三司钱[⑤],督趣甚急,动加捶挞,虽撤屋伐木,雇妻鬻子,止可供所由酒食之费[⑥],未得至于府库也。或租税之外,更有他徭;朝廷倘不抚存,百姓实无生计。乞敕州县,应所欠残税,并一切停征,以俟蚕麦;仍发所在义仓[⑦],亟加赈给。至深春之后,有菜叶木牙,继以桑椹,渐有可食;在今数月之间,尤为窘急,行之不可稽缓。”敕从其言,而有司竟不能行,徒为空文而已。

路岩行至江陵,敕削官爵,长流儋州[⑧]。岩美姿仪,囚于江陵狱再宿,须发皆白,寻赐自尽,籍没其家。岩之为相也,密奏:“三品以上赐死,皆令使者剔取结喉三寸以进[⑨],验其必死。”至是,自罹其祸,所死之处乃杨收赐死之榻也[⑩]。边咸、郭筹捕得,皆伏诛。

初，岩佐崔铉于淮南，为支使[11]，铉知其必贵，曰："路十终须作彼一官[12]。"既而入为监察御史，不出长安城，十年至宰相。其自监察入翰林也，铉犹在淮南，闻之，曰："路十今已入翰林，如何得老！"皆如铉言。

以太子少傅于琮同平章事，充山南东道节度使。

二月，甲午，葬昭圣恭惠孝皇帝于简陵[13]，庙号懿宗。

以中书侍郎、同平章事赵隐同平章事，充镇海节度使；以华州刺史裴坦为中书侍郎、同平章事。

以虢州刺史刘瞻为刑部尚书。瞻之贬也，人无贤愚，莫不痛惜。及其还也，长安两市人率钱雇百戏迎之。瞻闻之，改期，由他道而入。

夏，五月，乙未，裴坦薨。以刘瞻为中书侍郎、同平章事。初，瞻南迁，刘邺附于韦、路[14]，共短之。及瞻还为相，邺内惧。秋，八月，丁巳朔，邺延瞻，置酒于盐铁院，瞻归而遇疾，辛未，薨；时人皆以为邺鸩之也。

以兵部侍郎、判度支崔彦昭为中书侍郎、同平章事。彦昭，群之从子也。兵部侍郎王凝，正雅之从孙也，其母，彦昭之从母[15]。凝、彦昭同举进士，凝先及第，尝衩衣见彦昭[16]，且戏之曰："君不若举明经[17]。"彦昭怒，遂为深仇。及彦昭为相，其母谓侍婢曰："为我多作袜履，王侍郎母子必将窜逐，吾当与妹偕行。"彦昭拜且泣，谢曰："必不敢。"凝由是获免。

冬，十月，以门下侍郎、同平章事刘邺同平章事，充淮南节度使。以吏部侍郎郑畋为兵部侍郎，翰林学士承旨、户部侍郎卢携守本官，并同平章事。

【注释】

①大宝：指皇帝的座位。《易·系辞》下："圣人之大宝曰位。" ②虢：河南道所属州，治今河南灵宝市，为关东最西的一个州。 ③齑（jī机）：细粉。此指以树叶粉当粮食。 ④收拾：据章钰校证：他本作"采拾"。 ⑤三司钱：指户部、转运、盐铁三司所征收的赋税。 ⑥所由：唐代指催督租税的胥吏和差役等人，因其事必经他们之手，故称所由。 ⑦义仓：全国各地为防饥荒而设置的粮仓。唐太宗时初置，以后时有废

置。 ⑧儋州：岭南道所属州，治今海南省儋州市西北的新州镇。 ⑨结喉：喉咙上下相接之处。 ⑩杨收赐死之榻：咸通十年（869），杨收在长流驩州途中，在江陵被赐死，当时路岩正当权。时隔五年，路岩长流儋州途中，亦在江陵被赐死，与杨收得到同样下场。 ⑪支使：即相当于掌书记。唐制：节度使属吏有掌书记，管表笺书翰之事，观察使有支使，职掌与掌书记同。 ⑫彼一官：指宰相。 ⑬简陵：在京兆富平县（今陕西富平县境）。 ⑭韦、路：即当时宰相韦保衡和路岩。 ⑮从母：指母亲的姐妹，今称姨母。 ⑯衩（chǎ 叉）衣：便服，不能穿着见人，否则是种不礼貌的行为。 ⑰明经：唐代科举项目之一。当时重进士，轻明经，致有"焚香礼进士，设幕试明经"的话。

十一月，庚寅，日南至，群臣上尊号曰圣神聪睿仁哲孝皇帝，改元。

魏博节度使韩允中薨，军中立其子节度副使简为留后。

南诏寇西川，作浮梁，济大渡河。防河都知兵马使、黎州刺史黄景复俟其半济，击之，蛮败走，断其浮梁。蛮以中军多张旗帜当其前，而分兵潜出上、下流各二十里，夜，作浮梁，诘朝，俱济，袭破诸城栅，夹攻景复。力战三日，景复阳败走，蛮尽锐追之，景复设三伏以待之，蛮过三分之二，乃发伏击之，蛮兵大败，杀二千余人，追至大渡河南而还，复修完城栅而守之。蛮归，至之罗谷，遇国中发兵继至，新旧相合，钲鼓声闻数十里[①]。复寇大渡河，与唐夹水而军，诈云求和，又自上下流潜济，与景复战连日。西川援军不至，而蛮众日益，景复不能支，军遂溃。

十二月，党项、回鹘寇天德军[②]。

感化军奏群盗寇掠，州县不能禁；敕兖、郓等道出兵讨之。

南诏乘胜陷黎州，入邛崃关[③]，攻雅州[④]。大渡河溃兵奔入邛州[⑤]，成都惊扰，民争入城，或北奔他州。城中大为守备，而堑垒比向时严固。骠信使其坦绰遗节度使牛丛书云："非敢为寇也，欲入见天子，面诉数十年为谗人离间冤抑之事。倘蒙圣恩矜恤，当还与尚书永敦邻好。今假道贵府，欲借蜀王厅留止数日，即东上。"从素懦怯，欲许之，杨庆复以为不可；斩其使者，留二人，授以书，遣还，书辞极数其罪，詈辱之，蛮兵及新津而还。从恐蛮至，豫焚城外，民居荡尽，蜀人尤之。诏发河东、山南西道、东川兵援之，仍命天平节度使高骈诣西川制置蛮事。

以韩简为魏博留后。

商州刺史王枢以军州空窘，减折籴钱[⑥]，民相帅以白梃殴之，又殴杀官吏二人。朝廷更除刺史李诰到官，收捕民李叔汶等三十余人，斩之。

初，回鹘屡求册命，诏遣册立使郗宗莒诣其国。会回鹘为吐谷浑、嗢末所破，逃遁不知所之，诏宗莒以玉册、国信授灵盐节度使唐弘夫掌之[⑦]，还京师。

上年少，政在臣下，南牙、北司互相矛盾。自懿宗以来，奢侈日甚，用兵不息，赋敛愈急。关东连年水旱，州县不以实闻，上下相蒙，百姓流殍[⑧]，无所控诉，相聚为盗，所在蜂起。州县兵少，加以承平日久，人不习战，每与盗遇，官军多败。是岁[⑨]，濮州人王仙芝始聚众数千[⑩]，起于长垣[⑪]。

【注释】

①钲鼓：行军中的乐器。钲似铃，有长柄，可摇动而出声。行军中击鼓表示进军，鸣钲表示停止行动。 ②天德军：唐乾元中由天安军改名而来，治今内蒙古乌拉特前旗东北。 ③邛崃关：地处黎州与雅州交界的邛崃山，唐在此设邛崃守捉使。其地在今四川荥经县西南。 ④雅州：西川道所辖州，治今四川雅安市。 ⑤邛州：西川道所辖州，治今四川邛崃市。 ⑥折籴钱：将应交税钱折合米粟价改交米粟，称为折籴。当时官吏变换花样来加强对人民的剥削，米粟贵时，则将税金折成低价的米粟收实物，米粟贱时，又减少收米粟，改收钱。 ⑦灵盐节度使：官名。即唐原称之朔方节度使，治灵州（今宁夏灵武市西南）。 ⑧流殍（piǎo）：逃荒在外地以致饿死。 ⑨是岁：《通鉴》定乾符元年为王仙芝、黄巢农民大起义开始的年代。这个问题在史学界有不同意见，比较多的学者认为，以定在乾符二年（875）初比较可靠。 ⑩濮州：义成军节度使所领州，治今山东鄄城县北旧城。 ⑪长垣：滑州所属县，治今河南长垣县东北。

二年　春，正月，丙戌，以高骈为西川节度使。

辛巳[1]，上祀圜丘；赦天下。

高骈至剑州[2]，先遣使走马开成都门[3]。或曰："蛮寇逼近成都，相公尚远，万一豨突[4]，奈何？"骈曰："吾在交趾破蛮二十万众，蛮闻我来，逃窜不暇，何敢辄犯成都！今春气向暖，数十万人蕴积城中，生死共处，污秽郁蒸，将成疠疫，不可缓也！"使者至成都，开城纵民出，各复常业，乘城者皆下城解甲；民大悦。蛮方攻雅州，闻之，遣使请和，引兵去。骈又奏："南蛮小丑，易以枝梧[5]。今西川新旧兵已多，所发长武、鄜坊、河东兵[6]，徒有劳费，并乞勒还。"敕止河东兵而已。

上之为普王也，小马坊使田令孜有宠[7]，及即位，使知枢密，遂擢为中尉[8]。上时年十四，专事游戏，政事一委令孜，呼为"阿父"。令孜颇读书，多巧数，招权纳贿，除官及赐绯紫皆不关白于上。每见，常自备果食两盘，与上相对饮啖，从容良久而退。上与内园小儿狎昵，赏赐乐工、伎儿，所费动以万计，府藏空竭。令孜说上籍两市商旅宝货悉输内库，有陈诉者，付京兆杖杀之；宰相以下，钳口莫敢言。

高骈至成都，明日，发步骑五千追南诏，至大渡河，杀获甚众，擒其酋长数十人，至成都，斩之。修复邛崃关、大渡河诸城栅，又筑城于戎州马湖镇[9]，号平夷军，又筑城于沐源川，皆蛮入蜀之要道也，各置兵数千戍之。自是蛮不复入寇。骈召黄景复，责以大渡河失守，腰斩之。骈又奏请自将本管及天平、昭义、义成等军共六万人击南诏，诏不许。

先是，南诏督爽屡牒中书[10]，辞语怨望，中书不答。卢携奏称："如此，则蛮益骄，谓唐无以答，宜数其十代受恩以责之[11]。然自中书发牒，则嫌于体敌，请赐高骈及岭南西道节度使辛谠诏，使录诏白[12]，牒与之。"从之。

三月，以魏博留后韩简为节度使。

去岁，感化军发兵诣灵武防秋，会南诏寇西川，敕往救援。蛮退[13]，遣还；至凤翔，不肯诣灵武，欲擅归徐州。内养王裕本、都将刘逢搜擒唱帅者胡雄等八人[14]，斩之，众然后定。

初，南诏围成都，杨庆复以右职优给募突将以御之，成都由是获全。及高骈至，悉令纳牒，又托以蜀中屡遭蛮寇，人未复业，停其禀给，突将皆忿怨。骈好妖术，每发兵追蛮，皆夜张旗立队，对将士焚纸画人马，散小豆，曰："蜀兵懦怯，今遣玄女神兵前行⑮。"军中壮士皆耻之。又索阖境官有出于胥吏者，皆停之。令民间皆用足陌钱⑯，陌不足者皆执之，劾以行赂，取与皆死。刑罚严酷，由是蜀人皆不悦。

夏，四月，突将作乱，大噪突入府廷；骈走匿于厕间，突将索之，不获。天平都将张杰帅所部数百人被甲入府击突将，突将撤牙前仪注兵仗，无者奋梃挥拳，乘怒气力斗，天平军不能敌，走归营。突将追之，营门闭，不得入。监军使人招谕，许以复职名禀给，久之，乃肯还营。天平军复开门出，为追逐之势；至城北，时方修球场，役者数百人，天平军悉取其首，还，诣府，云"已诛乱者"。骈出见之，厚以金帛赏之。明日，榜谢突将，悉还其职名、衣粮。自是日令诸道将士从己来者更直府中，严兵自卫。

【注释】

①辛巳：正月为乙酉朔，无"辛巳"日。严衍《通鉴补》改为"辛卯"，即正月初七。 ②剑州：东川节度使所领州，治今四川剑阁县。当时剑州至成都为十二日路程。 ③开成都门：打开成都城各城门，让群众能自由出入。前因蛮军逼成都，乃封闭了城门。 ④豨（xī 希）突：如猪一样横冲直撞来进攻。豨，猪。 ⑤枝梧：支撑，抵御。 ⑥长武：即长武镇，治今陕西长武县西北泾河南岸。鄜坊：即鄜坊镇，治今陕西富县。⑦小马坊使：内府诸司之一，掌御马等事，由宦官任其职。 ⑧中尉：即神策军中尉，有左、右二员，为禁军中掌大权者，皇帝的废立，多为其所决定。 ⑨马湖镇：属戎州，其地在今四川宜宾市西南。 ⑩督爽：爽，犹言省，南诏清平官中，有幕爽，主兵；琮爽，主户籍；慈爽，主礼；罚爽，主刑；劝爽，主官人；厥爽，主工作；万爽，主财用；引爽，主客；禾爽，主商贾。督爽，总三省。 ⑪十代受恩：南诏在高宗时细奴逻遣使人朝，至酋龙共十三代，中间有一代未立而死，有两代与唐为敌，其余十代，与唐关系友善，即所谓十代受恩。 ⑫录诏白：即抄录诏书中的文字以达之于南诏督爽。 ⑬蛮退：据章钰校证，他本在"蛮退"二字上尚有"未至成都"四字。 ⑭内养：犹内竖，即指宦官。 ⑮玄女：神名，也称九天玄女。传

说黄帝和蚩尤作战，天遣玄女下授兵符，结果取得了胜利。 ⑯足陌钱：也作“足佰钱”。国家规定的制钱每贯一千文，即十佰，称足陌钱。如一贯只有九陌，则不是足陌钱。

加成德节度使王景崇兼侍中。

浙西狼山镇遏使王郢等六十九人有战功[①]，节度使赵隐赏以职名而不给衣粮，郢等论诉不获，遂劫库兵作乱，行收党众近万人，攻陷苏、常[②]，乘舟往来，泛江入海，转掠二浙，南及福建，大为人患。

五月，以太傅、分司令狐绹同平章事，充凤翔节度使。

司空、同平章事萧倣薨。

六月，以御史大夫李蔚为中书侍郎、同平章事。

辛未，高骈阴籍突将之名，使人夜掩捕之，围其家，挑墙坏户而入，老幼孕病，悉驱去杀之，婴儿或扑于阶，或击于柱，流血成渠，号哭震天，死者数千人，夜，以车载尸投之于江。有一妇人，临刑，戟手大骂曰：“高骈！汝无故夺有功将士职名、衣粮，激成众怒；幸而得免，不省己自咎，乃更以诈杀无辜近万人，天地鬼神，岂容汝如此！我必诉汝于上帝，使汝他日举家屠灭如我今日，冤抑污辱如我今日，惊忧惴恐如我今日！”言毕，拜天，怫然就戮[③]。久之，突将有自戍役归者，骈复欲尽族之，有元从亲吏王殷谏曰[④]：“相公奉道，宜好生恶杀，此属在外，初不同谋，若复诛之，则自危者多矣！”骈乃止。

王仙芝及其党尚君长攻陷濮州、曹州[⑤]，众至数万；天平节度使薛崇出兵击之，为仙芝所败。

冤句人黄巢亦聚众数千人应仙芝[⑥]。巢少与仙芝皆以贩私盐为事，巢善骑射，喜任侠，粗涉书传，屡举进士不第，遂为盗，与仙芝攻剽州县，横行山东，民之困于重敛者争归之，数月之间，众至数万。

卢龙节度使张公素，性暴戾，不为军士所附。大将李茂勋，本回鹘阿布思之族，回鹘败，降于张仲武；仲武使戍边，屡有功，赐姓名。纳降军使陈贡言者[⑦]，幽之宿将，为军士所信服，茂勋潜杀贡言，声云贡言，举兵向蓟；公素出战而败，奔京师。茂勋入城，众乃知非贡言也，不得已，推而立之，朝廷因以留后⑧。

秋，七月，蝗自东而西，蔽日，所过赤地⑨。京兆尹杨知至奏"蝗入京畿，不食稼，皆抱荆棘而死。"宰相皆贺。

八月，李茂勋为卢龙节度使。

九月，右补阙董禹谏上游畋、乘驴击球，上赐金帛以褒之。邠宁节度使李侃奏为假父华清宫使道雅求赠官⑩，禹上疏论之，语颇侵宦官。枢密使杨复恭等列诉于上，冬，十月，禹坐贬郴州司马⑪。复恭，钦义之养孙也⑫。

昭义军乱，大将刘广逐节度使高湜，自为留后。以左金吾大将军曹翔为昭义节度使。

回鹘还至罗川⑬，十一月，遣使者同罗榆禄入贡；赐拯接绢万匹。

群盗侵淫，剽掠十余州，至于淮南，多者千余人，少者数百人；诏淮南、忠武、宣武、义成、天平五军节度使、监军亟加讨捕及招怀。十二月，王仙芝寇沂州，平卢节度使宋威表请以步骑五千别为一使，兼帅本道兵所在讨贼。仍以威为诸道行营招讨草贼使⑭，仍给禁兵三千、甲骑五百。因诏河南方镇所遣讨贼都头并取威处分。

【注释】

①狼山：在今江苏南通市，也称南狼山，以别于内蒙古杭锦后旗西北的狼山。镇遏使：节度使属将，多驻守关隘之处。 ②苏、常：浙江西道所属州，苏州治今江苏苏州市，常州治今江苏常州市。 ③怫（fú 佛）然：忿懑的样子。 ④元从亲吏：谓长期跟随高骈的亲近属吏。 ⑤曹州：天平军节度使所领州，治今山东曹县西北。 ⑥冤句：曹州所属县，治今山东曹县西北。 ⑦纳降军使：纳降军，在幽州丁零川。军镇置使，主军事。 ⑧因以：据章钰校证，他本"因以"下有"茂勋"二字。有此二字者较顺。 ⑨赤地：蝗虫很多，经过的地方，将庄稼草木叶均吃光，地上一无所有，故称赤地。赤，空，一无所有。 ⑩假父：即义父、养父的意思。 ⑪郴州：湖南观察使所领州，治今湖南郴州市。 ⑫钦义：即杨钦义，宦官，文宗时曾任淮南道监军，后回京，官至枢密使。 ⑬罗川：宁州

所属县,治今甘肃正宁县西南旧正宁。 ⑭仍:据章钰校证,他本“仍”作“乃”。从文意看,以作乃为顺。

三年 春,正月,天平军奏遣将士张晏等救沂州,还,至义桥,闻北境复有盗起,留使捍御;晏等不从,喧噪趣郓州。都将张思泰、李承祐走马出城,裂袖与盟,以俸钱备酒殽慰谕,然后定。诏本军宣慰一切,无得穷诘。

敕福建、江西、湖南诸道观察、刺史[①],皆训练士卒;又令天下乡村各置弓刀鼓板以备群盗。

赐兖海节度号泰宁军。

三月,卢龙节度使李茂勋请以其子幽州左司马可举知留后,自求致仕。诏茂勋以左仆射致仕,以可举为卢龙留后。

门下侍郎、同平章事崔彦昭罢为太子太傅;以左仆射王铎兼门下侍郎、同平章事。

南诏遣使者诣高骈求和而盗边不息,骈斩其使者。蛮之陷交趾也,虏安南经略判官杜骧妻李瑶[②]。瑶,宗室之疏属也。蛮遣瑶还,递木夹以遗骈[③],称“督爽牒西川节度使”,辞极骄慢。骈送瑶京师。甲辰,复牒南诏,数其负累圣恩德、暴犯边境、残贼欺诈之罪,安南、大渡覆败之状[④],折辱之。

原州刺史史怀操贪暴[⑤],夏,四月,军乱,逐之。

赐宣武、感化节度、泗州防御使密诏[⑥],选精兵数百人于巡内游奕,防卫纲船[⑦],五日一具上供钱米平安状闻奏。

五月,昭王汭薨[⑧]。

以卢龙留后李可举为节度使。

六月,抚王纮薨[⑨]。

雄州地震裂[⑩],水涌,坏州城及公私庐舍俱尽。

秋,七月,以前岩州刺史高杰为左骁卫将军[⑪],充沿海水军都知兵马使,以讨王郢。

鄂王润薨[⑫]。

加魏博节度使韩简同平章事。

宋威击王仙芝于沂州城下,大破之,仙芝亡去。威奏仙芝已死，纵遣诸道兵，身还青州[13]；百官皆入贺。居三日，州县奏仙芝尚在，攻剽如故。时兵始休，诏复发之，士皆忿怨思乱。八月，仙芝陷阳翟、郏城[14]，诏忠武节度使崔安潜发兵击之。安潜，慎由之弟也。又命昭义节度使曹翔将步骑五千及义成兵卫东都宫[15]，以左散骑常侍曾元裕为招讨副使，守东都，又诏山南东道节度使李福选步骑二千守汝、邓要路[16]。仙芝进逼汝州，诏邠宁节度使李侃、凤翔节度使令狐绹选步兵一千、骑兵五百守陕州、潼关[17]。

加成德节度使王景崇兼中书令。

九月，乙亥朔，日有食之。

丙子，王仙芝陷汝州，执刺史王镣。镣，铎之从父兄弟也。东都大震，士民挈家逃出城。乙酉，敕赦王仙芝、尚君长罪，除官，以招谕之。仙芝陷阳武[18]，攻郑州，昭义监军判官雷殷符屯中牟[19]，击仙芝，破走之。冬，十月，仙芝南攻唐、邓[20]。

【注释】

①敕：据章钰校证，他本在"敕"字前，有"二月"二字。　②经略判官：即经略使属下的主要僚佐之一，助理政事。　③木夹：用两块漆了的木板，将文牒夹放其中，以便传送。此即代指文牒。　④安南、大渡：咸通七年(866)，高骈在安南大败南诏于交趾。乾符二年(875)高骈又在大渡河大败南诏蛮兵。　⑤原州：泾原节度使所领州，治今宁夏固原市。　⑥宣武句：宣武治汴州，感化军治徐州，连同泗州，为汴水所流经，为运粮到京师的重要通道，故朝廷密令保卫它，使其畅通。　⑦纲船：有组织的成批运钱粮的船队。　⑧昭王汭：李汭，宣宗第八子，大中八年(854)，封昭王。　⑨抚王纮：李纮，顺宗第二十三子，贞元二十一年(805)，封抚王。　⑩雄州：据《新志》雄州"在灵州西南百八十里"，其地当在今宁夏境内。　⑪岩州：据《新志》所载，调露二年(680)，析横、贵二州置，其地当在今广西横县和贵港市之间。　⑫鄂王润：李润，宣宗第六子，大中五年(851)，封鄂王。　⑬青州：平卢节度使治所，其地在今山东青州市。　⑭阳翟、郏城：阳翟县属河南府，治今河南禹州市。郏城属汝州，治今河南郏县。　⑮昭义：据章钰校证，他本"昭义"二字前有"命"字。有"命"字者较顺。⑯汝、邓：汝州属都畿道，治今河南汝州市。邓州属山南东道，治今河南邓州市。　⑰陕州、潼关：陕州属都畿道，治今河南三门峡市西旧陕县。潼关：在今陕西潼关县境。　⑱阳武：郑州

所属县，治今河南原阳县。　⑲中牟：郑州所属县，治今河南中牟县。
⑳唐：唐州，山南东道所属州，治今河南泌阳县。

西川节度使高骈筑成都罗城，使僧景仙规度，周二十五里，悉召县令庀徒赋役[①]，吏受百钱以上皆死。蜀土疏恶，以甓甃之[②]，环城十里内取土，皆划丘垤平之[③]，无得为坎埳以害耕种；役者不过十日而代，众乐其均，不费扑挞而功办。自八月癸丑筑之，至十一月戊子毕功。

役之始作也，骈恐南诏扬声入寇，虽不敢决来，役者必惊扰，乃奏遣景仙托游行入南诏，说谕骠信使归附中国，仍许妻以公主，因与议二国礼仪，久之不决。骈又声言欲巡边，朝夕通烽火，至大渡河，而实不行，蛮中惴恐。由是讫于城成，边候无风尘之警[④]。先是，西川将吏入南诏，骠信皆坐受其拜，骈以其俗尚浮屠，故遣景仙往，骠信果帅其大臣迎拜，信用其言。

王仙芝攻郢、复二州[⑤]，陷之。

王郢因温州刺史鲁寔请降[⑥]，寔屡为之论奏，敕郢诣阙。郢拥兵迁延，半年不至，固求望海镇使[⑦]；朝廷不许，以郢为右率府率[⑧]，仍令左神策军补以重职，其先所掠之财，并令给与。

十二月，王仙芝攻申、光、庐、寿、舒、通等州[⑨]。淮南节度使刘邺奏求益兵，敕感化节度使薛能选精兵数千助之。郑畋以言计不行，称疾逊位，不许；乃上言："自沂州奏捷之后，仙芝愈肆猖狂，屠陷五六州，疮痍数千里。宋威衰老多病，自妄奏以来，诸道尤所不服，今淹留亳州[⑩]，殊无进讨之意。曾元裕拥兵蕲、黄，专欲望风退缩。若使贼陷扬州[⑪]，则江南亦非国有。崔安潜威望过人，张自勉骁雄良将，宫苑使李瑑[⑫]，西平王晟之孙，严而有勇。请以安潜为行营都统，瑑为招讨使代威，自勉为副使代元裕。"上颇采其言。

青、沧军士戍安南[⑬]，还，至桂州，逐观察使李瓒。瓒，宗闵之子也。以右谏议大夫张禹谟为桂州观察使。

桂管监军李维周骄横，瓒曲奉之，浸不能制。桂管有兵八百人，防御使才得百人，余皆属监军；又预于逐帅之谋，强取两使印[⑭]，擅捕知州官，夺昭州送使钱[⑮]。诏禹谟并按之。禹谟，彻之子也。

招讨副使、都监杨复光奏尚君长弟让据查牙山[16],官军退保邓州。复光,玄价之养子也。

王仙芝攻蕲州,蕲州刺史裴偓[17],王铎知举时所擢进士也。王镣在贼中,为仙芝以书说偓。偓与仙芝约,敛兵不战,许为之奏官;镣亦说仙芝许以如约。偓乃开城延仙芝及黄巢辈三十余人入城,置酒,大陈货贿以赠之,表陈其状。诸宰相多言:"先帝不赦庞勋,期年卒诛之。今仙芝小贼,非庞勋之比,赦罪除官,益长奸宄。"王铎固请,许之,乃以仙芝为左神策军押牙兼监察御史[18],遣中使以告身即蕲州授之[19]。

仙芝得之甚喜,镣、偓皆贺。未退,黄巢以官不及己,大怒曰:"始者共立大誓,横行天下,今独取官赴左军,使此五千余众安所归乎!"因殴仙芝,伤其首,其众喧噪不已。仙芝畏众怒,遂不受命。大掠蕲州,城中之人,半驱半杀,焚其庐舍。偓奔鄂州[20],敕使奔襄州[21],镣为贼所拘。贼乃分其军三千余人从仙芝及尚君长,二千余人从巢,各分道而去。

【注释】

①庀(pǐ 痞)徒:准备服役工匠。庀,具备。　②甓甃(pì zhòu 辟咒):用砖砌筑城墙。甓,砖。甃,砌筑。　③刬:同"铲"。谓铲平土丘。　④风尘之警:风起尘扬,有敌人大军入侵的征象,边防报警。也作风烟之警。　⑤郢、复:均为山南东道所属州;郢州治今湖北京山县,复州治今湖北天门市。　⑥温州:浙东道节度使所领州,治今浙江温州市。　⑦望海镇:浙东道所属军镇,其地在今浙江宁波市镇海区。⑧右率府率:为东宫武官。左右率府率各一人,正四品上,掌兵仗、仪卫。　⑨申、光句:申、光等六州,除通州外,均为淮南道所领州。而淮南道无通州,据胡三省考证,此"通州"当为"蕲州"之误。　⑩亳州:宣武军所领州,治今安徽亳州市。　⑪扬州:淮南节度使驻地,治今江苏扬州市。　⑫宫苑使:司农寺属下有宫苑监,设监和副监以掌之。宫苑使职司,应与宫苑监同。　⑬青、沧:指驻青州之平卢军和驻沧州之义昌军。　⑭两使印:谓观察使和防御使印。桂管设观察使,主民政,兼防御使之职,即同时主兵。　⑮昭州:桂管所领州,治今广西平乐县。送使

钱:交纳给观察使的经费。唐制各州税收分三部分:一为上供,输京;二为送使,交本道;三为留州,充本州经费。 ⑯查牙山:又作“嵖岈山”,在今河南遂平县西。 ⑰裴偓:据章钰校证,他本“偓”均作“渥”。《旧唐书》亦作“渥”。 ⑱左神策军押牙:神策军有左右二军,为宦官所掌握的禁卫军。押牙也作“押衙”,掌仪仗侍卫,典总牙兵,为神策军中尉所统属。 ⑲告身:任命官职的文凭,也称委任状。 ⑳鄂州:武昌军节度使驻地,治今湖北武汉市。 ㉑襄州:山南东道节度使驻地,治今湖北襄樊市。

资治通鉴卷第二百五十三

唐纪六十九　起强圉作噩，尽上章困敦十月，凡三年有奇。

僖宗惠圣恭定孝皇帝上之下

乾符四年　春，正月，王郢诱鲁寔入舟中，执之，将士从寔者皆奔溃。朝廷闻之，以右龙武大将军宋皓为江南诸道招讨使[①]，先征诸道兵外，更发忠武、宣武、感化三道、宣、泗二州兵，新旧合万五千余人，并受皓节度。二月，郢攻陷望海镇，掠明州[②]，又攻台州[③]，陷之；刺史王葆退守唐兴[④]。诏二浙、福建各出舟师以讨之。

王仙芝陷鄂州。

黄巢陷郓州[⑤]，杀节度使薛崇。

南诏酋龙嗣立以来，为边患殆二十年[⑥]，中国为之虚耗，而其国中亦疲弊。酋龙卒，谥曰景庄皇帝；子法立，改元贞明承智大同，国号鹤拓，亦号大封人。

法好畋猎酣饮，委国事于大臣。闰月，岭南西道节度使辛谠奏南诏遣陁西段瑳宝等来请和[⑦]，且言"诸道兵戍邕州岁久[⑧]，馈饷之费，疲弊中国，请许其和，使羸瘵息肩[⑨]。"诏许之。谠遣大将杜弘等赍书币，送瑳宝还南诏，但留荆南、宣歙数军戍邕州，自余诸道兵什减其七。

王郢横行浙西，镇海节度使裴璩严兵设备，不与之战，密招其党朱实降之，散其徒六七千人，输器械二十余万，舟航、粟帛称是。敕以实为金吾将军[⑩]。于是郢党离散；郢收余众，东至明州，甬桥镇遏使刘巨容以筒箭射杀之[11],余党皆平。璩,谞之从曾孙也。

三月,黄巢陷沂州。

夏,四月,壬申朔,日有食之。

贼帅柳彦璋剽掠江西。

陕州军乱,逐观察使崔碣;贬碣怀州司马[12]。

黄巢与尚让合兵保查牙山。

五月,甲子,以给事中杨损为陕虢观察使。损至官,诛首乱者。损,嗣复之子也。

初,桂管观察使李瓒失政,支使薛坚石屡规正之[13],瓒不能从。及瓒被逐,坚石摄留务,移牒邻道,禁遏乱兵,一方以安。诏擢坚石为国子博士[14]。

六月,柳彦璋袭陷江州[15],执刺史陶祥,使祥上表,彦璋亦自附降状。敕以彦璋为右监门将军[16],令散众赴京师;以左武卫将军刘秉仁为江州刺史[17]。彦璋不从,以战舰百余固湓江为水寨[18],剽掠如故。

忠武都将李可封戍边还,至邠州[19],迫胁主帅,索旧欠粮盐,留止四日,阖境震惊。秋,七月,还至许州[20],节度使崔安潜悉按诛之。

【注释】

①右龙武大将军:北衙六军之一,大将军一员,正三品,掌北衙禁兵。②明州:浙东节度使所领州,治今浙江宁波市南。 ③台州:浙东节度使所领州,治今浙江临海市。 ④唐兴:台州所属县,治今浙江天台县。⑤郓州:天平军节度使治所,其地在今山东郓城县东。 ⑥殆二十年:酋龙是宣宗大中十三年(859)继位,至此在位十九年,所以称“殆二十年”。 ⑦陁(tuó 陀)西:南诏官名,相当于唐代之判官。陁,陀的异体字。 ⑧邕州:岭南西道节度使驻地,治今广西南宁市。 ⑨羸瘵(zhài 寨):瘦弱有病。瘵,病。 ⑩金吾将军:唐十六卫中有左右金吾卫,设将军各二员,从三品,掌宫中及京城的巡警。 ⑪甬桥镇遏使:其职为宿州所属军吏,因调赴浙东讨王郢,故至明州。筒箭:据胡三省引《辩误》一书所云,将一尺多长的箭装入竹筒内,用手系住竹筒,箭射出之后很有力,可以射穿敌人。 ⑫怀州:河阳三城节度使所领州,治今河南沁阳

市。 ⑬支使：节度使的属官，协助节度使处理政事。⑭国子博士：国子监学官，正五品上，掌教文武官三品以上的子孙及二品以上的曾孙。⑮江州：江南西道观察使所领州，治今江西九江市。 ⑯右监门将军：唐十六卫中有左右监门卫，将军各二人，从三品，掌宫禁诸门禁卫及门籍。 ⑰左武卫将军：唐十六卫中有左右武卫，将军各二员，从三品，掌宫廷警卫。 ⑱湓江：又名湓水、湓浦，源出江西瑞昌市西南青山，东南流至九江市入长江。 ⑲邠州：邠宁节度使所领州，治今陕西彬县。⑳许州：忠武军节度使驻地，治今河南许昌市。

庚申，王仙芝、黄巢攻宋州[①]，三道兵与战[②]，不利，贼遂围宋威于宋州。甲寅，左威卫上将军张自勉将忠武兵七千救宋州，杀贼二千余人，贼解围遁去。

王铎、卢携欲使张自勉以所将兵受宋威节度，郑畋以为威与自勉已有疑忿，若在麾下，必为所杀，不肯署奏。八月，辛未，铎、携诉于上，求罢免；庚辰，畋请归浐川养疾[③]；上皆不许。

王仙芝陷安州[④]。

盐州军乱[⑤]，逐刺史王承颜，诏高品牛从珪往慰谕之；贬承颜象州司户[⑥]。承颜及崔碣素有政声，以严肃为骄卒所逐，朝廷与贪暴致乱者同贬，时人惜之。从珪自盐州还，军中请以大将王宗诚为刺史。诏宗诚诣阙，将士皆释罪，仍加优给。

乙卯[⑦]，王仙芝陷随州[⑧]，执刺史崔休征。山南东道节度使李福遣其子将兵救随州，战死。福奏求援兵，遣左武卫大将军李昌言将凤翔五百骑赴之，仙芝遂转掠复、郢。忠武大将张贯等四千人与宣武兵援襄州，自申、蔡间道逃归[⑨]；诏忠武节度使崔安潜、宣武节度使穆仁裕遣人约还[⑩]。

冬，十月，邠宁节度使李侃奏遣兵讨王宗诚，斩之，余党悉平。

郑畋与王铎、卢携争论用兵于上前，畋不胜，退，复上奏，以为："自王仙芝俶扰[⑪]，崔安潜首请会兵讨之，继发士卒，罄供资粮；贼往来千里，涂炭诸州，独不敢犯其境。又以本道兵授张自勉，解宋州围，使江、淮漕运流通，不输寇手。今蒙尽以自勉所将七千兵令张贯将之，隶宋威。自勉独归许州，威复奏加诬毁。因功受辱，臣窃痛之。安潜出师,前后克捷非一,一旦强兵尽付他人,良将空还,若勍敌忽至,何以枝梧!臣请以忠武四千人授威,余三千人使自勉将之,守卫其境,既不侵宋威之功,又免使安潜愧耻。"时卢携不以为然,上不能决。畋复上言:"宋威欺罔朝廷,败衄狼藉。又闻王仙芝七状请降,威不为闻奏。朝野切齿,以为宜正军法。迹状如此,不应复典兵权,愿与内大臣参酌[12],早行罢黜。"不从。

河中军乱,逐节度使刘侔,纵兵焚掠。以京兆尹窦璟为河中宣慰制置使。

黄巢寇掠蕲、黄[13],曾元裕击破之,斩首四千级。巢遁去。

十一月,己酉,以窦璟为河中节度使。

招讨副使、都监杨复光遣人说谕王仙芝,仙芝遣尚君长等请降于复光,宋威遣兵于道中劫取君长等。十二月,威奏与君长等战于颍州西南[14],生擒以献;复光奏君长等实降,非威所擒。诏侍御史归仁绍等鞫之[15],竟不能明;斩君长等于狗脊岭[16]。

黄巢陷匡城[17],遂陷濮州。诏颍州刺史张自勉将诸道兵击之。

江州刺史刘秉仁乘驿之官,单舟入柳彦璋水寨,贼出不意,即迎拜,秉仁斩彦璋,散其众。

王仙芝寇荆南。节度使杨知温,知至之兄也,以文学进,不知兵,或告贼至,知温以为妄,不设备。时汉水浅狭,贼自贾堑渡[18]。

【注释】

①宋州:宣武军节度使所领州,治今河南商丘市。 ②三道兵:指平卢、宣武、忠武三道的军队。 ③浐川:又名浐水,在今西安市东,为灞河支流,号为关中八川之一。 ④安州:淮南道所属州,治今湖北安陆市。 ⑤盐州:朔方节度使所领州,治今陕西定边县。 ⑥象州:桂管观察使所领州,治今广西象州县。 ⑦乙卯:八月无乙卯日。如认为是九月之日,即十七日乙卯,而新旧《纪》所记,下随州均在八月。 ⑧随州:山南东道所属州,治今湖北随州市。 ⑨申、蔡:申州和蔡州。申州治今河南信阳市。蔡州治今河南汝南县。 ⑩约还:约束、告诫,使其仍赴援襄州。 ⑪俶(chù 处)扰:开始作乱。俶,始。 ⑫内大臣:宫内大臣,即指由宦官任职的两军中尉、两枢密使。 ⑬蕲、黄:蕲州和黄州,均为淮南道所属州。蕲州治今湖北蕲春县,黄州治今湖北武汉市新洲区。

⑭颍州：原文误，应作“颍州”。宣武军节度使所领州，治今安徽阜阳市。⑮侍御史：御史台属官，从六品下，掌纠举百官，推鞫狱论。鞫（jū 居）：审问。 ⑯狗脊岭：在长安城东市（今陕西西安市）。 ⑰匡城：滑州所属县，治今河南长垣县西南。 ⑱贾堑：地名，在今湖北钟祥市南汉水东岸。

五年 春，正月，丁酉朔，大雪，知温方受贺[①]，贼已至城下，遂陷罗城。将佐共治子城而守之，及暮，知温犹不出。将佐请知温出抚士卒，知温纱帽皂裘而行，将佐请知温擐甲以备流矢。知温见士卒拒战，犹赋诗示幕僚，遣使告急于山南东道节度使李福，福悉其众自将救之。时有沙陀五百在襄阳，福与之俱，至荆门[②]，遇贼，沙陀纵骑奋击，破之。仙芝闻之，焚掠江陵而去。江陵城下旧三十万户，至是死者什三四。

壬寅，招讨副使曾元裕大破王仙芝于申州东，所杀万人，招降散遣者亦万人。敕以宋威久病，罢招讨使，还青州[③]；以曾元裕为招讨使，颍州刺史张自勉为副使。

庚戌，以西川节度使高骈为荆南节度使兼盐铁转运使。

振武节度使李国昌之子克用为沙陀副兵马使，戍蔚州[④]。时河南盗贼蜂起，云州沙陀兵马使李尽忠与牙将康君立、薛志勤、程怀信、李存璋等谋曰[⑤]：“今天下大乱，朝廷号令不复行于四方，此乃英雄立功名富贵之秋也。吾属虽各拥兵众，然李振武功大官高[⑥]，名闻天下，其子勇冠诸军，若辅以举事，代北不足平也。”众以为然。君立，兴唐人[⑦]；存璋，云州人；志勤，奉诚人也[⑧]。

会大同防御使段文楚兼水陆发运使，代北荐饥[⑨]，漕运不继，文楚颇减军士衣米；又用法稍峻，军士怨怒。尽忠遣君立潜诣蔚州说克用起兵，除文楚而代之。克用曰：“吾父在振武，俟我禀之。”君立曰：“今机事已泄，缓则生变，何暇千里禀命乎！”于是尽忠夜帅牙兵攻牙城，执文楚及判官柳汉璋系狱，自知军州事，遣召克用。克用帅其众趣云州，行收兵，二月，庚午，至城下，众且万人，屯于斗鸡台下。壬申，尽忠遣使送符印，请克用为防御留后。癸酉，尽忠械文楚等五人送斗鸡台下，克用令军士冎而食之[⑩]，以骑践其骸。甲戌，克用入府舍视事，令将士表求敕命；朝廷不许。

李国昌上言："乞朝廷速除大同防御使；若克用违命，臣请帅本道兵讨之，终不爱一子以负国家。"朝廷方欲使国昌谕克用，会得其奏，乃以司农卿支详为大同军宣慰使，诏国昌语克用，令迎候如常仪，除克用官，必令称惬。又以太仆卿卢简方为大同防御使。

贬杨知温为郴州司马。

曾元裕奏大破王仙芝于黄梅⑪，杀五万余人，追斩仙芝，传首，余党散去。

黄巢方攻亳州未下，尚让帅仙芝余众归之，推巢为主，号冲天大将军，改元王霸，署官属。巢袭陷沂州、濮州。既而屡为官军所败，乃遗天平节度使张杨书⑫，请奏之。诏以巢为右卫将军，令就郓州解甲；巢竟不至。

加山南东道节度使李福同平章事，赏救荆南之功也。

【注释】

①受贺：在唐时，凡元旦、冬至，各州镇皆受将吏到衙道贺，下至县邑也如此。　②荆门：江陵府所属县，治今湖北荆门市。　③青州：平卢军节度使驻地，治今山东青州市。　④蔚（yù 驭）州：大同军防御使所领州，治今山西灵丘县。　⑤云州：大同军防御使驻地，原为河东道所属州，治今山西大同市。　⑥李振武：即振武节度使李国昌。他在平定庞勋起义的过程中立了大功，所以说他功大官高。　⑦兴唐：县名，属蔚州，治今河北蔚县。　⑧奉诚：府名，贞观二十二年（648），奚可度者内属，置饶乐都督府以领之，后改其府为奉诚都督府，治今内蒙古宁城县。　⑨荐饥：连年饥荒。荐，重复，频仍。　⑩冎（guǎ 寡）：同"剐"，割肉离骨，封建社会时一种残酷的刑法，叫凌迟。　⑪黄梅：蕲州所属县，治今湖北黄梅县西北。　⑫张杨：据章钰校证，他本"杨"作"裼"。《旧唐书》本传亦作"裼"。

三月，群盗陷朗州、岳州①。曾元裕屯荆、襄②，黄巢自濮州略宋、汴③，乃以副使张自勉充东南面行营招讨使。黄巢攻卫南④，遂攻叶、阳翟⑤。诏发河阳兵千人赴东都，与宣武、昭义兵二千人共卫宫阙，以左神武大将军刘景仁充东都应援防遏使，并将三镇兵，仍听于东都募兵二千人。景仁，昌之孙也。又诏曾元裕将兵径还东都，发义成兵三千守轘辕、伊阙、河阴、武牢[⑥]。

王仙芝余党王重隐陷洪州，江西观察使高湘奔湖口[⑦]。贼转掠湖南，别将曹师雄掠宣、润。诏曾元裕、杨复光引兵救宣、润。

湖南军乱，都将高杰逐观察使崔瑾。瑾，郾之子也。

黄巢引兵渡江，攻陷虔、吉、饶、信等州[⑧]。

朝廷以李克用据云中，夏，四月，以前大同军防御使卢简方为振武节度使，以振武节度使李国昌为大同节度使，以为克用必无以拒也。

诏以东都军储不足，贷商旅富人钱谷以供数月之费，仍赐空名殿中侍御史告身五通，监察御史告身十通，有能出家财助国稍多者赐之。时连岁旱、蝗，寇盗充斥，耕桑半废，租赋不足，内藏虚竭，无所佽助[⑨]。兵部侍郎、判度支杨严三表自陈才短，不能济办[⑩]，辞极哀切，诏不许。

曹师雄寇湖州[⑪]，镇海节度使裴璩遣兵击破之。王重隐死，其将徐唐莒据洪州。

饶州将彭幼璋合义营兵克复饶州。

南诏遣其酋望赵宗政来请和亲[⑫]，无表，但令督爽牒中书，请为弟而不称臣。诏百僚议之，礼部侍郎崔澹等以为："南诏骄僭无礼，高骈不识大体，反因一僧呫嗫卑辞诱致其使[⑬]，若从其请，恐垂笑后代。"高骈闻之，上表与澹争辩，诏谕解之。澹，玙之子也。

五月，丙申朔，郑畋、卢携议蛮事，携欲与之和亲，畋固争以为不可。携怒，拂衣起，袂罥砚堕地[⑭]，破之。上闻之，曰："大臣相诟，何以仪刑四海！"丁酉，畋、携皆罢为太子宾客、分司。以翰林学士承旨、户部侍郎豆卢瑑为兵部侍郎，吏部侍郎崔沆为户部侍郎，并同平章事。

时宰相有好施者，常使人以布囊贮钱自随，行施丐者，每出，褴褛盈路。有朝士以书规之曰："今百姓疲弊，寇盗充斥，相公宜举贤任能，纪纲庶务，捐不急之费，杜私谒之门，使万物各得其所，则家给人足，自无贫者，何必如此行小惠乎！"宰相大怒。

邕州大将杜弘送段瑳宝至南诏，逾年而还。甲辰，辛谠复遣摄巡官贾宏、大将左瑜、曹朗使于南诏。

【注释】

①朗州：荆南节度使所领州，治今湖南常德市。岳州、武昌军节度使所领州，治今湖南岳阳市。 ②荆、襄：此指荆南道治所荆州和山南东道治所襄州。 ③宋、汴：二州均为宣武军节度使所领，宋州治今河南商丘市，汴州治今河南开封市。 ④卫南：县名，唐属滑州，治今河南滑县东。⑤叶（shè 摄）、阳翟：二县均在今河南省，叶县治今叶县西南。阳翟治今禹州市。 ⑥轘辕：关塞名，在今河南偃师东南轘辕山上。伊阙：关塞名，在今河南洛阳市南伊阙山上。河阴：县名，属河南府，治今河南郑州市西北。武牢：即虎牢关，唐避李虎讳，改名武牢，其地在今河南荥阳市西北大伾山上，形势险要，为兵家必争之地。 ⑦湖口：唐镇戍名，治今江西湖口县。 ⑧虔、吉、饶、信：四州均属江南西道领属，虔州治今江西赣州市，吉州治今江西吉安市，饶州治今江西鄱阳县，信州治今江西上饶市。 ⑨佽（cì 次）助：帮助。佽，助。 ⑩济办：据章钰校证，他本在“济办”二字之下有“乞解使务”四字。 ⑪湖州：浙西道所领州，治今浙江湖州市。 ⑫酋望：南诏官名，位在大将之下，久赞之上，也属清平官一类。 ⑬呫嗫（chè niè 彻聂）：附耳轻语。 ⑭罥（juàn 绢）：挂系。

李国昌欲父子并据两镇，得大同制书，毁之，杀监军，不受代，与李克用合兵陷遮虏军[①]，进击宁武及岢岚军[②]。卢简方赴振武，至岚州而薨[③]。

丁巳，河东节度使窦浣发民堑晋阳。己未，以都押牙康传圭为代州刺史[④]，又发土团千人赴代州。土团至城北，娖队不发[⑤]，求优赏。时府库空竭，浣遣马步都虞候邓虔往慰谕之，土团冎虔，床舁其尸入府[⑥]。浣与监军自出慰谕，人给钱三百，布一端，众乃定。押牙田公锷给乱军钱布，众遂劫之以为都将，赴代州，浣借商人钱五万缗以助军。朝廷以浣为不才，六月，以前昭义节度使曹翔为河东节度使。

王仙芝余党剽掠浙西，朝廷以荆南节度使高骈先在天平有威名，仙芝党多郓人，乃徙骈为镇海节度使。

沙陀焚唐林、崞县[⑦]，入忻州境[⑧]。

秋，七月，曹翔至晋阳；己亥，捕土团杀邓虔者十三人，杀之。义武兵至晋阳，不解甲，讙噪求优赏，翔斩其十将一人，乃定。发义成、忠武、昭义、河阳兵会于晋阳，以御沙陀。八月，戊寅，曹翔引兵救忻州。沙陀攻岢岚军，陷其罗城，败官军于洪谷[9]，晋阳闭门城守。

黄巢寇宣州[10]，宣歙观察使王凝拒之，败于南陵[11]。巢攻宣州不克，乃引兵攻浙东，开山路七百里，攻剽福建诸州。

九月，平卢军奏节度使宋威薨。

辛丑；以诸道行营招讨使曾元裕领平卢节度使。

壬寅，曹翔暴薨。丙午，昭义兵大掠晋阳，坊市民自共击之，杀千余人，乃溃。

中书侍郎、同平章事李蔚罢为东都留守。以吏部尚书郑从谠为中书侍郎、同平章事。从谠，余庆之孙也。

以户部尚书、判户部事李都同平章事兼河中节度使。

冬，十月，诏昭义节度使李钧、幽州节度使李可举与吐谷浑酋长赫连铎、白义诚、沙陀酋长安庆、萨葛酋长米海万，合兵讨李国昌父子于蔚州。十一月[12]，岢岚军翻城应沙陀。丁未，以河东宣慰使崔季康为河东节度、代北行营招讨使。沙陀攻石州[13]，庚戌，崔季康救之。

十二月，甲戌，黄巢陷福州，观察使韦岫弃城走。

南诏使者赵宗政还其国。中书不答督爽牒，但作西川节度使崔安潜书意，使安潜答之。

黄巢起义军所开浙江仙霞岭山路遗址

崔季康及昭义节度使李钧与李克用战于洪谷，两镇兵败，钧战死。昭义兵还至代州，士卒剽掠，代州民杀之殆尽，余众自鸦鸣谷走归上党[14]。

王郢之乱，临安人董昌以土团讨贼有功，补石镜镇将[15]。是岁，曹师雄寇二浙，杭州募诸县乡兵各千人以讨之，昌与钱塘刘孟安、阮结、富阳闻人宇、盐官徐及、新城杜稜、余杭凌文举、临平曹信各为之都将，号杭州八都，昌为之长。其后宇卒，钱塘人成及代之。临安人钱镠以骁勇事昌，以功为石镜都知兵马使。

【注释】

①遮虏军：军镇名，在洪谷东北，亦称遮虏平，其地在今山西岢岚县东。　②宁武：军镇名，其地当在遮虏军南。岢岚军：在岚州岚谷县，即今山西岢岚县。　③岚州：河东节度使所领州，治今山西岚县北的岚城。　④代州：代北节度使驻地，治今山西代县。　⑤娖（chuò 辍）队：整顿队伍。此指以整顿队伍为名。故意拖延时间。　⑥床舁（yú 余）：用床抬着。舁，抬。　⑦唐林、崞（guō 郭）县：二县均属代州所领。唐林治今山西原平市东南唐林岗。崞县治今山西原平市北崞阳镇。　⑧忻州：河东节度使所领州，治今山西忻州市。　⑨洪谷：堡寨名，其地在今山西岢岚县东南洪谷堡。　⑩宣州：宣州观察使驻地，治今安徽宣州市。　⑪南陵：宣州所属县，治今安徽南陵县。　⑫十一月：据章钰校证，他本“月”下有“甲午”二字。即十一月初三。　⑬石州：河东节度使所属州，治今山西吕梁市。　⑭鸦鸣谷：山谷名，其地在今山西寿阳县东南。上党：昭义军驻地，在今山西长治市。　⑮石镜镇：军镇名，在今浙江杭州市临安区南。

六年　春，正月，魏王佾薨[1]。

镇海节度使高骈遣其将张璘、梁缵分道击黄巢，屡破之，降其将秦彦、毕师铎、李罕之、许勍等数十人，巢遂趣广南[2]。彦，徐州人；师铎，冤句人；罕之，项城人也[3]。

贾宏等未至南诏，相继卒于道中，从者死亦太半。时辛谠已病风痹，召摄巡官徐云虔，执其手曰：“谠已奏朝廷发使入南诏，而使者相继物故，奈何？吾子既仕则徇国，能为此行乎？谠恨风痹不能拜耳。"因呜咽流涕。云虔曰:"士为知己死!明公见辟,恨无以报德,敢不承命!"说喜,厚具资装而遣之。

二月,丙寅,云虔至善阐城[4],骠信见大使抗礼,受副使已下拜。己巳,骠信使慈双羽、杨宗就馆谓云虔曰:"贵府牒欲使骠信称臣,奉表贡方物;骠信已遣人自西川入唐,与唐约为兄弟,不则舅甥[5]。夫兄弟舅甥,书币而已,何表贡之有?"云虔曰:"骠信既欲为弟、为甥,骠信景庄之子[6],景庄岂无兄弟,于骠信为诸父,骠信为君,则诸父皆称臣,况弟与甥乎!且骠信之先,由大唐之命,得合六诏为一,恩德深厚,中间小忿,罪在边鄙。今骠信欲修旧好,岂可违祖宗之故事乎!顺祖考,孝也;事大国,义也;息战争,仁也;审名分,礼也。四者,皆令德也,可不勉乎!"骠信待云虔甚厚,云虔留善阐十七日而还。骠信以木夹二授云虔,其一上中书门下,其一牒岭南西道,然犹未肯奉表称贡。

辛未,河东军至静乐[7],士卒作乱,杀孔目官石裕等。壬申,崔季康逃归晋阳。甲戌,都头张锴、郭昢帅行营兵攻东阳门,入府,杀季康。辛巳,以陕虢观察使高浔为昭义节度使;以邠宁节度使李侃为河东节度使。

三月,天平军节度使张裼薨,牙将崔君裕自知州事,淄州刺史曹全晸讨诛之[8]。

夏,四月,庚申朔,日有食之。

西川节度使崔安潜到官不诘盗,蜀人怪之。安潜曰:"盗非所由通容则不能为。今穷核则应坐者众,搜捕则徒为烦扰。"甲子,出库钱千五百缗,分置三市[9],置榜其上曰:"有能告捕一盗,赏钱五百缗。盗不能独为,必有侣,侣者告捕,释其罪,赏同平人。"未几,有捕盗而至者,盗不服,曰:"汝与我同为盗十七年,赃皆平分,汝安能捕我!我与汝同死耳。"安潜曰:"汝既知吾有榜,何不捕彼以来!则彼应死,汝受赏矣。汝既为所先,死复何辞!"立命给捕者钱,使盗视之,然后冎盗于市,并灭其家。于是诸盗与其侣互相疑,无地容足,夜不及旦,散逃出境,境内遂无一人之盗。

安潜以蜀兵怯弱,奏遣大将赍牒诣陈、许募壮士,与蜀人相杂,训练用之,得三千人,分为三军,亦戴黄帽,号黄头军。又奏乞洪州弩手,教蜀人用弩走丸而射之,选得千人,号神机弩营。蜀兵由是浸强。

凉王侹薨[10]。

上以群盗为忧,王铎曰:“臣为宰相之长,在朝不足分陛下之忧,请自督诸将讨之。”乃以铎守司徒兼侍中,充荆南节度使、南面行营招讨都统。

五月,辛卯,敕赐河东军士银。牙将贺公雅所部士卒作乱,焚掠三城[11],执孔目官王敬送马步司。节度使李侃与监军自出慰谕,为之斩敬于牙门,乃定。

泰宁节度使李系[12],晟之曾孙也,有口才而实无勇略,王铎以其家世良将,奏为行营副都统兼湖南观察使,使将精兵五万并土团屯潭州[13],以塞岭北之路[14],拒黄巢。

【注释】

①魏王佾(yì 佚):李佾,懿宗子,咸通三年(862),封魏王。 ②广南:方镇名,即岭南东道,治今广东广州市。 ③项城:陈州所属县,治今河南沈丘县。 ④善阐:南诏府名,治今云南昆明市。 ⑤舅甥:舅父与外甥的关系。 ⑥景庄:即南诏骠信法的父亲酋龙,死后谥为景庄皇帝。 ⑦静乐:岚州所属县,治今山西静乐县。 ⑧淄州:平卢节度使所领州,治今山东淄博市。 ⑨三市:成都城有三市,即卖花果蚕器的叫蚕市,卖香料、药材的叫药市,卖器用等物的叫七宝市。 ⑩凉王侹(tǐng 挺):李侹,懿宗子,咸通三年(862),封凉王。侹,《旧纪》作“健”。 ⑪三城:晋阳城有隋之晋阳宫,其宫城在西北,都城又分东城和中城,故合称三城。 ⑫泰宁节度使:即兖海节度使所改称,治兖州(今山东济宁市兖州区)。 ⑬潭州:湖南观察使驻地,治今湖南长沙市。 ⑭岭北:指五岭之北,与岭南相对而言,泛指湖南地区。

河东都虞候每夜密捕贺公雅部卒[1],族灭之。丁巳,余党近百人称“报冤将”,大掠三城,焚马步都虞候张锴、府城都虞候郭昢家。节度使李侃下令,以军府不安,曲顺军情,收锴、昢,斩于牙门,并逐其家;以贺公雅为马步都虞候。锴、昢临刑,泣言于众曰:“所杀皆捕盗司密申,今日冤死,独无烈士相救乎!”于是军士复大噪。篡取锴、晍归都虞候司。寻下令，复其旧职，并召还其家；收捕盗司元义宗等三十余家，诛灭之。己未，以马步都教练使朱玫等为三城斩斫使，将兵分捕报冤将，悉斩之，军城始定。

黄巢与浙东观察使崔璆、岭南东道节度使李迢书，求天平节度使，二人为之奏闻；朝廷不许。巢复上表求广州节度使，上命大臣议之。左仆射于琮以为："广州市舶宝货所聚[2]，岂可令贼得之！"亦不许，乃议别除官。六月，宰相请除巢府率[3]，从之。

河东节度使李侃以军府数有乱，称疾，请寻医。敕以代州刺史康传圭为河东行军司马[4]，征侃诣京师。秋，八月，甲子，侃发晋阳。寻以东都留守李蔚同平章事，充河东节度使。

镇海节度使高骈奏："请以权舒州刺史郎幼复充留后[5]，守浙西，遣都知兵马使张璘将兵五千于郴州守险，兵马留后王重任将兵八千于循、潮二州邀遮[6]，臣将万人自大庾岭趣广州击黄巢。巢闻臣往，必当遁逃，乞敕王铎以所部兵三万于梧、桂、昭、永四州守险[7]。"诏不许。

九月，黄巢得率府率告身，大怒，诟执政，急攻广州，即日陷之，执节度使李迢，转掠岭南州县。巢使迢草表述其所怀，迢曰："予代受国恩，亲戚满朝，腕可断，表不可草。"巢杀之。

冬，十月，以镇海节度使高骈为淮南节度使，充盐铁转运使，以泾原节度使周宝为镇海节度使，以山南东道行军司马刘巨容为节度使。宝，平州人也[8]。

黄巢在岭南，士卒罹瘴疫死者什三四，其徒劝之北还以图大事，巢从之。自桂州编大筏数千，乘暴水，沿湘江而下，历衡、永州[9]，癸未，抵潭州城下。李系婴城不敢出战，巢急攻，一日，陷之，系奔朗州[10]。巢尽杀戍兵，流尸蔽江而下。尚让乘胜进逼江陵，众号五十万。时诸道兵未集，江陵兵不满万人，王铎留其将刘汉宏守江陵，自帅众趣襄阳，云欲会刘巨容之师。铎既去，汉宏大掠江陵，焚荡殆尽，士民逃窜山谷。会大雪，僵尸满野。后旬余，贼乃至。汉宏，兖州人也，帅其众北归为群盗。

闰月，丁亥朔，河东节度使李蔚有疾，以供军副使李邵权观察留后，监军李奉皋权兵马留后。己丑，蔚薨。都虞候张锴、郭晍署状绌郚,以少尹丁球知观察留后。

十一月,戊午,以定州已来制置使万年王处存为义武节度使,河东行军司马、雁门关已来制置使康传圭为河东节度使[11]。

黄巢北趣襄阳,刘巨容与江西招讨使淄州刺史曹全晸合兵屯荆门以拒之[12]。贼至,巨容伏兵林中,全晸以轻骑逆战,阳不胜而走,贼追之,伏发,大破贼众,乘胜逐北,比至江陵,俘斩其什七八。巢与尚让收余众渡江东走。或劝巨容穷追,贼可尽也。巨容曰:"国家喜负人,有急则抚存将士,不爱官赏,事宁则弃之,或更得罪;不若留贼以为富贵之资。"众乃止。全晸渡江追贼,会朝廷以泰宁都将段彦谟代为招讨使,全晸亦止。由是贼势复振,攻鄂州,陷其外郭,转掠饶、信、池、宣、歙、杭十五州[13],众至二十万。

康传圭自代州赴晋阳,庚辰,至乌城驿[14];张锴、郭昢出迎,乱刀斫杀之,至府,又族其家。

十二月,以王铎为太子宾客、分司。

初,兵部尚书卢携尝荐高骈可为都统,至是,骈将张璘等屡破黄巢,乃复以携为门下侍郎、平章事,凡关东节度使,王铎、郑畋所除者,多易置之。

是岁,桂阳贼陈彦谦陷郴州,杀刺史董岳。

【注释】

①部卒:据章钰校证,他本"卒"下有"作乱者"三字。有此三字者文意较清楚。　②市舶:往来贸易的中外海船。唐在广州设市舶司,以负责与海外的贸易等事。　③府率:据章钰校证,他本"府"上有"率"字,作"率府率"。有"率"字者是,下文亦作"率府率"。唐东宫武官有太子左右率府、左右司御率府等,率各一人,正四品上。　④行军司马:为节度使属下的重要僚属之一,掌军籍、符伍、号令印信等,有"储帅"之称。　⑤舒州:淮南道所领州,治今安徽潜山县。　⑥循、潮二州:均为岭南东道所属州。循州治今广东惠州市,潮州治今广东潮州市。⑦梧、桂、昭、永:梧州,治今广西梧州市。桂州,治今广西桂林市。昭州,治今广西平乐县。永州,治今湖南永州市。　⑧平州:卢龙节度使所领州,治今河北卢龙县。　⑨历衡、永州:湘江发源于广西兴安县海阳山,入湖南后,经永州、衡州、潭州,至岳州入洞庭湖,汇入长江。衡州,治今

湖南衡阳市。 ⑩朗州:湖南观察使所领州,治今湖南常德市。 ⑪雁门关:唐置,在今山西代县北雁门山上。 ⑫荆门:为荆州所属县,治今湖北荆门市。其地为从江陵北去襄阳必经之道,很险要。 ⑬转掠句:所记饶、信等十五州,均在鄂州以下长江南岸,为江南富庶之地。 ⑭乌城驿:唐置,属太原府。其地在今山西盂县西北的西烟。

广明元年 春,正月,乙卯朔,改元。

沙陀入雁门关,寇忻、代[1]。二月,庚戌,沙陀二万余人逼晋阳,辛亥,陷太谷[2]。遣汝州防御使博昌诸葛爽帅东都防御兵救河东。

河东节度使康传圭,专事威刑,多复仇怨,强取富人财。遣前遮虏军使苏弘轸击沙陀于太谷,至秦城[3],遇沙陀,战不利而还,传圭怒,斩弘轸。时沙陀已还代北,传圭遣都教练使张彦球将兵三千追之。壬戌[4],至百井[5],军变,还趣晋阳。传圭闭城拒之,乱兵自西明门入,杀传圭;监军周从寓自出慰谕,乃定,以彦球为府城都虞候。朝廷闻之,遣使宣慰曰:"所杀节度使,事出一时,各宜自安,勿复忧惧。"

左拾遗侯昌业以盗贼满关东,而上不亲政事,专务游戏,赏赐无度,田令孜专权无上,天文变异,社稷将危,上疏极谏。上大怒,召昌业至内侍省[6],赐死。

上好骑射、剑槊、法算[7],至于音律、蒱博,无不精妙;好蹴鞠、斗鸡,与诸王赌鹅,鹅一头至五十缗。尤善击球,尝谓优人石野猪曰:"朕若应击球进士举,须为状元。"对曰:"若遇尧、舜作礼部侍郎[8],恐陛下不免駮放。"上笑而已。

度支以用度不足[9],奏借富户及胡商货财;敕借其半。盐铁转运使高骈上言:"天下盗贼蜂起,皆出于饥寒,独富户、胡商未耳。"乃止。

高骈奏改杨子院为发运使[10]。

三月,庚午,以左金吾大将军陈敬瑄为西川节度使。敬瑄,许州人,田令孜之兄也[11]。

初,崔安潜镇许昌[12],令孜为敬瑄求兵马使,安潜不许。敬瑄因令孜得隶左神策军，数岁，累迁至大将军。令孜见关东群盗日炽，阴为幸蜀之计，奏以敬瑄及其腹心左神策大将军杨师立、牛勖、罗元杲镇三川[13]，上令四人击球赌三川，敬瑄得第一筹[14]，即以为西川节度使，代安潜。

辛未，以门下侍郎、同平章事郑从谠同平章事，充河东节度使。康传圭既死，河东兵益骄，故以宰相镇之，使自择参佐。从谠奏以长安令王调为节度副使，前兵部员外郎、史馆修撰刘崇龟为节度判官[15]，前司勋员外郎、史馆修撰赵崇为观察判官[16]，前进士刘崇鲁为推官。时人谓之小朝廷，言名士之多也。崇龟、崇鲁，政会之七世孙也[17]。时承晋阳新乱之后，日有杀掠，从谠貌温而气劲，多谋而善断，将士欲为恶者，从谠辄先觉，诛之，奸轨惕息[18]。为善者抚待无疑，如张彦球有方略[19]，百井之变，非其本心，独推首乱者杀之，召彦球慰谕，悉以兵柄委之，军中由是遂安。彦球为从谠尽死力，卒获其用。

淮南节度使高骈遣其将张璘等击黄巢屡捷，卢携奏以骈为诸道行营都统[20]。骈乃传檄征天下兵，且广召募，得土客之兵共七万[21]，威望大振，朝廷深倚之。

安南军乱，节度使曾衮出城避之，诸道兵戍邕管者往往自归。

夏，四月，丁酉，以太仆卿李琢为蔚、朔等州招讨都统、行营节度使。琢，听之子也。

张璘渡江击贼帅王重霸，降之；屡破黄巢军，巢退保饶州[22]，别将常宏以其众数万降。璘攻饶州，克之，巢走。时江、淮诸军屡奏破贼，率皆不实，宰相已下表贺，朝廷差以自安。

以李琢为蔚朔节度使，仍充都统。

以杨师立为东川节度使，牛勖为山南西道节度使。

以诸葛爽为北面行营副招讨。

【注释】

①忻、代：二州为河东节度使所领，忻州治今山西忻州市，代州治今山西代县。　②太谷：太原府所属县，治今山西太谷县。　③秦城：太谷县所属城堡，在其西南。　④壬戌：二月无壬戌日，有误。　⑤百井：在今山西太原市北面阳曲县东北的柏井村。　⑥内侍省：官署名，设内侍

四员,内常侍六员,掌在内侍奉、出入宫掖宣传之事,总掖庭、宫闱、奚官、内仆、内府五局之官属。所任之官吏均为宦者。　⑦法算:即数学一类技能,唐国子监设有算学博士,教《九章》《五经算》《缀术》等,即属法算的内容。　⑧礼部侍郎:礼部的副长官,正四品下,掌天下礼仪、祭享、贡举等事。　⑨度支:户部所属机构之一,掌管国家财政收支情况,每年计其所入而度其所出。　⑩发运使:又称转运使,掌管漕运等事宜。　⑪田令孜:僖宗时揽权得宠的宦官,本姓陈、随义父入内侍省为宦者,就冒称姓田。　⑫许昌:指许州,忠武军节度使治所,其地在今河南许昌市。　⑬三川:唐中叶后,以剑南西川、剑南东川和山南西道三镇,合称三川。　⑭第一筹:击毬比赛中,先得毬而击过毬门获胜者,为第一筹。　⑮节度判官:为节度使属下文官中重要官职之一,掌判仓、兵、骑、胄等事。　⑯司勋员外郎:为吏部司勋司的副首领,从六品上,掌国家官吏的勋级。　⑰政会:刘政会,滑州胙城人,隋末,在李渊部下任职,以兴唐之功,封邢国公。历官太原留守、刑部尚书、洪州都督等职。　⑱奸轨惕息:坏人畏惧,连喘气也不敢大声。奸轨,同奸宄。乱在内为宄,在外为奸。　⑲如:据章钰考校,他本均作"知"。从文意看,以作"知"为顺。　⑳行营都统:据章钰考校,他本在"行营"二字下有"兵马"二字。　㉑土客之兵:土兵是指淮南本镇兵,客兵是指其他各道征召来的兵。　㉒饶州:江西观察使所领州,治今江西鄱阳县。

初,刘巨容既还襄阳,荆南监军杨复光以忠武都将宋浩权知府事,泰宁都将段彦谟以兵守其城;诏以浩为荆南安抚使,彦谟耻居其下。浩禁军士剪伐街中槐柳,彦谟部卒犯令,浩杖其背。彦谟怒,挟刃驰入,并其二子杀之。复光奏浩残酷,为众所诛。诏以彦谟为朗州刺史,以工部侍郎郑绍业为荆南节度使。

五月,丁巳,以汝州防御使诸葛爽为振武节度使。

刘汉宏之党浸盛,侵掠宋、兖;甲子,征东方诸道兵讨之[1]。

黄巢屯信州[2],遇疾疫,卒徒多死。张璘急击之

且致书请降于高骈,求保奏;骈欲诱致之

义、感化、义武等军皆至淮南,骈恐

诸道兵,请悉遣归。朝廷许

于骈,且请战。骈怒

乙亥，以枢密使西门思恭为凤翔监军。丙子，以宣徽使李顺融为枢密使。皆降白麻[3]，于阁门出案，与将相同。

西川节度使陈敬瑄素微贱，报至蜀，蜀人皆惊，莫知为谁。有青城妖人乘其声势，帅其党诈称陈仆射[4]，马步使瞿大夫觉其妄，执之，沃以狗血，即引服，悉诛之。六月，庚寅，敬瑄至成都。

黄巢别将陷睦州、婺州[5]。

卢携病风不能行，谒告；己亥，始入对，敕勿拜，遣二黄门掖之[6]。携内挟田令孜，外倚高骈，上宠遇甚厚，由是专制朝政，高下在心[7]。既病，精神不完，事之可否决于亲吏杨温、李修，货赂公行。豆卢瑑无他材，专附会携。崔沆时有启陈，常为所沮。

庚子，李琢奏沙陀二千来降。琢时将兵万人屯代州，与卢龙节度使李可举、吐谷浑都督赫连铎共讨沙陀。李克用遣大将高文集守朔州，自将其众拒可举于雄武军。铎遣人说文集归国，文集执克用将傅文达，与沙陀酋长李友金、萨葛都督米海万、安庆都督史敬存皆降于琢，开门迎官军。友金，克用之族父也。

庚戌，黄巢攻宣州[8]，陷之。

刘汉宏南掠申、光[9]。

赵宗政之还南诏也，西川节度使崔安潜表以崔澹之说为是[10]，且曰："南诏小蛮，本云南一郡之地；今遣使与和，彼谓中国为怯，复求尚主，何以拒之！"上命宰相议之。卢携、豆卢瑑上言："大中之末，府库充实。自咸通以来，蛮两陷安南、邕管，一入[illegible]中，四犯西川，征兵运粮，天下疲弊，逾十五年，租赋太半不入京师，三使、内库由兹空竭[11]，战士死于瘴疠，百姓困为盗贼，致中原榛杞[12]，皆蛮故也。前岁冬，蛮不为寇，由赵宗政未归。去岁冬，蛮不为寇，由徐云虔复命，蛮尚有觊望。今安南子城为叛卒所据，节度使攻之未下，自余戍卒，多已自归，邕管客军，又减其半。冬期且至，倘蛮寇侵轶，何以枝梧！不若且遣使臣报复，纵未得其称臣奉贡，且不使之怀怨益深，坚决犯边，则可矣。"乃作诏赐陈敬瑄，许其和亲，不称臣，令敬瑄录诏白，并移书与之，仍增赐金帛。以嗣曹王龟年为宗正少卿充使[13]，以徐云虔为副使，别遣内使[14]，共赍诣南诏。

【注释】

①东方诸道：此指宣武、忠武、义成、天平、泰宁、平卢、感化诸道。②信州：江西观察使所领州，治今江西上饶市西北。 ③白麻：用白麻纸书写的诏命。唐制，凡立皇太子、大赦、讨伐、任免三公将相，皆用白麻纸书诏命。唐末宦官当权，任免宦官，也和将相一样用白麻纸。 ④陈仆射：据章钰考校，他本在"仆射"下有"止逆旅，呼巡虞候索白马甚急"十二字。 ⑤睦州、婺州：二州均属浙江东道所领辖。睦州治今浙江建德市东北梅城镇。婺州治今浙江金华市。 ⑥黄门：在皇宫中服役的宦官之称。 ⑦高下在心：指掌握国家大权之后，可以随心所欲，操纵自如地行使其权力。高下：上下、高低。 ⑧宣州：宣歙观察使驻地，治今安徽宣州市。 ⑨申、光：申州和光州，均为武昌军所领辖。申州治今河南信阳市，光州治今河南潢川县。 ⑩崔澹之说：乾符五年(878)，南诏派人来请和亲，诏百官计议，礼部侍郎崔澹等主张拒绝其请求。 ⑪三使：指掌管国家财赋的度支、户部、盐铁的三个部门。内库：由皇帝直接掌管的宫内储钱财之处。 ⑫榛(zhēn 真)杞：指长着榛树和枸杞，形容田地因无人耕种而荒凉，长满丛木和野草。 ⑬嗣曹王：唐太宗第十四子李明，封曹王。至其孙李胤，被封为嗣曹王。而李龟年则是李胤之后代，仍袭嗣曹王之爵位。宗正少卿：为宗正寺的副长官，从四品上，掌九族六亲的属籍。 ⑭内使：又称中使，即由宫中派出由宦官任职的敕使。

秋，七月，黄巢自采石渡江[1]，围天长、六合[2]，兵势甚盛。淮南将毕师铎言于高骈曰："朝廷倚公为安危，今贼数十万众乘胜长驱，若涉无人之境，不据险要之地以击之，使逾长、淮，不可复制，必为中原大患。”骈以诸道兵已散，张璘复死，自度力不能制，畏怯不敢出兵，但命诸将严备，自保而已。且上表告急，称：“贼六十余万屯天长，去臣城无五十里。”先是，卢携谓“骈有文武长才，若悉委以兵柄，黄巢不足平”。朝野虽有谓骈不足恃者，然犹庶几望之。及骈表至，上下失望，人情大骇。诏书责骈散遣诸道兵，致贼乘无备度江。骈上表言：“臣奏闻遣归，亦非自专。今臣竭力保卫一方，必能济办；但恐贼迤逦过淮[3]，宜急敕东道将士善为御备。”遂称风痹，不复出战。

诏河南诸道发兵屯溵水[4]，泰宁节度使齐克让屯汝州[5]，以备黄巢。

辛酉，以淄州刺史曹全晸为天平节度使、兼东面副都统。

刘汉宏请降；戊辰，以为宿州刺史。

李克用自雄武军引兵还击高文集于朔州，李可举遣行军司马韩玄绍邀之于药儿岭[6]，大破之，杀七千余人，李尽忠、程怀信皆死；又败之于雄武军之境，杀万人。李琢、赫连铎进攻蔚州，李国昌战败，部众皆溃，独与克用及宗族北入达靼。诏以铎为云州刺史、大同军防御使；吐谷浑白义成为蔚州刺史；萨葛米海万为朔州刺史；加李可举兼侍中。

达靼本靺鞨之别部也，居于阴山[7]。后数月，赫连铎阴赂达靼，使取李国昌父子，李克用知之，时与其豪帅游猎，置马鞭、木叶或悬针，射之无不中，豪帅心服。又置酒与饮，酒酣，克用言曰：“吾得罪天子，愿效忠而不得。今闻黄巢北来，必为中原患，一旦天子若赦吾罪，得与公辈南向共立大功，不亦快乎！人生几何，谁能老死沙碛邪！”达靼知无留意，乃止。

八月，甲午，以前西川节度使崔安潜为太子宾客、分司。

九月，东都奏：“汝州所募军李光庭等五百人自代州还，过东都，烧安喜门[8]，焚掠市肆，由长夏门去。”

黄巢众号十五万，曹全晸以其众六千与之战，颇有杀获。以众寡不敌，退屯泗上[9]，以俟诸军至，并力击之；而高骈竟不之救，贼遂击全晸，破之。

徐州遣兵三千赴溵水，过许昌。徐卒素名凶悍，节度使薛能，自谓前镇彭城,有恩信于徐人,馆之球场。及暮,徐卒大噪,能登子城楼问之,对以供备疏阙,慰劳久之,方定;许人大惧。时忠武亦遣大将周岌诣溵水,行未远,闻之,夜,引兵还,比明,入城,袭击徐卒,尽杀之;且怨能之厚徐卒也,遂逐之。能将奔襄阳,乱兵追杀之,并其家。岌自称留后。汝、郑把截制置使齐克让恐为岌所袭⑩,引兵还兖州,诸道屯溵水者皆散⑪。黄巢遂悉众度淮,所过不虏掠,惟取丁壮以益兵。

先是征振武节度使吴师泰为左金吾大将军,以诸葛爽代之。师泰见朝廷多故,使军民上表留己。冬,十月,复以师泰为振武节度使,以爽为夏绥节度使⑫。

黄巢陷申州,遂入颍、宋、徐、兖之境⑬,所至吏民逃溃。

群盗陷澧州⑭,杀刺史李询、判官皇甫镇。镇举进士二十三上⑮,不中第,询辟之。贼至,城陷,镇走,问人曰:"使君免乎?"曰:"贼执之矣。"镇曰:"吾受知若此,去将何之!"遂还诣贼,竟与同死。

【注释】

①采石:即采石戍,在今安徽当涂县采石,为江防要地。 ②天长、六合:二地均为扬州所属县。天长在扬州西一百一十里,治今安徽天长市;六合在扬州西七十里,治今江苏南京市六合区。 ③迤逦(yǐ lǐ 以里):辗转曲折。 ④溵水:陈州所属县,治今河南商水县南旧商水。 ⑤汝州:东都观察使所领州,治今河南汝州市。 ⑥药儿岭:在雄武军西,其地约在今北京市北。 ⑦阴山:即今内蒙古阴山山脉。 ⑧安喜门:即洛阳城的东北门。下面说的长夏门,即洛阳城的东南门。 ⑨泗上:即泗州,治今江苏盱眙县。 ⑩汝、郑把截制置使:齐克让本为泰宁节度使,驻兖州,为防御黄巢西进,乃调他去汝州,担任汝、郑把截制置使。 ⑪诸道:据章钰校证,他本在"诸道"二字上有"于是"二字。有此二字者为顺。 ⑫夏绥节度使:贞元三年(787)置,治夏州,领夏、绥二州。 ⑬颍、宋、徐、兖:颍州治今安徽阜阳市,宋州治今河南商丘市,徐州治今江苏徐州市,兖州治今山东济宁市兖州区。黄巢当时势力已发展到皖北、豫东、苏北,鲁西一带地区。 ⑭澧州:荆南节度使所领州,治今湖南澧县东南。 ⑮二十三上:是说上礼部去参加进士考试有二十三次。

资治通鉴卷第二百五十四

唐纪七十　起上章困敦十一月，尽玄黓摄提格四月，凡一年有奇。

僖宗惠圣恭定孝皇帝中之上

广明元年　十一月，河中都虞候王重荣作乱，剽掠坊市俱空。

宿州刺史刘汉宏怨朝廷赏薄，甲寅，以汉宏为浙东观察使。

诏河东节度使郑从谠以本道兵授诸葛爽及代州刺史朱玫，使南讨黄巢。乙卯，以代北都统李琢为河阳节度使[①]。

初，黄巢将渡淮，豆卢瑑请以天平节钺授巢，俟其到镇讨之。卢携曰："盗贼无厌，虽与之节，不能止其剽掠，不若急发诸道兵扼泗州，汴州节度使为都统，贼既前不能入关，必还掠淮、浙，偷生海渚耳！"从之。既而淮北相继告急，携称疾不出，京师大恐。庚申，东都奏黄巢入汝州境。

辛酉，以王重荣权知河中留后，以河中节度使同平章事李都为太子少傅。

汝郑把截制置都指挥使齐克让奏黄巢自称天补大将军，转牒诸军云："各宜守垒，勿犯吾锋！吾将入东都，即至京邑，自欲问罪，无预众人。"上召宰相议之。豆卢瑑、崔沆请发关内诸镇及两神策军守潼关。壬戌，日南至[②]。上开延英，对宰相泣下。观军容使田令孜奏[③]："请选左右神策军弓弩手守潼关，臣自为都指挥制置把截使。"上曰："侍卫将士，不习征战，恐未足用。"令孜曰："昔安禄山构逆，玄宗幸蜀以避之。"崔沆曰："禄山众才五万，比之黄巢，不足言矣。”豆卢瑑曰：“哥舒翰以十五万众不能守潼关[④]，今黄巢众六十万，而潼关又无哥舒之兵。若令孜为社稷计，三川帅臣皆令孜腹心[⑤]，比于玄宗则有备矣。”上不怿，谓令孜曰：“卿且为朕发兵守潼关。”是日，上幸左神策军，亲阅将士。令孜荐左军马军将军张承范、右军步军将军王师会、左军兵马使赵珂。上召见三人，以承范为兵马先锋使兼把截潼关制置使，师会为制置关塞粮料使，珂为句当寨栅使，令孜为左右神策军内外八镇及诸道兵马都指挥制置招讨等使，飞龙使杨复恭为副使。

癸亥，齐克让奏：“黄巢已入东都境，臣收军退保潼关，于关外置寨。将士屡经战斗，久乏资储，州县残破，人烟殆绝，东西南北不见王人，冻馁交逼，兵械刓弊[⑥]，各思乡闾，恐一旦溃去，乞早遣资粮及援军。”上命选两神策弩手得二千八百人，令张承范等将以赴之。

丁卯，黄巢陷东都，留守刘允章帅百官迎谒；巢入城，劳问而已，闾里晏然。允章，迺之曾孙也[⑦]。田令孜奏募坊市人数千以补两军。

辛未，陕州奏东都已陷。壬申，以田令孜为汝、洛、晋、绛、同、华都统[⑧]，将左、右军东讨。是日，贼陷虢州[⑨]。

以神策将罗元杲为河阳节度使。

以周岌为忠武节度使。初，薛能遣牙将上蔡秦宗权调发至蔡州[⑩]，闻许州乱，托云赴难，选募蔡兵，遂逐刺史，据其城。及周岌为节度使，即以宗权为蔡州刺史。

【注释】

①河阳节度使：又称河阳三城节度使，驻孟州（治今河南孟州市南），领孟、怀二州。　②日南至：一年之中，有一天日影最短，这时的太阳在最南方，古人把这一天叫日南至，也就是冬至。　③观军容使：官名，唐肃宗时始置，为监视出征将帅的最高军职，由宦官充任。　④哥舒翰句：天宝十四载（755），安禄山在范阳发动叛乱，朝廷命哥舒翰领蕃汉兵十余万，号称二十万守潼关。次年，杨国忠促玄宗令哥舒翰出潼关作战，结果在灵宝会战中为安禄山伏兵所败，哥舒翰被俘，潼关失守。⑤三川帅臣：指西川节度使陈敬瑄、东川节度使杨师立和山南西道节度

使牛勖。 ⑥刓(wán 玩)弊:刀钝矛秃,武器损坏。 ⑦迺:刘迺,字永夷,洺州广平人。天宝中,举进士,历官监察御史、民部郎中、兵部侍郎等职。朱泚之乱,泚派人劝其出任伪职,迺不从,后绝食而死。 ⑧汝、洛、晋、绛、同、华:汝州治今河南汝州市,洛州即河南府,治今河南洛阳市,晋州治今山西临汾市,绛州治今山西新绛县,同州治今陕西大荔县,华州治今陕西渭南市华州区。 ⑨虢州:为陕州节度使所领州,治今河南灵宝市。 ⑩蔡州:忠武军所领州,治今河南汝南县。

乙亥,张承范等将神策弩手发京师。神策军士皆长安富家子,赂宦官窜名军籍,厚得禀赐,但华衣怒马,凭势使气,未尝更战陈;闻当出征,父子聚泣,多以金帛雇病坊贫人代行[①],往往不能操兵。是日,上御章信门楼临遣之。承范进言:"闻黄巢拥数十万之众,鼓行而西,齐克让以饥卒万人依托关外,复遣臣以二千余人屯于关上,又未闻为馈饷之计,以此拒贼,臣窃寒心。愿陛下趣诸道精兵早为继援。"上曰:"卿辈第行,兵寻至矣!"丁丑,承范等至华州。会刺史裴虔余徙宣歙观察使,军民皆逃入华山,城中索然,州库唯尘埃鼠迹,赖仓中犹有米千余斛,军士裹三日粮而行。

十二月,庚辰朔,承范等至潼关,搜菁中[②],得村民百许,使运石汲水,为守御之备;与齐克让军皆绝粮,士卒莫有斗志。是日,黄巢前锋军抵关下,白旗满野,不见其际,克让与战,贼小却,俄而巢至,举军大呼,声振河、华[③]。克让力战,自午至酉始解,士卒饥甚,遂喧噪,烧营而溃,克让走入关。关左有谷,平日禁人往来,以榷征税,谓之"禁坑"。贼至仓猝,官军忘守之,溃兵自谷而入,谷中灌木寿藤茂密如织,一夕践为坦涂。承范尽散其辎囊以给士卒[④],遣使上表告急,称:"臣离京六日,甲卒未增一人,馈饷未闻影响。到关之日,巨寇已来,以二千余人拒六十万众,外军饥溃,蹋开禁坑。臣之失守,鼎镬甘心[⑤];朝廷谋臣,愧颜何寄!或闻陛下已议西巡,苟銮舆一动,则上下土崩。臣敢以犹生之躯奋冒死之语,愿与近密及宰臣熟议,急征兵以救关防,则高祖、太宗之业庶几犹可扶持,使黄巢继安禄山之亡,微臣胜哥舒翰之死!"

辛巳,贼急攻潼关,承范悉力拒之,自寅及申[⑥],关上矢尽,投石以击之。关外有天堑，贼驱民千余人入其中，掘土填之，须臾，即平，引兵而度。夜，纵火焚关楼俱尽。承范分兵八百人，使王师会守禁坑，比至，贼已入矣。壬午旦，贼夹攻潼关，关上兵皆溃，师会自杀，承范变服帅余众脱走。至野狐泉⑦，遇奉天援兵二千继至⑧，承范曰："汝来晚矣！"博野、凤翔军还至渭桥，见所募新军衣裘温鲜，怒曰："此辈何功而然，我曹反冻馁！"遂掠之，更为贼向导，以趣长安。

贼之攻潼关也，朝廷以前京兆尹萧廪为东道转运粮料使；廪称疾，请休官，贬贺州司户⑨。

黄巢入华州，留其将乔钤守之。河中留后王重荣请降于贼。癸未，制以巢为天平节度使。

甲申，以翰林学士承旨、尚书左丞王徽为户部侍郎，翰林学士、户部侍郎裴澈为工部侍郎，并同平章事。以卢携为太子宾客、分司。田令孜闻黄巢已入关，恐天子责己，乃归罪于携而贬之，荐徽、澈为相。是夕，携饮药死。澈，休之从子也。百官退朝，闻乱兵入城，布路窜匿。令孜帅神策兵五百奉帝自金光门出⑩，惟福、穆、泽、寿四王及妃嫔数人从行，百官皆莫知之。上奔驰昼夜不息，从官多不能及。车驾既去，军士及坊市民竞入府库盗金帛。

晡时，黄巢前锋将柴存入长安，金吾大将军张直方帅文武数十人迎巢于霸上⑪。巢乘金装肩舆，其徒皆被发，约以红缯，衣锦绣，执兵以从，甲骑如流，辎重塞途，千里络绎不绝。民夹道聚观，尚让历谕之曰："黄王起兵，本为百姓，非如李氏不爱汝曹，汝曹但安居无恐。"巢馆于田令孜第，其徒为盗久，不胜富，见贫者，往往施与之。居数日，各出大掠，焚市肆，杀人满街，巢不能禁；尤憎官吏，得者皆杀之。

【注释】

①病坊：唐在京城中设置病坊，收养贫穷有病者，如乞儿有病者，病坊即收养他们。 ②菁（jīng 精）中：密茂的草木丛中。 ③河、华：指黄河与华山。潼关地处华山与黄河之间，黄巢军声，震撼此处山河。④辎囊：辎重和囊橐。辎重指随军之物，囊橐指私人行装。 ⑤鼎镬：指古代的一种酷刑，即将犯人用鼎或大锅煮死。镬，大锅。 ⑥自寅及申：

刻有“其年黄巢坐长安，李帝奔蜀”的唐人墓志铭

从早上三四点钟战斗到下午三四点钟。寅，凌晨三四点时，申，下午三四点时。 ⑦野狐泉：在今陕西潼关县东北旧潼关之西。 ⑧奉天：县名，文明元年（684）置，治今陕西乾县。 ⑨贺州：岭南东道所领州，治今广西贺州市东南贺街。 ⑩金光门：长安城西的第二门。城西三门，由北而南，第一叫开远门，第二叫金光门，第三叫延平门。 ⑪霸上：即长安城东北的霸水旁。霸水上建有霸桥，唐时迎送宾客，常到此处。霸，一般作“灞”。

上趣骆谷[①]，凤翔节度使郑畋谒上于道次，请车驾留凤翔。上曰：“朕不欲密迩巨寇，且幸兴元[②]，征兵以图收复。卿东扞贼锋，西抚诸蕃，纠合邻道，勉建大勋。”畋曰：“道路梗涩[③]，奏报难通，请得便宜从事。”许之。戊子，上至壻水[④]，诏牛勖、杨师立、陈敬瑄，谕以京城不守，且幸兴元，若贼势犹盛，将幸成都，宜豫为备拟。

庚寅，黄巢杀唐宗室在长安者无遗类。辛卯，巢始入宫。壬辰，巢即皇帝位于含元殿，画皂缯为衮衣[⑤]，击战鼓数百以代金石之乐。登丹凤楼[⑥]，下赦书；国号大齐，改元金统。谓广明之号，去唐下体而著黄家日月，以为己符瑞。唐官三品以上悉停任，四品以下位如故。以妻曹氏为皇后。以尚让为太尉兼中书令，赵璋兼侍中，崔璆、杨希古并同平章事，孟楷、盖洪为左右仆射、知左右军事，费传古为枢密使。以太常博士皮日休为翰林学士[⑦]。璆，邠之子也，时罢浙东观察使，在长安，巢得而相之。

诸葛爽以代北行营兵屯栎阳[⑧]，黄巢将砀山朱温屯东渭桥[⑨]，巢使温诱说之，爽遂降于巢。温少孤贫，与兄昱、存随母王氏依萧县刘崇家，崇数笞辱之，崇母独怜之，戒家人曰："朱三非常人也，汝曹善遇之。"巢以诸葛爽为河阳节度使，爽赴镇，罗元杲发兵拒之，士卒皆弃甲迎爽，元杲逃奔行在。

郑畋还凤翔，召将佐议拒贼，皆曰："贼势方炽，宜且从容以俟兵集，乃图收复。"畋曰："诸君劝畋臣贼乎！"因闷绝仆地，甃伤其面[10]，自午至明旦，尚未能言。会巢使者以赦书至，监军袁敬柔与将佐序立宣示，代畋草表署名以谢巢。监军与巢使者宴，乐奏，将佐以下皆哭；使者怪之，幕客孙储曰："以相公风痹不能来，故悲耳。"民间闻者无不泣。畋闻之曰："吾固知人心尚未厌唐，贼授首无日矣！"乃刺指血为表，遣所亲间道诣行在，召将佐谕以逆顺，皆听命，复刺血与盟，然后完城堑，缮器械，训士卒，密约邻道合兵讨贼，邻道皆许诺发兵，会于凤翔。时禁兵分镇关中者尚数万[11]，闻天子幸蜀，无所归，畋使人招之，皆往从畋，畋分财以结其心，军势大振。

丁酉，车驾至兴元，诏诸道各出全军收复京师。

己亥，黄巢下令，百官诣赵璋第投名衔者，复其官。豆卢瑑、崔沆及左仆射于琮、右仆射刘邺、太子少师裴谂、御史中丞赵濛、刑部侍郎李溥、京兆尹李汤扈从不及[12]，匿民间，巢搜获，皆杀之。广德公主曰[13]："我唐室之女，誓与于仆射俱死！"执贼刃不置，贼并杀之。发卢携尸，戮之于市。将作监郑綦、库部郎中郑系义不臣贼[14]，举家自杀。左金吾大将军张直方虽臣于巢，多纳亡命，匿公卿于复壁；巢杀之。

朱温像

初,枢密使杨复恭荐处士河间张浚,拜太常博士,迁度支员外郎。黄巢逼潼关,浚避乱商山[15]。上幸兴元,道中无供顿,汉阴令李康以骡负糗粮数百驮献之[16],从行军士始得食。上问康:“卿为县令,何能如是?”对曰:“臣不及此,乃张浚员外教臣。”上召浚诣行在,拜兵部郎中。

义武节度使王处存闻长安失守,号哭累日,不俟诏命,举军入援,遣二千人间道诣兴元卫车驾。

黄巢遣使调发河中,前后数百人,吏民不胜其苦。王重荣谓众曰:“始吾屈节以纾军府之患,今调财不已,又将征兵,吾亡无日矣!不如发兵拒之。”众皆以为然,乃悉驱巢使者杀之。巢遣其将朱温自同州,弟黄邺自华州,合兵击河中,重荣与战,大破之,获粮仗四十余船,遣使与王处存结盟,引兵营于渭北。

陈敬瑄闻车驾出幸,遣步骑三千奉迎,表请幸成都。时从兵浸多,兴元储偫不丰,田令孜亦劝上;上从之。

【注释】

①骆谷:文中似指骆谷道,即秦岭南北交通的要道。这条路从陕西周至县西南,经骆谷水、傥水河谷达到洋县。 ②兴元:山南西道节度使驻地,在今陕西汉中市。 ③梗涩(sè 色):阻塞而不通畅。 ④壻水:即壻水镇,在今陕西洋县西南。 ⑤衮衣:又称衮服,古代帝王所服用的上面绣有龙的礼服。黄巢仓促即帝位时未及备有绣龙的衮服,乃用画龙衮服而已。 ⑥丹凤楼:即大明宫南面丹凤门城楼,故称丹凤楼。唐代帝王宣布重要政事,常在丹凤楼举行。 ⑦太常博士:即太常寺所属的博士官,从七品上,掌辨五礼及拟谥法等事。 ⑧栎阳:京兆府所属县,治今陕西西安市临潼区东北栎阳镇。 ⑨砀(dàng 荡)山:宋州所属县,治今安徽砀山县东。 ⑩甃(zhòu 宙):铺地的砖。 ⑪禁兵分镇关中:即神策军在关中地区设置的八镇兵。 ⑫扈从:帝王的随从人员之称。 ⑬广德公主:宣宗女,嫁于琮。据《新传》所载,于琮被杀,公主求同死,不允,乃自缢。 ⑭库部郎中:兵部所属职司中有库部,设郎中一员,从五品上,掌国家舆辇、车乘、传驿、厩牧、马牛等事。 ⑮商山:一名商坂、商洛山,在今陕西商洛市东南。 ⑯汉阴:为金州所属县,治今陕西石泉县东南。驮(duò 舵),骡马负载的货物,唐递驮,每驮一百斤。

中和元年 春，正月，车驾发兴元。加牛勖同平章事。陈敬瑄以扈从之人骄纵难制，有内园小儿先至成都[①]，游于行宫，笑曰："人言西川是蛮，今日观之，亦不恶！"敬瑄执而杖杀之，由是众皆肃然。敬瑄迎谒于鹿头关[②]。辛未，上至绵州，东川节度使杨师立谒见。壬申，以工部侍郎、判度支萧遘同平章事。

郑畋约前朔方节度使唐弘夫、泾原节度使程宗楚同讨黄巢[③]。巢遣其将王晖赍诏召畋，畋斩之，遣其子凝绩诣行在，凝绩追及上于汉州[④]。

丁丑，车驾至成都，馆于府舍[⑤]。

上遣使趣高骈讨黄巢[⑥]，道路相望，骈终不出兵。上至蜀，犹冀骈立功，诏骈巡内刺史及诸将有功者，自监察至常侍，听以墨敕除讫奏闻[⑦]。

裴澈自贼中奔诣行在。时百官未集，乏人草制，右拾遗乐朋龟谒田令孜而拜之，由是擢为翰林学士。张浚先亦拜令孜。令孜尝召宰相及朝贵饮酒，浚耻于众中拜令孜，乃先谒令孜，谢酒。及宾客毕集，令孜言曰："令孜与张郎中清浊异流，尝蒙中外[⑧]，既虑玷辱，何惮改更，今日于隐处谢酒则又不可。"浚惭惧无所容。

二月，乙卯朔[⑨]，以太子少师王铎守司徒兼门下侍郎、同平章事。

丙申，加郑畋同平章事。

加淮南节度使高骈东面都统，加河东节度使郑从谠兼侍中，依前行营招讨使。代北监军陈景思帅沙陀酋长李友金及萨葛、安庆、吐谷浑诸部入援京师。至绛州[⑩]，将济河；绛州刺史瞿稹，亦沙陀也，谓景思曰："贼势方盛，未可轻进，不若且还代北募兵。"遂与景思俱还雁门。

以枢密使杨复光为京西南面行营都监。

黄巢以朱温为东南面行营都虞候，将兵攻邓州[⑪]；三月，辛亥，陷之，执刺史赵戒[⑫]，因戍邓州以扼荆、襄。

壬子，加陈敬瑄同平章事。甲寅，敬瑄奏遣左黄头军使李铤将兵击黄巢。

辛酉，以郑畋为京城四面诸军行营都统。赐畋诏："凡蕃、汉将士赴难有功者，并听以墨敕除官。”畋奏以泾原节度使程宗楚为副都统，前朔方节度使唐弘夫为行军司马。黄巢遣其将尚让、王播帅众五万寇凤翔，畋使弘夫伏兵要害，自以兵数千，多张旗帜，疏陈于高冈。贼以畋书生，轻之，鼓行而前，无复行伍，伏发，贼大败于龙尾陂[13]，斩首二万余级，伏尸数十里。

有书尚书省门为诗以嘲贼者，尚让怒，应在省官及门卒，悉抉目倒悬之；大索城中能为诗者，尽杀之，识字者给贱役。凡杀三千余人。

瞿稹、李友金至代州，募兵逾旬，得三万人，皆北方杂胡，屯于崞西[14]，犷悍暴横，稹与友金不能制。友金乃说陈景思曰：“今虽有众数万，苟无威信之将以统之，终无成功。吾兄司徒父子[15]，勇略过人，为众所服；骠骑诚奏天子赦其罪[16]，召以为帅，则代北之人一麾响应，狂贼不足平也！”景思以为然，遣使诣行在言之；诏如所请。友金以五百骑赍诏诣达靼迎之，李克用帅达靼诸部万人赴之。

群臣追从车驾者稍集成都，南北司朝者近二百人，诸道及四夷贡献不绝，蜀中府库充实，与京师无异，赏赐不乏，士卒欣悦。

黄巢得王徽，逼以官，徽阳瘖，不从；月余，逃奔河中，遣人间道奉绢表诣行在。诏以徽为兵部尚书。

前夏绥节度使诸葛爽复自河阳奉表自归，即以为河阳节度使。

【注释】

①内园小儿：唐代在宫禁坊厩和内园服役的均称内园小儿。　②鹿头关：属汉州境界，在今四川德阳市东北鹿头山上。　③唐弘夫：据章钰校证，他本“唐”作“田”。　④汉州：西川节度使所领州，治今四川广汉市。汉州至成都仅八十五里。　⑤府舍：西川节度使府，暂为行宫。⑥上遣使，据章钰校证，他本“遣”下有“中”字，即所遣乃“中使”。⑦墨敕：又称“墨制”或“墨诏”，本是指由皇帝亲自发出的命令，不必经外廷签署同意者。而由皇帝授意可自主授官者，也称墨敕除官。　⑧中外：此指中外相通，表里结合，是说张浚和田令孜关系很好。　⑨乙卯：严衍《通鉴补》改“乙”作“己”是。历书中和元年(881)二月为己卯朔。

⑩绛州：河中节度使所领州，治今山西新绛县。 ⑪邓州：山南东道所领州，治今河南邓州市。 ⑫赵戒：据章钰校证，他本"戒"作"戎"。⑬龙尾陂：亦作"龙尾坡"，其地在今陕西岐山县东。 ⑭崞（guō 郭）西：代州崞县的西边。崞县治今山西原平县北之崞阳镇。 ⑮司徒父子：指李国昌、李克用父子。李国昌由于平庞勋之功，授检校司徒官职。⑯骠骑：监军陈景思官至骠骑将军，故以其官爵称呼他。

宥州刺史拓跋思恭[①]，本党项羌也，纠合夷、夏兵会鄜延节度使李孝昌于鄜州[②]，同盟讨贼。

奉天镇使齐克俭遣使诣郑畋求自效。甲子，畋传檄天下藩镇，合兵讨贼。时天子在蜀，诏令不通，天下谓朝廷不能复振，及得畋檄，争发兵应之。贼惧，不敢复窥京西。

夏，四月，戊寅朔，加王铎兼侍中。

以拓跋思恭权知夏绥节度使。

黄巢以其将王玫为邠宁节度使，邠州通塞镇将朱玫起兵诛之[③]，让别将李重古为节度使，自将兵讨巢。

是时，唐弘夫屯渭北，王重荣屯沙苑[④]，王处存屯渭桥，拓跋思恭屯武功，郑畋屯盩厔[⑤]。弘夫乘龙尾之捷，进薄长安。

壬午，黄巢帅众东走，程宗楚先自延秋门入，弘夫继至，处存帅锐卒五千夜入城。坊市民喜，争欢呼出迎官军，或以瓦砾击贼，或拾箭以供官军。宗楚等恐诸将分其功，不报凤翔、鄜夏，军士释兵入第舍，掠金帛、妓妾。处存令军士系白𦈡为号[⑥]，坊市少年或窃其号以掠人。贼露宿霸上，诇知官军不整，且诸军不相继，引兵还袭之，自诸门分入，大战长安中，宗楚、弘夫死，军士重负不能走，是以甚败，死者什八九。处存收余众还营。

丁亥，巢复入长安，怒民之助官军，纵兵屠杀，流血成川，谓之洗城。于是诸军皆退，贼势愈炽。

贼所署同州刺史王溥、华州刺史乔谦、商州刺史宋岩闻巢弃长安[⑦]，皆率众奔邓州，朱温斩溥、谦，释岩，使还商州。

庚寅，拓跋思恭、李孝昌与贼战于土桥[⑧]，不利。

诏以河中留后王重荣为节度使。

贼众上黄巢尊号曰承天应运启圣睿文宣武皇帝。

有双雉集广陵府舍，占者以为野鸟来集，城邑将空之兆。高骈恶之，乃移檄四方，云将入讨黄巢，悉发巡内兵八万，舟二千艘，旌旗甲兵甚盛。五月，乙未[9]，出屯东塘[10]。诸将数请行期，骈托风涛为阻，或云时日不利，竟不发。

李克用牒河东，称奉诏将兵五万讨黄巢，令具顿递[11]，郑从谠闭城以备之。克用屯于汾东，从谠犒劳，给其资粮，累日不发。克用自至城下大呼，求与从谠相见，从谠登城谢之。癸亥，复求发军赏给，从谠以钱千缗、米千斛遗之。甲子，克用纵沙陀剽掠居民，城中大骇。从谠求救于振武节度使契苾璋，璋引突厥、吐谷浑救之，破沙陀两寨，克用追战至晋阳城南，璋引兵入城，沙陀掠阳曲、榆次而归[12]。

黄巢之克长安也，忠武节度使周岌降之。岌尝夜宴，急召监军杨复光，左右曰："周公臣贼，将不利于内侍[13]，不可往。"复光曰："事已如此，义不图全。"即诣之。酒酣，岌言及本朝，复光泣下，良久，曰："丈夫所感者恩义耳！公自匹夫为公侯，奈何舍十八叶天子而臣贼乎[14]！"岌亦流涕曰："吾不能独拒贼，故貌奉而心图之。今日召公，正为此耳。"因沥酒为盟。是夕，复光遣其养子守亮杀贼使者于驿。

时秦宗权据蔡州，不从岌命，复光将忠武兵三千诣蔡州，说宗权同举兵讨巢。宗权遣其将王淑将兵三千从复光击邓州，逗留不进，复光斩之，并其军，分忠武八千人为八都，遣牙将鹿晏弘、晋晖、王建、韩建、张造、李师泰、庞从等八人将之。王建，舞阳人；韩建，长社人；晏弘、晖、造、师泰，皆许州人也。复光帅八都与朱温战，败之，遂克邓州，逐北至蓝桥而还[15]。

【注释】

①宥州：开元年间所置，属朔方镇，治今内蒙古鄂托克旗南。　②鄜(fū 夫)州：鄜延节度使所属州，治今陕西延安市。　③通塞镇：邠州所属镇，在今陕西彬县北。　④沙苑：又名沙阜、沙海、沙窝，在今陕西大荔南洛、渭二河之间。　⑤盩厔：京兆府所属县，在长安西，治今陕西周至县。　⑥白䌰(xū 须)：白色的头巾。䌰，束发带，即头巾。　⑦商州：山

南西道所属州，治今陕西商洛市。 ⑧土桥：据章钰校证，他本“土”作“王”。王桥在今陕西西安市西北汉长安城东。 ⑨乙未：据章钰校证，他本均作“己未”。查历书。五月无“乙未”日，作“己未”为是。 ⑩东塘：在今扬州市东，即湾头至宜陵一带塘岸。 ⑪顿递：沿途的酒食供应和住所。递，驿站，接待官吏的住所。 ⑫阳曲、榆次：均为太原附近的县，今仍保持其名称。 ⑬内侍：唐内侍省以内侍监为长，内侍次之。此指杨复光。 ⑭十八叶天子：即第十八代皇帝的意思。从高祖至僖宗，其中不计武则天，乃为十八代。叶，世或代之意。 ⑮蓝桥：又称蓝桥驿，在今陕西蓝田县东南蓝田关附近。

昭义节度使高浔会王重荣攻华州，克之。

六月，戊戌，以郑畋为司空兼门下侍郎、同平章事，都统如故。

李克用遇大雨，引兵北还[①]，陷忻、代二州，因留居代州。郑从谠遣教练使论安等军百井以备之[②]。

王建像

邠宁节度副使朱玫屯兴平[③]，黄巢将王播围兴平，玫退屯奉天及龙尾陂。

西川黄头军使李铤将万人，巩咸将五千人屯兴平，为二寨，与黄巢战，屡捷；陈敬瑄遣神机营使高仁厚将二千人益之。

秋，七月，丁巳，改元，赦天下。

庚申，以翰林学士承旨、兵部侍郎韦昭度同平章事。

论安自百井擅还，郑从谠不解鞸衫斩之[④]，灭其族。更遣都头温汉臣将兵屯百井。契苾璋引兵还振武。

初，车驾至成都，蜀军赏钱人三缗。田令孜为行在都指挥处置使，每四方贡金帛，辄颁赐从驾诸军无虚日[⑤]，不复及蜀军，蜀军颇有怨言。丙寅，令孜宴土客都头[⑥]，以金杯行酒，因赐之，诸都头皆拜而受。西川黄头军使郭琪独不受，起言曰："诸将月受俸料，丰赡有余，常思难报，岂敢无厌！顾蜀军与诸军同宿卫，而赏赉悬殊，颇有觖望[⑦]，恐万一致变。愿军容减诸将之赐以均蜀军，使土客如一，则上下幸甚！"令孜默然有间，曰："汝尝有何功？"对曰："琪生长山东，征戍边鄙，尝与党项十七战，契丹十余战，金创满身；又尝征吐谷浑，伤胁肠出，线缝复战。"令孜乃自酌酒于别樽以赐琪。琪知其毒，不得已，再拜饮之；归，杀一婢，吮其血以解毒，吐黑血数升，遂帅所部作乱，丁卯，焚掠坊市。令孜奉天子保东城，闭门登楼，命诸军击之。琪引兵还营，陈敬瑄命都押牙安金山将兵攻之，琪夜突围出，奔广都[⑧]，从兵皆溃，独厅吏一人从，息于江岸。琪谓厅吏曰："陈公知吾无罪；然军府惊扰，不可以莫之安也。汝事吾能始终，今有以报汝。汝赍吾印剑诣陈公曰：'郭琪走渡江，我以剑击之，坠水，尸随湍流下矣；得其印剑以献。'陈公必据汝所言，榜悬印剑于市以安众。汝当获厚赏，吾家亦保无恙。吾自此适广陵，归高公，后数日，汝可密以语吾家也。"遂解印剑授之而逸。厅吏以献敬瑄，果免琪家。

上日夕专与宦官同处，议天下事，待外臣殊疏薄。庚午，左拾遗孟昭图上疏，以为："治安之代，遐迩犹应同心；多难之时，中外尤当一体。去冬车驾西幸，不告南司，遂使宰相、仆射以下悉为贼所屠，独北司平善。况今朝臣至者，皆冒死崎岖，远奉君亲，所宜自兹同休等戚。伏见前夕黄头军作乱，陛下独与令孜、敬瑄及诸内臣闭城登楼，并不召王铎已下及收朝臣入城；翌日[⑨]，又不对宰相[⑩]，又不宣慰朝臣。臣备位谏官，至今未知圣躬安否，况疏冗乎！倘群臣不顾君上，罪固当诛；若陛下不恤群臣，于义安在！夫天下者，高祖、太宗之天下，非北司之天下；天子者，四海九州之天子，非北司之天子。北司未必尽可信，南司未必尽无用。岂天子与宰相了无关涉，朝臣皆若路人！如此，恐收复之期，尚劳圣虑，尸禄之士，得以宴安。臣躬被宠荣，职在裨益，虽遂事不谏，而来者可追[11]。"疏入,令孜屏不奏。辛未,矫诏贬昭图嘉州司户[12],遣人沉于蟆颐津[13],闻者气塞而莫敢言。

鄜延节度使李孝昌、权夏州节度使拓跋思恭屯东渭桥,黄巢遣朱温拒之。

以义武节度使王处存为东南面行营招讨使,以邠宁节度副使朱玫为节度使。

八月,己丑夜,星交流如织,或大如杯碗,至丁酉乃止。

武宁节度使支详[14],遣牙将时溥、陈璠将兵五千入关讨黄巢,二人皆详所奖拔也。溥至东都,矫称详命,召师还与璠合兵,屠河阴[15],掠郑州而东。及彭城,详迎劳,犒赏甚厚。溥遣所亲说详曰:"众心见迫,请公解印以相授。"详不能制,出居大彭馆[16],溥自知留务。璠谓溥曰:"支仆射有惠于徐人,不杀,必成后悔。"溥不许,送详归朝。璠伏甲于七里亭,并其家属杀之。诏以溥为武宁留后。溥表璠为宿州刺史,璠到官贪虐,溥以都将张友代还,杀之。

【注释】

①引兵北还:据章钰校证,他本在"引兵"二字前,有"己亥"二字。已亥即六月二十三日。　②百井:为太原府北重要关隘。其地在今山西阳曲县东北柏井村。　③兴平:京兆尹所属县,治今陕西兴平市。④鞾(xuē 薛)衫:靴子和外衣,鞾,同靴。　⑤虚日:据章钰校证,他本"日"均作"月"。　⑥土客都头:土军指蜀军,客军指从驾诸军。都头,唐朝中期,本指诸军统帅,后来一部之军称为一都,其部帅即称都头。⑦觖(jué 决)望:不满意,怨恨。　⑧广都:成都府所属县,治今四川成都市双流区东南。　⑨翌(yì 异)日:明日,第二天。　⑩不对宰相:不召集宰相一起商讨政事。　⑪"遂事不谏"句:语见《论语·八佾》"成事不说,遂事不谏,既往不咎"和《论语·微子》"往者不可谏,来者犹可追"。意思是过去的事已不可挽回,未来的事还可以借鉴。　⑫嘉州:西川节度使所领州,治今四川乐山市。　⑬蟆颐津:在今四川眉山县东七里的蟆颐山上,山临岷江边,故其渡口叫蟆颐津。其地曾建有孟拾遗祠。⑭武宁节度使:误。徐州节镇在咸通中已由武宁军改为感化军,故此处当作感化节度使。　⑮河阴:河南府所属县,治今河南郑州市西北。⑯大彭馆:彭城附近的客馆,在今江苏徐州市。

杨复光奏升蔡州为奉国军，以秦宗权为防御使。寿州屠者王绪与妹夫刘行全聚众五百[①]，盗据本州，月余，复陷光州，自称将军，有众万余人；秦宗权表为光州刺史。固始县佐王潮及弟审邽、审知皆以材气知名[②]，绪以潮为军正[③]，使典资粮，阅士卒，信用之。

高浔与黄巢将李详战于石桥[④]，浔败，奔河中，详乘胜复取华州。巢以详为华州刺史。

以权知夏绥节度使拓跋思恭为节度使。

宗正少卿嗣曹王龟年自南诏还，骠信上表款附，请悉遵诏旨。

李孝昌、拓跋思恭与尚让、朱温战于东渭桥[⑤]，不利，引去。

初，高骈与镇海节度使周宝俱出神策军，骈以兄事宝。及骈先贵有功，浸轻之；既而封壤相邻[⑥]，数争细故，遂有隙。骈檄宝入援京师，宝治舟师以俟之，怪其久不行；访诸幕客，或曰："高公幸朝廷多故，有并吞江东之志，声云入援，其实未必非图我也！宜为备。"宝未之信，使人觇骈[⑦]，殊无北上意。会骈使人约宝面会瓜洲议军事[⑧]，宝遂以言者为然，辞疾不往，且谓使者曰："吾非李康[⑨]，高公复欲作家门功勋以欺朝廷邪！"骈怒，复遣使责宝："何敢轻侮大臣？"宝诟之曰："彼此夹江为节度使，汝为大臣，我岂坊门卒邪！"由是遂为深仇。

骈留东塘百余日，诏屡趣之，骈上表，托以宝及浙东观察使刘汉宏将为后患。辛亥，复罢兵还府，其实无赴难心，但欲禳雉集之异耳[⑩]。

高骈召石镜镇将董昌至广陵[⑪]，欲与之俱击黄巢。昌将钱镠说昌曰："观高公无讨贼心，不若以扞御乡里为辞而去之。"昌从之，骈听昌还。会杭州刺史路审中将之官，行至嘉兴，昌自石镜引兵入杭州，审中惧而还。昌自称杭州都押牙、知州事，遣将吏请于周宝。宝不能制，表为杭州刺史。

临海贼杜雄陷台州。

辛酉，立皇子震为建王。

昭义十将成麟杀高浔，引兵还据潞州；天井关戍将孟方立起兵攻麟，杀之。方立，洺州人也[⑫]。

忠武监军杨复光屯武功。

永嘉贼朱褒陷温州[13]。

凤翔行军司马李昌言将本军屯兴平。时凤翔仓库虚竭，犒赏稍薄，粮馈不继，昌言知府中兵少，因激怒其众，冬，十月，引军还袭府城。郑畋登城与士卒言，其众皆下马罗拜曰："相公诚无负我曹。"畋曰："行军苟能戢兵爱人，为国灭贼，亦可以顺守矣[14]。"乃以留务委之。即日西赴行在。

天平节度使、南面招讨使曹全晸与贼战死，军中立其兄子存实为留后。

十一月，乙巳，孟楷、朱温袭鄜、夏二军于富平[15]，二军败，奔归本道。

郑畋至凤州[16]，累表辞位，诏以畋为太子少傅、分司。以李昌言为凤翔节度行营招讨使。

以门下侍郎、同平章事裴澈为鄂岳观察使。

加镇海节度使周宝同平章事。

遂昌贼卢约陷处州[17]。

十二月，江西将闵勖戍湖南，还，过潭州，逐观察使李裕，自为留后。

以感化留后时溥为节度使。

赐夏州号定难军。

初，高骈镇荆南，补武陵蛮雷满为牙将，领蛮军，从骈至淮南，逃归，聚众千人，袭朗州[18]，杀刺史崔翥，诏以满为朗州留后。岁中，率三四引兵寇荆南，入其郛[19]，焚掠而去，大为荆人之患。

陬溪人周岳尝与满猎[20]，争肉而斗，欲杀满，不果。闻满据朗州，亦聚众袭衡州[21]，逐刺史徐颢。诏以岳为衡州刺史。石门蛮向瓌亦集夷獠数千攻陷澧州[22]，杀刺史吕自牧，自称刺史。

王铎以高骈为诸道都统无心讨贼，自以身为首相，发愤请行，恳款流涕，至于再三；上许之。

【注释】

①寿州：淮南道所属州，治今安徽寿县。 ②固始：为光州属县，治今河南固始县。 ③军正：军中执法之官。 ④石桥：又名西石桥，在今陕西渭南市华州区西石堤河上。 ⑤李孝昌：据章钰校证，他本在"李"

字前有“九月”二字。有九月为是,不然下文“辛酉”日即无着落。⑥封壤相邻:两人所管辖的地区,高骈是淮南,周宝是浙西,只隔着一条长江。 ⑦觇(chān 搀):探询、窥看。 ⑧瓜洲:又称瓜步洲,在今江苏扬州市南。本长江中沙洲,大历后与北岸大陆相连。 ⑨吾非李康句:宪宗元和初,刘阚任西川节度使,李康任东川节度使,刘阚想兼有东川地,发兵围李康。朝廷命高崇文领兵讨刘阚,刘阚执李康送给高崇文求自雪,崇文斩李康。 ⑩禳(ráng 瓤):祈求消除灾殃。 ⑪石镜镇:在今浙江杭州市临安区南。 ⑫汧州:据章钰校证,他本“汧”作“邢”。⑬永嘉:温州所属县,即州治所在地,今为浙江温州市。 ⑭顺守:以讨贼为名,取得节度使官职,称为顺守。如逐帅自任则为逆取。 ⑮富平:京兆府所属县,治今陕西富平县西南。 ⑯凤州:山南西道所属州,治今陕西凤县东北凤州镇。 ⑰遂昌:处州所属县,治今浙江遂昌县。处州属江南东道,治今浙江丽水市西。 ⑱朗州:荆南节度使所领州,治今湖南常德市。 ⑲郛(fú 俘):外城。 ⑳陬溪:在今湖南桃源县北,唐属武陵县。 ㉑衡州:湖南观察使所领州,治今湖南衡阳市。 ㉒石门:据章钰校证,他本“石门”二字下有“洞”字。石门县属澧州,治今湖南石门县。澧州治今湖南澧县东南。

二年 春,正月,辛亥,以王铎兼中书令,充诸道行营都都统,权知义成节度使,俟罢兵复还政府。高骈但领盐铁转运使,罢其都统及诸使。听王铎自辟将佐,以太子少师崔安潜为副都统。辛未,以周岌、王重荣为都都统左右司马,诸葛爽及宣武节度使康实为左右先锋使,时溥为催遣纲运租赋防遏使,以右神策观军容使西门思恭为诸道行营都都监。又以王处存、李孝昌、拓跋思恭为京城东北西面都统,以杨复光为南面行营都监使。又以中书舍人郑昌图为义成节度行军司马,给事中郑畯为判官,直弘文馆王抟为推官[1],司勋员外郎裴贽为掌书记。昌图,从谠之从祖兄弟;畯,畋之弟;抟,玙之曾孙;贽,坦之子也。又以陕虢观察使王重盈为东面都供军使。重盈,重荣之兄也。

黄巢以朱温为同州刺史,令温自取之。二月,同州刺史米诚奔河中,温遂据之。

己卯,以太子少傅、分司郑畋为司空兼门下侍郎、同平章事,召诣行在，军务一以咨之。以王铎判户部事。

朱温寇河中，王重荣击败之。

以李昌言为京城西面都统，朱玫为河南都统[②]。

泾原节度使胡公素薨，军中请命于都统王铎，承制以大将张钧为留后。

李克用寇蔚州，三月，振武节度使契苾璋奏与天德、大同共讨克用。诏郑从谠与相知应接。

陈敬瑄多遣人历县镇诇事[③]，谓之寻事人，所至多所求取。有二人过资阳镇[④]，独无所求。镇将谢弘让邀之，不至；自疑有罪，夜，亡入群盗中。明旦，二人去，弘让实无罪也。捕盗使杨迁诱弘让出首而执以送使[⑤]，云讨击擒获，以求功。敬瑄不之问，杖弘让脊二十，钉于西城二七日[⑥]，煎油泼之，又以胶麻掣其疮[⑦]，备极惨酷，见者冤之。又有邛州牙官阡能，因公事违期，避杖，亡命为盗，杨迁复诱之。能方出首，闻弘让之冤，大骂杨迁，发愤为盗，驱掠良民，不从者举家杀之，逾月，众至万人，立部伍，署职级[⑧]，横行邛、雅二州间，攻陷城邑，所过涂地。先是，蜀中少盗贼，自是纷纷竞起，州县不能制。敬瑄遣牙将杨行迁将三千人，胡洪略、莫匡时各将二千人以讨之。

以右神策将军齐克俭为左右神策、内外八镇兼博野、奉天节度使。

赐鄜坊军号保大。

夏，四月，甲午，加陈敬瑄兼侍中。

赫连铎、李可举与李克用战，不利。

【注释】

①直弘文馆：即弘文馆直学士，为六品以下官，属门下省。掌详正图籍，教授生徒。抟（tuán 团）。推官：节度使的属官之一，掌刑狱等事。　②河南：此处所指，据胡三省注称，当为自龙门河东至蒲津一带大河南岸。因朱玫当时任邠宁节度使，不可能都统关东之河南诸镇。③县镇：各县或镇。唐在重要军事地方，设镇，置镇将以统军，掌捍御地方安全。　④资阳镇：置于资州资阳县的镇。治今四川资阳市。　⑤送使：送至节度使府。　⑥二七日：即十四天。　⑦掣（chè 彻）：抽拉，拖

拽。 ⑧署职级：设置不同等级的官职并任命所属人员担任。

初，高骈好神仙，有方士吕用之坐妖党亡命归骈，骈厚待之，补以军职。用之，鄱阳茶商之子也，久客广陵，熟其人情，炉鼎之暇[①]，颇言公私利病，故骈愈奇之，稍加信任。骈旧将梁缵、陈珙、冯绶、董瑾、俞公楚、姚归礼素为骈所厚，用之欲专权，浸以计去之，骈遂夺缵兵，族珙家，绶、瑾、公楚、归礼咸见疏。

用之又引其党张守一、诸葛殷共蛊惑骈[②]。守一本沧、景村民，以术干骈，无所遇，贫困甚，用之谓曰："但与吾同心，勿忧不富贵。"遂荐于骈，骈宠待埒于用之[③]。殷始自鄱阳来，用之先言于骈曰："玉皇以公职事繁重，辍左右尊神一人佐公为理，公善遇之；欲其久留，亦可縻以人间重职。"明日，殷谒见，诡辩风生，骈以为神，补盐铁剧职[④]。骈严洁，甥侄辈未尝得接坐。殷病风疽[⑤]，搔扪不替手[⑥]，脓血满爪，骈独与之同席促膝，传杯器而食。左右以为言，骈曰："神仙以此试人耳！"骈有畜犬，闻其腥秽，多来近之。骈怪之，殷笑曰："殷尝于玉皇前见之，别来数百年，犹相识。"骈与郑畋有隙，用之谓骈曰："宰相有遣剑客来刺公者，今夕至矣！"骈大惧，问计安出。用之曰："张先生尝学斯术，可以御之。"骈请于守一，守一许诺。乃使骈衣妇人之服，潜于他室，而守一代居骈寝榻中，夜掷铜器于阶，令铿然有声，又密以囊盛彘血，洒于庭宇，如格斗之状。及旦，笑谓骈曰："几落奴手！"骈泣谢曰："先生于骈，乃更生之惠也！"厚酬以金宝。有萧胜者，赂用之，求盐城监[⑦]，骈有难色，用之曰："用之非为胜也，近得上仙书云，有宝剑在盐城井中[⑧]，须一灵官往取之。以胜上仙左右之人，欲使取剑耳。"骈乃许之。胜至监数月，函一铜匕首以献，用之见，稽首曰："此北帝所佩，得之，则百里之内五兵不能犯[⑨]。"骈乃饰以珠玉，常置坐隅。用之自谓磻溪真君[⑩]，谓守一乃赤松子，殷乃葛将军，胜乃秦穆公之婿也。

用之又刻青石为奇字云："玉皇授白云先生高骈。"密令左右置道院香案。骈得之，惊喜。用之曰："玉皇以公焚修功著，将补真官，计鸾鹤不日当降此际。用之等谪限亦满，必得陪幢节[⑪]，同归上清耳[⑫]！"是后，骈于道院庭中刻木鹤，时着羽服跨之，日夕斋醮，炼金炼丹，费以巨万计。

用之微时，依止江阳后土庙[13]，举动祈祷。及得志，白骈崇大其庙，极江南工材之选，每军旅大事，以少牢祷之[14]。用之又言神仙好楼居，说骈作迎仙楼，费十五万缗，又作延和阁，高八丈。

用之每对骈呵叱风雨，仰揖空际，云有神仙过云表。骈辄随而拜之。然常厚赂骈左右，使伺骈动静，共为欺罔，骈不之寤。左右小有异议者，辄为用之陷死不旋踵，但潜抚膺鸣指，口不敢言。骈倚用之如左右手，公私大小之事皆决于用之，退贤进不肖，淫刑滥赏，骈之政事于是大坏矣！

用之知上下怨愤，恐有窃发，请置巡察使，骈即以用之领之，募险狯者百余人，纵横闾巷间，谓之"察子"，民间呵妻詈子，靡不知之。用之欲夺人货财，掠人妇女，辄诬以叛逆，搒掠取服，杀其人而取之，所破灭者数百家，道路以目[15]，将吏士民虽家居，皆重足屏气[16]。

用之又欲以兵威胁制诸将，请选募诸军骁勇之士二万人，号左、右莫邪都。骈即以张守一及用之为左、右莫邪军使，署置将吏如帅府，器械精利，衣装华洁，每出入，导从近千人。

用之侍妾百余人，自奉奢靡，用度不足，辄留三司纲输其家[17]。

用之犹虑人泄其奸谋，乃言于骈曰："神仙不难致，但恨学者不能绝俗累，故不肯降临耳！"骈乃悉去宾客[18]，谢绝人事，宾客、将吏皆不得见；有不得已见之者，皆先令沐浴斋祓[19]，然后见，拜起才毕，已复引出。由是用之得专行威福，无所忌惮，境内不复知有骈矣。

王铎将两川、兴元之军屯灵感寺，泾原屯京西，易定、河中屯渭北，邠宁、凤翔屯兴平，保大、定难屯渭桥[20]，忠武屯武功，官军四集。黄巢势已蹙，号令所行不出同、华。民避乱皆入深山筑栅自保，农事俱废，长安城中斗米直三十缗。贼卖人于官军以为粮[21]，官军或执山寨之民鬻之[22]，人直数百缗，以肥瘠论价。

【注释】

①炉鼎：指方士炼金石、化丹砂等活动。 ②蛊（gǔ 古）惑：毒害、迷惑。 ③埒（liè 列）：相等、等同。 ④盐铁剧职：当时高骈兼任盐铁转

运使,因此他补授诸葛殷一个有关盐铁转运方面重要的官职。 ⑤风疽(jū 拘):一种皮肤发痒的病。 ⑥搔(sāo 骚)扪不替手:用手抓爬不停。搔,抓爬。扪,摸按。替,停住。 ⑦盐城:楚州所属县,治今江苏盐城市。该县有监亭一百二十三处,设监以领之,以催盐税。 ⑧官剑:据章钰校证,他本"官"作"宝"。从文意看,以作宝剑为顺。 ⑨五兵:五种兵器,具体指哪五种兵器,各书记载有不同。一般指矛、戟、弓、剑、戈。 ⑩磻(pán 盘)溪真君:本为姜太公吕尚的名号,吕用之以其姓附会为神仙名。以下张守一、诸葛殷都是附会为名号。 ⑪幢(chuáng 床)节:官吏的仪仗,也代指其官员。 ⑫上清:道家幻想的仙境有太清、玉清、上清,称为三清。 ⑬江阳:扬州所属县,由江都分出,治其城郭,今均属江苏扬州市所辖。 ⑭少牢:祭祀时专用羊和猪或单用羊之称。 ⑮道路以目:当时在暴政统治下的群众,在道路相遇时不敢交谈,只彼此用眼睛示意而已。最初见《国语·周语上》:"国人莫敢言,道路以目。" ⑯重足屏气:并脚站着,忍住呼吸不发出声音,形容恐惧肃静的样子。 ⑰三司纲:指户部、度支、盐铁三司所发遣的纲运财物。本为上供朝廷者,吕用之乃扣留以为己用。 ⑱宾客:据章钰校证,他本"宾客"二字作"姬妾"。以前后文看,应作"姬妾"为是。 ⑲祓(fú 浮):古代习俗,为除灾去邪而举行仪式。 ⑳保大、定难:原鄜坊节度赐号为保大军,夏绥节度赐号为定难军。 ㉑贼卖人:据章钰校证,他本"卖"均作"买"。据文意,当作买。 ㉒鬻(yù 驭):卖。《左传·昭公三年》:"景公繁于刑,有鬻踊者。"注:"鬻,卖也。"

资治通鉴卷第二百五十五

唐纪七十一

起玄默摄提格五月，尽阏逢执徐五月，凡二年有奇。

僖宗惠圣恭定孝皇帝中之下

中和二年 五月，以湖南观察使闵勖权充镇南节度使。勖屡求于湖南建节，朝廷恐诸道观察使效之，不许。先是，王仙芝寇掠江西，高安人钟传聚蛮獠[①]，依山为堡，众至万人。仙芝陷抚州而不能守，传入据之，诏即以为刺史。至是，又逐江西观察使高茂卿，据洪州。朝廷以勖本江西牙将[②]，故复置镇南军，使勖领之；若传不受代，令勖因而讨之。勖知朝廷意欲斗两盗使相毙，辞不行。

加淮南节度使高骈兼侍中，罢其盐铁转运使。骈既失兵柄，又解利权，攘袂大诟[③]，遣其幕僚顾云草表自诉，言辞不逊，其略曰："是陛下不用微臣，固非微臣有负陛下。"又曰："奸臣未悟，陛下犹迷，不思宗庙之焚烧，不痛园陵之开毁。"又曰："王铎偾军之将[④]，崔安潜在蜀贪黩，岂二儒士能戢强兵[⑤]！"又曰："今之所用，上至帅臣，下及裨将，以臣所料，悉可坐擒。"又曰："无使百代有抱恨之臣，千古留刮席之耻[⑥]。臣但恐寇生东土，刘氏复兴，即轵道之灾[⑦]，岂独往日！"又曰："今贤才在野，憸人满朝[⑧]，致陛下为亡国之君，此子等计将安出！"上命郑畋草诏切责之，其略曰："绾利则牢盆在手[⑨]，主兵则都统当权，直至京北、京西神策诸镇[⑩]，悉在指挥之下，可知董制之权；而又贵作司徒，荣为太尉。以为不用，如何为用乎?”又曰:“朕缘久付卿兵柄,不能翦荡元凶,自天长漏网过淮,不出一兵袭逐,奄残京国[11],首尾三年。广陵之师,未离封部,忠臣积望,勇士兴讥,所以擢用元臣,诛夷巨寇。”又曰:“从来倚仗之意,一旦控告无门,凝睇东南[12],惟增凄恻!”又曰:“谢玄破苻坚于淝水,裴度平元济于淮西,未必儒臣不如武将。”又曰:“宗庙焚烧,园陵开毁,龟玉毁椟,谁之过欤!”又曰:“‘奸臣未悟’之言,何人肯认!‘陛下犹迷’之语,朕不敢当!”又曰:“卿尚不能缚黄巢于天长,安能坐擒诸将!”又曰:“卿云刘氏复兴,不知谁为魁首?比朕于刘玄、子婴,何太诬罔!”又曰:“况天步未倾[13],皇纲尚整,三灵不昧[14],百度俱存,君臣之礼仪,上下之名分,所宜遵守,未可堕陵。朕虽冲人[15],安得轻侮!”骈臣节既亏,自是贡赋遂绝。

以天平留后曹存实为节度使[16]。

黄巢攻兴平,兴平诸军退屯奉天。

加河阳节度使诸葛爽同平章事。

【注释】

①蛮獠:蛮为我国古代对南方各族的泛称,后用作对少数民族的泛称。獠则泛指我国古代西南地区的少数民族。这些称呼均带贬义,现已不复使用。　②牙将:古代中下级军官。　③攘袂(rǎng mèi 壤妹):卷起袖子。袂,衣袖。　④偾(fèn 奋):败。此处言僖宗乾符六年(879)王铎在江陵战败事。　⑤戢(jí 集):止息。　⑥刮席之耻:指淮阳王刘玄事。刘玄,字圣公,汉光武帝刘秀族兄。王莽地皇四年(23),被新市、平林军立为更始帝,其性懦弱。灭王莽后,迁都长安,居长乐宫。升前殿,将吏以次列庭中,他颜色大变,俯首刮席不敢视。刮,爬也。　⑦轵(zhǐ 纸)道之灾:指前206年刘邦至灞上,秦王子婴在轵道旁投降事。轵道,古亭名,在今陕西西安市东北。⑧俭(xiān 仙)人:小人、奸佞之人。⑨牢盆:指江淮盐利。　⑩神策:唐天宝十三载(754)陇右节度使哥舒翰在临洮西设神策军。代宗时宦官鱼朝恩,德宗初宦官白志贞都曾统领此军。贞元时,分神策为左右厢,从此宦官领兵成为定制。其军衣粮较厚,装备较精,其势力在诸禁军上。　⑪京国:国都。　⑫凝睇(dì 弟):注视。　⑬天步:国运。　⑭三灵:日、月、星为三灵。　⑮冲人:古代帝王年幼在位者自称的谦辞。冲,幼小。　⑯留后:官名。唐代中后期,节度使之子弟或亲信将吏代行职务者,称节度留后。也有称观察留后的。事

后多由朝廷补行任命为正式的节度、观察使。

六月，以泾原留后张钧为节度使。

荆南节度使段彦谟与监军朱敬玫相恶，敬玫别选壮士三千人，号忠勇军，自将之。彦谟谋杀敬玫；己亥，敬玫先帅众攻彦谟，杀之，以少尹李燧为留后。

蜀人罗浑擎、句胡僧、罗夫子各聚众数千人以应阡能，杨行迁等与之战，数不利，求益兵；府中兵尽，陈敬瑄悉搜仓库门庭之卒以给之。是月，大战于乾溪，官军大败。行迁等恐无功获罪，多执村民为俘送府，日数十百人。敬瑄不问，悉斩之。其中亦有老弱及妇女，观者或问之，皆曰："我方治田绩麻，官军忽入村，系虏以来，竟不知何罪！"

秋，七月，己巳，以钟传为江西观察使，从高骈之请也。传既去抚州，南城人危全讽复据之，又遣其弟仔倡据信州。

尚让攻宜君寨，会大雪盈尺，贼冻死者什二三。

蜀人韩求聚众数千人应阡能。

镇海节度使周宝奏高骈承制以贼帅孙端为宣歙观察使。诏宝与宣歙观察使裴虔余发兵拒之。

南诏上书请早降公主[①]，诏报以方议礼仪。

以保大留后东方逵为节度使，充京城东面行营招讨使。

闰月，加魏博节度使韩简兼侍中。

八月，以兵部侍郎、判度支郑绍业同平章事，兼荆南节度使。

浙东观察使刘汉宏遣弟汉宥及马步都虞候辛约将兵二万营于西陵，谋兼并浙西，杭州刺史董昌遣都知兵马使钱镠拒之。壬子，镠乘雾夜济江，袭其营，大破之，所杀殆尽，汉宥、辛约皆走。

魏博节度使韩简亦有兼并之志，自将兵三万攻河阳，败诸葛爽于修武，爽弃城走，简留兵戍之，因掠邢、洺而还。

李国昌自达靼帅其族迁于代州[②]。

黄巢所署同州防御使朱温屡请益兵以捍河中[③]，知右军事孟楷抑之，不报。温见巢兵势日蹙，知其将亡，亲将胡真、谢瞳劝温归国；九月，丙戌，温杀其监军严实，举州降王重荣。温以舅事重荣，王铎承制以温为同华节度使，使瞳奉表诣行在[④]。瞳，福州人也。

李详以重荣待温厚，亦欲归之，为监军所告；黄巢杀之，以其弟思邺为华州刺史。

桂州军乱，逐节度使张从训，以前容管经略使崔焯为岭南西道节度使。

平卢大将王敬武逐节度使安师儒，自为留后。

【注释】

①南诏：古国名。唐代以乌蛮为主体，包括白蛮等族建立的奴隶制政权。全盛时辖有今云南全部、四川南部、贵州西部等地。历传十三王，十王受唐册封。后期向封建社会转化。　②达靼：古族名。又作鞑靼。为突厥统治下的一个部落。突厥衰亡后，逐渐强大起来。唐末始见其名。　③捍（hàn 汗）：捍卫、保卫。　④行在：古代封建皇帝所在的地方。初指京师，后专指皇帝行幸所至之地。

初，朝廷以庞勋降将汤群为岚州刺史，群潜通沙陀[①]；朝廷疑之，徙群怀州刺史，郑从谠遣使赍告身授之[②]。冬，十月，庚子朔，群杀使者，据城叛，附于沙陀；壬寅，从谠遣马步都虞候张彦球将兵讨之。

贼帅韩秀升、屈行从起兵，断峡江路，癸丑，陈敬瑄遣押牙庄梦蝶将二千人讨之[③]，又遣押牙胡弘略将千人继之。

韩简复引兵击郓州，节度使曹存实逆战，败死。天平都将下邑朱瑄收余众[④]，婴城拒守，简攻之不下。诏以瑄权知天平留后。

以朱温为右金吾大将军、河中行营招讨副使，赐名全忠。

李克用虽累表请降，而据忻、代州，数侵掠并、汾，争楼烦监[⑤]。义武节度使王处存与克用世为昏姻，诏处存谕克用：“若诚心款附[⑥]，宜且归朔州俟朝命；若暴横如故，当与河东、大同军共讨之。”

以平卢大将王敬武为留后。时诸道兵皆会关中讨黄巢，独平卢不至，王铎遣都统判官、谏议大夫张濬往说之。敬武已受黄巢官爵，不出迎，濬见敬武，责之曰：“公为天子藩臣，侮慢诏使；不能事上，何以使下！”敬武愕然，谢之。既宣诏，将士皆不应，濬徐谕之曰:“人生当先晓逆顺,次知利害。黄巢,前日贩盐虏耳,公等舍累叶天子而臣之,果何利哉!今天下勤王之师皆集京畿⑦,而淄青独不至;一旦贼平,天子返正,公等何面目见天下之人乎!不亟往分功名、取富贵,后悔无及矣!”将士皆改容引咎,顾谓敬武曰:“谏议之言是也。”敬武即发兵从濬而西。

刘汉宏又遣登高镇将王镇将兵七万屯西陵,钱镠复夜济江袭击,大破之,斩获万计,得汉宏补诸将官伪敕二百余通;镇奔诸暨。

黄巢兵势尚强,王重荣患之,谓行营都监杨复光曰:“臣贼则负国,讨贼则力不足,奈何?”复光曰:“雁门李仆射⑧,骁勇,有强兵,其家尊与吾先人尝共事相善⑨,彼亦有徇国之志,所以不至者,以与河东结隙耳。诚以朝旨谕郑公而召之⑩,必来,来则贼不足平矣!”东面宣慰使王徽亦以为然。时王铎在河中,乃以墨敕召李克用,谕郑从谠。十一月,克用将沙陀万七千自岚、石路趣河中,不敢入太原境,独与数百骑过晋阳城下与从谠别,从谠以名马、器币赠之。

李详旧卒共逐黄思邺,推华阴镇使王遇为主,以华州降于王重荣,王铎承制以遇为刺史。

【注释】

①沙陀:古族名。西突厥别部。唐初居金莎山南、蒲类海东。宪宗时,酋长朱邪执宜内附,处盐州。其子赤心被赐姓名李国昌。其孙克用因助唐镇压黄巢起义军,被唐封为晋王。　②赍(jī 基)告身:带着委任状。“赍”,带着。告身,古代授官的凭信,类似后世的任命状。　③押牙:同“押衙”,唐代官名。管领仪仗侍卫。　④都将:将领名。都为晚唐时军队的编制单位。每都千人,其统将称都将、都头。　⑤楼烦监:本属陇右节度,以岚州刺史兼领之。肃宗至德后,属内飞龙使。德宗贞元十五年(799),始别置监牧使。　⑥款附:诚心归附。款,恳切。　⑦京畿:国都和国都附近的地方。　⑧李仆射:即李克用。沙陀人,时据代州。　⑨家尊:古代对别人父亲的代称;也可用作对自己父亲的谦称,义同“家严”“家君”。此处为前一用法。　⑩郑公:即郑从谠。僖宗朝为同中书门下平章事,又拜河东节度使。

阡能党愈炽，侵淫入蜀州境；陈敬瑄以杨行迁等久无功，以押牙高仁厚为都招讨指挥使，将兵五百人往代之。未发前一日，有鬻面者[①]，自旦至午，出入营中数四，逻者疑之，执而讯之，果阡能之谍也。仁厚命释缚，温言问之，对曰："某村民，阡能囚其父母妻子于狱，云'汝诇事归[②]，得实则免汝家；不然，尽死'。某非愿尔也。"仁厚曰："诚知汝如是，我何忍杀汝！今纵汝归，救汝父母妻子，但语阡能云：'高尚书来日发，所将止五百人，无多兵也。'然我活汝一家，汝当为我潜语寨中人云：'仆射悯汝曹皆良人[③]，为贼所制，情非得已。尚书欲拯救湔洗汝曹[④]，尚书来，汝曹各投兵迎降，尚书当使人书汝背为"归顺"字，遣汝复旧业。所欲诛者，阡能、罗浑擎、句胡僧、罗夫子、韩求五人耳，必不使横及百姓也。'"谍曰："此皆百姓心上事，尚书尽知而赦之，其谁不舞跃听命！一口传百，百传千，川腾海沸，不可遏也。比尚书之至，百姓必尽奔赴如婴儿之见慈母，阡能孤居，立成擒矣！"

明日，仁厚引兵发，至双流，把截使白文现出迎；仁厚周视堑栅，怒曰："阡能役夫，其众皆耕民耳，竭一府之兵，岁余不能擒，今观堑栅重复牢密如此，宜其可以安眠饱食，养寇邀功也！"命引出斩之。监军力救，久之，乃得免。命悉平堑栅，才留五百兵守之，余兵悉以自随，又召诸寨兵，相继皆集。

阡能闻仁厚将至，遣罗浑擎立五寨于双流之西，伏兵千人于野桥箐以邀官军。仁厚诇知，引兵围之，下令勿杀，遣人释戎服入贼中告谕，如昨日所以语谍者。贼大喜，呼噪，争弃甲投兵请降，拜如摧山。仁厚悉抚谕，书其背，使归语寨中未降者，寨中余众争出降。浑擎狼狈逾堑走，其众执以诣仁厚，仁厚曰："此愚夫，不足与语。"械以送府。悉命焚五寨及其甲兵，惟留旗帜，所降凡四千人。

明旦，仁厚谓降者曰："始欲即遣汝归，而前涂诸寨百姓未知吾心，或有忧疑，藉汝曹为我前行，过穿口、新津寨下，示以背字告谕之，比至延贡[⑤]，可归矣。"乃取浑擎旗倒系之，每五十人为队，授以一旗，使前走，扬旗疾呼曰："罗浑擎已生擒，送使府，大军行至。汝曹居寨中者，速如我出降，立得为良人，无事矣！"至穿口，句胡僧置十一寨，寨中人争出降。胡僧大惊，拔剑遏之，众投瓦石击之，共擒以献仁厚，其众五千余皆降。

又明旦，焚寨，使降者执旗先驱，一如双流。至新津，韩求置十三寨皆迎降。求自投深堑，其众钩出之，已死，斩首以献。将士欲焚寨，仁厚止之曰："降人皆未食。"使先运出资粮，然后焚之。新降者竞炊爨[6]，与先降来告者共食之，语笑歌吹，终夜不绝。

明日，仁厚纵双流、穿口降者先归，使新津降者执旗先驱，且曰："入邛州境[7]，亦可散归矣。"罗夫子置九寨于延贡，其众前夕望新津火光，已不眠矣。及新津人至，罗夫子脱身弃寨奔阡能，其众皆降。

明日，罗夫子至阡能寨，与之谋悉众决战；计未定，日向暮，延贡降者至，阡能、罗夫子走马巡寨，欲出兵，众皆不应。仁厚引兵连夜逼之，明旦，诸寨知大军已近，呼噪争出，执阡能，阡能窘急赴井，为众所擒，不死；又执罗夫子，罗夫子自刭。众挈罗夫子首，缚阡能，驱之前迎官军，见仁厚，拥马首大呼泣拜曰："百姓负冤日久，无所控诉。自谍者还，百姓引领，度顷刻如期年。今遇尚书，如出九泉睹白日，已死而复生矣。"讙呼不可止[8]。贼寨在他所者，分遣诸将往降之。仁厚出军凡六日，五贼皆平。每下县镇，辄补镇遏使，使安集户口。

于是陈敬瑄枭韩求、罗夫子首于市，钉阡能、罗浑擎、句胡僧于城西[9]，七日而剐之[10]。阡能孔目官张荣，本安仁进士[11]，屡举不中第，归于阡能，为之谋主，为草书檄，阡能败，以诗启求哀于仁厚，仁厚送府，钉于马市；自余不戮一人。

唐彩陶驼及彩绘胡俑

十二月，以仁厚为眉州防御使[12]。

陈敬瑄榜邛州，凡

阡能等亲党皆不问。未几,邛州刺史申捕获阡能叔父行全家三十五人系狱,请准法[13]。敬瑄以问孔目官唐溪,对曰:"公已有榜,令勿问,而刺史复捕之,此必有故。今若杀之,岂惟使明公失大信,窃恐阡能之党纷纷复起矣!"敬瑄从之,遣押牙牛晕往,集众于州门,破械而释之,因询其所以然。果行全有良田,刺史欲买之,不与,故恨之。敬瑄召刺史,将按其罪,刺史以忧死。他日,行全闻其家由溪以免,密饷溪蚀箔金百两[14]。溪怒曰:"此乃太师仁明[15],何预吾事,汝乃怀祸相饷乎!"还其金,斥逐使去。

【注释】

①鬻(yù 育):卖。 ②诇(xiòng 兄$_{去}$):侦察、刺探。 ③仆射:指陈敬瑄。因任检校左仆射、同中书门下平章事,故称。 ④湔(jiān 煎)洗:洗涤。 ⑤延贡:地名。即延贡寨。唐置,属邛州安仁县,在今四川崇州市西南。 ⑥炊爨(cuàn 窜):烧火煮饭。 ⑦邛(qióng 穷)州:地名。南朝梁初置,唐高宗显庆三年(658)起治临邛县(今四川邛崃市)。 ⑧讙(huān 欢):"欢"的异体字。又通"喧",喧哗。 ⑨句胡僧:胡注本无"句胡僧"三字,译文据上文并参照他本校补。 ⑩剐:割肉离骨,古代一种残酷的死刑,又称凌迟。 ⑪孔目:掌文书的官吏。唐始有此名。又唐代习惯,凡取得参加考试资格的读书人都可称为"进士",故下文有"屡举不中第"之说。 ⑫眉州:地名。西魏废帝三年(554)以青州改名,治所在齐通县(今四川眉山市)。 ⑬准法:古代一种连坐法。指反逆亲属当从坐诛。 ⑭蚀箔(bó 泊)金:采用蚀箔法制成的黄金。箔,金属薄片。 ⑮太师:指陈敬瑄。因进检校太师,故称。

河东节度使郑从谠奏克岚州[1],执汤群,斩之。

以忻、代等州留后李克用为雁门节度使。

初,朝廷以郑绍业为荆南节度使,时段彦谟方据荆南,绍业惮之,逾半岁,乃至镇。上幸蜀,召绍业还,以彦谟为节度使。彦谟为朱敬玫所杀,复以绍业为节度使。绍业畏敬玫,逗遛不进,军中久无帅,至是,敬玫署押牙陈儒知府事。儒,江陵人也。

加奉天节度使齐克俭、河中节度使王重荣并同平章事。

李克用将兵四万至河中,遣从父弟克修先将兵五百济河尝贼[2]。初，克用弟克让为南山寺僧所杀，其仆浑进通归于黄巢。自高浔之败，诸军皆畏贼，莫敢进。及克用军至，贼惮之，曰："鸦军至矣，当避其锋。"克用军皆衣黑，故谓之鸦军。巢乃捕南山寺僧十余人，遣使赍诏书及重赂，因浑进通诣克用以求和。克用杀僧，哭克让，受其赂以分诸将，焚其诏书，归其使者，引兵自夏阳渡河[3]，军于同州[4]。

孟方立既杀成麟，引兵归邢州[5]，潞人请监军吴全勖知留后。是岁，王铎墨制以方立知刑州事，方立不受，囚全勖；与铎书，愿得儒臣镇潞州[6]，铎以郑昌图知昭义军事。既而朝廷以右仆射、租庸使王徽同平章事，充昭义节度使，徽以车驾播迁，中原方扰，方立专据山东邢、洺、磁三州，度朝廷力不能制，辞不行，请且委昌图。诏以徽为大明宫留守、京畿安抚制置修奉园陵使。昌图至潞州，不三月而去，方立遂迁昭义军于邢州，自称留后，表其将李殷锐为潞州刺史。

和州刺史秦彦使其子将兵数千袭宣州[7]，逐观察使窦潏而代之。

【注释】

①岚州：地名。唐高祖武德六年(623)以东会州改名，治所在宜芳县(今山西岚县北)。 ②尝(cháng 常)：试探。 ③夏阳：县名。唐肃宗乾元三年(760)更河西县曰夏阳，属河中府，治今陕西合阳县东南黄河西岸。 ④同州：地名。西魏废帝三年(554)以华州改名，治今陕西大荔县。 ⑤邢州：地名。隋开皇时置，治所在龙冈县(今河北邢台市)。⑥潞州：地名。北周时置，治所在上党县(今山西长治市)。 ⑦和州：地名。北齐时置，治所在历阳县(今安徽和县)。宣州：地名。隋开皇九年(589)改南豫州置，治所在宣城县(今安徽宣城市宣州区)。

三年 春，正月，李克用将李存贞败黄揆于沙苑；己巳，克用进屯沙苑。揆，巢之弟也。王铎承制以克用为东北面行营都统，以杨复光为东面都统监军使，陈景思为北面都统监军使。

乙亥，制以中书令、充诸道行营都统王铎为义成节度使，令赴镇。田令孜欲归重北司[1]，称铎讨黄巢久无功，卒用杨复光策，召沙陀而破之，故罢铎兵柄以悦复光。又以副都统崔安潜为东都留守[2]，以都都监西门思恭为右神策中尉，充诸道租庸兼催促诸道进军等使。令孜自以建议幸蜀、收传国宝、列圣真容、散家财犒军为己功，令宰相藩镇共请加赏，上以令孜为十军兼十二卫观军容使[3]。

成德节度使常山忠穆王王景崇薨，军中立其子节度副使镕知留后事，时镕生十年矣。

以天平留后朱瑄为节度使。

二月，壬子，李克用进军乾阬，与河中、易定、忠武军合；尚让等将十五万众屯于梁田陂，明日，大战，自午至晡，贼众大败，俘斩数万，伏尸三十里。巢将王璠、黄揆袭华州[4]，据之，王遇亡去。

初，光州刺史李罕之为秦宗权所攻，弃州奔项城，帅余众归诸葛爽，爽以为怀州刺史。韩简攻郓州[5]，半年，不能下；爽复袭取河阳，朱瑄请和，简乃舍之，引兵袭河阳。爽遣罕之逆战于武陟，魏军大败而还；大将澶州刺史乐行达先归，据魏州[6]，军中共立行达为留后，简为部下所杀。己未，以行达为魏博留后。

甲子，李克用进围华州，黄思邺、黄揆婴城固守；克用分骑屯渭北。

以王镕为成德留后。

以郑绍业为太子宾客、分司[7]，以陈儒为荆南留后。

峡路招讨指挥使庄梦蝶为韩秀升、屈行从所败，退保忠州[8]，应援使胡弘略战亦不利；江、淮贡赋皆为贼所阻，百官无俸。云安、涪井路不通[9]，民间乏盐。陈敬瑄奏以眉州防御使高仁厚为西川行军司马，将三千兵讨之。

加凤翔节度使李昌言同平章事。

【注释】

①北司：唐内侍省。掌管宫内事务的机构，由宦官组成。因在皇宫之北，故称。　②东都：指洛阳。唐代都城为长安，以洛阳为东都。因洛阳在长安之东，故称。　③十军：即神策十军。田令孜随皇帝入蜀，募神策新军五十四都，分为十军。都是晚唐时军队的编制单位，每都千人。十二卫：唐代统领府兵的机构，渭南牙十二卫，即左右卫、左右骁骑、左右

武卫、左右威卫、左右领军卫、左右金吾卫。 ④华州:地名。西魏废帝三年(554)以东雍州改名,治今陕西渭南市华州区。 ⑤郓州:地名。隋开皇时置,唐太宗贞观八年(634)移治须昌县(今山东东平县西北)。⑥魏州:地名。北周静帝大象二年(580)分相州置,治今河北大名县东北。 ⑦太子宾客:太子官属。唐高宗显庆元年(656),以韩瑗等四人为太子宾客,定制为正式官员,掌调护、侍从、规谏。分司:唐制中央职官有分在陪都洛阳执行职务者,称为分司。但除御史之分司者有实职外,其余都属优待退闲之官,并不任实职。 ⑧忠州:地名。唐太宗贞观八年(634)以临州改名,治所在临江县(今重庆市忠县)。 ⑨云安:县名。北周时以朐䏰县改名,唐属夔州,治今重庆市云阳县,有盐官。淯(yù育)井:地名。唐属长宁州,在今四川泸州市西南。

黄巢兵数败,食复尽,阴为遁计,发兵三万扼蓝田道[①]。三月,壬申,遣尚让将兵救华州;李克用、王重荣引兵逆战于零口,破之。克用进军渭桥,骑军在渭北,克用每夜令其将薛志勤、康君立潜入长安,燔积聚,斩虏而还,贼中大惊。

以淮南押牙合肥杨行愍为庐州刺史[②]。行愍本庐州牙将,勇敢,屡有战功,都将忌之,白刺史郎幼复遣使出戍于外。行愍过辞,都将以甘言悦之[③],问其所须,行愍曰:“正须汝头耳!”遂起斩之,并将诸营,自称八营都知兵马使。幼复不能制,荐于高骈,请以自代。骈以行愍为淮南押牙,知庐州事,朝廷因而命之。行愍闻州人王勖贤,召,欲用之,固辞。问其子弟,曰:“子潜,好学慎密,可任以事;弟子稔,有气节,可为将。”行愍召潜置门下,以稔及定远人季章为骑将。

初,吕用之因左骁雄军使俞公楚得见高骈;用之横甚,或以咎公楚,公楚数戒用之少自敛,毋相累;用之衔之。右骁雄军使姚归礼,气直敢言,尤疾用之所为,时面数其罪,常欲手刃之。癸未夜,用之与其党会倡家[④],归礼潜遣人爇其室,杀貌类者数人,用之易服得免。明旦,穷治其事,获纵火者,皆骁雄之卒。用之于是日夜谮二将于骈。未几,骈使二将将骁雄卒三千袭贼于慎县[⑤],用之密以语杨行愍云:“公楚、归礼欲袭庐州。”行愍发兵掩之,二将不为备，举军尽殪[6]，以二将谋乱告骈；骈不知用之谋，厚赏行愍。

己丑，以河中行营招讨副使朱全忠为宣武节度使，俟克复长安，令赴镇。

癸巳，李克用等拔华州，黄揆弃城走。

刘汉宏分兵屯黄岭、岩下、贞女三镇，钱镠将八都兵自富春击之，破黄岭，擒岩下镇将史弁、贞女镇将杨元宗。汉宏以精兵屯诸暨，镠又击破之，汉宏走。

庄梦蝶与韩秀升、屈行从战，又败。其败兵纷纭还走，所在慰谕，不可遏；遇高仁厚于路，叱之，即止；仁厚斩都虞候一人，更令修娖部伍[7]。乃召耆老，询以山川蹊径及贼寨所据，喜曰："贼精兵尽在舟中，使老弱守寨，资粮皆在寨中，此所谓重战轻防，其败必矣！"乃扬兵江上，为欲涉之状。贼昼夜御备，遣兵挑战，仁厚不与交兵，潜发勇士千人执兵负藁，夜，由间道攻其寨，且焚之。贼望见，分兵往救之，不及，资粮荡尽，众心已摇。仁厚复募善游者凿其舟底，相继皆沉，贼往来惶惑，不能相救，仁厚遣兵于要路邀击，且招之，贼众皆降。秀升、行从见众溃，挥剑乱斫，欲止之，众愈怒，共执二人诣仁厚，仁厚诘之曰："何故反？"秀升曰："自大中皇帝晏驾[8]，天下无复公道，纽解纲绝。今日反者，岂惟秀升！成是败非，机上之肉，惟所烹醢耳[9]！"仁厚愀然，命善食而械之。夏，四月，庚子，献于行在，斩之。

【注释】

①扼：把守，控制。 ②杨行愍（852—905）：即杨行密，五代十国时吴国建立者。字化源，初名行愍，庐州合肥（今安徽合肥市）人。唐末，响应黄巢起义，为官军所获。得释后自州兵渐升至牙将，后任庐州刺史。昭宗景福元年（892），占据扬州，拜淮南节度使。天复二年（902）受封吴王，在位四年卒。 ③甘言：谄媚奉承的话。 ④倡（chāng 昌）：通"娼"，妓女。 ⑤慎县：县名。隋置，汉九江浚遒县地，唐属庐州。⑥殪（yì 意）：死，杀死。 ⑦娖（chuò 绰）：整理、整齐。 ⑧大中皇帝：即唐宣宗李忱。846—859 年在位。因年号大中，故称。 ⑨烹醢（hǎi 海）：古代酷刑名。烹，用鼎镬煮杀人。醢，把人剁成肉酱。

李克用与忠武将庞从、河中将白志迁等引兵先进，与黄巢军战于渭南，一日三战，皆捷；义成、义武等诸军继之，贼众大奔。甲辰，克用等自光泰门入京师，黄巢力战不胜，焚宫室遁去。贼死及降者甚众，官军暴掠，无异于贼，长安室屋及民所存无几。巢自蓝田入商山[1]，多遗珍宝于路，官军争取之，不急追，贼遂逸去。

杨复光遣使告捷，百官入贺。诏留忠武等军二万人，委大明宫留守王徽及京畿制置使田从异部分，守卫长安。五月，加朱玫、李克用、东方逵同平章事。升陕州为节度，以王重盈为节度使。又建延州为保塞军，以保大行军司马延州刺史李孝恭为节度使。克用时年二十八，于诸将最少，而破黄巢，复长安，功第一，兵势最强，诸将皆畏之。克用一目微眇，时人谓之“独眼龙”。

诏以崔璆家贵身显，为黄巢相首尾三载，不逃不隐，于所在斩之。

黄巢使其骁将孟楷将万人为前锋，击蔡州[2]，节度使秦宗权逆战而败；贼进攻其城，宗权遂称臣于巢，与之连兵。

初，巢在长安，陈州刺史宛丘赵犨谓将佐曰：“巢不死长安，必东走，陈其冲也。且巢素与忠武为仇，不可不为之备。”乃完城堑，缮甲兵，积刍粟[3]；六十里之内，民有资粮者，悉徙之入城。多募勇士，使其弟昶珝、子麓林分将之。孟楷既下蔡州，移兵击陈，军于项城[4]；犨先示之弱，伺其无备，袭击之，杀获殆尽，生擒楷，斩之。巢闻楷死，惊怒，悉众屯溵水[5]。六月，与秦宗权合兵围陈州，掘堑五重，百道攻之。陈人大恐，犨谕之曰：“忠武素著义勇，陈州号为劲兵，况吾家久食陈禄，誓与此州存亡。男子当求生于死中，且徇国而死，不愈于臣贼而生乎！有异议者斩！”数引锐兵开门出击贼，破之。巢益怒，营于州北，立宫室百司，为持久之计。时民间无积聚，贼掠人为粮，生投于碓硙[6]，并骨食之，号给粮之处曰“舂磨寨”。纵兵四掠，自河南、许、汝、唐、邓、孟、郑、汴、曹、濮、徐、兖等数十州，咸被其毒。

初，上蔡人刘谦为岭南小校，节度使韦宙奇其器，以兄女妻之。谦击群盗，屡有功，辛丑，以谦为封州刺史[7]。

加东川节度使杨师立同平章事。

宣武节度使朱全忠帅所部数百人赴镇，秋，七月，丁卯，至汴州[⑧]。时汴、宋荐饥，公私穷竭，内外骄军难制[⑨]，外为大敌所攻，无日不战，众心危惧，而全忠勇气益振。诏以黄巢未平，加全忠东北面都招讨使。

南诏遣布燮杨奇肱来迎公主[⑩]。诏陈敬瑄与书，辞以"銮舆巡幸[⑪]，仪物未备，俟还京邑，然后出降"。奇肱不从，直前至成都。

李克用自长安引兵还雁门，寻有诏，以克用为河东节度使，召郑从谠诣行在。克用乃自东道过榆次，诣雁门省其父。克用寻榜河东，安慰军民曰："勿为旧念，各安家业。"

左骁卫上将军杨复光卒于河中；复光慷慨喜忠义，善抚士卒，军中恸哭累日，八都将鹿晏弘等各以其众散去。田令孜素畏忌之，闻其卒，甚喜，因摈斥其兄枢密使复恭为飞龙使。令孜专权，人莫与之抗，惟复恭数与之争得失，故令孜恶之，复恭因称疾归蓝田。

以成德留后王镕、魏博留后乐行达、天平留后朱瑄为本道节度使。

司徒、门下侍郎、同平章事郑畋，虽当播越[⑫]，犹谨法度。田令孜为判官吴圆求郎官[⑬]，畋不许；陈敬瑄欲立于宰相之上，畋以故事，使相品秩虽高[⑭]，皆居真相之下，固争之；二人乃令凤翔节度使李昌言上言："军情猜忌，不可令畋扈从过此。"畋亦累表辞位，乃罢为太子太保，又以其子兵部侍郎凝绩为彭州刺史，使之就养。以兵部尚书判度支裴澈为中书侍郎、同平章事。

【注释】

①商山：地名。一名商坂、商洛山，又名地肺山、楚山，在今陕西商州市东南。　②蔡州：地名。隋大业初改溱州置，治今河南汝南县。　③刍（chú 除）：喂牲口用的草。　④项城：县名。隋开皇初改秣陵县置，在陈州东南，治今河南沈丘县。　⑤溵（yīn 音）水：县名。隋开皇十六年（596）置，在陈州西南，治今河南商水县。　⑥碓硙（duìwèi 对位）：碓，舂谷用的杵臼。硙，磨子。　⑦封州：地名。隋开皇十年（590）以成州改名，治所在封川县（今广东封开县东南）。　⑧汴州：地名。北周宣帝时改梁州置。唐治浚仪、开封二县。　⑨内外：他本作"内则"，按文意应

是。 ⑩布燮：即清平官，唐南诏王以下最高行政官员，相当于唐宰相。⑪銮舆：古代皇帝车驾的代称。銮指皇帝车驾所用的铃，舆指车子。⑫播越：流亡，流离失所。播，迁也；越，逸也；言失所居。 ⑬判官：官名。唐代特派担任临时职务的大臣皆得自选中级官员奏请充任判官，以资佐理。中期以后，节度、观察等使均有判官，亦由本使选充，以备差遣。均非正官。 ⑭使相：官名。唐末，凡节度使带平章事及检校三省长官、三公、三师者，皆谓之使相。

八月，甲辰，李克用至晋阳[①]，诏以前振武节度使李国昌为代北节度使，镇代州。

升湖南为钦化军，以观察使闵勖为节度使。

九月，加陈敬瑄兼中书令，进爵颍川郡王。

感化节度使时溥营于溵水；加溥东面兵马都统。

以荆南留后陈儒为节度使。

昭义节度使孟方立，以潞州地险人劲，屡篡主帅，欲渐弱之，乃迁治所于邢州，大将家及富室皆徙山东，潞人不悦。监军祁审诲因人心不安，使武乡镇使安居受潜以蜡丸乞师于李克用[②]，请复军府于潞州。冬，十月，克用遣其将贺公雅等赴之，为方立所败；又遣李克修击之，辛亥，取潞州，杀其刺史李殷锐。是后克用每岁出兵争山东，三州之人半为俘馘[③]，野无稼穑矣[④]。

以宗女为安化长公主，妻南诏。

刘汉宏将十余万众出西陵，将击董昌；戊午，钱镠济江迎战，大破之，汉宏易服持鲙刀而遁[⑤]。己未，汉宏收余众四万又战，镠又破之，斩其弟汉容及将辛约。

十一月，甲子朔，秦宗权围许州[⑥]。

忠武大将鹿晏弘帅所部自河中南掠襄、邓、金、洋，所过屠灭，声云西赴行在。十二月，至兴元[⑦]，逐节度使牛勖，勖奔龙州西山[⑧]。晏弘据兴元，自称留后。

武宁节度使时溥因食中毒[⑨]，疑判官李凝古而杀之。凝古父损，为右散骑常侍，在成都，溥奏凝古与父同谋；田令孜受溥赂，令御史台鞫之[⑩]。侍御史王华为损论冤，令孜矫诏移损下神策狱，华拒而不遣。萧遘奏:“李凝古行毒,事出暧昧,已为溥所杀,父损相别数年,声问不通,安得诬以同谋!溥恃功乱法,陵蔑朝廷,欲杀天子侍臣;若徇其欲,行及臣辈,朝廷何以自立!”由是损得免死,归田里。时令孜专权,群臣莫敢迕视,惟遘屡与争辩,朝廷倚之。

升浙东为义胜军,以刘汉宏为节度使。

赵犨遣人间道求救于邻道,于是周岌、时溥、朱全忠皆引兵救之。全忠与黄巢之党战于鹿邑,败之,斩首二千余级,遂引兵入亳州而据之[11]。

【注释】

①晋阳:县名。秦置,治今山西太原西南古城。 ②蜡丸:蜡制成的中空球形物。古人用以装书信,以防泄漏。 ③馘(guó 国):古代战时割取所杀敌人的左耳,用以计功。亦指所割下的左耳。 ④稼穑(sè 啬):播种和收获,泛指农业劳动。稼,播种五谷。穑,收获谷物。 ⑤鲙(kuài 快):细切的鱼肉。易服持鲙刀意即化装成厨师。 ⑥许州:地名。北周静帝大定元年(581)改郑州置,治今河南许昌市。 ⑦兴元:府名。唐德宗兴元元年(784)改梁州置,治所在南郑县(今陕西汉中市东)。 ⑧龙州:地名。西魏废帝二年(553)置,治今四川平武县东南。西山靠近松、茂二州界。 ⑨武宁节度使:误,应为感化节度使。 ⑩鞫(jū 居):审讯。 ⑪亳州:地名。北周末改南兖州置,治今安徽亳州市。

四年 春,正月,以鹿晏弘为兴元留后。

赐魏博节度使乐行达名彦祯。

东川节度使杨师立以陈敬瑄兄弟权宠之盛,心不能平。敬瑄之遣高仁厚讨韩秀升也,语之曰:“成功而还,当奏天子,以东川相赏。”师立闻之,怒曰:“彼此列藩,而遽以我疆土许人,是无天地也!”田令孜恐其为乱,因其不发兵防遏,征师立为右仆射。

黄巢兵尚强,周岌、时溥、朱全忠不能支,共求救于河东节度使李克用。二月,克用将蕃、汉兵五万出天井关[1],河阳节度使诸葛爽辞以河桥不完[2],屯兵万善以拒之[3]。克用乃还兵自陕、河中渡河而东。

杨师立得诏书,怒,不受代,杀官告使及监军使,举兵,以讨陈敬瑄为名，大将有谏者辄杀之，进屯涪城[4]，遣其将郝蠲袭绵州[5]，不克。丙午，以陈敬瑄为西川、东川、山南西道都指挥、招讨、安抚、处置等使。三月，甲子，杨师立移檄行在百官及诸道将吏士庶，数陈敬瑄十罪，自言集本道将士、八州坛丁共十五万人[6]，长驱问罪。诏削师立官爵，以眉州防御使高仁厚为东川留后，将兵五千讨之，以西川押牙杨茂言为行军副使。

朱全忠击黄巢瓦子寨，拔之；巢将陕人李唐宾、楚丘王虔裕降于全忠。

婺州人王镇执刺史黄碣[7]，降于钱镠。刘汉宏遣其将娄赍杀镇而代之，浦阳镇将蒋瓌召镠兵共攻婺州，擒赍而还。碣，闽人也。

高骈从子左骁卫大将军澞，疏吕用之罪状二十余幅，密以呈骈，且泣曰："用之内则假神仙之说，蛊惑尊听；外则盗节制之权，残贼百姓；将佐惧死，莫之敢言。岁月浸深，羽翼将成，苟不除之，恐高氏弈代勋庸，一朝扫地矣！"因呜咽不自胜。骈曰："汝醉邪！"命扶出。明日，以澞状示用之，用之曰："四十郎尝以空乏见告[8]，未获遵命，故有此憾。"因出澞手书数幅呈之。骈甚惭，遂禁澞出入；后月余，以澞知舒州事[9]。

群盗陈儒攻舒州，澞求救于庐州[10]。杨行愍力不能救，谋于其将李神福，神福请不用寸刃而逐之。乃多赍旗帜，间道入舒州，顷之，引舒州兵建庐州旗帜而出，指画地形，若布大陈状；贼惧，宵遁。神福，洺州人也。

久之，群盗吴迥、李本复攻舒州，澞不能守，弃城走，骈使人就杀之。杨行愍遣其将合肥陶雅、清流张训等将兵击吴迥、李本，擒斩之，以雅摄舒州刺史。秦宗权遣其弟将兵寇庐州，据舒城，杨行愍遣其将合肥田頵击走之。

前杭州刺史路审中客居黄州，闻鄂州刺史崔绍卒，募兵三千人入据之。武昌牙将杜洪亦逐岳州刺史而代之。

黄巢围陈州几三百日，赵犨兄弟与之大小数百战，虽兵食将尽，而众心益固。李克用会许、汴、徐、兖之军于陈州。时尚让屯太康[11]，夏，四月，癸巳，诸军进拔太康。黄思邺屯西华[12]，诸军复攻之，思郸走。黄巢闻之惧，退军故阳里[13]，陈州围始解。

朱全忠闻黄巢将至，引军还大梁。五月，癸亥，大雨，平地三尺，黄巢营为水所漂，且闻李克用将至，遂引兵东北趣汴州，屠尉氏。尚让以骁骑五千进逼大梁，至于繁台[14]，宣武将丰人朱珍、南华庞师古击却之。全忠复告急于李克用。丙寅，克用与忠武都监使田从异发许州，戊辰，追及黄巢于中牟北王满渡，乘其半济，奋击，大破之，杀万余人，贼遂溃。尚让帅其众降时溥，别将临晋李谠、曲周霍存、甄城葛从周、冤句[15]张归霸及从弟归厚帅其众降朱全忠。巢逾汴而北，己巳，克用追击之于封丘，又破之。庚午夜，复大雨，贼惊惧东走，克用追之，过胙城、匡城[16]。巢收余众近千人，东奔兖州；辛未，克用追至冤句，骑能属者才数百人，昼夜行二百余里，人马疲乏，粮尽，乃还汴州，欲裹粮复追之，获巢幼子及乘舆器服符印，得所掠男女万人，悉纵遣之。

【注释】

①天井关：地名。一名太行关，在今山西晋城南太行山上。　②河桥：地名。即河阳桥，晋杜预所造，在今河南孟州市西南，是黄河南北的交通要津。　③万善：地名。在今河南沁阳东北。　④涪城：县名。西魏以始平郡改名，治今四川三台县西北。　⑤绵州：地名。隋文帝开皇五年(585)置，治今四川绵阳市东。　⑥坛丁：蜀中边郡民兵。　⑦婺州：地名。隋开皇中置，治所在金华县(今浙江金华市)。　⑧四十郎：指高澞。澞行四十，故称。　⑨舒州：地名。唐高祖武德四年(621)改同安郡置，治怀宁县(今安徽潜山县)。　⑩庐州：地名。隋开皇初改合州置，治今安徽合肥市。　⑪太康：县名。隋文帝开皇七年(587)改阳夏县置。唐属陈州，治今河南太康。　⑫西华：县名。属陈州，治今河南西华县南。　⑬故阳里：地名。唐属陈州，在陈州城北，今河南淮阳县北。⑭繁台：一名吹台、禹王台。在今河南开封市东南隅。　⑮冤句：县名。西汉置，治今山东曹县西北。　⑯胙城：县名。隋文帝开皇十八年(598)置。唐属滑州，治今河南延津县东北。匡城：地名。隋文帝开皇十六年(596)置，治今河南长垣县西南。

癸酉，高仁厚屯德阳①，杨师立遣其将郑君雄、张士安据鹿头关以拒之。

甲戌，李克用至汴州，营于城外；朱全忠固请入城，馆于上源驿。全忠就置酒，声乐，馔具皆精丰，礼貌甚恭；克用乘酒使气，语颇侵之，全忠不平。薄暮，罢酒，从者皆沾醉，宣武将杨彦洪密与全忠谋，连车树栅以塞衢路②，发兵围驿而攻之，呼声动地。克用醉，不之闻；亲兵薛志勤、史敬思等十余人格斗，侍者郭景铢灭烛，扶克用匿床下，以水沃其面，徐告以难，克用始张目援弓而起。志勤射汴人，死者数十。须臾，烟火四合，会大雨震电，天地晦冥，志勤扶克用帅左右数人，逾垣突围，乘电光而行，汴人扼桥，力战得度，史敬思为后拒，战死。克用登尉氏门，缒城得出③，监军陈景思等三百余人，皆为汴人所杀。杨彦洪谓全忠曰："胡人急则乘马，见乘马则射之。"是夕，彦洪乘马适在全忠前，全忠射之，殪。

克用妻刘氏，多智略，左右先脱归者以汴人为变告，刘氏神色不动，立斩之，阴召大将约束，谋保军以还。比明，克用至，欲勒兵攻全忠，刘氏曰："公比为国讨贼，救东诸侯之急，今汴人不道，乃谋害公，自当诉之朝廷。若擅举兵相攻，则天下孰能辨其曲直！且彼得以有辞矣。"克用从之，引兵去，但移书责全忠。全忠复书曰："前夕之变，仆不之知，朝廷自遣使者与杨彦洪为谋，彦洪既伏其辜，惟公谅察。"

克用养子嗣源，年十七，从克用自上源出，矢石之间，独无所伤。嗣源本胡人，名邈佶烈，无姓。克用择军中骁勇者，多养为子，名回鹘张政之子曰存信④，振武孙重进曰存进，许州王贤曰存贤，安敬思曰存孝，皆冒姓李氏。

丙子，克用至许州故寨，求粮于周岌，岌辞以粮乏，乃自陕济河还晋阳。

郑君雄、张士安坚壁不出，高仁厚曰："攻之则彼利我伤，围之则彼困我逸。"遂列十二寨围之。丁丑，夜二鼓，君雄等出劲兵掩击城北副使寨，杨茂言不能御，帅众弃寨走，其旁数寨见副使走，亦走。东川人并兵南攻中军，仁厚闻之，大开寨门，设炬火照之，自帅士卒为两翼伏道左右。贼至，见门开，不敢入，还去，仁厚发伏击之，东川兵大奔，追至城下，蹙之壕中，斩获甚众而还。

仁厚念诸弃寨走者，明旦所当诛杀甚多，乃密召孔目官张韶，谕之曰：“尔速遣步探子将数十人分道追走者，自以尔意谕之曰：‘仆射幸不出寨[5]，皆不知，汝曹速归，来旦牙参[6]，勿忧也。’韶素名长者，众信之，至四鼓，皆还寨；惟杨茂言走至张把[7]，乃追及之。仁厚闻诸寨漏鼓如故，喜曰：“悉归矣！”诘旦，诸将牙集，以为仁厚诚不知也，坐良久，仁厚谓茂言曰：“昨夜闻副使身先士卒，走至张把，有诸？”对曰：“昨夜闻贼攻中军，左右言仆射已去，遂策马参随，既而审其虚，复还寨中。”仁厚曰：“仁厚与副使俱受命天子，将兵讨贼，若仁厚先走，副使当叱下马，行军法，代总军事，然后奏闻。今副使既先走，又为欺罔，理当何如？”茂言拱手曰：“当死。”仁厚曰：“然！”命左右扶下，斩之，诸将股栗。仁厚乃召昨夜所俘虏数十人，释缚纵归。君雄等闻之惧，曰：“彼军法严整如是，自今兵不可复出矣！”

庚辰，时溥遣其将李师悦将兵万人追黄巢。

癸未，高仁厚陈于鹿头关城下，郑君雄等悉众出战。仁厚设伏于陈后，阳败走，君雄等追之，伏发，君雄等大败。是夕，遁归梓州[8]。陈敬瑄发兵三千以益仁厚军，进围梓州。

【注释】

①德阳：县名。唐高祖武德三年(620)置，治今四川德阳。　②衢(qú 渠)路：大路。衢，四通八达的道路。　③缒(zhuì 坠)：系在绳子上放下去。　④回鹘(hú 胡)：中国古族名。即回纥，维吾尔的古称。隋炀帝大业元年(605)因反抗突厥的压迫，与仆固、同罗、拔野古等成立联盟，总称回纥。唐玄宗天宝三载(744)，破东突厥，建政权于今鄂尔浑河流域。德宗贞元四年(788)，回纥可汗请唐改称回纥为回鹘，取“回旋轻捷如鹘”之义。文宗开成五年(840)，为黠戛斯所破，部众分三支西迁。⑤仆射：指高仁厚。高仁厚因平阡能等功，进检校仆射。　⑥牙：古代官署之称。因军营门口置牙旗，所以营门也叫牙门。　⑦张把：应为张杷，地名。属梓州郪县，在今四川三台县境内。　⑧梓州：地名。隋开皇末以新州改名，治今四川三台县。